Gottfried Niedhart · Detlef Junker · Michael W. Richter

Deutschland in Europa
Nationale Interessen und internationale Ordnung im 20. Jahrhundert

Deutschland in Europa

Nationale Interessen und
internationale Ordnung im 20. Jahrhundert

Herausgegeben von
Gottfried Niedhart, Detlef Junker und
Michael W. Richter

Palatium Verlag
Mannheim

ISBN 3-920671-29-5

Die Deutsche Bibliothek – CIP-Einheitsaufnahme
Deutschland in Europa: nationale Interessen und internationale Ordnung im 20.
Jahrhundert / hrsg. von Gottfried Niedhart ... – Mannheim: Palatium-Verl., 1997
    ISBN 3-920671-29-5
NE: Niedhart, Gottfried [Hrsg.]

Dieses Werk ist urheberrechtlich geschützt. Die dadurch begründeten Rechte, insbesondere die der Übersetzung, des Nachdrucks, des Vortrags, der Entnahme von Abbildungen und Tabellen, der Funksendung, der Mikroverfilmung oder der Vervielfältigung auf anderen Wegen und der Speicherung in Datenverarbeitungsanlagen, bleiben, auch bei nur auszugsweiser Verwertung, vorbehalten. Eine Vervielfältigung dieses Werkes oder von Teilen dieses Werkes ist auch im Einzelfall nur in den Grenzen der gesetzlichen Bestimmungen des Urheberrechtsgesetzes der Bundesrepublik Deutschland vom 9. September 1965 in der jeweiligen geltenden Fassung zulässig. Sie ist grundsätzlich vergütungspflichtig. Zuwiderhandlungen unterliegen den Strafbestimmungen des Urheberrechtsgesetzes.

© Palatium Verlag Mannheim 1997
Printed in Germany

Lektorat: Dr. Susan Kentner, Palatium Verlag, Karl-Valentin-Straße 5, D-68259 Mannheim
Herstellung: Goldener Schnitt, Rainer Kusche, D-76545 Sinzheim
Satz: Michael Kusche, D-76545 Sinzheim
Druck: Druckhaus Thomas Müntzer, Bad Langensalza

Inhalt

Vorwort IX

I Deutschlands Rolle in Europa

Locarno, Ostpolitik und die Rückkehr Deutschlands in die
internationale Politik nach den beiden Weltkriegen
GOTTFRIED NIEDHART 3

Die Bedeutung des Nationalen Interesses für die
Außenpolitik der Bundesrepublik
CHRISTIAN HACKE 18

Zwischen Ost und West? Deutschland auf Standortsuche
HEINRICH VOGEL 36

Deutschlands europäische Rolle nach dem Ost-West-Konflikt:
Konziliator im übernationalen Interesse?
MICHAEL W. RICHTER 48

Deutsche Interessen – Interessen Deutschlands:
Ein Beitrag zur Diskussion über die deutsche Außenpolitik
RUDOLF ADAM 75

Die chemische Industrie im Spannungsfeld zwischen
nationalen Interessen und internationalen Verflechtungen
MAX DIETRICH KLEY 83

II Zwei Nachbarstaaten Deutschlands: Die Niederlande und Polen

Der Faktor Deutschland in der niederländischen Außenpolitik
FRISO WIELENGA 93

Die Niederlande und Deutschland:
Wechselseitige Wahrnehmungen aus der Sicht eines Diplomaten
KLAUS JÜRGEN CITRON 112

Die Verträge von Locarno und die polnische Perzeption Deutschlands
RALPH SCHATTKOWSKY 119

Polen und Mitteleuropa: Zwischen Deutschland und Rußland
ADAM DANIEL ROTFELD 131

III Die westeuropäischen Großmächte und die deutsche Politik

Frankreich und die Rolle Deutschlands in Europa
während der Ära Briand-Stresemann
CLEMENS WURM 150

Präsident Georges Pompidou und die Ostpolitik
GEORGES-HENRI SOUTOU 171

Deutsch-französische Zusammenarbeit und nationale Interessen
seit Anfang der achtziger Jahre
URS LEIMBACHER 180

Frankreichs Europakonzeptionen und das vereinte Deutschland:
Die schwierige Balance zwischen Einbindung und Selbsteinbindung
AXEL SAUDER 202

Großbritannien und Deutschland während der Locarno-Ära:
Persönliche Sympathien im Konflikt mit nationalen Interessen
STEPHANIE SALZMANN 233

Perzeptionen von Macht und Machtverfall:
Großbritannien und Deutschland im internationalen System
nach dem Zweiten Weltkrieg
CHRISTOPH BLUTH 246

IV Deutschland in der Politik der Weltmächte

Die deutsche Locarnopolitik und das amerikanische Interesse an einer
europäischen Friedensordnung: Implikationen für den historischen
Konstellationsvergleich
MANFRED BERG 259

Das nationale Interesse der Vereinigten Staaten und
die deutsche Frage 1966–1972
ERNEST MAY 271

Die USA zwischen Deutschland und der Sowjetunion: 1947 und 1989
PHILIP ZELIKOW 285

Nationales Interesse und Deutschlands Rolle in Europa:
Wandel und Kontinuität russischer Wahrnehmungen
SERGEI CHUGROV 317

Rußland und Deutschland:
Perzeptionen, Paradigmen und politische Beziehungen 1945–1995
HANNES ADOMEIT 332

Die Wahrnehmung der Deutschen durch die Russen als Faktor in der
europäischen Sicherheitspolitik
EBERHARD SCHULZ 355

V Bilanz

Deutschland in Europa: Interessenperzeption und Rollendefinition
GOTTFRIED NIEDHART 375

Deutschland und Europa im 20. Jahrhundert
KLAUS HILDEBRAND 390

Die Autoren 394

Personenregister 399

Vorwort

Die 1990 erfolgte Vereinigung der beiden deutschen Staaten konfrontiert uns erneut mit einem zentralen Problem des europäischen Staatensystems. Wie verträgt sich die Existenz eines deutschen Nationalstaats mit einer stabilen europäischen Friedensordnung? Sie vertragen sich nicht, wenn Deutschland, wie Konrad Adenauer einmal formulierte, seine „Einbettung in das System der Großmächte" vermissen läßt. Die Geschichte der deutschen Außenpolitik seit den 90er Jahren des vorigen Jahrhunderts, vor allem aber die beiden Weltkriege dieses Jahrhunderts, die Europa und die Welt tiefgreifend veränderten, zeigen dies auf zugleich eindringliche und warnende Weise. Heute scheint das Problem gelöst zu sein – durch freiwillig anerkannte Begrenzungen deutscher Macht im „Zwei-Plus-Vier"-Vertrag, dem außenpolitischen Grundgesetz des vereinigten Deutschlands, und durch die außenpolitische Kontinuität, die über 1990 hinaus die Selbsteinbindung der Bundesrepublik Deutschland in europäische und atlantische Strukturen garantiert und die grundsätzlich multilaterale Methode in der Außenpolitik fortführt, die die Interessenlagen anderer Staaten zwingend einbezieht.

Aus der Perspektive der anderen, besonders der europäischen Staaten ist damit die deutsche Frage aber keineswegs gelöst. Es gibt eine im kollektiven Bewußtsein der Nachbarn Deutschlands tief verankerte Sorge vor der gegenwärtigen Macht und potentiellen Hegemonie Deutschlands in Europa. Sie kann sich schon dann entzünden, wenn die Bundesrepublik, wie jeder andere Staat, nationale Interessen definiert, die von den Interessen anderer Staaten abweichen. Jeder Deutsche, der sich im Ausland aufhält, kann diese Erfahrung bestätigen. Die Selbstwahrnehmung der Deutschen und ihre Fremdwahrnehmung durch die Nachbarn klaffen tendenziell auseinander. Der Grund dafür liegt nicht nur in der historischen Hypothek aus der Zeit der Weltkriege, sondern auch in einem zentralen und weithin ungelösten Strukturproblem der internationalen Beziehungen, in der Differenz der Perzeptionen. Beides wird die deutsche Frage auch in Zukunft begleiten.

In diesem Buch wird der Versuch unternommen, am Beispiel der Rolle Deutschlands in Europa das Spannungsverhältnis von nationalen Interessen und europäischer Ordnung seit der Zwischenkriegszeit zu untersuchen. Wenn von nationalem Interesse gesprochen wird, so ist darunter keine objektivierbare Kategorie zu verstehen. Vielmehr wird danach gefragt, wie Interessen perzipiert und dargestellt werden. Wie definieren politische Eliten das, was sie in der politischen Alltagssprache nationales Interesse nennen? Diesem Ansatz liegt ein ebenso grundlegender wie einfacher Sachverhalt zugrunde. Bilder, die eine Nation von sich selbst entwirft, von ihrer Geschichte, von den Ursachen und Motiven, den Wünschen und Zielen ihrer Handlungen, kurz: von ihren nationalen Interessen, unterscheiden sich immer von den

Bildern, die die benachbarten oder entfernteren Staaten von dieser Nation haben. Diese Differenz der Perzeptionen ist eine unversiegbare Quelle von Spannungen und Konflikten in den internationalen Beziehungen, die sich regelmäßig entladen – von der diplomatischen Protestnote bis zur Kriegserklärung. In der internationalen Politik, wie auch sonst, gibt es nur ein Mittel, um das Aggressionspotential dieser Differenz zu neutralisieren, nämlich die wechselseitige Perspektivenübernahme, den wechselseitigen Versuch, das jeweils andere Land aus seinen eigenen Bedingungen heraus zu verstehen. Eine geglückte Perspektivenübernahme ist in der Regel eine außerordentliche sprachliche, gedankliche und seelische Leistung. Man darf die Aussage wagen, daß es keine Europäische Union mit einem einheitlichen politischen Willen in zentralen außenpolitischen Fragen geben wird, solange die Völker Europas, zumindest ihre Eliten, diese Leistung nicht erbringen.

Im folgenden wird die Rolle Deutschlands in Europa am Leitfaden dieser Problemstellung und anhand dreier historischer Konstellationen untersucht, in denen – vor dem Hintergrund kriegerischer deutscher Groß- und Weltmachtpolitik in diesem Jahrhundert – Versuche zu einer friedlichen Einbindung Deutschlands in ein internationales Ordnungsgefüge unternommen wurden und werden. Verglichen werden
1. die Locarno- und Stresemann-Ära, weil in dieser Zeit – als Konsequenz aus dem Scheitern der deutschen Politik im Ersten Weltkrieg – angestrebt wurde, die deutschen Interessen im Zusammenhang mit der europäischen Ordnung und mit dem zusehends durch die USA dominierten Weltwirtschaftssystem zu sehen;
2. der Ost-West-Konflikt mit besonderer Berücksichtigung der Détente und der ‚neuen Ostpolitik' seit 1969, als die Bundesrepublik nicht nur den Status quo in Europa anerkannte, sondern auch den Handlungsspielraum der deutschen Außenpolitik erweiterte;
3. die Gegenwart seit 1989/90, für die nach Kontinuität und Wandel in der deutschen Politik und nach der Einschätzung der Rolle Deutschlands durch seine Nachbarn gefragt wird.

Die folgenden Beiträge beziehen sich entweder auf eine der drei genannten Konstellationen, oder sie vergleichen mehrere Konstellationen. Sie sind nach Ländern geordnet, beginnend mit der deutschen Selbstwahrnehmung eigener Interessen und Rollen in Europa. Es folgen Analysen zu Fremdwahrnehmungen. Untersucht wird die Rolle Deutschlands in den Augen zweier Nachbarstaaten, der Niederlande und Polens, aus der Perspektive der westeuropäischen Großmächte Frankreich und Großbritannien und schließlich aus der Sicht der Weltmächte USA und UdSSR bzw. Rußland. Zwei abschließende Beiträge versuchen, die vorgetragenen Forschungsergebnisse bilanzierend zusammenzufassen.

In einer ersten Fassung wurden die meisten der folgenden Analysen auf einer internationalen Konferenz vorgetragen, die vom 22. bis 25. März 1995 an der Universität Mannheim stattfand. Sie war Teil eines von der Volkswagen-Stiftung geförderten Forschungsprojekts und darüber hinaus das Ergebnis einer Kooperation des Historischen Instituts der Universität Mannheim mit dem Deutschen Historischen Institut in Washington, D.C. Dadurch war eine Finanzierung gewährleistet, die es gestattete, 23 Historiker und Politikwissenschaftler aus sieben Ländern nach Mannheim einzuladen und die Ergebnisse in diesem Band zu veröffentlichen. Ebenfalls an der Finanzierung der Publikation beteiligt waren wiederum die Volkswagen-Stiftung sowie die BASF AG Ludwigshafen. Dem Verein zur Förderung der Schurman-Bibliothek für Amerikanische Geschichte an der Universität Heidelberg danken wir für die Organisation einer anläßlich der Konferenz durchgeführten und von der Firma Fuchs Petrolub AG Mannheim finanzierten Abendveranstaltung mit einem Vortrag von Herrn Max Dietrich Kley, Mitglied des Vorstands der BASF. Dieser Vortrag stellte zugleich einen Brückenschlag zur Welt der Wirtschaft im Zeitalter der Globalisierung dar, in der nationale Interessen in Konkurrenz zur weltwirtschaftlichen Verflechtung stehen. Die Praxis der Außenpolitik und Diplomatie spiegelt sich in den Beiträgen von Dr. Rudolf Adam, bis 1995 im Planungsstab und seitdem Leiter des Abrüstungsreferats des Auswärtigen Amts, und Botschafter a. D. Dr. Klaus J. Citron wider. Der Dank der Herausgeber gebührt weiterhin Dr. Normen Altmann, Stefan Endres, Carsten Münch, Jens Prellwitz und Jürgen Zieher, die sich mannigfach durch die Bewältigung organisatorischer Aufgaben, bei der Übersetzung einiger Texte ins Deutsche und bei redaktionellen Arbeiten ausgezeichnet haben. Last, but not least danken wir Dr. Susan Kentner, der Verlegerin des Palatium Verlags, für die zügige und professionelle Drucklegung des Buches.

Mannheim und Washington, D.C.
im Februar 1997 *Die Herausgeber*

Teil I

Deutschlands Rolle in Europa

Locarno, Ostpolitik und die Rückkehr Deutschlands in die internationale Politik nach den beiden Weltkriegen

GOTTFRIED NIEDHART

I

Die Rolle Deutschlands in Europa und der Welt im 20. Jahrhundert steht im Schatten zweier Weltkriege, an deren Auslösung Deutschland führend beziehungsweise entscheidend beteiligt war. Die Kriege endeten mit Niederlagen, die die jeweilige Vorkriegsposition Deutschlands in ihr Gegenteil verkehrten. Nach 1918 wurde der Handlungsspielraum der deutschen Politik beträchtlich eingeschränkt; nach 1945 verschwand Deutschland als eigenständiger Akteur zunächst völlig aus der internationalen Politik, und es kam zur Auflösung des erst 1871 gegründeten Nationalstaats. Nach beiden Kriegen hatte das Land für seine kriegerische Politik einen hohen Preis in Gestalt von Gebietsverlusten und Reparationen sowie Beschränkungen oder gar des Verlusts seiner Souveränität zu zahlen. In beiden Nachkriegszeiten gehörte die Revision der Ergebnisse des Krieges zu den Hauptzielen der deutschen beziehungsweise westdeutschen Politik. Der im Namen des nationalen Interesses betriebene Revisionismus wandte zwar unterschiedliche Methoden an, in jedem Fall aber brachte er das Deutsche Reich oder die Bundesrepublik Deutschland unvermeidbar in Konflikt mit den Siegermächten oder zumindest mit einigen von ihnen. Daraus ergab sich eine für Deutschland und die internationale Politik gleichermaßen belastende Konfliktkontinuität. Vor 1914 und 1939 hatte Deutschland eine Politik verfolgt, die die Struktur des internationalen Systems zerstörte. Die dadurch verursachten Kriege brachten die deutsche Frage aber nur momentan zu einem Stillstand.

Nach dem Ersten Weltkrieg bewegte sich die deutsche Politik zwischen den Polen Revision durch Konfrontation mit den Siegermächten und Revision durch Kooperation mit ihnen. Nach dem Zweiten Weltkrieg gab es die Option zwischen Konfrontation und Kooperation nicht mehr. Beide deutsche Teilstaaten wurden zur Kooperation mit den Siegermächten gezwungen. Hinzu kam, daß die politischen Führungen in beiden Staaten darin keinen Nachteil erblickten. Aus westdeutscher Sicht war eine Revision nur in Kooperation mit den westlichen Siegermächten vorstellbar. Die Teilung Deutschlands wurde nicht als Folge des von Deutschland selbst herbeigeführten Weltkriegs gesehen, sondern als Ergebnis des Kalten Kriegs, als dessen Verursacher allein die Sowjetunion galt. Später erschien eine Kooperation auch mit der Sowjetunion denkbar, was schließlich zur Wiederherstellung des deutschen Nationalstaats beitrug.

So sehr die Ziele deutscher Politik nach den Weltkriegen differierten, so läßt sich doch eine fundamentale Gemeinsamkeit konstatieren. In beiden Nachkriegszeiten handelte es sich um die Wiedergewinnung von Eigenständigkeit, Gleichberechtigung und Handlungsspielraum. Nach dem Ersten Weltkrieg war dieses Ziel mit dem Vertragswerk von Locarno 1925 und dem deutschen Beitritt zum Völkerbund 1926 im Kern erreicht; nach dem Zweiten Weltkrieg mit den Ostverträgen seit 1970 und dem Beitritt der Bundesrepublik zu den Vereinten Nationen 1973. Gemeinsam ist beiden Konstellationen weiterhin, daß die revisionspolitische Komponente der deutschen Politik sowohl 1925 als auch 1970 weiterexistierte; 1925 ganz explizit als Bestandteil deutscher Außenpolitik und 1970 implizit aufgrund westdeutscher Verfassungsnormen und politischer Erwartungen. Welche Auswirkungen hatte die daraus folgende Dynamik auf das internationale System? Vergleichend soll im folgenden dargestellt werden, welche außenpolitischen Ziele verfolgt wurden, was als nationales Interesse galt und wie nationale Interessen und europäische Ordnung im Unterschied zur Zeit vor den Kriegen aufeinander bezogen wurden.

II

Stresemann ließ sich während seiner Amtszeit als Außenminister von zwei Grundgedanken bestimmen: 1. Deutschland war eine Großmacht gewesen und sollte wieder zu diesem Status zurückkehren; 2. Die Deutschen waren ein „Volk des verlorenen Weltkrieges", und eine „Wendung der Dinge durch Krieg" kam nicht in Betracht.[1] Im nationalen deutschen Interesse lag demnach sowohl die Wiederherstellung der deutschen Großmachtstellung als auch eine Politik der Friedenswahrung.[2] Diese Interessendefinition war realitätsorientiert. Die Rückkehr in das System der Großmächte gründete sich auf das auch nach Versailles verbliebene und in der Mitte der zwanziger Jahre wieder steigende deutsche Machtpotential sowie auf das Interesse Großbritanniens und der USA an einer Rekonstruktion der deutschen Großmacht, vorausgesetzt, sie ließ sich in eine europäische Ordnung integrieren. Infolgedessen förderte eine Politik der Friedenswahrung den Prozeß der Revision von Versailles und war zugleich ohne vernünftige Alternative. Wie später die 1969 ins Amt gekommene sozial-liberale Regierung in der Bundesrepublik die „Ergebnisse der Geschichte" anzunehmen bereit war,[3] so wandte sich Stresemann dagegen, das Ausmaß der Niederlage zu leugnen. Nur eine realistische Sicht der Niederlage und ihrer Konsequenzen konnte aus ihr herausführen.

Stresemanns politische Leistung bestand darin, weder auf das Ziel der Restitution des deutschen Großmachtstatus zu verzichten, noch die Verträglichkeit dieses Ziels mit den Erfordernissen internationaler Stabilität aus dem Auge zu verlieren. Die Rolle Deutschlands in Europa sollte stärker werden. Die europäische Großmächteordnung

---

[1] Stresemann vor dem Deutschen Auslandsinstitut in Stuttgart am 26.5.1927. Politisches Archiv des Auswärtigen Amts, Bonn (PA AA). Stresemann Nachlaß, Bd. 54.

[2] Zu diesem Ergebnis kommt auch die jüngste Studie zur Außenpolitik in der Ära Stresemann: Christian Baechler, *Gustave Stresemann (1878–1929). De l'impérialisme à la sécurité collective*, Strasbourg 1996. Zu den Forschungstrends, auf denen auch Baechler noch aufbaut, Wolfgang Michalka und Marshall M. Lee (Hg.), *Gustav Stresemann*, Darmstadt 1982.

[3] Willy Brandt, *Erinnerungen*, Berlin/Frankfurt 1989, S. 213.

durfte dadurch aber nicht gesprengt werden. Der Wiederaufstieg Deutschlands zur Großmacht entsprach seinem Machtpotential und war innenpolitisch wegen des daraus folgenden Integrationseffekts unverzichtbar. Die Verträglichkeit mit internationaler Stabilität war geboten, weil Deutschland nur in Kooperation mit den Siegern die Niederlage von 1918 und die erneute Niederlage in der Ruhrkrise 1923 überwinden konnte. Die Interdependenz von innenpolitischer Konsolidierung der parlamentarischen Republik und außenpolitischer Zivilisierung des bisher militärisch geprägten deutschen Großmachtverhaltens als unauflösbar erkannt und auch in der Öffentlichkeit vertreten zu haben, gehörte ebenso zu den Grundlinien Stresemannscher Politik wie die Interdependenz von Großmachtpolitik und internationaler Entspannung. Vor und im Krieg außenpolitisch gescheitert, kam es für die deutsche Politik nicht darauf an, auf Machtausübung im internationalen System zu verzichten, sondern die militärische Variante deutscher Großmachtpolitik durch eine den nationalen Interessen und der internationalen Stellung gemäßere Politik zu ersetzen. Das von Stresemann ausgegebene Doppelziel – „Konsolidierung der Republik" und „Verständigung mit den anderen Nationen"[4] – kennzeichnete die Politik der staatstragenden politischen und gesellschaftlichen Kräfte in der Weimarer Republik, die 1925/26 allerdings auf erheblichen innenpolitischen Widerstand stießen und sich schon bald nicht mehr behaupten konnten. Erst unter dem radikalen Vorzeichen der bedingungslosen Kapitulation 1945, der Besetzung und schließlich der Teilung des Landes war es möglich, Stresemanns Ansatz in der westdeutschen Politik als allgemein konsensfähig durchzusetzen und noch beträchtlich darüber hinauszugehen.

Die dauerhafte Umorientierung der deutschen Politik vom wilhelminischen Paradigma des Militärstaats zum Paradigma des republikanischen Zivilstaats mißglückte zwar nach dem Ersten Weltkrieg. Der in diese Richtung in der Ära Stresemann unternommene Versuch war allerdings als temporärer Erfolg bemerkenswert, weil er nicht nur von den Kräften getragen wurde, die schon im Krieg einen Verständigungsfrieden befürwortet hatten, sondern auch von früheren Verfechtern der wilhelminischen Militär- und Annexionspolitik, zu denen auch Stresemann selbst gehört hatte. Grundlage der republikanischen Außenpolitik war die Suche nach „gleichlaufenden Interessen" der Großmächte.[5] Ohne Interessengegensätze leugnen zu müssen, kam es darauf an, Interessengemeinsamkeiten oder Interessenüberschneidungen zu finden. Der republikanische Ansatz deutscher Außenpolitik war moderner als der wilhelminische, weil er nationale Alleingänge oder Blockdenken der in Krieg und Nachkriegszeit verfeindeten Großmächte durch multilaterale Gesamtlösungen ersetzen wollte. Er war auch moderner als der Ansatz Bismarcks, weil keine Großmacht isoliert werden sollte. Modern war er, weil er den Erfordernissen der auf internationale Arbeitsteilung angelegten Weltwirtschaft entsprach und marktgerechtes Verhalten auch auf die Politik übertragen wissen wollte. Weltweite Finanzströme bzw. Handelsbeziehungen und internationale Entspannung hingen unauflösbar zusammen,

---

[4] Stresemann an Reichskanzler Marx, 14.1.1927. *Akten zur Deutschen Auswärtigen Politik* (ADAP), Serie B, Bd. 4, S. 59 f.
[5] ADAP (Anm. 4), Serie B, Bd. 1, Teil 1, S. 730.

wie Stresemann betonte.⁶ Nationales und übernationales Interesse wurden nicht mehr isoliert voneinander gesehen.

Nach der Kriegsniederlage und der Reduzierung des deutschen Militärs infolge des Versailler Vertrags war Deutschland nur noch ein „wirtschaftliches Machtinstrument" geblieben.⁷ Darin erblickten Stresemann und die ihn stützenden innenpolitischen Kräfte nicht eine Entehrung des deutschen „Helden" durch den anglo-amerikanischen „Krämer", sondern durchaus eine Chance. Aus der Tatsache, „daß wir heute noch viel enger mit dem Ausland verflochten sind, als es früher der Fall war",⁸ entwickelte Stresemann ein ökonomisches Kooperationsmodell und sprach von der „Solidarität der Interessen, die die Völker Europas untereinander und darüber hinaus die Völker Europas mit den übrigen Völkern der Welt verbinden".⁹ Er formulierte aber auch die ökonomische Variante deutscher Machtpolitik und hielt an internationaler Machthierarchie und Ungleichheit durchaus fest. „Politische Fragen" sollten auf „wirtschaftlichem Weg" gelöst werden. Auf der Grundlage wirtschaftlicher Macht sollte versucht werden, „den Dingen seit Versailles eine andere Wendung zu geben".¹⁰ Das Gewicht Deutschlands drückte sich nicht mehr im militärischen, sondern im wirtschaftlichen Potential aus.¹¹

Im europäischen und transatlantischen internationalen System der Nachkriegszeit gab es für Stresemanns kooperative Revisionspolitik vor allem zwei Ansprechpartner: Großbritannien und die USA. Beide folgten der Räson des Handelsstaats und favorisierten das liberale Modell der Friedenssicherung. Aufgrund ihrer Finanz- und Wirtschaftskraft kam den USA aus Stresemanns Sicht eine Schlüsselrolle zu.¹² Aber auch das durch den Krieg erheblich geschwächte Großbritannien war unverzichtbar, weil nur mit seiner Hilfe der „altmodische" sicherheitspolitische Ansatz Frankreichs in modernere, den Industriestaaten angemessenere Bahnen umgelenkt werden konnte. Was für Stresemann nicht nur deutsche Interessenpolitik, sondern darüber hinaus ein objektives Erfordernis für den Frieden in Europa war, mußte aus französischer Perspektive allerdings zur Wiederbelebung einer Bedrohtseinsperzeption führen. Strese-

---

[6] Gustav Stresemann, *The Economic Restoration of the World*, in: *Foreign Affairs* 2 (1923/24), S. 552 ff.

[7] Stresemann in einer Rede vor dem Übersee-Klub in Hamburg am 16.4.1925. Peter Krüger, *Versailles. Deutsche Außenpolitik zwischen Revisionismus und Friedenssicherung*, München 1986, S. 186.

[8] Ebd., S. 185.

[9] Rede Stresemanns in Hamburg am 20.12.1926. PA AA, Nachlaß Stresemann, Bd. 48.

[10] Wie oben Anm. 5.

[11] Daß die wirtschaftliche Rekonstruktion als Voraussetzung für die Wiedergewinnung einer deutschen Machtstellung angesehen und damit in ihren außenpolitischen Kontext gestellt wurde, war ein in allen politischen Lagern anzutreffender Konsens. Entscheidend ist, daß Stresemanns republikanische Außenpolitik die systematische Reduzierung von Militär und Krieg bedeutete. Siehe dazu Klaus Hildebrand, *Das vergangene Reich. Deutsche Außenpolitik von Bismarck bis Hitler*, Stuttgart 1995, S. 395, 405, 440, 456 f.

[12] Siehe auch den Beitrag von Manfred Berg in diesem Band.

mann verkannte dies nicht und war zur Übernahme der Perspektive der anderen Seite gelegentlich durchaus in der Lage. Es sei „die Sorge vor einem wiedererstehenden Deutschland", die „die Entschlußkraft der französischen Politik zu objektivem Denken" in politisch-ökonomischen Gesamtzusammenhängen lähme. Also müsse man „der Frage der Sicherheit für Frankreich ruhig und leidenschaftslos gegenüberstehen".[13]

Verfolgte die deutsche Politik in der Ära Stresemann einerseits die Abstimmung nationaler und internationaler Belange und schien damit aus deutscher Sicht die Rolle Deutschlands in Europa stabilisierend zu wirken, so konnten andererseits französische oder auch polnische Befürchtungen, das wiedererstarkende Deutschland könnte die Ergebnisse des Krieges in ihr Gegenteil verkehren, niemals ausgeräumt werden. Die deutsche Selbstwahrnehmung und die französische Perzeption der deutschen Politik kamen nicht zur Deckung. Am Beispiel der Problemkreise Ostlocarno, Rheinlandräumung, Reparationen, Grenzkorrekturen, Rüstung/Abrüstung läßt sich aufzeigen, wie die deutschen und französischen Grundorientierungen auch nach Locarno als Revisions- beziehungsweise Status quo-Politik konfligierten. Was aus deutscher Sicht als friedlicher Wandel erschien, der zu dem legitimen Status einer gleichberechtigten Großmacht führen sollte, ließ aus französischer Sicht das Risiko einer Dynamik des Wandels hervortreten, bei der die Grenze zwischen Anpassung des Versailler Systems an die realen Machtverhältnisse und seiner völligen Umstürzung rasch überschritten werden konnte. Solche Befürchtungen standen hinter Poincarés Entschlossenheit, sich allen deutschen Versuchen zu widersetzen, „vorläufige finanzielle Schwierigkeiten bei den Alliierten auszunutzen, um Stück für Stück alle Bestimmungen des Friedensvertrags zu zerstören."[14] Noch stärker als Frankreich war Polen von Modifikationen des Versailler Systems betroffen. Zwar dachte Stresemann nicht an militärische Gewalt und verfolgte sein Ziel einer Revision der deutsch-polnischen Nachkriegsgrenzen nur in Abstimmung mit den westeuropäischen Großmächten, die ihm eine Absage erteilten, so daß Polen nicht unmittelbar gefährdet war. Aber Stresemann war nie bereit, polnische Sicherheitsbelange so einzustufen wie französische: Polen zählte nicht zum Kreis der europäischen Großmächte, in den Deutschland gerade zurückgekehrt war.[15]

Mit einem gewissen Recht ist gesagt worden, daß die „Weimarer Außenpolitik" keine „geschlossene Konzeption für eine künftige europäische Ordnung" hervorgebracht hat, „welche die Interessen der anderen Mächte, ihre Besonderheiten und Traditionen angemessen in Rechnung gestellt und die Basis für eine Erörterung mit ihnen geboten hätte."[16] Zweifellos blieb die Fähigkeit der außenpolitischen Elite der Weimarer Republik, die Perspektive der gegnerischen Interessendefinition

---

[13] Stresemann in einem Zeitungsartikel am 15.5.1923. Arnold Harttung (Hg.), *Gustav Stresemann. Schriften*, Berlin 1976, S. 279 ff.

[14] Poincaré an Briand, 19.8.1926. Clemens A. Wurm, *Die französische Sicherheitspolitik in der Phase der Umorientierung 1924–1926*, Frankfurt 1979, S. 430. Siehe auch den Beitrag von Wurm in diesem Band.

[15] Dazu auch der Beitrag von Ralph Schattkowsky in diesem Band.

[16] Peter Krüger, *Die Außenpolitik der Republik von Weimar*, Darmstadt 1985, S. 554.

nachzuvollziehen, begrenzt, wenn sie auch nicht völlig fehlte. Dieses Defizit hatte sie freilich mit anderen Regierungen gemeinsam, so daß für die internationale Politik der zwanziger Jahre insgesamt von einem strukturellen Mangel zu sprechen ist. Man bewegte sich zwischen geregelten Kooperationsformen und internationaler Anarchie. Vor diesem Hintergrund erscheint es kaum sinnvoll, Stresemanns Außenpolitik an maximalistischen Maßstäben zu messen, ganz abgesehen davon, daß das theoretische Wissen über Zusammenhänge internationaler Politik noch in den Anfängen steckte. Entscheidend ist, daß die deutsche Politik in der Ära Stresemann mit der Tradition des Unilateralismus beziehungsweise der exklusiven Blockbildung gebrochen und damit begonnen hat, in Kategorien internationaler Interdependenz zu denken.[17]

III

Als Stresemann 1929 starb, konnte nicht davon gesprochen werden, daß sich eine Konsolidierung des Entspannungsprozesses von Locarno abzeichnete. Vierzig Jahre später wurde mit Willy Brandt ein Bundeskanzler gewählt, dessen Name ebenfalls untrennbar mit einer Politik der Entspannung verbunden ist. Wie Stresemann erhielt auch er den Friedensnobelpreis.[18] Ostpolitik ging als deutsches Wort in den internationalen Sprachgebrauch ein und wurde zu einem Synonym für Entspannungspolitik. Die Außenpolitik der sozial-liberalen Regierung Brandt/Scheel interessiert hier jedoch nicht in erster Linie als international anerkannter deutscher Beitrag zur Friedenssicherung, sondern vor allem als Politik, die sich als Wahrung deutscher Interessen verstand und den außenpolitischen Handlungsspielraum der Bundesrepublik vorsichtig erweitern wollte. Schon 1963 hielt Brandt die Bundesrepublik für „erwachsen genug", um „als Gleicher unter Gleichen" „im Konzert des Westens" eine selbständige Rolle spielen zu können. Auf der Basis der in der Ära Adenauer erreichten Westintegration, zu der sich seit 1960 auch die SPD in aller Form bekannte, sollte sich die Bundesrepublik „künftig stärker" um ihre „Interessen gegenüber dem Osten kümmern". Die „eigentliche Bewährungsprobe der deutschen Außenpolitik" stehe noch aus.[19] Sie bestand in der Ergänzung der Westpolitik nach Osten und in der politischen Emanzipation der Bundesrepublik von den westlichen Siegermächten, ohne dabei die strukturelle Verflechtung mit der westlichen Welt in Frage zu

---

[17] Vgl. auch Gottfried Niedhart, *Kriegsende und Friedensordnung als Problem der deutschen und der internationalen Politik 1917–1927*, in: Wolfgang Michalka (Hg.), *Der Erste Weltkrieg*, München/Zürich 1994, S. 178 ff.

[18] Gottfried Niedhart, *Gustav Stresemann*, in: Karl Holl und Anne C. Kjelling (Hg.), *The Nobel Peace Prize and the Laureates. The Meaning and Acceptance of the Nobel Peace Prize in the Prize Winners' Countries*, Frankfurt u. a. 1994, S. 183 ff.; Heinrich Potthoff, Willy Brandt, in: ebd. S. 245 ff.

[19] Vortrag Brandts in der Evangelischen Akademie Tutzing am 15.7.1963. *Dokumente zur Deutschlandpolitik*, Reihe IV, Bd. 9, Frankfurt 1978, S. 565 ff.

stellen. Genau auf dieses Ziel war die sozial-liberale Außenpolitik seit 1969 gerichtet. Auf den ersten Abschnitt der Nachkriegszeit, in der die Verankerung des westdeutschen Teilstaats im westlichen Wirtschafts- und Sicherheitssystem erreicht worden war, folgte nach einer Übergangszeit in den sechziger Jahren nun die sozialliberal geprägte zweite Gründungsphase der Bundesrepublik. Innenpolitisch war damit eine Dynamisierung des Prozesses der Verwestlichung der deutschen Politik und Gesellschaft verbunden. Außenpolitisch knüpfte man an Adenauers Bestreben an, die Bundesrepublik zu einem gleichberechtigten Mitglied der westlichen Staatengemeinschaft zu machen.[20] Man wollte sie „'gleicher' als zuvor"[21] erscheinen lassen, was sich in der operativen Umsetzung der Ostpolitik niederschlug. Von Anfang an ließ die Bundesregierung keinen Zweifel daran, daß sie informieren, aber nicht in jeder Phase um ausdrückliche Zustimmung bitten wolle.[22] Die Ostpolitik wurde, wie es Brandts Kanzleramtschef im Rückblick treffend zusammenfaßt, als „eigenständiger deutscher Beitrag zu einer umfassenden Außen- und Sicherheitspolitik des Westens" konzipiert und sollte „das politische Selbstbewußtsein und den Einfluß der Bundesrepublik stärken".[23]

Indem man über frühere Selbstbeschränkungen hinausging und in einer dafür günstig erscheinenden internationalen Konstellation eine eigene Ostpolitik entwickelte, wollte man „legitime nationale Interessen" zur Geltung bringen.[24] In diesem Punkt befand sich die SPD in nahtloser Übereinstimmung mit dem liberalen Koalitionspartner. Walter Scheel, seit 1968 Vorsitzender der FDP und seit Oktober 1969 Außenminister, strebte nach einem „höheren Maß an Verantwortung" der Bundesrepublik „für die europäische Politik" und nach „weltweitem Engagement". „In nüchternem Selbstbewußtsein" wollte er „ohne Überheblichkeit" in „weltpolitischen Fragen" mitreden.[25] Wie Scheel sah auch Ralf Dahrendorf, für kurze Zeit Parlamentarischer Staatssekretär im Auswärtigen Amt, darin einen entscheidenden Schritt, der die sozial-liberale Regierung von den Vorgängerregierungen abhob: „Mir scheint es

---

[20] Hierzu Franz Knipping und Klaus-Jürgen Müller (Hg.), *Aus der Ohnmacht zur Bündnismacht. Das Machtproblem in der Bundesrepublik Deutschland 1945–1960*, Paderborn u. a. 1995.

[21] Brandt (Anm. 3), S. 189.

[22] So Egon Bahr zu Henry Kissinger am 13.10.1969 in Washington. Archiv der sozialen Demokratie der Friedrich-Ebert-Stiftung, Bonn (AsD), Depositum Egon Bahr 439/2. Zur Eigenständigkeit der Bonner Ostpolitik vgl. auch Brandt (Anm. 3), S. 189, sowie Henry Kissinger, *White House Years*, Boston/Toronto 1979, S. 411, 530. Auf den Punkt bringt es Egon Bahr, Ostpolitik, in: *Lexikon des Sozialismus*, Köln 1986, S. 472: „Ostpolitik war ein Zeichen dafür, daß die Bundesrepublik Deutschland sich in der Lage fühlte, selbständig gegenüber den Staaten Osteuropas zu handeln und – wenngleich nicht unabgestimmt mit ihren westlichen Verbündeten – den eigenen Interessen entsprechend aktiv zu werden, trotz der Bedenken und kritischen Fragen, die es in Washington, Paris und London gab."

[23] Horst Ehmke, *Mittendrin. Von der Großen Koalition zur Deutschen Einheit*, Berlin 1994, S. 128.

[24] Brandt (Anm. 3), S. 170.

[25] Scheel in Reden auf Parteitagen der FDP am 23.6.1969 und 23.10.1972. Archiv des Deutschen Liberalismus, Gummersbach (ADL) A1/388 und 463.

wichtig, zu betonen und auch öffentlich zu betonen, daß wir als erste Bundesregierung seit langem eine unabhängige und selbständige deutsche Außenpolitik betreiben. Mir liegt daran, deutlich zu machen, daß wir mehr sind als nur loyale Mitläufer, daß wir in unserer äußeren Politik eigene Ziele und Interessen verfolgen."[26] Tendenzen dieser Art waren zwar schon zur Zeit der Großen Koalition in Bonn zu spüren gewesen, doch erst die sozial-liberale Regierung machte sie zum Gegenstand ihrer Selbstdarstellung. Damit rührte sie zugleich an ein Axiom der Nachkriegsordnung, denn sie gab zu erkennen, daß sie die im NATO-Bündnis implizierte Strategie der Eindämmung der Bundesrepublik als „veraltet" betrachtete.[27] Was verstand man in der Bundesrepublik Deutschland, die gerade auf zwei Jahrzehnte ihres Bestehens zurückblicken konnte, unter nationalem Interesse? War es das „Interesse der Nation" oder das „Interesse unserer Bundesrepublik", wie eine Pressemitteilung des SPD-Parteivorstands im Dezember 1970 unterschied?[28] Zweifellos war das nationale Interesse nicht mit dem Interesse des Staats identisch, für den die Bundesregierung handelte. Im Unterschied zur Regierung der DDR war jede Bundesregierung normativ auf das Ziel der Wiederherstellung des Nationalstaats festgelegt. Ob die Entspannungspolitik, die auch unter Verwendung dieses Begriffs schon seit 1966 von der Regierung der Großen Koalition mit Kurt Georg Kiesinger als Bundeskanzler und Brandt als Außenminister eingeleitet wurde, diesem Ziel diente oder es verleugnete, darum kreiste eine der großen politischen Kontroversen, die die Geschichte der Bundesrepublik geprägt haben. Die sozial-liberalen Befürworter der Entspannungspolitik waren im wesentlichen identisch mit den Kritikern Adenauers und seiner in den fünfziger Jahren betriebenen Politik der dezidierten Westbindung. Eingewandt worden war, man verrate damit die nationale Aufgabe der Wiedervereinigung und vernachlässige „deutsche Interessen".[29] Ende der sechziger und zu Beginn der siebziger Jahre waren es genau diese Kritiker Adenauers, die den Nationalstaat als Ziel deutscher Politik zwar nicht aufgegeben hatten,[30] ihn aber mittelfristig nicht für erreichbar hielten und seine Wiedererlangung auch nicht zur Voraussetzung für Ent-

---

[26] Dahrendorf am 26.4.1970 vor dem Bundeshauptausschuß der FDP. ADL, A12/88.

[27] Wolfram F. Hanrieder, Deutschland und die USA. Partner im transatlantischen Bündnis der Nachkriegsära, in: Jürgen Elvert und Michael Salewski (Hg.), *Deutschland und der Westen im 19. und 20. Jahrhundert*. Teil 1: *Transatlantische Beziehungen*, Stuttgart 1993, S. 131. Zur Politik der doppelten Eindämmung Wolfram F. Hanrieder, *Deutschland, Europa, Amerika. Die Außenpolitik der Bundesrepublik Deutschland 1949–1994*, 2. Aufl. Paderborn 1995, S. 25 ff.

[28] Pressemitteilung des SPD-Parteivorstands vom 14.12.1970. AsD, Depositum Helmut Schmidt 5205.

[29] Aufschlußreich in diesem Zusammenhang ist eine Formulierung Herbert Wehners aus dem Jahr 1966. Kurt Schumacher habe die „modische Europapolitik" mit „deutschen Interessen in Einklang bringen" wollen. Wehner an *Abendzeitung* (München), 14.12.1966. AsD, SPD-Fraktion, 5. Wahlperiode, Büro Wehner 1899.

[30] Siehe dazu Dieter Groh und Peter Brandt, *„Vaterlandslose Gesellen". Sozialdemokratie und Nation 1860–1990*, München 1992, S. 295 f.; Andreas Vogtmeier, *Egon Bahr und die deutsche Frage. Zur Entwicklung der sozialdemokratischen Ost- und Deutschlandpolitik vom Kriegsende bis zur Vereinigung*, Bonn 1996, S. 51 ff.

spannung in Europa machten. Im Gegenteil: Entspannung rangierte vor der Wiederherstellung des Nationalstaats und wurde geradezu zur Voraussetzung für die Lösung der nationalen Frage erklärt. Damit war, wie Bundeskanzler Brandt im Januar 1972 unterstrich, kein „legitimes und freiheitliches Ziel" preisgegeben. Vielmehr bemühe sich die Bundesregierung, „von realer Lage ausgehend unsere Interessen als Bundesrepublik zu wahren, West-Berlin aus seiner Gefährdung zu lösen und für eine gemeinsame nationale Zukunft bessere Voraussetzungen zu schaffen", als sie „im ersten Vierteljahrhundert seit Kriegsende" gegeben waren.[31] Dem nationalen Interesse der Deutschen schien am besten dadurch gedient zu sein, daß der territoriale Status quo und damit die Teilung des Landes als zu respektierende Realität anerkannt wurden. Helmut Schmidt sprach sehr treffend von „Realitätsbereitschaft" als dem Signum der Entspannungspolitik.[32] Nur durch ihre vorherige Anerkennung könne man die Realität im Sinne des nationalen Interesses verändern. Da dieses schon Anfang der sechziger Jahre formulierte Paradox nicht nur ein Gedankenspiel, sondern ein Kalkül der „neuen" Ostpolitik[33] war, setzte die sozial-liberale Regierung mit anderen Mitteln und für die zeitgenössische Öffentlichkeit nur bedingt erkennbar fort, was ihre Vorgängerregierungen schon betont hatten, und hielt an dem unüberbrückbaren Interessenkonflikt zwischen deutscher und sowjetischer Politik fest: „Das Hauptziel der sowjetischen Europapolitik ist die Sicherung und Legalisierung des Status quo. Die deutsche Politik erstrebt die Veränderung des Status quo. Es handelt sich hier um einen echten Gegensatz der Interessen."[34]

In der praktischen Politik dagegen mußte die Respektierung des Status quo der europäischen Nachkriegsordnung dominieren. Die prinzipielle Bereitschaft dazu zeichnete sich schon gegen Ende der Kanzlerschaft Adenauers ab. Damit verbunden war die Ausbildung einer westdeutschen Identität und „Staatsräson".[35] Sie ging mit der

---

[31] Notizen Bundeskanzler Brandts für eine Sitzung des Auswärtigen Ausschusses des Bundestags am 27.1.1972. Willy-Brandt-Archiv im Archiv der sozialen Demokratie der Friedrich-Ebert-Stiftung, Bonn (WBA), Bundeskanzler und Bundesregierung (BK) 93.

[32] Schmidt im Bundestag, 24.2.1972. *Verhandlungen des Deutschen Bundestags. Stenographische Berichte* 79 (1972), S. 9920.

[33] Als Einstieg immer noch wichtig Richard Löwenthal, *Vom Kalten Krieg zur Ostpolitik*, in: Richard Löwenthal und Hans-Peter Schwarz (Hg.), *Die zweite Republik. 25 Jahre Bundesrepublik Deutschland – eine Bilanz*, Stuttgart 1974, S. 604 ff. Für den weiteren Gang der Diskussion Werner Link, *Außen- und Deutschlandpolitik in der Ära Brandt 1969–1974*, in: Karl Dietrich Bracher, Wolfgang Jäger und Werner Link, *Republik im Wandel 1969–1974. Die Ära Brandt*, Stuttgart/Mannheim 1986, S. 163 ff.; Timothy Garton Ash, *Im Namen Europas. Deutschland und der geteilte Kontinent*, München 1993, S. 48 ff.; Peter Bender, *Die „Neue Ostpolitik" und ihre Folgen. Vom Mauerbau bis zur Vereinigung*, München 1995; Vogtmeier (Anm. 30).

[34] Bahr, damals Leiter des Planungsstabs im Auswärtigen Amt, in einem Memorandum für Außenminister Brandt vom 1.10.1968. Vogtmeier (Anm. 30), S. 129.

[35] Werner Link, *Die außenpolitische Staatsräson der Bundesrepublik Deutschland. Überlegungen zur innerstaatlichen Struktur und Perzeption des internationalen Bedingungsfelds*, in: Manfred Funke u. a. (Hg.), *Demokratie und Diktatur. Geist und Gestalt politischer Herrschaft in Deutschland und Europa*, Bonn 1987, S. 400 ff. Aus historischen Gründen und aufgrund der Vorgabe

Reflexion einher, daß Deutschland als Ganzes eine „unhandliche Größe" darstellt[36] und, wie es Bundeskanzler Kiesinger 1967 ausführte, eine „kritische Größenordnung" habe.[37] Hinzu kam, daß schon Adenauer das traditionelle nationalstaatliche Denken für anachronistisch gehalten hatte. Unter dem Vorzeichen der Détente erschien es manchem Beobachter darum nur konsequent, die Zukunft unter postnationalen Aspekten zu betrachten, von einem „allmählichen Abbau nationalstaatlicher Grenzen" zu sprechen und die „Erhaltung der Nation" als einer beide Teilstaaten überwölbenden Einheit an „eine enge Kooperation mit allen europäischen Staaten" zu koppeln sowie an die „Garantie, daß nicht wieder ein wegen seiner Größe potentiell bedrohlicher deutscher Nationalstaat entsteht".[38] Im Klartext war dies eine Absage an das Ziel der Wiedervereinigung. Eine derart weitgehende Position wurde von der Bundesregierung nicht geteilt. Die deutsche Frage trat zwar in der Tagespolitik in den Hintergrund. Es blieb aber bei einem Interessenprofil, in dem die Spannung zwischen der Respektierung des Status quo und der ungelösten deutschen Frage nicht aufgehoben war. Die deutsche Frage war „offen", aber sie ruhte auf unbestimmte Zeit. Es gab ein nationales Interesse (Selbstbestimmung für alle Deutschen, Wiedervereinigung), an dem festgehalten wurde, das aber unrealisierbar erschien, weil auch die Bündnispartner in der NATO es nicht wollten. Vorrangig für die Politik war das Interesse der Bundesrepublik Deutschland, die auf die europäische Integration und die transatlantische Kooperation gerichtet war. Ihre Interessen als „Handelsstaat" (offene Märkte, wirtschaftliches Wachstum, politische Stabilität) teilte sie ebenso mit ihren Bündnispartnern wie ihre Sicherheitsinteressen an der europäischen Nahtstelle des Ost-West-Konflikts.

Der historische Ort der 1969 ins Amt gekommenen sozial-liberalen Regierung ist dahin zu bestimmen, daß die „neue" Ostpolitik vor dem Hintergrund eines allge-

---

[35] Fortsetzung

des Grundgesetzes wurde der Begriff des nationalen Interesses auf Lage und Politik der Bundesrepublik als internationalem Akteur nicht angewandt. Als deutschem Teilstaat wurde ihr eine Staatsräson zugeschrieben, während sich das nationale Interesse auf die Nation insgesamt bezog. So Matthias Zimmer, *Nationales Interesse und Staatsräson. Zur Deutschlandpolitik der Regierung Kohl 1982–1989*, Paderborn 1992. Diese Unterscheidung übersieht freilich, daß die „Staatsräson" der Bundesrepublik im Laufe ihres Bestehens und besonders seit Ende der sechziger Jahre immer mehr die Züge des klassischen „nationalen Interesses" angenommen hat.

[36] So die Formulierung von Ash (Anm. 33), S. 562.

[37] Kiesinger am 17.6.1967: „Deutschland, ein wiedervereinigtes Deutschland, hat eine kritische Größenordnung. Es ist zu groß, um in der Balance der Kräfte keine Rolle zu spielen, und zu klein, um die Kräfte um sich herum selbst im Gleichgewicht zu halten. Es ist daher in der Tat nur schwer vorstellbar, daß sich ganz Deutschland bei einer Fortdauer der gegenwärtigen Struktur in Europa der einen oder der anderen Seite ohne weiteres zugesellen könnte. Eben darum kann man das Zusammenwachsen der getrennten Teile Deutschlands nur eingebettet sehen in den Prozeß der Überwindung des Ost-West-Konflikts in Europa." Zit. bei Klaus Hildebrand, *Von Erhard zur Großen Koalition 1963–1969*, Stuttgart/Wiesbaden 1984, S. 332.

[38] Diese Formulierungen finden sich in einer Resolution zum Abschluß einer Tagung der Friedrich-Naumann-Stiftung über „Deutsche Friedenspolitik – Rückendeckung durch die NATO?", 9.–11.1.1970. ADL, Bundespräsidium der FDP, 186.

meinen Bedeutungsanstiegs der Bundesrepublik für die internationalen und supranationalen Institutionen des Westens einen Prozeß in Gang setzte, der die Bundesrepublik nicht nur als internationalen Akteur aufwertete, sondern schließlich auch zur Aufweichung und dann Auflösung der Nachkriegsordnung beitrug und damit auch die Problematik des nationalen Interesses wieder virulent werden ließ. Die Ära Brandt war keine Epoche der „Machtvergessenheit".[39] Vielmehr war sie, verkürzt formuliert, nach den erfolgreichen Startvorbereitungen, mit denen in den fünfziger Jahren die Rückkehr in die internationale Politik eingeleitet wurde, eine Phase des *take off*, die 1989/90 an ihr Ziel gelangte. In bemerkenswerter Analogie zu außenpolitischen Standortbestimmungen der neunziger Jahre sprach Brandt schon 1968 als Außenminister von der gestiegenen „weltpolitischen Verantwortung" eines „mittleren westlichen Staats" wie der Bundesrepublik. Die Zeit des bloßen „Mitagierens im Rahmen einer westlichen Bündnispolitik" sei vorüber: „Es gibt eine deutsche Politik, weil es deutsche Interessen gibt, auch außerhalb der Bündnispolitik und des traditionellen Ost-West-Gegensatzes."[40]

Die erweiterte Interessendefinition der Bundesrepublik, die insbesondere die Länder der Dritten Welt einbezog, konnte nur wirksam werden, wenn die westdeutsche Außenpolitik von der Hypothek der deutschen Frage und dem aus der deutschen Frage resultierenden Gegensatz zur Sowjetunion entlastet wurde. Dies geschah durch die Anerkennung der Nachkriegsrealitäten in Europa, ungeachtet der revisionistischen Zielsetzung, die mit der auf diese Anerkennung folgenden Ostpolitik verbunden war.[41] Die Anerkennung beseitigte auch eine Differenz gegenüber den westlichen Siegermächten, während die ostpolitische Dynamik erhebliche Befürchtungen hervorrief. Mit der Anerkennung erfolgte eine Anpas-

---

[39] Dieser von Hans-Peter Schwarz (*Die gezähmten Deutschen: Von der Machtbesessenheit zur Machtvergessenheit*, Stuttgart 1985) zur Charakterisierung der „alten" Bundesrepublik in die Debatte eingeführte Begriff übersieht, daß alle Bundesregierungen seit Konrad Adenauer mit den ihnen zur Verfügung stehenden Machtmitteln sehr wohl gestaltend in die internationale Politik eingegriffen haben. Ich folge hier Karl Kaiser, *Das vereinigte Deutschland in der internationalen Politik*, in: Karl Kaiser und Hanns W. Maull (Hg.), *Deutschlands neue Außenpolitik*. Bd. 1: *Grundlagen*, München 1994, S. 9 ff.

[40] AsD, Protokolle des Parteivorstands der SPD, Sitzung vom 1./2.11.1968. Pointiert Egon Bahr in einer Aufzeichnung für Brandt vom 30.1.1967: Die Bundesrepublik sei „erwachsen" geworden und habe begonnen, „ihre eigenen Interessen zu definieren, ihre Möglichkeiten und ihre Rolle zu analysieren und in praktische Politik umzusetzen". AsD, Depositum Bahr, 299/3.

[41] Die Anerkennung allein war nicht schon Politik im Sinne von politischem Agieren. Politik waren die seit 1970 entwickelten Formen west-östlicher Kooperation, die den Warschauer Pakt „verändern" sollten, wie Brandt am 7.6.1970 notierte (WBA, BK 91), oder die den Osten zu friedlichem Wandel zwingen sollten, wie Bahr in einem Schreiben an Kissinger am 14.4.1973 zu erkennen gab: „Eine systematische, aber nicht wahllose Erweiterung der wirtschaftlichen Ost-West-Beziehungen wird die Widersprüche in den kommunistisch regierten Ländern steigern und zu weiteren Modifikationen des Systems beitragen. Es liegt auch im westlichen Interesse, daß diese Entwicklung keinen explosiven und nicht kontrollierbaren Umschlag erfährt." AsD, Depositum Bahr, 439/1.

sung an die amerikanische Entspannungspolitik der sechziger Jahre.[42] Schon zu Beginn dieses Jahrzehnts hatten Brandt und Bahr aus ihrer Berliner Perspektive hervorgehoben, daß sie Kennedys „Strategie des Friedens" als Anknüpfungspunkt betrachteten. Sie betonten eine „zunehmende Identität der amerikanischen und deutschen Interessen".[43] War die Anerkennung der Nachkriegsrealitäten erforderlich, um eine drohende Isolierung innerhalb des westlichen Bündnisses zu vermeiden, so barg die Ostpolitik als Teil des erweiterten Rollenverständnisses der Bundesrepublik Gefahren in sich, die ebenfalls zu einer Sonderstellung der Bundesrepublik führen konnten. Dagegen war Vorsorge zu treffen. Sollte sich die Ostpolitik nicht kontraproduktiv auswirken, hatte sie, wie Brandt unterstrich, „im Westen zu beginnen". Die „verläßliche Partnerschaft mit dem Westen und die sich mühsam anbahnende, dann auszubauende Verständigung mit dem Osten" mußten aufeinander abgestimmt sein: „Mir war bewußt, daß unser nationales Interesse es keinesfalls erlaube, zwischen dem Westen und dem Osten zu pendeln."[44] Schon aus sicherheitspolitischen Gründen, auf deren ausdrückliche Einbeziehung vor allem Helmut Schmidt bei jeder sich bietenden Gelegenheit drängte,[45] änderte sich nichts am „Standbein der Verteidigung". Hinzu kam das „Spielbein der Entspannungsbemühungen".[46]

Bei dieser Prioritätensetzung handelte es sich vor dem Hintergrund des Harmel-Berichts der NATO aus dem Jahr 1967 um eine Selbstverständlichkeit, um eine der stillschweigenden Voraussetzungen westdeutscher Außen- und Sicherheitspolitik.[47] Angesichts der zu erwartenden innenpolitischen Auseinandersetzungen um die Ostpolitik schien es dem Fraktionsvorsitzenden der SPD, Herbert Wehner, aber doch geraten zu sein, in der ersten Regierungserklärung ausdrücklich davon zu sprechen. Für Wehner erlaubte es „unsere Lage" nicht, „zwischen West und Ost zu stehen, zu pendeln oder zu schwanken". Es gelte, sich „in Kooperation und Absprache mit West um größtmögliche Verständigung mit Ost" zu bemühen.[48] Wehners „Erinnerungsposten", wie er es nannte, mag indes

---

[42] Genauer dazu Adrian W. Schertz, *Die Deutschlandpolitik Kennedys und Johnsons. Unterschiedliche Ansätze innerhalb der amerikanischen Regierung*, Köln 1992; Frank Costigliola, Lyndon B. Johnson, Germany, and „the End of the Cold War", in: Warren I. Cohen und Nancy Bernkopf Tucker (Hg.), *Lyndon Johnson Confronts the World. American Foreign Policy 1963–1969*, Cambridge 1994, S. 197.

[43] Wie oben Anm. 19.

[44] Brandt (Anm. 3), S. 187. Ähnliche Formulierungen finden sich auch in Brandts Regierungserklärung vom 28.10.1969; siehe dazu auch unten Anm. 48.

[45] So etwa in einem Brief an Brandt vom 13.8.1970, also einen Tag nach Unterzeichnung des Moskauer Vertrags. WBA, BK 18.

[46] Ehmke (Anm. 23), S. 121.

[47] Einschlägig dazu Helga Haftendorn, *Sicherheit und Entspannung. Zur Außenpolitik der Bundesrepublik Deutschland 1955–1982*, Baden-Baden 1983, S. 211–215.

[48] Herbert Wehner, Einige Erinnerungsposten für die Regierungserklärung, 15.10.1969. AsD, SPD-Fraktion, Büro Wehner, 2010.

zugleich als Ermahnung gedacht gewesen sein, aus der von Brandt betonten besonderen Rolle der Bundesrepublik in den Beziehungen zwischen Ost und West keine Sonderrolle werden zu lassen.[49]

Daß ein Erfolg in der Ostpolitik und eine Neugestaltung der deutsch-sowjetischen Beziehungen Auswirkungen auf die Rolle Deutschlands in Europa haben würden, lag auf der Hand. Von zusätzlicher Brisanz war, daß sich Ende der sechziger Jahre völlig unabhängig von neuen ostpolitischen Initiativen das Gewicht der Bundesrepublik in Europa zunehmend bemerkbar machte. In der Frage der möglichen Erweiterung der EG durch die bisher außerhalb stehende britische Großmacht befand sich Bonn in einer Position, aus der heraus sowohl auf Frankreich als auch auf Großbritannien eingewirkt werden konnte. Bundeskanzler Kiesinger war durchaus willens, sie auszunutzen und die „europäische Schlüsselrolle, die uns dabei zufällt," zu übernehmen. Man dürfe sie allerdings „weder optisch anstreben", noch sich „aufdrängen lassen". Vielmehr müsse man diese Aufgabe „aus sichtbar souveränem nationalen Interesse" angehen.[50] Was immer dies in der Praxis bedeuten mochte, diese Formulierungen machen deutlich, daß der Begriff des nationalen Interesses nicht mehr allein für die Nation als Ganzem reserviert war. Er wurde auch auf die Bundesrepublik angewandt und ließ ein westdeutsches Identitätsgefühl erkennen, das sich mit der Bereitschaft verband, als internationaler Akteur selbstbewußt und interessenorientiert aufzutreten. Ende der sechziger Jahre zeichnete sich ab, was der spätere Bundeskanzler Schmidt 1976 den Aufstieg der Bundesrepublik zur „zweiten Weltmacht des Westens" nannte. Dieser psychologisch „gefährliche" Aufstieg, den Schmidt auf das „ökonomische Zurückbleiben" und das „Zurückbleiben der Verteidigungsanstrengungen anderer Partner" zurückführte, so daß die NATO „ein im Kern amerikanisch-deutsches Bündnis" war, mußte „Besorgnisse" auslösen. Ihnen gedachte Schmidt durch „Behutsamkeit im Umgang mit anderen Staaten" zu begegnen sowie mit dem „Versuch, unser Handeln multilateral abzudecken". Schmidt war zwar entschlossen, „nicht national und nicht selbständig, sondern vielmehr im Rahmen der EG und im Rahmen des Bündnisses zu operieren" und auf diese Weise eingebunden und kontrolliert zu bleiben. An der unverrückbaren Tatsache indes, daß die Bundesrepublik, ob sie es wollte oder nicht, ein neuer „Führungsfaktor" geworden war, der seine Rolle in Abstimmung mit seinem internationalen Umfeld spielen mußte, änderte dies nichts.[51]

---

[49] Brandt hatte am 4.3.1969 vor der SPD-Fraktion unterstrichen, man müsse „auf der Hut sein, uns zu überschätzen in dem großen Ost-West-Zusammenhang". Doch solle sich die Bundesrepublik „als ein Partner der Sowjetunion" auch nicht „unterschätzen". AsD, SPD-Fraktion, 119.

[50] Kiesinger bei einer außenpolitischen Klausurtagung der Bundesregierung am 2./3.5.1968. AsD, Depositum Bahr 299/1.

[51] Aufzeichnung Schmidts vom Dezember 1976: „Erwägungen für 1977". AsD, Depositum Schmidt, 6567. Auf dieses Papier wird auch bei Ash (Anm. 33), S. 129 ff. Bezug genommen.

IV

Vergleicht man die beiden hier nebeneinandergestellten Konstellationen, so besteht eine Übereinstimmung insofern, als in beiden Phasen der Schwerpunkt der deutschen Außenpolitik in den Beziehungen zu den Westmächten gesehen wurde. Ein gravierender Unterschied ist jedoch darin zu sehen, daß sich die Bundesrepublik in einem Zustand fortgeschrittener internationaler Verflechtung befand, während die Weimarer Republik auf der traditionellen Ebene des Konzerts der Mächte verblieb. Im Gegensatz zur Locarno-Phase bestand zu Beginn der siebziger Jahre kein Widerspruch zwischen der deutschen Rolle in Europa und der bestehenden europäischen Ordnung. Während Stresemann den Status quo verändern wollte, wenn dies auch nur mit friedlichen Mitteln geschehen sollte, sprach Brandt eine de facto-Anerkennung der bestehenden Grenzen aus und forderte lediglich, daß friedlicher Wandel möglich bleiben müsse. Dadurch sah sich die Sowjetunion in ihrem Besitzstand bestätigt, obwohl die Entspannungspolitik mit ihrer Dialektik von Status quo-Wahrung und -Überwindung objektiv ihren Machtbereich aufweichte. In Washington bestand eine ambivalente Einstellung, und man hegte im Weißen Haus „anfangs ernsthafte Vorbehalte" gegenüber der Ostpolitik.[52] Sie hingen mit Befürchtungen zusammen, die Bundesrepublik könnte in näherer Zukunft ihre neue Beweglichkeit zur Lockerung bestehender Blockbindungen benutzen. Freilich führten solche Wahrnehmungen nie zu einer ernsten Störung der deutsch-amerikanischen Beziehungen oder gar zu einem Veto Washingtons. Dort wurde recht bald gesehen, daß es „weitverzweigte Querverbindungen" zwischen der deutschen Ostpolitik und den eigenen Détente-Interessen gab.[53] Die Bundesrepublik begann eine Rolle zu spielen, „die über Europa hinausging", die „stabilisierende Rolle einer vielfach vernetzten Ausgleichsmacht".[54] Zudem hatte die außenpolitische Elite der Bundesrepublik nicht zuletzt infolge der Schulung Adenauers gelernt, nicht nur nationale Interessen zu formulieren und zu verfolgen, sondern sich auch vorzustellen, wie sie von den früheren Kriegsgegnern und jetzigen Verbündeten perzipiert wurden. Es wurde nicht versäumt, die Ostpolitik im Westen abzusichern. Darüber hinaus hatte auch schon Adenauer vorexerziert, daß Besorgnisse der Westmächte vor einer neuen deutschen Dynamik durch Selbstbindung in Europa relativiert werden konnten. Auch in der Phase der Ostpolitik konnte man „diese Dynamik in Richtung auf die politische Union Europas" wirken lassen: „Denn dann ginge sie in einer gemeinsamen europäischen Außenpolitik auf."[55]

---

[52] Henry A. Kissinger, *Die Vernunft der Nationen. Über das Wesen der Außenpolitik*, Berlin 1994, S. 811.

[53] Hanrieder, *Deutschland, Europa, Amerika* (Anm. 27), S. 406.

[54] Ebd., S. 448.

[55] Diese Empfehlung gaben einige Teilnehmer der „Studiengruppe für die deutschen Beziehungen zur Sowjetunion" der Deutschen Gesellschaft für Auswärtige Politik (DGAP) am 21.9.1970. DGAP, Bonn, Sitzungsprotokolle. Vgl. auch Brandt (Anm. 3), S. 181.

Die Westorientierung der Stresemannschen Außenpolitik wurde nach 1945 zur Westbindung der nicht vollständig souveränen Bundesrepublik. Während Stresemanns Westorientierung in Deutschland heftig umstritten blieb, wurde die Westbindung der Bundesrepublik zu einem Basiskonsens westdeutscher Politik. Blieb für Stresemann der Nationalstaat der unverrückbare Bezugspunkt seiner Politik, trat die Frage der Wiederherstellung des Nationalstaats in der Bundesrepublik im Laufe der sechziger Jahre in den Hintergrund. Der zentrale Unterschied zwischen den hier verglichenen Konstellationen, deren Grundgemeinsamkeit in der Ausweitung des deutschen außenpolitischen Handlungsspielraums liegt, besteht im allgemeinen Grad der internationalen Verflechtung und der Einbindung Deutschlands darin. Wirtschaftliche Verflechtung und Weltmarktorientierung, wie sie Stresemann nur anvisierte, erreichten nach 1945 einen Grad institutioneller Absicherung, der die Kategorie des nationalen Interesses in einem neuen Kontext erscheinen läßt.

Die Bedeutung des Nationalen Interesses für die Außenpolitik der Bundesrepublik

CHRISTIAN HACKE

Einleitung

Das Nationale Interesse als analytische Kategorie

„Nationales Interesse ist die umfassendste Beschreibung des gesamten Wertkomplexes der Außenpolitik."[1] Zur Klärung der Außenpolitik eines Landes ist der Begriff nützlich, weil er auf umfassende Weise eine Wunschperspektive umschreibt und gleichzeitig eine Vergleichsmöglichkeit für diese Wünsche mit der tatsächlichen Politik ermöglicht: So wird der Begriff zu einem allgemein gebräuchlichen Kriterium für die Bewertung der Außenpolitik eines Landes, weil er vor allem langfristig die Interessen eines Landes darlegt und damit den Vergleich zu anderen Staaten oder die Analyse zwischenstaatlicher Beziehungen Punkt für Punkt ermöglicht, gleichgültig, ob diese Beziehungen neutraler, freundschaftlicher oder feindlicher Natur sind. Die Analyse der Interessen anderer Staaten ergibt im Vergleich zur eigenen Interessenlage den Umriß einer spezifischen Interessenkonstellation. Das Erkennen der Interessenperspektiven anderer Staaten verdeutlicht wiederum die Grenzen der eigenen Interessen und bestimmt damit die Formulierung des eigenen Interesses wesentlich mit.[2]

Die Spannung zwischen erwünschten Zielen und tatsächlicher Politik im Namen des Nationalen Interesses resultiert dabei aus unterschiedlichen oder gegensätzlichen Perspektiven der zentralen Entscheidungsträger sowie aus den unterschiedlichen Sichtweisen zwischen Theoretikern und Praktikern der Außenpolitik. Während letztere nicht selten zu einer polemischen Begriffsbestimmung des Nationalen Interesses greifen, versuchen erstere diesen Begriff vorrangig erklärend-analytisch zu nutzen.

Der Begriff macht ferner Sinn, weil die internationale Welt – bestehend aus knapp 200 Nationalstaaten – ohne diesen Begriff nur unzureichend analysiert werden kann. Allerdings zeigt die Entwicklung der vergangenen Jahrzehnte, daß das Nationale Interesse durch neue transnationale Entwicklungen verdünnt wird. Der Nationalstaat wird dadurch zu stärkerer Interdependenz und Kooperation verpflichtet. Damit wird das Nationale Interesse von der alten Verbindung mit Souveränität gelockert, gleichzeitig aber mit der Interdependenz stärker verknüpft.

---

[1] Joseph Frankel, *Nationales Interesse*, München 1971, S. 24.

[2] So Gottfried-Karl Kindermann in seiner Einführung zu Hans J. Morgenthau, *Macht und Frieden: Grundlegung einer Theorie der internationalen Politik*, Gütersloh 1963, S. 28.

Die Durchsetzung nationaler Interessen liegt primär bei der Bundesregierung, aber Parlament und öffentliche Meinung sind an der Formulierung inhaltlich beteiligt. Zweifellos verlangt eine Außenpolitik im Namen des Nationalen Interesses gedankliche Disziplin. Nur dann ist der Begriff für die Handelnden ein Schlüssel für ausgleichende Außenpolitik, bewahrt vor übertriebenen Hoffnungen und vor ideologischer Verblendung.[3]

Der Begriff erfährt seinen Wert auch dadurch, daß er zur Resultante eines innenpolitischen Kräftespiels wird, das zugleich den Unterschied zwischen Partikularinteressen einzelner gesellschaftlicher und politischer Gruppen und den Interessen der Nation als Ganzes verdeutlicht, und dieses sich wiederum von globalen Interessen absetzt. Damit dient das Konzept des Nationalen Interesses zur Abgrenzung von undifferenzierten Moralvorstellungen und wird zum Korrektiv gegen ideologische Kreuzzugsmentalität in der Außenpolitik.

Nationales Interesse in der deutschen Außenpolitik

Während im 20. Jahrhundert fast alle Staaten eine bemerkenswerte Kontinuität und Konsequenz bei der Verfolgung ihrer nationalen Interessen aufweisen, zeigen die nationalen Interessen Deutschlands Diskontinuitäten und Brüche. In Deutschland gab es vor allem keine ansprechende Wechselwirkung zwischen außenpolitischen Interessen und Ideen, wie z. B. bei den westlichen Großmächten Frankreich, England oder USA, die auf die Ideen der Französischen Revolution, des Machtgleichgewichts, der Freiheit der Meere oder auf dem Sockel der Menschenrechte und Demokratie eine attraktive außenpolitische Interessenstruktur aufbauen konnten.[4] Deutschland hatte bis 1945 Nationale Interessen entwickelt, diese aber lediglich mit der Idee des Machtstaates oder der eines verquasten, d. h. in Wirklichkeit antiwestlichen und antidemokratischen Humanismus verbunden.

Nach der Kapitulation 1945 und nach der Teilung Deutschlands mußte die Bundesrepublik Deutschland ihr Interesse zunächst widersprüchlich ausrichten: nach Westen auf Integration, Gleichberechtigung und Sicherheit, nach Osten antikommunistisch, dann zunehmend auf Entspannung, Ausgleich und Selbstbestimmung.

Innenpolitische Grundlagen

Der Vereinigungsprozeß hat die innenpolitischen Grundlagen Deutschlands völlig verändert. Das Land braucht noch Jahre, bis es sich im Innern „zurechtruckelt". Gerade die Außenpolitik zeigt, daß die Vereinigung Deutschlands kein Zusammenschluß von zwei gleichberechtigten Teilen gewesen ist. Nach den politischen Tradi-

---

[3] Morgenthau (Anm. 2), S. 50.
[4] Vgl. hierzu: Christian Hacke, Germany and the New Europe, in: David Calleo (Hg.), *From the Atlantic to the Urals: National Perspectives on the New Europe*, Arlington (Virginia) 1992, S. 85 ff.

tionslinien der ehemaligen DDR fragt keiner mehr, es gelten die Erfahrungen und Maßstäbe der alten Bundesrepublik. Dabei wird aber ein „politischer Erbfehler" der alten Bundesrepublik deutlich. Sie konnte ebensowenig wie die DDR eine eigene nationalstaatliche Identität entwickeln. Bundesrepublik und DDR waren Rationalstaaten, waren Teilgründungen der Siegermächte mit dem Ziel, einen deutschen Nationalstaat nicht ohne weiteres wieder entstehen zulassen. Unterschiedliche, ja gegensätzliche rationalstaatliche Erbschaften beider Teilstaaten und manch fatale, aber auch gute Erinnerung an den deutschen Nationalstaat vor 1933 bilden ein Gemisch, aus dem sich – zunächst sehr zögerlich – nationale Traditionen für das wiedervereinigte Deutschland entwickeln könnten.

Die Flucht vor einer deutschen Nation in die europäische Integration westlicherseits wie in die internationale sozialistische Solidarität östlicherseits stand bei den Deutschen bis 1989 zum Teil gewünscht, zum Teil zwangsweise im Vordergrund. Dieser Zwangscharakter von internationaler Solidarität ist zum Glück weggefallen. Um so mehr muß in den neuen Bundesländern das Bewußtsein für die Notwendigkeit freiwilliger integrationspolitischer Solidarität geschärft werden. Umgekehrt hat der westeuropäische Integrationsprozeß bürokratische und nationale Vorbehalte verstärkt. Daraus folgt: Ohne Klärung und Neubewertung zentraler außenpolitischer Kategorien wie Nation und Interesse ist der Schlüsselbegriff aller Außenpolitik, der Begriff des „Nationalen Interesses", nicht möglich.

Deutschland wird sich angesichts der Renaissance von nationalstaatlichem Denken in West- und Osteuropa und angesichts der neu- bzw. wiedererstandenen Nationalstaaten in Osteuropa nur behaupten können, wenn es Begriff und Inhalt von „Nation" und „Interesse" auch für sich selbst als legitim auffaßt.

Nationales Interesse seit der Vereinigung

Die Traditionsfrage

Seit der Vereinigung Deutschlands ist die nationale Interessendefinition auch unter Berücksichtigung außenpolitischer Traditionslinien dringlich geworden. An welche Traditionen kann und soll das wiedervereinigte Deutschland heute anknüpfen? Ein vorurteilsfreier Blick auf die außenpolitische Geschichte Deutschlands des 19. und 20. Jahrhunderts ist angebracht. Es gab nicht nur nationalen Größenwahn, nicht nur Kriegsschuld und Verbrechen. Es gab auch historische Vorbilder und Ansätze für respektable und erfolgreiche Außenpolitik im 19. und 20. Jahrhundert. Diese historischen Wurzeln werden aber nur freigelegt werden können, wenn in unserem Lande eine außenpolitische Kultur entsteht, die deutsche Geschichte auch unter der Fragestellung aufarbeitet, ob und wo sich Anknüpfungspunkte für bemerkenswerte Traditionslinien aufspüren lassen. Das außenpolitische Versagen und Verbrechen Deutschlands in diesem Jahrhundert darf nicht verkleinert oder gar eingeebnet werden. Aber sind in den vergangenen Jahrzehnten nicht umgekehrt durch alleinige Konzentration auf deutsche Schuld und deutsches Verbrechen positive Aspekte deutscher Außenpolitik unverantwortlich eingeebnet worden? Wie soll ein Land außenpolitische Traditionen und eine außenpolitische Kultur entwickeln, wenn an Universitäten und Hochschulen diese historischen Dimensionen vernachlässigt werden, wenn außenpolitische Geschichte und Diplomatiegeschichte nicht mehr systematisch gelehrt werden?

Betrachten wir Deutschlands Außenpolitik einmal im Vergleich mit anderen. Sie unterscheidet sich von den meisten anderen Staaten der atlantischen Welt. Jene haben über Jahrzehnte, zum Teil über Jahrhunderte außenpolitische Traditionslinien entwickelt, die zum Teil noch heute fortwirken. Großbritannien hat den Gedanken des Machtgleichgewichts mit dem der Freiheit der Meere und der Idee der Demokratie koppeln können. Die USA definieren ihre Interessen durch das Eintreten für Freiheit, Selbstbestimmung und Menschenrechte. Sie haben dies in ein globales Sendungsbewußtsein umgeformt, das im Kampf gegen Faschismus und Kommunismus eine besondere Ausdrucksform fand. Frankreich glorifiziert die Werte der Französischen Revolution und hat eine Tradition nationaler Interessenbestimmung mittels diplomatischer Raffinesse entwickelt. Alle drei Partner Deutschlands haben substantiell und im Stil eine lange und überzeugende außenpolitische Tradition von Interessen und Verantwortlichkeiten für Freiheit und Frieden in der Welt entwickelt, die uns Deutschen lange Zeit gefehlt hat. Deutschland hingegen war ein demokratischer Spätzünder und weltpolitischer Unruhefaktor. Die wertvollen außenpolitischen Ansätze des Bismarck-Reiches versanken im Größenwahn der spätwilhelminischen Ära. Der erste Versuch der Deutschen, Anschluß an den Westen zu finden, war in Weimar gescheitert. Die richtungsweisenden Ansätze in der Außenpolitik der Weimarer Republik, vor allem in der Diplomatie von Gustav Stresemann, gingen in der politischen Radikalisierung unter und endeten im Rassenwahn des Dritten Reiches. Es war das Schicksal Deutschlands bis 1945, daß Machtpolitik – ohne liberal-demokratische und humane Vision – zu einer Politik von Gewalt und Unterdrückung degenerierte. Deutschland fehlte im Vergleich zu westeuropäischen und nordamerikanischen Demokratien bis 1945 eine vitale und attraktive außenpolitische Vision mit universalem Standard. Hitler war nicht der Vollender des deutschen Nationalstaats, sondern sein Verderber. Nicht Hitler rief „Es lebe das heilige Deutschland", es war sein Attentäter Stauffenberg. Nicht nur in den Augen des Widerstandes war der deutsche Nationalstaat eine legitime Möglichkeit für die weitere deutsche Geschichte – auch für die Begründer der Bundesrepublik. Sie entwickelten diese zu einem vorbildlich liberal-demokratischen Staat mit einer Außenpolitik, die in Stil und Substanz heute eine eigene würdige Tradition besitzt: Integration in die atlantische Staatengemeinschaft und eine globale Vision von Frieden, Freiheit und materiellem Wohlstand. Die Außenpolitik des wiedervereinigten Deutschlands wird sich in überwältigendem Maße auf diese Traditionslinien berufen und entsprechend die nationalen Interessen definieren. Wenn das vereinigte Deutschland an diese Tradition anknüpft, dann bleibt es zwar auch nach 1989 eine verspätete Nation, kann aber im Unterschied zu 1871 auf Traditionen der alten Bundesrepublik zurückgreifen. Deshalb scheinen heute die Gefahren eines neutralen oder nationalistischen Sonderweges gebannt.

Am wichtigsten wird sein, daß wir die mehr als vierzigjährige Geschichte der Bundesrepublik unter außenpolitischen Gesichtspunkten neu analysieren. Hier liegen die tragenden Traditionslinien, die auch in die Zukunft weisen. In den politischen Wissenschaften wurde auch die Bedeutung der politischen Persönlichkeit über Jahrzehnte zugunsten einer übertriebenen Systemtheorie vernachlässigt. Außenpolitik läßt sich nicht auf Input- und Output-Analysen, auf analytische Gitter und ähnliches Zubehör reduzieren. Daher muß an die Bedeutung historischer Persönlichkeiten in Geschichte und Politik wieder stärker erinnert werden. Seit 1989/90 hat z. B. das Auftreten von Michail Gorbatschow gezeigt, daß gerade in revolutionären Zeiten Politik von Menschen und Persönlichkeiten gestaltet wird.

Auch die außenpolitische Geschichte der Bundesrepublik ist deshalb günstig verlaufen, weil in den vergangenen 40 Jahren Männer von großem Format Politik und Außenpolitik der Bundesrepublik erfolgreich gestaltet haben. Diese Traditionslinie stellt sich folgendermaßen dar:

- Konrad Adenauers Politik der Westintegration wurde zum vollendeten Schutzdach für die freiheitlich und demokratische Entwicklung der Bundesrepublik. Die Außenpolitik des wiedervereinigten Deutschlands darf diese Grundsatzentscheidung von Konrad Adenauer nicht revidieren. Das oberste nationale Interesse erfordert Kontinuität, Erweiterung und Vertiefung dieses integrationspolitischen Grundgesetzes deutscher Außenpolitik. Erst heute, nach der Wiedervereinigung Deutschlands, erkennen wir die volle Konsequenz von Adenauers Westpolitik: Sie war niemals nur Westpolitik allein, sondern Magnet für den anderen Teil Deutschlands und für die Staaten in Mittel- und Osteuropa. Sie war langfristig der sinnvollste und schließlich auch der erfolgreiche Weg, um die Teilung Deutschlands und Europas zu überwinden. Die 2 + 4-Diplomatie der Regierung Kohl/Genscher hat besonders seit November 1989 auf diesem Fundament aufgebaut.[5]
- Die freie und soziale Marktwirtschaft von Ludwig Erhard ermöglichte der Bundesrepublik den Wiedereintritt und schnellen Aufstieg im Rahmen des Weltwirtschaftssystems. Deutschlands weltpolitischer Rang und wirtschaftspolitisches Ansehen bleiben nur erhalten, wenn Ludwig Erhards Erbe weltwirtschaftlich gesehen umsichtig ausgebaut wird.
- Kurt Georg Kiesinger erkannte, daß Reformen in der Ost- und Deutschlandpolitik überfällig wurden. Dieses Erbe bleibt auch für die zukünftige Ostpolitik verpflichtend. Wie kein anderer Kanzler vor und nach ihm personifizierte Kiesinger zugleich großbürgerliche Lässigkeit und rhetorische Eloquenz.
- Willy Brandt personifizierte moralisches Engagement und den Willen zur Aussöhnung und Entspannung mit den Staaten in Mittel- und Osteuropa. Ohne sein Wirken wäre in Mittel- und Osteuropa, wäre in der damaligen Sowjetunion keine Bereitschaft gewachsen, in der entscheidenden historischen Stunde Deutschlands Wiedervereinigung zuzustimmen. Brandts Kniefall in Warschau war Ausdruck von Scham und Bescheidenheit. Dieses darf in der zukünftigen Außenpolitik nicht nur Erinnerung bleiben. Die neue Ostpolitik des wiedervereinigten Deutschland muß dieser historischen Leistung auch unter neuen machtpolitischen Erwägungen verpflichtet bleiben.

---

[5] Vgl. Christian Hacke, Neue deutsche Fragen: Übernimmt die Bundesrepublik in Europa und in der Welt von morgen mehr Verantwortung? in: *Frankfurter Allgemeine Zeitung*, 4. Januar 1991, S. 8.

– Helmut Schmidts außenpolitisches Erbe verweist auf die verschiedenen weltpolitischen Krisen im ökonomischen Bereich sowie im West-Ost-Verhältnis. Mit ihm trat die Bundesrepublik in eine verantwortliche weltpolitische Rolle. Kein Bundeskanzler vor und nach ihm, mit Ausnahme von Willy Brandt, hat Außenpolitik so konzeptionell und intellektuell verstanden. Sein Wirken vor und nach seiner Bundeskanzlerschaft zeigt, daß die historisch-wissenschaftliche Durchdringung von Politik und Außenpolitik für ihn zwingend war. Was bei anderen Bundeskanzlern aufgesetzt klang, war bei Helmut Schmidt echt. Er hat wirklich über Deutschland anspruchsvoll nachgedacht und wirkungsvoll gehandelt. Vor allem besaß er den Willen zur politischen Entscheidung, auch wenn dieser unpopulär war, heute eine seltene Tugend im politischen Deutschland. Herausragend war sein Gefühl für außenpolitische Krisen.

Die Väter des Grundgesetzes haben 1949 darauf hingewiesen, daß nicht nur Freiheit, Demokratie und Westintegration für die Bundesrepublik allein angestrebt werden, sondern in der Präambel wird Bezug genommen auf „die Deutschen" und auf „das deutsche Volk". „Das gesamte deutsche Volk [wurde] aufgefordert, in freier Selbstbestimmung die Einheit und Freiheit Deutschlands zu vollenden." Ohne diese Bezugnahme hätte es für diejenigen, die von ihrem Staat als Bürger der DDR und nicht als Deutsche angesehen wurden, keine gesetzliche Grundlage für die Flucht über Ungarn oder die Botschaften in Prag und Warschau gegeben. Die deutsche Einheit wäre ohne die Berufung des Grundgesetzes auf „das deutsche Volk" historisch und rechtlich nicht möglich gewesen. Ohne den grundsätzlichen Begriff „Deutschsein" ist unsere Verfassung nicht zu denken. Sie ist ein untrennbarer Teil des Prozesses der Identitätswahrung im alten Deutschland sowie der Identitätsbildung im wiedervereinigten Deutschland.

Der kosmopolitische Grundcharakter des Nationalen Interesses

Der kosmopolitische und internationalistische Grundcharakter der Außenpolitik der Bundesrepublik muß in Zukunft folgendes garantieren können:[6]
1. Deutsche Außenpolitik muß kooperativ ausgerichtet bleiben. Es geht nicht um eine Alternative zwischen nationaler und internationaler Interessenbestimmung. Es geht allein um den Grad der internationalen Verflechtungen, der Interdependenzen und um Rücksichtnahme sowie um gemeinsame globale Ordnungsaufgaben, für die die deutsche Außenpolitik offenbleiben muß.
2. Neben dieser internationalen Kooperationsfähigkeit muß deutsche Außenpolitik koalitionsfähig bleiben. Dies gilt nicht nur für ökonomische, sondern auch für

---

[6] Vgl. hierzu Lothar Rühl, Die Interessenlage der Bundesrepublik: Nationale oder multilaterale Interessenbestimmung, in: Karl Kaiser und Hanns W. Maull (Hg.), *Die Zukunft der deutschen Außenpolitik, Arbeitspapiere zur Internationalen Politik* 72, hrsg. vom Forschungsinstitut der Deutschen Gesellschaft für Auswärtige Politik, Bonn 1993, S. 32.

verteidigungspolitische Koalitionen zur Wahrnehmung der eigenen und gegenseitigen Sicherheit.
3. Die Allianzfähigkeit im Sinne der Beteiligung an einem stehenden Bündnis für gemeinsame Werte und Interessen zu Friedens- und Kriegszeiten bleibt zentrale Aufgabe deutscher Außenpolitik. Die NATO bleibt Beweis und bietet auch weiter den Rahmen für die Allianzfähigkeit deutscher Außenpolitik.
4. Die Integrationsprobe in der EG beweist den wichtigsten und intensivsten Gemeinschaftsaspekt deutscher Außenpolitik. Die Integrationsfähigkeit in der NATO, WEU und UNO steht noch aus. Kosmopolitische Ausrichtung deutscher Außenpolitik muß sich auch in Krisen- oder Kriegszeiten bewähren.
5. Integration darf nicht zur Verweigerung außenpolitischer Interessenwahrnehmung werden. Deutschland darf sich nicht hinter integrationspolitischer Gemeinsamkeit verstecken, wenn sich dahinter gemeinsame Fehler verbergen. Dann wird nationale Interessenbestimmung im Alleingang nötig. Dieser unilaterale Schritt muß sehr bedacht werden und Ausnahme bleiben. In der Regel empfiehlt es sich nicht, durch vorschnelle und nicht abgestimmte Außenpolitik den gemeinsamen Rahmen der europäischen politischen Zusammenarbeit (EPZ) zu gefährden. Dadurch könnten die einzelnen Partner und die Gemeinschaftsinstitutionen als Ganzes gefährdet werden.
6. Der Verlaß auf friedliche Harmonie allein genügt heute nicht mehr. Die eigene Interessendefinition muß Möglichkeiten der Konfliktregelung mit einkalkulieren. Dabei kann multilaterale oder bilaterale militärische Intervention für nationale Interessendefinition nicht mehr ausgeschlossen werden.
7. Die nationalen Interessen des wiedervereinigten Deutschlands sind vor allem „verflochtene Interessen". Sie bauen auf den Verflechtungen der alten Bundesrepublik auf und haben bisher überwiegend außenwirtschaftlichen Charakter zum Zweck der Sicherung der Lebensgrundlagen und des Wohlstands.[7]

Koalition, Kooperation und Integration bilden den Kern des offenen und kosmopolitischen Grundcharakters deutscher Außenpolitik. Diese Fähigkeiten werden auch in Zukunft auf Deutschland und Europa wechselseitig disziplinierend und vorbildlich wirken. Außenpolitik ist nicht nur auf Interessendefinition und Handlungsspielräume ausgerichtet. Dazu gehören auch alle Aspekte der Diplomatie – die Vorgehensweisen und Überlegungen, mit welchen Mitteln politische Ziele erreicht werden sollen. Im Frieden, in Krisen und selbst im Krieg können die diplomatischen Fähigkeiten ausschlaggebend bleiben. Dank brillanter diplomatischer Fähigkeiten seines Außenministers Talleyrand gelang es beispielsweise Frankreich nach dem Wiener Kongreß, unerwartet schnell wieder in den Kreis der Großmächte gleichberechtigt zurückzukehren. Dank geschickter Diplomatie gelang es Konrad Adenauer, die Bundesrepublik nach 1949 in die Gemeinschaft westlicher Demokratien hineinzuführen. Dank geschmeidiger Verhandlungsführung gelang es der Bundesregierung Kohl/Genscher, die Zustimmung aller Europäer in West und Ost binnen zehn Monaten zur Wiedervereinigung Deutschlands zu erreichen.

---

[7] Dieter Senghaas, Verflechtung und Integration, in: ebd., S. 35.

Folgende außenpolitischen Interessen der Bundesrepublik Deutschland müssen als grundlegend und unverzichtbar angesehen werden:
1. Die Sicherheit und Wohlfahrt der Menschen, der Umwelt und des Territoriums,
2. Militärische Abschreckung und Kriegsverhütung für Deutschland und seine Vertragspartner in der NATO,
3. Aufrechterhaltung und Ausbau der politischen Integration Deutschlands in Westeuropa,
4. Der Aufbau einer gesamteuropäischen Friedensordnung,
5. Das Interesse an einem weltweiten freien und offenen Handelssystem und die Vermeidung von einseitigen politischen oder wirtschaftlichen Abhängigkeiten,
6. Weltweite Interessen an Friedenssicherung und Kriegsverhinderung,
7. Die neuen globalen Probleme wie Ökologie, Kriminalität, Bevölkerungswachstum bedürfen einer besonderen Prioritätensetzung bei der Definition deutscher Interessen.

Die Interessenstruktur

Oberstes Interesse ist die Sicherung der politischen, wirtschaftlichen und sozialen Lebensgrundlagen. Das bewährte Regierungssystem, die Institutionen und Werte, also Staat und Gesellschaft bilden die innenpolitische Grundlage und den Kern außenpolitischer Interessen. So gesehen ist Außenpolitik die Fortsetzung der Innenpolitik mit anderen Mitteln und unter anderen Bedingungen.[8] Umgekehrt hängt außenpolitische Interessendefinition von der Haltung der Bürger zu Grundfragen der Außenpolitik ab, wobei die zentralen Interessen auf einem möglichst breiten Konsens beruhen sollten. Somit wird die außenpolitische Interessenstruktur Deutschlands durch sechs Faktoren geprägt:
1. Durch die Wertvorstellungen des Grundgesetzes,
2. Durch seine geographische und durch seine geopolitische Lage in der Mitte Europas,
3. Durch seine Vergangenheit,
4. Durch die Einstellung seiner außenpolitischen Nachbarn und Partner,
5. Durch die weltpolitischen Entwicklungen sowie
6. Durch die konzeptionellen Überlegungen und den außenpolitischen Willen der Bundesregierung.

Deutschlands Politiker sprechen aber zu selten von präzisen Nationalen Interessen Deutschlands und zu oft von globaler Verantwortung. Nicht selten werden damit

---

[8] „Die äußere Stellung Deutschlands entscheidet sich an seiner inneren Kraft. Wenn Rechtsstaat und Demokratie fest verankert sind, gibt es keine Frage des deutschen Störenfrieds in Europa oder gar des ‚Reiches als europäische Ordnungsmacht' mehr. Die alte Bundesrepublik ist bei der Transformation der inneren Verhältnisse in Richtung auf eine liberale Bürgergesellschaft in einer rechtsstaatlichen Demokratie weit gekommen." Ralf Dahrendorf, Die Zukunft des Nationalstaates, in: *Merkur* 546/547 (1994), S. 758.

Forderungen eingebracht, wie z. B. die nach einem ständigen Sitz Deutschlands im Weltsicherheitsrat. Hans-Peter Schwarz vertritt die Meinung, daß Deutschland bisher schon einen erheblichen finanziellen Beitrag zur Arbeit der Vereinten Nationen geleistet hat: „Künftig wird es auch mit mehr oder weniger gewichtigen militärischen Leistungen zur humanitären Katastrophenhilfe verfügbar sein müssen. Somit ist die Erwartung auf einen ständigen Sitz im Weltsicherheitsrat legitim."[9] Arnulf Baring hingegen warnt vor weitausgreifenden edlen Absichten im Sinne einer Weltfriedensmacht: „Solche Bestrebungen erscheinen als eine geradezu groteske Verkennung dessen, was unsere Landsleute in der weiten Welt praktisch auszurichten entschlossen sind. Wären wir wirklich ständig im Weltsicherheitsrat, dann müßten wir uns ja nicht nur mit guten Worten, sondern auch mit viel Geld, das wir nicht mehr haben, und vor allem mit Truppen in allen Erdteilen engagieren."[10]

Die parlamentarische Opposition kann entscheidend zur Mitbestimmung des Nationalen Interesses beitragen. Das Regierungsprogramm der SPD von 1994 forderte vor allem die Verwirklichung universeller Werte, verzichtete aber auf eine außenpolitische Interessendefinition Deutschlands. Das ist symptomatisch, denn seit dem Rücktritt von Bundeskanzler Schmidt 1982 kann die SPD kein alternatives und zugleich bündnisfähiges außen- und sicherheitspolitisches Konzept vorlegen. Das ist unter innen- und außenpolitischen Gesichtspunkten dem Nationalen Interesse abträglich. Die parlamentarische Opposition der drei sogenannten Linksparteien im Deutschen Bundestag übt sich mehr oder weniger in einer Sozial-Weltpolitik anstatt Bündnisinteressen, Diplomatie und Strategie neu zu durchdenken und sinnvoll miteinander zu verknüpfen. Aber es muß auch nüchtern festgehalten werden, daß es keine umfassende Stellungnahme oder Dokumentation der Bundesregierung gibt, in der die Nationalen Interessen explizit und präzise definiert werden. Ein Satz wie dieser des britischen Außenministers Hurd: „Die britische Außenpolitik hat die Aufgabe, britische Interessen zu schützen und zu fördern. Trotz des Wandels in der Welt hat sich an dieser grundlegenden Wahrheit nichts geändert. Die Frage, was das britische Interesse ist, muß in jeder Generation neu beantwortet werden", – ist aus dem Munde eines deutschen Außenpolitikers vorerst schwer vorstellbar. Werden führende Politiker nach der Rolle Deutschlands in der Welt gefragt, so antworten sie zuerst, daß sie den Wünschen der Nachbarn und Partner entsprechen möchten. Absagen an Nationalismus und Machtpolitik alten Stils sind zu gängigen Formeln deutscher Außenpolitik geworden. Das ist edel gedacht, aber sachpolitisch unangemessen. Diese altruistischen Formeln vermitteln außerdem den Verdacht, daß sie zur Tarnung von Interessen benutzt werden, über die man offen nicht sprechen möchte. Deshalb wäre es unseren außenpolitischen Partnern lieber, deutsche Politiker sagten klipp und klar, wo sie die Interessen ihres Landes sehen. Aber noch immer schimmert bei uns die Unfähigkeit durch, „eigene Interessen zu erkennen, verbunden mit Servilität und idealistischer Verblasenheit, in der Figur des dummen deutschen

---

[9] Hans-Peter Schwarz, Agenda deutscher Außenpolitik, in: ebd., S. 787 f.
[10] Arnulf Baring, Wie neu ist unsere Lage? Deutschland als Regionalmacht, in: *Internationale Politik* 1995/4, S. 15.

Michel."[11] Auf dem Hintergrund der weitverbreiteten Scheu deutscher Außenpolitiker, deutlich über Nationale Interessen zu sprechen, kommt der außenpolitischen Grundsatzrede von Bundespräsident Herzog vor der Deutschen Gesellschaft für Auswärtige Politik am 13. März 1995 eine besondere Bedeutung zu, denn er beantwortet die Frage nach den Interessen auf ansprechende Weise: „Deutsche Interessen, das sind zunächst unsere unmittelbaren nationalen Interessen wie Sicherheit und Bewahrung von Wohlstand. Es hat keinen Sinn, das verschweigen zu wollen. Unsere Partner würden uns ohnehin nicht glauben, daß wir nur internationalen Altruismus im Schilde führen. Ganz besonders verlangt es die Wahrhaftigkeit, zuzugeben, daß wir auch deshalb für weltweite Freiheit des Handels eintreten, weil das in unserem eigenen Interesse liegt."[12] Gerade weil seit 1990 die Renationalisierungstendenzen in Europa und in der Welt angestiegen sind, muß also der gestaltende Wille Deutschlands für die Vertretung der eigenen nationalen Interessen deutlicher werden.

Aber es ist ein Irrtum, daß Renationalisierung von Politik und Außenpolitik in Europa die Wiedergeburt nationalstaatlichen Handelns anzeigt. Der Nationalstaat war nie tot. Er ist seit Jahrhunderten der rationale, berechenbare und kalkulierbare Hauptakteur der internationalen Politik.[13] Dabei setzt der Begriff des Nationalen Interesses weder eine idealtypisch harmonisierte Welt voraus, noch ist Krieg die Konsequenz für den Fall, daß alle Staaten ihre Außenpolitik nach Maßgabe des Nationalen Interesses verfolgen. Im Gegenteil: Nur bei der Verfolgung von Interessen sind Unterschiede und Gegensätze durch Kompromisse und Integration auszugleichen, nur so entwickeln sich Gleichgewicht und Integration durch rationale Begrenztheit statt durch moralische Globalität.

Zwar hat die Bundesregierung bisher kein klares Interessenkonzept vorgelegt, aber das Weißbuch zur Sicherheits- und Verteidigungspolitik gibt gewissen Aufschluß über die Interessenstruktur. Dort heißt es: „Die Außen- und Sicherheitspolitik Deutschlands wird von fünf zentralen Interessen geleitet:
1. Die Bewahrung von Freiheit, Sicherheit und Wohlfahrt der Bürger Deutschlands und der Unversehrtheit seines Staatsgebietes,
2. Die Integration mit den europäischen Demokratien in der Europäischen Union,
3. Das dauerhafte, auf eine Wertegemeinschaft und gleichgerichtete Interessen gegründete transatlantische Bündnis mit den Vereinigten Staaten als Weltmacht,
4. Eine auf Ausgleich und Partnerschaft bedachte Heranführung unserer östlichen Nachbarstaaten an westliche Strukturen und die Gestaltung einer neuen umfassenden kooperativen Sicherheitsordnung,

---

[11] Hans-Peter Schwarz, *Die Zentralmacht Europas*, Berlin 1994, S. 80.

[12] Bundespräsident Roman Herzog, Die Globalisierung der deutschen Außenpolitik ist unvermeidlich, in: *Bulletin* 20 (15. März 1995), S. 164.

[13] „Die Nation bleibt Garant von Freiheit und Pluralität in der Weltordnung, die verloren wäre, wenn die Welt nur ein einziges Gesetz und nur einen einzigen Herrn hätte." Ernest Renan, Was ist eine Nation, in: Michael Jeismann und Henning Ritter (Hg.), *Grenzfälle: Über neuen und alten Nationalismus*, Leipzig 1993, S. 290 ff.

5. Die weltweite Achtung des Völkerrechts und der Menschenrechte und eine auf marktwirtschaftlichen Regeln basierende gerechte Weltwirtschaftsordnung."[14]

Dialog, Kooperation, Verteidigungsbereitschaft und Multilateralismus sind dabei die tragenden Elemente dieser Politik, die eine Balance zwischen Werten und Interessen verfolgen muß, um folgende Handlungsmaximen deutscher Außenpolitik zu verwirklichen:
1. Schutz Deutschlands und seiner Staatsbürger vor äußerer Gefahr und politischer Erpressung.
2. Vorbeugung, Eindämmung und Beendigung von Krisen und Konflikten, die die Unversehrtheit und Stabilität Deutschlands oder seiner Verbündeten beeinträchtigen könnten.
3. Ausbau des auf gemeinsamen Werten und gleichgerichteten Interessen beruhenden nordatlantischen Sicherheitsverbundes mit den USA.
4. Stärkung der NATO als Wertegemeinschaft und Verteidigungsbündnis der europäisch-atlantischen Demokratien und weitere Anpassung des Bündnisses an die aktuellen sicherheitspolitischen Herausforderungen, einschließlich seiner Öffnung nach Osten.
5. Gleichberechtigte Partnerschaft zwischen einem geeinten Europa und Nordamerika.
6. Vertiefung der europäischen Integration durch den Ausbau der Europäischen Union mit einer gemeinsamen Außen- und Sicherheitspolitik und einer europäischen Sicherheits- und Verteidigungsidentität; Ausbau und Entwicklung der WEU als Verteidigungskomponente der Europäischen Union und als europäischer Pfeiler des atlantischen Bündnisses.
7. Erweiterung der Europäischen Union und der Westeuropäischen Union.
8. Stärkung der Vereinten Nationen als globale Konfliktregelungsinstanz und der KSZE als regionaler Abmachung.
9. Gestaltung einer neuen kooperativen Sicherheitsordnung zwischen allen KSZE-Teilnehmern.
10. Festigung und Ausbau einer regional und global wirksamen Sicherheitsordnung einander ergänzender und stärkender Organisationen.
11. Fortsetzung eines an dem Ziel vorausschauender Konfliktverhütung orientierten Rüstungskontrollprozesses in der Perspektive der Gestaltung einer kooperativen Sicherheitsordnung als eine Grundlage für dauerhaften Frieden und Stabilität in und für Europa.
12. Förderung der Demokratisierung und des wirtschaftlichen und sozialen Fortschritts in Europa und weltweit.[15]

---

[14] Bundesministerium der Verteidigung (Hg.), *Weißbuch zur Sicherheit der Bundesrepublik Deutschland.* Bonn 1994, S. 42.
[15] Ebd., S. 44.

Bundespräsident Herzogs Überlegungen zielen auf Harmonisierung deutscher Interessen und Mitverantwortung für die Weltgemeinschaft ab, wenn er schlußfolgert: „Diese Interessen anzuerkennen, heißt auch, die Folgen daraus ehrlich zuzugeben, also z. B., daß dafür materielle Lasten übernommen werden müssen; daß aber das Scheckbuch nicht immer ausreicht, sondern daß möglicherweise auch einmal der Einsatz von Leib und Leben gefordert ist. Dazu gehört aber auch, daß es in Fragen von nationaler Bedeutung kein parteipolitisches klein-klein geben darf und daß darüber nicht nach Kassenlage, nach dem politischen Meinungsbarometer, auf Parteitagen oder durch Gerichte entschieden werden kann."[16] Die Forderung nach stärkerer Berücksichtigung Nationaler Interessen bedeutet nicht, „daß jetzt wieder am deutschen Wesen die Welt genesen soll."[17]

Die Globalisierung deutscher Außenpolitik verlangt zwingend eine differenzierte Analyse und Wertung deutscher Interessen nach globalen, regionalen und sachpolitischen Gesichtspunkten. Ziele und Mittel der Politik müssen für sich, aber auch in Relation zueinander deutlicher ausformuliert werden. Nur dann wächst das Interesse und das Verständnis der eigenen Bevölkerung für die außenpolitischen Interessen, so daß schließlich eine außenpolitische Kultur in Deutschland entstehen könnte, die den gewachsenen Interessen entspricht und eine ansprechende innenpolitische Diskussion mit sich bringt. Da die Bundesregierung die Diskussion über die Außenpolitik meidet, herrscht ein Klima der innenpolitischen Sprachlosigkeit über außenpolitische Fragen, insbesondere mit Blick auf nüchterne Interessenanalyse. Deshalb wird man zuweilen das Gefühl nicht los, als stellten sich viele Bürger die Bundesrepublik als eine Trauminsel vor, als ein materielles Schlaraffenland, ohne Verständnis für die Außenpolitik. Mangelndes Verständnis für die Außenpolitik der Bundesrepublik und eine steigende Konzentration auf innenpolitische Themen haben eine Verständnislücke entstehen lassen, die der politischen Kultur der Bundesrepublik und der komplexen Wechselwirkung zwischen Staat und Gesellschaft, zwischen Außen- und Innenpolitik abträglich ist.[18] Es fehlt der gestaltende Wille der Bundesregierung, die eigene Bevölkerung nüchtern über die Risiken und Gefahren wachsender Globalisierung der eigenen Interessenpolitik aufzuklären. Der gesamte außenpolitische Handlungsrahmen Deutschlands wird wie mit einem Weichzeichner dargestellt. Nicht wie das Leben ist – mit all seinen Härten und Gefahren, sondern wie man es sich harmonisierend wünscht, ist die außenpolitische Darstellungsmaxime. Vor allem fehlt eine befriedigende Antwort auf die Frage, wo enden die Nationalen Interessen und wo beginnt der Gemeinschaftscharakter der deutschen Außenpolitik. Eine Antwort ist unabdingbar, weil der Bürger die Außenpolitik der Bundesrepublik nur dann verstehen kann, wenn die Interessen unverfälscht dargestellt

---

[16] Herzog (Anm. 12), S. 164.

[17] „Worauf wir verzichten können, ist Besserwisserei und moralisierendes Backenaufblasen. Wir brauchen eine Außenpolitik ohne Zähnefletschen und Tschingdarassabum, aber auch ohne Verkrampfungen". Ebd.

[18] Christian Hacke, *Weltmacht wider Willen. Die Außenpolitik der Bundesrepublik Deutschland*, Stuttgart 1988, S. 9 f.

werden. Beobachten wir einen Rückfall in den Stil der Kabinettspolitik des 19. Jahrhunderts? Das wäre fatal. Außenpolitik muß öffentlich und demokratisch mehrheitsfähig bleiben. Sie wird von der Exekutive ausgeführt, aber sie muß stärker als bisher im Parlament diskutiert werden. Der Grundcharakter der verflochtenen Interessen zeigt, daß unsere Außenpolitik auch das Schicksal anderer Länder berührt wie auch deren Außenpolitik auf unsere Innenpolitik Rückwirkungen hat.

Der Primat der verflochtenen Interessen

Der interdependente Grundcharakter der internationalen Politik, vor allem in der Weltwirtschaft, fordert besonders von Ländern mit hohem internationalem Verflechtungsgrad, zu denen die Bundesrepublik gehört, Anpassungsfähigkeit und Kooperation. Dabei wird die genaue Definition des Nationalinteresses immer schwieriger. Manche Interessen müssen als gemeinschaftliche, andere als primär nationale definiert werden. Vor allem darf dabei Integrationspolitik nicht vordergründig idealisiert werden, als sei sie ein Prozeß, bei dem nationale Macht und nationale Interessen keine Rolle spielen.[19] Das Gegenteil ist der Fall. Die einzelnen Nationalstaaten versuchen sehr wohl, nationalen Einfluß auf die Politik und auf die Gemeinschaftsinstitutionen selbst auszuüben. Die Ziele der Europäischen Gemeinschaft mögen zunehmend trans- und supranational formuliert sein, aber Motive und Orientierungspunkte entwickeln sich aus nationalen Perspektiven. Gleichwohl bleibt die Notwendigkeit, das integrationspolitische Handeln der Staaten nach Maßgabe nationaler und übernationaler Interessen zu beurteilen. Aber stärker als bisher müßten die einzelnen Außenpolitiken vergleichend analysiert werden, um die unterschiedlichen Interessen der einzelnen Mitgliedsländer im europäischen Einigungsprozeß zu verdeutlichen. Supranationale Übereinkünfte, ob wirtschaftlich, finanzpolitisch, militärisch oder politisch gesehen, stellen sich nur ein, wenn alle Nationalstaaten am gleichen Strang ziehen, d. h. wenn sie diese Schritte auch in ihrem eigenen Nationalen Interesse begrüßen.

Das Prinzip der verflochtenen nationalen Interessen bleibt für die Analyse der Außenpolitik der Bundesrepublik wegweisend.[20] Aber diese Verflechtungen müssen von Zeit zu Zeit analytisch und politisch entflochten und vor allem entmythologisiert werden, um Grad und Umfang, um die Stärken und Schwächen der Verflochtenheit unter verschiedenen nationalstaatlichen Interessenperspektiven zu untersuchen. Nicht selten werden dann hinter dem stromlinienförmigen Begriff der verflochtenen Interessen die einzelnen Stränge nationaler Interessen deutlich. Vor allem die Sicherheitspolitik, historisch und politisch die Domäne des Nationalstaats, bleibt auch im integrierten Europa im Kern bisher national orientiert.

---

[19] Hans-Dieter Heumann, Nationale Interessen und Sicherheit in Europa, in: *Aus Politik und Zeitgeschichte* B 8/89, 17. Februar 1989, S. 14.
[20] Grundsätzlich wichtig: John Gerard Ruggie (Hg.), *Multilateralism Matters*, New York 1993.

Außenpolitische Rollendefinitionen

Die Interessenstruktur Deutschlands wird auch in Zukunft durch folgende außenpolitische Schlüsselrollen geprägt bleiben:

Deutschland als Zivilmacht

Kooperation, Integration und Multilateralisierung bilden die Eckpunkte der Diplomatie und des Stils für eine Interessendefinition nach Vorbild dieser zivilisatorischen Vorbildrolle Deutschlands.[21] Die besondere Rolle der bundesdeutschen Außenpolitik liegt demgemäß darin, „als Initiator und Kooperationsmotor mit dem Ziel der Zivilisierung auf die internationalen Beziehungen einzuwirken."[22] Damit werden Kernelemente des „Genscherismus" aufgegriffen, denn dieser stellte die Außenpolitik der Bundesrepublik auf Institutionalisierung, Verrechtlichung und Kooperation ab.

Deutschland als Handelsstaat

Schon 1968 umschrieb Helmut Schmidt die Rolle der Bundesrepublik im Weltwirtschaftssystem als Weltmacht: „Auf dem Felde des internationalen Handels und der Weltwirtschaft ist die Bundesrepublik eine Weltmacht."[23] Deutschlands Rolle in der Triade zwischen USA, Japan und Europa bleibt gekennzeichnet durch seine herausragende Bedeutung als Exportland, gleichzeitig ist Deutschland nicht nur mit Blick auf die Rohstoffe importabhängig vom Weltwirtschaftssystem. Aber anders als Japan ist Deutschland stark regional in Europa eingebunden. Über die Hälfte des Exportvolumens geht in die Länder der Europäischen Gemeinschaft. Deutschland wird im kommenden Jahrzehnt in der Triade weiter als Weltwirtschaftsmacht wachsen. Deutschland hat wirtschaftlich nach der Vereinigung keine nationalistische Großmacht- oder Weltmachtattitüde eingenommen. Im Gegenteil, es besitzt als Handels- und Wohlfahrtsstaat Beispielcharakter, aber mit Blick auf internationale Interessenwahrnehmung reichen eine ökonomische und zivilisatorische Vorbildrolle nicht mehr aus – die sicherheitspolitische Rolle wird wichtiger.

Die sicherheitspolitischen Rollen Deutschlands

Über drei Jahrzehnte hat die Bundeswehr eine Völkergemeinschaft geschützt, die sich im Wettbewerb mit dem Kommunismus als die stärkere Kraft erwiesen hat, ohne daß ein Schuß in militärischer Konfrontation abgegeben worden ist. Krieg in Europa war

---

[21] Vgl. hierzu Hacke (Anm. 18), S. 468.
[22] Hanns W. Maull, Großmacht Deutschland? in: Kaiser und Maull (Anm. 6), S. 64.
[23] Helmut Schmidt, *Strategie des Gleichgewichts*, Stuttgart 1969, S. 236.

im Zeitalter des Kalten Krieges zwar denkbar, aber wenig wahrscheinlich. Militärische Macht wurde bis 1989 als nachgeordnet verstanden, quasi als abstrakte Versicherungspolice. Jetzt hat sie eine reale Bedeutung erhalten, seitdem nach dem Zusammenbruch des Sowjetimperiums neue Krisen und Kriege eingedämmt bzw. ausgetreten werden müssen. Die Bundesrepublik muß ein erweitertes sicherheitspolitisches Interessenverständnis entwickeln[24] und darf sich nicht von ihren Bündnispartnern isolieren, wenn militärische Solidarität und verteidigungspolitischer Beistand gefordert werden. Das integrative Moment deutscher Sicherheitspolitik zwingt auch militärisch zur Übernahme größerer Pflichten. Die Sicherheitslage Deutschlands ist objektiv nach dem Ende des Kalten Krieges besser als je zuvor. Aber diese Lage kann sich jederzeit schnell ändern. Der Krieg auf dem Balkan zeigt, daß die Bundesrepublik ein erweitertes sicherheitspolitisches Interessenverständnis entwickeln muß, daß über kollektive Selbstverteidigung hinausgeht. Dabei sind die Grenzen zwischen „in-" und „out-of-area" fließend geworden.

Aber die zentrale Aufgabe der Bundeswehr bleibt die Landesverteidigung. Sie darf nicht zu einer nebulösen Restgröße schrumpfen. Manchem erscheint heute der Einsatz der Bundeswehr in Übersee wichtiger als die Sicherheit Deutschlands und Westeuropas. Deutschland darf sich strategisch, psychologisch und materiell nicht übernehmen. Gerade Krisen und Kriege in Deutschlands unmittelbarer Nähe, in Osteuropa und anderswo, müssen eingedämmt werden, wenn aggressiver Nationalismus kombiniert mit ethnischer bzw. völkischer Brutalität zu weiteren Kriegen führen sollte. Deshalb sollen die Streitkräfte der mittel- und osteuropäischen Staaten so schnell wie möglich nach westlichem verteidigungspolitischem Vorbild ausgerichtet werden. Das Konzept der Inneren Führung, die Leitidee des Staatsbürgers in Uniform sowie der verteidigungs- und bündnispolitische Primat der Bundeswehr wirken anziehend auf die Streitkräfte der noch wackeligen Demokratien in Mittel- und Osteuropa. Diese Zusammenarbeit muß Deutschland ausdehnen. Langfristig ist dies vielleicht der wichtigste Beitrag, den die Bundeswehr für die europäische Sicherheitsstruktur leisten kann. Deutschlands gewachsenes Ansehen in Mittel- und Osteuropa beruht vor allem auf seiner Rolle als Entspannungsvormacht in Europa.

Deutschlands Rolle als Entspannungsvormacht

Die Ostverträge der siebziger und achtziger Jahre haben zum Ansehen Deutschlands geführt[25] und antideutsche Phobien in den Hintergrund treten lassen. Das vereinte Deutschland kann bei der Wahrnehmung seiner ostpolitischen Interessen auf dieser

---

[24] Vgl. hierzu: Klaus Naumann, *Die Bundeswehr in einer Welt des Umbruchs*, Berlin 1994 und Ulrich Weisser, *NATO ohne Feindbild: Konturen einer europäischen Sicherheitspolitik*, Bonn 1992.

[25] Vgl. hierzu: Timothy Garton Ash, *Im Namen Europas: Deutschland und der geteilte Kontinent*, München 1993, S. 48 ff.

Tradition aufbauen. Aber die völlig veränderte Landschaft verlangt ein neues ostpolitisches Konzept für Mittel- und Osteuropa. Hier liegt vielleicht die größte Herausforderung für die konzeptionelle Gestaltung deutscher Interessenpolitik.

Deutschland als Integrationslokomotive Westeuropas

Die EU bietet den deutschen Interessen weiterhin einen optimalen Rahmen.[26] Wirtschaftliche Prosperität und liberal-demokratische Entwicklung von Staat und Gesellschaft bilden zugleich Schutz vor Rückfall in nationalistisches Handeln. Aber Deutschland ist das einzige Land, das auf eigenem Boden gleichzeitig westliche Strukturen in Politik, Staat und Gesellschaft reformieren und die Folgen von sowjetischer Unterdrückung, Diktatur und Staatssozialismus überwinden muß. Deshalb ist eine angemessene Interessendefinition für Deutschland besonders schwierig. Kein Land muß seine außenpolitischen Rollen und Interessen so dicht am Schnittpunkt östlicher und westlicher Krisenentwicklung definieren wie das vereinigte Deutschland. Nur Deutschland ist Teil des Westens und zugleich Experimentierfeld für die Folgen des Zusammenbruchs von Kommunismus und Planwirtschaft. Sechs Jahre nach dem Fall der Mauer und knapp vier Jahre nach dem Zusammenbruch des Sowjetimperiums müssen die Bindungen nach Westen gefestigt, nach Osten verstärkt und global ausgebaut werden.

Zusammenfassung

Seit 1990 ist ein neuer Nationalstaat entstanden, nicht nur eine neue Bundesrepublik. Neue Erfahrungen und Neubewertungen von alten Traditionslinien werden zwingend. Vor allem gehört die Aufarbeitung der Vergangenheit der DDR ebenso zur neuen Interessendefinition der Bundesrepublik. Die politische Kultur und das politische Spektrum des wiedervereinigten Deutschlands werden vielfältiger und spannungsreicher sein als die Kultur der alten Bundesrepublik.[27]

Nation, nationale Einheit, nationale Identität sind den Deutschen noch ungewohnt. Gleichwohl ist die Anerkennung ihrer Existenz Voraussetzung für die Definition nationaler Interessen.[28] Die Skepsis der Deutschen gegenüber dem traditionellen Nationalstaatsgedanken bedeutet Risiko und Chance zugleich: Das Risiko besteht darin, daß Deutschland und die Deutschen im Vergleich zu ihren Nachbarn ein

---

[26] Vgl. hierzu: Eckart Gaddum, *Die deutsche Europapolitik in den achtziger Jahren*, Paderborn 1994.

[27] Vgl. hierzu: Margarita Mathiopoulos, *Das Ende der Bonner Republik*, Stuttgart 1993 und Gerd Langguth, *Suche nach Sicherheiten: Ein Psychogramm der Deutschen*, Stuttgart 1995.

[28] Vgl. hierzu: Matthias Zimmer, *Nationales Interesse und Staatsräson: Zur Deutschlandpolitik der Regierung Kohl 1982–1989*, Paderborn 1992.

unzureichendes nationales Selbstbewußtsein entwickeln.[29] Die Chance besteht darin, daß Deutschland und die Deutschen seit der Vereinigung vorleben, daß Nationale Interessen erst in Verbindung mit universellen Werten Sinn machen und kooperativ verfolgt werden müssen. Thomas Manns Formel vom europäischen Deutschland, die wiederholt von Außenminister Genscher gebraucht wurde, verweist auf den Wunsch Deutschlands, zwischen nationalen und europäischen Interessen auszugleichen.[30]

Nach 1990 verlangt das Nationale Interesse den Ausbau des Multilateralismus. Alle großen außenpolitischen Leistungen der Bundesrepublik beruhten vor 1989 auf dieser kooperativen Vorgehensweise. Außenpolitischer Multilateralismus bildet die beste Garantie für Europa, daß Deutschland eingebunden bleibt und keine Vormachtrolle anstrebt. Die übrigen europäischen Staaten müssen aber auch selbst auf Autonomie verzichten. Es geht nicht an, nur von den Deutschen volle Integration und den Verzicht auf nationale Außenpolitik zu fordern, selbst aber diesem Beispiel nicht zu folgen. Multilateralisierung der Außenpolitik in Europa darf keine Einbahnstraße bleiben. Auf diesem Hintergrund sind folgende weitere Handlungsmaximen von Wichtigkeit:

1. Nationalstaatliche Arroganz schwächt eigene Interessen.
2. Moralisierende Attitüde nach dem Motto „Am deutschen Wesen soll die Welt genesen" hat Deutschland, sei es gesinnungsethisch oder machtpolitisch, auf abschüssige Sonderwege getrieben.
3. Scheckbuchdiplomatie ist kein Ersatz für außenpolitischen Willen.
4. Verfassungsrechtliche Urteile gefährden, parlamentarische Debatten stärken die außenpolitische Handlungsfähigkeit.
5. Voreilige nationalpolitische Entscheidungen ohne angemessene Konsultation sind den Eigeninteressen und denen der Mitbetroffenen abträglich.
6. Eine Außenpolitik ohne Konzeption und ohne klare Eckpunkte reduziert sich auf Einzelentscheidungen und ist dem Nationalen Interesse abträglich.
7. Die parlamentarische Opposition muß einsichtige Alternativen in der Außenpolitik entwickeln, anderenfalls wird Anpassung an die Regierungsposition und deren Unterstützung zwingend.

---

[29] So bemängelt Ralf Dahrendorf: „Man kann die Bedingungen aufzählen, die erfüllt werden müssen, wenn die Kraft der alten Bundesrepublik und die Erfahrungen und Hoffnungen des ganzen Deutschlands zu einem respektierten und respektablen Gemeinwesen vereinigt werden soll. Eine davon ist die Anerkennung des Nationalstaates in seiner Rolle selbst. Wer immerfort dem Nationalstaat das Totenglöcklein läutet, zerstört damit ungewollt auch die Fundamente von Rechtsstaat und Demokratie, die einstweilen nur im Nationalstaat sicher sind. Deutschland ist ein Nationalstaat und wird es auch in fünfzig und hundert Jahren sein. Das anzuerkennen, ist der erste Schritt der Wahrnehmung der Wirklichkeit und damit die Voraussetzung aller weiteren Schritte." Dahrendorf (Anm. 8), S. 758.

[30] Genscher verwies deshalb bewußt auf die gemeinschaftsbildende und friedensstiftende Bedeutung der Vereinigung Deutschlands: „Gerade in dieser dynamischen Phase der europäischen Politik ist es bedeutsam, sich Gewißheit über das Verhältnis unserer nationalen und unserer europäischen Interessen zu verschaffen. Diese Interessen sind identisch." Außenminister Genscher am 8.11.1989, in: Auswärtiges Amt (Hg.), *Außenpolitik der Bundesrepublik Deutschland*, München 1990, S. 768.

Es war das Schicksal Deutschlands bis 1945, daß Interessenpolitik – ohne liberaldemokratische und humane Vision – zu einer Politik von Gewalt und Unterdrückung degenerierte. Deutschland fehlte im Vergleich zu den westeuropäischen und nordamerikanischen Demokratien bis 1945 eine vitale und attraktive außenpolitische Vision mit universalem Standard. Das hat sich seit 1949 verändert.

Heute ist Deutschland nicht nur wieder eine Nation geworden, weil andere dies auch sind, sondern auch deswegen, weil Deutschland die nationale Idee in den vergangenen vier Jahrzehnten mit einem übernationalen Ideal verbinden konnte: Die Rolle der Zivilmacht, des Welthandelsstaates, der Entspannungsvormacht wurden in den Dienst einer freiheitlich demokratischen Zivilisation im atlantischen Maßstab gestellt. Zum ersten Mal in seiner Geschichte ist Deutschland Teil des Westens, Teil einer großen Zivilisation, in das auch das Erbe des 19. Jahrhunderts, das des weltbürgerlichen Humanismus mit eingewoben werden kann.

Zwischen Ost und West? Deutschland auf Standortsuche

Heinrich Vogel

Geht man von der veröffentlichten Meinung im In- und Ausland der letzten Jahre aus, dann sind Standort und Rolle Deutschlands in Europa bis heute undefiniert. Dies bietet vor allem im Ausland immer wieder Anlaß zu ausgreifenden Erörterungen über die Berechenbarkeit deutscher Politik und die Gefahr deutscher Hegemonie in einem erweiterten Europa. Nur wenige gehen so weit, einen unwiderstehlichen Drang Deutschlands zur Errichtung eines „Vierten Reichs auf den Trümmern der Nachkriegsordnung" heraufzubeschwören. Aber es dominieren historische Analogien und Warnungen vor den Lehren einer unheimlichen Nachbarschaft und auch nach dem Ende des Kalten Krieges gehen die Nullsummenspiele weiter. Polemische Zuspitzungen bleiben nicht auf Leitartikel in führenden europäischen Zeitungen beschränkt, sie finden sich auch in Indiskretionen aus hochrangigen Kaminrunden und in den Planungspapieren west- und osteuropäischer Regierungen bzw. Parteien.

Die Formulierung „Standortsuche" beschreibt eine Situation und Aufgabe, die nicht auf Deutschland beschränkt ist. Durch den Zerfall des Ostblocks ist das gesamte europäische System seiner Koordinaten beraubt, d. h. die Konsequenzen dieser veränderten Situation bleiben nicht auf Deutschland begrenzt. Das Erschrecken über das Ende der Gewißheiten der Nachkriegszeit verführt zum Rückgriff auf eingeübte Paradigmen der Zeit vor dem Zweiten Weltkrieg; die reflexhafte Suche nach Orientierungsmarken in der Vergangenheit (nicht zuletzt die Betonung militärischer Aspekte in der sicherheitspolitischen Diskussion) ist verständlich. Aber sie bleibt wenig aussichtsreich angesichts dramatisch veränderter politischer, wirtschaftlicher und technologischer Rahmenbedingungen. Die von Bundespräsident Herzog an die deutsche Politik gerichtete Frage ist berechtigt: „Brauchen wir überhaupt ein historisches Leitbild?"[1]

Forderungen nach einem neuen Paradigma, einer neuen Agenda und die Kataloge neuer, für ganz Europa gemeinsamer Bedrohungen und Sorgen sind wohlfeil. Hinweise auf knapper werdende politische und wirtschaftliche Ressourcen und zunehmenden Zeitdruck angesichts des gefährlichen Problemstaus in Osteuropa haben bislang keinen Durchbruch zu einem neuen Ansatz vertiefter Arbeitsteilung in Europa und darüberhinaus bewirkt. Modische Metaphern („neue Sicherheitsarchitektur", „variable Geometrie" oder *„interlocking systems"*) haben wenig Nährwert, wenn es um die Eingrenzung akuter Krisenpotentiale geht. Der neue Stabilitätspakt der OSZE enthält mehr Unbekannte als Gleichungen und die Gemeinsame Außen- und Sicherheitspolitik der EU ist mehr Forderung als Realität.

---

[1] Roman Herzog, Die Globalisierung der deutschen Außenpolitik, in: *Vierzig Jahre DGAP*, Bonn 1995, S. 15.

Alte Formeln, neue Herausforderungen

Die Politik der europäischen Staaten bleibt dominiert von der frustrierenden Erfahrung eines weltweit schrumpfenden Spielraums für nationale Regelungen.[2] Insbesondere die Labilität der Beschäftigungssituation zwingt die Regierungen zu größter Vorsicht auf der Suche nach Rückhalt im nationalen Kontext. Gesamteuropäische Probleme wie die Krise des früheren Jugoslawien oder die Beitrittsbegehren der ostmitteleuropäischen Staaten zu EU und NATO führten zu kaum mehr als zu diplomatischem Händeringen und der Suche nach Zeitgewinn bzw. nach möglichen Warteräumen. Die WEU als militärisches Standbein der europäischen Integration bleibt unterentwickelt. So ist es nur folgerichtig, wenn der Zeitplan der „Konferenz der Regierungen der Mitgliedsstaaten", bei der die Implementierung der Maastrichter Beschlüsse geprüft und weitere Schritte auf dem Weg der wirtschaftlichen und politischen Integration konkretisiert werden sollen, auf mehrere Jahre gestreckt wird.

Andererseits aber hat sich der Konsens über die Notwendigkeit verstärkter Integration gefestigt – aus guten Gründen: Die Dämme des auf sich gestellten Nationalstaats sind zu niedrig und zu schwach für die neuen transnationalen Herausforderungen der Massenwanderungen, des Spekulationskapitals, des organisierten Verbrechens, der Epidemien und ökologischen Gefahren. Krisen machen nicht mehr halt an nationalen Grenzen, wie stark diese auch befestigt werden. Nur durch gezielte Integration steigt die Chance, sie zu bewältigen. In einer Zeit, in der die Wirtschaft in Kategorien der Vernetzung denkt, kommt deshalb der Versuch der Renationalisierung, d. h. einer Rückkehr zum Leitbild des souveränen Nationalstaats, einem Anachronismus, ja der Flucht in eine Fiktion gleich.

Die Aufregung in der Diskussion über Optionen von „Vertiefen oder Erweitern" hat sich seit dem Abschluß der „Europaverträge" mit neun ostmitteleuropäischen Staaten und deren Aufnahme in den Europarat etwas gelegt. Dennoch sammelt sich in der Diskussion um konkrete Zeithorizonte und Prioritäten, über *Timing* und *Sequencing* ständig neuer Sprengstoff für den europäischen Integrationsprozeß. Zweifellos gehen überzogene Erwartungen in eine zügig realisierbare Erweiterungsstrategie auf wenig fundierte Analysen der anstehenden Probleme zurück. Denn im Vergleich mit den Erfahrungen und Problemen der westeuropäischen Integration leben die Völker des früheren Ostblocks in einer Periode mit völlig unterschiedlichen Zeitmaßen und Veränderungspotentialen. Die gigantischen Aufgaben von Systemtransformation und Strukturmodernisierung sind auch mit einem noch so couragierten Ansatz von Liberalisierung und Privatisierung in der Wirtschaft kurzfristig nicht zu lösen. Entscheidend hierbei ist die Tatsache, daß der Anspruch souveräner Staatlichkeit sich weder auf bewährte Institutionen, noch auf gereifte Sachkompetenz oder eingespielte politische Strukturen stützen kann.

Entgegen den Erwartungen vom raschen Übergang zu Demokratie und Marktwirtschaft ist für ganz Ostmittel- und Osteuropa (vielleicht mit Ausnahme der Tschechi-

---

[2] Vgl. hierzu die Analyse von Klaus Segbers, Rückbindungen deutscher Außenbeziehungen, in: *Blätter für deutsche und internationale Politik* 40 (1995), S. 569 f.

schen Republik) eine anhaltende wirtschaftliche und soziale Labilität mit schwer absehbaren Konsequenzen für die politischen Verhältnisse zu konstatieren. Eine Hochrechnung der bisherigen Entwicklung läßt Zweifel aufkommen, ob selbst die erfolgreichen Transformationsstaaten es schaffen werden, den Abstand gegenüber den Staaten Westeuropas innerhalb eines politisch relevanten, d. h. mittelfristigen Zeitraums entscheidend zu verringern. Die Staaten der GUS jedenfalls stoßen in ihren Gehversuchen als neue souveräne Subjekte der internationale Politik nach einer ersten Phase bewußter Abkoppelung von den alten Strukturen auf die aus Zeiten des Ostblocks geerbten energie- und handelspolitischen Abhängigkeiten. Einige könnten durchaus das Schicksal afrikanischer „failing states" teilen.

In dieser Situation ist es nicht verwunderlich, wenn viele Politiker dieser Region das manipulative Potential nationalistischer Parolen zur Befestigung ihrer Positionen in einer innenpolitisch labilen Lage einsetzen. Der souveräne Nationalstaat als natürliche Ordnung wird wieder zum Maßstab, zumal andere Leitbilder für die Werte-Orientierung der erwachenden Gesellschaften nicht wirklich plausibel gemacht werden können.

Gleiches gilt für die Sicherheitspolitik. Die Tragödie der Völker Jugoslawiens liefert geradezu dramatische Argumente für die Notwendigkeit eines neuen konzeptionellen Ansatzes, denn Krieg ist wieder führbar geworden – mit geringerer Intensität und sicher nicht nach den Szenarien der Jahre 1949–1989, aber mit nicht minder verheerenden Wirkungen. Mit dem Schutz der territorialen Integrität von Staaten gegen äußere Androhung und Anwendung von Gewalt wird die Aufgabe der Sicherheitspolitik nicht mehr ausreichend beschrieben, denn im Vordergrund steht das Problem einer zunehmenden Anwendung von Gewalt im Innern schwacher Staaten. Dabei wird (keineswegs nur in Europa) das Gewaltmonopol des Staates durch Terrorismus, Waffenhandel, organisierte Kriminalität, sowie durch politisches und religiöses Sektierertum in Frage gestellt. Heute ist nicht das Territorium einzelner souveräner Staaten in Europa, sondern die europäische Zivilisation als ganzes bedroht.

Entgegen allen Erwartungen einer Friedensdividende haben insbesondere im Raum der ehemaligen UdSSR Demobilisierung und spontaner Zerfall von Nationalarmeen in Verbindung mit anomischen gesellschaftlichen Verhältnissen ein diffuses und besorgniserregendes Gewaltpotential entstehen lassen. Wie der Fall Tschetschenien zeigt, können sich in diesem Umfeld ungeregelte ethnisch-territoriale Konflikte[3] schnell zu gewaltträchtigen Krisen mit internationalen Konsequenzen auswachsen. Aber auch in der Nachbarschaft Jugoslawiens schwelen Konflikte um Minderheiten, Ressourcen, Territorien und nationale Symbole. Militärische Organisationen, wie sie im Kalten Krieg für den Ernstfall eines Krieges zwischen den Allianzen in Ost und West aufgebaut worden waren, versagen an der Komplexität einer Situation, in der multi-ethnische und multi-kulturelle Staaten nicht entlang der jeweiligen Staats- und Siedlungsgrenzen zerfallen und Gewalt sich als Prinzip der Durchsetzung von Gruppen- und Regionalinteressen verselbständigt.

---

[3] Eine aktuelle Auflistung findet sich bei Wladimir N. Strelezki, *Ethno-territoriale Konflikte auf dem Gebiet der früheren Sowjetunion*, Bericht des BIOst 37 (1995).

Deutschland und die Reflexe der Nachbarn

In einer Nachbarschaft, deren außenpolitische Vorstellungen ungeachtet aller Bekenntnisse zur Notwendigkeit gemeinsamer Außen- und Sicherheitspolitik zunehmend vom Primat des Nationalstaats geprägt wird[4], ist eine integrationistische deutsche Außenpolitik nur schwer zu vermitteln. Deutsche Politik muß in der Perspektive der europäischen Nachbarn zudem mit historisch gewachsenen Reflexen und Phobien rechnen. Eine allgemein akzeptierte Standortbestimmung Deutschlands kann es in diesem Umfeld so schnell nicht geben. Andererseits verbietet sich gerade für Deutschland eine resignative Haltung, da diese den Trend zur Nationalisierung der Außenpolitik auf absehbare Zeit festschreiben würde. Umso wichtiger wird deshalb die Glaubwürdigkeit der außenpolitischen Debatte in Deutschland, die das Ziel funktionaler Integration Europas in vitalen Bereichen der Politik nicht aus den Augen verlieren darf und gleichzeitig Geduld und Augenmaß in der Formulierung eigener Ziele bewahren muß.

Ein Paradoxon in diesem Zusammenhang besteht darin, daß das im europäischen Rahmen herausragende wirtschaftliche und politische Potential des vereinigten Deutschland ebenso zu überzogenen Erwartungen verleitet wie es übersteigerte Befürchtungen weckt. Dies gilt zunächst für die europäische Integration mit der Diskussion über Kernprozesse und Achsen – Konstruktionen, in denen Deutschland ein unbestreitbar tragendes Element darstellt. Auch wenn die gelasseneren Bewertungen[5] zunehmen, so hält sich doch die Perzeption eines übermächtigen Deutschland, die entscheidend geprägt wird durch die herausragende Größe von Sozialprodukt, Exportpotential und Bevölkerung. Zugleich sind höchst widersprüchliche Szenarien für die Entwicklung im Innern dieses unheimlichen Nachbarn im Umlauf.

Vielfach wird dabei übersehen, daß (entgegen einem neuen Staatsmythos) die deutsche Vereinigung nicht durch gezielte Kraftakte einer nationalstaatlichen Politik der alten Bundesrepublik herbeigeführt wurde. Ohne tagespolitische Beschönigungen muß sie wohl eher als *windfall* der Geschichte angesehen werden – als Nebenprodukt friedlicher Revolutionen in Osteuropa und einer beschleunigten inneren Zerfallsdynamik des sowjetischen Imperiums. Gleichgültig, wie man Konsequenz und Wirkungsgrad deutscher Wiedervereinigungsbemühungen vor 1989 auch einschätzt – es dürfte auch den mißtrauischsten Zeithistorikern schwerfallen, eine operative deutsche Strategie mit dem Ziel der Dominanz über Europa zu verifizieren. Unabhängig davon aber halten sich Spekulationen über eine gefährliche Eigendynamik deutscher Politik bis hin zur Unterstellung nuklearer Ambitionen.[6]

---

[4] Vgl. u. a. die Analyse bei Dominique Moisi, A Dangerous Belief, in: *Financial Times*, 29.8. 1995, S. 10. Moisi konstatiert eine zunehmende Attraktivität des Nationalismus und der Tendenz einer zunehmend unilateralen Durchsetzung nationaler Interessen.

[5] William Wallace, Germany as Europe's Leading Power, in: *The World Today* 51 (1995), S. 162–164.

[6] Vgl. u. a. A. Gimson, Atom Test Protest puts a Bomb under Kohl, in: *The Sunday Telegraph*, 16.7.1995, S. 24.

Eine geostrategische Argumentation führt die geographische Mittellage immer noch als Begründung für Befürchtungen eines Potentials politischer Gleichgewichtsstörungen in Deutschland an. Dabei wird die Vorgeschichte dieses Begriffs vergessen: In der historischen Analyse europäischer Kräftekorrelationen beinhaltete Mittellage stets das Risiko eines Zweifrontenkrieges, das es entweder durch Koalitionsbildung oder aber durch Überraschungsangriffe zu beherrschen galt. Es liegt auf der Hand, daß solche Denkmuster im Licht der bereits erreichten Integration Westeuropas keinen Erklärungswert besitzen und daß sie sich noch weniger für den Entwurf einer Gemeinsamen Außen- und Sicherheitspolitik eignen. Export-, Energie- und Transportabhängigkeiten haben sich im Zentrum Europas weit schneller etabliert als es für die Denktraditionen alarmistischer Kommentatoren zu verkraften war. Gerade am Beispiel Deutschlands lassen sich die politischen, verkehrswirtschaftlichen und ökologischen Vorteile einer Nachbarschaft ohne Hintergedanken am besten veranschaulichen. Dabei überwiegen die Vorteile bei weitem die ökologischen und politischen Nachteile und Risiken (Verkehrswegekosten, Umweltrisiken, Sicherheitsprobleme durch illegale Einwanderung und grenzüberschreitende Kriminalität).

Die in allen europäischen Staaten auf hohem Niveau sich verfestigende und sogar zunehmende Arbeitslosigkeit provoziert Reflexe der Abschirmung und Nationalisierung. Die Verunsicherung über die Möglichkeiten der Politik geht tief, und die Erkenntnis, daß mit einer Rückkehr zu „souveräner" Politik keine nachhaltige Stabilisierung der Beschäftigung zu erreichen sein wird, stößt auf erhebliche Skepsis. Nationalistischen Agitatoren dürfte es andererseits schwer fallen, eine Entflechtung wirklich plausibel zu machen, die unweigerlich zu noch tieferen Einschnitten in Wachstum und Beschäftigung führen würde. Die damit verbundenen Kosten an nationalem Wohlstand und innenpolitischer Stabilität wären zu groß. Auch wenn Deutschland durch die wirtschaftlichen Lasten der Vereinigung in seinem Handlungsspielraum auf absehbare Zeit erheblich eingeschränkt ist, wäre für die deutsche Politik eine Wende rückwärts zu nationalen Sonderinteressen in der Tradition der ersten Hälfte des 20. Jahrhunderts nicht durchzuhalten.

Ischinger und Adam[7] ist zuzustimmen, wenn sie feststellen, daß Sicherheit und freier Welthandel die fundamentalen Anliegen deutscher Politik sind und daß sich deutsche Interessen um so eher durchsetzen lassen, je stärker die Interessen der direkten und indirekten Nachbarn berücksichtigt werden. Der postulierte „Einklang der Interessen" anstelle des „Gleichgewichts von Drohpotentialen oder erzwungener Unterordnungsverhältnisse" steht und fällt freilich mit der Konsensbereitschaft und der Mehrheitsfähigkeit solcher Leitsätze bei diesen Nachbarn.

---

[7] Wolfgang Ischinger und Rudolf Adam (Planungsstab des Auswärtigen Amts) in ihrem Grundsatzartikel Alte Bekenntnisse verlangen nach neuer Begründung, in: *Frankfurter Allgemeine Zeitung*, 17.3.1995, S. 8 f.

Grenzen deutscher Politik in Osteuropa

Die regionalen Interessen der führenden EU-Staaten in der Kooperation mit Nicht-Mitgliedsstaaten bleiben unterschiedlich. So liegen für Frankreich der Maghreb und für Großbritannien das Commonwealth sicher näher als Polen oder Ostmitteleuropa. Kein Partnerstaat in der EU wird historisch gewachsene Interessen dieser Art mit Argwohn bedenken. Das vergleichsweise stärkere politische und wirtschaftliche Engagement Deutschlands in Ostmittel- und Osteuropa dagegen stößt bei westeuropäischen Partnern immer wieder auf Mißtrauen, und osteuropäische Nationalisten, deren populistische Kampagnen von der Behauptung der Überfremdung und insbesondere einer Gefahr der Germanisierung leben, greifen nur zu gerne darauf zurück. Andererseits wird Deutschland aber die Rolle des Sachwalters der Transformationsstaaten im Osten Europas zugestanden. Deutsche Forderungen nach vermehrtem Engagement der übrigen Westeuropäer in den Transformationsprozessen Ostmittel- und Osteuropas finden verbale Unterstützung – zu einer ernsthaften Umschichtung im finanziellen *burden-sharing* freilich kommt es nicht.

Nun hat Deutschland als „der europäische Gulliver" in Margaret Thatchers Alpträumen eigene Sorgen. Wer immer politisch relevanten Gruppierungen in Deutschland heimliche Träume von Dominanz in Europa und Expansion nach Osteuropa unterstellt, kann die Grenzen der Realität nicht übersehen: Deutschland ist mit der Vereinigung selbst „Transformationsstaat" geworden. Nichts fördert die Vorsicht gegenüber den finanziellen, politischen und sozialen Problemen postkommunistischer Staaten so sehr wie die Erfahrung ihrer Komplexität im eigenen Lande. Nachdem Deutschland ohne Dominanzstreben vierzig Jahre gut gelebt hat, erfährt es nun die Grenzen des Machbaren nicht zuletzt in der Auseinandersetzung mit den Problemen der Vereinigung im Innern. Diese Herausforderung wird länger dauern, als die Deutschen hofften, und sie ist größer, als auch den Nachbarn Deutschlands lieb sein kann. Die unabweisbaren Verpflichtungen im Innern schränken den Spielraum für das Engagement in Europa und darüber hinaus erheblich ein.

Scharfsinnige Beobachter diskutieren über Optionen deutscher Außenpolitik (von der Vollendung der karolingischen Idee über die europäische Erweiterung, die Achse Bonn–Moskau bis zum Ziel des Weltmachtstatus).[8] Die Aufgeregtheit solcher Debatten wirkt aufgesetzt, denn darin spiegelt sich weniger ein Spektrum veritabler Handlungsoptionen für die deutsche Politik als vielmehr die Fortsetzung einer traditionellen zeitgeschichtlichen Analyse, die den Gang der Entwicklung aus der Interessendefinition politischer Eliten und den Handlungen souveräner Regierungen erklärt. Daß ein expliziter Konsens über die Prioritäten der Außenpolitik sich in Deutschland bis heute nicht eingestellt hat, sollte nach dem historischen Erdrutsch

---

[8] Timothy Garton Ash, Germany's Choice, in: *Foreign Affairs* 73 (1994), Nr. 4, S. 65–81. Noch deutlicher wird Zbigniew Brzezinski, der eine Wahlsituation für Deutschland sieht, „ein europäisches Deutschland zu werden oder ein deutsches Europa anzustreben". Sicherheit für Europa ist nur zu haben, wenn Amerika führt, in: *Die Welt*, 19.3.1995, S. 28.

von 1989 nicht verwundern.[9] Daß dieser Konsens auch bei den politischen Eliten praktisch aller anderen Staaten der nördlichen Hemisphäre in der Schwebe ist, spricht eher für einen säkularen Einschnitt in die Strukturen des internationalen Systems und der Handlungsmöglichkeiten seiner Akteure als für eine habituell-deutsche Entscheidungsschwäche.

Wenigstens in einem Punkt kann wachsender Konsens festgestellt werden: „Normalität" in der Definition der Rolle Deutschlands in Europa und der Welt ist ohne volles *risk-sharing*, d. h. auch die Übernahme militärischer Risiken nicht denkbar. Der Hinweis auf Lasten der Vergangenheit[10] genügt auf Dauer nicht als Entschuldigung für die Verweigerung einer Beteiligung an *out-of-area* Einsätzen der NATO oder in anderem, von den Vereinten Nationen sanktioniertem Rahmen.[11]

Prioritäten deutscher Politik gegenüber Osteuropa

Das Ende der Teilung Deutschlands, zugleich das Ende der Teilung Europas, ist auch das Ende einer nationalen deutschen Ostpolitik. Die *querelles allemandes* der Nachkriegszeit finden keine Fortsetzung in einer national definierten Strategie. Andererseits aber reichen Versicherungen bester Intentionen und der Gleichrangigkeit (wenn nicht der Privilegierung) in den bilateralen Beziehungen zu den wichtigsten Nachbarn nicht aus, um das sich hartnäckig haltende Mißtrauen zu zerstreuen. Nun hat das Ende der Teilung Europas, abgeschlossen mit dem Abzug der russischen Truppen aus Deutschland und Ostmitteleuropa, eine in der Geschichte nicht gekannte Symmetrie in den Beziehungen Deutschlands zu den Staaten Ostmittel- und Osteuropas hergestellt. Bei der Suche nach der verlorenen Großmacht beflügelt immer wieder die Vorstellung von einer Sonderbeziehung zu dem nun größeren Deutschland die außenpolitische Phantasie in Rußland[12], auch wenn nur in vergröbernden Analysen das Modell Rapallo ausdrücklich zitiert wird.

Sicher kommt deutscher Fürsprache für die spezifischen Probleme staatlicher und politischer Konsolidierung Rußlands besonderes Gewicht zu – nicht wegen einer historisch begründeten Affinität zwischen den beiden Staaten, sondern wegen Deutschlands Gewicht im europäischen Integrationsprozeß. Die Schlußfolgerung liegt auf der Hand: es muß ahistorisch argumentiert werden, denn jeder Bezug zur Vorgeschichte der europäischen Katastrophen enthält den Keim des Mißverständ-

---

[9] Vgl. Hans-Peter Schwarz, Germany's National and European Interests, in: *Daedalus* 123 (1994), Nr. 2, S. 81–105.

[10] Klaus Segbers (Anm. 2), S. 572 f.

[11] Christoph Bluth, Germany: Defining the National Interest, in: *The World Today* 51 (1995), S. 53.

[12] So der Vorschlag des damaligen Leiters der Internationalen Abteilung der ZK der KPdSU, Valentin Falins, für einen neuen Deutsch-Sowjetischen Vertrag im Jahr 1991, der dann mit Rücksicht auf die USA *und* Bonn in der Schublade blieb (vgl. Gennadii Schachnasarov, *Cena swobody*, Moskau 1993, S. 94). Vgl. auch Chugrov in diesem Band.

nisses in sich. Nur wenn es der deutschen Politik in Osteuropa gelingt, Verführungen mit falschen Reprisen eindeutig und *a limine* abzuwehren, kann die so mühsam gewonnene Distanz zu den Fehlkonstruktionen der Vergangenheit gehalten werden.[13] Die meisten Probleme im deutsch-russischen Verhältnis sind multilateraler Art, auch wenn deutsche Unterstützung für die baltischen Staaten, deutsche Kritik an der russischen Militarisierung des Oblast Kaliningrad und die deutsche Rolle im Jugoslawienkonflikt sowie in der Frage des Beitritts der ostmitteleuropäischen Staaten zur NATO von patriotischen Kommentatoren in Moskau mit besonderem Zorn bedacht werden. Generell gilt sicher die Feststellung Adomeits, daß sich Regierungvertreter und öffentliche Meinung in Rußland weniger Sorgen machen über einen wiedererwachenden Nationalismus oder neues Machtbewußtsein in Deutschland als vielmehr über deutsche Gleichgültigkeit bzw. Beteiligung an einer westlichen Politik der Isolierung gegenüber einem angeblich wiedererstehenden neoimperialen Rußland.[14]

Als bilaterales deutsch-russisches Problem geblieben ist die Stabilisierung der Lebensverhältnisse der in Rußland verbliebenen deutschen Minderheit. Ernsthaft ist es nicht, denn deutsche Fürsorge für diese Bevölkerungsgruppe kann kaum als nationale Interessenpolitik interpretiert werden. Dazu kommt, daß die Erosion dieser Minderheit, die zu ihrem größten Teil die Ausreise anstrebt, irreversibel sein dürfte. Verglichen mit dem bilateralen Konfliktstoff der Vergangenheit nicht wirklich gravierend ist schließlich der Streit um die Rückgabe deutscher Kunstschätze. Die juristisch unhaltbare Argumentation der russischen Seite sollte als Barometer für die Stimmungslage einer frustrierten politischen Elite interpretiert werden und nicht als offene Konfliktbereitschaft oder gezielte Provokation. Für einen sachlichen, auch öffentlich geführten Dialog über die anstehenden Fragen finden sich immer noch Partner.[15]

Mehr belastet ist dagegen das deutsch-tschechische Verhältnis, wo die Prager Regierung jedes Gespräch mit Vertretern der Sudetendeutschen ablehnt[16], gleichzeitig aber auch Provokationen der rechtsradikalen tschechischen Republikaner eindeutig verurteilt und erkennbar um ein gutes Verhältnis zum deutschen Nachbarn bemüht ist. Die Sudetendeutschen ihrerseits bestehen weiter auf einem Widerruf der Beneš-Dekrete durch die tschechische Regierung und sie werden dabei gestützt durch eine bayerische Landesregierung, die damit auch eine Chance zu eigener Außenpolitik

---

[13] Vgl. u. a. den Artikel Was sind Rußlands nationale Interessen? (*Neue Zürcher Zeitung*, 25.8.1995, S. 5), der „unter Begleitung von Rapallo-Tönen" eine wachsende Neigung in Deutschland konstatiert, wegen der Nähe und der Größe Rußlands dessen Ansprüchen entgegenzukommen.

[14] Siehe seinen Beitrag in diesem Band.

[15] Vgl. das gemeinsame Memorandum einer Gruppe deutscher und russischer Wissenschaftler: Rußland und Deutschland: Partner in Europa, in: *Frankfurter Rundschau*, 6.3.1995, russisch in: *Segodnja*, 15.3.1995.

[16] *Mlada fronta*, 31.3.1995. Zwei Drittel der tschechischen Bevölkerung sind „völlig" oder „eher gegen" solche Gespräche. *Rude Pravo*, 28.7.1995.

nutzt. Auch wenn 83 % der tschechischen Bevölkerung die Beziehungen zu Deutschland als gut bezeichnen[17] und beinahe die Hälfte diese Querelen als Profilierungsspiel der tschechischen Parteien bezeichnet[18], so bleibt doch ein nicht zu unterschätzendes Störelement. Schließlich geht es im Kern auch um handfeste wirtschaftliche Interessen.

Im Verhältnis zu Polen – ein über die gesamte Nachkriegszeit besonders schwieriges Terrain für die deutsche Außenpolitik – ist eine Wende zur Normalität eingetreten. Entscheidend dabei war einerseits sicher eine sorgfältig austarierte und behutsame deutsche Politik, andererseits auf polnischer Seite die Erkenntnis, daß Deutschland sowohl in der EU wie auch in der NATO entscheidenden Einfluß auf das Schicksal polnischer Beitrittsbegehren haben dürfte. Unabhängig davon deutet sich ein Wandel in der Einstellung der polnischen Bevölkerung gegenüber „den Deutschen" an: Der Anteil derjenigen, die Sympathie für die Nachbarn im Westen bekundeten, stieg innerhalb von nur drei Jahren (1993–1995) immerhin von 23 % auf 35 %, während das Profil der Einstellung zu den meisten anderen Nationen mehr oder weniger konstant blieb.[19]

Während Regierung und patriotische politische Eliten in der GUS mehr deutsche Investitionen anmahnen (aber angesichts unsicherer Rahmenbedingungen nicht herbeireden können), nehmen national argumentierende Kräfte in Ostmitteleuropa eine herausragende wirtschaftliche Präsenz Deutschlands zugleich als Indiz für strategisch perzipierte außenpolitische Ambitionen des mächtigen Nachbarn. Solche Argumente verdienen kritische Aufmerksamkeit, auch wenn sie sich nicht nur gegen deutsche Investoren und Interessen richten. In diesem Zusammenhang sind freilich zwei grundsätzliche Anmerkungen angezeigt:
1. Unternehmerische Entscheidungen werden in aller Regel nicht von patriotischen Gefühlen, sondern vom kritischen Blick auf die jeweiligen Chancen und Risiken eines Engagements geleitet, wenn sie langfristig im internationalen Wettbewerb bestehen wollen.
2. Jeder Versuch, die Anteile national definierter Komponenten im internationalen Geflecht von Kapital und Technologie zu verifizieren, landet sehr schnell an den Grenzen statistischer Berichterstattung. Der Vorwurf der ökonomischen Machtergreifung durch westliche Unternehmen oder auch wirtschaftlicher Germanisierung ist deshalb quantitativ nicht zu belegen.

Nun ist die herausragende Rolle Deutschlands im Engagement des Westens für Osteuropa nicht zu übersehen. Auf Deutschland entfielen bis Mitte 1993 rund 37 % der insgesamt geleisteten Finanzhilfen (vor den USA mit 11 % und Japan mit 5 %).[20]

---

[17] *Lada fronta dnes*, 14.7.1995.

[18] *CTK* [Ceská tisková kancelár], 30.8.1995.

[19] Vgl. *Polish Public Opinion*, Warsaw, Juni 1995.

[20] Jörg M. Winterberg, Westliche Unterstützung der Transformationsprozesse, in: *Osteuropa. Konrad Adenauer Stiftung: Interne Studien* 92 (1994), S. 13.

Andererseits führt Deutschland in der Rangliste der Handelspartner der Staaten Ost- und Ostmitteleuropas weit vor allen anderen OECD-Staaten.[21] Zur Erklärung reichen räumliche Nähe, Vorkriegstraditionen und auch die in den Nachkriegsjahren erworbenen Marktkenntnisse völlig aus. Zu beachten ist andererseits, daß der Anteil Ostmittel- und Osteuropas im gesamten Außenhandel der alten BRD bzw. des vereinten Deutschland nie größer war als 8 %. Im Blick auf den Stand der Verschuldung und die kurzfristig nicht zu überwindenden Wirtschaftsprobleme der meisten Staaten Osteuropas sowie die Konkurrenz der Märkte in Asien und Südamerika ist eine rasche Expansion des deutschen Handels mit Osteuropa nicht zu erwarten.

Die wirtschaftliche und infrastrukturelle Rekonstruktion, teilweise Reindustrialisierung weiter Teile Osteuropas erfordert gigantische Aufwendungen für den Transfer von Kapital und technisch-organisatorischem Know-how. Diese können keinesfalls über bilaterale, ja nicht einmal über multilaterale öffentliche Finanzierungsprogramme aufgebracht werden. Wichtiger in diesem Zusammenhang ist deshalb die Entwicklung der Direktinvestitionen westlicher Unternehmen. Sie können zunächst als Maßstab für den Zustand der Rahmenbedingungen, d. h. der rechtlichen, politischen und infrastrukturellen Voraussetzungen und erst in zweiter Linie als Indikator für ein strategisches Konzept der Investoren (nicht der Regierungen ihrer Herkunftsländer) angesehen werden.

Deutsche Investoren verhalten sich hier in keiner Weise anders als ihre westlichen Konkurrenten; nach ihrem Anteil an den gesamten Auslandsinvestitionen liegen sie zwar ebenfalls an der Spitze in Ostmittel- und Osteuropa. Aber der Anteil osteuropäischer Projekte im deutschen Kapitalexport ist gering. So lag das Volumen der 1992–1994 in Ungarn getätigten Direktinvestitionen deutscher Unternehmen (2,5 Mrd. DM) immer noch deutlich unter dem für Spanien gemeldeten Wert (4,2 Mrd. DM).[22]

Die Tatsache, daß bei extrem niedrigem Ausgangsniveau der Kapitalverflechtung ein einziges Projekt wie das Engagement von VW bei Skoda 1991 ein Viertel der gesamten deutschen Investitionen in Osteuropa und 80 % der Auslandsinvestitionen in der CSFR ausmachen kann, sorgt zwar für ein Ausmaß an Publizität und Politisierung, wie sie in einem anderen Umfeld kaum entstünde. Die zentralen Hindernisse für vermehrte Investitionen in Ostmittel- und Osteuropa gelten gleichwohl auch für deutsche Unternehmen und sie sind identisch mit denen ihrer ausländischen Wettbewerber: Devisenmangel, der Transformationsschock der Wirtschaft in den Partnerländern, unsichere politische Verhältnisse und ein gravierender technisch-organisatorischer Rückstand der Partnerunternehmen in Osteuropa. In einer solchen Situation helfen keine politischen Appelle; der Ausweg besteht in der Schaffung eines entsprechenden Investitionsklimas, d. h. adäquater Rahmenbedingungen durch die Transformationsstaaten selbst.

---

[21] Die ECE spricht in diesem Zusammenhang von einer neuen Rolle Deutschlands als „Gravitationszentrum und Anziehungspol für nahezu alle Transformationsstaaten von Estland bis Bulgarien". *Economic Bulletin for Europe* 46 (1994), S. 57.

[22] Vgl. *Frankfurter Allgemeine Zeitung* Informationsdienste, Länderanalysen: Rußland, August 1995, S. 20

Schlußfolgerungen

1. Die in der Integration Westeuropas übernommene Rolle und die unmittelbare Nachbarschaft zu Osteuropa prädestinieren Deutschland zum Anwalt einer im gemeinsamen Vorgehen unbeirrbaren, aber behutsamen gesamteuropäischen Entwicklung – nicht mehr und nicht weniger. Deutsche Ostpolitik als nationale Strategie, als deutscher Sonderweg wäre unsinnig und undurchführbar.
2. Selbst bei einer wünschenswerten Orientierung an westlichen Integrationsmustern werden die Staaten Mittel- und Osteuropas den technischen und ökonomischen Vorsprung Westeuropas in absehbarer Zeit nicht aufholen können. Die schwierige Aufgabe einer realistischen Politik des gesamten Westens besteht deshalb auf längere Frist darin,
   – diesen Staaten den ordnungspolitischen Wechsel ohne zusätzliche Anhäufung von sozialökonomischem Sprengstoff zu erleichtern,
   – für Ostmitteleuropa Schutzgarantien gegen mögliche militärische Bedrohungen von außen zu entwickeln, ohne das atlantische Bündnis zu überlasten,
   – Ängste gegenüber westlicher Dominanz durch Sensibilität gegenüber spezifischen Erfahrungen und Problemen abbauen zu helfen und
   – die Idee des Nationalstaats durch das Vorbild einer auf Kooperation angelegten europäischen Ordnung auszubalancieren.
3. Ob die Öffnung des westeuropäischen Integrationsprozesses für Mittel- und Osteuropa durch Beitrittseinladungen wesentlich beschleunigt werden kann, ist zu bezweifeln. Gleichwohl sind für die EU praktische Schritte in Richtung auf eine weitere wirtschaftliche und politische Öffnung angezeigt. Andernfalls verkommen die Integrationsformeln und politischen Signale zu blankem Zynismus. Mit den Interimsabkommen hat auch der Abbau quantitativer Importbeschränkungen begonnen. Aber nach wie vor bestehen Behinderungen auf Feldern, die gern als „sensitiv" bezeichnet werden, deren innenpolitische Bedeutung aber erst durch die Unentschlossenheit der politischen Führungen der Mitgliedsländer festgeschrieben wird. Mangelnder Mut zum Strukturwandel im eigenen Haus behindert auch die Erschließung interessanter Märkte vor der Haustür.
4. Wenn es überhaupt eine Maxime für die deutsche Politik gegenüber Osteuropa gibt, die in die Zukunft trägt, dann ist es die Formulierung Hans-Dietrich Genschers: „Es wird Westeuropa auf Dauer nicht gut gehen, wenn es Osteuropa schlecht geht". Gewiß ist Deutschland direkter als seine westlichen Nachbarn mit dem politischen Sprengsatz der anhaltenden sozial-ökonomischen Spaltung des Kontinents konfrontiert. Die Schockwellen eines Zusammenbruchs der Transformationsstaaten, vor allem in der GUS kann Deutschland allein nicht auffangen. Ohne den deutschen Beitrag wäre aber auch ganz Westeuropa nicht in der Lage, die osteuropäischen Sprengsätze zu entschärfen. Es geht nur gemeinsam.
5. Der politische Standort Deutschlands liegt nicht irgendwo zwischen „Ost und West". Dieser Sprachgebrauch ist in seiner Unschärfe für den Stand der Diskussionen bezeichnend. Der historische Kontext existiert nicht mehr: als politisches Kürzel für den ideologischen Gegensatz des Kalten Krieges ist „Ost-West" verbraucht. Daß bei „Ost-West" im Tenor vieler sicherheitspolitischer Diskussions-

beiträge auch heute noch mehr mitschwingt (oder zur Interpretation freigegeben wird) als nur eine geographische Umschreibung für Räume unterschiedlicher Integrationsintensität und Entwicklung, wird gerne überhört. Die kulturgeographische Unterscheidung zwischen lateinischer und byzantinischer Herkunft und Zugehörigkeit darf nicht unter-, aber auch nicht überbewertet werden. Aber wenn es um den Standort Deutschlands geht, muß auf Klarheit bestanden werden: Die feste Verklammerung vitaler Bereiche von Politik und Wirtschaft in EU, NATO und OECD macht Deutschland zu einem konstitutiven Bestandteil der europäischen Integration, und zwar nach dem in Westeuropa gewachsenen Verständnis und Modell. Wenn es gelänge, die Erweiterung funktionaler Verbindungen nach Osteuropa in den Mittelpunkt der Diskussion zu stellen, statt historisierende Stereotypen und ideologische Ladenhüter zu konservieren, dann wäre auch für die Demontage alter Schreckgespenster viel erreicht.

Deutschlands europäische Rolle nach dem Ost-West-Konflikt: Konziliator im übernationalen Interesse?

Michael W. Richter

Nach dem konstellativen Wandel in der politischen Geographie Europas und der Wiederherstellung eines deutschen Nationalstaats stellt sich die Frage nach der Rolle Deutschlands unter neuen Rahmenbedingungen. Hans-Peter Schwarz hat dieser Situation einen lapidaren Ausdruck verliehen: „Europa muß mit einem sehr großen Deutschland leben lernen, so wie dieses gelernt hat, klüger aufzutreten als früher. Ob das auf die Dauer gutgeht, weiß niemand."[1]

Lernprozesse, wie Schwarz sie anspricht, sind eine wechselseitige Anforderung. Die historischen Vermächtnisse lassen es jedoch zwingend erscheinen, daß zuallererst von der deutschen Politik ein konstruktiver Beitrag erbracht wird. Wie Deutschland auf vertrauenswürdige Weise in Europa integriert werden kann und ob es seine machtpolitischen Ressourcen auch, vielleicht sogar primär, dem europäischen Interesse zur Verfügung stellt, ist das eigentliche Problem.

Mit der „konziliatorischen Rolle" Deutschlands unterbreitet die vorliegende Arbeit einen spezifischen Lösungsvorschlag, der sich einer neuen und terminologisch noch unbelasteten Begriffsbildung bedient und dabei eine perspektivistische Problembetrachtung einführt, welche die europäische Ordnung jeweils aus der eigenen Position heraus und aus der Position des anderen sieht. Was kann (bzw. sollte) Deutschland aus der Perspektive seiner Nachbarn tun? Was würden diese selber tun, wären sie in deutscher Lage? Was können (bzw. sollten) die europäischen Nachbarn aus deutscher Perspektive tun, d. h. wie können sie sich verhalten, um eine konstruktive deutsche Rolle zu ermöglichen?

Im folgenden werden zunächst die internationale Lage und der machtpolitische Kontext dargestellt, in dem sich eine außenpolitische Rollendefinition bewegen muß. Das zentrale Kapitel definiert den Schlüsselbegriff „Konziliator", um im Anschluß dessen innen- und außenpolitische Voraussetzungen durchzurechnen. Hierzu gehört auch die entscheidende Frage, inwieweit deutsche und europäische Interessen als deckungsgleich betrachtet werden können. Weil sich das Gewicht einer konziliatorischen Rolle Deutschlands auch an den Alternativen bemißt, die bei rationaler Interessenkalkulation als weniger wünschenswert erscheinen, diskutiert das Schlußkapitel die Grundlinien dieser Problematik sowie die Frage, unter welchen realpolitischen Entwicklungen eine deutsche Konziliatorfunktion scheitern könnte.

---

[1] Hans-Peter Schwarz, *Die Zentralmacht Europas. Deutschlands Rückkehr auf die Weltbühne*, Berlin 1994, S. 18.

Die internationale Lage

In den Konstellationen des Ost-West-Konflikts waren die bündnisimmanenten Handlungszwänge für alle europäischen Partner groß, für die deutsche Politik jedoch überwältigend. Entsprechend begrenzt waren ihre außenpolitischen Optionen. Deutschland war eine geteilte Nation, ein Land mit eingeschränkter Souveränität, dessen Sicherheit hauptsächlich aus den USA importiert werden mußte und das als Frontstaat an der Trennungslinie der Systemkonfrontation gezwungen war, eine besondere Verständigung mit der Sowjetunion zu suchen.[2] Der konstellative Wandel in der politischen Geographie Europas hat die alten Handlungszwänge weitgehend aufgehoben bzw. ihre politische Bedeutung verändert. Er war zwar insbesondere aus deutscher Perspektive wünschenswert, beunruhigte aber gleichzeitig die deutschen Bündnispartner, weil er mit der neuen machtpolitischen Position des Landes auch seine außenpolitischen Optionen im westlichen wie im östlichen Europa prinzipiell erweiterte.

Diese Entwicklung war im ursprünglichen Gründungsauftrag der EG nicht vorgesehen. Drei Aufgaben standen damals im Vordergrund, von dem politischen Ziel getragen, eine zunehmend engere Gemeinschaft unter europäischen Völkern zu begründen:[3]

1. Alte nationalstaatliche Rivalitäten sollten begraben werden. Der westliche Teil des besiegten Deutschlands sollte unter die Kontrolle eines multilateralen und integrativen Bündnisses gebracht werden.
2. Westliche Interessen und Ressourcen galt es zu bündeln, um der sowjetischen Herausforderung begegnen zu können.
3. Institutionen sollten geschaffen werden, um die Zukunft unter gesamteuropäischem Aspekt gestalten zu können.

Bis zum Ende des Ost-West-Gegensatzes und zu der 1990 vollzogenen deutschen Einheit könnte die Bilanz der ersten beiden Aufgabenstellungen positiv bewertet werden, trotz aller Sprunghaftigkeit und integrativen Defizite der politischen Entwicklungsprozesse.[4] Zur dritten Aufgabenstellung formulierte Außenminister

---

[2] Anne-Marie Le Gloannec, The Implications of German Unification for Western Europe, in: Paul B. Stares (Hg.), *The New German and the New Europe*, Washington 1992, S. 251–278.

[3] Vgl. hierzu im Rückblick Jean Monnet, *Mémoires*, Paris 1976.

[4] Nach der Euphorie der Römischen Verträge 1957/58 folgte ein Stillstand mit de Gaulles Veto gegen eine Aufnahme Englands und seiner Abwehr der supranationalen Ansprüche der Kommission, eine Wiederaufnahme alter Ambitionen mit dem Gipfel von Den Haag 1969, dem Projekt der Wirtschafts- und Währungsunion sowie der Norderweiterung 1973. Schon 1972 mit dem Pariser Gipfeltreffen sollte bis Ende des Jahrzehnts die EG in eine Europäische Union umgewandelt werden, eine Entwicklungsperspektive, die an den politischen Krisen der 70er Jahre scheiterte. Nach der Süderweiterung in zwei Etappen der 80er Jahre, der Einheitlichen Europäischen Akte 1986 und der Aufnahme der neuen Bundesländer 1990 in die EG, kam es zum institutionellen Durchbruch des Binnenmarktes und des Vertrags von Maastricht. Vgl. hierzu William Wallace (Hg.), *The Dynamics of European Integration*, London 1990, S. 1–24.

Genscher 1991: „Die Europäische Gemeinschaft ist nicht eine „West"-Europäische Gemeinschaft, sondern ihrem Wesen nach eine Gemeinschaft, die allen europäischen Demokratien und Marktwirtschaften offensteht".[5] Im selben Sinne stellt auch das Pariser KSZE-Dokument vom 19. 11. 1990 ein offenes Gesamteuropa nicht nur als eine Vision dar, sondern als eine mögliche Realität auf der Grundlage gemeinsamer Sicherheit und eines einheitlichen Rechts- und Wirtschaftsraumes.[6]

Als vordringliche und alleinige Gegenwartsproblematik scheint daher die dritte Perspektive in den Fokus architektonischer Planspiele der wirtschafts- und sicherheitspolitischen Experten zu rücken. Diese Einschätzung erweist sich bei näherer Betrachtung als kurzschlüssig. Sie scheitert allerdings nur an dem Prädikat „alleinig". Ob die gesamteuropäische Aufgabe gegenüber der ungelösten Zukunft der westeuropäischen Integration „vordringlich" ist bzw. wie beides miteinander abgestimmt werden kann, darüber sind die aktuellen Kontroversen in vollem Gange. Im Zentrum des Problems, eine west- und gesamteuropäische Architektur zu gestalten, welche die Chance hat, von allen beteiligten Nationen als dauerhaft wahrgenommen zu werden, steht die machtpolitische Rolle Deutschlands sowohl in der Westbindung als auch in der Ostpolitik. Sie verursacht bei den europäischen Nachbarn naturgemäß mehr Kopfzerbrechen als beim atlantischen Bündnispartner. Die an sich wünschenswerten europäischen Übergangsprozesse zeigen jedoch neben hoffnungsvollen Möglichkeiten einer gemeinsamen europäischen Gestaltung auch zahlreiche krisenhafte Symptome:

1. Die nach dem Ost-West-Konflikt zu beobachtende Rehabilitierung des Nationalstaats wirkt auch im westlichen Europa störend auf die weitere Integration ein und fördert die einseitige Betonung der nationalen vor einer europäischen Identität.
2. Im östlichen Europa ist der rehabilitierte Nationalstaat unterschiedlich gewichtet. Nach dem Abbau der ideologischen Fassaden des „sozialistischen Internationalismus" ist er Bedingung für Identitätsfindung und Zukunftsgestaltung und stört damit den zwischenstaatlichen Umgang auf der Grundlage von Kooperation und Selbstbeschränkung empfindlich.
3. Nach Inkrafttreten des Vertrags von Maastricht befindet sich die europäische Idee erkennbar in einer politisch-ökonomischen Doppelkrise. Politisch sind verdichtete Formen von zwischenstaatlicher Kooperation noch nicht manifest und supranationale Formen der Integration derzeit unerreichbar. Ökonomisch ist nahezu jedes westeuropäische Land, insbesondere aber die vier größten (England, Frankreich, Deutschland und Italien), von einer anhaltenden Strukturkrise betroffen.
4. Die USA sind mit innenpolitischen Problemen absorbiert und zu neuen transatlantischen Konzeptionen weder bereit noch fähig, ungeachtet des kürzlichen Engagements in Bosnien.[7] Die bisherigen Funktionen einer Schutzmacht, die sich

---

[5] Rede in Davos vom 3.2.1991, in: *Stichworte zur Sicherheitspolitik* 1991/2, S. 6.

[6] Charta von Paris für ein neues Europa, Presse- und Informationsamt der Bundesregierung, *Bulletin* Nr. 137, S. 1409.

[7] Die Zustimmung des amerikanischen Kongresses zum US-Engagement in Bosnien ist äußerst brüchig und kann kaum als außenpolitische Neuorientierung bezeichnet werden.

auch westeuropäischen Interessen verpflichtet weiß, sind deutlich geschwächt, wenn auch die „Wertegemeinschaft" davon nicht berührt ist.
5. Rußland und die GUS-Länder zählen längerfristig zu einer instabilen Krisenregion, auf die sich nicht nur sicherheitspolitische Kooperations- und wirtschaftliche Hilfsmaßnahmen richten müssen, sondern ebenso potentielle NATO-Planungen, die eine möglicherweise auch konfrontative Eindämmung einschließen.
6. Der mittelosteuropäische Raum mit Polen, Tschechien, Slowakei, Ungarn etc., der den westeuropäischen Staaten unmittelbar benachbart ist, kann nicht nur in den Sog importierter Konflikte geraten, sondern auch durch nationalistische Rivalitäten und Minderheitenprobleme die bisherige sicherheitspolitische Stabilität einbüßen, schon bevor eine relative marktwirtschaftliche Konsolidierung weitere positive Auswirkungen schaffen kann.
7. Die Stellung Westeuropas ist sicherheitspolitisch trotz aller Unwägbarkeiten entscheidend konsolidiert, nicht nur deshalb, weil die wechselseitige Bedrohung nuklearer Vernichtung wegfällt. Eurostrategisch haben sich die Ergebnisse des Zweiten Weltkriegs umgekehrt: Hatte vormals die Sowjetunion ein riesiges militärisches Glacis an ihrer Westgrenze, so haben nun die EU-Staaten und insbesondere Deutschland ein entsprechendes Glacis (bzw. ein sicherheitspolitisches Vakuum) an ihrer Ostgrenze gegenüber Rußland.[8] Geostrategisch folgt aus dieser Entlastung eine neue Handlungsfreiheit des Westens, die sich in der Redefinition seiner Institutionen, deren Aufgaben und operativen Mittel äußert.
8. Das westeuropäische Bedürfnis nach weiterem (und insbesondere hegemonialem) amerikanischem Schutz hat sich deutlich abgebaut. Gleichzeitig ist das wirtschaftspolitische Selbstverständnis der atlantischen Bündnispartner gegenüber der ehemaligen bzw. partiell weiterbestehenden amerikanischen Schutzmacht konkurrenzorientierter geworden. Im interaktiven Zusammenspiel sind die USA komplementär weniger bereit, sicherheits- und wirtschaftspolitische Opfer für die Europäer zu bringen.

Für das Dreiecksverhältnis zwischen Deutschland, seinen europäischen Nachbarn und dem amerikanischen Schutz- und Konkurrenzpartner formuliert Kissinger den konstellativen Wandel folgendermaßen: „Inzwischen ist Deutschland so stark geworden, daß die bestehenden europäischen Institutionen aus eigener Kraft keine Balance zwischen Deutschland und seinen europäischen Partnern mehr herzustellen vermögen; andererseits aber könnte Europa, selbst mit Deutschland, weder dem Wiedererstarken noch dem Verfall Rußlands – den beiden bedrohlichsten Entwicklungen der postsowjetischen Unruhen – allein entgegentreten."[9] Was Kissinger zu Recht betont, ist die weiterwirkende transatlantische Funktion der Vereinigten

---

[8] Die sicherheitspolitische Stellung der osteuropäischen Staaten kann je nach Perspektive als Vakuum bzw. als ein Glacis bezeichnet werden.

[9] Vgl. Henry A. Kissinger, *Die Vernunft der Nationen. Über das Wesen der Außenpolitik*, Berlin 1994, S. 914. Kissingers Argumentation zeigt, daß alte Handlungsimperative zwar fortbestehen können, sich ihre politische Bedeutung aber stark verändert.

Staaten, um eine europäisch verträgliche Rolle Deutschlands zu sichern, die auch im amerikanischen Interesse liegt, und um den Unwägbarkeiten der postsowjetischen Entwicklung angemessen begegnen zu können. Wie sind die neuen bzw. befreiten Potentiale des wiedervereinigten Deutschlands konstruktiv einzusetzen? Dies artikuliert sich in dem gestalterischen Problem, wie die bestehenden Institutionen der EU, WEU, NATO, OSZE und UNO operational auszugestalten und aufeinander abzustimmen sind, um das Ziel einer tragfähigen west- und gesamteuropäischen Architektur zu erreichen. Was in normativer Perspektive als wünschenswert erscheint, muß jedoch unterschieden werden von dem, was realpolitisch möglich ist. Zu beiden Bereichen gibt es bei den europäischen Akteuren unterschiedliche Wahrnehmungen. Für die konkrete Politik bedeutet dies, daß die Rolle Deutschlands in einer europäischen Struktur – wie tragfähig diese auch immer sein mag – nicht realistisch bestimmt werden kann, ohne das komplizierte Geflecht von Interessengemeinsamkeiten und -gegensätzen in Rechnung zu stellen.

Auf jeden Fall wird an die deutsche Politik der doppelte Anspruch gerichtet, ihre nationalen Interessen in europapolitische Konzeptionen zu integrieren und das außenpolitische Verhalten damit konsistent zu gestalten. Dieser Anspruch ist zwar auf alle Nachbarn ausdehnbar, aber wie die deutsche Politik diese Anforderungen aufgreift, macht ihre Schlüsselrolle aus. Sie übt eine Sogwirkung aus, sei es im Sinn europäischen Denkens und Handelns oder nationalstaatlichen Egoismus und ungedämpfter Konkurrenzverhältnisse.

Die deutsche Konziliatorfunktion im übernationalen Interesse: Rollendefinition und Voraussetzungen

Der machtpolitische Kontext des Konziliators

Auf der Grundlage der Selbstbegrenzung eigener Interessen vermittelt der Konziliator zwischen gegensätzlichen Ansprüchen, indem er als Maßstab der Vermittlung das Interesse eines übergeordneten Ganzen festhält, ohne dabei eigene nationale Interessen leugnen zu müssen.[10] Eine solche Rolle Deutschlands, deren innen- und außenpolitischen Inhalte und Voraussetzungen es zu klären gilt, wäre nicht nur geeignet, perzipierte deutsche Übergewichte europäisch zu absorbieren. Sie könnte ebenso dazu beitragen, das Problem einer fehlenden übergeordneten europäischen Instanz besser zu bewältigen. Hierzu würde eine nationale Rolle zweifellos stützend wirken, die aus der Perspektive des „fiktiven Gesamteuropäers" zu argumentieren

---

[10] Der im englischen Sprachkreis übliche Ausdruck ist terminologisch noch relativ unbelastet. *Penguin's English Dictionary* definiert das Verb „to conciliate" mit „to re-concile" und „conciliation" mit „adjustment of differences", sinngemäß ebenso der *Concise Oxford Dictionary*, der die Umschreibung „offering parties a voluntary settlement" hinzufügt. Das trifft wichtige Aspekte. Der Autor ist Ernest May und Philip Zelikow (Harvard) für die Diskussion eines Spektrums geeigneter Begriffe verpflichtet.

vermag und daran auch ein Interesse hat.[11] Helmut Schmidt beschrieb die politische Einigung Europas als ein spezifisch deutsches Interesse, weil nur so Schutz vor destruktiven Interessenkonflikten und Sonderwegen möglich ist.[12] Im Unterschied zu früheren Epochen einer deutschen Rollenfindung nach der Einheit von 1870/71 ist es nicht mehr das militärische Potential und die damit verbundene Variante von Machtpolitik, welche die europäischen Nachbarn beunruhigt. Was sich zum „deutschen Gulliver" (Thatcher) addiert, sind seine Wirtschaftskraft, die Handelsüberlegenheit insbesondere nach Osteuropa, Investitionskraft, die währungs- und finanzpolitische Stellung auch und gerade in der EU, technologische Innovationsfähigkeit und die soziale Disziplin der Gesellschaft. Es sind diese Eigenschaften Deutschlands, im Zusammenhang mit den historischen Vermächtnissen und der eurostrategischen Position des Landes, welche die Perzeption seiner machtpolitischen Potenz ausmachen und unbehaglich gestalten. Aus der Perspektive der europäischen Nachbarn wird befürchtet, daß die deutsche Politik das anstehende Problem, ein Gleichgewicht zwischen Vertiefung der EU und differenzierter Erweiterung nach Osten zu finden, für nationalistische Kalküle ausnutzen könnte.[13]

Die Geschichte der westeuropäischen Integration ist über ihre diversen Stufen von einem wachsenden Einfluß der Bundesrepublik begleitet worden. Ebenso ist von der Öffnung nationaler Märkte in Osteuropa, ohne daß durch eine formale Erweiterung die politischen und ökonomischen Rahmenbedingungen harmonisiert wären, eine weitere Steigerung deutscher Einflußmöglichkeiten zu erwarten.[14] Wenn es nicht gelingt, die osteuropäischen Länder in das westliche Staatengeflecht miteinzubeziehen und das russische Problem zureichend zu lösen, muß sich das Gewicht Deutschlands zwangsläufig erhöhen. Aber auch eine gelungene Einbeziehung Osteuropas und Rußlands steigert die gestalterische Rolle Deutschlands, nachdem das bipolare Europa überwunden ist.

Im neuen machtpolitischen Kontext Europas wird der deutschen Politik vielfach ein „freedom of strategic choice" zugemessen,[15] was sich in prinzipiellen west- und ostpolitischen Optionen niederschlägt. Der machtpolitische Kontext wird dabei sowohl von konstellativen Fakten und Optionen bestimmt als auch von den prototypischen Perzeptionen der Akteure. Aus französischer Perspektive erscheinen die Handlungsspielräume der deutschen Politik ungleich erweitert, obwohl sich diese europapolitisch festgelegt hat. Entsprechende Besorgnisse hat der frühere Regierungschef Balladur

---

[11] Mit der Kommission verfügt die EU zwar nominell über eine solche Instanz mit europäischem Initiativ- und Vorschlagsrecht. Deren Mitglieder sind jedoch national bestellt und naturgemäß auch nationalen Loyalitäten verpflichtet.

[12] Vgl. das Interview Es gibt drei große Krisen, in: *Der Spiegel* 1993/14.

[13] Klassische Vorbehalte wiederum bei Margaret Thatcher, Ihr wollt den Rest Europas. Interview in: *Der Spiegel* 1993/43, S. 173 ff. Vgl. auch Alain Minc: Am wenigsten preußisch, in: *Der Spiegel*, 27.12.1993, S. 103.

[14] Außenminister Kinkel spricht vom deutschen „Hauptvorteil aus der Rückkehr dieser Staaten nach Europa", in: *Frankfurter Allgemeine Zeitung*, 19.3.1993.

[15] So Geoffrey van Orden, The Bundeswehr in Transition, in: *Survival* 33 (1991), S. 352.

exemplarisch formuliert, indem er unter Hinweis auf Deutschlands „enge Zusammenarbeit" mit Frankreich, auf den „Dialog" mit den USA und die „Hilfe für Rußland und Osteuropa" feststellt: „Ein großes Land hat nur dann eine große Außenpolitik, wenn es die Wahl zwischen mehreren Haltungen hat."[16] Für die europäischen Partner Deutschlands gilt ein Fazit von Le Gloannec: „All seem to agree that Germany's power must be constrained in some way, but opinions differ on how to limit it."[17]

Im Vergleich dreier Versuche, eine europäische Friedensordnung zu gestalten, schreibt Smyser aus amerikanischer Perspektive: „Die Rolle Deutschlands bleibt das zentrale Problem jeder europäischen Ordnung und zugleich das schwierigste. Obwohl sie letztendlich nur von den Deutschen selbst bestimmt werden kann, muß das sie umgebende Rahmenwerk von anderen gestaltet werden und, was besonders wichtig ist, die Deutschen und die anderen müssen hinsichtlich dieses Rahmens übereinstimmen."[18]

Die Lösung dieser architektonischen Problematik führt, was die deutsche Politik anbelangt, zur Rolle des Konziliators, der sich kooperativ, ausgleichend, selbstbegrenzend aber nicht altruistisch verhalten muß. Er steht gleichzeitig unter zwei Beweispflichten:
1. Im Unterschied zum Mediator besitzt der Konziliator auch eigene Interessen, deren Vereinbarkeit mit dem europäischen Interesse es zu überprüfen gilt.
2. Die Konziliatorfunktion wird den historisch begründeten Sensibilitäten der europäischen Nachbarn nur gerecht, wenn sie sich von einer klassischen Führungsrolle unterscheidet.

Felipe Gonzales kam dieser Anforderung nahe, als er die deutsche Politik 1992 aufforderte, eine „Führungsrolle" im Sinne eines „europäischen Protagonisten" zu übernehmen.[19] Der Konziliator bestimmt im Unterschied zur Führungsrolle jedoch nicht

---

[16] Interview mit Edouard Balladur, *Le Figaro*, 30.8.1994, in: *Frankreich-Info* 1994/18. Balladur fragt deshalb hinsichtlich der französischen Optionen, ob der Aufbau Europas und der deutschfranzösische Dialog die einzige Politik seien, „die sich uns bietet ... Oder stehen uns gleichzeitig andere Möglichkeiten offen?". Die Notwendigkeit einer gemeinsamen westeuropäischen Ostpolitik hatte Pierre Hassner bereits vor den Umwälzungen in Osteuropa betont. Vgl. Pierre Hassner, L'Allemagne dans les Relations Est-Ouest, in: *Revue Française de Science Politique* 37 (1987), S. 305–318.

[17] Siehe Anne-Marie Le Gloannec (Anm. 2), S. 252. Ebenso formulierte William Wallace schon 1989: „Germany is the key, as Europe emerges from the post-war ice." *The Independent*, 14.6.1989.

[18] Vgl. William R. Smyser, Der dritte Anlauf zu einer europäischen Friedensordnung – Wien 1814, Versailles 1919, Paris 1990, in: *Europa-Archiv* 46 (1991), S. 289–300.

[19] Siehe *Frankfurter Allgemeine Zeitung*, 2.10.1992. Ähnlich William Wallace, Deutschland als europäische Führungsmacht, in: *Internationale Politik* 1995/5, S. 23–28. Eine „leading role for Germany" betont aus amerikanischer Perspektive insbesondere David P. Calleo, in: *NATO: Reconstruction or Dissolution*, Washington: The Johns Hopkins Foreign Policy Institute 1992, S. 14. Allerdings wird dabei der Unterschied zwischen „a leading role", die prinzipiell teilbar ist, weil sie auch von anderen Ländern ausgeübt werden kann, und „leadership", das tendentiell unilateral ist, häufig ineinandergeschoben. Dieser kontextuelle Gebrauch des Begriffs „leading role" findet sich vielfach in der politischen Publizistik.

die Regeln, wie das europäische Interesse zu wahren ist, sondern wacht über die Einhaltung gemeinsam zu konstituierender Regeln. Die konziliatorische Funktion beruht dabei nicht auf einseitigen Abhängigkeiten, die für eine Führungsrolle charakteristisch sind, sondern sie appelliert an die wechselseitigen Abhängigkeiten integrativer Prozesse. Ein gewisses Paradox könnte darin gesehen werden, einerseits das historische Wiederaufleben einer Sonderrolle für Deutschland vermeiden zu wollen, andererseits aber durch die Konstruktion des Konziliators wieder eine Sonderrolle herzustellen. Erstere ist jedoch destruktiv und letztere konstruktiv: das ist das Novum.

Wie ist die konziliatorische Rolle begrifflich näher zu bestimmen?

Im Unterschied zur Zwischenkriegszeit ist Deutschland heute international eingebunden. Der neue deutsche Nationalstaat verfolgt weder einen territorialen Revisionismus noch eine Lockerung der Selbsteinbindung. Zum Konsensus der außenpolitischen Eliten zählen parteienübergreifend vier Grundsätze: Neben der Westbindung und der transatlantischen Partnerschaft die europäische Integration mit dem Programm der Vertiefung und Erweiterung der EU, das konstruktive Verhältnis zu Rußland sowie die Betonung der zivilen Komponente der Politik nach innen wie nach außen.[20]

Von Seiten der europäischen Nachbarn wird in jedem Fall deutsches außenpolitisches Verhalten daraufhin überprüft, ob es europäischen Interessen genügt. Die Konziliatorrolle ist daher der Versuch einer konstruktiven Verbegrifflichung von Prozessen, die im Kontext der nationalen Rollenfindung und der gesteigerten Beobachtung Deutschlands seitens seiner Nachbarn in noch widersprüchlicher und ungeordneter Form ablaufen. Da die Auswirkungen einer stärkeren Einbindung Deutschlands in europäische Institutionen sein Gewicht sowohl vergrößern als auch verringern können, ist es entscheidend, sich der Schlüsselmerkmale der konziliatorischen Rolle zu vergewissern:
1. Der Konziliator vermittelt zwischen gegensätzlichen Interessen, indem er als Maßstab der Vermittlung das Interesse eines übergeordneten Ganzen festhält.
2. Der Konziliator ist ein Akteur, der zur Selbstbegrenzung seiner Interessen bereit ist, keine einseitigen Gewinne erzielt und daher auch von anderen Akteuren dasselbe verlangen kann.
3. Der Konziliator betreibt eine Selbsteinbindung in europäische Institutionen.
4. In der Logik der konziliatorischen Rolle liegt daher auch die Aufgabe, einen öffentlichen Diskurs über das verbindliche europäische Interesse einzuleiten.

Wenn Deutschland in den letzten 50 Jahren in dem Sinne europäisiert worden ist, daß es nicht mehr nationale Interessen über europäische stellt,[21] dann liegt in der

---

[20] So im wesentlichen auch Joschka Fischer, Für neue Abenteuer fehlt hoffentlich die Mehrheit. Interview in: *Die Zeit*, 14.7.1995.

[21] Vgl. Eberhard Schulz, Should Europeanized Germans Germanize Europe?, in: *Security Dialogue* 25 (1994), S. 437–441.

Logik dieser Europäisierung, daß es europäische Interessen auch glaubwürdig vertreten kann, ohne das Eigeninteresse leugnen zu müssen. Die vielfach in Europa noch wirksame unterschwellige Einstellung: „Nach Auschwitz keine Führungsrolle für die deutsche Politik!" ist nachvollziehbar. Wenn unter „Führungsrolle" jedoch die konziliatorische Funktion verstanden wird, könnte sich dieses Argument umkehren. Gerade weil für die deutsche Politik besondere Zwänge bestehen, ist sie an das europäische Interesse auch besonders gebunden. Zweifellos wird von Deutschland die größte Einsicht in die Vernunft der Selbstbeschränkung und den europäischen Gebrauch seiner Machtressourcen verlangt. Kernelement der Konziliatorfunktion ist der Interessenausgleich unter den Nationen. Dieser Begriff bleibt jedoch eine magische Formel, wenn man seinen doppelten Bezugspunkt nicht sieht:

Einerseits bezieht er sich auf bilaterale Beziehungen, in denen Interessengegensätze „ausgeglichen" werden müssen.

Andererseits betrifft er das übergeordnete europäische Interesse, welches das nationale relativiert.[22]

Für einen bilateralen Ausgleich der europäischen Staaten ist es wichtig, daß die Interessenlagen hinreichend klar sind, glaubwürdig praktiziert und durch den innenpolitischen Konfliktaustrag nicht ständig in Frage gestellt werden.[23] Hier wirkt sich hinderlich aus, daß bislang keine westliche Regierung eine schlüssige Außenpolitik hat formulieren können. Ohne ein klares Verständnis der nationalen Interessen eines Landes ist es aber schwerlich möglich zu wissen, welche europäische Architektur damit in Einklang zu bringen ist. Die Konziliatorfunktion nützt allen Beteiligten, deutschen und nicht-deutschen, wenn sie dazu beiträgt, nationalistische Konkurrenzen zu entschärfen und das Streben nach einseitigen Gewinnen als diplomatische Strategie zu schwächen.[24] Es scheint, daß Deutschland nur so die fehlende Äquivalenz zwischen ökonomischer Macht und politischem Gestaltungseinfluß auf eine konstruktive Weise herstellen kann, die auf europäische Akzeptanz stößt.[25]

---

[22] Bei der Artikulation „nationaler Interessen" werden Staaten und Nationen üblicherweise wie „Quasi-Individuen" behandelt, was sie jedoch nicht sind. Es sollte deshalb im Auge behalten werden, daß die „nationalen Interessen" eines Landes nicht nur ein Perzeptionsproblem darstellen, sondern auch auf gruppen- und parteienspezifischer Ebene formuliert werden bzw. auf der Ebene individueller Entscheidungsträger. Deren Partikularinteressen vermischen sich leicht mit den übergeordneten Interessen des Staates. Ähnliches gilt für den Schlüsselbegriff des „europäischen Interesses", der eine noch höhere Abstraktionsebene ausdrückt. Trotz der bestehenden Unklarheiten sind jedoch beide Begriffe unverzichtbar.

[23] Zum innenpolitischen Konsensus vgl. Günther van Well, Der auswärtige Dienst in einer Zeit des Wandels, in: *Europa-Archiv* 47 (1992), S. 391–396.

[24] Konkret hätte dies für die deutsche Politik bedeutet, z. B. im Fischereikonflikt Spanien-Kanada konziliatorisch aktiv zu werden. Hier wäre es für die EU sinnvoll gewesen, im gemeinsamen Interesse Beihilfen zur Unterstützung der Umorientierung spanischer Fischer zu geben, so daß die spanische Regierung sich nicht mehr gezwungen gefühlt hätte, das „nationale Interesse", das ja in Wahrheit ein gruppenspezifisches war, auf Biegen und Brechen zu verteidigen.

[25] Vgl. zu diesem Themenkomplex noch vor der Einheit Christian Hacke, *Weltmacht wider Willen. Die Außenpolitik der Bundesrepublik Deutschland*, Stuttgart 1988.

Worin bestehen die besonderen Merkmale der deutschen Position?

Die „Normalität" des deutschen Staates als eines Staates unter vielen anderen ist immer noch nicht selbstverständlich. Das gilt auch für die Art und Weise, wie sich die Deutschen selber wahrnehmen. Jahrzehntelang war diese Problematik eher unterschwellig präsent, um sich nach der Vereinigung um so vehementer in den Debatten über den Schlüsselbegriff „Nation" und in dem extrem schwankenden Geschichtsverständnis zwischen den drei Polen Realismus, Selbststigmatisierung und Historisierung zu artikulieren.[26]

Nach der Katastrophe des Zweiten Weltkriegs war Deutschland nicht nur geteilt, besetzt und ökonomisch zerstört. Es hatte auch einen selbstverschuldeten Paria-Status unter den Nationen. Zur normativen Selbstwahrnehmung der Deutschen zählte, daß sie anders sein wollten, als sie waren. Für die Normalbürger galten die Begriffe des „common sense": Sie wollten reich sein, sicher, respektiert wie Engländer und Franzosen und eventuell auch wiedervereinigt. Zu den erstaunlichen Entwicklungen der Geschichte gehört, daß sich diese zentralen Wünsche der Deutschen in 45 Jahren Nachkriegszeit ausnahmslos erfüllt haben.

In der Wahrnehmung der europäischen Nachbarn haben deutscher Einfluß und deutsche Macht *prima facie* die Konnotation von etwas Ungehörigem. Nicht nur wegen der nationalen Exzesse und des Machtmißbrauchs, die sich Deutschland in zwei Weltkriegen hat zuschulden kommen lassen, sondern auch deshalb, weil es dem Verlierer zweier Weltkriege gelang, binnen kurzer Frist erneut eine führende Stellung in der Weltwirtschaft zu besetzen. Es ist daher erforderlich, die besonderen Voraussetzungen einer deutschen Konziliatorrolle nüchtern zu betrachten. Mindestens sieben Merkmale sind augenfällig:

1. Art. 24 des Grundgesetzes artikuliert eine besondere Auffassung von Staatlichkeit. Zur „Wahrung des Friedens in einem System kollektiver Sicherheit" kann deutsche Souveränität europäisch delegiert werden. Der Bund wird dabei ermächtigt, „in die Beschränkung seiner Hoheitsrechte einzuwilligen, die eine friedliche und dauerhafte Ordnung in Europa und zwischen den Völkern der Welt herbeiführen und sichern." Dieses Souveränitätsverständnis hat Bundeskanzler Kohl in der ersten Erklärung der gesamtdeutschen Regierung vom 3.10.1990 ausdrücklich bestätigt.[27]

2. Zu den verfassungsrechtlichen Besonderheiten zählt auch das BVG-Urteil vom 12.10.1993, das eine deutsche Zustimmung zur vertieften Integration der EU von

---

[26] Zum Umgang der Deutschen mit ihrer Geschichte vgl. Eberhard Jäckel, Die doppelte Vergangenheit, in: *Der Spiegel* 1991/52. Ein herbes Urteil fällt Schwarz: „Historiker neigen indessen dazu, vor lauter Geschichtsbildern die Wirklichkeit nicht mehr zu sehen". Schwarz (Anm. 1), S. 197.

[27] Vgl. hierzu die Regierungserklärung des Bundeskanzlers vor dem Deutschen Bundestag, in: *Stichworte zur Sicherheitspolitik* 1990/10, S. 9. Dieses Verständnis wird von den maßgeblichen Parteienvertretern geteilt. Eine Ausnahme bildet allerdings der bayerische Ministerpräsident Stoiber.

der gleichzeitigen demokratischen Legitimation abhängig macht. Es ist zu vermuten, daß die vom Karlsruher Verfassungsgericht gesetzten Maßstäbe nationaler Interessenwahrung von den europäischen Nachbarn nicht unterschritten werden. Die alte „Sachlogik" zunehmender Integration nach Art. 235 des alten EG-Vertrags ohne parlamentarische Zustimmung ist damit vorüber, ebenso die Selbstermächtigung im Unionsvertrag nach Art. F, Abs. 3: „Die Union stattet sich mit den Mitteln aus, die zum Erreichen ihrer Ziele und zur Durchführung ihrer Politiken erforderlich sind."

3. Die politische Zielsetzung der Integration im starken Wortsinne als supranationale Institutionenbildung mit Mehrheitsbestimmung ist eine deutsche Position, die nicht nur regierungsamtlich ist, sondern auch parteipolitisch mehrheitsfähig. Sie ist geeignet, deutsche Macht und sektorale deutsche Übergewichte zu absorbieren. Ebenso drückt sie eine unmißverständliche Bereitschaft zur Selbsteinbindung aus.

4. Die dennoch bestehenden machtpolitischen Ressourcen Deutschlands sind eine Voraussetzung für die konziliatorische Rolle. Wenn deutsche Macht ein Faktum ist, dann fragt sich, wozu sie verwendet wird. Auch die koersive Komponente von Macht hat einen konstruktiven Sinn, wenn sie der Erzwingung von Fairneß in einem europäischen Interessenausgleich dient.

5. Die deutsche Westintegration erweiterte sich mit der sozial-liberalen Ostpolitik seit 1969 zu einer deutschen Doppelrolle auf der Grundlage der Harmel-Formel von 1967. Diese deklarierte die Gleichwertigkeit von systemübergreifendem Dialog und westlicher Verteidigungsfähigkeit. Hier hat die deutsche Politik eine besondere Erfahrung aufzuweisen, auch wenn Harmel II fehlt.

6. Deutschland ist Teil des Westens, aber durch die Absorption der ehemaligen DDR auch mit den weiterwirkenden Hypotheken des Ost-West-Konflikts wohl vertraut. Die geographische Mittellage Deutschlands und die historischen Bindungen des Landes an Osteuropa unterstützen eine Konziliatorrolle im west-östlichen Interessenausgleich.

7. Die historischen Prägungen aus der Nazi-Herrschaft und die Aufgaben der Zukunft bilden noch immer ein unlösliches Amalgam. Hier besteht auf deutscher Seite eine Äquivalenz von „moralischem Imperativ" und „politischer Vernunft", deutsche Interessen wohlverstanden zu begrenzen und in das europäische Interesse einzubetten. Diese Situation ist in Europa singulär – der moralische Imperativ folgt aus den deutschen Kriegsverbrechen und den damit verbundenen kollektiven Prägungen, während die politische Vernunft auf die Handlungszwänge der Gegenwart reagieren muß.

Diese besonderen Merkmale der deutschen Position scheinen eine Konziliatorfunktion zu stützen. Wenn die deutschen Interessen mit den europäischen Interessen weitgehend deckungsgleich sind und seine westeuropäischen Nachbarn ein europäisches Deutschland wünschen, dann ist die Konziliatorfunktion auch keine Konstruktion zur Fesselung des deutschen Übergewichts, sondern die Lösung eines Problems, daß sich in der historischen Entwicklungsform eines demokratischen Umfelds noch nicht gestellt hat.

Wie ist die Umsetzung der deutschen konziliatorischen Rolle außenpolitisch möglich?

Der Sinn der konziliatorischen Rolle hängt zentral am innereuropäischen Interessenausgleich und dem Bezugspunkt eines gemeinsamen europäischen Interesses. Mindestens sechs Voraussetzungen sind maßgeblich:
1. Die Konziliatorfunktion muß von der Selbstbegrenzung der nationalen Interessen Deutschlands getragen sein, weil nur dann verlangt werden kann, daß auch die europäischen Partner ihre nationalen Interessen zugunsten eines übergeordneten Ganzen begrenzen. Nur so ist ein Interessenausgleich möglich und dauerhaft.
2. Die Konziliatorrolle kann von der deutschen Politik nicht angetragen werden. Dies wäre eine problematische Selbsternennung. Die deutsche Politik muß sich primär aus dem Handeln ergeben, sie kann nicht abstrakt formuliert werden: „Entscheidend ist, wie Deutschland seine Macht gebraucht".[28] Der Modus einer expliziten Antragung muß, wenn überhaupt, von Seiten der europäischen Nachbarn kommen.
3. Es muß im wechselseitigen Interesse Deutschlands als auch seiner Nachbarn sein, diese Rolle auszuüben. Sie kann aber schlecht formalisiert und in eine vertragliche Form kodifiziert werden. Zudem muß es möglich sein, andere Nationen, insbesondere aber Frankreich, in die konziliatorische Rolle mit hineinzuziehen.
4. Trotz aller europapolitischen Bekenntnisse wäre es unglaubwürdig, spezifisch deutsche Interessen zu leugnen. Es muß daher gezeigt werden, wie sich der Widerspruch zwischen „spezifisch" deutschen Interessen und einer konziliatorischen Rolle im übernationalen Interesse auflösen läßt.
5. Deutschland muß seine privilegierten bilateralen Beziehungen aufrechterhalten, weil sie sowohl seinen Gestaltungseinfluß als auch seine Kontrolle ermöglichen: zu Frankreich, um die europäische Integration voranzubringen; zu den USA, um die europäische Schutz- und Balancefunktion zu sichern und auch zu Rußland, das für den gesamteuropäischen Interessenausgleich unerläßlich ist.[29]
6. Im innenpolitischen Parteienspektrum darf es zu keiner signifikanten Verschiebung zu rechtsradikalen Gruppierungen kommen. Dies würde zum Wiederaufleben alter Ängste vor einer neuen Hybris deutscher Macht führen und damit die konziliatorische Funktion belasten.

Eine neue und europäisch verträgliche deutsche Rolle müßte jenseits oder zwischen den klassischen machtpolitischen Alternativen „Gleichgewicht oder Vorherrschaft" liegen. Im architektonischen Vakuum zeitgenössischer Politik könnte jedoch ein altes Muster der Zwischenkriegszeit wieder lebendig zu werden, nämlich eine Form von „balance of power", der es in nationalistischer Perspektive darum geht, zu den

---

[28] Vgl. hierzu Ralf Dahrendorf, Nach Osten hin ist alles offen, in: *Der Spiegel*, 18.1.1993, S. 21. Allerdings ist Dahrendorfs Darstellung einseitig, weil sie das komplementäre Verhalten der deutschen Partner nicht berücksichtigt.

[29] Rußland erwartet von Deutschland sowohl eine Vertretung seiner Interessen in Westeuropa als auch eine besondere Problemlösungskompetenz. Vgl. hierzu Eberhard Schulz in diesem Band.

Potentialen der jeweiligen Nachbarn ein Gegengewicht zu bilden.[30] Auch innerhalb der EU kann es zu machtpolitischen Balancespielen kommen und zu dem Versuch, jeweilige nationale Handlungsspielräume zu erweitern.

Das natürliche deutsche Gewicht muß sich nicht als koersive Form von Macht äußern, sondern kann sich auch im Sinne einer „cooptive power" ausdrücken, die den Dialog unter Gleichen zwar strukturiert, aber nicht aufhebt. Anders formuliert heißt dies, daß der Konziliator nicht entscheiden kann, sondern ausgleichen und binden muß. Zweifellos steht das unilaterale deutsche Vorgehen bei der Anerkennung von Kroatien und Slowenien hierzu im Widerspruch.

Es fragt sich allerdings nicht nur, wie Deutschland seine Macht gebraucht, sondern auch, wie von Seiten europäischer Nachbarn versucht wird, deutsche Macht zu verkleinern. Entscheidend ist, wie immer eine „balance of power"-Orientierung aufgefaßt wird[31], daß diese einer Politik der nationalen Interessen ohne Vergewisserung des Bezugsrahmens eines „europäischen Interesses" entgegenwirkt.

Der Begriff des europäischen Interesses stößt zunächst auf die Schwierigkeit, daß es kein Subjekt gibt, dem diese Interessen zukommen. Daher ist auch unklar, wer sie vertreten könnte. Hinzu kommt die Frage, worin diese Interessen überhaupt bestehen. Aber schon die Rede einer „gemeinsamen Handlungsfähigkeit" in der Außen- und Sicherheitspolitik setzt ein „europäisches Interesse" voraus. Wenigstens vier Desiderata sind zu berücksichtigen:
1. Die multilaterale Einbindung (bzw. Selbsteinbindung) des neuen Machtfaktors Deutschland ist zu bewahren.
2. Der west- und gesamteuropäische Interessenausgleich auf allen Politiksektoren, die für den inneren Zusammenhalt entscheidend sind, ist voranzubringen. Das verlangt sowohl einen gemeinsamen ostpolitischen Rahmen als auch eine gemeinsame südpolitische Linie gegenüber den Mittelmeeranrainern.
3. Die globale Konkurrenzfähigkeit Europas ist wirtschaftspolitisch, aber auch im Sinne einer gemeinsamen Außenpolitik sicherzustellen.
4. Eine selbständigere Rolle gegenüber der einstigen Hegemonialmacht USA ist herzustellen, ohne die wechselseitige Abstimmung einzubüßen, die auch in der Zukunft unerläßlich ist, wenn Europa einer konfliktträchtigen Welt gewachsen sein will.

Die Frage „Wer identifiziert das europäische Interesse?" ist ebenso unabweisbar geworden wie die Frage: „Wer entscheidet über die Umsetzung des europäischen Interesses in welchen institutionellen Formen?". Es ist nicht mehr hinreichend, das europäische Interesse über eine Brüsseler Bürokratie allein zu identifizieren. Auch die im Urteil des Bundesverfassungsgerichts geforderte parlamentarische Legitima-

---

[30] Vgl. hierzu Werner Weidenfeld und Josef Janning, *Europe in Global Change, Strategies and Options for Europe*, Gütersloh 1993, sowie dies., Europa in der Zwischenzeit, in: *Neue Züricher Zeitung*, 19./20.12.1993.

[31] Zur verwirrenden Vielfalt des Begriffs vgl. Kenneth N. Waltz, *Theory of International Politics*, London 1979, Kap. 6: Anarchic Orders and Balance of Power.

tion bedarf einer bürgernahen Ergänzung durch öffentliche Diskussion, die den Wähler als Souverän berücksichtigt.

Hier muß die deutsche Konziliatorrolle im übernationalen Interesse exemplarisch ansetzen. Eine wichtige Initiative der deutschen Politik bestünde zunächst darin, einen öffentlichen Diskurs über das verbindliche europäische Interesse einzuleiten, der zu wichtigen Fragen der gemeinsamen Zukunft immer noch fehlt. Entscheidend ist dabei die operationale Ausgestaltung der vorhandenen Institutionen, weil hier nationale Interessen am stärksten zum Tragen kommen. Wenn es richtig ist, daß nationale Sicherheit und Wohlstand auf lange Sicht gesehen ohne europäische Problemlösungen nicht mehr möglich sind, dann müssen sich auf diesen Tatbestand die persuasiven Strategien einer deutschen Konziliatorfunktion ebenso richten wie seine kooptiven Ressourcen.

Deutsche Interessen und ihre Vermittlung mit dem europäischen Interesse: Zwei kürzliche außenpolitische Konzeptionen

Auch nach der Einheit 1990 betonte die deutsche Politik die Notwendigkeit eines institutionellen Zusammenwirkens von EG, NATO, WEU und KSZE mit einer entsprechenden deutschen Einbindung. Außenminister Kinkel beschrieb die zukünftige europäische Architektur als „multi-dimensional".[32] Eine kohärente Konzeption war jedoch kurz nach der Einheit weder aus deutscher noch aus nicht-deutscher Perspektive möglich. Daher konzentrierte sich die internationale Wahrnehmung auf eine „new assertiveness" im deutschen außenpolitischen Verhalten.[33] Für die deutsche Politik wurde zunehmend erforderlich, daß sie sich festlegt:
– entweder auf eine passiv-zurückhaltende Option, die unter Abwarten weiterer realpolitischer Entwicklungen die deutsche Rolle in Anpassung an die dominanten Grundströmungen bestimmt
– oder auf eine aktiv-gestaltende Option, die internationale Strukturen evolutionär mitgestaltet, eigene Positionen vertritt und der deutschen Sichtweise einer zunehmenden Vergemeinschaftung der Union zum Durchbruch verhilft.

---

[32] Vgl. Klaus Kinkel, NATO's enduring role in European security, in: *NATO Review* 40 (1992), Nr. 5, S. 5. Kinkel formulierte zur zukünftigen europäischen Architektur: „It can be organized mainly at three complementary levels: The core is the European community and the emerging European Union, with the WEU as an integral component; The Atlantic level, consisting of the Atlantic Alliance and its Cooperation Council, which extends far into Eastern Europe and Asia; The comprehensive all-European level, which brings together the 52 members of the CSCE." Interessant ist in dieser Darstellung die Reihenfolge der benannten Institutionen, die von der EU („the core") und nicht von der NATO ausgeht.

[33] Vgl. Daniel Vernet, Le retour de la „question allemande", in: *Le Monde*, 22./23.12.1991; Hans W. Maull, Assertive Germany: Cause for Concern, in: *International Herald Tribune*, 17.1.1992.

Sowohl die Verteidigungspolitischen Richtlinien Minister Rühes vom 26.11.1992[34] als auch das Fraktionspapier der CDU/CSU vom 1.9.1994[35] wählen die zweite Option. Beide Dokumente zählen zu den ersten konzeptionell durchdachten Arbeiten der deutschen Außenpolitik und identifizieren das deutsche Interesse weitgehend mit dem europäischen. Sie tun dies jedoch in völlig unterschiedlicher Weise. Die Verteidigungspolitischen Richtlinien (VPR) konzentrieren sich auf den gegenwärtigen konstellativen Wandel in Europa und folgern daraus sowohl eine wünschenswerte Architektur als auch europäisch geleitete Handlungsimperative für die deutsche Politik. Die voluntaristische Ebene der Interessenartikulation mit ihren unvermeidlichen Gegensätzen ist fast vollständig ausgeblendet. Ebenso sind die Vermächtnisse der deutschen Geschichte wie ein Zwirnsfaden abgeschnitten. In den „Überlegungen zur europäischen Politik" der CDU/CSU-Fraktion (ÜEP) wird auf umgekehrter Grundlage argumentiert. Die historischen Vermächtnisse werden explizit betont und ebenso geraten die nationalen Unterschiede in den Interessenlagen und in den Voraussetzungen für eine Vertiefung und Erweiterung der Integrationsstruktur in den Fokus.

Zur Analyse der „Verteidigungspolitischen Richtlinien"

Die VPR rücken zwar auf demonstrative Weise die nationale deutsche Interessenlage in den Vordergrund und bezeichnen sie als „Maßstab für die Beurteilung der Risiken und der Handlungserfordernisse zur Wahrnehmung der Chancen zukünftiger Entwicklungen." Ungeachtet dieses nachdrücklichen nationalen Standpunkts überrascht das Dokument jedoch im Zuge seiner konzeptionellen Fortentwicklung in zweierlei Hinsicht. Die Erwartung, daß deutsche nationale Interessenstandpunkte auf entsprechende Gegensätze bei den europäischen Nachbarn stoßen und hierzu Ausgleichsstrategien entwickelt werden müssen, wird nicht erfüllt.[36] Die VPR argumentieren durchweg aus der Perspektive des fiktiven Gesamteuropäers. Die zehn Punkte umfassende Formulierung der „vitalen Sicherheitsinteressen" der deutschen Politik nennt keine spezifisch deutschen Interessen und könnte ebenso als eine übergeordnete europäische Leitlinie dienen.

Für die bisherige deutsche Außenpolitik ist nur Punkt (8) bemerkenswert, der sich in kontextueller Interpretation als zentral erweist und auch für die außereuropäische Rolle Deutschlands zukunftsweisende Implikationen enthält: „Aufrechterhaltung des

---

[34] Vgl. das bei Erlaß am 26.11.1992 regierungsinterne Dokument Verteidigungspolitische Richtlinien, hrsg. vom Bundesminister der Verteidigung, Bonn 1992. Vgl. auch das *Weißbuch zur Sicherheit der Bundesrepublik Deutschland und zur Lage und Zukunft der Bundeswehr*, Bonn 1994.

[35] Vgl. das einleitende Papier *Neuer Schwung für Europa*, Pressedienst der CDU/CSU im Deutschen Bundestag, Nr. 10793, 1.9.1994, (zitiert als Pressedienst) und das konzeptionelle Papier *Überlegungen zur europäischen Politik*, (zitiert als ÜEP).

[36] Relativ gedämpft finden sich lediglich an zwei Textstellen Hinweise auf Interessengegensätze. Im bilateralen Zusammenhang S. 3 und im europäischen Zusammenhang S. 24.

freien Welthandels und des ungehinderten Zugangs zu Märkten und Rohstoffen in aller Welt im Rahmen einer gerechten Weltwirtschaftsordnung" (S. 5).

Die herausragende Bedeutung dieser deutschen Interessenartikulation ist kaum zu überschätzen. Ihr eigentlicher Sinn erschließt sich in der neuen Priorität für die deutsche und europäische Sicherheitspolitik, die sich an mehreren Textstellen der VPR in einer Formel ausdrückt, die im Kern stets gleichlautend ist und die entscheidende Redefinition der Sicherheitspolitik wie der Organisation der Streitkräfte enthält: „flexible Krisen- und Konfliktbewältigung im erweiterten geographischen Umfeld" (S. 24).

Die neue Priorität ergibt sich aus den Folgen des europäischen Wandels nach dem Ost-West-Konflikt und einer damit verbundenen Analyse der unmittelbaren und der mittelbaren Risiken: „Der Bedrohungsgrad mittelbarer Risiken ergibt sich jedoch weniger aus der Möglichkeit einer militärischen Eskalation. Viel schwerwiegender sind negative Einflüsse auf die wirtschaftliche und finanzielle Leistungsfähigkeit der Industriestaaten . . ." (S. 15).

Zweifellos impliziert die Ausrichtung der Außenpolitik an wirtschaftlichen Interessen auch eine bestimmte Sicherheitspolitik. Diesen Zusammenhang betonte bereits der reformulierte Brüsseler Text der WEU von 1954, der auch eine „Gefährdung der wirtschaftlichen Stabilität" mit dem Zusatz „gleichviel in welchem Gebiet" als einen Sicherheitsfall betrachtet, jedoch in Art. IV den militärischen Ressourcenaspekt an die NATO delegiert. Auch die „Petersberger Erklärung" vom 12.6.1992 der WEU-Mitgliedsstaaten enthält einen diesbezüglichen Hinweis auf die „Stärkung der operationalen Rolle der WEU".

Für eine „europäische Verteidigungsidentität", die Punkt (4) im Zusammenhang mit der Vertiefung und Erweiterung der europäischen Integration festhält, sind spezifisch westeuropäische mit gesamteuropäischen und außereuropäischen Bezügen untrennbar verknüpft. Die Betonung des institutionellen Zusammenwirkens und einer entsprechenden deutschen Einbindung kann als ein Indikator für das Bemühen der deutschen Politik gewertet werden, eine weitgehende Abstimmung zwischen nationaler und „europäischer" Interessenlage herzustellen.

Eine deutsche Konziliatorrolle muß auch aus der Sachlogik einer weitgehenden Deckungsgleichheit hervorgehen. Sie ist nicht allein auf die voluntaristische Bereitschaft zu stützen, nationale Interessen zu begrenzen. Das neuralgische Problem des vorliegenden Textes und der deutschen Politik überhaupt hängt an dieser aufzuklärenden Ambivalenz: Wie wird die Perspektive des fiktiven Gesamteuropäers, aus der heraus deutsche Politik formuliert wird, international wahrgenommen? Wird sie als glaubwürdig und sachlich nachvollziehbar bewertet oder als eine strategische Position, hinter der sich nationale Interessen verbergen?

Die VPR rücken fünf europäische Gestaltungsaufgaben in den Vordergrund: Die Vertiefung und Erweiterung der europäischen Integration; die Entwicklung Europas zum globalen Akteur; die Stabilisierung der östlichen Reformprozesse; die Reform der transatlantischen Partnerschaft und im Zusammenhang damit eine Fortentwicklung der euro-atlantischen Institutionen. Vergleicht man die vier Ebenen des „europäischen Interesses", so scheinen sie mit den deutschen „Prioritäten und Schwerpunkten" zusammenzufallen. Dies gilt für die deutsche Selbsteinbindung ebenso wie für den innereuropäischen Interessenausgleich durch die Stärkung kooperativer Institutionen, die globale Projektionskraft und Verteidigung europäischer Interessen bis zur differenzierten Erhaltung der amerikanischen Partnerschaft.

Deutsche Macht ist in der Absorbtion durch europäische Interessen und Gestaltungsaufgaben konstruktiv gebunden. Die Autoren der VPR versuchen, diesen Schluß unabweisbar zu machen, indem sie sich bemühen, ihn aus der Sachlogik der „gemeinsamen europäischen Gestaltungsaufgaben" folgen zu lassen, die ihrerseits aus der Analyse des konstellativen Wandels hervorgehen. Es fragt sich angesichts dieser sicherheitspolitischen Sachlogik und der deutschen tragenden Rolle in ihr: Können die europäischen Nachbarn Deutschlands dies nachvollziehen? Nicht von ungefähr findet sich in den VPR ein Hinweis, den die Autoren selber nicht weiter aufgreifen: „In einer dynamischen Übergangszeit existieren zwangsläufig unterschiedliche Vorstellungen, wie sich das „eine und freie Europa" schließlich konkret entwickeln soll" (S. 24). Das hieße aber, daß die normativ wünschenswerte Architektur nicht allein aus den konstellativen Merkmalen der Gegenwart folgen kann. Die Konstellationen mögen quasi-objektiv sein, aber sie legen keine eindeutigen Sollensansprüche fest, welches Europa mittel- und langfristig den Interessen aller dient. Hier führt das Vorgehen der VPR, die voluntaristische Ebene der Interessenformulierung der beteiligten Nationen zu umgehen, in offene Fragen.[37]

Zur Analyse der „Überlegungen zur europäischen Politik"

In der zweiten konzeptionell weitreichenden Arbeit zur deutschen Außenpolitik, den „Überlegungen zur europäischen Politik" der CDU/CSU- Fraktion, werden die offenen Fragen der VPR explizit aufgegriffen. Das Fraktionspapier geht von der europäischen und nicht von der deutschen Problemlage aus. Es konstatiert bereits im ersten Satz, daß der europäische Einigungsprozess an „einen kritischen Punkt seiner Entwicklung gelangt" sei. Hierfür werden sieben „wesentliche Ursachen" genannt, aus denen die ÜEP zwei Problemlagen hervorheben. Die Frage der Einbeziehung (ost)-mitteleuropäischer Länder in die Union wird als „Herausforderung und Bewährungsprobe" für die Union apostrophiert. Als Voraussetzung für diese zentrale Aufgabe, die als deckungsgleich mit deutschen Interessen gesehen wird, gilt eine vorangehende Vertiefung der bestehenden westeuropäischen Institutionen.

Ziel der deutschen und der europäischen Politik muß es daher sein, eine Übereinstimmung über die Wege und Mittel herzustellen, um diese doppelte Aufgabenstellung zu bewältigen. Darin besteht essentiell der „europäische Einigungsprozeß" und daher kommt der für 1996 geplanten Regierungskonferenz zu den Verträgen von Maastricht eine „überragende Bedeutung" zu. Das deutsche Interesse wird durch eine doppelte Reflexion bestimmt. Einerseits muß verhindert werden, daß Deutschland wiederum in seine problematische geographische Mittellage zwischen Ost und West

---

[37] Diese „Lücke" erscheint systematisch. Sie ist von den Autoren offenbar gewollt. Wie im Rahmen von Richtlinien, die neue Aufgaben und Ziele definieren, die deutsche Diplomatie im einzelnen vorgehen kann, um unterschiedliche Interessen auszugleichen, ist ein praktisches Problem.

zurückfällt, die es historisch erschwerte, „seine innere Ordnung eindeutig auszurichten und eine dauerhaft stabile außenpolitische Balance zu errichten" (S. 2). Andererseits hat die „militärische, politische und moralische Katastrophe 1945" einsichtig gemacht, daß Sicherheit durch ein neues System nationalstaatlicher Verflechtung gewährleistet werden muß, in der „Hegemonie weder möglich noch erstrebenswert erscheint."

Die ÜEP bilanzieren einen außenpolitischen Lernprozess deutscher Eliten mit den Worten: „Diese Überzeugung ist zur Maxime deutscher Politik geworden" (S. 3). Sie sehen das Nachkriegs-Novum der deutschen Rolle für den größeren Teil des Landes darin, daß er „erstmalig sowohl in seiner inneren Ordnung wie in seiner äußeren Orientierung eindeutig ein Teil des Westens" wurde. Die Autoren konstatieren aber ebenso, daß „die Option einer eigenständigen Ostpolitik oder gar einer Ostorientierung" aufgrund der Zwänge des Kalten Kriegs nicht bestand. Aus den neuen osteuropäischen Konstellationen nach der Einheit einen erweiterten Handlungsspielraum für die deutsche Politik zu folgern, wäre für die Nachbarn Deutschlands daher nur eine logische Konsequenz. In der Tat ist die osteuropäische Lage aus der Perspektive unterschiedlicher Perzipienten ebenso doppeldeutig wie die Vorstellung eines Kerneuropas.

Eine differenzierte Erweiterung der EU um ost- und mitteleuropäische Länder kann als ein unverzichtbares Desideratum für die europäische Stabilität gesehen werden, aber auch als eine besondere Begünstigung der historischen deutschen Interessen in Osteuropa. In diesem Zusammenhang gewinnt die Konzeption eines Kerneuropas mit Frankreich und Deutschland plus der Benelux-Länder eine perzeptive Ambivalenz. Sie kann als eine Strategie aufgefaßt werden, „den zentrifugalen Kräften in der immer größer werdenden Union ein starkes Zentrum entgegenzustellen" (S. 7). Die Autoren formulieren eindeutig: „Die Bildung einer Kerngruppe ist kein Ziel an sich, sondern ein Mittel, an sich widerstreitende Ziele – Vertiefung und Erweiterung – miteinander zu vereinbaren" (S. 8). Die Konzeption eines Kerneuropas kann aber auch als eine Chance für die ökonomisch stärkeren Unionsmitglieder perzipiert werden (insbesondere für das deutsch-französische Tandem), sich von der Verantwortung für die schwächeren Länder abzukoppeln und eine privilegierte Gruppierung zu bilden. Auch wenn eine solche Absicht nicht besteht, wäre die Möglichkeit zu einer solchen Strategie gegeben. Daran ändert auch die Forderung wenig, die „Länder des festen Kerns" müßten „sich nicht nur selbstverständlich an allen Politikbereichen beteiligen, sondern darüber hinaus erkennbar gemeinschaftsorientierter handeln als andere und gemeinsame Initiativen einbringen, um die Union weiterzuentwickeln" (S. 7).

Die perzeptive Doppeldeutigkeit der beiden wichtigsten architektonischen Aufgaben in Europa, die Europäische Union institutionell weiterzuentwickeln und die osteuropäischen Länder in den westlichen wirtschafts- und sicherheitspolitischen Stabilitätsrahmen einzubeziehen, unterstreicht ein zentrales Problem. Auch europäische Problemlösungen stoßen auf Vorbehalte, wenn sie mit der Perzeption einer weiteren Stärkung der nationalen Rolle Deutschlands verbunden sind. Die Autoren ziehen aus den neuen institutionellen Fakten der EU und dem wiedergewonnenen deutschen Handlungsspielraum den Schluß, daß sich damit „die alte Frage nach der

Eingliederung der Stärke Deutschlands in die europäische Struktur, die schon am Beginn des zunächst auf Westeuropa begrenzten europäischen Einigungsprozesses gestanden hatte, in neuer, ja in ihrer eigentlichen Bedeutung" stellt. Indem die Autoren versuchen, diese zentrale Frage zu beantworten, argumentieren sie exemplarisch aus der Perspektive der europäischen Nachbarn: „Entscheidend ist natürlich, daß Deutschland durch seine Politik unter Beweis stellt, daß es unverändert und gerade jetzt am Ziel eines starken, handlungsfähigen, integrierten Europas festhält" (S. 9).

Die Selbstnötigung, die unter dieser Diktion des Beweisenmüssens im Kapitel (3) der ÜEP zur deutsch-französischen Kooperation gleich mehrfach zum Ausdruck kommt, ist ebenso zentral wie singulär. Kein großes und souveränes Land in Westeuropa könnte oder würde sie in dieser Form betreiben. Auch dies unterstreicht die weiterbestehende Sonderrolle Deutschlands.

Der europäische Einigungsprozeß wird nicht nur als ein Selbstwert angesehen, sondern gleichzeitig als eine Strategie, den neuen inneren und äußeren Herausforderungen zu begegnen, die „ausnahmslos die Kräfte auch der größeren Mitgliedsländer" übersteigen. An diese Argumentation knüpft sich ein doppelter Tenor in Kapitel (4) zur außen- und sicherheitspolitischen Handlungsfähigkeit der Union. Einerseits lassen sich die gegenwärtigen Problemlagen und „Herausforderungen" nur durch einen Zuwachs an gemeinsamer Handlungsfähigkeit meistern. Andererseits ist Souveränität auch sicherheitspolitisch nicht mehr auf nationalstaatlicher Ebene zu gewährleisten. Die Fähigkeit, sich selber verteidigen zu können, vormals der „innerste Kern jeglicher Souveränität", ist nur noch durch die Gemeinschaft möglich.

Dieser doppelte Tenor durchzieht die ÜEP und insbesondere das Kapitel (4) zur gemeinsamen Handlungsfähigkeit der Union. Er läßt sich als der rationale Begründungszusammenhang verstehen, der für alle Mitgliedsländer eine vertiefte Union nachvollziehbar machen soll. Auf sicherheits- und verteidigungspolitischer Ebene befürworten die ÜEP eine rasche Reform der bestehenden Institutionen, d. h. eine „Umgestaltung der NATO in ein gleichgewichtiges Bündnis zwischen den USA und Kanada und Europa als handlungsfähige Einheit" (S. 12). Dieser Vorschlag nimmt offenbar eine Vermittlungsfunktion zwischen den atlantisch-zentrierten Positionen Englands und den europäisch-zentrierten Positionen Frankreichs ein. Prinzipiell müsse Europa „einen wesentlich größeren Teil der Verantwortung für seine eigene Sicherheit übernehmen" und insbesondere „im nicht-nuklearen Bereich den Hauptbeitrag zu seiner Verteidigung selber leisten" (S. 12). Damit ist nicht nur eine Kehrtwendung von der früheren militärpolitischen Abstinenz der Bundesrepublik vollzogen, sondern auch eine Hinwendung zur globalen europäisch-amerikanischen Rollenteilung. Diese Redefinition zieht nicht nur die veränderte Risikolage in Betracht, sondern auch den Umstand, daß europäische Interessen nicht unbedingt von den USA geteilt werden.

Für die ÜEP sind die europäischen Ordnungsprobleme nur durch eine „innere Stärkung" der Union durch zunehmende Vergemeinschaftung zu lösen, die ihrerseits eine Voraussetzung für die Osterweiterung ist und damit auch für die Übertragung der westeuropäischen Standards „zur Regelung von Konflikten, zum Interessenausgleich, zur wechselseitigen Förderung und zur Selbstbehauptung nach außen..." Nur so könne Deutschland „zur ruhigen Mitte Europas" werden. „Dieses deutsche Interesse an Stabilität ist grundsätzlich mit dem Europas identisch" (S. 4).

Die ÜEP verdeutlichen, in welchem Umfang die Interessenfrage mit dem konstellativen Wandel in Europa für Deutschland eine neue Zentralität gewinnt. Unmittelbar nach dem Kriege war der Begriff des nationalen Interesses tabuisiert, die Formulierung nationaler Interessen durch die deutsche Teilung erschwert und ihre Implementierung durch die Europapolitik maskiert.[38] Alle drei Charakteristika sind mit der deutschen Einheit und dem Ende der bipolaren Welt gefallen. Entscheidend ist jedoch nicht nur, wie explizit nationale Interessen formuliert werden, sondern ob sich die deutsche Politik um eine Abstimmung der nationalen mit den europäischen Interessen bemüht. Das Bemühen, eine Abstimmung zu erreichen, ist in der deutschen Politik deutlich erkennbar.[39]

Alternativen und Krisenszenarios

Worin bestünden die Alternativen, und warum wären sie der Konziliatorrolle nicht vorzuziehen?

In jeder konstellativen Phase der deutschen Geschichte wäre es wichtig gewesen, die Alternativen einer bestimmten deutschen Rolle bzw. ihrer Auswirkungen auf Europa und für die Deutschen selber durchzurechnen und das nationale wie das europäische Interessenkalkül entsprechend langfristig und rational anzulegen. Zweifellos hat die deutsche Politik historisch gesehen die größten Defizite zu verzeichnen, die eigenen nationalen, die verschiedenen bilateralen und die europäischen Interessen in einen einheitlichen und stabilen Rahmen zu spannen. Die Frage, ob und wie es gelingen kann, diesen einheitlichen und stabilen Rahmen herzustellen, ist mit der konziliatorischen Rolle tentativ beantwortet. Worin bestehen die Alternativen, die bei rationaler Interessenkalkulation als weniger wünschenswert erscheinen?

Die Vor- und Nachteile der Rollenalternativen lassen sich nur in einer perspektivistischen Problembetrachtung angemessen erfassen, welche die europäische

---

[38] Diese Charakterisierung impliziert, daß es deutsche Interessen zwar gab, auch im Gegensatz zu den europäischen Nachbarn; ihnen entsprachen aber de facto keine Optionen. Vgl. auch Wolfram F. Hanrieder, *Deutschland, Europa, Amerika. Die Außenpolitik der Bundesrepublik Deutschland 1949–1994*, 2. Aufl., Paderborn 1995.

[39] Vgl. hierzu aus dem Bereich des Auswärtigen Amtes Wolfgang Ischinger und Rudolf Adam, Alte Bekenntnisse verlangen nach neuer Begründung. Die deutschen Interessen nach der Wiedervereinigung und ihre außenpolitische Verwirklichung in Europa und der Welt, in: *Frankfurter Allgemeine Zeitung*, 17.3.1995. Siehe auch die Ausführungen des Staatssekretärs im Auswärtigen Amt: Peter Hartmann, Nationale Interessen und internationale Verpflichtungen, in: *Eichholz-Brief. Zeitschrift zur politischen Bildung und Information* 32 (1995), Heft 4, S. 17–24. Aus dem Bereich der Wissenschaft Karl Kaiser und Hanns W. Maull (Hg.), *Deutschlands neue Außenpolitik*, 2 Bde., München 1994–95.

Architektur jeweils aus der eigenen Position heraus und aus der Position des anderen sieht. Was kann (bzw. sollte) Deutschland aus der Perspektive seiner Nachbarn tun? Was würden diese selber tun, wären sie in deutscher Lage? Was können (bzw. sollten) die europäischen Nachbarn aus deutscher Perspektive tun, d. h. wie können sie sich verhalten, um eine konstruktive deutsche Rolle zu ermöglichen?

Margaret Thatcher identifizierte das „deutsche Problem" u. a. mit der Befürchtung, daß Deutschland eine Großmacht werden könnte, „die sich auf Kosten anderer Geltung verschafft". Die Schwäche der Argumentation, die Baroness Thatcher in diesem Zusammenhang prototypisch repräsentiert, liegt darin, daß sie keine konstruktiven Vorschläge zur Einbindung deutscher Macht unterbreitet, die auch aus deutscher Perspektive annehmbar wären. Es wird also darauf ankommen, die europäischen Alternativen wenigstens schematisch herauszuarbeiten und auf dieser Grundlage zu diskutieren, unter welchen Bedingungen die konziliatorische Rolle scheitern könnte. Ein wichtiger Leitfaden hierfür besteht in der Spannweite, wie die deutsche Rolle im neuen Europa von den einzelnen Akteuren prototypisch perzipiert wird.

Für die deutsche Außenpolitik formulierte Robert Leicht nach der Einheit exemplarisch: „Zwei Konzepte gibt es für diese Situation – entweder das fortgesetzte Vertrauen in die schon zweimal, nach 1871 wie nach 1918, gescheiterte Politik der balance of power oder die Politik der supranationalen Integration, die mit den Römischen Verträgen vereinbart wurde."[40] Aus französischer Perspektive hat Daniel Vernet die dilemmatischen Zwänge der deutschen außenpolitischen Interessenartikulation klar formuliert: „S'ils mettent en avant leurs intérêts nationaux, on les taxe de nationalisme; s'ils prônent une société ‚postnationale', on cherche de troublantes arrière-pensées."[41] Noch vor der deutschen Einheit, betonte im November 1989 Woodrow Wyatt die aus englischer Perspektive gewachsene deutsche Macht und schloß mit Bezug auf die besondere deutsch-französische Allianz: „The French endeavour to tame the Deutschmark and Germany's economic power is understandable, but it is irrelevant until we know what the gargantuan new German animal will be like and how it will behave."[42] Diese Bemerkung betont zunächst, daß der Maßstab für die Beurteilung des neuen Deutschlands in seinem außenpolitischen Verhalten liegt. Ausschlaggebend für die deutsche Rolle ist aber auch die zukünftige Entwicklung der Europäischen Union und die in ihr erzielbaren Formen der deutschen Ein-

---

[40] Vgl. Robert Leicht, Unsere Zukunft ist Europa, in: *Die Zeit*, 12.11.93. Bundeskanzler Kohls häufige Betonung anläßlich der deutschen Einheit: „Wir wollen die Politische Union!" paßt in dieses Bild. Die mögliche Wiederkehr Weimarer Verhältnisse und ihrer Folgen zu bannen, scheint starkes Motiv der deutschen Außenpolitik zu sein. Vgl. auch William Horsley, United Germany's Seven Cardinal Sins: A Critique of German Foreign Policy, in: *Millenium* 21 (1992), Nr. 2, S. 236: „As officials in Bonn were fond of saying, ‚The opposite of political union is what Europe had during two world wars this century'."

[41] Vgl. Daniel Vernet, *La Renaissance Allemande*, Paris 1992, S. 209.

[42] Vgl. Woodrow Wyatt, Why we must strengthen the Entente, in: *The Times*, 14.11.1989.

bindung. Hier kommt der französischen Politik eine Schlüsselrolle zu, je nachdem, wie sie den deutschen politischen Willen zu einer Unionsvertiefung aufgreift.[43] Nicht wenige Autoren sehen wie Keohane und Hoffmann die Zukunft der Gemeinschaft unter einem hegemonialen Aspekt: „Can the community's existence and policies help dampen a rising hegemon's national aspirations so that they remain acceptable to the less powerful states, without at the same time appearing too burdensome to the hegemon?"[44]

Die Stellungnahmen aus vier unterschiedlichen Perspektiven legen nahe, daß die Konziliatorfunktion im wesentlichen durch hegemoniale bzw. nationalistische Rollenalternativen flankiert werden kann. Hegemoniale Führungsrollen sind in ihrer Funktion und Charakteristik sehr unterschiedlich zu bewerten, je nachdem woher sie ihre kriterialen Merkmale beziehen. Ähnliches gilt für nationalistische Rollen.[45] Das folgende Raster aus sechs Rollenalternativen soll diese Spannweite verdeutlichen und den Stellenwert der konziliatorischen Rolle zu bewerten helfen.

1. Eine erste Führungsrolle, die eindeutig negativ aspektiert ist, kann ihre kriterialen Merkmale von der expansiven Herrschaft der Sowjetunion zu Zeiten des Ost-West-Konflikts abstrahieren bzw. von der militärisch gestützten Zwangspartnerschaft, die den osteuropäischen Nationen auferlegt wurde.
2. Eine zweite Führungsrolle kann sich auf die Funktionen der amerikanischen Schutzmacht im Ost-West-Konflikt stützen, die sich in etwas paradoxer Verkürzung als partnerschaftlich-hegemonial charakterisieren lassen.
3. Hiervon ist die konziliatorische Rolle zu unterscheiden, die auf der Grundlage der Selbstbegrenzung zwischen gegensätzlichen Interessen vermittelt, indem sie als Maßstab der Vermittlung das Interesse eines übergeordneten Ganzen festhält, ohne dabei eigene nationale Interessen leugnen zu müssen. Die Vereinbarkeit von nationalen und europäischen Interessen gilt es zu überprüfen.

---

[43] Daher hat auch die französische Außenpolitik europapolitisch entscheidende Optionen, die auf die deutsche Politik einwirken. Vgl. zur deutsch-französischen Problematik in zeitlicher Entwicklung: Anne-Marie Le Gloannec, France's German Problem, in: Stephen Larrabee (Hg.), *The Two German States and European Security*, London 1989, S. 242–268; Walter Schütze, Frankreich angesichts der deutschen Einheit, in: *Europa-Archiv* 45 (1990), S. 133–138; Bernard Brigouleix, Welches Tandem zu welchem Europa? Frankreich fürchtet ein neues deutsches Rollenverständnis, in: *Dokumente* 47 (1991), S. 268–272, sowie Renata Fritsch-Bournazel, Bonn und Paris. Eine fruchtbare Spannung, in: *Europa-Archiv* 49 (1994), S. 343–348. Eine umfassende Darstellung findet sich im Sammelband: Centre de recherche sur l'Allemagne contemporaine/Deutsch-Französisches Institut/Forschungsinstitut der DGAP/Institut français des relations internationales (Hg.), *Handeln für Europa: Deutsch-französische Zusammenarbeit in einer veränderten Welt*, Opladen 1995.

[44] Vgl. Robert Keohane und Stanley Hoffmann, *The New European Community: Decisionmaking and Institutional Change*, Boulder 1991, S. 30 ff.

[45] Vgl. Joseph Nye, The Changing Nature of World Power, in: *Political Science Quarterly* 105 (1990), Nr. 2, S. 185 ff. Das Problem, wann ein Staat eine hegemoniale (oder semi-hegemoniale) Position einnimmt, ist in gewissem Umfang dezisionistischer Natur. Daher kann es keine empirisch zuverlässigen Theorien geben.

4. Der Mediator vermittelt im ähnlichen Sinne wie der Konziliator, ist aber im Gegensatz zu diesem nicht parteiisch und nicht vorteilsorientiert. Er braucht daher auch keine explizite Selbstbegrenzung.
5. Von den beiden letzten Rollen wären unterschiedliche Formen nationalistischer Politiken abzusetzen, in denen die nationale Perspektive im zwischenstaatlichen Umgang jeweils ein einseitiges Gewicht gewinnt – zunächst in einem Sinne, der auch wechselnde Koalitionen möglich macht, selbst in einem integrierten System wie der EU.
6. Eine weitere Form einseitig nationaler Perspektive ginge von festen Koalitionen aus – entweder zugunsten Deutschlands oder zu seinen Ungunsten. Auch dies stünde nicht unbedingt im Widerspruch zum realpolitisch erreichten Integrationsniveau der EU.

Die bestehenden Verflechtungen auf wirtschafts- und sicherheitspolitischer Ebene schließen die erste Rollenalternative und ihre unfriedlichen Spielarten für die deutsche Politik definitiv aus. Aber auch der zweite Führungsbegriff ist problematisch. Im politischen Kontext Europas geraten Führungsrollen unmittelbar unter Hegemonieverdacht. Schon der Begriff der Führungsrolle ist mit ähnlich negativen Affekten behaftet wie der Begriff der Machtpolitik. Der Unilateralismus einer klassischen Führungsrolle wäre heute europäisch kontraproduktiv und würde Antikoalitionen provozieren, die der gemeinsamen Handlungsfähigkeit schaden.

Wesentlich schwieriger sind die unterschiedlich gelagerten nationalistischen Rollenalternativen zu bewerten. Bereits 1990 nahm Mearsheimer den Verfall der bipolaren Ordnung zum Anlaß, eine Renationalisierung der europäischen Politik vorauszusagen und eine damit verbundene Schwächung der westeuropäischen Einigungsprozesse.[46] Für alle nationalistischen Spielarten gilt jedoch: Wenn sich die europäische Einigung nur solange und in dem Umfang rechtfertigt, wie sie ein wirksames Instrument nationalstaatlicher Politik bleibt, die sich dem europäischen Interesse weniger verpflichtet weiß, dann wäre dies weder für den inneren Zusammenhalt Europas dienlich noch für eine konstruktive Rolle Deutschlands darin. Beides ist jedoch eine Voraussetzung für die Friedenssicherung. Die Ratio und der Affekt der deutschen Außenpolitik ist daher auch nach der Einheit prononciert nicht-national. Außenminister Kinkel sprach von dem „Ziel, nationalistische Machtpolitik, Gewalt und Menschenrechtsverletzungen durch internationale und supranationale Zusammenarbeit zu überwinden".[47] Auch die angestrebte Wirtschafts- und Währungsunion ist als ein Ausfluß des integrativen Denkens zu bewerten, ökonomische

---

[46] Vgl. John Mearsheimer, Back to the Future: Instability in Europe after the Cold War, in: *International Security* 15 (1990), Nr. 1, S. 5–56.

[47] Rede vor der UNO, 20.9.1992, *Bulletin* Nr. 101, S. 950. Ebenso sein Vorgänger Genscher: „Die neue Phase der internationalen Beziehungen darf nicht gekennzeichnet sein durch egoistische nationalstaatliche und machtpolitische Interessen." *Stichworte zur Sicherheitspolitik* 5 (1992), S. 5.

Übergewichte zu europäisieren und sie somit einem nationalen machtpolitischen Gebrauch zu entziehen.[48] Entscheidend ist nicht die Artikulation und Behauptung nationaler Interessen, sondern ihre Vermittelbarkeit mit dem europäischen Interesse. Dies gilt insbesondere für die deutsche Außenpolitik, die unter einer gewissen „Normalisierungs-Erwartung" steht.[49]

Für das gegenwärtige Europa der EU gilt ein ähnliches Phänomen wie für das stetig wirtschaftlich aufsteigende Westdeutschland der Nachkriegszeit. Das wachsende ökonomische Gewicht der Gemeinschaft ist dem politischen Einfluß nicht äquivalent, um die internationalen Rahmenbedingungen entscheidend mitzugestalten. Nur eine konziliatorische Rolle Deutschlands wäre in der Lage, das eigene wachsende Gewicht dem europäischen Interesse auf konstruktive Weise unterzuordnen. Eine solche Rolle wäre daher ein konstruktiver Zwang für die westeuropäischen Nationen, sich mit den europäischen Interessen auseinanderzusetzen bzw. mit einer spezifisch deutschen Rolle. Sie ist ebenso ein konstruktiver Zwang für die deutsche Politik, eigenes Machtstreben zu begrenzen und Prinzipien des fairen Ausgleichs zu wahren.

Die Routen zum Scheitern des Konziliators

Wenn nun die deutsche Selbsteinbindung ebenso unbestreitbar ist wie die außenpolitischen Bemühungen, den west- und gesamteuropäischen Interessenausgleich und damit den inneren Zusammenhalt Europas voranzubringen, woran könnte dann eine wünschenswerte konziliatorische Rolle scheitern bzw. woran könnte sich die Kritik der europäischen Nachbarn entzünden? Auf fünf Punkte sei hingewiesen:

1. Zunächst können sachliche Interessengegensätze der europäischen Hauptakteure mit den bestehenden Unterschieden in den politischen Kulturen, kollektiven Mentalitäten und historischen Prägungen auf unheilvolle Weise interagieren. Die Route zur Selbstlähmung Europas, die unter diesen Bedingungen entsteht, ist relativ leicht zu charakterisieren. Die bisherigen Formen zwischenstaatlicher Kooperation und Abstimmung reichen nicht aus, um die vielfältigen Problemlagen nach dem Verfall der bipolaren Ordnung zu meistern. Eine Integration im Sinne supranationaler Institutionen mit Mehrheitsbeschluß erweist sich als nicht möglich und würde u. U. sogar das bisher Erreichte aufs Spiel setzen. In beiden Fällen scheitert eine europäische Verständigung daran, daß gemeinsame Interessen nicht bestehen bzw. herstellbar sind. Es könnte sein, daß die Zeit für

---

[48] Hugo Stinnes hatte schon vor dem Ersten Weltkrieg die ökonomische Variante von Machtpolitik favorisiert, um eine deutsche „Vorherrschaft im Stillen" zu sichern. Diese wäre sicherlich möglich und unter damaligen konstellativen und perzeptiven Bedingungen auch mit einer konziliatorischen Rolle vereinbar gewesen. Sie ist es heute zweifellos nicht mehr.

[49] Vgl. z. B. Philip H. Gordon, La normalisation de la politique étrangère de l'Allemagne, in: *Politique Etrangère* 59 (1994), S. 497–516.

Lösungswege noch nicht reif ist, die einen weitgehenden Bruch mit bisherigen Gepflogenheiten nationaler Vorteilsorientierung implizieren. Wenn sich trotz aller Bemühungen der deutschen Politik kein „europäisches Interesse" fixieren läßt, wäre auch eine konziliatorische Rolle geschwächt, weil ihr der übergeordnete Bezugspunkt fehlt.

2. Eine Spirale zunehmender Balancespiele kann nationalistische Optionen auch in der EU verstärken und die europäisch orientierte Politik zunächst schleichend verändern. Weil die deutschen Handlungsspielräume so gestiegen sind, kann das Bedürfnis entstehen, sich der eigenen Handlungsspielräume zu vergewissern. Dies zeigen nicht zuletzt die Reaktionen auf das Europa-Papier der CDU/CSU-Fraktion. Es ist denkbar, daß das bisherige „deutsch-französische Tandem" – wie adäquat diese Begriffsbildung auch immer sein mag – empfindlich geschwächt wird, wenn die französische Politik sich ihrer Handlungsspielräume versichert, indem sie national orientierte Optionen sucht bzw. eine neue Entente. Hierauf kann die deutsche Politik entsprechend reagieren, indem sie ihre ostpolitischen Engagements ohne westeuropäische Abstimmung verstärkt bzw. schwerer zu bewegen ist, die europäische Einheit im bisherigen Umfang zu finanzieren. Dies kann sich zunächst in der Form politischer Gedankenspiele äußern. Solche Perzeptionen können sich jedoch antizipatorisch verstärken und die Zumessung von aktiven bzw. reaktiven Rollen stark verwischen.

3. Auf nicht-deutscher Seite kann sich eine Bedingung zum Scheitern des Konziliators aus einem de facto unauflösbaren Mißtrauen ergeben. Dieses kann sich in einer dilemmatischen Form artikulieren, unabhängig davon, wie sich die deutsche Politik verhält.[50] Einerseits wird eine europäisch gestalterische Rolle Deutschlands erwartet, andererseits wird gerade sie mit Argwohn betrachtet. Ebenso verhält es sich mit der Aufforderung an die deutsche Politik, „spezifisch deutsche" Interessen zu nennen. Folgt sie dieser Aufforderung, erscheint sie leicht als nationalistisch, folgt sie hingegen nicht, wirkt sie u. U. wenig glaubwürdig. Hier ist der Perspektivismus gefordert: Es wäre für alle Beteiligten destruktiv, die deutsche Politik in eine Situation zu manövrieren, wo sie überhaupt keine Chance mehr hat, sich richtig zu verhalten.

4. Formfragen können das europäische Klima des Ausgleichs von deutscher Seite ausgehend belasten. Gerade eine aktiv-gestaltende Rolle des Konziliators verlangt ein ungewöhnliches Maß an perspektivischer Sensibilität, d. h. die Fähigkeit, sich in die Perspektive einer anderen Seite zu versetzen. Die Tatsache, daß es dem Verursacher und Verlierer zweier Weltkriege so spektakulär gelang, dessen Folgen nicht nur politisch-ökonomisch zu überwinden, sondern eine führende Position in der Weltwirtschaft zu besetzen, schafft neue Ängste vor ökonomischer Dominanz. Daher sind die politische Sprache und die diplomatische Form europäischer

---

[50] Vgl. hierzu The Felix Meritis Foundation (Hg.), *The German Dilemma. Too Big for Europe, Too Small for the World*, Amsterdam 1995.

Initiativen wichtig. Auch hierfür ist das CDU/CSU-Fraktionspapier vom September 1994 ein Beispiel.[51]
5. Eine starke Zunahme nationalistischer Strömungen im deutschen politischen Spektrum würde die Glaubwürdigkeit einer konziliatorischen Rolle zweifellos belasten, auch wenn sich an den regierungsamtlichen Positionen zur europäischen Einheit zunächst nichts änderte. Eine solche Entwicklung würde die Gespenster der Vergangenheit zu neuem Leben erwecken. Die Befürchtung, daß die tragenden Parteien des Landes, auch wenn sie von dieser Entwicklung nicht unmittelbar betroffen sind, auf lange Sicht entsprechende programmatische Konzessionen an die Wählerschaft machen könnten, würde sich für eine europäische deutsche Rolle unweigerlich negativ auswirken.

An der Wünschbarkeit einer konziliatorischen Rolle Deutschlands im definierten Wortsinne ändern diese hier nur kurz skizzierten Krisenszenarios nichts. Entgegen einer klassischen Führungsrolle enthält die konziliatorische Rolle keine Privilegierung, sondern eine Aufgabe. Diese kann nur gelingen, wenn sich insbesondere der französische Partner (aber nicht nur dieser) in eine konziliatorische Rolle mit hineinziehen und die bilaterale Kooperation mit Frankreich entsprechend europäisieren läßt. Das erfordert Konvergenzen bei den wichtigsten Interessendefinitionen und deren Abstimmbarkeit mit dem europäischen Interesse.[52] Das deutsch-französische Tandem muß offen für multilaterale Kooperation sein und darf von den kleineren Mitgliedstaaten nicht als ein exklusives Bündnis zur Gestaltung Europas perzipiert werden.

Eine dauerhafte europäische Architektur muß die wichtigsten gestalterischen Aufgaben bewältigen können: die Reform der gemeinsamen Institutionen unter den Prämissen von Bürgernähe, Demokratisierung und Effizienz, die Öffnung der bestehenden Institutionen nach Osten, die Finanzierungsfrage auf allen Reformsektoren und im engeren Sinne die Wirtschafts- und Währungsunion zunächst für einen Staatenkern. Dies ist nur möglich, wenn die konziliatorischen Maßstäbe auf mehrere bzw. möglichst viele Mitgliedsstaaten ausdehnbar sind. „Europäische Architektur" ist dabei ein Begriff, der konzeptionell gesehen, aber auch in seiner praktischen

---

[51] Das Fraktionspapier hatte die deutsche Vorstellung von Europa apodiktisch mit objektiven Notwendigkeiten gleichgesetzt und unumwunden diejenigen Länder benannt, welche sich für die Währungsunion nicht qualifizieren. Der Konziliator muß jedoch binden und darf nicht entscheiden oder ausschließen. Die konziliatorische Form europäischer Initiativen muß sich insbesondere angesichts der bevorstehenden institutionellen Reformen der EU zeigen. Hier liegen neuralgische Probleme in mindestens vier Bereichen: die legislative Ausstattung des Europäischen Parlaments; die Frage nach Größe und „nationaler" Repräsentanz bei der Kommission; das Problem eines neu zu konzipierenden Modells zur EU-Präsidentschaft, das auch eine gemeinsame außenpolitische Repräsentanz ermöglicht und die Frage nach der Stimmengewichtung von Mitgliedsstaaten im Europäischen Rat – eine Kette von Bewährungsproben für die konziliatorische Rolle der deutschen Politik und ihrer wichtigsten Partner.
[52] Für eine optimistische Einschätzung siehe den Beitrag von Urs Leimbacher in diesem Band.

Bedeutung in zwei Teile zerfällt: Was ist in normativer Perspektive wünschenswert (wenn man aus dem Stand des „fiktiven Gesamteuropäers" zu argumentieren versucht)? Was ist in realpolitischer Perspektive möglich (auf der Grundlage der gemeinsamen und gegensätzlichen Interessen)?

Die Summe der konvergierenden nationalen Interessen kommt der realpolitischen Perspektive sehr nahe, ist aber als Grundlage zu schmal, um die bevorstehenden gestalterischen Aufgaben bewältigen zu können. Daher ist eine normative Perspektive unverzichtbar. Diejenigen europäischen Akteure, welche eine konziliatorische Funktion ausüben können und wollen, müssen daher einen mittleren Weg suchen, der für die EU auch „Mehrheitsentscheidungen enttabuisiert", weil nur so entscheidende Fortschritte denkbar sind.[53]

Es wird im europäischen Kontext darauf ankommen, dafür Sorge zu tragen, daß die pragmatischen Wirkungen kleiner realpolitischer Schritte bewahrt werden und gleichzeitig die visionäre Kraft von Gesamtentwürfen nicht verloren geht.[54] Eine konziliatorische Rolle Deutschlands und anderer Akteure muß zusätzlich durch das perspektivistische Bemühen gekennzeichnet sein, im europäischen Interesse ausgleichend und konsenuserzeugend zu wirken.

---

[53] Vgl. hierzu Hartmann (Anm. 39), S. 19. Hartmann fährt bezeichnenderweise fort: „Die Erfahrung zeigt, daß die ständige Suche nach dem Konsens – so wichtig sie ist – im Ergebnis zum kleinsten gemeinsamen Nenner oder gar zur Selbstblockade führt", S. 20.

[54] „Konkrete Projekte der Zusammenarbeit" und weniger „große konzeptionelle Diskussionen" für die deutsch-französische Beziehung schlagen Ingo Kolbohm und Robert Picht vor, in: *Handeln für Europa* (Anm. 43), S. 362 ff.

Deutsche Interessen – Interessen Deutschlands:
Ein Beitrag zur Diskussion über die deutsche Außenpolitik

RUDOLF ADAM

I

Mit der deutschen Einheit hat die Frage nach den außenpolitischen Zielen Deutschlands neues Leben gewonnen.[1] Führen grundlegend veränderte äußere Umstände dazu, daß sich auch die Paradigmen der Außenpolitik wandeln? Ist die neue außenpolitische Tradition, die die Bundesrepublik Deutschland zwischen 1949 und 1990 geschaffen hat, hinreichend gefestigt, um auch der Außenpolitik des vereinten Deutschland als Leitlinie zu dienen? Droht im Zuge eines Trends zur „Renationalisierung", der mancherorts in der Welt auszumachen ist, auch eine schleichende Rückkehr zu früheren Mustern deutscher Außenpolitik? Die Frage nach den Interessen Deutschlands zu stellen bedeutet keineswegs einen Rückfall ins 19. Jahrhundert. Es wäre abwegig, einen Gegensatz zwischen „Interessenpolitik" und „Verantwortungspolitik" zu postulieren, der die Frage nach den Interessen sogleich in die Nähe klassischer Machtpolitik rücken würde. Im Gegenteil: Nur wenn unsere Nachbarn wissen, wie wir selbst unsere Interessen definieren, wird Deutschland Vertrauen behalten und gewinnen. Es genügt deshalb nicht, die klassischen Bekenntnisse zu Europa, zum atlantischen Bündnis und zum Engagement in den Vereinten Nationen nur zu bekräftigen; sie bedürfen in der neuen Lage einer neuen Begründung. Nur wenn wir schlüssig darlegen können, weshalb die Fortführung der bisherigen Politik einschließlich der europäischen Integration im vitalen eigenen Interesse liegt, wird deutsche Außenpolitik überzeugend der Sorge entgegentreten können, Deutschland versuche vielleicht doch – in Bismarcks Worten – im Namen Europas Forderungen geltend zu machen, die es im eigenen Namen nicht mit Aussicht auf Erfolg vorbringen könnte.

II

Wer nach objektiven außenpolitischen Interessen fragt, muß bei der Geographie beginnen. Deutschland gehört zu den Ländern mit den meisten Nachbarn. Es hat Landgrenzen zu neun anderen Ländern (den Niederlanden, Belgien, Luxemburg, Frankreich, der Schweiz, Österreich, der Tschechischen Republik, Polen, Dänemark). Mit drei weiteren berühren sich unsere Seegrenzen (Großbritannien, Norwegen, Schweden).

---

[1] Dieser Aufsatz basiert auf Beiträgen, die in der *Frankfurter Allgemeinen Zeitung* am 17. März (Mitautor: Wolfgang Ischinger) und am 5. Dezember 1995 erschienen sind.

Geographisch nur mittelbar, historisch aber unmittelbar zählen zu unseren „Nachbarn" zusätzlich Italien, die Vereinigten Staaten, denen wir die nukleare Schutzgarantie und Truppenpräsenz danken, und Rußland, das eine für Deutschlands Sicherheit wesentliche Größe bleibt. Vorrangige politische Bedeutung fällt den Vereinigten Staaten und Rußland zu: den ersteren, weil nur ihr aktives Engagement in Europa den sicherheitspolitischen Rückhalt Deutschlands gewährleisten kann und weil es bei einer Verständigung über die globalen Herausforderungen der Zukunft vor allem auf die Vereinigten Staaten ankommt; Rußland, weil Deutschland auch künftig stärker als seine westlichen Nachbarn von Veränderungen im östlichen Europa berührt und die Haltung Rußlands zu Europa entscheidend sein wird für die Ausgestaltung des alten Kontinents.

Die geographische Lage fordert von Deutschland ein besonders hohes Maß an außenpolitischer Rücksicht und Umsicht. Jede unserer Bewegungen löst Vibrationen im Geflecht europäischer Beziehungen aus.

III

Es lag schon im Interesse der „alten" Bundesrepublik, die aus dem Aussöhnungsprozeß mit den westlichen Nachbarn gewonnenen Erfahrungen nach Osten zu übertragen. Dieses Interesse ist nach der Herstellung der Einheit noch stärker geworden. Stabilisierung und wirtschaftlicher Erfolg in den neuen Bundesländern setzen Stabilität und wirtschaftliche Erfolge in jenen Ländern voraus, die wie Polen und die Tschechische Republik nach wie vor die wichtigsten Wirtschaftspartner dieser neuen Bundesländer sind. Die deutsche Ostgrenze sollte so bald wie möglich nicht mehr die Außengrenze der Europäischen Union sein.

Deutschland kann freilich keinen Vorteil daraus ziehen, wenn die bis 1989 bestehende Frontstellung zwischen Ost und West lediglich um einige hundert Kilometer nach Osten verschoben wird. Es wird deshalb darauf ankommen, drei Prozesse miteinander zu harmonisieren und im Gleichgewicht zu halten: die Erweiterung und Vertiefung der Europäischen Union, die Erweiterung des Nordatlantischen Bündnisses sowie den Ausbau von Bindungen, Konsultations- und Kooperationsmechanismen zwischen diesem Integrationsraum und den Ländern Europas, die den Integrationsstrukturen nicht beitreten können oder wollen. Hier fällt dem systematischen Ausbau der Organisation für Sicherheit und Zusammenarbeit in Europa (OSZE) besondere Bedeutung zu.

IV

Die Erweiterung der Europäischen Union ist ein vorrangiges Interesse Deutschlands, auch weil die europäische Integration zunehmend sicherheits- und stabilitätspolitische Funktionen gewinnt, die über die Europäische Union hinaus bedeutsam sind.

Die Erweiterung des Nordatlantischen Bündnisses soll nicht nur der Sicherheit seiner Mitglieder, sondern der ganz Europas dienen. Sie sollte daher so angelegt sein, daß sie nicht neue Bedrohungen bewirkt – weder für das alte Bündnisgebiet, noch für die neuen Mitglieder oder für die Länder, die den euro-atlantischen Institutionen nicht oder noch nicht beitreten können. Das erfordert eine systematische und enge Abstimmung mit Rußland.

Die Europäische Union könnte am Ende des Erweiterungsprozesses fünfmal so viele Mitglieder haben wie bei ihrer Gründung 1957: Mit zehn Staaten bestehen Europa-Abkommen. Einschließlich der drei EFTA-Staaten, die zum 1. Januar 1995 beigetreten sind, wäre dies bereits eine Europäische Union von 25 Staaten. Darüber hinaus behalten Norwegen und die Schweiz die Option einer Mitgliedschaft, wenn sie diese wollen. Schließlich wären noch die der Union seit langem assoziierte Türkei sowie Malta und Zypern zu erwähnen, die ebenfalls ihren Anspruch auf Mitgliedschaft geltend machen. Damit könnte die Union schließlich 30 Mitglieder haben. Albanien und die Nachfolgestaaten Jugoslawiens sind hierbei noch nicht einmal berücksichtigt.

Diese Perspektive erzwingt Veränderungen bei Institutionen, Entscheidungsmechanismen und politischer Substanz. Bisher hat jede Erweiterung den Charakter der Europäischen Union verändert, sie aber letztlich gestärkt. Aus deutscher Sicht bleibt entscheidend, den gesamten EU-Raum als Wohlstands-, Stabilitäts- und Sicherheitsverbund zu erhalten, zu stärken und seine Handlungsmöglichkeiten zu erweitern.

Für die deutsche Europapolitik folgen daraus bestimmte Grundlinien für die Reform- und Erweiterungsdebatte: Die europäische Integration braucht funktionierende supranationale Steuerungselemente ebenso dringend wie eine glaubwürdige demokratische Legitimierung. Wer ein starkes und handlungsfähiges Europa will, darf nicht auf schwache europäische Institutionen setzen. Das Integrationstempo darf nicht von demjenigen bestimmt werden, der das geringste Interesse daran hat. Daraus folgt eine grundsätzliche Offenheit gegenüber dem Vorschlag, „Kerne" zu bilden, die eine höhere Integrationsstufe ermöglichen als die Gesamtunion. Der Gedanke einer einheitlichen Union für alle Mitglieder darf aber andererseits nicht durch eine exklusiv angelegte Kernbildung oder eine auf Permanenz zielende *géométrie variable* ausgehöhlt werden. Wenn einige Mitgliedstaaten weitergehende Integrationsschritte unternehmen, die von anderen nicht sogleich nachvollzogen werden können oder wollen, sollte dies nur unter zwei Bedingungen geschehen: „Kerne" sollten als Übergangslösungen konzipiert sein und prinzipiell für alle Mitglieder offen bleiben, und über den integrationspolitischen Zielkatalog sollte Einvernehmen innerhalb der gesamten Union gewahrt bleiben.

Analysiert man die gängigen Argumente zugunsten der europäischen Einigung, schälen sich fünf grundsätzliche Konzepte heraus, die in verschiedene Richtungen weisen:

1. Europa als Besiegelung der nach 1945 geschaffenen Friedensordnung, Integration als Antwort auf nationalistische Kämpfe, wirtschaftliche Verflechtung und die Kompromißfähigkeit wirtschaftlicher Interessen anstelle von Machtpolitik und nicht-kompromißfähigen Ansprüchen auf Vorrang, Ansehen und Hegemonie. Wer

die Hauptaufgabe Europas hierin sieht, betrachtet die wirtschaftliche Integration als Mittel, nicht als Selbstzweck. Er muß konsequent die Erweiterung der Union wünschen, bis sie sich mit dem geographischen Europa deckt.
2. Europa als Inbegriff liberaler Marktordnung und als Quelle des Wohlstandes. Deregulierung, Entfesselung des Wettbewerbs, Schaffung großer, aufnahmefähiger einheitlicher Märkte, Nutzung der *economies of scale* sind hier die Stichworte. Diese Sichtweise führt zu zwei Folgerungen: Sie neigt dazu, die Union auf einen funktionierenden Binnenmarkt zu beschränken. Und sie ist in der Tendenz universalistisch: Regionale Blöcke oder gar „Festungen" passen nicht in dieses Konzept.
3. Eng verwandt ist das Bestreben nach Angleichung der faktischen Lebensbedingungen – und steht doch in diametralem Gegensatz zu dem vorigen Ansatz. Während der Wettbewerb auf Differenzierung zielt, zielt der Gedanke einheitlicher faktischer Lebensbedingungen auf Uniformität und Nivellierung. Wer will, daß Europäer überall etwa gleich leben sollen, wird Umverteilung, Eingriffe in das Marktgeschehen und deutliche Abgrenzung nach außen fordern müssen. Je größer die Umverteilungsströme, um so wichtiger wird es, den Kreis der Begünstigten klar gegen den Rest der Welt abzugrenzen.
4. Europa als Konkurrent im globalen Wettbewerb um technologische Führung. Wer Europa primär als derzeit schwächstes Glied in der Triade Vereinigte Staaten-Europa-Japan sieht, wird eine gezielte Industriepolitik befürworten. Er wird interne Konkurrenz hintan setzen und Konzentration („Bündelung") der Kräfte nach außen fordern. Wettbewerb spielt nur noch nach außen gegenüber den anderen globalen Wirtschaftsakteuren eine Rolle. Nach innen muß sich der Wettbewerb der administrativen Lenkung von Hochtechnologieprojekten unterordnen. Ziel ist das paneuropäische Großunternehmen.
5. Europa als Weltmacht: Hier dient die vereinte Wirtschaftsmacht nur als Substrat für eine Rolle als globaler Akteur mit klassischer Machtprojektion und politischem Gestaltungsanspruch. Hiernach müßte Europa vor allem außenpolitisch zusammenwachsen. Eine Erweiterung wäre ambivalent, weil sie zwar einerseits das Gewicht Europas vergrößerte, andererseits aber keinen echten Zuwachs an Handlungsoptionen bedeutete. Wirtschafts- und Währungsunion sind in dieser Perspektive nicht Teil einer auf inneren Frieden, sondern vor allem auf Machtentfaltung nach außen gerichteten Strategie.

Diese fünf Motive sind nicht deckungsgleich; teilweise widersprechen sie einander. Sie sind aber in den meisten Äußerungen zu Europa unentwirrbar ineinander verwoben. Das macht die Verständigung über die Frage „Warum Europa?" so schwer. Die divergierenden Vorstellungen müssen nach Prioritäten geordnet werden. Dann erst kann Europa auch politischer werden, in dem Sinne, daß über die Fragen „Wozu?" und „Wohin?" leidenschaftlich in der Öffentlichkeit debattiert wird.

V

NATO, EU und WEU sind als Institutionen nicht vorgegeben, sondern lassen sich gerade in einer Phase der Neuorientierung von ihren Mitgliedern fortgestalten. Bonn ist genausowenig wie seine Partner daran interessiert, Souveränität in einen herrenlosen Raum abzugeben: Wir müssen vielmehr danach streben, einen angemessenen Einfluß auf den in Brüssel anwachsenden Souveränitätspool zu haben und zu sichern. Das erfordert unter anderem auch eine langfristig angelegte, umsichtige deutsche Personalpolitik in diesen Organisationen.

VI

Deutschland ist heute keiner direkten militärischen Bedrohung mehr ausgesetzt. Ein äußerer Feind ist nicht zu erkennen. Gleichwohl kann Deutschland die Sicherheit seines Territoriums nicht allein gewährleisten. Hierin unterscheidet es sich beispielsweise von Frankreich und Großbritannien, die sich als Nuklearmächte notfalls auch ohne Hilfe Dritter verteidigen könnten. Deutschland hat freiwillig, vertraglich bindend und dauerhaft auf Massenvernichtungswaffen verzichtet. Solange solche Waffen existieren, erfordert die Sicherheit Deutschlands, daß es fest mit Bündnispartnern verbunden bleibt, die über diese Waffen verfügen. Daher ist es aus deutscher Sicht geboten, die Kernfunktionen des nordatlantischen Bündnisses intakt zu halten – gerade auch angesichts zahlreicher Fragen nach den künftigen Aufgaben der NATO und sich abzeichnender Erweiterungen um neue Mitglieder.

Ein beispielloser Abbau der Truppenstärke hat die militärische Operationsfähigkeit aller Staaten in Zentraleuropa nachhaltig reduziert: 1989 verfügten Bundesrepublik und DDR zusammen über mehr als 700.000 Soldaten, heute ist der Gesamtumfang deutscher Streitkräfte auf weniger als die Hälfte geschrumpft. Durch Abrüstungsverpflichtungen nach dem KSZE-Vertrag und tiefe Einschnitte bei den Beschaffungsmitteln sinkt auch der Ausrüstungsstand der deutschen Streitkräfte. In den Nachbarstaaten nehmen Truppenstärke und Waffenbestände ebenfalls im Schnitt auf weniger als die Hälfte ab.

Braucht Deutschland überhaupt noch Streitkräfte? Wieviele? Für welche Missionen müssen sie ausgebildet und ausgerüstet sein? Diese Fragen haben noch nicht zu abschließenden Antworten geführt. Nach dem Urteil des Bundesverfassungsgerichts vom 12. Juni 1994 ist es jedoch unumgänglich, Kriterien und Ziele zu definieren, die bei Entscheidungen über eine deutsche Beteiligung an Friedensmissionen der Vereinten Nationen oder der OSZE zu berücksichtigen sein werden. Anstelle der Parole „Nie wieder Krieg" sollte es nach den Erfahrungen der jüngeren deutschen Geschichte heißen: „Nie wieder *appeasement* gegenüber der Aggression!" Deutschland muß als Mitglied der Vereinten Nationen bereit sein, Rechts- und Verhaltensnormen der internationalen Gemeinschaft Geltung zu verschaffen – notfalls auch mit Androhung und Einsatz der Zwangsmittel, die die VN-Charta hierfür vorsieht. Dazu verpflichtet uns die eigene Geschichte vielleicht noch stärker als andere Staaten.

Natürlich werden sich Entscheidungen über eine deutsche Beteiligung an künftigen Friedensmissionen nur im Einzelfall nach Würdigung der jeweiligen Begleitumstände fällen lassen. Dabei werden aber immer wieder folgende Gesichtspunkte relevant sein: Wie unmittelbar wird Deutschland von einem Konflikt und seinen potentiellen Folgen selbst betroffen sein (Flüchtlinge, Präzedenz- bzw. Ansteckungswirkung für Konfliktherde im näheren Umfeld, Wirtschaftsinteressen, Sicherheit der Versorgungswege)? Inwieweit sind also eigene Interessen Deutschlands durch den Konflikt gefährdet? Wie zwingend ergibt sich daraus eine Beteiligung gerade deutscher Kontingente?

Dies wird zunächst für eine Beteiligung an Einsätzen im europäischen Raum oder in angrenzenden Regionen sprechen. Dabei gebietet die Erinnerung an die Exzesse des Nazi-Regimes besondere Sensibilität bei Einsätzen deutscher Soldaten in Gebieten, die im Zweiten Weltkrieg unter deutscher Besatzung zu leiden hatten. Ein generelles Tabu wäre hier ebenso falsch wie forsche Unbedenklichkeit. Ausschlaggebend wird sein, ob eine Beteiligung deutscher Streitkräfte friedensfördernd wirkt, ob sie von allen Konfliktparteien tatsächlich gewünscht wird oder ob die Präsenz deutscher Soldaten, nur weil sie deutsch sind, den Konflikt eher verschärfen könnte. Zudem wird sich Deutschland an derartigen Missionen kaum allein, sondern in der Regel zusammen mit anderen Bündnispartnern beteiligen.

Auch darf deutsche Außen- und Sicherheitspolitik nicht „eurozentrisch" werden. Deutschland ist besonders stark in die Weltwirtschaft verwoben. Globale Stabilität hat für ein so exportorientiertes Land wie Deutschland daher hohen Wert. Deshalb brauchen wir die Vereinten Nationen als handlungsfähiges Instrument eines globalen Multilateralismus. Wir können nicht erwarten, daß sich andere für die Verteidigung der internationalen Rechtsordnung bereit finden, wenn wir selber abseits stehen. Immerhin ist Deutschland eines der reichsten Länder. Wenn es nicht willens und fähig ist, auch über Europa hinaus Mitverantwortung zu übernehmen, wird es die Vereinten Nationen weder stärken noch in ihnen die Rolle spielen können, die es anstrebt. Deutschland muß sich deshalb im Interesse globaler Stabilität auch dort engagieren, wo die eigenen Interessen sekundär erscheinen mögen, wo aber die Solidarität mit den Vereinten Nationen beziehungsweise mit unseren Partnern in den Vordergrund tritt.

Deutschland hat am stärksten vom KSZE-Prozeß profitiert und behält ein starkes Interesse daran, diesen Prozeß konsequent weiter in Richtung kooperativer Sicherheitsstrukturen im gesamten OSZE-Raum, also über das geographische Europa hinaus, auszubauen. Zugleich bleibt die institutionelle Stärkung der OSZE deutsches Anliegen. Sie bietet ein einzigartiges Instrumentarium zur frühzeitigen Konflikterkennung und -verhütung.

Frühzeitige Hilfe bei der Stabilisierung wirtschaftlicher und politischer Strukturen kann wirksamer und konstruktiver sein als der Einsatz militärischer Mittel durch die Staatengemeinschaft. Auch deshalb setzt sich Deutschland für Stärkung und Effizienz der VN ein. Deren geplante Reform muß genutzt werden, diese universale Organisation an die Entwicklungen, die sich in den letzten 50 Jahren vollzogen haben, anzupassen, sie handlungsfähiger zu machen. Das Streben nach einem ständigen Sitz im Sicherheitsrat ist daher konsequent, denn gerade dort kann Deutschland am ehesten auf die Weiterentwicklung internationaler Rechtsnormen und Ordnungsprinzipien gestaltenden Einfluß gewinnen.

In der Weltpolitik nimmt die Bedeutung wirtschaftlicher Elemente zu, die Bedeutung militärischer Machtmittel hingegen eher ab. Für die deutsche Außenpolitik läßt sich hieraus eine Bestätigung der Linie ableiten, die die deutsche Rolle stets mehr auf politisch-wirtschaftlichem als auf militärischem Gebiet gesehen hat. Dabei sollte es bleiben. Deutschland sollte weiterhin eine primär „nichtmilitärische" Außenpolitik treiben.

VII

Zum ersten Mal in seiner Geschichte hat Deutschland kein Grenzproblem mit irgendeinem seiner Nachbarn, zum ersten Mal ist es von Ländern umgeben, die alle mit ihm verbündet und befreundet sind. Dieser Zustand muß mit allen Kräften gefestigt werden. Es liegt im Interesse Deutschlands, die personalen Kriegsfolgen ebenso abschließend zu regeln wie die territorialen. Unser Ziel muß darin liegen, die Menschen langfristig dort politisch zu integrieren, wo sie heute und künftig leben wollen. Dies schließt eine Überprüfung von Artikel 116 des Grundgesetzes ein.

VIII

Deutschland gerät in zunehmende Widersprüche in seiner Einwanderungs- und Staatsangehörigkeitspolitik. Faktisch ist es zum Einwanderungsland geworden. Aber es gibt keine Einwanderungspolitik und keine Aufnahmekriterien. Weltoffenheit wird gefordert, faktisch aber der Erwerb der deutschen Staatsbürgerschaft selbst in zweiter Generation hier Ansässigen verwehrt. Es liegt in deutschem Interesse, bei Staatsangehörigkeit und Minderheitenschutz historisch gewachsene, an der deutschen Vergangenheit orientierte Denkmuster wie das Abstammungsprinzip zu überprüfen und neue, zukunftsorientierte Grundlagen zu erarbeiten. Eine Revision des Staatsangehörigkeitsgesetzes sollte deshalb angestrebt werden.

Die Gewißheit der eigenen Identität ist Voraussetzung dafür, sich von fremden Identitäten nicht bedroht zu fühlen. „Deutschland den Deutschen" ist töricht. Wenn die Interessen Deutschlands mit denen seiner Nachbarn engstens verflochten sind, lassen sie sich nicht exklusiv und schon gar nicht xenophob definieren. Aber wo soll deutsche Kultur gepflegt werden, wenn nicht primär in Deutschland? Hier liegt eine inhärente Grenze zum Begriff der „Multikulturalität".

IX

Deutschland lebt als Industriestaat vom freien Handel. Die Exportintensität unserer Wirtschaft pro Kopf der Bevölkerung (6.500 US-Dollar) liegt mehr als viermal so hoch wie in den Vereinigten Staaten (1.500 US-Dollar) und fast dreimal so hoch wie in Japan (2.500 US-Dollar). Deutschland muß deshalb auf ein Welthandelsregime hinwirken, in dem sich seine Wirtschaftskräfte entfalten können: Freihandel, offene Seefahrts- und Luftfahrtsregime, weltweite Koordination von Währungs- und Konjunkturpolitik, Korrektur von Wettbewerbsverzerrungen und Marktbeschränkungen, wirksamer Schutz geistigen Eigentums. Deshalb ist die Wahrung eines liberalen Welthandelsregimes durch Stärkung des GATT/WTO und durch die wirtschaftspolitischen Absprachen im Rahmen der G7 wichtiges deutsches Interesse.

Der Druck zum Strukturwandel wird verstärkt durch die neue Konkurrenz unserer östlichen Nachbarn. Ein solcher Strukturwandel wird soziale Härten, aber auch neue Wettbewerbsvorteile bringen, wenn deutsche Firmen die Kostenvorteile niedriger Löhne in den Nachbarländern durch geschickte Produktionsverlagerungen auszunutzen verstehen. Der Trend geht ohnehin zur global integrierten Fertigung. Deutschlands technologische Stellung wirkt bisher noch wie ein Quasi-Monopol, aufgrund dessen Spitzenlöhne gezahlt werden können, ohne daß dies zu weltweiten Absatzeinbußen führt. Diese Stellung gerät jetzt jedoch zunehmend unter Druck. Die Zahl der Länder, die technologisch aufholen, wächst rasch. Dennoch dürfte Deutschland dank seiner hochtechnisierten Industrie auf absehbare Zeit noch relativ wenig von Lohnkostenkonkurrenz bedroht werden, aufgrund der hohen Fertigungskosten im eigenen Land und der geographischen Nähe aber am meisten von einer Verflechtung mit Produktionsstandorten in Ländern des mittleren und östlichen Europa profitieren. Mit anderen Worten: Die Kostenvorteile, die sich durch eine Verlagerung deutscher Industrieproduktion in Länder mit niedrigen Lohnkosten bieten, sind größer, als die strukturellen Kosten, die der Abbau entsprechender Arbeitsplätze in Deutschland verursacht. Voraussetzung ist freilich ein hohes Maß an sozialer Flexibilität und Mobilität. Auch für Asien gilt: Dort wachsen nicht nur neue Konkurrenten, sondern auch neue Konsumenten heran. Es kommt darauf an, rechtzeitig strategische Positionen in diesen neuen Märkten zu besetzen.

X

Außenpolitik besteht in einer fortlaufenden Güterabwägung und in einer sorgfältigen Balance zum Teil widersprüchlicher Interessen. Entscheidend bleibt jedoch, daß Deutschland zwei fundamentale Anliegen nicht für sich allein gewährleisten kann: äußere Sicherheit und freien Welthandel. Deshalb entspricht die seit 1949 verfolgte Politik des Ausgleichs und der Integration mit unseren Nachbarn genuinem Eigeninteresse. Natürlich richtet sich auch Deutschland nach dem eigenen Vorteil. Seine Interessen lassen sich aber um so eher durchsetzen, je stärker sie diejenigen seiner direkten und indirekten Nachbarn berücksichtigen. Dieses Geflecht ist die Grundlage unseres Wohlstandes und unserer Sicherheit.

Die chemische Industrie im Spannungsfeld zwischen nationalen Interessen und internationalen Verflechtungen

Max Dietrich Kley

Zu jeder hochentwickelten industriellen Gesellschaft gehört eine wettbewerbsfähige Chemie.[1] Die Probleme der wachsenden Weltbevölkerung können nur mit der Chemie gelöst werden, denken Sie an Ernährung, Bekleidung, Gesundheit. Nur in den übersättigten Industrieländern, wie z. B. in Deutschland, wird dem zunehmend widersprochen. Aber auch in ökologischer Hinsicht ist Chemie unabdingbar.

Technischer Fortschritt ist ohne die Chemie nicht denkbar. Ihre innovativen Produkte und Problemlösungen befruchten maßgeblich die Entwicklung und Wettbewerbsfähigkeit anderer Branchen und tragen damit zu steigender Wirtschaftlichkeit und wachsendem Wohlstand bei. Wer ein Fünf-Liter-Auto bauen will, braucht Chemie, wer gar ein Drei-Liter-Auto bauen will, braucht mehr Chemie.

Die deutsche chemische Industrie ist durch zunehmende Internationalisierung der Handelsströme und der Kunden gekennzeichnet. Sie exportiert mehr als die Hälfte ihrer produzierten Erzeugnisse und erwirtschaftet einen Exportüberschuß von etwa 35–40 Mrd. DM jährlich. Zusammen mit dem Fahrzeugbau, dem Maschinenbau und der elektrotechnischen Industrie verdient die Chemie die Devisen im Export, die unsere Touristen dann wieder weltweit von Thailand bis auf die Weihnachtsinseln im Urlaub austeilen.

Überdies hat die Chemie in den letzten Jahren durchschnittlich jährlich 10 Mrd. DM im Ausland investiert. Der gesicherte Zugang zu den Weltmärkten und damit ein möglichst freier internationaler Warenaustausch war und ist für unsere Industrie absolut unverzichtbar.

Als stark internationalisierte Branche wird die chemische Industrie erheblich vom weltwirtschaftlichen Strukturwandel beeinflußt, der als Folge der politischen, gesellschaftlichen und wirtschaftlichen Umbrüche in den letzten Jahren in Gang gekommen ist.

Die Weltwirtschaft ist offener geworden. Durch den Wegfall des Eisernen Vorhangs, die Bildung großer zusammenhängender Wirtschaftsräume wie des Europäischen Binnenmarktes, der Nordamerikanischen Freihandelszone und der ASEAN sowie durch den wirtschaftlichen Aufschwung der Länder Süd- und Ostasiens sind neue Märkte entstanden, neue Konkurrenten blühen auf. Konkurrenten, die ihre Produkte teilweise zu Preisen liefern können, die für in Deutschland hergestellte Produkte nicht kostendeckend sind.

---

[1] Der Vortragsduktus der folgenden Ausführungen ist für die Veröffentlichung beibehalten worden.

Auch in der chemischen Industrie selbst ist ein weltweiter Strukturwandel im Gange, der die Wettbewerbsfähigkeit der europäischen Chemie herausfordert. Die Ursachen sind:
1. Die demographische Entwicklung in Europa, der Wertewandel, der ein verändertes Konsumentenverhalten herbeiführt;
2. Die zunehmende Wettbewerbsintensität im europäischen Binnenmarkt;
3. Die Öffnung Osteuropas und die daraus folgende Integration dieses Teiles unserer Erde in die Weltwirtschaft.

Als chemiespezifische Faktoren möchte ich noch auf zwei Punkte konkreter eingehen:
– auf das überproportionale Wachstum des Chemiemarktes in Südostasien und
– das gleichzeitige Erstarken neuer Wettbewerber, vor allem aus dem asiatisch-pazifischen Raum.

Der Anteil Südostasiens am Welt-Chemiemarkt wird von 12 % bis zum Jahr 2010 auf 22 % zunehmen, während der Anteil Westeuropas von derzeit 30 % auf 27,5 % schrumpft. Die Ursachen sind nicht nur im Bevölkerungswachstum in dieser Region zu sehen, sondern vor allem auch in der Verlagerung wichtiger Abnehmerbranchen der Chemie nach Südostasien. Der Schwerpunkt des Wachstums, sowohl des BIP als auch des Chemieverbrauchs, liegt eindeutig in Fernost. Dort und im mittleren Osten werden Produktionskapazitäten aufgebaut, die durch das Marktwachstum in diesen Regionen aber mittelfristig nicht ausgelastet werden. Diese Produkte suchen neue Absatzmärkte im Export, sie drängen nach USA und Europa. Handelsströme drohen sich in einzelnen Produktsparten umzukehren, Exportmärkte für Europa sind in Gefahr.

Weltweit konkurrieren Länder und ganze Regionen mit ihren Wirtschaftsverfassungen und ihren Standortfaktoren nicht nur mit landestypischen Produkten um die Gunst der Käufer, sondern zunehmend auch um die Gunst der Investoren. Es ist ein Wettbewerb um Investitionen, zusätzliche Steueraufkommen, vor allem aber um Arbeitsplätze. Der Schaffung neuer Arbeitsplätze wird in den meisten Industrieländern angesichts der überwiegend unerträglich hohen Arbeitslosenzahl höchste wirtschaftspolitische Priorität zugemessen.

Als Großunternehmen sehen wir uns verpflichtet, zur Lösung dieses Problems beizutragen. Entscheidender Maßstab für unsere Standortentscheidungen muß jedoch die langfristige Lebensfähigkeit des Unternehmens sein.

Dabei gilt es, zwei Entwicklungen für Großunternehmen im Auge zu behalten. Auf der einen Seite sichern wir unsere Investitionen. Dort, wo wir schon sind, versuchen wir, die Standorte wettbewerbsfähig zu halten, und zeigen uns als gute „Citizens". Auf der anderen Seite nehmen wir die Chance wahr, in den neuen Wachstumsregionen zu investieren, damit unsere Exporte aus Europa oder der Nachbarregion zu sichern und Plätze zu besetzen, die sonst Wettbewerber als Basis für den Angriff auf unsere Heimatmärkte benutzen würden.

Diese Politik kollidiert in natürlicher Weise mit den Interessen der vielen nationalen Regierungen, die ein Stück von unserem Wachstums- und Investitionskuchen abbekommen möchten. Unsere Antwort ist, daß – abgesehen von der unabdingbaren Globalisierung – jeder, der im Wettbewerb der Systeme vorne liegt, eine angemessene Chance hat, seinen Teil des Kuchens zu bekommen. Das wird oft nicht verstanden oder nicht ernstgenommen. Es gibt auch Staaten, wie es in Deutschland einmal zynisch ausgedrückt wurde, die das Recht der wirtschaftlichen Selbstverstümmelung in Anspruch nehmen.

Die hohen Exportquoten wichtiger Industriezweige, die starke internationale Verflechtung der Unternehmen, die weltweiten Investitionen sowie der allgemeine Abbau der Zölle und der nichttarifären Handelshemmnisse indizieren einen bereits weitgehend freien Handel. Damit ist jedoch die Bedeutung der Produktionsfaktoren und deren Kostenunterschiede zwischen den Ländern stärker in den Vordergrund getreten. Der Kampf um Wettbewerbsfähigkeit und niedrige Produktionskosten zwischen den Handelspartnern war noch nie so intensiv wie in den letzten Jahren. In Deutschland zeigt sich dies letztlich an der immer wieder aufbrechenden Standortdiskussion.

Deutschland ist – von allerdings gravierenden Ausnahmen abgesehen – kein abgeschotteter Markt, sondern Mitglied der EU und des GATT. Die weltweiten Veränderungen der wirtschafts- und handelspolitischen Rahmenbedingungen müssen wir aufgrund unserer exportorientierten Industrie in Betracht ziehen, auch wenn wir den größten Teil unserer Handelsgeschäfte mit den Ländern der Europäischen Gemeinschaft abwickeln.

Der europäische Binnenmarkt ist zwar bis auf einige Bereiche, wie z. B. den Energiesektor, ein freies Handelsgebiet, aber von einer Harmonisierung der nationalen Gesetzgebungen noch weit entfernt. Trotz der gegenseitig wachsenden Abhängigkeit der Mitgliedsländer stehen in den meisten politischen Bereichen die nationalen Interessen im Vordergrund. Es ergeben sich Reibungen, wobei ich das Gesetz zur Reinhaltung der französischen Sprache eher als Kuriosum am Rande bezeichnen möchte.

Der europäische Binnenmarkt ist nur als ein Schritt auf dem Wege zur weiteren weltweiten Integration zu verstehen. Der durchgängige Trend zur Globalisierung setzt sich fort. Die Verhandlungslösungen mit anderen Nationen werden jedoch immer komplexer, die notwendigen Harmonisierungen gestalten sich immer schwieriger und langwieriger. Das konnten wir auch bei der letzten GATT-Runde feststellen.

Meiner Meinung nach sind die GATT-Grundprinzipien, nämlich Meistbegünstigung, Nichtdiskriminierung, Liberalisierung und Reziprozität unabdingbar und wertvoll, auch wenn sie momentan durch Ausnahmeregelungen zu einem Teil außer Kraft gesetzt werden können. Kann das Ziel des GATT, die Wohlfahrt global zu steigern, nicht in der multilateralen „First-Best"-Lösung erreicht werden, so bleibt in der Regel nur die regionale „Second-Best"-Solution.

Nach einer Schätzung der Organisation für wirtschaftliche Zusammenarbeit und Entwicklung (OECD) würde bei vollständiger Umsetzung der Ergebnisse von Uruguay die Nettowohlfahrt für die gesamte Welt im Jahre 2002 zu laufenden Preisen um rund 270 Mrd. Dollar größer sein.

Die GATT-Vereinbarungen bewirken sowohl eine Öffnung des globalen Beschaffungsmarktes, als auch Preissenkungen aufgrund des verstärkten Wettbewerbs. Die

Verbraucher könnten über höhere Realeinkommen verfügen und damit würde die Nachfrage stimuliert. Ein Beispiel für die indirekten Vorteile sind die Impulse für ausländische Direktinvestitionen aus dem Übereinkommen über handelsbezogene Investitionsauflagen (TRIMS).

Für chemische Produkte mit Ursprung in den EU-Ländern wird der Marktzugang in Drittländer mit der letzten GATT-Runde erleichtert, umgekehrt wird mit dem Zollabbau der Importdruck in Europa zunehmen. Dem stehen Entlastungen durch die Öffnung des globalen Beschaffungsmarktes gegenüber.

Aber es bleibt schwer, die nationalen Sonderinteressen zu überwinden. Hinderlich sind auch die unterschiedlichen Sozialstandards und Umweltstandards. Der Konflikt der nationalen Wohlfahrtssicherung versus einer weltweiten Harmonisierung von Sozialstandards ist für die Regierungen eine harte Nuß. Dies werden die Schwerpunktthemen der nächsten Jahrzehnte sein, wie es sich gerade beim Weltsozialgipfel in Kopenhagen gezeigt hat. Maßnahmen gegen Sozial- und Umweltdumping werden in den nächsten Jahren die Agenda bestimmen. Dabei dienen sie oft nur dem Schutz von unverdienten (weil nicht im Wettbewerb verdienten) Prämien – siehe die Diskussion in Deutschland über die Entsenderichtlinie, mit der man fleißige Europäer aus anderen Ländern der EU vom deutschen Markt weghalten will; oder sie sollen nationale Fehlentscheidungen korrigieren, wie eine nationale oder EG-weite CO_2- oder Energiesteuer, die natürlich nur wettbewerbsneutral sein kann, wenn sie mit Importzöllen und Exportsubventionen verbunden wird.

Die Welthandelsordnung schafft aus der Sicht eines handelsintensiven Industriezweiges wie der Chemie gute Voraussetzungen, um globale Konzeptionen und Strategien entwickeln und durchführen zu können. Andererseits kann selbst eine ideal gestaltete Welthandelsordnung die aktuell bestehenden Probleme nicht ohne weiteres lösen. Eine große Aufgabe stellt sich mit der Integration der früheren Zentralverwaltungswirtschaften der ehemals kommunistischen Länder in die Weltwirtschaft. Auch die strukturellen Ursachen des japanischen Handelsüberschusses müssen überprüft werden, der Marktzugang muß für den Importeur erleichtert werden.

Lassen Sie mich hier einen Punkt ansprechen, der im Wettbewerb der Systeme und damit im Spannungsfeld zwischen nationalen und internationalen Interessen zunehmende Bedeutung gewonnen hat: den Umweltschutz. Die deutsche chemische Industrie bekennt sich zum Umweltschutz und unternimmt seit vielen Jahren große innovative, investive und finanzielle Anstrengungen, um Emissionen zu verringern, natürliche Ressourcen zu schonen und mit hohem Forschungs- und Entwicklungsaufwand neue Produkte herzustellen, die auf diese Zielsetzung ausgerichtet sind.

Das Leitbild des „Sustainable Development", also einer nachhaltigen und zukunftsverträglichen Entwicklung, wird von der Chemie unterstützt. Dabei ist der internationale Handel ein wichtiges Element zur Realisierung dieses Konzeptes. Ohne Freihandel kann es keine zügige umweltverträgliche, wirtschaftliche und gesellschaftliche Entwicklung geben, auch wenn dies Protektionisten kurzsichtig anders sehen.

Um einige Zahlen zu nennen: die Umweltkosten der deutschen chemischen Industrie lassen sich insgesamt auf 5,5 Mrd. DM an Betriebskosten und 1,2 Mrd. DM an Investitionskosten allein im Jahre 1993 beziffern. Der Anteil der Umweltkosten an einzelnen Produkten kann bis zu 20 % und mehr betragen; dieser Anteil liegt in jedem Fall weit über der von der Weltbank genannten 3 %-Marke. Im Alleingang eingeführte strenge umweltpolitische Vorschriften seitens der Politik schaden der heimischen Industrie erheblich, können sie vernichten oder zwingen sie zur Abwanderung. Auf den Arbeitsmarkt schlägt eine solche Alleingangspolitik verheerend durch. Die deutsche Chemie beschäftigt immerhin über 600.000 Arbeitnehmer, wozu noch weitere 2 Millionen indirekt von ihr abhängige Arbeitsplätze hinzukommen.

Die Neigung zu nationalen Fehlreaktionen vor und bei dem Klimagipfel, gerade auch aufgrund des unglaublichen Drucks der Medien auf die Politik, ist hoch. Diese Fehlreaktionen können ganze Industrien zur Abwanderung zwingen, ohne daß global irgendein Umweltnutzen erreicht wird. Zement wird in Deutschland immer gebraucht. Wird er hier nicht hergestellt, wird er aus Polen oder Frankreich herbeigekarrt.

Gerade die chemische Industrie hat in der Vergangenheit vorgeführt, wie auch ohne fiskalische Eingriffe die CO_2-Emissionen reduziert wurden. Durch eine Vielzahl von Maßnahmen, wie der Effizienzsteigerung von Produktionsprozessen durch eine thermodynamische Optimierung der Prozesse oder durch den Einsatz von Prozeßleitsystemen wird ein optimaler Betrieb bei gleichzeitigem minimalen Energie- und Rohstoffverbrauch sichergestellt.

Die Erfolge können sich meiner Meinung nach sehen lassen. Die chemische Industrie in Westdeutschland hat zwischen 1987 und 1993 ihren spezifischen Energieverbrauch um 14 % gesenkt. Im gleichen Zeitraum sind in Gesamtdeutschland die CO_2-Emissionen der Chemieproduktion um mehr als ein Drittel zurückgegangen. Der Kabinettsbeschluß von 1987, im Rahmen der Klimaschutzpolitik den CO_2-Anteil bis zum Jahr 2005 um 25 % zu reduzieren, wurde durch die chemische Industrie *de facto* bereits jetzt umgesetzt.

Wir dürfen aber nicht die Sozialverträglichkeit außer acht lassen. Bei einer Gegenüberstellung der CO_2-Emissionen und der Arbeitslosenquote in Deutschland, wobei ich hier natürlich keine Gesetzmäßigkeit unterstellen möchte, wird deutlich, daß die Senkung von CO_2-Emissionen nur so lange sozialverträglich und damit nicht arbeitsplatzgefährdend ist, wie das gesamtwirtschaftliche Umfeld stimmt. Wird der Bogen überspannt, so geht eine starke CO_2-Minderung einher mit einer extremen Zunahme der Arbeitslosenzahl.

Im internationalen Vergleich fällt Deutschland deutlich aus dem Rahmen, da im Gegensatz zu anderen Ländern die Umweltschutzausgaben als Anteil am Bruttosozialprodukt seit 1980 stark zugenommen haben. Die Aufwendungen sind eindeutig stark zu Lasten der Unternehmen in einigen wenigen Branchen gestiegen.

Für unser Unternehmen haben wir den Standortnachteil durch deutsche Umweltgesetzgebung und -regulierung gegenüber anderen europäischen Standorten mit 350 bis 450 Mio. DM *per annum* ermittelt. Eine sich geradezu überstürzende Regelungsflut erfordert zusätzliche Investitionen, ein höheres Maß an Bürokratie, steigenden Personalaufwand – weitere Kosten, die unsere Wettbewerbsposition erschweren. In unserem freien Welthandelssystem mit offenen Grenzen haben wir dann das Problem der Billigimporte aus Ländern mit geringeren Umweltanforderungen und daher niedrigerer Kostenbelastung.

Ein weiteres Spannungsfeld verbindet sich mit unserer Energieversorgung. Vom globalen Schutz des Klimas bis hin zur Sicherung der nationalen Steinkohle reicht der Rahmen. In kaum einem anderen Feld wirtschaftlicher Betätigung haben sich Unternehmen mit der Berufung auf Versorgungssicherheit und Daseinsvorsorge so angenehme Pfründe schaffen können. Gleichzeitig werden Energie- und Strompreis von der Politik ständig mißbraucht, um lenkend und steuernd oder nur melkend in den Wirtschaftskreislauf eingreifen zu können.

In Deutschland existiert eine vielgestaltige Landschaft der Energieversorgungsunternehmen, von kommunalen Stadtwerken über regionale Verteiler bis hin zu den großen Verbundunternehmen. Alle haben in den Jahren seit 1945 in ihren geschützten Gebiete gute Renditen und beachtliche „cash flows" erzielen können. Sie haben die Kosten für die deutsche Kohle, die heute etwa 200 DM pro Tonne über Weltmarktpreisen liegt, auf ihre Kunden abwälzen können und damit zur Strukturerhaltung in Deutschland beigetragen. Die Folgen sind:

1. Die Zementproduktion in Deutschland ist im Vergleich zu wichtigen EG-Staaten mit Mehrkosten für Energie und Umwelt belastet, die 10 % vom Umsatz ausmachen; das ist wesentlich mehr als die Umsatzrendite beträgt.
2. Der deutschen Papierindustrie entstehen energiepreisbezogene Mehrkosten gegenüber ihren Konkurrenten in Frankreich, Schweden und Finnland in Höhe von bis zu 800 Mio DM im Jahr, das sind rund 6 % vom Umsatz.
3. Allein die Strommehrkosten der chemischen Industrie gegenüber der ausländischen Konkurrenz entsprechen 1993 ca. zwei Dritteln des Unternehmensgewinns.

Einen ganz anderen Weg ist Frankreich gegangen, das seine Energieversorgung in staatlichen Monopolen wie EDF oder Gaz de France betreibt. Mit der Investition in Kernkraft – durch Konvoibauweise preiswert – sowie Wasserkraft bei gleichzeitigem gezielten Zurückfahren der eigenen Kohleproduktion hat Frankreich sowohl auf der Kostenseite als auch auf dem Gebiet des Klimaschutzes gegenüber Deutschland einen erheblichen Wettbewerbsvorteil geschaffen, ähnliches gilt auch für Belgien. Es ist kein Wunder, wenn gerade die Chemie z. B. in Antwerpen einen Investitionsschwerpunkt hat oder sich Aluminiumerzeuger in Frankreich niederlassen.

Dieser unterschiedliche Energiemix, der natürlich auch Auswirkungen auf Standortentscheidungen hat, bedarf im Grunde einer Harmonisierung innerhalb der EU. Alle Versuche der Kommission, mit Hilfe von Wettbewerb die verkrusteten Strukturen in den einzelnen Mitgliedsländern aufzubrechen und damit langfristig zu einer Angleichung der „Energiepolitiken" zu kommen, werden wohl scheitern.

Dabei wäre ein Erfolg auf diesem Gebiet um so dringender notwendig, da die Wettbewerbssituation gegenüber USA, Japan und Fernost eine Senkung der Kosten der Energie dringend erforderlich macht. Für die Chemie ist dies noch aus einem anderen Grunde wichtig, weil z. B. Erdgas für die Chemie nicht nur Energieträger, sondern auch Rohstoff ist. Mit der Orientierung des europäischen Gaspreises am hohen europäischen Energiepreisniveau gehen automatisch erhebliche Wettbewerbsnachteile für die europäische chemische Industrie einher, soweit sie nicht durch regionale Subventionen aufgehoben werden und damit zu neuen Wettbewerbsverzerrungen in Europa führen.

Die BASF war selbst lange Zeit in der deutschen Kohle engagiert. Sie war damit Mitträger des sogenannten deutschen Energiekonsenses, in dem die Kernkraft um den Preis der Sicherung der deutschen Steinkohle Akzeptanz erhielt. Mit dem Zerbrechen dieses Konsenses Ende der 80er Jahre war es für die BASF klar, daß sie den Konflikt zwischen nationaler Energiepolitik und internationaler Wettbewerbsfähigkeit nur lösen konnte, indem sie sich von ihrer Kohlebeteiligung trennte. Dies haben wir dann auch 1990 getan.

Ganz intensiv wird das Spannungsfeld auf dem Gebiet der Steuer. Der deutsche Romantiker Novalis hat zwar einmal erklärt, man müsse seine Steuern zahlen, wie man seiner Geliebten Blumen schenkt; ich habe aber den Eindruck, daß er mit dieser romantischen Auffassung heute wohl allein stünde.

Nach einer Phase zunehmender Internationalisierung des Steuerrechts, zumindest zwischen den Industrienationen durch den Ausbau der OECD-Grundsätze und der Schaffung eines dichten Netzes von Doppelbesteuerungsabkommen, erleben wir jetzt einen Rückfall in die Zeit steuerlichen Wegelagerertums. Jeder Staat, in dem sich ein Wirtschaftssubjekt betätigt, versucht einen möglichst großen Teil des Steuerkuchens an sich zu ziehen. Das schlimmste Beispiel ist der Staat Kalifornien mit seiner „unitary tax", mit der er versucht, sich ein Stück des Welteinkommens jeder auf kalifornischem Gebiet tätigen Unternehmung zu sichern. Dies gilt auch bei internationalen Firmen, die ihren Sitz außerhalb der USA haben. Selbst wenn hier ein Doppelbesteuerungsabkommen eingreift, soll dies nach dem Federal Constitution Court der USA nicht vor der kalifornischen „unitary tax" schützen. Kein Wunder, daß auch andere Staaten in den USA an die Einführung ähnlicher Steuern denken.

In Deutschland hat die Einführung der Körperschaftssteuerreform in den 70er Jahren zu einer tendenziellen Besserstellung des inländischen Einkommens geführt. Nur inländisch erwirtschaftetes Einkommen führt bei Ausschüttung zu einer Gutschrift an den inländisch anrechnungsberechtigten Aktionär. Dies ist ein Steuersystem, das tendenziell Gesellschaften in Deutschland dazu veranlassen muß, Gewinne aus dem Ausland nach Deutschland zu ziehen, z. B. durch Konzernumlagen oder Lizenzgebühren. Kann man die Ausschüttung nicht aus inländischen Erträgen bedienen, dann hat dies für die Gesellschaft eine große und negative Publizität (siehe jetzt den Fall der Degussa).

Gegen solche Versuchungen haben sich bisher die OECD-Grundsätze für Verrechnungspreise oder auch die einzelnen Doppelbesteuerungsabkommen erfolgreich bewährt, da sie im Umgang von Konzerngesellschaften untereinander die Abrechnung nach den „arm's-length" Grundsätzen, d. h. Abrechnung wie mit einem fremden Dritten, verlangen.

Diese bislang gesicherten internationalen Grundsätze des Steuerrechts sind nunmehr ins Wanken geraten. Die USA haben sich eine eigene Philosophie der Verrechnungspreise zu eigen gemacht, die es im Grunde dem Fiskus überläßt, welchen Gewinn er für die USA an Land ziehen will. Dem sind Japan und Korea sogleich gefolgt: Ausdruck von Vergeltungsaktionen gegen die USA, die sich aber, asiatisch verschleiert, natürlich zuerst gegen Schweizer und deutsche Firmen gewandt haben, bevor man den einen oder anderen Amerikaner mit dem Knüppel, z. B. der Betriebsstättenbesteuerung, schlägt. Wir selbst sind Opfer einer solchen Aktion in Korea, wo auch die Einschaltung des Bundesfinanzministeriums trotz bestehenden Doppelbesteuerungsabkommens bis heute keine Hilfe gebracht hat. So wird zur Vermeidung solcher Konflikte international ein immer größeres „legal engineering" unserer Geschäfte erforderlich. Damit steigt aber auch der Bürokratieaufwand, und die Wettbewerbsfähigkeit sinkt.

Zum Abschluß noch ein Hinweis auf einen eher „weichen" Faktor des Unternehmenserfolges. Wir haben uns bei BASF die Mühe gemacht, darüber nachzudenken, wie unsere Unternehmensgruppe im Jahre 2010 aussehen könnte. Wir sind zu dem Ergebnis gekommen, daß der Anteil Europas an unserem Geschäft von heute 75 % auf 50 % sinken dürfte, NAFTA und Asien aber auf je 25 % Anteil am Geschäft steigen. Das muß auch Auswirkungen haben auf die Zusammensetzung unserer Führungskräfte. Einen rein deutschen Vorstand, wie wir ihn heute noch haben, wird es im Jahre 2010 nicht mehr geben. Auf der zweiten Ebene sind wir etwas besser. Von 53 Bereichsleitern haben 10 andere Nationalitäten. Diese voraussichtliche Entwicklung muß zum Nachdenken über das Verständnis unserer Führungsgrundsätze führen. Selbst in Europa sind die Unterschiede ja noch erheblich: so wird in Frankreich anders geführt als in Schweden, sicher patriarchalischer z. B. in Spanien als in der Schweiz.

Mit der zunehmenden Internationalisierung unserer eigenen Führungsmannschaft verlagern wir das Spannungsfeld auch in das Unternehmen hinein. Um dann erfolgreich zu sein, werden wir wohl in unseren Führungsgrundsätzen auf vier Dinge besonders abheben müssen:
– Toleranz,
– Zivilcourage,
– Konfliktbereitschaft
– und Fähigkeit zum Konsens.

Eigentlich sollte dies auch in der heutigen Situation für ein Unternehmen gelten. Aber die Begriffe werden in den nächsten Jahren Vertiefung und gegenüber heute wachsende Bedeutung erfahren.

Damit wären wir auch gewappnet, uns im Spannungsfeld zwischen nationalen Interessen und internationalen Verflechtungen erfolgreich zu bewegen.

Teil II

Zwei Nachbarstaaten Deutschlands: Die Niederlande und Polen

Der Faktor Deutschland in der niederländischen Außenpolitik

Friso Wielenga

„Im Schatten Deutschlands"[1], „Argwohn und Profit"[2], „Westdeutschland: Partner aus Notwendigkeit"[3] – bereits eine kleine Auswahl von Buchtiteln über die niederländisch-deutschen Beziehungen verweist auf die inhärente Spannung, die das Verhältnis zwischen diesen „zwei ungleichen Nachbarn"[4] kennzeichnet. In seinem 1982 erschienenen Bericht „Faktor Deutschland" faßte der wissenschaftliche Beirat der niederländischen Regierung diese Spannung in die Begriffe „Sensibilität" und „Verwundbarkeit". Die Sensibilität eines Landes definierte der Beirat in Anlehnung an die amerikanischen Politologen R. O. Keohane und J. S. Nye als „das Ausmaß, in dem Phänomene in anderen Ländern Folgen für das eigene Land haben." Unter Verwundbarkeit wurde das „Verfügen oder Nichtverfügen über politische Alternativen zur Begrenzung der Sensibilität" verstanden.[5] Es ist nicht verwunderlich, daß in der Schlußfolgerung dieses Gutachtens über die niederländische Politik gegenüber der Bundesrepublik Deutschland von „einem starken Maß an Sensibilität" auf niederländischer Seite gesprochen wurde und der politische Spielraum zu ihrer Verringerung als „relativ gering" bezeichnet wurde.[6]

---

[1] Nederlands Genootschap voor Internationale Zaken (Hg.), *In de schaduw van Duitsland. Een discussie*, Baarn 1979. – Im folgenden handelt es um eine ergänzte Fassung meines Artikels Sensibilität und Verwundbarkeit. Die Niederlande und die deutsche Frage, in: Rainer Fremdling u. a. (Hg.), *Die überwundene Angst? Die neun Nachbarländer und die Deutsche Einheit*, Groningen 1994.

[2] Henri J. G. Beunders und Herman H. Selier, *Argwaan en profijt. Nederland en West-Duitsland 1945–1981*, Amsterdam 1983.

[3] Friso Wielenga, *West-Duitsland: partner uit noodzaak. Nederland en de Bondsrepubliek 1945–1981*, Utrecht 1989.

[4] Horst Lademacher, *Zwei ungleiche Nachbarn. Wege und Wandlungen der deutsch-niederländischen Beziehungen im 19. und 20. Jahrhundert*, Darmstadt 1990. Vgl. auch: Jürgen C. Hess und Friso Wielenga, *Duitsland in de Nederlandse pers – altijd een probleem? Drie dagbladen over de Bondsrepubliek 1969–1980*, Den Haag 1982; Friso Wielenga, Die Niederlande und Deutschland: Zwei unbekannte Nachbarn, in: *Internationale Schulbuchforschung* 5 (1983), S. 145–155.

[5] Wetenschappelijke Raad voor het Regeringsbeleid, *Onder invloed van Duitsland. Een onderzoek naar gevoeligheid en kwetsbaarheid in de betrekkingen tussen Nederland en de Bondsrepubliek*. Den Haag 1982, S. 8. Eine deutsche Übersetzung erschien unter dem Titel: *Faktor Deutschland. Zur Sensibilität der Beziehungen zwischen den Niederlanden und der Bundesrepublik*, Den Haag/Wiesbaden 1984.

[6] Ebd., S. 211.

Diese Analyse des wissenschaftlichen Beirats bezog sich zwar auf die 1980er Jahre, sie ist jedoch auch als Grundlage für einen viel längeren Zeitraum zu betrachten. Seitdem in dem zersplitterten Deutschland des 19. Jahrhunderts das Streben nach staatlicher Einheit zur Entfaltung kam, entwickelte sich eine bilaterale Beziehung, die in den Niederlanden sowohl auf wirtschaftlichem Gebiet als auch auf dem der nationalen Sicherheit tiefe Spuren hinterließ. Mit der Gründung des deutschen Kaiserreiches im Jahre 1871 war an der niederländischen Ostgrenze eine kontinentale Großmacht entstanden und erhielten die Begriffe Sensibilität und Verwundbarkeit aus niederländischer Perspektive einen dauerhaften Charakter. Das Band mit Deutschland war einerseits von größter Wichtigkeit, stellte andererseits jedoch eine Bedrohung für die nationale Autonomie und Identität dar.[7]

Dieses latente Bewußtsein von Sensibilität und Verwundbarkeit nahm in den Zeiten deutschen Machtstrebens manifeste Formen an, wobei die gerade in Krisenzeiten so unterschiedlich gearteten politischen Systeme auf beiden Seiten der Grenze zu einer weiteren Verstärkung solcher Gefühle führten. In solchen Perioden entwickelte sich dem mächtigen Nachbarland gegenüber eine abwehrende Haltung, die nicht nur durch ein Unterstreichen der traditionellen Neutralitätspolitik gekennzeichnet war, sondern auch durch ein verstärktes Gefühl nationaler Identität. Ziel dieses Beitrages ist es, anhand der Begriffe Sensibilität und Verwundbarkeit die niederländische Politik gegenüber Deutschland im 20. Jahrhundert darzustellen. Die Betonung liegt auf der Zeit nach 1945, in der die Niederlande die Neutralitätspolitik der Vorkriegszeit aufgaben.

Neutralitätspolitik

Ein europäischer Kleinstaat, der auf dem Kontinent keine Machtpolitik führen konnte und wollte, deswegen die Bedeutung des internationalen Rechts hervorhob, dies moralisch aufpolierte und sich selber gerne als eine Art Leuchtturm der Hoffnung in einem internationalen Dschungel betrachtete – mit dieser Charakterisierung läßt sich die niederländische außenpolitische Orientierung vor dem Ersten Weltkrieg zusammenfassen. Das Land war neutral, auch wenn diese Neutralität nicht in internationalen Verträgen festgelegt worden war. Die politische Abstinenz entsprach den niederländischen Interessen. Auf dem Kontinent war das Land auf gute Beziehungen zu Deutschland angewiesen, während es als Kolonialmacht ein gutes Verhältnis zu Großbritannien brauchte. Auch geographisch lagen die Niederlande auf der Trennlinie der deutschen und britischen Einflußbereiche. Daß es im Ersten Weltkrieg gelang, diese Position aufrechtzuerhalten, lag nicht in erster Linie am vorsichtigen Balancieren zwischen den Kriegsparteien, sondern daran, daß Großbritannien und Deutschland letztendlich ein größeres Interesse daran hatten, die niederländische Neutralität zu respektieren als sie zu verletzen.

---

[7] Vgl. Hermann W. von der Dunk, *Die Niederlande im Kräftespiel zwischen Kaiserreich und Entente*, Wiesbaden 1980.

Im Vergleich zur Vorkriegszeit waren 1918 die nationalen Interessen unverändert; „Indië verloren, rampspoed geboren" [„Niederländisch-Indien verloren, Unheil geboren"], hieß die Losung im kolonialen Bereich, und sie unterstrich die unverändert große Bedeutung eines guten Verhältnisses zu Großbritannien. Im Hinblick auf Deutschland waren die Niederlande zum ersten Mal seit der ersten Hälfte des 19. Jahrhundert der finanzkräftigere Wirtschaftspartner, der gleichzeitig ein lebenswichtiges Interesse an einer währungs- und wirtschaftspolitischen Gesundung des östlichen Nachbarns hatte. Dies führte 1920 zu dem sogenannten Kohlen-Kredit-Vertrag. Deutschland wurde für den Kauf niederländischer Lebensmittel und Rohstoffe aus den Kolonien ein 200 Millionen Gulden Kredit gewährt, wofür Deutschland mit Kohlelieferungen bezahlte. Wie wichtig die niederländischen Kredite für Deutschland waren, zeigte sich 1925, als die niederländische Zentralbank die Überprüfung der Kreditvergünstigungen androhte, falls die deutsche Seite ihre Haltung in der Frage der für die Niederlande nachteiligen deutschen Seehafenausnahmetarife nicht ändern würde. Der deutsche Außenminister Gustav Stresemann zeigte sich äußerlich zwar unbeeindruckt, tatsächlich aber zeigen seine Aufzeichnungen, wie bedrängt die deutsche Lage war: „Kommt es tatsächlich zu einer Kündigung der holländischen Kredite, so kann das bei uns einen derartigen industriellen Krach herbeiführen, wie er nach den Gründerjahren eingetreten ist."[8]

Die internationale Abstinenz der Vorkriegszeit wurde nach 1918 weitgehend aufrechterhalten. Zwar wurde mit der Mitgliedschaft im Völkerbund die strikte Neutralitätspolitik aufgegeben, aber die internationale Zurückhaltung blieb dominierend. Mitreden hätte auch zu Mitverantwortung führen und das Land in internationale Konflikte verwickeln können. Vor diesem Hintergrund gab es auch Kritik an der Mitgliedschaft im Völkerbund, aber die Befürworter verstärkten ihre Position, als 1922 der Internationale Gerichtshof seinen Sitz in Den Haag erhielt und ein Niederländer sein erster Präsident wurde.[9] Auch konnten sich die Befürworter auf die traditionelle niederländische Betonung des internationalen Rechts und die damit zusammenhängende Suche nach friedlichen Konfliktlösungen berufen. Konsens gab es jedoch darüber, daß Verpflichtungen zur Teilnahme an Sanktionen vermieden werden sollten.

Vor diesem Hintergrund konnte der Locarno-Vertrag auch in den Niederlanden nur Optimismus hervorrufen. Er führte sogar zu der „maßlosen Erwartung", daß die Sehnsucht nach Frieden nun überall vorherrsche und tief verwurzelt sei.[10] Wichtig ist jedoch, daß dieser Optimismus eher auf dem „Geist" von Locarno als auf dem Vertrag selbst basierte. In Den Haag fürchtete man eine Schwächung des Prinzips des Völkerbundes, wenn internationale Sicherheitsgarantien nur für bestimmte Grenzen vertragsmäßig festgelegt werden würden. Letztendlich könnte dies – mit

---

[8] Siehe: Jochen F. E. Bläsing, Emanzipation und Interdependenz: Zur Genese der deutsch-niederländischen Wirtschaftsbeziehungen während des 19. und der ersten Hälfte des 20. Jahrhunderts, in: Jürgen C. Hess und Hanna Schissler (Hg.), *Nachbarn zwischen Nähe und Distanz. Deutschland und die Niederlande*, Frankfurt am Main 1988, S. 43.

[9] Vgl. Duco Hellema, *Buitelands politiek van Nederland*, Utrecht 1995, S. 74.

[10] Ebd., S. 75.

dem Zerfall des Völkerbundes als logische Folge – zur Gründung verschiedener Sicherheitsbündnisse und -systeme führen.

Das Abrücken von der strikten Vorkriegsneutralität in den zwanziger Jahren und die Hinwendung zum Völkerbund bedeutete jedoch nicht, daß die Niederlande sich aktiv in die Fragen der internationalen Politik einmischen wollten. Bei der Eröffnung der Haager Konferenz über den Young-Plan und die Räumung des Rheinlandes im August 1929 sagte der niederländische Außenminister F. Beelaerts van Blokland: „Dans le grand débat international qui est sur le point de s'ouvrir . . . les Pays-Bas n'auront pas à intervenir."[11] Obwohl diese Aussage nur als eine Absichtserklärung für die Haager Konferenz gemeint war, ist sie im Rückblick auch bezeichnend für die erneute Hinwendung zur strikten Neutralität in den dreißiger Jahren. Die zunehmenden internationalen Spannungen und die Machtlosigkeit des Völkerbundes führten 1936 zu dem gemeinsamen Entschluß der sogenannten Oslo-Staaten (u. a. der Niederlande und der skandinavischen Länder), sich nicht mehr an eventuellen Sanktionen des Völkerbundes zu beteiligen.

In den außenpolitischen Zielsetzungen von Hitler spielten die Niederlande am Anfang keine Rolle von Bedeutung und erst am Ende der dreißiger Jahre sollte ein Angriff auf die Niederlande in die Kriegspläne aufgenommen werden. Auf wirtschaftspolitischem Gebiet wurden jedoch bald nach der nationalsozialistischen Machtübernahme Maßnahmen ergriffen, die den Niederlanden ihre Verwundbarkeit deutlich vor Augen führten. Das deutsche Streben nach wirtschaftlicher Autarkie, die Verlagerung der Handelsbeziehungen in südliche und südöstliche Richtung und die Konzentration auf Rohstoffe für die Wiederbewaffnung bedeuteten, daß die niederländischen Wirtschaftsinteressen ernsthaft bedroht wurden. Um diese Interessen so gut wie möglich sicherzustellen, versuchten die Niederlande, das Verhältnis zu Nazi-Deutschland zu entpolitisieren. Als am Ende der dreißiger Jahren die Kriegsdrohung in Europa zunahm, kamen sicherheitspolitische Erwägungen hinzu: Nur durch strikte Neutralität, so hoffte man in Den Haag, könnte die niederländische Selbständigkeit aufrechterhalten werden. Doch in der Außenpolitik Nazi-Deutschlands war kein Raum für einen unabhängigen Staat der Niederlande. Mit der niederländischen Kapitulation vom 14. Mai 1940 sollte die Autonomie ein Ende finden. Fünf Jahre lang sollte die niederländische Verwundbarkeit sich in ihrer extremsten Form offenbaren.

Das Primat der Westintegration

Gerade weil viele bis zum Mai 1940 gehofft hatten, daß die Niederlande wie im Ersten Weltkrieg außerhalb des Kriegsgeschehens bleiben könnten, hatten der Schock des deutschen Angriffs und die darauf folgende Besatzungszeit ein tiefes Trauma zur Folge. Die noch lange Zeit nachwirkende psychische Distanz im Hinblick auf

---

[11] Zitiert in: Adrianus F. Manning, Nederland en het buitenland 1918–1940, in: *Algemene Geschiedenis der Nederlanden*, Haarlem 1979, S. 354.

Deutschland stand jedoch nach 1945 einer rational kalkulierten Politik keinesfalls im Weg. Bereits während des Krieges hatte die Londoner Exilregierung sich von der Idee leiten lassen, daß die deutschen Industriekapazitäten – mit Ausnahme der Kriegsindustrie – im wesentlichen erhalten werden sollten. Konzepte wie der amerikanische Morgenthau-Plan, der eine Agrarisierung Deutschlands vorsah, trafen sich keineswegs mit den niederländischen Interessen, denn die Niederlande brauchten für ihren eigenen Wiederaufbau die Wiederherstellung der Vorkriegsfunktion Deutschlands als Lieferant von Kapitalgütern. Es lag vollkommen auf dieser Linie, daß die Niederlande 1947 zu den kräftigsten Befürwortern einer Einbeziehung Deutschlands in das Europäische Wiederaufbauprogramm (Marshall-Plan) gehörten. Sicherlich hatte dieser niederländische Pragmatismus auch eine Kehrseite. Sie bestand in zunächst umfangreichen Annexionsforderungen.[12] Die Leitlinien der niederländischen Politik gegenüber Deutschland waren jedoch von Nüchternheit und Realismus geprägt.

Dies zeigte sich auch, als nach dem definitiven Auseinanderbrechen der alliierten Kriegskoalition im Jahre 1947 unter dem Eindruck des Ost-West-Konflikts eine Entwicklung eingeleitet wurde, die aus dem ehemaligen Feind einen politischen und militärischen Bündnispartner machen sollte. Auch die Niederlande, die keinen Rückzug in die Neutralitätspolitik der Vorkriegszeit anstrebten, zweifelten nicht an der Notwendigkeit einer solchen Politik. Andererseits führte diese Zukunftsperspektive zu einem Dilemma in der Sicherheitspolitik. 1949, im Gründungsjahr der Bundesrepublik, prallten im niederländischen Außenministerium die Meinungen aufeinander, ob in der Haager Deutschlandpolitik der Sicherheit vor Deutschland oder der Sicherheit mit Deutschland vor der Sowjetunion Priorität eingeräumt werden sollte. Der Weg aus diesem Dilemma hieß Integration des westdeutschen Staates. Sowohl für diejenigen, die in der frühen Nachkriegszeit noch auf eine mögliche neue deutsche Gefahr fixiert waren, als auch für diejenigen, die ab 1947/48 im Kalten Krieg primär Angst vor der Sowjetunion hatten, bot diese Integrationspolitik die passende Antwort. Zunächst würde es einer in den Westen eingebundenen und deshalb auch von der westlichen Zusammenarbeit abhängigen Bundesrepublik an Spielraum für erneute machtpolitische Abenteuer fehlen. Zugleich bedeutete Integration die als notwendig erfahrene westliche Verstärkung gegen die Sowjetunion. Darüber hinaus bot eine westdeutsche Integration dem Westen die Gelegenheit, den Wiederaufbau Deutschlands ohne Risiken fortzusetzen und dabei selbst von dem westdeutschen Potential zu profitieren. Wichtig war auch, daß auf diese Weise eine politisch-ideologische Interessengemeinschaft entstand, die die Grundlagen der Demokratie in dem jungen westdeutschen Staat dauerhaft stärken konnte. Außerdem würde diese Poli-

---

[12] So legte Außenminister Van Kleffens im September 1945 einen Plan auf den Tisch, wonach die Niederlande um ein Drittel vergrößert werden sollten. Im Herbst diesen Jahres forderte die Regierung offiziell eine Annexion von 1750 qkm. Letztendlich sollten im April 1949 ungefähr 70 qkm unter vorläufige niederländische Verwaltung kommen, die nach der Ratifizierung des Ausgleichsvertrages 1963 größtenteils wieder zurückgegeben wurden. Vgl. für diese Annexions- bzw. Grenzkorrekturenpolitik Wielenga (Anm. 3). S. 385 ff.; Lademacher (Anm. 4), S. 213 ff.

tik eine deutsch-russische Annäherung auf Kosten des Westens oder eine Neutralisierung Deutschlands verhindern. Dahinter stand nicht nur die Sorge, daß es zu einer Wiederauflage der früheren deutschen Mittellage zwischen Ost und West kommen könnte, sondern auch, daß die Sowjetunion ein neutrales Deutschland in seinen Machtbereich ziehen könnte. Ein unbewaffnetes, neutrales Deutschland würde ein Machtvakuum im Herzen Europas schaffen, von dem eine destabilisierende Wirkung ausginge, während die Bewaffnung eines neutralen Deutschlands, so ein Memorandum des Außenministeriums vom Dezember 1951, „dem instabilen, politisch unreifen, aber potentiell mächtigen Deutschland in Europa sicher auf die Dauer eine nahezu entscheidende Stimme geben würde." Kurz: Als Ausweg aus dem Dilemma zwischen Schutz vor Deutschland und Sicherheit mit Deutschland vor der Sowjetunion entschloß sich Den Haag für eine positive Integration der Bundesrepublik in die westliche Zusammenarbeit. Positiv in dem Sinne, daß der westdeutsche Staat als gleichberechtigter Partner des Westens aufgenommen und eine Mitgliedschaft zweiter Klasse vermieden werden sollte. Diese hätte nämlich antiwestliche Stimmungen in der Bundesrepublik fördern und der Zuverlässigkeit des zukünftigen Bündnispartners abträglich sein können.

Bei der Westintegration stellte sich vor allem die Frage, ob die Bundesrepublik sich zu einem verläßlichen und berechenbaren Partner entwickeln würde. In diesem Zusammenhang standen zwei Fragen im Mittelpunkt: Zum einen ging es um die Berechenbarkeit und Verläßlichkeit der bundesdeutschen Außenpolitik und zum anderen um die Frage nach der Demokratiefähigkeit des neuen Staates und seiner Bevölkerung. Auf diese Fragen wurde in den frühen fünfziger Jahre sowohl in der Presse als auch auf diplomatischer und politischer Ebene mit großer Skepsis reagiert. Wichtig dabei war, daß aus niederländischer Sicht die deutsche Sehnsucht nach Wiedervereinigung die eigentliche politische Triebfeder darstellte und daß deswegen die Deutschen eine große Neigung zur Neutralität hätten. „Die Deutsche Einheit?", so fragte sich die katholische Tageszeitung *de Volkskrant* im Dezember 1950: „Natürlich, im Notfall mit dem Teufel." Die Sehnsucht nach der Einheit mache die Deutschen „realitätsblind und taub für alle Warnungen."[13] Auch die Unterzeichnung der Deutschland- und EVG-Verträge im Mai 1952 setzte der Angst vor einem erneut „unruhigen" Deutschland kein Ende. Im September 1952 wurde in einer im Außenministerium erstellten Kabinettsaufzeichnung auf die Gefahr hingewiesen, daß die Bundesrepublik künftig eine Zusammenarbeit mit der Sowjetunion ansteuern könnte: „Auch Stresemann hat in den zwanziger Jahren Deutschland in die westeuropäische Zusammenarbeit der Locarno-Verträge geführt, aber kurze Zeit später hat Deutschland dem Westen den Rücken gekehrt und ist es seinen eigenen Weg in Mittel- und Osteuropa gegangen."[14]

„Rapallo", „Alleingang" oder „Neutralismus" waren Begriffe, die immer wieder in der Berichterstattung der niederländischen Diplomaten in Bonn, im Außenministerium selbst, in der Presse und auf der höchsten politischen Ebene auftauchten.

---

[13] Valstrik, in: *de Volkskrant*, 29. Dezember 1950; vgl. Wielenga (Anm. 3), S. 149.
[14] Wielenga (Anm. 3), S. 146.

Zugespitzt formuliert war nur Bundeskanzler Konrad Adenauer ein Lichtblick für die besorgten Niederländer. „Die einzige Garantie im jetzigen Deutschland ist die Position Adenauers", behauptete der niederländische Botschafter in Bonn, de Booy, im August 1951. Er fuhr fort: „Diese Garantie bedeutet etwas, weil Adenauer auch das Gute wohl anstrebt, doch es ist sehr die Frage, ob die Leute, die nach Adenauer kommen, denselben Weg einschlagen." Im Gegensatz zu seinem sozialdemokratischen Gegenspieler Kurt Schumacher wurde Adenauer zur Personifizierung eines für den Westen zuverlässigen Deutschlands und zum Rettungsanker gegen neutralistische Tendenzen. Nicht verwunderlich ist es deshalb, daß vielfach gefordert wurde, Adenauer dürfe vom Westen nicht im Stich gelassen werden. Konkret bedeutete das, daß der Bundeskanzler für sein primäres Anliegen – Souveränität der Bundesrepublik im Rahmen der europäisch-atlantischen Zusammenarbeit – in Den Haag Unterstützung fand. Sollte Adenauer das Feld räumen müssen und der SPD-Vorsitzende Schumacher Bundeskanzler werden, könnte Deutschland in eine neutralistische Richtung abdriften. Von einem wiedervereinigten Deutschland befürchtete de Booy „das Ausspielen von Ost gegen West und *vice versa*."[15] Derartige Sorgen reichten bis weit in die Partij van de Arbeid (PvdA), die sozialdemokratische Schwesterpartei. Gegenüber dem deutschen Botschafter im Haag nannte der PvdA-Vorsitzende, Koos Vorrink, Schumacher einmal wegen seiner nicht ohne nationalistische Töne vorgetragenen außenpolitischen Positionen „ein Unglück für Deutschland und Europa". Der PvdA-Sekretär für internationale Angelegenheiten, Alfred Mozer, der sich in Deutschland mehrmals leidenschaftlich für die Integration der Bundesrepublik in den Westen ausgesprochen hatte, bekam sogar Sprechverbot auf SPD-Versammlungen.[16] Das Mißtrauen der niederländischen Sozialdemokraten war vor allem so stark, weil die SPD die Wiedervereinigung als eine vordringlichere Zielsetzung als die westeuropäische Integration betrachtete. Auf dem Gebiet der Außenpolitik fühlte die PvdA sich denn auch primär mit Adenauers CDU verbunden, während die Genossen eher als eine Gefahr für die Nachkriegsordnung angesehen wurden.

Das primäre Ziel der Westintegration der Bundesrepublik bedeutete jedoch nicht, daß Den Haag, um das Bonmot von François Mauriac zu zitieren, Deutschland so sehr liebte, daß man sich freute, zwei davon zu haben. Nicht eine eventuelle Wiedervereinigung, sondern eher die deutsche Teilung wurde bis Mitte der fünfziger Jahre als Risiko für die europäische Sicherheit betrachtet. Die Wiedervereinigung, so Außenminister Jan Willem Beyen, würde jedoch nur nach einer Entspannung des Ost-West-Verhältnisses stattfinden können.[17] Aus niederländischer Sicht kam als Alternative für den Status quo mit einer in den Westen integrierten Bundesrepublik nur ein Status quo-„plus" in Frage, wobei das wiedervereinigte Deutschland zum

---

[15] Ebd., S. 149–151.

[16] Vgl. Friso Wielenga und Alfred Mozer: Europeaan en democraat, in: Marnix Krop, Martin Ros u. a. (Hg.), *Het twaalfde jaarboek voor het democratisch socialisme*, Amsterdam 1991, S. 135–164.

[17] Wielenga (Anm. 3), S. 146.

Westen gehören müßte. Da die Wiedervereinigung unter diesen Bedingungen zu Recht als eine „einstweilen noch rein theoretische Möglichkeit" abgetan werden mußte, blieb realistischerweise nichts anderes übrig, als auf dem eingeschlagenen Weg der Westintegration der Bundesrepublik voranzuschreiten.

Die Angst im niederländischen Außenministerium und in der niederländischen Presse vor einem erneut „unruhigen" Deutschland und vor einem neuen „Rapallo" war viel größer als die tatsächliche Gefahr einer solchen Entwicklung. Es gab in der Bundesrepublik der frühen fünfziger Jahre keine Mehrheit für außenpolitische Experimente mit der Sowjetunion. Außerdem fehlte es der Bundesrepublik an politischem Spielraum für eine Außenpolitik, die nicht mit den westlichen Interessen im Einklang gewesen wäre. Für das Deutschlandbild dieser Jahre bedeuten solche Wahrnehmungsmuster, daß Kategorien der Zwischenkriegszeit das Denken bestimmten. Die Wahrnehmung auf niederländischer Seite war dadurch bestimmt, daß scheinbar bedrohliche Entwicklungen hervorgehoben wurden und sich dadurch immer wieder selbst bestätigten.

Mit dem Inkrafttreten der Pariser Verträge (Souveränität und NATO-Beitritt) im Mai 1955 war die Westintegration der Bundesrepublik formell vollzogen. Obwohl auch später die Frage der Verläßlichkeit der deutschen Außenpolitik nicht verschwand und auch der Begriff „Rapallo" noch manchmal auftauchte, war die große Unsicherheit und Skepsis der frühen fünziger Jahre vorbei. Wurde bis 1955 die deutsche Teilung als potentielles Sicherheitsrisiko für Europa betrachtet, so gewöhnte man sich ab Mitte der fünfziger Jahre allmählich daran, so daß sie nun eher als Bedingung der europäischen Sicherheit angesehen wurde. Das bedeutete zwar nicht, daß eine deutsche Wiedervereinigung abgelehnt wurde – schließlich blieb sie auf dem Papier Ziel des westlichen Bündnisses. Dieses Ziel ließ sich jedoch nicht nach westlichen Vorstellungen verwirklichen. Kriterium für die Beurteilung der Bundesrepublik als Partner des Westens war die zentrale Frage, ob sie die westliche Zusammenarbeit einer Lösung der nationalen Frage unter Lockerung der Westbindung vorziehen würde.

Reaktionen auf die neue Ostpolitik

Ein wichtiger Zeitabschnitt zur Prüfung dieser zentralen Frage waren die Anfangsjahre der sozialliberalen Ost- und Deutschlandpolitik 1969–1972. Führte diese Politik zu Zweifeln an der außenpolitischen Zuverlässigkeit des westdeutschen Partners? Ging, wie in den frühen fünfziger Jahren, das Gespenst von „Rapallo" um? Die niederländische Meinungsbildung über die Bonner Entspannungspolitik zeigte, wie sehr sich die Ansichten über Deutschland seit den fünfziger Jahren zum Positiven gewandelt hatten. Bereits vor 1969 hatte der niederländische Botschafter in Bonn, De Beus, mit Sympathie über „den Mut" der SPD berichtet, die Oder-Neiße-Grenze anerkennen zu wollen. Daß sich die SPD durch ihre als realistisch angesehene Haltung in der Grenzfrage Mühe gab, Illusionen über die Wiedervereinigung auszuräumen, und so zu größerer Nüchternheit bezüglich der nationalen Frage beizutragen versuchte, wurde sowohl in der Bonner Botschaft als auch im

Haager Außenministerium durchaus positiv kommentiert. Sicherlich wurde dabei erkannt, daß die Versuche zur Normalisierung des Verhältnisses zu Ost- und Mitteleuropa und der dazugehörige Realismus auch zum Ziel hatten, den europäischen Status quo zu durchbrechen. Aber angesichts „der westdeutschen Angst vor dem Kommunismus, dem starken Bedürfnis nach Sicherheit, dem Bewußtsein, nur mit Unterstützung der westlichen Verbündeten nationale Bestrebungen verwirklichen zu können", sah man in diplomatischen Kreisen 1968 „keinen Anlaß zur Besorgnis über einen möglichen deutschen Alleingang, ein neues Rapallo."[18]

Abwartend positiv, dieser Begriff kennzeichnete auf Regierungsebene die Haltung beim Antritt der SPD-FDP-Regierung. Außenminister Joseph Luns meinte Ende Oktober 1969, er sei mit den Passagen über die Ostpolitik in Brandts Regierungserklärung „völlig einverstanden". Er fügte dem jedoch, „ohne an den Rapallovertrag erinnern zu wollen", hinzu, „daß eine stärkere Bindung Westdeutschlands an Westeuropa nützlich wäre".[19] Auch die praktische Umsetzung der Ostpolitik wurde durchweg unterstützt, wobei zwei große Unterschiede zur Meinungsbildung in den frühen fünfziger Jahren auffallen: erstens einmal die stark verringerte Intensität der internen Diskussion und zweitens das Fehlen von Besorgnissen über die öffentliche Meinung der Bundesbürger – Besorgnisse, die knapp zwanzig Jahre zuvor noch stark spürbar gewesen waren. Daraus läßt sich nicht nur ableiten, daß aus niederländischer Sicht die Bundesrepublik formell in den Westen integriert war, sondern auch, daß die Bundesbürger als verläßliche *West*europäer betrachtet wurden, die die Westintegration „verinnerlicht" hatten.

Dieser veränderte Kontext schloß eine aufmerksame Beobachtung der Politik Brandts selbstverständlich nicht aus. Dabei tauchte im Haager Außenministerium wiederholt die Frage auf, ob die Bundesregierung mit ihrem Beitrag zur Entspannung „die Kräfte, die sie zweifellos mit sehr guten Absichten wachgerufen hat, auch im Zaune halten kann". Gemeint war damit die Gefahr eines zunehmenden Einflusses der Sowjetunion in Westeuropa.[20] Furcht vor einer „Eigendynamik" der Ostpolitik klang auch in der Berichterstattung des Botschafters in Bonn an. Obgleich er wiederholt jeden Vergleich zwischen Brandts Ostpolitik und „Rapallo" ins Reich der Fabeln verwies, schloß er ein Schwächung des Atlantischen Bandes und eine Entpolitisierung der EWG nicht aus. Er entdeckte zwar keine Hinweise darauf, daß die Bundesregierung oder die SPD bewußt darauf hinsteuerten. Doch es bestehe eine potentielle Gefahr, daß die deutsch-russische Normalisierung westlichen Interessen schaden könnte. Um diese Gefahr abzuwenden, schien es dem Botschafter im August 1970 „dringender denn je notwendig", Großbritannien und andere EWG-Mitgliedskandidaten so schnell wie möglich in die Europäische Gemeinschaft aufzunehmen

---

[18] Vgl. Archief Buitenlandse Zaken (nachfolgend: BuZa), Dld.W., Toenadering tot het Oostblok, Dl. 1 1967–1970, Map 3381, Telegramm De Beus an BuZa, 21. März 1968.

[19] Algemeen Rijksarchief, Den Haag, (nachfolgend ARA), Protokolle Ministerrat (MR), 31. Oktober 1969.

[20] BuZa, 912.2, Dld.W. – Polen, Verhoudingen en diplomatieke betrekkingen, Dl. III 1965–1970, Map 3429, Memo DEU/ME an Chef DEU, 23. November 1970.

und den Integrationsprozeß zu beschleunigen. Gleichzeitig sollte das „Äußerste" getan werden, „um eine Schwächung des politischen und militärischen Engagements zu verhindern" und „um die Bundesrepublik im westlichen Lager zu halten. Gelingt uns dies nicht, ist die Finnlandisierung Europas kein bloßes Gedankenspiel mehr."[21] Solche besorgten Töne resultierten jedoch nicht aus der durch die Bundesregierung tatsächlich verfolgten Politik. Die Unsicherheit hinter den Kulissen gründete sich nicht auf Furcht vor einem deutschen Alleingang, sondern auf ein unvermindertes Mißtrauen gegenüber der sowjetrussischen Politik, in die die Bundesrepublik verstrickt werden könnte, sollten sich die Beziehungen zum Westen lockern.

Auch die wichtigsten niederländischen Tages- und Wochenzeitungen beurteilten die Ostpolitik positiv. Nur auf der konservativen Seite (*De Telegraaf* und *Elsevier*) gab es kritische Stimmen. Man meinte, Symptome eines neuen deutschen Neutralismus entdecken zu können. Außerdem würde die Bundesrepublik westliche Interessen aufs Spiel setzen und dadurch dem sowjetrussischen Einfluß in Europa Tür und Tor öffnen.[22] Quantitativ und Qualitativ wichtiger waren die positiven Stellungnahmen in den wichtigen überregionalen Tageszeitungen *NRC Handelsblad, de Volkskrant, Het Parool* und *Trouw*. Wichtig war zunächst die Beruhigung darüber, daß die Normalisierung der Beziehungen zu den osteuropäischen Staaten im Rahmen der Politik des westlichen Bündnisses stattfand, so daß an der atlantischen Treue der Bundesrepublik nicht gezweifelt zu werden brauchte. Gelobt wurden nicht nur die konkreten Zeichen der Versöhnung, wie etwa der Kniefall Willy Brandts in Warschau 1970, sondern auch, daß die Bundesrepublik jetzt die geographischen Realitäten der Nachkriegszeit zum Ausgangspunkt ihrer Politik gemacht hatte. Daß Bonn keine Macht- sondern Ausgleichspolitik betrieb, war für ein Land wie die Niederlande, in dem gern moralische Maßstäbe an die internationale Politik angelegt werden, ein besonderer Grund, diese Politik grundsätzlich zu begrüßen. In einem Rückblick aus dem Jahre 1975 hieß es dazu in einem Leitartikel der für die Auslandsberichterstattung wichtigsten niederländischen Tageszeitung *NRC Handelsblad*: „Diese Wendung zum Realismus, weg von allen Resten eines Revanchismus, haben wir stets begrüßt. Die Ostpolitik, Katalysator wie auch Teil der Ost-West-Entspannungspolitik, machte es möglich, den deutschen Verbündeten als einen normalen europäischen Staat zu sehen, der eine höchst wichtige, nicht länger durch Mythen motivierte Rolle in Europa spielt."[23]

Vor diesem Hintergrund wundert es nicht, daß Ende der siebziger und Anfang der achtziger Jahre, als die Entspannungseuphorie schon längst vorbei war und Ost und West in einen neuen Kalten Krieg hineinzugleiten drohten, die Bemühungen von Bundeskanzler Helmut Schmidt um die Fortsetzung des Dialogs zwischen den

---

[21] BuZa, 912.2, Dld.W. – Sovjet-Unie, Dl. VII 1970, Map 3439, Telegramm De Beus an BuZa, 11. August 1970.

[22] Ausführlich dazu Jürgen C. Hess und Friso Wielenga (Anm. 4).

[23] Zitiert nach Hess und Wielenga (Anm. 4), S. 83. Vgl. auch: Jürgen C. Hess und Friso Wielenga, Gibt es noch Ressentiments . . .? Das niederländische Deutschlandbild seit 1945, in: J. C. Hess und H. Schissler (Anm. 8), S. 13–36.

Blöcken in der niederländischen Presse positiv beurteilt wurden. Als Schmidt Anfang Juli 1980 nach Moskau reiste, um die festgefahrenen Ost-West-Beziehungen zu entkrampfen und die Sowjet-Führung zu Verhandlungen über die sogenannte Nullösung bezüglich der Mittelstreckenraketen zu bewegen, fand er in den tonangebenden Medien nachdrücklich Unterstützung. Wichtig dabei war, daß – und hier zeigt sich erneut der rote Faden in der Beurteilung der bundesdeutschen Außenpolitik – an der westlichen Treue der Bundesregierung nicht gezweifelt zu werden brauchte. *NRC Handelsblad* kommentierte: „Schmidts Auftreten in Moskau war eine Demonstration der Bonner atlantischen Orientierung, und auch darüber kann man zufrieden sein."[24] In der sozialdemokratisch orientierten *Volkskrant* wurde ähnlich argumentiert.[25] Auch nach dem Regierungswechsel 1982 blieb es bei der positiven Beurteilung der bundesrepublikanischen Außenpolitik.

Tabelle 1. Außenpolitik USA und Bundesrepublik (1983)

	USA	Bundesrepublik
positiv (%)	29	51
negativ (%)	28	6
keine Meinung (%)	43	43

Quelle: Ch. J. Vaneker und Ph. P. Everts, *Buitenlandse politiek in de Nederlandse publieke opinie*, Clingendael, Den Haag, 1984, S. 158.

Tabelle 2. Außenpolitik im internationalen Vergleich (1983)

	gute Außenpolitik (%)	schlechte Außenpolitik (%)
Schweden	26	2
Schweiz	25	2
Bundesrepublik Dld.	23	3
Ver. Staaten	21	23
Dänemark	16	1
Großbritannien	14	7
Österreich	13	2
Frankreich	12	9
Belgien	12	3

Quelle: Vaneker und Everts, (s. Tabelle 1), S. 165.

---

[24] Beweging, in: *NRC Handelsblad*, 3. Juli 1980.
[25] Schmidts reis, in: *de Volkskrant*, 2. Juli 1980.

Nicht nur im Vergleich zu den Vereinigten Staaten schnitt die Außenpolitik der Bundesrepublik 1983 positiv ab. Die Antwort auf die Frage „Welche Länder betreiben Ihrer Meinung nach eine gute bzw. eine schlechte Außenpolitik?" ergab ein Bild, in dem die Bundesrepublik nur von den neutralen Staaten Schweden und Schweiz übertroffen wurde.

Neue Lage und alte Prioritäten: die deutsche Vereinigung 1989/90

Abschließend stellt sich die Frage, wie auf den Fall der Berliner Mauer und die deutsche Vereinigung reagiert wurde. Auch hier zeigt sich eine deutliche Parallele zwischen der durchaus positiven Haltung der öffentlichen Meinung einerseits und der der Presse und Politik andererseits. Zunächst einige Umfrageergebnisse. Im November 1989 und im Februar 1990 führte Eurobarometer in den 12 EG-Staaten eine Umfrage zur Haltung zur deutschen Vereinigung durch. Daraus geht hervor, daß es im November 1989 in den südlichen Mitgliedstaaten der Europäischen Gemeinschaft, in Frankreich und in Irland überdurchschnittlich viele Befürworter der deutschen Vereinigung gab. Die Niederlande lagen mit 76 % Befürworter nur knapp unter dem Durchschnitt, waren aber deutlich positiver als die anderen Beneluxstaaten und Dänemark. Im Februar 1990 war die Zustimmung in allen Ländern geringer geworden, in den Niederlanden jedoch überdurchschnittlich geringer. Im Vergleich zu den anderen kleinen Nachbarländer fielen die Niederländer in ihrer Zustimmung jedoch nicht aus dem Rahmen.

Tabelle 3. Haltung zur deutschen Vereinigung im internationalen Vergleich (November 1989 und Februar 1990)

	Für		Gegen		Keine Meinung	
	11/89 (%)	2/90 (%)	11/89 (%)	2/90 (%)	11/89 (%)	2/90 (%)
Spanien	84	81	7	5	9	13
Portugal	83	74	7	5	10	21
Griechenland	83	74	3	11	15	15
Irland	81	75	7	8	13	18
Italien	80	77	10	11	10	12
Frankreich	80	66	9	15	10	19
Deutschland	78	77	14	11	8	11
Niederlande	**76**	**59**	**12**	**21**	**12**	**20**
Großbritannien	71	64	17	18	12	17
Belgien	71	61	15	19	14	19
Luxemburg	63	52	28	25	9	23
Dänemark	59	56	22	26	19	18
EG 12 (Durchschnitt)	78	71	12	13	11	16

Quelle: *Eurobarometer*

Wenn man mehrere in den Niederlanden durchgeführte Umfragen zur deutschen Einheit aus der Periode zwischen März 1989 und Oktober 1990 zusammenstellt, entsteht folgendes Bild:

Tabelle 4. Haltung zur deutschen Vereinigung (März 1989 – Oktober 1990)

Quelle	Monat/Jahr	dafür (%)	dagegen (%)	weiß nicht/keine Meinung (%)
NIPO*	03/89	57	14	22
Flash/Eurobarometer	11/89	76	12	12
Intomart	13. 11/89	60	18	22
Interview	29. 11/89	54	27	19
NIPO**	02/90	51	24	5
Interview	15. 2/90	52	23	25
Intomart	02/90	50	25	25
NIPO	03/90	66	24	10
NIPO	04/90	64	22	14
Intomart	07/90	67	9	25
Flash/Eurobarometer	10/90	70	16	14
Eurobarometer	11/90	70	16	15

* „gleichgültig": 7%
** „gleichgültig": 20%

Quelle: Der niederländische Beirat für Frieden und Sicherheit (Hg.), *Deutschland als Partner*, Den Haag 1994, S. 86

Auch wenn es erhebliche Fluktuationen zwischen den Ergebnissen gab, es zeigte sich fast dauernd eine deutliche absolute Mehrheit (von 50 bis 76 %) für die Vereinigung. Der Prozentsatz der Gegner fluktuierte von 9 bis 27 % und der der Unentschiedenen bzw. Gleichgültigen von 5 bis 25 %. Sucht man nach einem roten Faden in den Antworten, dann ist von einer eindeutigen konsistenten Struktur nicht die Rede, höchstens von einem gewissen Trend, der darauf hinweist, daß von Ende November 1989 bis Februar 1990 die Zahl der Befürworter geringer als vor- und nachher war. Die Erklärung liegt möglicherweise darin, das bis zur Präsentation des 10-Punkte-Plans von Helmut Kohl am 28. November 1989 die Frage nach der deutschen Vereinigung trotz des Mauerfalls eher noch als theoretisch und nicht aktuell empfunden wurde. Als die deutsche Vereinigung sich Anfang 1990 tatsächlich abzeichnete, wuchs das Unbehagen und verringerte sich die Zustimmung, um anschließend wieder auf 70 % zu steigen. Die Zahl der Gegner und der Unentschiedenen bzw. Gleichgültigen verringerte sich dann wieder, entweder weil man sich damit abfand, daß die Vereinigung nicht mehr aufzuhalten war[26], oder weil man nach anfänglichem Zweifel fest-

---

[26] Vgl. Philip P. Everts, Meinungen über Deutschland in den Niederlanden. Eine Notiz für den Beirat für Frieden und Sicherheit, in: Beirat für Frieden und Sicherheit (Hg.), *Deutschland als Partner*, Den Haag 1994, Anhang 3, S. 86.

stellte, daß Deutschland sich nicht im nationalistischen Rausch, sondern nach demokratischen Spielregeln vereinigte. Interessant ist schließlich die Aufteilung nach Altersgruppen:

Tabelle 5. Einstellung zur Vereinigung nach Alter (November 1989)

Alter (Jahre)	dafür (%)	dagegen (%)	weiß nicht/keine Meinung (%)
18–24	65	25	10
25–34	57	21	22
35–44	55	26	19
45–54	52	31	17
55–64	47	31	22
65 +	44	37	19
Gesamt	54	27	19

Quelle: *Algemeen Dagblad*, 1. Dezember 1989

Der Tabelle läßt sich sehr deutlich entnehmen, daß die Anzahl der Befürworter mit steigendem Alter der Befragten abnahm. Nicht völlig in Übereinstimmung mit dieser Umfrage von Ende November 1989 war die Umfrage von Mitte Februar 1990. Zwar waren erneut unter den Älteren die meisten Gegner zu finden – diesmal vor allem in der Altersgruppe der 55–64jährigen (42 %) –, doch die meisten Befürworter waren nun zwischen 35 und 44 Jahre alt (64 %). Im Gegensatz zur Umfrage vom November 1989 lag die Gruppe der 18–24jährigen unter dem Durchschnitt: lediglich 47 % sprachen sich für die deutsche Vereinigung aus.[27]

Durchaus positiv war auch die Reaktion in amtlichen und politischen Kreisen. Dabei standen in Den Haag die altbekannten Begriffe Integration, Einbettung und Verankerung Deutschlands erneut im Mittelpunkt. Auch wenn Ministerpräsident Ruud Lubbers in Bonn mit seiner Aussage über die Unantastbarkeit der europäischen Grenzen für Irritationen sorgte, haben Regierung und politische Parteien den deutschen Wunsch nach Einheit im Vereinigungsjahr 1989/90 durchaus unterstützt. „Wir setzen . . . keine Fragezeichen hinter das Ob", sagte Außenminister Hans van den Broek im Februar 1990 im Parlament. „Wir haben höchstens Fragen bezüglich des Wie: Wie sollen die Grenzen garantiert werden? Wie wird die Einbindung des neuen Deutschlands in die Europäische Gemeinschaft stattfinden? Wie wird ein Sicherheitsarrangement um das neue Deutschland herum aussehen?"[28]

In den Antworten, die Den Haag darauf gab, sind unmittelbar die alten Status-quo-„plus"-Vorstellungen der frühen fünfziger Jahre zu erkennen. Das vereinigte Deutsch-

---

[27] *NRC Handelsblad*, 24. Februar 1990.
[28] Handelingen Tweede Kamer, 22. Februar 1990, S. 44, 20665.

land müsse Mitglied der NATO sein und der westeuropäische Integrationsprozeß beschleunigt fortgesetzt werden. Wie wichtig dies war, zeigte sich, als Moskau 1990 zu erkennen gab, daß eine Regelung der externen, sicherheitspolitischen Aspekte der deutschen Einheit nicht ohne weiteres mit der staatlichen Einheit zusammenzufallen brauche. Außenminister van den Broek gehörte zu den ersten, die gegen diese Loskoppelung von internen und externen Aspekten Widerstand anmeldeten. Nicht ohne Grund fürchtete er für diesen Fall eine unüberschaubare Sicherheitssituation in Europa und eine mögliche Schwächung der westlichen Zusammenarbeit. Als ob die niederländische Regierung in dieser Sache ein Mitspracherecht hätte, faßte *NRC Handelsblad* die Haager Reaktion unter dem Titel zusammen: „Niederlande weisen Sowjet-Angebot für die Einheit Deutschlands zurück."[29]

Verbarg sich dahinter die Furcht vor einem vereinten Deutschland? Falls ja, resultierte dann das Plädoyer für den Status quo „plus" bezüglich NATO und EG aus dieser Furcht? Auf den ersten Blick könnte man die empfundene Notwendigkeit einer fortgesetzten Einbettung des nun vereinigten Deutschlands so verstehen. Sieht man sich die Argumentation näher an, dann zeigt sich, daß trotz des roten Fadens der Begriffe Integration und Verankerung die dahinter liegenden Ziele seit den fünfziger Jahren eine wesentliche Änderung erfahren hatten. War es in der frühen Phase der Bundesrepublik um den Schutz gegen Deutschland und um den Schutz mit Deutschland gegen die Sowjetunion gegangen, so ging es 1990 primär darum, die Errungenschaften der deutschen Westintegration zu sichern. Im Vordergrund stand der Erhalt der NATO-Strukturen und die der Europäischen Gemeinschaft als Basis für ein künftiges Europa – nicht aus Angst vor Deutschland, sondern weil ohne ein integriertes Deutschland ein stabiles Europa als Illusion angesehen wurde. Aus niederländischer Sicht war klar, daß das „Europäische Haus", das wegen seiner vagen Konzeption ohnehin schon mit Skepsis betrachtet wurde, auf Treibsand zu stehen käme, wenn das einzige Fundament – die Europäische Gemeinschaft – unterminiert wurde. Für die Feststellung, daß Deutschland ein Eckpfeiler in diesem Fundament war, genügte ein einziger Blick auf die Landkarte. Das europäische Sicherheitsrisiko liege nicht in einem vereinigten und integrierten Deutschland, so ein Bericht der Alfred-Mozer-Stiftung der Partei der Arbeit, vom Frühjahr 1990 sondern weiter (süd-)ostwärts in den aufflammenden Nationalitätenkonflikten und der dortigen sozioökonomischen Instabilität.[30] Nur ein eng kooperierendes Westeuropa könne einen Beitrag zum sozialen, ökonomischen und politischen Aufbau und zur Stabilität der ehemaligen Ostblockländer liefern.

Diese Nüchternheit auf niederländischer Seite im Hinblick auf den deutschen Einigungsprozeß schloß Unbehagen und Kritik nicht aus. Bei manchem Beobachter verbarg sich hinter dem Plädoyer für eine Beschleunigung und Vertiefung der euro-

---

[29] Nederland wijst Sovjet–aanbod voor eenwording Duitsland af, in: *NRC Handelsblad*, 8. Mai 1990.
[30] Alfred Mozer Stichting (Hg.), *Een verenigd Duitsland en de toekomst van Europa*, PvdA Amsterdam 1990.

päischen Integration sicherlich *auch* der Gedanke, daß Deutschland nicht anfangen dürfe, aus eigener Kraft die Geschicke des alten Kontinents zu bestimmen. Die Verankerung Deutschlands wurde als die maximale Garantie für ein europäisches Deutschland und gegen ein deutsches Europa gesehen. Daher gab es empfindliche Reaktionen, als die Bundesregierung Initiativen ergriff, ohne die Verbündeten zu konsultieren (u. a. der Zehn-Punkte-Plan Bundeskanzler Kohls vom November 1989 sowie die Ankündigung und Durchführung der deutschen Währungsunion 1990). Auch litt in weiten Kreisen das Image der Bundesrepublik zu Beginn des Jahres 1990 durch das Ausbleiben einer deutlichen Haltung zur Anerkennung der Oder-Neiße-Grenze. Andere meinten ferner, in der herablassenden Haltung mancher „Wessis" den „Ossis" gegenüber sowie in der Weise, in der westdeutsche Politiker bei den Volkskammer-Wahlen vom März 1990 dominierten, den Vorboten einer deutschen Dampfwalze in Europa zu sehen. Antideutsche Auslassungen auf hoher politischer Ebene wie in Großbritannien im Sommer 1990 (Ridley- und „Chequers"-Affäre) gab es in den Niederlanden jedoch nicht. Wenn simplifizierende Aussagen über ein zukünftiges „Viertes Reich" gemacht wurden, handelte es sich eher um isolierte und nicht repräsentative Äußerungen.[31]

Dies führt zu dem Schluß, daß trotz der positiven Grundhaltung zur deutschen Vereinigung durchaus auch eine gewisse Ambivalenz sichtbar wurde. „Natürlich muß man sich erst daran gewöhnen, auch in den Niederlanden", kommentierte das *NRC Handelsblad* am Tag vor der staatlichen Einigung: „Wer ein kleines Haus mit einem kleinen Garten besitzt, sieht bei den Nachbarn nicht gern ein zusätzliches Stockwerk entstehen, denn kann die Sonne dann noch auf den Rasen scheinen?" Den sich vereinigenden Deutschen wurde jedoch auch gratuliert: „Deutschland, 120 Jahre nach der Schlacht bei Sedan, ist keine ‚verspätete Nation', sondern ein Land, in dem Freiheit und Demokratie nun für jedermann gelten; und dazu sind Glückwünsche angebracht".[32] Im Sommer 1990 hatte diese Zeitung zustimmend festgestellt, daß der Vereinigungsprozeß sich auf sehr nüchterne Weise vollzog, „ohne nationalistische Demagogie der Führer und ohne nationalistische Äußerungen in der Bevölkerung."[33] Am 3. Oktober wies die protestantische Tageszeitung *Trouw* auf die Notwendigkeit hin, daß „die deutsche Politik nicht die europäische bestimmen wird, sondern die europäische Politik die deutsche". Im selben Leitartikel gab das Blatt jedoch Vertrauen in das neue Deutschland zu erkennen, indem es zugleich für einen permanenten Sitz Deutschlands im Sicherheitsrat der Vereinten Nationen eintrat: „Deutschland wird in der Weltpolitik eine wichtigere Rolle einnehmen müssen."[34] „Glückwunsch... und Beunruhigung", lautete die Schlagzeile eines Leitartikels des *Algemeen Dagblad*, in dem die Frage gestellt wurde, wie das neue Deutschland

---

[31] Vgl. die Beiträge in: *Meningen over ... Duitse eenheid. Het derde Duitse wonder*, Amsterdam 1990.

[32] Een verenigd Duitsland ... en Europa, in: *NRC Handelsblad*, 2. Oktober 1990.

[33] Duitse eenheid, in: *NRC Handelsblad*, 2. Juli 1990.

[34] Duitslands verantwoordelijkheid, in: *Trouw*, 3. Oktober 1990.

mit seiner erweiterten Macht umgehen werde.³⁵ Im gleichen Sinne empfand die sozialdemokratisch orientierte *Volkskrant* es als begreiflich, daß „dieses neue vereinigte Deutschland nicht überall mit großer Begeisterung empfangen" wird.³⁶ *Het Parool* schließlich, ebenfalls sozialdemokratisch orientiert, verneinte die Frage, ob „der deutschen Klumpen . . . nicht zu schwer im europäischen Magen" liegen würde, „weil die Welt und die Deutschen sich verändert haben." Es wurde ein „vielsagendes Detail" genannt, daß der alte Name Bundesrepublik Deutschland auch die offizielle Bezeichnung für das neue Deutschland bleiben sollte: „Es ist eine Frage der Symbolik: die Bundesrepublik steht für eine offene, bescheidene, westlich orientierte und demokratische Gesellschaft." Dies sei vertrauenerweckend wie auch die Tatsache, daß „die Deutschen begreifen, daß sie bei der europäischen Zusammenarbeit viel zu gewinnen haben."³⁷

Holland falle der Abschied von der deutschen Teilung „schwer", faßte Anfang Oktober 1990 die *Frankfurter Allgemeine Zeitung* die niederländische Haltung zusammen.³⁸ In dieser Beurteilung offenbarte sich eher das in der Bundesrepublik hartnäckig vertretene Klischee der „antideutschen" Niederlande als die tatsächliche niederländische Haltung. Sicher, die Niederlande verfolgten im deutschen Vereinigungsjahr aufmerksam die Entwicklungen im größer werdenden Nachbarland, doch Zustimmung und nicht Mißtrauen stand dabei an erster Stelle. Das Bewußtsein, daß Westdeutschland als Partner und Verbündeter ein demokratischer und westlich orientierter Staat war, stand an der Basis eines nüchternen Wahrnehmungsmusters, in dem heftige Schreckreaktionen die Ausnahme waren und eine positive Haltung deutlich überwog. Daß daneben auch Unbehagen und Ambivalenz spürbar waren, muß vor dem Hintergrund einer verständlichen Unsicherheit über die Zukunft Europas nach dem Verschwinden der so vertraut gewordenen Nachkriegsordnung als normal gelten. Große politische Veränderungen bringen schließlich immer Unsicherheit mit sich, und dies gilt um so mehr, wenn es um tiefgreifende Änderungen in den internationalen Beziehungen geht. Unbehagen und Ambivalenz auf niederländischer Seite sind darüber hinaus vor dem Hintergrund des strukturellen Spannungsfeldes zwischen zwei „ungleichen Nachbarn" zu sehen. Gerade weil die Niederlande in vieler Hinsicht abhängig von Deutschland sind, es viele gemeinsame Interessen gibt und auch viele Ähnlichkeiten zwischen Deutschen und Niederländern festzustellen sind, kurz: weil die Niederlande durch tausend Fäden mit Deutschland verbunden sind, gibt es auf niederländischer Seite das fast vorprogrammierte Bedürfnis, den Deutschen zu zeigen, daß man nicht als das siebzehnte Bundesland perzipiert werden möchte, sondern als eigenständige Nation. Das ist nicht als antideutsch zu bezeichnen, sondern gehört zum normalen Spannungsverhältnis zwischen einem kleinen Land, das sich manchmal Sorgen über seine Selbständigkeit und die Auf-

---

[35] Gelukwens . . . en ongerustheid, in: *Algemeen Dagblad*, 3. Oktober 1990.
[36] Duitsland, in: *de Volkskrant*, 3. Oktober 1990.
[37] Duitsland een, in: *Het Parool*, 3. Oktober 1990.
[38] Holland fällt der Abschied schwer, in: *Frankfurter Allgemeine Zeitung*, 2./3. Oktober 1990.

rechterhaltung der eigenen Identität macht, und einem großen Nachbarn mit einem erheblichen politischen und wirtschaftlichen Gewicht in Europa. So zeigt sich, daß die anfangs erwähnten Begriffe Sensibilität und Verwundbarkeit auch im deutschen Vereinigungsprozeß eine wichtige Rolle spielten. Die Frage nach der eigenen Identität hat Anfang der neunziger Jahre sicherlich an Bedeutung gewonnen. Dies hängt nicht nur mit der deutschen Vereinigung zusammen, sondern auch mit der allgemeinen Unsicherheit über die Zukunft Europas.

Faßt man die niederländische Haltung zur deutschen Frage nach 1945 zusammen, dann ist erstens als roter Faden die Bedeutung der Integration der Bundesrepublik in die westliche Zusammenarbeit hervorzuheben. Am Anfang stand dabei sicherlich auch Angst vor Deutschland. Allmählich rückte diese Angst jedoch in den Hintergrund, und bei der deutschen Vereinigung wurde betont, daß die Errungenschaften der europäischen Integration nicht aufs Spiel gesetzt werden durften. Zweitens ist die Bedeutung der Asymmetrie, des Gegensatzes klein-groß im bilateralen Bereich zu betonen. Dieses Merkmal führt zu psychologischen Spannungen, die vor dem Hintergrund der Besatzungszeit manchmal plötzliche niederländische Ausbrüche von Kritik oder Emotionen zur Folge haben. Sie beruhigen sich aber immer wieder relativ schnell, und man sollte ihre Bedeutung nicht überbewerten.

Nach Oktober 1990 wurde von Deutschland zunächst einmal Kontinuität erwartet. Natürlich war man sich in Den Haag im klaren, daß mehr noch als für andere westeuropäische Staaten sich für Deutschland die Koordinaten der internationalen Beziehungen seit 1989/90 geändert hatten und daß die Bundesrepublik von einem westlichen zu einem mitteleuropäischen Staat geworden war, der außerdem nun auch wirklich souverän handeln konnte. Schneller als die anderen ehemaligen EG-Partner steuerte Deutschland eine Osterweiterung der Gemeinschaft an. Für die Niederlande, traditionell immer stärker westlich, atlantisch und maritim orientiert, hat es seit 1990 einige Zeit gedauert, bis man sich mit dieser Osterweiterung angefreundet hat. Im Jahre 1990 hieß es noch, es ginge um Vertiefung und nicht um Erweiterung der EG. Zwar haben die Niederlande diesen Standpunkt inzwischen verlassen. Eine Osterweiterung dürfe jedoch die Effizienz der europäischen Entscheidungen nicht beeinträchtigen. Seit 1990 hat in Den Haag ebenfalls eine allgemeinere Umorientierung der Außenpolitik angefangen, wobei der traditionelle niederländische Blick aufs Meer und auf die angelsächsischen Mächte sich mehr und mehr zum Kontinent hinbewegt. Es wundert nicht, daß Deutschland in diesem Zusammenhang viel Aufmerksamkeit gewidmet wird. So hat der Beirat für Frieden und Sicherheit, ein Sachverständigenrat beim Außenministerium, 1994 einen von den Außen- und Verteidigungsministern in Auftrag gegebenen Bericht über Deutschland und die niederländisch-deutschen Beziehungen vorgelegt. „Deutschland als Partner" lautete der Titel dieses auch ins Deutsche übersetzten Berichts. Darin wurde eine Reihe von Vorschlägen mit dem Ziel gemacht, die außenpolitische Zusammenarbeit zwischen Den Haag und Bonn weiter zu intensivieren. Dazu gehörte u. a. der Vorschlag, sich gemeinsam mit der Bundesrepublik um die Frage zu kümmern, wie der befürchtete Verlust an Schlagkraft der EU verhindert werden kann. Selbstverständlich sollten solche Beratungen nicht auf die Bundesrepublik beschränkt bleiben, sondern auch andere an der Vertiefung des Integrationsprozesses interessierte Länder einbeziehen.

Auch plädierte der Beirat für einen regelmäßigen und besser strukturierten bilateralen Gedankenaustausch auf verschiedenen Ebenen (Minister und Staatssekretäre, hohe Beamte, Parlamentsmitglieder und Sachverständige). Die erste Konferenz in diesem Rahmen hat 1995 stattgefunden. Auf militärischem Gebiet soll die Zusammenarbeit auch intensiviert werden, indem nach der Bildung des deutsch-niederländischen Heereskorps im August 1995 auch für Marine und Luftwaffe über Integrationsformen nachgedacht wird. Was Osteuropa anbelangt, zog der Beirat Konsequenzen aus der neuen internationalen Lage. Die Niederlande sollten ihre Unterstützung der osteuropäischen Reformprozesse substantiell erhöhen, vielleicht auch zusammen mit Deutschland im Rahmen des Programms Partnerschaft für den Frieden praktische militärische Zusammenarbeit mit osteuropäischen Staaten suchen.

Faßt man die Empfehlungen des Beirates zusammen, dann ist klar zu erkennen, daß eine Umorientierung der niederländischen Außenpolitik in Gang gekommen ist, die der neuen deutschen Schlüsselrolle in Europa Rechnung trägt und die das Ziel hat, dazu beizutragen, daß die deutsche Verankerung in den euro-atlantischen Institutionen aufrechterhalten bleibt. Nachdrücklich betont sei dabei, daß der Begriff „Verankerung" in den Niederlanden schon längst nicht mehr den negativen und mißtrauischen Beigeschmack der fünfziger Jahre hat. Die niederländische Sensibilität und Verwundbarkeit sind seit 1989/1990 sicherlich größer geworden. Die Meinungsbildung über die deutsche Einheit 1989/90 sowie über die außenpolitische Rolle, die das vereinigte Deutschland aus niederländischer Sicht zu übernehmen hat, machen jedoch gleichzeitig deutlich, daß in dem Blick auf Deutschland ein halbes Jahrhundert nach Ende des Zweiten Weltkriegs historische Reflexe und Assoziationen weitgehend fehlen und daß in den Niederlanden der 1990er Jahre von einem nuancierten und differenzierten Wahrnehmungsmuster Deutschland gegenüber gesprochen werden kann.

Die Niederlande und Deutschland: Wechselseitige Wahrnehmungen aus der Sicht eines Diplomaten

Klaus Jürgen Citron

Nachbarn haben die Neigung, kritisch über den Zaun zu sehen und den anderen mit Mißtrauen zu beobachten. Ist der Nachbar größer oder reicher, ist das Bedürfnis nach kritischer Abgrenzung meist noch stärker. Vorurteile über die anderen werden von Generation zu Generation weitergegeben und haben häufig nur wenig mit der Realität zu tun. Die Wirklichkeit der wechselseitigen Beziehungen ist oft viel besser, als es Meinungsumfragen vermuten lassen. In der Realität sind es zumeist die politischen und wirtschaftlichen Interessen, welche den Alltag bestimmen. Dies gilt ganz besonders für die Grenzregionen, in denen vielfältige grenzüberschreitende Zusammenarbeit für beide Seiten unerläßlich ist. Diese sehr allgemeinen Feststellungen gelten weitgehend auch für das deutsch-niederländische Verhältnis.

Die Perzeption Deutschlands in den Niederlanden

Das kritische Deutschlandbild in den Niederlanden gab es schon im Goldenen Zeitalter, als man Deutsche allenfalls als primitive Gastarbeiter kannte, die man abfällig als Moffen bezeichnete. Das negative Bild des rauhbeinigen, dem Kaiser demütig dienenden und nach außen überheblich auftretenden Deutschen, das es schon im 19. Jahrhundert gab, wurde durch die Verbrechen der Besatzungsmacht 1940–1945 noch dunkler, zumal es durch die bitteren persönlichen Erfahrungen eines großen Teils der Bevölkerung, sowie durch die Literatur, die Medien und die Schulen in jede Familie getragen wurde. Die Wahrnehmung des Nachbarn Deutschland wird noch heute von diesen Erfahrungen beeinflußt, vor allem dann, wenn es in Deutschland zu negativen Entwicklungen kommt, wie z. B. bei den Morden in Mölln und Solingen. Um so mutiger erscheint im Rückblick die Willensbildung der niederländischen Nachkriegsregierungen, welche sich schon sehr früh für eine pragmatische Haltung gegenüber der neugegründeten Bundesrepublik Deutschland, „dem Partner aus Notwendigkeit", entschieden. In seinem Standardwerk *West-Duitsland, partner uit nootzaak* hat Friso Wielenga die Motive für diese pragmatische Politik sehr gut beschrieben. Die feste Einbindung der Bundesrepublik Deutschland in den europäischen Einigungsprozeß und in das westliche Verteidigungsbündnis lagen genauso im niederländischen Interesse wie der wirtschaftliche Aufbau des wichtigsten Handelspartners. Es entsprach daher auch echtem niederländischem Interesse, daß Den Haag schon sehr früh bei den großen westlichen Alliierten für eine Beendigung der industriellen Demontage in den Westzonen plädierte.

Dieses pragmatische Vorgehen der niederländischen Politik und Wirtschaft hat allerdings die tiefsitzende Skepsis gegenüber dem großen Nachbarn nicht vermindern können. Ja, man kann fast von zwei unterschiedlichen Perzeptionen sprechen: einer stark von Gefühlen und Vorurteilen geprägten Sichtweise und einer pragmatischen Einstellung, die auf eine partnerschaftliche Zukunft abzielte.

Nüchterne Beobachter haben festgestellt, daß die Antipathien gegenüber den Deutschen bei der jungen Generation der letzten zwei Jahrzehnte zum Teil größer waren als in den 50er und 60er Jahren und vor allem größer als bei den Menschen, die den Krieg selbst miterlebt haben. Die kurz nach den Brandanschlägen in Mölln und Solingen durchgeführte Meinungsbefragung bei niederländischen Jugendlichen (die sog. Clingendael-Studie) ergab u. a., daß 46 % der Meinung waren, die Deutschen seien kriegssüchtig. Ein Ergebnis, daß m. E. deutlich zeigt, daß ihr Deutschlandbild nicht die Gegenwart reflektiert, in der fast 30 % der jungen Deutschen den Wehrdienst verweigern, sondern die Vergangenheit.

Die Tatsache, daß Deutschland sich seitdem noch mehr für die europäische Einigung einsetzte, hat die niederländischen Befürchtungen vor dem Riesennachbarn allerdings erheblich vermindert. In den letzten Jahren hat es in den Niederlanden auch starke Bemühungen der Regierung gegeben, die positive Rolle des stabilen Partners Deutschland sowohl im politischen wie im wirtschaftlichen Bereich herauszustellen. Dies hat dazu geführt, daß jüngste Meinungsumfragen auch bei Jugendlichen positivere Resultate als früher aufweisen, was jedoch nicht heißt, daß man mit einem völligen Abbau aller Vorurteile rechnen kann.

Ungeachtet aller Gemeinsamkeiten gab es auch in der Außenpolitik zuweilen Divergenzen, welche zu erheblichen Spannungen zwischen Den Haag und Bonn führten. Zwar bestand weithin Übereinstimmung in den Grundlinien des europäischen Einigungsprozesses. Jedoch war es für Führungskreise in den Niederlanden zuweilen schwer erträglich, daß die Initiative für neue Vorschläge in Europa immer wieder von der „Achse Paris–Bonn" ausging. Wenn man auch zugab, daß die beiden Großen wesentlich zur europäischen Einigung beitrugen, so wollte man doch nicht gerne lediglich „ja" zu dem sagen, was Deutschland und Frankreich vorgelegt hatten. Wie schwierig es ist, in der europäischen Gemeinschaft selbst die Führungsrolle zu übernehmen, zeigte sich 1991 während der niederländischen Präsidentschaft. Auch sonst kam es zu Spannungen während dieser Periode, vor allem in der schwierigen Frage, ob und wann die europäischen Staaten Kroatien und Slowenien anerkennen sollten. Der Vorsitzende des europäischen Rates, der niederländische Außenminister van den Broek, plädierte wie die meisten anderen Außenminister eher für Zurückhaltung und dementsprechend wurde das deutsche Drängen auf Anerkennung noch vor Ende des Jahres 1991 in der niederländischen Öffentlichkeit (aber nicht nur dort) kritisch bewertet. Dies war zum Teil verbunden mit dem Vorwurf eines deutschen Alleingangs, von dem man allerdings nicht sprechen kann, da ja alle EG Staaten der Anerkennung am 16.12.1991 zugestimmt hatten, wenn auch mit Bedenken. Deutschland vollzog die Anerkennung allerdings drei Wochen früher als die Partner.

Die Perzeption eines deutschen Alleingangs hat nicht nur in den Niederlanden zu viel Kritik und Nachdenken geführt. Es zeigte sich, daß das seit der Vereinigung voll souveräne Deutschland angesichts des kritischen Blicks seiner Nachbarn besonders behutsam agieren muß, um weiterhin seine Rolle als europäische Verantwortungsmacht wahrnehmen zu können. Seit dem Frühjahr 1992 ist in der Tat eine vorsichtigere deutsche Politik u. a auf dem Balkan festzustellen. Zum Glück gab es in der letzten Phase der niederländischen Präsidentschaft 1991 bei der mühsamen Einigung über den Vertrag von Maastricht auch ein sehr positives enges Zusammenwirken zwischen Den Haag und Bonn. Beide Regierungen zogen bewußt an einem Strang und trugen damit wesentlich zu dem Durchbruch beim europäischen Einigungsprozeß bei, den beide Regierungen auch weiterhin engagiert unterstützten.

Die Perzeption der Niederlande in der Bundesrepublik Deutschland

Während die Niederlande außer dem großen Deutschland nur noch Belgien und die See als Nachbarn haben, muß sich Deutschland mit neun Nachbarn beschäftigen. Kein Wunder also, daß das Interesse für die Niederlande und die Kenntnis über dieses Land in weiten Teilen unseres Landes nicht sehr groß ist. In der öffentlichen Meinung, vor allem in Nordrhein-Westfalen und Niedersachsen, haben die Niederlande einen guten Ruf als solide Partner und als angenehmes Ferienland, auch wenn viele Deutsche nicht viel von den reichen Traditionen ihres Nachbarn wissen.

In der Perzeption der politischen und wirtschaftlichen Führungskreise gelten Niederländer zumeist als selbstbewußte und verläßliche Partner, die ihre Interessen mit großer Zähigkeit zu verteidigen wissen. Man weiß jedoch, daß dem mahnenden Zeigefinger der früheren See- und Kolonialmacht auch die Bereitschaft entspricht, für wichtige Anliegen erhebliche Opfer zu bringen, auch um idealistische Zielvorstellungen (z. B. bei der Entwicklungshilfe) zu verwirklichen. Dieses niederländische Sendungsbewußtsein wird zwar hier und da von den Partnern kritisch bewertet, andererseits wird es auch akzeptiert, weil in dem sich integrierenden Europa Fortschritte nur durch einen kritischen Dialog mit allen Partnern zu erreichen sind.

In Deutschland weiß man vor allem bei den Eliten, daß die niederländische Diplomatie aus Sorge, die größeren Staaten könnten niederländische Interessen nicht genügend berücksichtigen, ihre Auffassungen und ihr Anliegen deutlich darzustellen versteht. Die für die Gestaltung der deutschen Außenpolitik verantwortlichen Eliten sind sich bewußt, daß der europäische Einigungsprozeß gerade bei der schwierigen Aufgabe der Vertiefung und Erweiterung bzw. der Weiterentwicklung des Nordatlantischen Bündnisses, nicht allein von den großen Partnern bewältigt werden kann, sondern daß es ebenso wichtig ist, die Unterstützung der anderen Staaten zu erhalten. Dabei spielen die Niederlande als solides Land eine wichtige Rolle.

In den Augen vieler Deutscher galten die Niederlande lange Zeit auch als das Land der Friedensbewegung. Schon während des Vietnam-Krieges und noch stärker nach dem NATO Doppelbeschluß war in Deutschland ein starker niederländischer Einfluß zu spüren, ja man sprach scherzend von der „Hollanditis", die viele Deutsche ansteckte. Um so erstaunter stellten viele Deutsche in den letzten Jahren fest, daß ihre Perzeption nicht mehr der Wirklichkeit entsprach. Die Niederlande nahmen nun engagierter als andere an Friedensmissionen der VN teil, u. a. während des Golf-Krieges, in Kambodscha und im ehemaligen Jugoslawien. Gleichzeitig gab es in den Niederlanden ein gewisses Verständnis, daß sich die Deutschen vor allem aus historischen Gründen schwer taten, voll an militärischen Aktionen der VN und NATO mitzuwirken, wenn sie über die Bündnispflichten hinausgehen.

Seit der Ostpolitik Willy Brandts, der in den Niederlanden als Repräsentant eines besseren Deutschlands angesehen wurde, gab es eine weitgehende Abstimmung beider Länder in der Entspannungspolitik. Wie eng die Kontakte waren, habe ich selbst erst bei unserer Vertretung bei der NATO, später im Bereich der Abrüstung und Rüstungskontrolle in den 70er und 80er Jahren erfahren. In Deutschland weiß man es zu schätzen, daß die Niederlande seit den 50er Jahren zu den Ländern gehören, die den europäischen Einigungsprozeß energisch fördern. Das integrierte Europa und die damit verbundene Einbindung der größeren Staaten wurde von den Niederlanden immer als die beste Garantie angesehen, die eigene Identität zu wahren und als Größter der „Kleinen" ein hohes Maß an politischem Spielraum und Einflußmöglichkeiten zu erhalten. Diese Politik entsprach weitgehend der Haltung der Bundesrepublik, deren politische Führungsschichten bewußt die feste Einbindung in ein föderales Europa anstrebten, um damit jede Möglichkeit eines Rückfalls in ein Europa der wechselnden Koalitionen auszuschließen. Ein besonderes Interesse fanden in Deutschland früher die Bemühungen der Niederlande um ein Benelux–Europa–Modell, das leider in den letzten Jahrzehnten nicht mehr viel von sich reden machte.

Das Niederlande-Bild der Deutschen hat viele Facetten. Immer noch einflußreich ist das durch die moderne Wirtschaft überholte Bild vom Kaufmannsgeist des sparsamen Nachbarn, das positiv ergänzt wird durch die deutsche Bewunderung für die niederländische Konsensgesellschaft, der es gelingt, ökonomische Effizienz mit bezahlbarer sozialer Absicherung (d. h. mit Einschnitten ins soziale Netz) zu verbinden, wenn auch oft erst nach langen mühsamen Verhandlungen.

Zwiespältig ist auch der Blick auf die niederländische Drogenpolitik, die auf der einen Seite als zu lasch eingestuft wird, aber gleichzeitig für manche Bundesländer als Vorbild gilt. Damit wird deutlich, daß ein zu distanzierter Blick auf die Niederlande oft zu Mißdeutungen führt, während ein deutscher Beobachter vor Ort oft mit Bewunderung feststellen kann, wie flexibel und realistisch zugleich die niederländische Gesellschaft mit den Herausforderungen der Gegenwart umzugehen in der Lage ist.

Gemeinsame Interessen als gesunde Basis für enge deutsch-niederländische Beziehungen

Wichtiger als die Perzeptionen des Volkscharakters eines Nachbarn sind die Perzeptionen der Interessen, weil diese Art und Ausmaß der Zusammenarbeit zwischen Staaten bestimmen. Außen- und Sicherheitspolitik haben die Aufgabe, die Interessen des eigenen Landes mit denen der wichtigsten Partner zu verknüpfen bzw. auszubalancieren. Vorurteile gegenüber den Nachbarn beeinflussen zwar oft die Politik, sie sollten aber letztlich, wenn es um substantielle nationale Interessen geht (wie z. B. die Wahrung des Friedens, europäische Stabilität, Handel, Tourismus, Zusammenarbeit bei Naturkatastrophen), das politische Handeln nicht bestimmen. Das gilt besonders für den nach dem Zweiten Weltkrieg begonnenen europäischen Einigungsprozeß. Wie selbstzerstörerisch Vorurteile, tradierter Haß und nationale Träume auch heute noch sein können, hat uns die Entwicklung im ehemaligen Jugoslawien demonstriert. Dies zeigt, daß es letztlich im Interesse der Regierungen liegt, mit dazu beizutragen, Vorurteile abzubauen und somit die notwendige Zusammenarbeit auch psychologisch zu fördern. Wie erfolgreich eine solche zukunftsgerichtete Politik sein kann, hat sich u. a. bei der Nachkriegsentwicklung der deutsch-französischen Beziehungen gezeigt, bei denen es in der Tat gelungen ist, das Zerrbild vom „Erbfeind" fast vollständig abzubauen. Auch in den deutsch-niederländischen Beziehungen zeigt sich heute, daß die Perzeption der gemeinsamen Interessen stärker ist als die latent immer noch vorhandenen negativen Perzeptionen gegenüber dem großen Nachbarn.

Der von den Europäern der ersten Stunde nach dem Zweiten Weltkrieg eingeleitete Prozeß der europäischen Einigung, der mit der Montan-Union begann, ist auch heute noch für die Außenpolitik der Niederlande und der Bundesrepublik Deutschland bestimmend. Die von Bonn gerade auch nach der Vereinigung bewußt weiterverfolgte Politik der festen Einbindung in ein zusammenwachsendes Europa und ein sich wandelndes Bündnis wird von den Eliten in den Niederlanden voll unterstützt, entspricht sie doch dem elementaren eigenen Interesse an Stabilität, Sicherheit und Mitspracherecht.

Die Niederlande – seit jeher Welthandelspartner mit offenem Blick auf die Meere – haben ihre Chance genützt, sich zum größten Transporteur Europas zu entwickeln und von Rotterdam, dem wichtigsten Hafen des Kontinents, nicht nur das eigene Land, sondern auch die Nachbarn zu versorgen. Die Bundesrepublik ist heute der wichtigste Handelspartner, zu dem fast 30 % der Exporte gehen. Aber auch für Deutschland sind die Niederlande ein unersetzlicher Handelspartner, der ca. 8 % der deutschen Ausfuhr bezieht.

Besonders eng verflochten sind die deutsch-niederländischen Grenzgebiete, die sich dank früher Initiativen vieler Bürgermeister zu „Euregios" entwickelt haben und die auch durch die Förderung aus Brüssel zu einem „Mustergarten" Europas geworden sind. Der Rettungswagen aus der deutschen Nachbargemeinde, der im Notfall eintrifft, ebenso wie das Schwimmbad auf der niederländischen Seite sind der greifbare Beweis einer unersetzlichen alltäglichen Gemeinsamkeit. Das schließt allerdings nicht aus, daß man sich über Deutsche ärgert, welche sich nur wegen niedriger Bau- und Mietkosten auf niederländischer Seite ansiedeln, ohne sich zu integrieren. Ebenso wie man auf deutscher Seite Anstoß nimmt, wenn bei einem Fußballspiel antideutsche Sprüche skandiert werden.

Zweifellos hat auch die Bedrohung durch die Sowjetunion seit den 50er Jahren zur engen Zusammenarbeit beider Länder beigetragen. Die niederländische Regierung stützte die frühe Einbeziehung der Bundesrepublik in die NATO und hat durch die Stationierung von Truppen in der Bundesrepublik und ihr „ja" zur Ausbildung deutscher Soldaten in den Niederlanden wesentlich zur Sicherung des Bündnisses und zur Verbesserung des bilateralen Verhältnisses beigetragen.

Die Gründung des deutsch-niederländischen Korps in Münster ist ein logischer Höhepunkt dieser langjährigen engen Zusammenarbeit niederländischen und deutschen Militärs, die auch nach dem Ende der Ost-West-Konfrontation und dem Beginn einer Epoche neuer Risiken ihren Sinn behalten hat. Auch im gesamteuropäischen Kontext gibt es seit Jahren eine enge Zusammenarbeit, so z. B. in der KSZE, in der beide Partner sich für weiterführende Schritte einsetzten. Dies verdeutlichte im Jahre 1994 die Initiative der beiden Außenminister Kinkel und Kooijmans.

Auch im Bereich der Kultur gibt es ein außerordentlich dichtes Netz von Verbindungen: Musik, Theater, Tanz und bildende Künste kennen keine Grenzen und nur wenig Vorurteile. Vor allem die bildenden Künste der Niederlande haben in Deutschland seit dem Goldenen Zeitalter bis zur Gegenwart ein hohes Ansehen. Aber auch das kreative Tanztheater und die neue niederländische Literatur finden in Deutschland offene Türen. Dies wurde besonders deutlich anläßlich der Frankfurter Buchmesse, bei der die niederländischen und flämischen Autoren im Mittelpunkt des Interesses standen. Ähnlich groß ist in den Niederlanden das Interesse für deutsche Musik und (wenn auch derzeit weniger) für die deutsche Literatur. Dabei ist es interessant zu beobachten, daß sowohl die Literatur als auch die Medien eine doppelte Funktion wahrnehmen: einerseits zeigen sie Positiva und Negativa des Nachbarlandes unkommentiert nebeneinander und überlassen das Urteil dem Leser bzw. Zuschauer, andererseits nehmen sie Partei für oder gegen den anderen und wecken damit Kritik oder Selbstkritik.

Als Diplomat und Mittler habe ich häufig geraten, sich nicht auf das Lesen und Hören zu beschränken, da man allzu oft Vorurteile und Zerrbilder zu übernehmen beginnt, sondern den direkten Weg zum Nachbarn einzuschlagen und ihn persönlich kennenzulernen. Dies gilt besonders für die junge Generation, die erst bei einem längeren Besuch im Nachbarland die Chance bekommt, hinter dem Feind-Stereotyp die Wirklichkeit des anderen zu entdecken und eventuell sogar zu würdigen.

Die Selbstwahrnehmung Deutschlands nach Prüfung der Perzeption des Nachbarn

Europäische Freunde spotten zuweilen über das Bedürfnis der Deutschen, vom Ausland geliebt zu werden und über unsere Empfindlichkeit gegenüber fremder Kritik. Vielleicht haben sie nicht ganz Unrecht: Sind wir doch auch dank der westlichen Besatzungsmächte brave Schüler im Fach Demokratie geworden, überzeugt davon, daß wir als die „Spätgeborenen" gute Noten verdient haben, z. B. durch den Verzicht auf die ABC-Waffen oder durch unsere ökonomischen Leistungen als Zahlmeister Europas. Dabei kann es schon einmal passieren, daß wir in falscher Bescheidenheit unsere eigene Größe und Verantwortung auch in sicherheitspolitischen Fragen unterschätzen.

In den letzten Jahren, vor allem seit der von all unseren Nachbarn letztlich akzeptierten Vereinigung unseres Landes hat sich jedoch eine nüchternere Sicht auf uns selber entwickelt: Wir wissen, daß wir das größte Land in Europa sind, abgesehen von dem euro-asiatischen Riesenreich Rußland. Uns ist bewußt, daß unser weiteres Engagement für den europäischen Einigungsprozeß unabdingbar ist für unsere eigene Sicherheit und die unserer Nachbarn. Wir sind auch in unserem Denken zur Verantwortungsmacht geworden, die sich weder Machtbesessenheit noch Machtvergessenheit erlauben und sich daher auch keine Alleingänge leisten darf. Deutschland kann den europäischen Zug mitsteuern, aber es darf ihn nicht allein steuern wollen. Es kann vermitteln und, wenn nötig, mitversöhnen, aber nur wenn die Partner das wünschen.

Die Bundesrepublik ist sicher nicht die Führungsmacht Europas, aber ein unersetzlicher Partner für die EU-Staaten ebenso wie für die USA und Rußland. Unser Gewicht hängt nicht von einer künftigen Mitgliedschaft im Sicherheitsrat der VN ab. Auch in Zukunft wird unser Ansehen davon mitbestimmt, wie wir unsere innere Stabilität wahren und mit Minderheiten umgehen. Darüber hinaus erscheint es mir beonders wichtig, daß wir nicht nur von den großen Staaten, sondern gerade von den mittleren und kleinen Staaten als fairer und mäßigender Partner anerkannt werden, der auch ihre Interessen berücksichtigt.

Die Verträge von Locarno und die polnische Perzeption Deutschlands

Ralph Schattkowsky

Am 17. Oktober 1925 schrieb der damalige deutsche Außenminister Gustav Stresemann aus Locarno eine Postkarte mit dem Text: „Der Vertrag von Locarno kann der Anfang einer großen neuen europäischen Entwicklung sein und ich hoffe, daß er es sein wird." Die Karte trug auch die Unterschrift des britischen Außenministers Austen Chamberlain, der am gleichen Tage dem britischen Botschafter in Berlin mitteilte: „I am convinced that the agreements which have been initiated here will mark a turning point in the history of Europe."[1]

Der sechs Jahre nach dem Ende des Ersten Weltkrieges und dem Abschluß des Versailler Vertrages erreichte „Wendepunkt" in der europäischen Politik wurde vor allem von Deutschland und den westlichen Hauptakteuren als ein entscheidendes, friedenssicherndes Vertragswerk gefeiert, und schon die Zeitgenossen wiesen ihm einen rühmlichen Platz in der Geschichte zu. Es gab aber auch andere Bewertungen der Konferenz von Locarno. In den ost- und ostmitteleuropäischen Staaten gingen die Meinungen stark auseinander, ob denn Locarno ihnen mehr Sicherheit brachte oder eher ihre ohnehin nicht sehr gefestigte Stellung weiter destabilisierte. Stalin sah in den ohne die Sowjetunion geschlossenen Verträgen sogar bereits den Keim eines neuen Krieges.[2] Aus osteuropäischer Perspektive wurde gefragt, ob es überhaupt ein positives Zeichen war, daß relativ kurze Zeit nach einem so grundlegenden und für lange Dauer angelegten Frieden, wie ihn die Pariser Vorortverträge festschrieben, eine die bestehenden Verhältnisse doch modifizierende Konferenz durchgeführt wird. Wenn auch die „Kleinen Staaten" Ostmittel- und Südosteuropas nicht zu den Initiatoren der Konferenz von Locarno gehörten, versprachen sie sich hiervon doch eine Festschreibung, Sicherung und auch Aufwertung ihrer Position in Europa.

Für Polen als ostmitteleuropäischen Kernstaat bestand das Sicherheitsproblem in besonderer Weise. Es hatte mit allen Nachbarn Grenzstreitigkeiten, die bis auf jene mit der Tschechoslowakei auch Mitte der 20er Jahre keine Aussicht auf friedliche Regelung boten. Durch die Gebietsabtretungen und die damit verbundene Minderheitenfrage war die Beziehung zu Deutschland besonders gespannt. Polen sah sich permanenten Revisionsforderungen ausgesetzt, und es fehlte auch nicht an Äußerungen, die den Bestand des gesamten Staates in Frage stellten. Polens Sicherheitsbedürfnis und sein Verlangen nach international abgesicherten Verträgen war auch

---

[1] Documents on British Foreign Policy (DBFP), Serie I A, Bd. 1, Nr. 4, London 1966, S. 20.
[2] Rolf Ahmann, Sicherheitsprobleme Ostmitteleuropas nach Locarno 1926 bis 1936, in: Ralph Schattkowsky (Hg.), *Locarno und Osteuropa. Fragen eines europäischen Sicherheitssystems in den 20er Jahren,* Marburg 1994, S. 183, Anm. 2.

deshalb so groß, weil es vom östlichen Nachbarn, der Sowjetunion, ebensolchen Forderungen ausgesetzt war und sich akut bedroht fühlte. Nachdem diese beiden Angstgegner auch noch mit dem Vertrag von Rapallo 1922 engere vertragliche Beziehungen und Bindungen eingegangen waren, sah sich Polen in die Zange genommen, argwöhnte ein antipolnisches Komplott und verlangte von den Westmächten permanent die Übernahme von Sicherheitsverpflichtungen.

Allererster Ansprechpartner dabei war Frankreich, das bis 1924 ein vor allem auf Polen und die Tschechoslowakei konzentriertes Bündnissystem in Ostmitteleuropa schuf und mit Polen in einer geheimen französisch-polnischen Militärkonvention 1921 gesonderte Beistandsverpflichtungen abschloß.[3] Die Konflikte, die Polen mit seinen Nachbarn hatte, wirkten sich negativ auf das polnisch-französische Bündnis aus. Auch die französische Planung einer engeren militärischen Koordinierung zwischen Polen, der Tschechoslowakei und den anderen Ländern der Kleinen Entente, die nach dem Scheitern der französischen Ruhrpolitik stärker betrieben wurde, ging nicht auf. Daran trug Frankreich nicht unwesentlich selber die Schuld, da seinen Bündnispartnern im Osten allzu oft deutlich gemacht wurde, daß der Stellenwert der östlichen Bündnissysteme innerhalb der französischen Außenpolitik von nur sekundärer Bedeutung war[4] und das eigentliche Hauptziel der französischen Sicherheitsdoktrin in der Verfestigung und Erneuerung des Bündnisses mit den einstigen Alliierten Großbritannien und USA lag.

Polnische Beobachter zeigten sich tief beunruhigt über die sich weiter zu ihren Ungunsten entwickelnde politische Orientierung der Westmächte. Die zunehmenden prodeutschen Stimmen in den angelsächsischen Ländern, die die Grenzziehung im deutschen Osten in Frage stellten,[5] beeinflußten auch die Stimmungen in der französischen und belgischen Öffentlichkeit.[6] Außerdem traf das Scheitern eines gesamteuropäischen Sicherheitspaktes in Form des Genfer Protokolls durch die Ablehnung Großbritanniens die ostmitteleuropäischen Staaten hart[7] und verstärkte den Druck auf Frankreich. Unter diesen Bedingungen zeigte sich Frankreich verständnisvoller als sonst gegenüber deutschen Forderungen im Osten, und seine

---

[3] Ahmann (Anm. 2), S. 187.

[4] Kalervo Hovi, The French Alliance Policy 1917–1927: A Change of Mentality, in: Alexander Loid/John Hiden (Hg.), *Contact or Isolation? Soviet-Western Relations in the Interwar Period*, Stockholm 1991, S. 96.

[5] Vgl. dazu die Einschätzung eines polnischen Vertreters in London gegenüber dem Ministerpräsidenten Władysław Grabski vom März 1924, in: Archiwum Akt Nowych Warszawa (AAN), Akta Stanisława Kauzika, Sign. 18, Bl. 68. Detaillierte Berichte über die Zunahme prodeutscher Neigungen und einer allgemeinen britisch-deutschen Annäherung liefen im polnischen Außenministerium seit Frühjahr 1924 ein (AAN, Ministerstwo Spraw Zagranicznych (MSZ), Ambasada Londyn, Sign. 31, Bl. 127 ff.; ebd., Ambasada Paryż, Sign. 54, Bl. 103 f.).

[6] Ebd., Ambasada Berlin, Sign. 729, Bl. 17.

[7] Herbert Olbrich, Britische Sicherheitspolitik und Sicherheitsinteressen in Ost- und Südosteuropa während der Locarno-Ära, in: Schattkowsky (Hg.), *Locarno* (Anm. 2), S. 98.

Partnerschaft zu Polen wurde immer problematischer.[8] Dazu kam, daß durch die britische Anerkennung der Sowjetunion und die Annäherung Frankreichs an den Sowjetstaat,[9] die im Oktober 1924 in der diplomatischen Anerkennung kulminierte,[10] auch das polnische Bündnis gegen seinen östlichen Angstgegner aufgeweicht war. Die unter diesen Bedingungen in Deutschland wieder stärker vorgetragene Forderung nach Revision der Ostgrenzen[11] wurde von Polen sehr ernst genommen und zunächst mit Großmachtambitionen, wie sie Staatspräsident Stanislaw Wojciechowski erneut bei der Eröffnung der Messe in Poznan am 28. April formulierte, beantwortet.[12]

Das alte Ziel, eine Garantie der Hauptentetemächte für die Grenzen zu erhalten,[13] war wieder aktuell, und eine Änderung des Status quo im Osten Europas wurde zwangsläufig mit einer gesamteuropäischen Katastrophe gleichgestellt.[14] Polens Hauptaugenmerk mußte deshalb seiner Stellung in einem europäischen Sicherheitsprojekt gelten, dessen Diskussion auch nach dem Scheitern des Genfer Protokolls weitergeführt wurde.[15] Die sonst so zerstrittenen polnischen Parteien waren sich darin einig, „die materielle Garantie der Ententegroßmächte für den territorialen Nachkriegsstatus zu erhalten." Nur durch das „unbedingte Festhalten an Frankreich" könne man der „deutschen Gefahr" begegnen.[16] Zu diesem Zeitpunkt wurde im polnischen Außenministerium bereits die Schlußfolgerung gezogen, daß es in dem Maße, wie die polnischen Interessen bei einem Garantiepakt unberücksichtigt gelassen werden, sehr gefährlich für Polen werden könnte, zumal Großbritannien unmißverständlich

---

[8] Viscount D'Abernon, *Ein Botschafter der Zeitenwende. Memoiren*, Bd. 3, Leipzig 1930, S. 107 f.; Zygmunt Gąsierowski, Stresemann and Poland before Locarno, in: *Journal of Central European Affairs* 8 (1958), Nr. 2, S. 30; Peter Krüger, *Die Außenpolitik der Republik von Weimar*, Darmstadt 1985, S. 280; Jan Przewłocki, *Stosunek mocarstw zachodnich do problemòw Gòrnego Slaska w latach 1918–1939*, Warschau/Krakow 1978, S. 83 f.; Maria Oertel, *Beiträge zur Geschichte der deutsch-polnischen Beziehungen in den Jahren 1925–1930*, Diss. phil., Berlin (West) 1968, S. 47.

[9] Dietmar Wulff, Die UdSSR und die Staaten Ost- und Südosteuropas in der französischen Politik der „sécurité d'abord" (1920–1925), in: Schattkowsky (Hg.), *Locarno* (Anm. 2), S. 71, 74.

[10] Günter Rosenfeld, *Sowjetunion und Deutschland 1922–1933*, Berlin 1984, S. 118.

[11] In einer Rede in Sigmaringen im April 1924 hatte Reichskanzler Wilhelm Marx wieder offen die Forderung nach Rückgabe der an Polen abgetretenen Gebiete gestellt (*Deutsche Allgemeine Zeitung*, 23. April 1924; *Berliner Börsenzeitung*, 23. April 1924).

[12] Runderlaß Ago von Maltzans vom 3. Mai 1924, in: Akten zur Deutschen Auswärtigen Politik (*ADAP)*, Ser. A, Bd. 10, Göttingen 1992, Dok. 57, S. 141 f.

[13] Aufzeichnung zur Frage der Sicherung für die polnische Westgrenze des Legationssekretärs Roth vom 28. Februar 1924, in: ebd., Bd. 9, Göttingen 1991, Dok. 161, S. 429 f.

[14] AAN, MSZ, Ambasada Berlin, Sign 729, Bl. 11 ff.

[15] Pierre Jardin, Locarno und Frankreichs Nachkriegskonzeption, in: Schattkowsky (Hg.), *Locarno* (Anm. 2), S. 63 f.

[16] Aufzeichnung des Deutschen Botschafters in Warschau, Ulrich Rauscher, wahrscheinlich Anfang Juli, in: ADAP, Ser. A, Bd. 10, Dok. 220, S. 553 ff.

deutlich gemacht hatte, daß ein Eingreifen mit Waffengewalt zur Aufrechterhaltung der gegenwärtigen Grenze Polens nicht erwartet werden könne.[17] Da Frankreich jedoch das Bündnis formell wahrte und nach dem Scheitern der Ruhrbesetzung sogar einen Ausbau der Flankenallianzen anstrebte,[18] sah Polen hierin weiter die beste Versicherung gegen deutsche Revisionsforderungen.

Die Situation sollte sich für Polen jedoch bald zuspitzen, denn die deutsche Außenpolitik war zu Beginn des Jahres 1925 in die Offensive gegangen. Stresemann hatte durch das Memorandum vom 9. Februar 1925[19] die Diskussion um ein Sicherheitsprojekt in eine akute Phase gebracht. Die mit diesem Projekt indirekt gestellte Frage nach der Bereitschaft der Westmächte, Deutschland als gleichberechtigten Partner zu akzeptieren, es aus dem Nachkriegsstatus des Verlierers zu entlassen und ihm einen Platz im westlichen Bündnissystem einzuräumen, war direkt verbunden mit Schritten zur Realisierung der deutschen Revisionsforderungen im Osten. Nachdem Reichskanzler Hans Luther in seiner Rede zur Eröffnung der Königsberger Ostmesse die Revision der Ostgrenze offen gefordert hatte,[20] erklärte auch Stresemann Anfang März vor der Presse unumwunden, daß eine Anerkennung der deutschen Ostgrenze, wie sie nach dem Versailler Vertrag entstanden war, nicht in Frage komme. Er sprach damit aus, was in der deutschen Öffentlichkeit als Prinzip akzeptiert und von den für die Außenpolitik gegenüber Polen Verantwortlichen wohlüberlegt war.[21] Der deutsche Gesandte in Warschau, Ulrich Rauscher, hatte in seinen Aufzeichnungen vom Sommer des Vorjahres die polnische Sicherheitsfrage bereits einer tiefgreifenden Analyse unterzogen, die „Aussichten auf einen europäisch-englischen Garantiepakt für die polnische Westgrenze ... (für) ziemlich gleich Null" erklärt und eher die Gefahr gesehen, „daß Deutschland gezwungen werden könnte, seinerseits diese Westgrenze, also vor allem den Korridor, zu garantieren." Obwohl Rauscher zu diesem Zeitpunkt noch einen Druck der Entente auf Deutschland als real ansah, lehnte er doch eine deutsche Garantieerklärung „nach eingehender Überlegung" als unmöglich ab, vor allem, weil er darin die Einschränkung der gewachsenen Souveränität Deutschlands sah.[22] Mitte Dezember 1924 war der deutsche Botschafter in Moskau, Ulrich Graf von Brockdorff-Rantzau, vom Auswärtigen Amt angewiesen worden, mit den dortigen Stellen hinsichtlich der polnischen Frage in ständigen Kontakt zu treten und ihnen mitzuteilen, daß ein Sicherheitspakt keine Garantie der deutschen Ostgrenze bedeute,[23] ohne daß dar-

---

[17] Bericht des deutschen Botschafters in London, Sthamer, an das Auswärtige Amt (AA) vom 26. März, in: ebd., Bd. 9, Dok. 231, S. 605 f.; Olbrich (Anm. 7), S. 98 f.

[18] George H. Soutou, L'alliance franco-polonaise (1925–1933), in: *Revue d'Histoire Diplomatique* 95 (1981), S. 298.

[19] Gustav Stresemann, *Vermächtnis*, Bd. 2, Berlin 1933, S. 62 f.

[20] *Frankfurter Zeitung*, 16. Februar 1925. Dazu die Stellungnahme der führenden politischen Zeitschrift Czas aus Kraków vom 20. Februar, in: Bundesarchiv Koblenz (BA), R 43 I, Nr. 121, Bl. 22.

[21] Peter Krüger, Locarno und die Frage eines europäischen Sicherheitssystems unter besonderer Berücksichtigung Ostmitteleuropas, in: Schattkowsky (Hg.), *Locarno* (Anm. 2), S. 23.

[22] ADAP, Ser. A, Bd. 10, Dok. 220, S. 556.

[23] BA, Abt. Potsdam, AA Film, Nr. 4673, Bl. D 571338 f.

aus ein sowjetisch-deutsches antipolnisches Bündnis als tragendes Element der Stresemannschen Außenpolitik in diesem Zeitraum hergeleitet werden kann.[24] Stresemann dokumentierte in seinen Äußerungen das Bewußtsein einer gefestigten deutschen Position, wenn er die Bereitschaft zum Abschluß von Schiedsverträgen mit allen Ländern anbot und die Lösung der Probleme der Ostgrenze auf friedlichem Wege einräumte.[25] Das vorgestellte Garantiepaktprojekt, einschließlich der deutschen Haltung zur Ostgrenze, fand die volle Unterstützung Großbritanniens,[26] denn schließlich war es mit engster Unterstützung des englischen Botschafters in Berlin, Viscount D'Abernon, entstanden.[27] Es wurde auch von Belgien und Italien gebilligt.[28] Austen Chamberlain sprach im britischen Unterhaus bereits offen über die Möglichkeit der Revision der deutschen Ostgrenze,[29] und nach einem Bericht des deutschen Botschafters in London vom 23. März 1925 hatte Chamberlain dem Kabinett ein Memorandum vorgelegt, wonach die deutsch-polnische Grenze in ihrer jetzigen Gestalt unhaltbar wäre.[30]

Die polnische Diplomatie hatte schon im August 1924 in grundsätzlichen Überlegungen zur Politik gegenüber dem Reich in einem solchen Garantiepakt eine Gefahr für die eigene Sicherheit gesehen.[31] Die immer offener gestellten Forderungen zur Revision der deutschen Ostgrenze entfachten nunmehr in Polen einen Sturm der Entrüstung und der Proteste.[32] In der polnischen Öffentlichkeit wurde eine direkte Kriegsgefahr als gegeben angesehen, und die polnische Regierung erklärte den entschiedenen Widerstand gegen jeden Versuch, den Status quo zu ändern.[33] Polens einzige und große Hoffnung blieb nur noch das Bündnis mit Frankreich, und Außenminister Aleksander Skrzynski reiste noch im März 1925 nach Paris, um dort Gespräche zu führen.[34] Die offizielle französische Regierungspolitik stellte sich zu

---

[24] Ralph Schattkowsky, *Deutschland und Polen von 1918/19 bis 1925. Studien zu den deutsch-polnischen Beziehungen zwischen Versailles und Locarno*, Frankfurt/M. 1994, S. 292.

[25] Stresemann (Anm. 19), S. 69.

[26] Bericht Sthamers vom 11. März 1925, in: Politisches Archiv des Auswärtigen Amtes (PA) Bonn, Büro des Reichsministers 10, Polen, Bd. 3, Bl. 206.

[27] D'Abernon (Anm. 8), S. 91 f.; Stresemann (Anm. 19), S. 67, 112, 140; Angela Kaiser, Lord D'Abernon und die Entstehungsgeschichte der Locarno-Verträge, in: *Vierteljahreshefte für Zeitgeschichte* 34 (1986), Heft 1, S. 85 ff.

[28] Oertel (Anm. 8), S. 44.

[29] Gąsierowski (Anm. 8), S. 37. Am 16. Februar schrieb Austen Chamberlain, daß für den polnischen Korridor keine britische Regierung die Knochen eines britischen Grenadiers riskieren werde (ebd., S. 34).

[30] PA Bonn, Büro des Reichsministers 10, Polen, Bd. 3, Bl. 249.

[31] AAN, MSZ, Ambasada Berlin, Sign. 729, Bl. 17.

[32] Eine Sammlung polnischer Pressestimmen ist zu finden, in: PA Bonn, Pol. Abt. IV Po, Politik 2, Politische Beziehungen Polens zu Deutschland, Bd. 14, Bl. 136, 152 ff.

[33] Wiesław Balcerak, *Polityka zagraniczna Polski w dobie Locarna*, Wrocław 1967, S. 52.

[34] Stresemann (Anm. 19), S. 65; Oertel (Anm. 8), S. 56; Horst Jablonowski, Probleme der deutsch-polnischen Beziehungen zwischen den beiden Weltkriegen, in: Horst Jablonowski, *Rußland, Polen und Deutschland. Gesammelte Aufsätze*, Wien 1972, S. 373.

diesem Zeitpunkt noch auf den Standpunkt, daß der Frieden am Rhein vom Frieden an der Weichsel abhänge,[35] und breite politische Kreise unterstützten unbedingt eine Garantie für die polnische Westgrenze.[36] Nach dem Rücktritt der Regierung Edouard Herriot kam es Ende April zu einem Treffen des neuen französischen Außenministers Aristide Briand mit dem polnischen Botschafter in Paris,[37] bei dem das feste Bündnis beider Staaten vor allem auch hinsichtlich der Probleme der polnischen Westgrenze demonstrativ unterstrichen wurde. Der polnische Botschafter wandte sich nochmals entschieden gegen eine Kategorisierung der Grenzen und verlangte die Einbeziehung Polens in einen Regionalpakt, was, wie Briand feststellte, von Großbritannien entschieden abgelehnt wurde. Trotz aller französischen Versicherungen hatten die Gespräche offensichtlich doch nicht den von Polen gewünschten Verlauf genommen, und der polnische Vertreter sah sich letztlich veranlaßt, seinen Eindruck dahingehend zu formulieren, daß Frankreich sich dem englischen Standpunkt in der Sicherheitsfrage annähern werde, wie es von einflußreichen Politikern in Polen schon seit Ende 1924 prophezeit wurde.[38]

Die deutsche Außenpolitik hatte sehr wohl erkannt, daß Polen im unmittelbaren Vorfeld der Konferenz von Locarno wie noch nie zuvor unter internationalem Druck stand und gezwungen war, seinem Hauptinteresse, der Sicherung der polnischen Westgrenze innerhalb eines Garantiepaktes, alles unterzuordnen. Am 13. Oktober 1925, als bekannt wurde, daß Frankreich auf eine Garantie der deutsch-tschechoslowakischen und deutsch-polnischen Schiedsverträge verzichtete,[39] zerschlugen sich die Hoffnungen Polens auf internationale Garantien. Erst nach massiver Intervention wurde Außenminister Skrzynski zu den letzten Sitzungen über den Garantiepakt in Locarno geladen.[40] Hier konnte er miterleben, wie mit der Unterzeichnung des Locarno-Vertrages eine unterschiedliche Wertung der Grenzen

---

[35] Piotr S. Wandycz, *France and Her Eastern Allies 1919–1925. French-Czechoslovak-Polish Relations from the Paris Peace Conference to Locarno*, Minneapolis 1962, S. 331.

[36] Jacques Bariéty, Die französisch-polnische „Allianz" und Locarno, in: Schattkowsky (Hg.), *Locarno* (Anm. 2), S. 86 f.; Balcerak (Anm. 33), S. 48 ff.

[37] Bericht der polnischen Botschaft in Paris vom 28. April 1925, in: AAN, MSZ, Delegacja RP przy Lidze Narodów, Sign. 122, Bl. 14 ff.

[38] Wandycz (Anm. 35), S. 332; Władysław Grabski, *Dwa lata pracy i podstaw państwowości naszej 1923–1925*, Warschau 1927, S. 1193. Im Oktober 1924 hatte der gerade zum Direktor der politischen Abteilung im französischen Außenministerium ernannte Jules Laroche schon grundsätzliche Überlegungen über einen Kurswechsel gegenüber Polen angestellt; Bariéty (Anm. 36), S. 84.

[39] Oertel (Anm. 8), S. 83; vgl. auch die kritische Wertung der französischen Politik bei Bariéty (Anm. 36), S. 75 f.

[40] Der polnische Diplomat Morawski berichtete am 18. Oktober über ein Gespräch, das er mit Philippe Berthelot am 15. Oktober hatte. Morawski teilte ihm mit, daß Skrzynski auf seiner Anwesenheit bei den Konferenzgesprächen bestehen würde, zumal eine Zusage Briands vorliege. Die französische Seite zeigte sich zunächst sehr abweisend, aber am Nachmittag konnten Skrzynski und auch Benes dann doch an der Sitzung teilnehmen (AAN, MSZ, Delegacja RP przy Lidze Narodów, Sign. 123, Bl. 92 f.).

in Europa vorgenommen wurde.[41] Indem „Grenzen verschiedener Würde und Heiligkeit"[42] zugelassen wurden und es zu einer eindeutigen Kategorisierung der Länder kam,[43] wurde Polen die lang angestrebte und oft versprochene gleichberechtigte Aufnahme in die europäische Politik verwehrt, Deutschland hingegen als Kriegsverlierer weitgehend rehabilitiert.[44] Polen sah die Gefahr, daß die deutsche Ostgrenze zur Disposition gestellt wird, zumal Deutschland in den Schiedsverträgen nicht einmal ein Gewaltverzicht abverlangt worden war.[45] Damit mußten Fragen der Revision anderer Bestimmungen des Friedensvertrages, gerade jener, die die Westmächte nicht direkt betrafen, in einem völlig neuen Licht gesehen werden. Daran konnte auch der am 16. Oktober quasi als Trostpflaster zwischen Frankreich und Polen geschlossene Garantievertrag nichts ändern, der, nicht zum Locarno-Vertrag gehörig, die Schutzfunktion Frankreichs für Polen so an den Völkerbund band, daß sogar die bisherigen Bündnisverpflichtungen Frankreichs noch eingeschränkt wurden.[46]

Am 19. Oktober 1925 zog Stresemann vor der Reichsregierung die Schlußfolgerungen: „Der Gedanke eines „nonaggression-Pakts" im Osten ist vollständig fallengelassen worden, und es sind mit dem Osten nur Schiedsverträge nach unserem System abgeschlossen worden, und zwar in einer Formulierung, die eine Anerkennung der gegenwärtigen Grenzen nicht in sich schließt ... Nur dann, wenn der Völkerbund einstimmig uns als Angreifer bezeichnen würde, hätte Frankreich das Recht, dem Angegriffenen zu Hilfe zu kommen ... Damit ist das bisherige französisch-polnische Bündnis hinfällig."[47] Polen mußte erkennen, daß das Deutsche Reich seine Vorstellungen zum Garantieprojekt in Locarno durchgesetzt hatte. Mit Unterstützung polnischer Bündnispartner war ein Vertrag entstanden, den Stresemann am 14. Dezember 1925 vor der Arbeitsgemeinschaft deutscher Landsmannschaft in Berlin charakterisierte, indem er feststellte, daß es „keinen völkerrechtlichen Ver-

---

[41] Locarno Konferenz 1925. Eine Dokumentensammlung, Berlin 1965, S. 5 ff.

[42] Klaus Megerle, Danzig, Korridor und Oberschlesien. Zur deutschen Revisionspolitik gegenüber Polen in der Locarnodiplomatie, in: *Jahrbuch für die Geschichte Mittel- und Ostdeutschlands* 25 (1976), S. 155.

[43] Jon Jacobson, *Locarno Diplomacy. Germany and the West 1925–1929*, Princeton 1972, S. 29; Paul Kennedy, *The Realities Behind Diplomacy*, London 1989, S. 268.

[44] Krüger, *Locarno* (Anm. 21), S. 10.

[45] Manfred Alexander, *Der deutsch-tschechoslowakische Schiedsvertrag von 1925 im Rahmen der Locarno-Verträge*, München/Wien 1970; Peter Krüger, Der deutsch-polnische Schiedsvertrag im Rahmen der deutschen Sicherheitsinitiative von 1925, in: *Historische Zeitschrift* 230 (1980), S. 577 ff.

[46] Vgl. Stresemanns Einschätzung in seiner Rede vor der Arbeitsgemeinschaft deutscher Landsmannschaften in Groß-Berlin am 14. Dezember 1925, in: Stresemann (Anm. 19), S. 236; Megerle (Anm. 42), S. 154 f.

[47] Akten der Reichskanzlei, Weimarer Republik. Die Kabinette Luther I und II, Boppard 1977, Bd. 2, S. 781 f.

trag (gebe), und wenn er die brutalste Vergewaltigung ist, der nicht völkerrechtliches Recht durch die Zustimmung der anderen geworden ist."[48]

Entgegen offiziellen Verlautbarungen lösten die Ergebnisse der Konferenz in Locarno in Polen einen von breiten Kreisen der Gesellschaft getragenen Proteststurm aus, der bis in die politischen Führungsspitzen reichte,[49] von der Regierung jedoch nicht mitgetragen werden konnte. In der gegebenen politischen Situation war es Polen aufgrund seiner engen Bindung an den selbst um seine Sicherheit ringenden Bündnispartner Frankreich unmöglich, aufzubegehren und sich gegen den „Geist von Locarno"[50] zu stellen, ohne seine Position noch weiter zu schwächen und in die Isolation zu geraten.[51] So blieb Polen nichts weiter übrig, als Locarno als Friedenswerk mitzufeiern, wie es in der westeuropäischen Öffentlichkeit gesehen wurde und für die Hauptbeteiligten sicher auch war,[52] und den Schiedsvertrag mit Deutschland sowie den französischen Garantievertrag als Erfolg auch für Polen darzustellen. Trotzdem konnte die von Skrzynski wider besseres Wissen am 21. Oktober im Sejm gehaltene optimistische Rede über den Locarno-Vertrag[53] nicht über die erlittene und in breiten gesellschaftlichen Kreisen auch so empfundene Niederlage hinwegtäuschen. Sie war nicht ohne Einfluß auf den Staatsstreich vom Mai 1926.[54] Gerade Józef Pilsudski hatte die polnische Verhandlungsdelegation in Locarno ob ihrer Nachgiebigkeit scharf getadelt und sah in einem Interview für den *Kurjer Poranny* vom 19. Februar 1926 in den Festlegungen von Locarno eine „ganz gewöhnliche, brutale Verhinderung von Bemühungen, Grenzgarantien zu erlangen"[55]. Die Aufnahme des Locarno-Vertrages durch Skrzynski illustrierte Stresemann mit sichtlicher innerlicher Befriedigung in seiner Rede vom 14. Dezember folgendermaßen: „Herr Skrzynski konnte seine Erregung nicht verbergen. Wenn Sie gelesen haben, daß der polnische Außenminister den Saal nach der Paraphierung zuerst verlassen hat, so wünschte ich, daß Sie die Art dieses Verlassens miterlebt hätten, um sich zu fragen, ob Polen Locarno als einen polnischen Erfolg ansieht."[56]

---

[48] Stresemann (Anm. 19), S. 234 f.

[49] Janusz Faryś und Mieczysław Stelmach, Staat und Öffentlichkeit in Polen in ihrer Reaktion auf Locarno, in: Schattkowsky (Hg.), *Locarno* (Anm. 2), S. 125 ff.; Balcerak (Anm. 33), S. 199 ff.

[50] Jean B. Duroselle: The Spirit of Locarno: Illusions of Pactomania, in: *Foreign Affairs* 50 (1971), S. 752 ff.

[51] Bariéty (Anm. 36), S. 90 f.

[52] Eine sehr ausgewogene Bewertung nimmt Ahmann (Anm. 2), S. 188 ff. vor; umfassend dazu bei Schattkowsky (Hg.), *Locarno* (Anm. 2).

[53] Presseberichte der Botschaft Warschau über die Rede Skrzynskis, in: PA Bonn, Pol. Abt. IV Po, Politik 3, Polen/Frankreich, Bd. 4, Bl. 183.

[54] Jörg K. Hoensch, Deutschland, Polen und die Großmächte 1919–1932, in: *Die deutsch-polnischen Beziehungen 1919–1932. Schriftenreihe des Georg-Eckert-Instituts für internationale Schulbuchforschung* 22, Heft 8, Brauschweig 1985, S. 26.

[55] Stanisław Sierpowski und Antoni Czubinski, Der Völkerbund und das Locarno-System, in: Schattkowsky (Hg.) (Ann. 2), *Locarno*, S. 37.

[56] Stresemann (Anm. 19), S. 234.

Die mit Locarno verbundene Verschlechterung der außenpolitischen Position Polens, das von seiner Schutzmacht Frankreich vor aller Augen im Stich gelassen worden war,[57] wurde der polnischen Verhandlungsdelegation noch auf der Konferenz deutlich gemacht, als der britische Außenminister Chamberlain von Skrzynski ultimativ die Einstellung der Ausweisung deutscher Optanten aus Polen forderte. Ein solcher Akt widerspreche dem „Geist von Locarno".[58] Polen wurde damit gezwungen, auf Rechte aus dem Versailler Vertrag und bilateraler Vereinbarungen aus dem Jahre 1924 zu verzichten.[59]

In Polen herrschte Klarheit darüber, daß Deutschland Ende 1925 eine außenpolitische Konzeption durchgesetzt hatte, die eine zügige Demontage der Bestimmungen des Versailler Vertrages möglich erscheinen ließ.[60] Hinzu kam der Eintritt in den Völkerbund und der ständige Ratssitz für Deutschland, was Polen durch die Intervention Großbritanniens verwehrt worden war.[61] Mit dem Vertrag von Locarno und dem Einfluß der Westmächte auf die zwischen Deutschland und Polen strittigen Fragen waren aus polnischer Sicht die Forderungen Deutschlands gerechtfertigt, anerkannt und in gewisser Weise auch legitimiert worden. Darin sah Deutschland große Möglichkeiten, wie es Stresemann am 28. Dezember vor führenden Vertretern des Bundes der Deutschen Ostverbände formulierte, „die Welt für den Gedanken zu gewinnen, daß Polen in seiner gegenwärtigen Gestalt und insbesondere die ungerechte Grenzziehung im deutschen Osten eine Gefährdung des europäischen Friedens bildeten."[62]

Wenn es auch im Auswärtigen Amt bis zum Sommer 1926 zu einem zügigen Ausbau territorialer Revisionsvorstellungen hinsichtlich der ehemaligen deutschen Ostgebiete kam, denen auch Stresemann zusprach,[63] und eine intensive Diskussion um ein aktuell zu realisierendes Revisionsprogramm gegenüber Polen geführt wurde,[64] so besann sich die Außenpolitik des Reiches schon Anfang 1926 darauf, die erzielten außenpolitischen Erfolge nicht durch unangemessene Aktionen oder Forderungen zu gefährden und sie als einen Ansatz zur Revision territorialer Gegeben-

---

[57] Jerzy Krasuski, Grundlagen der deutsch-polnischen Beziehungen in der Periode zwischen dem Ersten Weltkrieg und der Weltwirtschaftskrise, in: (Anm. 54), S. 15.

[58] Ralph Schattkowsky, Deutschland und Polen vor Locarno. Probleme ihrer Beziehungen 1923 bis 1925, in: ders. (Hg.), *Locarno*, S. 113 f. (Anm. 2).

[59] Ders., *Deutschland und Polen von 1918/19 bis 1925* (Anm. 24), S. 275 ff.

[60] Bariéty (Anm. 36), S. 91.

[61] Memorandum von Viscount Cecil an den Völkerbundsrat vom 8. Februar 1926, in: DBFP (Anm. 1), Nr. 253, S. 406 ff.

[62] BA, Abt. Potsdam, AA Film, Nr. 4674, Bl. D 571954.

[63] Wolfgang Ruge, Ein Dokument über die Förderung der antipolnischen Revanchepolitik des deutschen Imperialismus durch Vertreter des sowjetfeindlichen britischen Finanzkapitals im Jahre 1926, in: *Zeitschrift für Geschichtswissenschaft* 9 (1961), S. 1607 ff.

[64] Helmut Lippelt, Politische Sanierung. Zur deutschen Politik gegenüber Polen 1925/26, in: *Vierteljahreshefte für Zeitgeschichte* 19 (1971), Heft 4, S. 343 ff.

heiten auszubauen.[65] Dem dürfte die Erkenntnis zugrunde gelegen haben, daß territoriale Forderungen das in Locarno geschaffene System sprengen könnten,[66] woran keine Großmacht ein Interesse hatte. Deutschland war noch zu schwach und Polen noch zu stark, um eine Veränderung des territorialen Status quo zu erreichen. Die Taktik lief somit weiterhin darauf hinaus, Polen auf wirtschaftlichem Gebiet zu schwächen und die deutsche Position auch durch den Ausbau der Minderheitenpolitik weiter zu konsolidieren. Schließlich konnte es sich, wie Rauscher als intimer Kenner der polnischen Befindlichkeiten und entscheidender Mitgestalter der deutsch-polnischen Beziehungen es im Sommer 1924 vorausgesagt hatte, bei einer Abweisung polnischer Garantievorstellungen und der daraufhin sicher zu erwartenden Verschlechterung der deutsch-polnischen Beziehungen „nur um Nuancen handeln",[67] womit er für den Zeitraum der Weimarer Republik Recht behalten sollte. Nicht anders sah es Staatschef Pilsudski, der kurz nach seinem Staatsstreich 1926 prognostizierte, daß sich die außenpolitische Situation seines Landes in den nächsten fünf Jahren kaum verändern werde.[68]

Der 1925 zwischen Deutschland und Polen ausgebrochene Wirtschaftskrieg[69] und der Minderheitenstreit waren Bestandteile der permanent schlechten Beziehungen zwischen beiden Staaten und nicht unbedingt Ausdruck einer weiteren Verschlechterung nach Abschluß der Locarno-Verträge. Immerhin wurde im Zuge des Young-Planes 1929 das lange fällige Liquidationsabkommen geschlossen[70] und selbst auf dem Hintergrund einer schärferen Propaganda nach dem Ausbruch der Weltwirtschaftskrise und deutlicheren Äußerungen aus dem angelsächsischen und auch französischen Lager, die laut über territoriale Revision nachdachten,[71] kam es 1930 zum Abschluß eines Handelsabkommens.

Die Nichteinbeziehung Polens in einen internationalen Sicherheitspakt, in dem Deutschland eine zentrale Rolle spielte, hatte außenpolitische Konzeptionen, die mit der Wiederherstellung des polnischen Staates 1918 verbunden waren und sich auf die Schaffung einer gleichberechtigten Position Polens neben den Siegermächten und die Erhaltung des Status quo gegenüber Deutschland zielten[72], endgültig verschlis-

---

[65] Megerle (Anm. 42), S. 150 f.

[66] Andreas Hillgruber, Revisionismus – Kontinuität und Wandel in der deutschen Außenpolitik der Weimarer Republik, in: *Historische Zeitschrift* 237 (1983), S. 610.

[67] ADAP, Ser. A, Bd. 10, Dok. 220, S. 556.

[68] Hoensch, *Deutschland* (Anm. 54), S. 26.

[69] Berthold Puchert, *Der Wirtschaftskrieg des deutschen Imperialismus gegen Polen 1925 bis 1934*, Berlin 1963; Georg W. Strobel, Die Wirtschaftsbeziehungen Deutschlands und Polens 1919–1932, in: *Deutsch-polnische Beziehungen* (Anm. 54), S. 117 ff.; Czesław Łuczak, Die polnisch-deutschen Wirtschaftsbeziehungen 1918–1932, in: ebd., S. 125 ff.; Karol J. Błahut, *Polsko-niemieckie stosunki gospodarcze w latach 1919–1939*, Wrocław 1975, S. 60 ff.

[70] Oertel (Anm. 8), S. 219 ff.; Gerhard Wagner, Die Weimarer Republik und die Republik Polen 1919–1932, in: *Deutsch-polnische Beziehungen* (Anm. 54), S. 43 f.

[71] Hoensch, *Deutschland* (Anm. 54), S. 28 f.

[72] Janusz Faryś, *Koncepcje polskiej polityki zagranicznej 1918–1939*, Warschau 1981.

sen. Das mag Piłsudskis Position, die auf den Ausbau Polens zu einer Schlüsselposition in Ostmitteleuropa, das Abstreifen jeglicher Subordinationen[73] zielte und die Suche nach auch temporären bilateralen Vereinbarungen, die Möglichkeiten zur eigenen Revision einschloß,[74] gefestigt haben.

Auch Piłsudskis Polen sah in der Neuauflage der Rapallo-Politik die größte Gefahr für Polens nationale Sicherheit. Nur wenige Monate nach der Unterzeichnung der Verträge von Locarno erneuerten Deutschland und die Sowjetunion am 24. April 1926 im sogenannten Berliner Vertrag ihre Rapallo-Politik. Beide Seiten beriefen sich auf die in Locarno abgesegnete Interpretation des Artikels 16 und gingen von der Neutralität im Falle eines nicht provozierten Konfliktes sowie bei organisierten ökonomischen und finanziellen Boykotts aus.[75] Beide Seiten interpretierten die Abmachungen so, daß bei einer Auseinandersetzung, bei der die Sowjetunion beteiligt ist, Deutschland zur Neutralität berechtigt sei,[76] was Polen als Bedrohung für den Fall einer erneuten polnisch-sowjetischen Auseinandersetzung auffaßte. Auch sorgte das Bekanntwerden der engen Kooperation von Reichswehr und Roter Armee für beträchtlichen Wirbel in Polen. Allerdings suchten die Sowjets nach Locarno eine Absicherung in Nichtangriffsverträgen im ostmitteleuropäischen Raum. Die Sowjetunion wurde, unterstützt durch Polen und die Tschechoslowakei, zum Motor eines Ostlocarno in Gestalt von regionalen Sicherheitsverträgen.[77] Diese konnten freilich ihrem Charakter nach kaum Ersatz für ein Sicherheitssystem im osteuropäischen Raum sein. Dennoch war es für Polen ein außenpolitischer Erfolg, mit der Sowjetunion am 23. Januar 1932 einen Nichtangriffsvertrag geschlossen zu haben, der bei einem Konflikt mit Deutschland ein sowjetisches Eingreifen ausschloß[78] und somit die östliche Flanke zu sichern schien.

Der Neigung Piłsudskis, mit dem Reich zu grundsätzlichen Übereinkommen zu gelangen, schien sich nach der Machtergreifung Hitlers ein neuer Ansatz zu bieten. Als Österreicher stand er für Polen nicht in der negativen Tradition der preußischen Polenpolitik und auch seine außenpolitische Programmatik fixierte die Interessen weiter östlich, wo ein Gleichklang nicht aussichtslos erschien. Nach kurzen Sondierungsgesprächen unterzeichnete Polen mit Deutschland am 26. Januar 1934 einen Nichtangriffsvertrag, in dem die Absicherung vor dem zweiten großen Angstgegner gesehen wurde und mit dem die Lücke von Locarno geschlossen schien. Polen

---

[73] Józef Beck, *Przemówienia, deklaracje, wywiady 1931–1939*, Warszawa 1939, S. 327.

[74] Andreas Hillgruber, Deutschland und Polen in der internationalen Politik 1933–1939, in: *Deutschland und Polen von der nationalsozialistischen Machtergreifung bis zum Ende des Zweiten Weltkrieges, Schriftenreihe des Georg-Eckert-Instituts für internationale Schulbuchforschung* 22, Heft 9, Braunschweig 1988, S. 49.

[75] Sierpowski (Anm. 55), S. 35.

[76] Francis P. Walters, *A History of the League of Nations*, Oxford 1965, S. 354 ff.

[77] Ahmann (Anm. 2), S. 192.

[78] B. Jaworznicki, Polsko-radziecki pakt o nieagresji z r. 1932, in: *Sprawy międzynarodowe* 5 (1952), S. 70 ff.

war damit einen Weg gegangen, an dessen Ausgangspunkt gravierende Fehleinschätzungen über Ziele und Methoden der deutschen Außenpolitik nach 1933 lagen und der Polen weiter ins Abseits drängte. Auch trug Polen damit erheblich dazu bei, daß der im Rahmen der Abrüstungskonferenz 1934 unter maßgeblicher Federführung des französischen Außenministers Louis Barthou unternommene Versuch scheiterte, in Gestalt des Ostpaktprojektes ein Ostlocarno zu realisieren. Polen verweigerte nach einigem Zögern die Mitarbeit, und auch Großbritannien und Deutschland verhielten sich kritisch. Es erschöpfte sich schließlich in zwei sowjetischen Beistandspakten mit der Tschechoslowakei und Frankreich, die ohne Bedeutung blieben.[79] Polen hatte sich nunmehr durch die Ablehnung kollektiver Beistandsprojekte in gefährlicher Weise an die deutsche Außenpolitik gebunden und in der Endphase der Locarno Ära in eine Isolation begeben, die auch als Gefahrenquelle für seine Nachbarstaaten gesehen werden mußte.

---

[79] Rolf Ahmann, *Nichtangriffspakte. Entstehung und operative Nutzung in Europa 1922–1939. Mit einem Ausblick auf die Renaissance des Nichtangriffsvertrages nach dem Zweiten Weltkrieg*, Baden-Baden 1988, S. 403 ff.

Polen und Mitteleuropa:
Zwischen Deutschland und Rußland

ADAM DANIEL ROTFELD

Einleitende Bemerkungen

Die Diskussion über die Sicherheit in Europa läuft im wesentlichen auf folgende Frage hinaus: Welche Rolle spielen Rußland und Deutschland im neuen Europa? In seiner ersten größeren Rede zur Außenpolitik erklärte Bundespräsident Roman Herzog: „Das Ende des Trittbrettfahrens ist erreicht. Deutschland gehört zum Konzert der großen Demokratien, ob es will oder nicht."[1] In die gleiche Richtung ging die Analyse des damaligen Vorsitzenden der SPD.[2] Deutschland wird von der Außenwelt als Großmacht wahrgenommen. Langsam wird es sich auch der Verantwortung seiner Position bewußt. Die Annahme einer neuen Rolle mit allen daraus folgenden Konsequenzen stößt in der deutschen Gesellschaft jedoch auf etliche Widerstände, die sowohl historisch und psychologisch als auch politisch und ökonomisch bedingt sind.

Rußlands Position stellt sich anders dar. Seine geschwächte politische und ökonomische Stellung, Anarchie und der Verfall der Sitten, seine Auflösungserscheinungen und innenpolitischen Spannungen lassen schmerzlich spüren, daß Rußland international an Bedeutung verloren hat. Im Gegensatz zu Deutschland verlangt Präsident Boris Jelzin von den G-7 Staaten, der NATO und dem Westen insgesamt für sein Land die Anerkennung des Großmachtstatus. Rußlands Haltung kann nur durch eine Art Minderwertigkeitskomplex und die Unfähigkeit erklärt werden, mit seiner momentanen Situation fertig zu werden. Die neue Stellung Deutschlands in Europa resultiert aus der Vereinigung der beiden deutschen Staaten und aus den radikalen Veränderungen in Osteuropa: aus der Systemtransformation vom Totalitarismus zur Demokratie, der Auflösung des Warschauer Paktes (WP), dem Zusammenbruch der Sowjetunion und dem Auseinanderbrechen der Tschechoslowakei. Die deutsche Politik wird nicht nur durch ihr neues Potential bestimmt werden, sondern auch

---

[1] Rede des Bundespräsidenten vor der Deutschen Gesellschaft für Auswärtige Politik am 11. März 1995, in: *Internationale Politik* 1995/4, S. 3–11, hier S. 4.

[2] Rudolf Scharping sagte im Februar 1995 in seiner Rede auf der Münchener Konferenz über Sicherheitspolitik: „Deutschland hat vor über einem halben Jahrhundert Völker- und Menschenrechte mißachtet. Deshalb haben wir besondere Verantwortung und Verpflichtungen. Eine Weigerung würde nicht nur die Wirksamkeit Internationaler Organisationen und des Völkerrechts untergraben, sondern widerspräche auch den moralischen Schlußfolgerungen, die wir Deutsche und insbesondere wir Sozialdemokraten aus der deutschen Geschichte gezogen haben." In: *Internationale Politik* 1995/4, S. 96–103, hier S. 103.

dadurch, wie die westlichen Alliierten und die politisch neuen Nachbarn im Osten, allen voran Rußland und die mitteleuropäischen Staaten, dieses Potential wahrnehmen werden.

Der Begriff Mitteleuropa hat im folgenden eher eine politische als eine geographische Bedeutung. Er beinhaltet weder Deutschland und Österreich, beides unzweifelhaft mitteleuropäische Staaten, noch die baltischen Staaten, Weißrußland und die Ukraine. Vielmehr sind mit diesem Begriff die vormaligen nicht-sowjetischen Mitglieder des Warschauer Paktes gemeint. Bei allen Gemeinsamkeiten gibt es doch zahlreiche Unterschiede zwischen ihnen. So lautet eine entscheidende Frage, ob sie ihre Standpunkte annähern und ihre Verbindungen institutionalisieren oder weiter eigenstaatlich agieren sollen. Es ist kein Geheimnis, daß dem tschechischen Ministerpräsidenten Vaclav Klaus eine koordinierte Politik der Visegrad Gruppe widerstrebt, von den anderen ehemaligen WP-Mitgliedern ganz zu schweigen. In Polen dagegen wird die Ansicht vertreten, daß es vorteilhafter und effektiver wäre, eine gemeinsame Position in grundlegenden Sicherheitsfragen zu vertreten. In Ungarn kursieren unterschiedlichste Meinungen. In Bulgarien und Rumänien scheint die Option für eine Annäherung die Oberhand zu gewinnen. Zusammenfassend kann man sagen, daß diese Staaten in vielen grundlegenden Angelegenheiten ihre spezifischen, oft sekundären nationalen Präferenzen über die gemeinsamen regionalen Interessen setzen. Der Transformationsprozeß, insbesondere der sich entwickelnde Pluralismus und die Arbeit von demokratischen Parteien bedingt notwendigerweise, daß sich innerhalb dieser Staatengruppe verschiedene, oft gegensätzliche Meinungen manifestieren, auf die hier wegen Platzmangel im einzelnen nicht eingegangen werden kann.

Die Haltung der mitteleuropäischen Staaten gegenüber Rußland und Deutschland ist nicht strikt festgelegt, sondern von den politischen Veränderungen abhängig, die 1989 begannen und auch heute noch anhalten. So sind zum Beispiel Unterschiede in der Haltung einiger Staaten der Region gegenüber der deutschen Vereinigung vor und nach dem Vereinigungsprozeß festzustellen. Auch die Haltung gegenüber dem post-sowjetischen Rußland unterscheidet sich vor und nach den Ereignissen vom September und Oktober 1993. Allen Staaten dieser Region ist gemeinsam, daß sie die vergangene, gegenwärtige und zukünftige Bedeutung Deutschlands und Rußlands als für Europa schicksalhafte Nationen anerkennen. Für die mitteleuropäischen Staaten steht daher außer Frage, daß die Bestimmung ihrer Sicherheitspolitik gegenüber Deutschland und Rußland Priorität vor Absprachen untereinander genießt. Auch wenn man den verschiedenen Sicherheitsstrukturen (NATO, EU, WEU, OSZE) große Bedeutung beimißt, sind am Ende die Positionen der Staaten und insbesondere der Großmächte entscheidend. Denn sie sind es, die diese Institutionen im Sinne ihrer nationalen Interessen benutzen, und nicht umgekehrt. Auch die Haltung des Westens gegenüber Mitteleuropa ist von seiner Einstellung gegenüber Deutschland und Rußland bestimmt.

Wenn man sagt, daß alles veränderlich ist, nur die Geographie nicht, trifft dies nur teilweise zu, hat sich doch die politische Geographie in den letzten Jahren dramatisch verändert. So nimmt Polen auf der Landkarte Europas zwar noch immer den gleichen Platz ein wie vor 1989, als es noch an drei Länder, die Sowjetunion im Osten, die DDR im Westen und die Tschechoslowakei im Süden grenzte. Innerhalb weniger Jahre jedoch verschwanden all diese Staaten. Nicht durch Krieg, sondern im Zuge friedlicher Transformationsprozesse wie Wiedervereinigung, Trennung oder Zusammenbruch. So hat Polen heute sieben statt drei Nachbarn und sechs davon sind neu entstandene Staaten. Im Osten sind dies Rußland (Gebiet um Kaliningrad), Litauen, Weißrußland und die Ukraine, im Süden die Tschechische Republik und die Slowakei und im Westen die Bundesrepublik Deutschland. Natürlich haben diese Veränderungen Einfluß auf die wechselseitigen Beziehungen.

Der historische Hintergrund

In seiner langen Geschichte liefen die politischen Wahlmöglichkeiten Polens stets auf eine Frage hinaus: Mit Rußland gegen Deutschland oder mit Deutschland gegen Rußland? Der im Jahre 1918 nach 123-jähriger Teilung wiedererstandene polnische Staat sah sich von Anfang an einer Konfrontation sowohl mit Deutschland als auch mit dem sowjetischen Rußland ausgesetzt. Beide standen, nachdem sie zur Anerkennung des neuen Staates gezwungen worden waren, Polen feindlich gegenüber. Seine bloße Existenz reduzierte die Größe ihrer ehemaligen Territorien. Die Weimarer Republik stellte nicht nur die polnischen Grenzen in Frage, sie betrachtete den neuen Staat auch insgesamt als „Saison-Staat". Die revisionistische Politik Gustav Stresemanns, im Westen als Friedensnobelpreisträger von 1926 gefeiert, wurde von den Nazis bereitwillig aufgenommen und führte direkt zum deutschen Angriff auf Polen am 1. September 1939 und zum Beginn des Zweiten Weltkrieges. Auf der anderen Seite stellte sich Polen für das sowjetische Rußland und später die Sowjetunion als Hindernis für die Revolutionierung Deutschlands und des übrigen Europa dar. Sowohl Deutschland als auch Rußland empfanden die Bestimmungen des Versailler Vertrages als unerträglich und demütigend, was sich im gegenseitigen Verständnis dieser beiden polnischen Nachbarn in Rapallo 1922 niederschlug. Das dort erzielte Übereinkommen, das Polen isolierte und seinen Interessen zuwiderlief, stellte seitdem die größte Gefahr dar, der sich Warschau ausgesetzt sah. Die deutschsowjetische Annäherung erreichte unter Hitler und Stalin mit dem Ribbentrop-Molotow-Pakt vom 23. August 1939 ihren Höhepunkt. Die beiden totalitären Regime schlossen ihr Aggressionsbündnis nicht nur zum Nachteil eines dritten Staates (vom völkerrechtlichen Standpunkt aus gesehen machte dies den Vertrag von Anfang an null und nichtig), sondern auch mit dem Ziel, diesen Staat als Akteur auf der internationalen Bühne zu beseitigen. Am 17. September 1939, als über die Hälfte des polnischen Territoriums noch in polnischer Hand war, marschierte die Rote Armee in Polen ein und besetzte den Teil, der nach dem geheimen Zusatzprotokoll des Ribbentrop-Molotow-Paktes an die Sowjetunion fallen sollte.[3] Am 28. September

---

[3] Text in: *Polish-Soviet Relations 1939–1945*, 2 Bde., London 1967. Die Texte des geheimen Zusatzprotokolls des Vertrages vom 23. August 1939 und des Freundschafts- und Grenzvertrages vom 28. September 1939 zwischen der UdSSR und Deutschland wurden in Polen zum ersten

1939 wurde in Moskau der Deutsch-Sowjetische Freundschafts- und Grenzvertrag unterzeichnet und damit die Teilung Polens besiegelt. Einen Monat später kommentierte der damalige sowjetische Außenminister Molotow auf der Sitzung des Obersten Sowjet die getroffenen Entscheidungen: „Es genügte, Polen einen kurzen Schlag zu versetzen, zuerst durch die Deutschen und dann durch die Rote Armee, und nichts blieb von dieser abscheulichen Kreatur des Versailler Vertrages übrig."[4] Der Versuch seiner beiden Nachbarn, den polnischen Staat 20 Jahre nach seiner Wiedergeburt auszulöschen, hinterließ bei allen Polen, auch bei den durch sowjetischen Druck nach dem Krieg an die Macht gekommenen Kommunisten, ein anhaltendes Trauma. Mitentscheidend für die negative Haltung der Polen gegenüber seinem großen Nachbarn im Osten war der von der sowjetischen Führung veranlaßte Massenmord an über zwanzigtausend polnischen Offizieren und ihren Familien in Katyn und an anderen Orten.

Neben Deutschland nahm Polen bei den Friedensplanungen eine zentrale Rolle ein. Würde man die Intentionen der Staaten anhand der niedergeschriebenen Worte messen, dann könnte man die These vertreten, daß die „Großen Drei" Polen als Regionalmacht wieder etablieren und die Bedeutung Deutschlands nach dem Krieg einschränken wollten. In der Politik entscheiden jedoch nicht Worte, sondern aktuelle Interessen und Fakten. Man muß konstatieren, daß die in Teheran, Jalta und Potsdam getroffenen Entscheidungen mehr darauf zielten, Deutschland zu schwächen als Polens Position in Europa zu stärken.

Am 1. Dezember 1943 schlug Churchill in Teheran vor, die polnische Westgrenze nach Westen zu verschieben und damit die Sicherheit der sowjetischen Westgrenze zu erhöhen. Stalin stellte am 6. Februar 1945 in Jalta fest, daß die Grenzfrage zwar von Bedeutung sei, der Kern des Problems aber bedeutend tiefer liege. „Im Verlaufe der Geschichte" war „Polen immer der Korridor gewesen, den der Feind" durchschritt, um Rußland zu überfallen. Dabei genüge es, so Stalin, „sich wenigstens der letzten dreißig Jahre zu erinnern: Im Verlaufe dieser Periode sind die Deutschen zweimal durch Polen marschiert, um unser Land anzugreifen. Warum konnten die Feinde bisher so leicht durch Polen marschieren? In erster Linie deshalb, weil Polen schwach war." Zuverlässig lasse sich der polnische Korridor nicht allein „mit russischen Kräften mechanisch von außen" verschließen, sondern „nur durch eigene

---

[3] Fortsetzung

Mal anläßlich der 50jährigen Unterzeichnung beider Verträge veröffentlicht. Aus diesem Anlaß verabschiedete der polnische Sejm folgende Resolution: „Der Ribbentrop-Molotow-Pakt soll für alle Zeiten in den Geschichtsbüchern stehen, als Beispiel für imperiales Denken und feige Diplomatie, für die Verachtung, die den Rechten kleinerer Nationen entgegengebracht wurde. Deshalb bringt das polnische Parlament seine Hoffnung zum Ausdruck, daß die obersten Repräsentanten der Nationen, in deren Namen – wenn auch ohne deren Zustimmung – der Vertrag unterzeichnet wurde, diesen verdammen und ihn rechtlich als von Beginn an für null und nichtig erklären." In: *Trybuna Ludu*, 24. August 1989. Diese Resolution wurde vom sowjetischen und vom deutschen Parlament übernommen.

[4] *Prawda*, 1. November 1939.

polnische Kräfte von innen her". Dazu benötige man ein starkes Polen. „Die polnische Frage" sei daher „für die Sowjetunion eine Frage auf Leben und Tod."⁵

Dies waren die Motive, die die Sowjetunion die polnische Forderung nach einer Westgrenze entlang der Oder und Neiße unterstützen ließ. In Polen vergaß man nie, daß die Westerweiterung der Preis für die verlorenen Gebiete im Osten war. Das Ergebnis des Zweiten Weltkrieges schien das Dilemma endgültig geregelt zu haben. Die Eroberungspolitik der Nazis, die dem polnischen Volk das Recht auf einen eigenen Staat abgesprochen hatten, war mit dem Untergang des Dritten Reiches und der Unterzeichnung der bedingungslosen Kapitulation beendet. Polen hatte keinen politischen Spielraum mehr. Nach dem Zweiten Weltkrieg erfuhren sowohl die europäische Politik als auch die die polnische Sicherheit bestimmenden Einflußfaktoren eine radikale Veränderung.

Die Situation in der Tschechoslowakei wie auch bei den ehemaligen Alliierten des Dritten Reichs, Ungarn, Rumänien und Bulgarien, war anders. Das Münchener Abkommen von 1938 belastete die tschechoslowakisch-deutschen Beziehungen schwer. Zuerst verlor die Tschechoslowakei das Sudetenland, später auch seine Unabhängigkeit. Nach dem Zweiten Weltkrieg wurden die Grenzen wieder hergestellt und die deutsche Bevölkerung wurde umgesiedelt. Die Beziehungen Ungarns, Bulgariens und Rumäniens mit Deutschland gestalteten sich historisch auf unterschiedliche Weise. In Bulgarien machte die Bedrohung durch die Türkei von vornherein gute Beziehungen des Landes sowohl mit Deutschland als auch mit Rußland erforderlich. Ungarn und Rumänien hatten traditionell bessere und engere Beziehungen mit Deutschland als mit Rußland. Für alle mitteleuropäischen Staaten ergab sich mit dem Ende der totalitären Regime die Notwendigkeit, ihre Politik gegenüber Deutschland und Rußland neu zu bestimmen.

Die neue Sicherheitsagenda

Deutschland und Mitteleuropa

In der Zeit des Kalten Krieges wurde die Haltung der mitteleuropäischen Staaten gegenüber Deutschland von russischen Sicherheitsinteressen bestimmt. Die europäische Sicherheit war in den Augen der sowjetischen Politik identisch mit der „Deutschen Frage". Die mögliche Wiedervereinigung Deutschlands war sowohl für den Osten als auch den Westen ein Schreckgespenst. Tatsächlich unternahmen Deutschlands Alliierte (Frankreich und Großbritannien im besonderen) und Polen in den 2+4 Verhandlungen diplomatische Versuche, den Vereinigungsprozess verschiedenen

---

⁵ Vom sowjetischen Außenministerium herausgegebene Dokumentensammlung: *Sovetskiy Soyuz na mezhdunarodnykh konferentsiyakh perioda Vielikoy Otechestvennoy Voiny 1941–1945* gg., Bd. 4: Krymskaya Konferentsiya, Sbornik dokumentov, Moscow 1979, S. 100. Für die deutsche Fassung siehe Alexander Fischer (Hg.), *Teheran, Jalta, Potsdam. Die sowjetischen Protokolle von den Konferenzen der „Großen Drei"*, Köln 1968, S. 135.

Kontrollen und Auflagen zu unterwerfen. Jedoch brachten weder diese Versuche irgendwelche Ergebnisse, noch waren die drei bis vier Jahre zuvor geäußerten Ängste gerechtfertigt.

Folgende Punkte hatte man vor allem befürchtet:
1. Ein wiedervereinigtes Deutschland könnte zur Großmachtpolitik zurückkehren, was zur politischen und ökonomischen, wenn nicht sogar zur militärischen Expansion führen könnte.
2. Die Entwicklung könnte außer Kontrolle geraten; die Geister der Vergangenheit könnten wieder auferstehen. Der Ruf nach Verteidigung deutscher Minderheiten und der Revision von Grenzen könnte neue Konflikte mit unvorhergesehenen und nicht zu kontrollierenden Folgen in Mitteleuropa aufbrechen lassen.
3. In Deutschland würde Kritik an den Vereinigten Staaten und anderen westlichen Partnern laut werden, mit schädlichen Konsequenzen für die NATO und den Integrationsprozess in Westeuropa.
4. Deutschland könnte zur Politik Bismarcks zurückkehren und in Rußland nicht nur einen Partner, sondern einen Alliierten suchen.

Die damalige Liste potentieller Gefahren ließe sich ohne Probleme weiterführen.[6]

Von der deutschen Schuld am Krieg ausgehend machten viele Autoren pessimistische Vorhersagen, die darauf hinausliefen, daß Deutschland nach dem Kalten Krieg zum größten Instabilitätsfaktor in Europa werden könnte.[7] Die Projektion vergangener Ängste in die Zukunft ist jedoch eine grobe Vereinfachung. Das heutige Deutschland hat mit dem Deutschland des späten 19. Jahrhunderts oder mit dem Deutschland in der ersten Hälfte des 20. Jahrhunderts nichts zu tun. Folgende Gründe sind zu nennen:
1. Deutschland ist heute im Gegensatz zur Vergangenheit ein integraler Bestandteil politischer, militärischer und ökonomischer Strukturen des Westens (NATO, EU, Europäischer Rat, WEU, etc.). Es hat wie andere Mitglieder auch einige seiner Souveränitätsrechte in den Bereichen Sicherheit, Wirtschaft und Wohlfahrt abgetreten.
2. Die über vierzigjährige Entwicklung demokratischer Institutionen in der Bundesrepublik hat zum ersten Mal in der deutschen Geschichte eine Situation entstehen lassen, in der ungeachtet extremistischer Randerscheinungen die Unterstützung der Gesellschaft für den Rechtsstaat deutlich sichtbar ist.

---

[6] Wie unangemessen diese Vorhersagen waren, wird anhand der Meinungen prominenter Experten deutlich, die 1989 in dem Buch *The German States and European Security*, hg. von F. Stephen Larrabee, London 1989, veröffentlicht wurden. Die Ängste über die deutsche Vereinigung führten zu lebhaften Debatten und resultierten teilweise in so extremen Beurteilungen wie der des britischen Industrieministers Nicholas Ridley. In der Debatte, die zu Ridleys Rücktritt führte, sagte der ehemalige NATO-Generalsekretär Joseph Luns: „Ridley sprach laut aus, was viele Europäer denken." *Spectator*, 14. Juli 1990. Siehe auch R. Melcher/R. Rollnick, Axis urged to counter Bonn, in: *The European*, 27./28. Juli 1990.

[7] Siehe L. Bellak, Why fear the Germans, in: *New York Times*, 25. April 1990.

3. Deutschland existiert heute in den Grenzen, die ihm als Folge des Zweiten Weltkriegs auferlegt wurden.
4. Im Gegensatz zur Vergangenheit wurde die Vereinigung Deutschlands nicht durch eine „Blut und Eisen"-Politik im Sinne Bismarcks herbeigeführt, sondern stellt sich als natürlicher politischer Prozeß dar.
5. Der Sicherheit der Nachbarstaaten wurde im Vereinigungsprozeß durch folgende Punkte Rechnung getragen: definitive Anerkennung der Grenzen des neuen Deutschland, bestehend aus der ehemaligen Bundesrepublik und der DDR, inklusive Berlins; Reduzierung der Streitkräfte auf 370 000 Mann innerhalb von drei bis vier Jahren (1994 war der Stand bei 345 000 und wird wahrscheinlich noch weiter sinken[8]); Verzicht auf die Produktion und den Besitz nuklearer, biologischer und chemischer Waffen; schließlich Festhalten am Atomwaffensperrvertrag.

Es kommt hinzu, daß die Eliten in Deutschland nicht den politischen Willen haben, die Großmachtrolle zu spielen, die die östlichen Nachbarn oft erwarten und auch fürchten. Das Verhalten Deutschlands war bisher insoweit nicht voraussagbar, als daß es sich nicht so verhielt, wie man es von ihm erwartet hatte. Es bietet seinen östlichen Nachbarn mehr als andere westliche Länder und läßt ihnen bei ihren wirtschaftlichen Reformen die größtmögliche finanzielle Unterstützung zukommen. Bonn ist eindeutig der größte Befürworter der Einbeziehung der mitteleuropäischen Staaten in die westlichen Sicherheitsstrukturen. Dies blieb nicht ohne Einfluß auf die Haltung dieser Staaten gegenüber Deutschland, wo bisher tief verwurzelte und nicht unbegründete anti-deutsche Gefühle vorherrschten.

In Polen und mehr noch in anderen Ländern der Region wurde das deutsche Feindbild abgeschwächt. An seine Stelle trat das Bild eines Staates, der nicht nur in wirtschaftlicher Hinsicht, sondern auch in der Entwicklung seiner demokratischen Institutionen große Fortschritte gemacht hat. Komplizierter gestaltet sich die Haltung gegenüber den an Polen grenzenden fünf neuen Ländern, die die frühere DDR bildeten und Gefahr laufen, ein Opfer populistischer und faschistischer Demagogie zu werden. Dieses Problem muß zuallererst von den Deutschen selbst gelöst werden. (Hätten sich die politischen Ereignisse Italiens in Deutschland ereignet, hätten in ganz Europa die Alarmglocken geschrillt. Dies illustriert die Rolle, die Deutschland für die Europäer spielt.)

Rußland und Mitteleuropa

Die Haltung gegenüber Rußland ist sehr viel komplexer und wird durch folgende Punkte bestimmt:
1. Seit dem Zusammenbruch der totalitären Regime orientieren sich die mitteleuropäischen Staaten nach Westen. Der Hauptgrund für diese Entwicklung ist darin

---

[8] Siehe *Weißbuch zur Sicherheit der Bundesrepublik Deutschland und zur Lage und Zukunft der Bundeswehr*, Bonn 1994.

zu sehen, daß die kommunistischen Regime in all diesen Ländern (mit Ausnahme Jugoslawiens) auf Befehl Stalins eingesetzt wurden. Sie konnten sich nur so lange an der Macht halten, wie sie von Moskau politisch und militärisch unterstützt wurden. Versuche, diese Abhängigkeit zurückzuschrauben oder sich von ihr zu befreien, wurden durch direkte militärische Intervention der sowjetischen Armee in Berlin 1953, Budapest 1956 und Prag 1968 unterdrückt. Es ist daher verständlich, daß sich keiner dieser Staaten in einer erneuten Abhängigkeit von Rußland, sei es nun kommunistisch oder auch nicht, wiederfinden will. (Was die russische Armee betrifft, so wird diese immer noch von denselben Leuten kommandiert wie vor der Wende.)

2. Rußland ist ein instabiles, von Konflikten erschüttertes Land, das keine klare Zukunft vor sich hat. Seine sich ständig verändernde Außenpolitik bietet den Staaten der Region keinen dauerhaften Bezugspunkt.

3. Rußland befindet sich in einer tiefen ökonomischen Krise, wobei das Ende noch lange nicht in Sicht ist. Zumindest aus diesem Grund besitzt es keinerlei Anziehungskraft für die mitteleuropäischen Staaten. Im 19. Jahrhundert nannte Zar Nikolaus I. das Ottomanische Reich den „kranken Mann Europas". Im ausgehenden 20. Jahrhundert trifft diese Aussage auf Rußland selbst zu.

4. Mit dem Zusammenbruch der Sowjetunion verschwand die Gefahr *aus* dem Osten, aber eine Gefahr *im* Osten blieb bestehen. Wie in den Nachkriegsjahren die „Deutsche Frage" im Mittelpunkt internationaler Überlegungen stand, müssen wir nun damit leben, daß in absehbarer Zukunft eine offene russische Frage unsere Sicherheitspolitik bestimmen wird.

Welches sind die Hauptsorgen hinsichtlich der Entwicklung in Rußland und wie stellen sie sich aus mitteleuropäischer Sicht dar? Als Erbe totalitärer Herrschaft sind nicht nur eine schlecht funktionierende Wirtschaft und ethnische Konflikte zu nennen, sondern vor allem auch ein im gesellschaftlichen Bewußtsein tief verwurzelter Paternalismus. Es fehlt an Selbstverantwortlichkeit. Zu viel wird immer noch vom Staat erwartet. Die Systemveränderung in Rußland und in Mittel- und Osteuropa erinnert an die biblische Erzählung, als Gott die Kinder Israels aus ägyptischer Gefangenschaft und Sklaverei befreite. Erst nachdem Gott ihnen zahlreiche Tests und Prüfungen auferlegt hatte, erreichten sie das gelobte Land. Es gab auch Momente, in denen das Volk gegen Moses und Aaron aufmurrte und schrie: „Wäre es nicht besser für uns, nach Ägypten zurückzukehren?" Das gelobte Land wurde schließlich von einer für ihr Schicksal selbst verantwortlichen neuen Generation erreicht. Sie war bereit, die Bürde ihrer eigenen, souveränen Entscheidungen selbst zu tragen. Die vom Totalitarismus geprägten Gesellschaften Mittel- und Osteuropas sind immer noch weit vom gelobten Land, d. h. von einem demokratischen Staat und einer funktionierenden Marktwirtschaft, entfernt.

Nach dem Zusammenbruch der Sowjetunion bestanden die Hauptprobleme lange Zeit darin, daß den zentralen Organen die Kontrolle über die nuklearen Waffenarsenale aus den Händen gleiten könnte. Tatsächlich steht die europäische Staatengemeinschaft mit Blick auf die internationale Sicherheit seit den Ereignissen vom September und Oktober 1993 einer neuen Herausforderung gegenüber. Seit diesem

Zeitpunkt spielt die russische Armee eine eigenständige Rolle auf der politischen Bühne des Landes. Das Paradoxe ist, daß eine Militärregierung wahrscheinlich noch am ehesten die Kontrolle über die nuklearen und konventionellen Waffenarsenale garantieren könnte. Andererseits würde dies aber die Abkehr Rußlands vom Reform- und Demokratiekurs und seine Rückkehr zu imperialen Ambitionen und zu autoritärer Herrschaft bedeuten. Die Armee könnte sich versucht fühlen, den entscheidenden Part bei der Wiederherstellung des Imperiums zu übernehmen. Dies um so mehr, als sie viel von ihrer Autorität und ihrem sozialen Prestige eingebüßt hat. Vor diesem Hintergrund sind wir Zeuge eines „Wiederaufstiegs russischer Vormachtstellung in der Region".[9]

Die damit verbundene Bedrohungswahrnehmung beruht auf folgenden Punkten:
1. In den neu entstandenen Staaten leben etwa 25–26 Millionen Russen; im Gebiet der ehemaligen Sowjetunion leben 60 Millionen Menschen jenseits ihrer nationalen Grenzen.
2. Nicht-russische Republiken oder autonome Regionen sind oft überwiegend von Russen bevölkert.[10]
3. Mit zwölf von sechzehn an Rußland angrenzenden Staaten gibt es Grenzstreitigkeiten; bei der Ukraine sind es fünf von sieben.[11]
4. Einhergehend mit dem Fehlen demokratischer Strukturen und Institutionen steigt die Tendenz, Krisensituationen und Interessenkonflikte mit Gewalt zu lösen.
5. Anstatt der kommunistischen Ideologie wird in den meisten Ländern ein als Patriotismus und religiöser Fundamentalismus auftretender Chauvinismus zum staatstragenden Faktor.[12]
6. Die Korruption und das organisierte Verbrechen innerhalb der politischen Klasse selbst sind soweit fortgeschritten, daß die Glaubwürdigkeit vieler Politiker und der Administration in Frage gestellt ist. Die Mafia betreibt ihre eigene Politik nicht nur im Bereich der Wirtschaft, sondern auch in Sicherheitsfragen (wie etwa durch das Initiieren ethnischer und politischer Konflikte etc.).

---

[9] Ole Diehl, Eastern Europe as a Challenge to Future European Security, in: *Challenges and Responses to Future European Security: British, French and German Perspectives*, London 1993, S. 17.

[10] In einigen Fällen existiert die ethno-nationale Identität nur dem Namen nach, so z. B. macht die einheimische Bevölkerung Kareliens nur 10 % aus, im Jamalo-Nenzischen Autonomen Kreis 4,2 % und im Chantisch-Mansischen Autonomen Kreis nur 1,4 %. Siehe SIPRI Fact Sheet, *Crisis in Russia*, Oktober 1993.

[11] Robert Legvold, *Western Europe and the Post-Soviet Challenge*. Paper prepared for the Institute for European and International Studies, Luxemburg, 1. Juni 1993.

[12] Als ein Beispiel dafür kann man die Absage eines Besuchs des russischen Ministerpräsidenten Tschernomyrdin in Polen im Oktober 1994 anführen. Dies war die Reaktion auf einen Vorfall am Warschauer Wschodnia Bahnhof, bei dem russische Passagiere von Russen ausgeraubt und später angeblich von polnischen Polizisten auf brutale Weise verprügelt wurden. Die übertriebene Reaktion der russischen Regierung und die darauffolgende Hetzkampagne in den russischen Medien wurde auch von russischen Beobachtern kritisiert. Siehe Kto bolshe tot i pan, *Obshchaya Gazeta*, 4.–10. November 1994, S. 1.

7. Ein anderer wichtiger Punkt ist das Migrationsproblem. Menschen, die aus ihren Häusern und von ihrem Land vertrieben wurden, suchen verzweifelt nach neuen Siedlungsmöglichkeiten. Entweder lassen sie sich in anderen neu entstandenen Staaten nieder oder sie emigrieren auf legale oder illegale Weise in Länder außerhalb der ehemaligen Sowjetunion; Scharen von Russen flüchten vor Diskriminierung, Verfolgung und ethnischen Säuberungen und verlassen ihre Wohnsitze, wo ihre Familien oft gewaltsam durch die sowjetischen Herrscher angesiedelt worden waren.
8. Ökologische Probleme stellen sich als große politische und soziale Bedrohungen dar. So entpuppte sich die Katastrophe von Tschernobyl als Katalysator für das aufkommende nationale Bewußtsein in der Ukraine und insbesondere in Weißrußland und trug somit zur Entscheidung der beiden slawischen Völker bei, sich von Rußland zu trennen.
9. Eine wichtige, wenn auch wenig beachtete Tatsache, die sich als Gefahr für das internationale Sicherheitssystem darstellt, ist die feindliche Einstellung der neuen Staaten untereinander und insbesondere gegenüber Rußland, auch wenn sie auf Grund der gegebenen Infrastruktur und der Interdependenz im Hinblick auf die Versorgung mit Rohstoffen und Energie nicht unabhängig voneinander funktionieren können.

Dieser Gefahrenkatalog könnte noch fortgesetzt werden. Aus der Perspektive der mittel- und westeuropäischen Staaten wurden die ehemaligen Feinde durch neue Risiken und Gefahren ersetzt, die manchmal schwer zu definieren und stets unvorhersehbar sind.

Die Politik der mitteleuropäischen Staaten gegenüber Rußland wird in zunehmendem Maße durch dessen Führungsanspruch gegenüber den Staaten sowohl des „nahen Auslands", als auch des ehemaligen Warschauer Pakts geprägt. Zwei Beispiele sollen dies illustrieren. Am 14. Dezember 1992 hielt der russische Außenminister Andrej Kosyrew seine berühmte Rede während des KSZE-Treffens in Stockholm. Eine halbe Stunde später ergänzte er diese mit folgendem Nachtrag: „Ich möchte ihnen und allen Anwesenden versichern, daß weder Präsident Jelzin, der auch weiterhin der Führer und der Garant russischer Innen- und Außenpolitik bleibt, noch ich selbst jemals dem zustimmen würden, was ich in meiner vorherigen Rede bekannt gab." Es ist wert, sich des Inhalts dieser Rede zu erinnern. Ich werde mich dabei auf die Hauptaussagen konzentrieren:
1. Rußlands Interessen liegen nicht nur in Europa, sondern auch in Asien „und dies setzt unserer Annäherung an Westeuropa Grenzen".
2. Rußland stimmt nicht mit der westlichen Politik der Einmischung in die inneren Angelegenheiten Bosniens überein und verlangt die Aufhebung der Sanktionen gegen Restjugoslawien. Wenn dies nicht passiert, „behalten wir uns das Recht vor, die notwendigen Schritte einzuleiten, um unsere Interessen zu schützen. In seinem Kampf kann die derzeitige Regierung Serbiens auf die Unterstützung Großrusslands zählen."
3. Das Territorium der ehemaligen Sowjetunion ist ein „post-imperialistischer Raum, in dem Rußland seine Interessen mit allen Mitteln verteidigen muß".

Eine halbe Stunde später beschrieb er diese Rede als rhetorisches Mittel. Sie sollte die oppositionellen Forderungen nicht nur der radikalen Strömungen in Rußland reflektieren. Ein Jahr später stellten sich jedoch zahlreiche Aussagen Kosyrews und anderer Politiker, die vom Inhalt her der Rede in Stockholm ähnelten bzw. noch radikaler waren, nicht mehr als Scherz dar. Sie betrafen vor allem die russische Einflußnahme auf das „nahe Ausland", das als Rußlands exklusiver Einflußbereich angesehen wird.[13]

Als zweites Beispiel dient Jelzins Besuch in Warschau am 25. August 1993. Dort ließ er verlautbaren, daß er mit dem polnischen Wunsch des NATO-Beitritts sympathisiere. Eine entsprechende Formulierung in der polnisch-russischen Erklärung vom 25. August 1993 bekräftigte dies.[14] Zurück in Moskau änderte Jelzin jedoch seine Meinung. Am 15. September 1993, drei Wochen nach seinem Besuch in Warschau, schrieb er einen Brief an Präsident Clinton und andere westliche Regierungen, in dem er sich gegen die mögliche Aufnahme der mitteleuropäischen Staaten in die NATO aussprach. Er hob hervor, daß diese Entscheidung eine negative Reaktion in Rußland hervorrufen würde. Nicht nur die Opposition, sondern auch die gemäßigten Kräfte würden dies ohne Zweifel als neue Isolierung des Landes und als gegen seine natürliche Einbindung in den euro-atlantischen Raum gerichteten Versuch des Westens ansehen.[15] Er wies auf den Vertrag über die endgültige Regelung der Deutschlandfrage vom 12. September 1990[16] hin, der die Stationierung ausländischer Truppen in Deutschlands östlichen Ländern verbietet und somit jede Möglichkeit, das Gebiet der NATO weiter nach Osten auszudehnen, zunichte machte. Jelzin erklärte, daß er eine Situation favorisiere, in der das Verhältnis zwischen seinem Land und der NATO um „einige Grad wärmer wäre, als das zwischen der Allianz und Osteuropa".[17] Rußland sah die NATO also nicht als Feind an. Ganz im Gegenteil, es wollte gerne näher an die Allianz heranrücken. Er widersetzte sich jedoch einer Aufnahme der mitteleuropäischen Staaten in die NATO, weil diese dann nicht mehr als russische Sicherheitszone und als spezielles Interessengebiet mit russischen

---

[13] Ein Beispiel hierfür ist die Verwendung der GUS-Friedenstruppen als Instrument für die politische und militärische Unterwerfung der neu entstandenen Staaten unter russische Herrschaft. Ein anderes Beispiel ist Rußlands Haltung gegenüber der OSZE: einerseits bemüht es sich um eine zentrale Rolle der OSZE in der Formulierung einer europäischen Sicherheitspolitik, in der Koordination der Aktivitäten der NATO, der EU, der WEU, des Europäischen Rates und anderer Organisationen. Andererseits blockiert es die Möglichkeiten der OSZE, als Konfliktregler auf dem Gebiet der ehemaligen Sowjetunion, z. B. in Nagorny-Karabach, zu fungieren. Siehe V. Kazimirov, Rossiya i minskaya gruppa SBSE, in: *Segodnia*, 14. Oktober 1994; L. Velekhov, Etapy bolshogo otstupleniya, in: *Segodnia*, 18. November 1994.

[14] Jelzin sagte: „Dieser Schritt würde weder den russischen Interessen, noch dem gesamteuropäischen Einigungsprozeß zuwiderlaufen." *International Herald Tribune*, 26. August 1993.

[15] Siehe den Brief des russischen Präsidenten Boris Jelzin an US-Präsident Bill Clinton vom 15. September 1993, in: *SIPRI Jahrbuch* (1994), S. 249–250.

[16] Siehe Adam D. Rotfeld und Walther Stützle (Hg.), *Germany and Europe in Transition*, Oxford 1991, S. 183–185.

[17] Siehe Anm. 13.

Sonderrechten angesehen werden könnten. Am Ende seines Briefes drückte Jelzin Rußlands Bereitschaft aus, zusammen mit der NATO „den osteuropäischen Staaten offizielle Sicherheitsgarantien mit einer Garantie ihrer Souveränität, territorialen Integrität und Unverletzlichkeit der Grenzen zu geben. Solche Garantien könnten in einer politischen Verlautbarung oder einem Kooperationsabkommen zwischen Rußland und der NATO vereinbart werden."[18] Auf diese Weise signalisierte Rußland, daß es ein Mitspracherecht sowohl bei der Entscheidung über die Erweiterung der Allianz, als auch bei der Festlegung der Sicherheitsgarantien seiner Nachbarn beansprucht. Es ist bedeutsam, daß die mitteleuropäischen Staaten keinerlei Interesse an russischen Garantien geäußert hatten. Ihre Wünsche und Vorstellungen spielten in dem Brief keinerlei Rolle. Welche Motive stehen hinter dieser Haltung Rußlands? Wohl der Versuch, einen Prozeß aufzuhalten, der sich gar nicht aufhalten läßt. Gemeinsame Garantien der NATO und Rußlands für die Region müßten aus Moskauer Sicht folgende Punkte beinhalten: (1) Eine Anerkennung der besonderen Rolle, Rechte und Privilegien Rußlands durch den Westen. (2) Eine Erklärung gegenüber den mitteleuropäischen Staaten, daß die Atlantische Allianz nicht bereit ist, neue Mitglieder aufzunehmen und ihnen einen Westeuropa vergleichbaren Sicherheitsstatus einzuräumen. (3) Eine Bestätigung der Großmachtstellung Rußlands, dem trotz des Zusammenbruchs der Sowjetunion das Recht auf ein äußere Sicherheitszone zugestanden wird.

Die außenpolitischen Vorstellungen der russischen Führung sind im Zusammenhang mit den inneren Verhältnissen des Landes zu sehen, die in fünf Punkten zusammengefaßt werden können:

1. Demokratiedefizit: In der Frage, was wichtiger ist, Demokratie oder Stabilität, hat sich der Westen für Stabilität entschieden. Dies erlaubt einem autokratischen Regime, ohne Rücksicht auf die öffentliche Meinung das Argument der Stärke zu benutzen und die Stärke von Argumenten zu vernachlässigen.
2. Wirtschaftliche Situation: Ein Staat, und sei er noch so riesig, hat in wirtschaftlicher Hinsicht für seine Nachbarn wenig Anziehungskraft, wenn sein BSP etwa ein Fünftel und seine Industrieproduktion um fast die Hälfte zurückgegangen ist. 1994 kam dazu noch eine Inflationsrate von nahezu 500 %.[19]
3. Politische Entwicklung: Nicht das Auftauchen eines Wladimir Schirinowskij auf der politischen Bühne Rußlands seit den Dezemberwahlen 1993 ist bedeutsam, sondern das allgemeine Abdriften zu rechten Positionen von Nationalismus und Neo-Imperialismus. Dies zeigt, welchen Preis die Gesellschaft für den Transformationsprozeß und das Fehlen greifbarer wirtschaftlicher Fortschritte zu bezahlen hat. Der dramatische Fall des Lebensstandards und das Fehlen ansprechender Perspektiven bieten Populisten und Demagogen eine hervorragende Ausgangsbasis. Dem Aufbau demokratischer Institutionen ist dies natürlich abträglich. Wo es keine Tradition einer bürgerlichen Gesellschaft mit entsprechenden Institutionen

---

[18] Siehe Anm. 13.
[19] Offizielle Schätzungen Anfang 1994, in: *ITAR-TASS*, 25. März 1994.

und Willensbildungsprozessen gibt, orientiert sich alles an Einzelpersonen. Der Präsident hat mehr Macht in Händen, als die Zaren jemals hatten. Mit seinem Amt steht ihm etwa die gleiche Macht zu, wie sie das Zentralkomitee der KPdSU und das Politbüro zusammen hatten.
4. Innere Sicherheit: Mafia-ähnliche Strukturen haben Einzug in das politische Leben gehalten und äußern sich in Anarchie, Korruption und Banditentum. Vor diesem Hintergrund gewinnen „law and order"-Slogans und Rufe nach der eisernen Hand immer mehr an Popularität. Im Vergleich zu ähnlichen Programmen der politischen Rechten in demokratischen Staaten haben diese Slogans in Rußland jedoch eine unterschiedliche Bedeutung.
5. Die Rolle der Armee: Als Ergebnis der Krise vom September und Oktober 1993 nimmt die Armee eine neue Rolle auf der politischen Bühne ein. Wäre das Militär nicht eingeschritten, hätte Jelzin sich wohl nicht gegen seine Gegner durchgesetzt. Seitdem steigt der Preis, den er für die gewährte Unterstützung zu bezahlen hat. Abzulesen ist das an der Zunahme der Rüstungsaufträge, am Diktat gegen das „nahe Ausland", an der machtpolitisch gefärbten Sprache gegenüber den baltischen und mitteleuropäischen Staaten, am Anstieg anti-westlicher Gefühle, insbesondere an der negativen Haltung gegenüber der NATO und einer westlich dominierten internationalen Sicherheitspolitik.

Zum Vorteil der zentraleuropäischen Staaten sind die in Rußland oft diskutierten nationalen Sicherheitsinteressen nicht kategorisch festgelegt. Es ist immer noch unklar, ob es sich dabei um eine Rückkehr zur Politik Stalins, Nikolaus' II. oder Alexanders III. handelt. Der Prozeß der Definition nationaler Interessen ist in Rußland in vollem Gange.[20] Ein gutes Beispiel für Rußlands Suche nach seinem eigenen Platz in Europa und in der Welt ist seine schwankende Haltung gegenüber dem NATO-Programm der Partnerschaft für den Frieden. Von anfänglicher Zurückhaltung über begeisterte Kommentare und Verlautbarungen des baldigen Beitritts bis zu Vorbehalten in der Phase der bevorstehenden Unterzeichnung waren alle Facetten vertreten. Durchgehendes Ziel ist nicht nur die Behauptung eines Großmachtstatus, sondern auch dessen internationale, nach Möglichkeit rechtlich verbriefte Anerkennung. Dem liegt die irrige Annahme zugrunde, daß der Status einer Großmacht durch Verhandlungen erworben werden kann. Im Jahre 1745 gab der polnische Autor Benedykt Chmielowski in der Enzyklopädie folgende Definition eines Pferdes: „Was ein Pferd ist, kann jeder sehen." Dementsprechend könnte man sagen, daß gleiches für die Perzeption und die Rolle einer Großmacht gilt. Je mehr Privilegien und Sonderrechte ein Staat für sich selbst zu erreichen sucht, desto zweifelhafter wird seine Position. Der Effekt russischer Bemühungen verhält sich also diametral entgegengesetzt zu den Absichten. Zur Klarstellung muß jedoch gesagt werden: Rußland ist eine Großmacht, wie auch immer seine innenpolitischen Probleme aussehen mögen.

---

[20] Nach dem deutschen Angriff gegen Polen 1939 sagte Churchill: „Ich kann die Reaktion Rußlands nicht vorhersagen. Es stellt sich als Geheimnis, verpackt in einem mystischen Rätsel dar; aber vielleicht gibt es einen Schlüssel. Dieser Schlüssel ist das nationale Interesse Rußlands."

Seine globale Machtstellung beruht jedoch nicht auf einer Position der Stärke oder der Größe seiner Armee. Mehr noch: Eine Zurücknahme des Militärs würde Rußland mehr Einflußmöglichkeiten in Europa eröffnen. Rußlands nervöse Reaktion auf den Wunsch der mitteleuropäischen Staaten, der NATO beizutreten oder in eine Verbindung zur WEU zu kommen, läßt eine Abwehrhaltung entstehen und schwächt Rußlands Stellung gegenüber seinen mitteleuropäischen Nachbarn.

Im Westen blickt man weiter fasziniert auf den russischen Reformprozeß. Außerdem wird Rußland nicht nur als großes und potentiell reiches Land, sondern auch als stabilisierender Faktor im krisengeschüttelten Gebiet der ehemaligen Sowjetunion gesehen. Die Suche nach einem Sicherheitssystem für Europa läuft russischen Interessen nicht zuwider. Dieses System entwickelt sich langsam. Es ist heute kaum vorherzusagen, wie seine Rahmenbedingungen, Normen, Prozeduren und Mechanismen einmal aussehen werden. Auch die Frage nach der Rolle einzelner Staaten der früheren Sowjetunion ist offen. In diesem Zusammenhang ist es wichtig, daß sowohl Rußland als auch seine Nachbarn die Inhalte ihrer nationalen Interessen aufs neue definieren. Kein Wunder, daß letztere sich vor einer erneuten Unterordnung ihrer Interessen unter denen Rußlands fürchten. Wir sind mit zwei gegensätzlichen Entwicklungen konfrontiert. Einerseits fürchten die Staaten der Region ihre Isolation und Absonderung. Andererseits läßt sie die Erfahrung mit deutschen und russischen Hegemonieansprüchen ihre Souveränität und Unabhängigkeit so entschieden verteidigen, daß sie in Selbstisolation zurückfallen, was den Beitritt zu supranationalen Strukturen erschwert. Dies wird noch durch die Engstirnigkeit in diesen Ländern, vor allem bei rechtsorientierten Parteien, gesteigert.

Rußland und Deutschland: Veränderungen und Kontinuitäten

In der gegenwärtigen Phase grundlegender Veränderungen ist es wichtig, sich daran zu erinnern, daß Kontinuität heute nicht das gleiche bedeutet wie in der Vergangenheit. Mit Wandel ist oft nur eine Veränderung der Terminologie oder der Form gemeint. In Rußland laufen revolutionäre Prozesse ab. Dennoch möchte es im Verhältnis zu seinen Nachbarn seine frühere hegemoniale Stellung beibehalten. Dies würde für die ehemaligen Warschauer Pakt-Staaten bedeuten, daß man sie der russischen Interessenzone zuordnet oder sie als Puffer zwischen dem Westen und Rußland ansieht. Prinzipiell laufen die beabsichtigten gemeinsamen Garantien der NATO und Rußlands für die Region darauf hinaus. Im Gegensatz dazu möchte das vereinigte Deutschland nicht als westlicher Frontstaat der NATO oder als östlichstes Bollwerk der Europäischen Union gelten. Wenn auch nicht der einzige, so ist dies doch der Hauptgrund dafür, daß Deutschland die Aufnahme mitteleuropäischer Staaten in die NATO und andere westeuropäische Strukturen unterstützt.

Nach dem Versailler Vertrag rückten Deutschland und Rußland angesichts der Diskriminierungen, die ihnen seitens der westlichen Siegermächte entgegengebracht wurden, enger zusammen. Dieser Fehler wurde nach dem Zweiten Weltkrieg gegenüber Deutschland nicht wiederholt und die Westmächte sind darum bemüht, ihn auch gegenüber Rußland nicht zu wiederholen. Welche Interessen verbinden Deutschland und Rußland in den neunziger Jahren? Zuerst war es die Frage der Vereinigung.[21] Jetzt treten die wirtschaftliche Entwicklung und Fragen der Sicherheit und Stabilität in den Vordergrund.[22]

Es besteht kein Zweifel, daß hinsichtlich der europäischen Sicherheit die Hauptverantwortung in den Händen der NATO und der Vereinigten Staaten verbleibt. Dies hat zur Voraussetzung, daß die USA ihre europäische Rolle nicht bewußt einschränken. In einem Kommentar über die Rolle Deutschlands und Rußlands in Europa bemerkte Zbigniew Brzezinski: „Deutschland stand stets loyal und vollständig für die europäische Sicherheit ein und ist das einzige NATO-Mitglied, das seine gesamten Streitkräfte unter das Oberkommando der Allianz gestellt hat... Zur gleichen Zeit war es die Achse der amerikanischen Militärpräsenz auf dem Kontinent. Mit dem Verschwinden des letzten russischen Soldaten von deutschem Boden in diesem Jahr ist ein historischer Wendepunkt erreicht. Ohne irgendjemand verletzen zu wollen, besteht dennoch die Gefahr, daß Deutschland unter bestimmten Umständen von seinem in der Vergangenheit so verantwortungsbewußt verfolgten Pfad abweicht... Und wie wird die deutsche – und russische – Reaktion auf das geopolitische Vakuum in Mitteleuropa lauten? Vielleicht so, wie es sich der russische Außenminister vorstellte, als er seinen deutschen Kollegen mit der Aussicht einer ‚Achse zwischen Deutschland und Rußland' beim ‚Bau eines neuen Europas' lockte? Die Antwort hängt davon ab, was in Europa und Rußland passiert und wie die USA darauf reagieren."[23]

---

[21] Am 15. Juli 1990 fand in Moskau ein Gespräch zwischen Kanzler Kohl und Gorbatschow statt, das schließlich die Grundlage für die deutsche Vereinigung legte. Folgender Auszug soll die Beziehungen zwischen den beiden Staaten verdeutlichen:
Gorbatschow: „Ich stelle unsere Beziehungen zu Deutschland mit den sowjetisch-amerikanischen auf eine Stufe."
Kohl: „Darin stimme ich völlig mit Ihnen überein ... Der Zweck meines Besuches hier ist folgender: den Beziehungen zwischen unseren Staaten neue Impulse zu verleihen mit dem Ziel, in einem Jahr einen allumfassenden Vertrag zwischen der Sowjetunion und dem vereinigten Deutschland zu unterzeichnen ... Wenn wir dieses Ziel anstreben, dann – davon bin ich überzeugt – werden wir nicht allein sein. Auch Bush wird sich uns anschließen."
Gorbatschow: „Ich habe festgestellt – das sage ich ganz offen –, daß die Amerikaner befürchten, wir könnten auf den gemeinsamen Gedanken kommen, die USA aus Europa zu verdrängen. In einem Gespräch mit Bush habe ich ganz entschieden erklärt, daß die Anwesenheit der amerikanischen Truppen in Europa ein stabilisierendes Moment sei."
Der Text des Gesprächs ist zu finden in: Michail S. Gorbatschow, *Gipfelgespräche. Geheime Protokolle aus meiner Amtszeit*, Berlin 1993, S. 161–177, hier S. 165 ff.

[22] Die Außenminister Kinkel und Kosyrew veröffentlichten einen Artikel mit folgendem Titel: Rußlands Größe wird nicht von der Zahl seiner Soldaten bestimmt, in: *Istvestija* und *Frankfurter Allgemeine Zeitung*, 18. Februar 1994. Die Hauptaussage lautete: „Wir wollen zu einem Zustand kommen, in dem Sicherheit primär durch Vernetzung, Zusammenarbeit und Vertrauen, nicht durch militärische Potentiale gewährleistet wird."

[23] *International Herald Tribune*, 2. Mai 1994, S. 5.

Eins ist sicher. Deutschland hat das Potential zu einer Großmacht und wird von seinen Nachbarn auch so gesehen. Es hat jedoch nicht die Ambition, eine Großmachtrolle zu spielen. In Rußland stellt sich die Situation ganz anders dar. Dort gibt es die Ambition, aber die realen Mittel, um diese Rolle zu spielen, fehlen. Weder Rußland noch Deutschland haben bis jetzt ein klares Programm entworfen. In Rußland sind viele Schlagwörter in Umlauf, aber zum größten Teil laufen sie auf die Restauration des *status quo ante* hinaus. Es bleibt offen, ob dies nun eine Rückkehr zu den Verhältnissen von 1989 oder denen von 1913 bedeutet. Die wirkliche Gefahr besteht in der Unsicherheit der Entwicklung und in der Möglichkeit, die Kontrolle über die Abläufe in Rußland zu verlieren. Dies stellt die größte Gefahr sowohl für seine Nachbarn als auch für Rußland selbst dar. Es würde nämlich bedeuten, international isoliert und marginalisiert zu werden.

Abschließende Bemerkungen

1. Man hat hinsichtlich des deutschen Verhaltens nach der Vereinigung und des russischen nach dem Zusammenbruch der Sowjetunion unterschiedlichste Szenarien entworfen: In Mitteleuropa gibt es den Alptraum eines neuen Rapallo, einer russisch-deutschen Verständigung über die Köpfe der mitteleuropäischen Staaten und ihrer Interessen hinweg. Eine solche Gefahr besteht heute freilich nicht.
2. Wenn wir schon auf die Geschichte zurückgreifen wollen, dann ist eher mit der Möglichkeit eines zweiten Locarno zu rechnen. Das dort erreichte Übereinkommen bestand darin, daß Deutschlands westlichen Nachbarn ein höheres Maß an Sicherheit zugesprochen wurde als seinen östlichen. Heute sind wir mit einer ähnlichen Situation konfrontiert, wenn es auch keine Absprachen einer Staatengruppe gegen die neuen Demokratien in Mitteleuropa gibt. Eher ist dieser Umstand den politischen Entwicklungen nach dem Zweiten Weltkrieg und dem Fehlen eines weitgefaßten Sicherheitskonzepts seitens der westlichen Staaten zuzuschreiben.
3. Ein neues Phänomen ist die deutsche Unterstützung der NATO-Erweiterung und des Beitritts der mitteleuropäischen Staaten zur Europäischen Union. Gleichzeitig will Deutschland keine „verdünnte" Sicherheitszone an seiner östlichen Grenze hinnehmen.
4. Die Beziehungen zwischen Rußland und Deutschland auf der einen und zwischen Rußland und Mitteleuropa auf der anderen Seite sind weiterhin offen. Rhetorik wird oft mit Realpolitik verwechselt. Es scheint, daß viele der arroganten und aggressiven Äußerungen russischer Politiker eher auf Popularitätsgewinne innerhalb Rußlands abzielen und helfen sollen, das Gefühl der Demütigung und der Minderwertigkeit zu lindern. Trifft dies zu, so scheint der Spielraum für eine partnerschaftliche Nachbarschaft immer mehr abzunehmen. An ihre Stelle würden neo-imperialistische Konzepte treten.
5. Die optimale Lösung für Mitteleuropa liegt nicht in der Wahl zwischen Rußland und Deutschland, sondern in guten Beziehungen mit beiden Mächten. Im Interesse eines demokratischen Rußlands muß es liegen, die westeuropäische Sicher-

heit nach Osten zu erweitern. Am ehesten wird dies durch den Beitritt der mitteleuropäischen Staaten zur NATO und die Einbindung Rußlands in ein strategisches Übereinkommen mit der Atlantischen Allianz erreicht werden können. Dieses strategische Übereinkommen würde die besondere Bedeutung Rußlands in Fragen der europäischen Sicherheit anerkennen. Die Wahl eines solchen Konzepts setzt jedoch das Verständnis dafür voraus, daß Kontinuität in der Politik nicht unbedingt eine Rückkehr in alte Verhaltensmuster bedeutet. Es ist erforderlich, die Interessen anderer Staaten zu respektieren, auch solcher, die bisher eine untergeordnete Rolle gespielt haben. Es scheint, daß Deutschland sich dessen bewußt ist. Das Verständnis dafür, eine andere Rolle als in der Vergangenheit spielen zu müssen, entwickelt sich in Rußland nur langsam. Wir wissen jetzt noch nicht, welche Rolle dies sein wird, aber die Antwort darauf ist für Europa und die ganze Welt von größter Bedeutung.

Teil III

Die westeuropäischen Großmächte und die deutsche Politik

Frankreich und die Rolle Deutschlands in Europa während der Ära Briand-Stresemann

Clemens Wurm

Die neuere historische Forschung betrachtet das Jahr 1924 als wichtigen Einschnitt der internationalen Geschichte der Zwischenkriegszeit. Nach der Konfrontation und der Bitterkeit der unmittelbaren Nachkriegsjahre markierten der Dawes-Plan und das Londoner Abkommen einen Neubeginn. Der Reparationskonflikt wurde vorläufig beigelegt, in den Verträgen von Locarno eine Teillösung für die Sicherheitsfrage gefunden. Deutschland anerkannte die Unverletzlichkeit der Grenzen und den territorialen Status quo im Westen. Es lehnte eine Anerkennung seiner Ostgrenzen ab, verpflichtete sich aber, sie nicht gewaltsam zu ändern. Locarno sollte eine Dynamik in Gang setzen, die die Lösung strittiger Fragen erleichtern würde. Im September 1926 trat Deutschland als fünftes ständiges Ratsmitglied in den Völkerbund ein und wurde ein anerkanntes Mitglied der Staatengemeinschaft. Der Völkerbund gewann an Ansehen. Das finanzielle Engagement der USA in Europa und das britische Versprechen militärischer Hilfeleistung am Rhein waren der Rahmen, in dem sich die europäischen Mächtebeziehungen konsolidierten. Das Verhältnis zwischen Frankreich und Deutschland – ausschlaggebend für die europäische Ordnung – verbesserte sich. Haß und wechselseitige Feindbilder wurden abgebaut. Die Partnerschaft der Außenminister Frankreichs, Deutschlands und Großbritanniens symbolisierte den neuen Geist der Entspannung und der Verständigung, der zeitweilig die europäischen Mächtebeziehungen charakterisierte.

Im folgenden soll nicht der allgemeine Charakter der „Ära Briand-Stresemann" untersucht werden: Handelte es sich um eine „Ära der Illusionen", beruhte die Politik auf unvereinbaren Gegensätzen und war sie von vornherein zum Scheitern verurteilt, oder aber wurde 1924–1929 ein zukunftsweisender Anlauf zur Stabilisierung der europäischen Verhältnisse unternommen, der in der Weltwirtschaftskrise zwar zusammenbrach, nach 1945 jedoch zum Zuge kam? Darauf werden in der Forschung gegensätzliche Antworten gegeben.[1] Zwei Fragen sollen hier im Vordergrund stehen. Welche Deutschlandpolitik betrieb die französische Regierung in den Jahren 1924–1929/30? Wie sahen ihre Vorstellungen von der Rolle Deutschlands in Europa aus? Dabei ist zu berücksichtigen, daß die französische Außenpolitik jener Periode weit weniger gut untersucht ist als etwa die deutsche. Wir haben eine Reihe von Studien

---

[1] Vgl. Clemens Wurm, Deutsche Frankreichpolitik und deutsch-französische Beziehungen in der Weimarer Republik 1923/24–1929. Politik, Kultur, Wirtschaft, in: Klaus Schwabe und Francesca Schinzinger (Hg.), *Deutschland und der Westen im 19. und 20. Jahrhundert*. Teil 2: *Deutschland und Westeuropa*, Stuttgart 1994, S. 137–157.

zur französischen Politik der unmittelbaren Nachkriegsjahre bis 1924[2] oder auch der dreißiger Jahre. Zentrale Aspekte der französischen Politik der zweiten Hälfte der zwanziger Jahre hingegen sind bislang unerforscht.

I

Frankreichs Außenminister der Jahre 1925 bis 1932 war Aristide Briand.[3] Die seiner Außen- und Deutschlandpolitik zugrundeliegenden Annahmen sind auch heute nicht einfach zu rekonstruieren. Briand hat keinen Nachlaß und in den Akten kaum schriftliche Spuren hinterlassen. Nur wenige Depeschen tragen seine Unterschrift. Haben wir bei Stresemann eine Überfülle schriftlicher – oft gegensätzlicher – Zeugnisse, Briefe, Aufzeichnungen oder Artikel, so liegt der Fall bei Briand umgekehrt. Briand war ein Mann des Dialogs, des gesprochenen Wortes und des Kompromisses. Definitive Festlegungen scheute er. Seine Reden waren auf das jeweilige Publikum zugeschnitten und sind zum Teil bewußt doppeldeutig gehalten. Wichtige außenpolitische Initiativen erfolgten außerhalb normaler diplomatischer Kanäle.

Briand hatte 1921 als Ministerpräsident zunächst eine harte und unnachgiebige Deutschlandpolitik geführt, die ganz auf der Linie des Bloc national, Millerands oder Poincarés lag. Er hatte jedoch bald, zunächst ohne Erfolg, die Umrisse einer anderen Deutschlandpolitik entworfen.[4] Deutschland sollte in den Kreis der demokratischen Nationen aufgenommen werden. Zwangsmaßnahmen, so Briand, vergifteten die Atmosphäre und stärkten die revanchistischen Kräfte in Deutschland. Sie trieben Deutschland in die Arme der Sowjetunion (Rapallo[5]) und entfremdeten Frankreich von Großbritannien und den USA, die Paris spätestens nach dem Ruhreinmarsch „imperialistischer" und „militaristischer" Ziele verdächtigten. Die Politik des Ausgleichs sollte Frankreich nach dem Debakel des Ruhreinbruchs die außen-

---

[2] Als Überblick Jon Jacobson, Strategies of French Foreign Policy after World War I, in: *Journal of Modern History* 55 (1983), S. 78–95.

[3] Zu Briand gibt es mehrere biographische – teils zeitgenössische, teils hagiographische oder polemische – Arbeiten. Eine neuere wissenschaftlich zufriedenstellende Synthese steht aus. Vgl. Georges Suarez, *Aristide Briand. Sa vie – son œuvre avec son journal et de nombreux documents inédits*, 6 Bde., Paris 1938–1952; Ferdinand Siebert, *Aristide Briand 1867–1932. Ein Staatsmann zwischen Frankreich und Europa*, Erlenbach 1973; Vercors, *Moi Aristide Briand. Essai d'autoportrait*. Vorwort von Michel Rocard, Paris 1981; Bernard Oudin, *Aristide Briand. La paix: une idée neuve en Europe*, Paris 1987. Eine Zusammenstellung außenpolitischer Reden und Schriften bei Achille Elisha (Hg.), *Aristide Briand. Discours et écrits de politique étrangère. La paix – l'union européenne – la Société des Nations*. Vorwort von René Cassin, Paris 1965. Knappe, kenntnisreiche biographische Skizze durch Jacques Bariéty in: Jean-François Sirinelli (Hg.), *Dictionnaire historique de la vie politique française au XXe siècle*, Paris 1995, S. 107–116.

[4] Reden in Saint-Nazaire und vor der Abgeordnetenkammer vom 9.10.1921 und 21.10.1921; Suarez, *Briand* (Anm. 3), Bd. 5, S. 211 ff., 219 ff.

[5] Zum Rapallo-Mythos in Frankreich vgl. Renata Bournazel, *Rapallo: naissance d'un mythe. La politique de la peur dans la France du bloc national*, Paris 1974.

politische Initiative zurückgeben und das Bild Frankreichs in der Welt als friedliche, progressive Nation und als Hort der Zivilisation wiederherstellen.

Die Sicherheit Frankreichs wollte Briand durch eine Kombination traditioneller Machtmittel und Formen neuer Diplomatie gewährleisten: durch die französische Armee (Briand war im Gegensatz zu einem verbreiteten Klischee keineswegs Pazifist im eigentlichen Sinne des Wortes), die Unterstützung der Verbündeten, den Völkerbund oder kollektive Sicherheit (die „internationale Solidarität", wie er es nannte) und die Herstellung von Vertrauen zwischen den Mächten. Trotz seiner Friedensrhetorik verlor er keineswegs die klassischen Elemente der Sicherheitspolitik (Armee, Bündnis mit Großbritannien) aus dem Auge.

Briand war kein Germanophiler. Im Unterschied zu Herriot[6] oder Barthou[7] hatte er sich wenig mit Deutschland beschäftigt. Er machte sich auch, so scheint es, über die langfristige Strategie Stresemanns keinerlei Illusionen.[8] Seine Deutschlandpolitik resultierte aus seiner Einschätzung der beiderseitigen Machtpotentiale und der künftigen Stärkerelationen zwischen beiden Ländern: Frankreich, die damals führende Militärmacht des Kontinents, stand einem demographisch und wirtschaftlich stärkeren und langfristig überlegenen Deutschland gegenüber. Die bestehenden Kräfteverhältnisse waren künstlich, einzelne Sicherheitsgarantien des Vertrages wie die Besatzung des Rheinlandes zeitlich begrenzt. Sie verdeckten die realen Machtrelationen: Die „forces profondes" – wirtschaftliche Leistungsfähigkeit, Industrie, Demographie – sprachen langfristig für Deutschland. Diese Denkfigur ist nach dem Ersten Weltkrieg in immer wieder neuen Variationen in Frankreich formuliert worden. Nur die praktisch-politischen Schlüsse, die daraus gezogen wurden, waren je nach politischer Couleur unterschiedlich. Für Briand machten die Machtpotentiale eine Politik des Ausgleichs mit Deutschland unumgänglich. Er hielt es für unmöglich, „ein Volk von 60 Millionen" dauerhaft zu kontrollieren. Seinen Kritikern hielt er entgegen: „Je fais la politique de notre natalité." Die neuere Forschung betrachtet Briand eher als „un réaliste qui a tôt pris conscience de la faiblesse matérielle, financière, militaire et humaine de la France".[9]

Im engeren Sinne ruhte Briands deutschlandpolitische Strategie auf zwei Pfeilern. Deutschland sollte als Großmacht und Partner anerkannt, gleichzeitig aber in ein Netz bilateraler und multilateraler Bindungen politischer und wirtschaftlicher Art eingespannt werden, die es in seiner Bewegungsfreiheit einschränken und in seiner Außenpolitik kalkulierbarer machen würden. Die Locarno-Verträge, die Aufnahme Deutschlands in den Völkerbund, die wirtschaftlichen Abmachungen sind in diesem

---

[6] Zu Herriot vgl. Serge Berstein, *Édouard Herriot ou la République en personne*, Paris 1985.

[7] Robert J. Young, *Power and Pleasure. Louis Barthou and the Third French Republic*, Montreal 1991; Robert W. Mühle, Louis Barthou und Deutschland (1862–1934), in: *Francia* 21 (1994), S. 71–98.

[8] „Il [Briand] a tout à fait conscience de la stratégie à long terme de son homologue allemand." Serge Berstein et Pierre Milza, *Histoire de la France au XXe siècle*. Bd. I: 1900–1930, Brüssel 1990, S. 338.

[9] Gisèle und Serge Berstein, *La troisième République*, Paris 1987, S. 57; Edward David Keeton, *Briand's Locarno Policy. French Economics, Politics, and Diplomacy, 1925–1929*, New York-London 1987, S. 338.

Lichte zu sehen – ebenso wie der spätere Europa-Plan von 1929/30. Im Zuge der Beruhigung der Verhältnisse in Europa hoffte er, Deutschlands Zustimmung zu den Grundlinien der Versailler Friedensordnung zu gewinnen, dem deutschen Revisionismus seine Schärfe zu nehmen, ihn zu kanalisieren und Deutschland auf friedliche Mittel der Revision festzulegen. Er wollte Deutschland von der Sowjetunion lösen (Rapallo-Komplex) und durch die Verbindung mit Deutschland ein Gegengewicht gegen die Abhängigkeit von den USA und Großbritannien schaffen.

Das zweite Element seiner Konzeption bestand darin, diejenigen Kräfte in Deutschland zu stärken, die den Ausgleich und den Frieden wünschten. Philippe Berthelot, ab 1925 mit der Übernahme des Außenministeriums durch Briand erneut Generalsekretär des Quai d'Orsay und sein enger Berater, hat die der neuen Deutschlandpolitik zugrundeliegenden Annahmen in einem Brief an Briand vom 29. Januar 1923 (also kurz nach dem Einmarsch französischer und belgischer Truppen ins Ruhrgebiet) prägnant formuliert:

> ... On ne peut oublier que si nous sommes les plus forts aujourd'hui et pendant une dizaine d'années encore, le poids de 70 millions d'hommes organisés et laborieux finira par être plus lourd que celui de 38 millions de Français dans un espace de vingt à cinquante ans.
> Si donc nous n'arrivons pas à aider à la création d'une République allemande hostile à la guerre, nous sommes condamnés. Loin de gagner du terrain dans l'opinion démocratique allemande, nous ne cessons d'attiser sa haine.
> En admettant même que nous aboutissions à faire céder l'Allemagne par notre pression sur la Ruhr, la politique qui suivrait immédiatement devrait être très généreuse et très probablement sacrifier le but même de notre action.[10]

Briand knüpfte an die in Frankreich verbreitete und überaus prägende Vorstellung von den „zwei Deutschlands" an.[11] Nach dieser zum ersten Male während des deutsch-französischen Krieges von 1870/71 formulierten Konzeption stand ein fried-

---

[10] Zit. nach Suarez, *Briand* (Anm. 3), Bd. 5, S. 429.

[11] Zum französischen Deutschlandbild oder zu den französischen Deutschlandbildern siehe als Überblick Klaus Heitmann, Das französische Deutschlandbild in seiner Entwicklung, in: *Sociologia Internationalis* 4 (1966), S. 73–101 und 165–195; Dieter Tiemann, Franzosen und Deutsche. Zur Geschichte ihrer wechselseitigen Bilder, in: *französisch heute* 3 (1985), S. 191–204; zahlreiche (auch methodisch-systematische) Beiträge in Michel Grunewald und Jochen Schlobach (Hg.), *Médiations/Vermittlungen. Aspekte der deutsch-französischen Beziehungen vom 17. Jahrhundert bis zur Gegenwart*, 2 Bde., Bern 1992 sowie in Hans Manfred Bock, Reinhart Meyer-Kalkus und Michel Trebitsch (Hg.), *Entre Locarno et Vichy. Les relations culturelles franco-allemandes dans les années 1930*, 2 Bde., Paris 1993; als eine der wenigen Monographien, die auch die zwanziger Jahre behandelt, Norbert Ohler, *Deutschland und die deutsche Frage in der Revue des deux Mondes 1905–1940. Ein Beitrag zur Erhellung des französischen Deutschlandbildes*, Frankfurt/M. 1973. Wichtig für den Wandel des Deutschlandbildes unter dem Eindruck des Krieges und der Kriegsniederlage von 1870/71 und für die Vorstellung von den „zwei Deutschlands" Claude Digeon, *La crise allemande de la pensée française (1870–1914)*, Paris 1959; Wolfgang Leiner, *Das Deutschlandbild in der französischen Literatur*, 2. Aufl., Darmstadt 1991; Beate Gödde-Baumanns, *Deutsche Geschichte in französischer Sicht. Die französische Historiographie von 1871 bis 1918 über die Geschichte Deutschlands und die deutsch-*

liches Deutschland einem militaristischen und aggressiven Deutschland gegenüber. Die Schwächen dieser Konzeption sollen hier nicht diskutiert werden. Nach den menschlichen, materiellen und intellektuellen Verwüstungen des Krieges und dem Klima der Feindschaft in der frühen Nachkriegszeit bot sich die These von den zweierlei Deutschland als Basis und Ausgangspunkt für Verständigung und Begrenzung der beiderseitigen Konfrontation an. Durch die Abschaffung der Monarchie und die Gründung der Weimarer Republik hatte sie nach 1918 eine veränderte Qualität erlangt. Sie bildete eine wichtige Grundlage der Deutschlandpolitik der französischen Linken nach 1924.[12] Sozialistenchef Blum sprach am 11. Januar 1923 in der Kammer explizit von den „deux Allemagnes" und dem „neuen Deutschland", das durch Verhandlungen und Zusammenarbeit gestärkt werden müsse. Auch in der radikalsozialistischen Partei gewann die Vorstellung ab 1921 an Boden. Parteichef Herriot griff sie auf und sprach Ende 1923 von der Notwendigkeit, den deutschen Demokraten zu helfen.[13] Für Briand war in aufklärerischer Tradition eine demokratisch-republikanische Herrschaftsordnung die beste Garantie für eine Friedenspolitik. Frankreichs Sicherheit und der Friede in Europa hingen letztlich von der Frage ab, ob es Deutschland gelingen würde, innere Verfassung und äußere Ambition in einer Weise in Einklang zu bringen, die eine friedliche Einordnung Deutschlands in das europäische Staatensystem ermöglichen würde.

Briand war nicht notwendigerweise überzeugt, daß das Deutschland der Weimarer Republik eine stabile Republik oder eine echte Demokratie sei. Was er von der Weimarer Republik und den deutschen Demokraten hielt, muß beim gegenwärtigen Stand der Forschung offen bleiben.[14] Es galt jedoch, durch eine Politik des Ausgleichs

---

[11] Fortsetzung

französischen Beziehungen in der Neuzeit, Wiesbaden 1971; dies., L'idée des deux Allemagnes dans l'historiographie française des années 1871–1914, in: *Francia* 12 (1984), S. 609–619. Allerdings überbetonen die Arbeiten den Einschnitt von 1870/71. Der Wandel setzte früher ein und war weniger abrupt, das Bild oder die Bilder auch vorher weit vielschichtiger. – Über das französische Deutschlandbild und (weit weniger) über das deutsche Frankreichbild wurde in letzter Zeit viel gearbeitet. An seiner Aufhellung beteiligen sich mehrere wissenschaftliche Disziplinen: neben den Historikern die Romanisten und die Germanisten, die Landeskunde bzw. die Landeswissenschaft, die Politik- und andere Sozialwissenschaften. Die Untersuchungen zeigen, daß Selbstwahrnehmung und Fremdwahrnehmung eng – oft spiegelbildlich – aufeinander bezogen waren. Im Vergleich zur Zeit vor 1914 und zu den dreißiger Jahren sind jedoch die zwanziger Jahre weniger gut erforscht. Auch werden die Untersuchungen allzu selten mit außenpolitischen Fragen verknüpft. Bei den Romanisten, den Germanisten oder den Soziologen stehen ganz andere Forschungsinteressen im Vordergrund. Es ist von daher schwierig, das außenpolitische Gewicht der jeweiligen Bilder einzuschätzen. Dafür wären überdies Einzelstudien zu außenpolitischen Entscheidungsträgern erforderlich, die bislang fehlen.

[12] Arnold Wolfers, *Britain and France Between Two Wars. Conflicting Strategies of Peace from Versailles to World War II*, New York 1966 (1. Aufl. 1940), S. 60 ff.

[13] Serge Berstein, *Histoire du parti radical. I: La recherche de l'âge d'or*, Paris 1980, S. 332 f.

[14] Aufschlüsse darüber sind von der von Jacques Bariéty vorbereiteten Veröffentlichung der Tagebücher Oswald Hesnards zu erwarten. Einstweilen zur Rolle Hesnards vgl. Jacques Bariéty, Un artisan méconnu des relations franco-allemandes. Le professeur Oswald Hesnard 1877–1936, in: *Media in Francia. Recueil de mélanges offert à Karl Ferdinand Werner*, Paris 1989, S. 1–18.

die Anerkennung Deutschlands als Partner zu erreichen, durch die „Humanisierung" (Briand) des Versailler Vertrages und durch begrenzte Zugeständnisse die demokratischen Kräfte in Deutschland – die SPD, die DDP, Stresemann und Teile der DVP – im innenpolitischen Machtkampf gegen ihre Widersacher zu stärken und die Republik zu konsolidieren sowie jene „République allemande hostile à la guerre" zu schaffen, von der Berthelot in seinem Brief vom 29. Januar 1923 gesprochen hatte. Die Zugeständnisse sollten sich auf jene Bereiche beziehen, wo sich aufgrund der Bestimmungen der Friedensverträge der französischen Regierung Handlungsmöglichkeiten eröffneten: Rheinlandbesetzung, Truppenstärke in den besetzten Gebieten, Besatzungsfristen. Das Gespräch von Thoiry mit Stresemann – überschwenglich als Art „Gesamtregelung" der deutsch-französischen Probleme bezeichnet – lag auf dieser Linie.[15] Die Konzessionen sollten nicht ohne deutsche Gegenleistungen erfolgen. Sie bezogen sich auf den Geist und die Ausführung des Versailler Vertrages, ließen die Substanz des Vertrages aber intakt. Die dauerhaften Bestimmungen – „territorial losses, heavy reparations, and unilateral disarmament" – mußte Deutschland akzeptieren.[16] „The emphasis ... was on a change of form and spirit, rather than on a change of substance."[17]

Briand war überzeugt, daß es zu seiner Politik keine wirkliche Alternative gab. Seine Gegner vermochten sie in der Tat nicht zu formulieren. Intern warb er gegenüber den Kritikern um Geduld und Verständnis für Deutschland, erinnerte an den schwierigen Konsolidierungsprozeß der III. Republik nach 1870 und bemerkte, daß auch in Frankreich das Schicksal des Regimes längere Zeit ungewiß gewesen sei: „En France aussi nous avons connu des heures semblables, où le régime vacillait sur ses bases, où il se cherchait. Finalement il s'est installé. Et au fur et à mesure qu'il s'installait l'idée de paix s'installait avec lui."[18]

---

[15] Zum Gespräch von Thoiry (Sept. 1926) siehe Clemens A. Wurm, *Die französische Sicherheitspolitik in der Phase der Umorientierung 1924–1926*, Frankfurt/M. 1979, Kap. 5; Jacques Bariéty, Finances et relations internationales: À propos du „plan de Thoiry" (Septembre 1926), in: *Relations Internationales* 21 (1980), S. 51–70.

[16] Vincent J. Pitts, *France and the German Problem. Politics and Economics in the Locarno Period, 1924–1929*, New York 1987, S. 335 f.

[17] Wolfers, *Britain and France* (Anm. 12), S. 62.

[18] So Briand vor dem Außenpolitischen Ausschuß der Kammer am 19.1.1927; Archives de l'Assemblée Nationale. Seine Kritiker bezweifelten, ob die deutsche Republik die gleiche Entwicklung nehmen würde wie die III. Republik Frankreichs. Sie bezweifelten auch die Gleichsetzung von Republik bzw. Demokratie und Friedenspolitik, wie Briand sie vornahm. Franklin-Bouillon (Ausschußvorsitzender) entgegnete, daß auch ein Politiker wie Marx während seines Wahlkampfes für das Amt des Reichspräsidenten unmißverständlich erklärt habe: „Nous n'accepterons et je n'accepte aucune des frontières actuelles de l'Allemagne." Ebd.

II

Eine Abwandlung erfuhr die Deutschlandpolitik mit der Rückkehr Poincarés an die Macht im Juli 1926. Poincaré war Ministerpräsident bis 1929. Anlaß für seine Rückkehr auf die politische Bühne war die Finanz- und Währungskrise des Landes. Der Verfall des Franc erreichte im Juli 1926 seinen Höhepunkt. Dem von Poincaré geleiteten Kabinett der Union Nationale gelang es, mit einer Mischung klassisch-deflationärer Maßnahmen und der Wiederherstellung des psychologischen Faktors des Vertrauens („Poincaré la confiance"[19]) die Krise zu beheben und die Währung zu stabilisieren. Der Franc stieg auf den internationalen Devisenmärkten. Das Kapital kehrte nach Frankreich zurück. Die Stabilisierung gelang ohne ausländische Anleihe oder die Hilfe der USA, Großbritanniens oder gar Deutschlands.

Poincaré setzte die Kooperation mit Deutschland fort, beließ Briand im Amte des Außenministers und akzeptierte die Grundlinien seiner Außenpolitik. Die Überwindung der Finanzkrise aus eigenen Mitteln und die Erfolge der Sanierungspolitik schwächten Briand im innenpolitischen Machtkampf. Sie ließen Poincaré zur dominierenden Figur der französischen Politik werden und den Einfluß Briands sinken. Nach dem Gespräch von Thoiry und seiner Zustimmung zur Abberufung der Interalliierten Militärkontrollkommission (IMKK) aus Deutschland zum 31. Januar 1927 sah sich Briand um die Jahreswende 1926/27 scharfen Angriffen durch die politische Rechte ausgesetzt.[20] Um die Kritik abzufangen, schwächte er die Reichweite des Gesprächs mit Stresemann in Thoiry auf einen unverbindlichen Meinungsaustausch ab. Sein außenpolitischer Spielraum wurde enger.[21] Er mußte zusagen, das Kabinett und das Parlament vor weiteren Verhandlungen über das Rheinland zu konsultieren. Briand vermochte zunächst kaum mehr wichtige Akzente in der Deutschlandpolitik zu setzen, die von der Linie Poincarés abwichen. Die politische Rechte und Poincaré gingen siegreich aus den Parlamentswahlen von 1928 hervor. Dem Wandel der politischen Gegebenheiten in Frankreich trug Stresemann Rechnung, als er anläßlich seines Aufenthaltes in Paris zur Unterzeichnung des Briand-Kellogg-Paktes im August 1928 Poincaré zu einem langen und ausführlichen Gespräch aufsuchte.[22]

---

[19] Pierre Miquel, *Poincaré*, Paris 1961, 2. Teil, Kap. 3.

[20] Die Kritik entlud sich in den Sitzungen des Außenpolitischen Ausschusses der Kammer vom 23.11.1926 und (besonders heftig) vom 19.1.1927; vgl. auch die Sitzungen des Heeresausschusses der Kammer vom 9.2.1927, 10.2.1927 und 16.2.1927. Protokolle der Sitzungen: Archives de l'Assemblée Nationale; ausführlich Wurm, *Sicherheitspolitik* (Anm. 15), Kap. 5, 8.

[21] Stresemann verglich die Situation in Frankreich nach der Bildung des Kabinetts der Union Nationale gelegentlich mit den Folgen der Regierungsbeteiligung der DNVP in Deutschland. Er gab jedoch auch seiner Enttäuschung über Briand Ausdruck, wenn er vor dem Zentralvorstand der DVP am 19.3.1927 unter Anspielung auf die Unterredung in Thoiry bemerkte, Briand habe „sogar einigermaßen das Gedächtnis verloren für die Dinge, die seinerzeit zwischen uns besprochen wurden". Zit. nach Michael-Olaf Maxelon, *Stresemann und Frankreich 1914–1929. Deutsche Politik der Ost-West-Balance*, Düsseldorf 1972, S. 247.

[22] Aufzeichnung Stresemanns über die Besprechung vom 27. August 1928, in: *Gustav Stresemann, Vermächtnis. Der Nachlaß in drei Bänden*, Berlin 1932–1933, Bd. 3, S. 357–366.

Obwohl der „neue Poincaré"[23] – über den wir bislang wenig wissen – die Grundlinien der Außenpolitik Briands nicht in Frage stellte und auch für ihn eine militärische Sanktionspolitik nicht mehr in Frage kam, beruhte seine Politik auf einer anderen Sicht der internationalen Beziehungen und einer anderen außenpolitischen Philosophie.[24] Sie war stärker kontinental und machtpolitisch („realistisch") orientiert. Poincaré war Lothringer, überaus mißtrauisch gegenüber Deutschland und blieb zeit seines Lebens geprägt durch den Einfall deutscher Truppen in Frankreich 1870. „Poincaré himself never had any hopes for a sincere Franco-German reconciliation. Skeptical of Stresemann's good faith, he took no pains to hide from foreign statesmen his own deep misgivings about Briand's relationship with the Germans."[25] Die Finanzwaffe – die sich 1924–1926 gegen Frankreich gekehrt hatte[26] – wurde wieder ein Instrument der französischen Diplomatie und Mittel, um die Stellung Frankreichs in Europa zu stärken. Die neu erworbene Finanzkraft erlaubte es, Stresemanns ökonomisch motivierter außenpolitischen Strategie entgegenzutreten oder sie wie nach dem Gespräch von Thoiry im Ansatz zu Fall zu bringen.

Ohnehin war Frankreichs internationale Position auch nach 1924 weit stärker und diejenige Deutschlands schwächer, als es in der Forschung vielfach angenommen wird. Ruhrfiasko, Dawes-Plan und Londoner Konferenz bedeuteten nicht das Ende einer unabhängigen französischen Außenpolitik. Frankreich besaß nach wie vor die größte Armee Europas, Deutschland war entwaffnet. Deutschlands Beteiligung an den großen internationalen Fragen war unterschiedlich nach Sachfragen. Austen Chamberlain, Großbritanniens Außenminister der Jahre 1924–1929, stand Briand und Frankreich näher als Deutschland und Stresemann, dem er mißtraute. In kritischen Situationen nahm er für Briand gegen Stresemann Stellung.[27] Poincaré und Churchill verständigten sich 1928 im Vorfeld der Revision des Dawes-Planes vorab in der Reparationsfrage, um dann gemeinsam Deutschland die Rechnung zu präsentieren. Ohnehin gab die politische und militärische Präsenz im Rheinland Frankreich eine von Chamberlain akzeptierte Vetoposition bei Konzessionen an Deutschland.[28]

---

[23] René Girault und Robert Frank, *Turbulente Europe et nouveaux mondes. Histoire des relations internationales contemporaines.* Bd 2: 1914–1941, Paris 1988, S. 149.

[24] Die neuere Forschung (über-)betont eher die außenpolitischen Übereinstimmungen zwischen Poincaré und Briand. Poincaré, so Keeton, *Briand's Locarno Policy* (Anm. 9), „fought loyally to protect Briand from right-wing criticism after Thoiry" (S. 171). Ein Gutteil der Haltung Poincarés war jedoch innenpolitisch motiviert. Poincaré benötigte die Unterstützung Briands und der politischen Linken für seine Finanz-und Währungspolitik und den Zusammenhalt der Regierung der Union Nationale. In der Kammer hatte seit den Wahlen von 1924 die Linke die Mehrheit.

[25] Pitts, *France* (Anm. 16), S. 336.

[26] Stephen A. Schuker, *The End of French Predominance in Europe. The Financial Crisis of 1924 and the Adoption of the Dawes Plan*, Chapel Hill (N. C.) 1976; Wurm, *Sicherheitspolitik* (Anm. 15).

[27] Vgl. Stephanie C. Salzmann, *British Realpolitik and the Myth of Rapallo Friendship, 1922–1934*, Ph.D. University of Cambridge 1994; siehe auch den Beitrag von Salzmann zu diesem Band; ähnlich David Dutton, *Austen Chamberlain. Gentleman in Politics*, Bolton 1985.

[28] Jon Jacobson, *Locarno Diplomacy. Germany and the West 1925–1929*, Princeton (N. J.) 1972; ders., Is There a New International History of the 1920s?, in: *The American Historical Review* 88 (1983), S. 617–645, hier S. 639–645.

Frankreich erlebte in den zwanziger Jahren eine „spektakuläre wirtschaftliche Expansion", die das dramatische Wachstum der Zeit nach dem Zweiten Weltkrieg vorwegnahm.[29] Gleichviel ob man Bruttosozialprodukt, Exporte oder Industrieproduktion zugrundelegt, Frankreich schnitt bei den Zuwachsraten weit besser ab als Deutschland.[30] Die starke Expansion – „la plus brillante en Europe" – erschließt sich dem Historiker erst im Rückblick, da die Krise der Finanzen und die monetären Turbulenzen die Aufmerksamkeit der Zeitgenossen auf sich zogen und die wirtschaftliche Dynamik verdeckten. „À la fin des années 1920 et au début des années 1930", so Robert Frank, „elle [Frankreich] est au faîte de sa grandeur. L'Empire est à son apogée. Les instruments de domination n'ont jamais été aussi efficaces: ‚c'est l'âge d'or de l'impérialisme à la française'."[31]

Die Verschiebung der Stärkerelationen zwischen beiden Ländern erfolgte erst im Zuge der großen Krise der dreißiger Jahre.[32] Man sollte die zwanziger Jahre als relativ eigenständige Phase der europäischen Politik und nicht in teleologischer Weise als bloße Vorstufe zum Zweiten Weltkrieg und Glied in der Kette zur Niederlage von 1940 betrachten. Frankreich befand sich auch in der zweiten Hälfte der zwanziger Jahre – nach der Überwindung der Finanz- und Währungskrise allemal – in einer vergleichsweise starken internationalen Position. Es bleibt näher zu prüfen, ob beispielsweise Briand, wie oben dargestellt, die beiderseitigen Machtverhältnisse wirklichkeitsnah beurteilte oder ob er die Stärke Frankreichs nicht zu pessimistisch einschätzte und seine Schwäche (und umgekehrt die Stärke Deutschlands) überbetonte. Die in Frankreich gängige und keineswegs nur von Briand stereotyp wiederholte Betonung der eigenen wirtschaftlichen und demographischen Nachteile gegenüber Deutschland – die zweifellos, wenn auch nur in Teilbereichen und nicht in dem angenommen Ausmaß bestanden[33] – hat, so scheint es, zu einer Psychologie der

---

[29] Berstein und Milza, *Histoire* (Anm. 8), S. 355 ff. (Zitat S. 355); Hubert Bonin, *Histoire économique de la France depuis 1880*, Paris 1988, Kap. 4.

[30] Jean-Charles Asselain, Les ruptures économiques de l'entre-deux-guerres, in: Jean-Charles Asselain u. a., *Précis d'histoire européenne. XIXe–XXe siècle*, Paris 1993, S. 199.

[31] Robert Frank, *La hantise du déclin. Le rang de la France en Europe, 1920–1960: Finances, défense et identité nationale*, Paris 1994, S. 159 und S. 283; Jean Bouvier, René Girault und Jacques Thobie, *L'impérialisme à la française 1914–1960*, Paris 1986, Kap. 7 (L'heure des banquiers ou l'âge d'or).

[32] Ähnlich Maurice Vaïsse, *Sécurité d'abord. La politique française en matière de désarmement. 9 décembre 1930–17 avril 1934*, Paris 1981; Anthony Adamthwaite, *Grandeur and Misery. France's Bid for Power in Europe 1914–1940*, London 1995. Adamthwaite sieht – wie Jean-Baptiste Duroselle, *La décadence 1932–1939*, Paris 1979 – den entscheidenden Grund nicht in den Strukturen, sondern in den Persönlichkeiten: in einem Mangel an Führung und Selbstvertrauen und in einer fehlenden „victory culture – an assumption of a right to rule and dominate Europe" (S. 230).

[33] Ein Vergleich der beiderseitigen Machtgrundlagen und Machtpotentiale steht für die zwanziger Jahre aus. Für die Zeit vor 1914 vgl. Raymond Poidevin, La puissance française face à l'Allemagne autour de 1900, in: Pierre Milza, Raymond Poidevin u. a., *La puissance française à la ‚Belle Époque'. Mythe ou réalité?*, Brüssel 1992, S. 227–238. Zu berücksichtigen ist, daß zwischen wirtschaftlicher Stärke und politischem Einfluß oder Macht kein Automatismus besteht.

Unterlegenheit und des Defätismus beigetragen, die sich später verhängnisvoll auswirkte. Perzeption und Wirklichkeit klafften auseinander, und die Frage drängt sich auf, ob Frankreich in seiner Politik nicht auch Opfer der eigenen Wahrnehmung und seiner Sicht von Deutschland wurde.

III

Deutschland und Frankreich inaugurierten die Verständigungspolitik aus unterschiedlichen Motiven. Die Revision der Versailler Ordnung war das zentrale Ziel der deutschen, ihre Aufrechterhaltung das Ziel der französischen Politik. Ihre Prioritäten und langfristigen Ziele gaben beide Regierungen auch in der Folgezeit nicht auf. Briand und Stresemann stimmten jedoch in einem Punkt überein: Sie wollten die akute Konfrontation zwischen beiden Ländern beenden und Konflikte auf dem Verhandlungswege lösen. Über den Ausbau gemeinsamer Interessen wollten sie die beiderseitigen Beziehungen verbessern. Beide suchten den direkten Weg des Ausgleichs. Das war im deutsch-französischen Verhältnis neu. Wo gab es gleichlaufende Interessen zwischen beiden Ländern, wo Gegensätze? Wo wurden sie in Paris gesehen?

Intellektuelle beider Länder riefen nach 1924 vermehrt zu „geistiger" Abrüstung, zu Begegnung, Austausch und Wandel in den Einstellungen auf.[34] Das war wichtig angesichts der historischen Vorbelastungen im beiderseitigen Verhältnis, der „Erbfeindschaft", des Hasses und der intellektuellen Verwüstungen, die der Erste Weltkrieg angerichtet hatte.[35] Sie beschworen das gemeinsame kulturelle Erbe Europas („Kultureuropa") und priesen die deutsch-französische Entente als Vorstufe zu einem geeinten Europa. Die Regierungen beider Länder haben nach 1924 die Bemühungen von Einzelpersönlichkeiten und privaten Gruppen um die „Demobilisierung der Geister" unterstützt. Sie haben auch Zirkel und Gesellschaften wie das Deutsch-Französische Studienkomitee um den luxemburgischen Industriellen Emile Mayrisch[36] gefördert, die über Information, Dialog und Austausch einen Beitrag zum Ausgleich zwischen beiden Ländern leisten wollten. Briand und der Quai d'Orsay unterhielten enge Kontakte zu den Europaverbänden und zum „europäischen" Milieu, das sich in den

---

[34] Vgl. dazu als Überblicke (mit der weiteren Literatur) Hans Manfred Bock, Die deutsch-französischen Kulturbeziehungen der dreißiger Jahre als Forschungsfeld, in: Ders., Meyer-Kalkus und Trebitsch (Hg.), *Entre Locarno et Vichy* (Anm. 11), Bd. 1, S. 25–61; Wurm, *Deutsche Frankreichpolitik* (Anm. 1), S. 145–150.

[35] Michael Jeismann, *Das Vaterland der Feinde. Studien zum nationalen Feindbegriff und Selbstverständnis in Deutschland und Frankreich 1792–1918*, Stuttgart 1992, Teil 3.

[36] Fernand L'Huillier, *Dialogues franco-allemands 1925–1933*, Strasbourg 1971; Hans Manfred Bock, Kulturelle Eliten in den deutsch-französischen Gesellschaftsbeziehungen der Zwischenkriegszeit, in: Rainer Hudemann und Georges-Henri Soutou (Hg.), *Eliten in Deutschland und Frankreich im 19. und 20. Jahrhundert. Strukturen und Beziehungen*, Bd. 1, München 1994, S. 72–91.

zwanziger Jahren zumindest ansatzweise herausbildete.[37] Die Berichterstattung über Deutschland wurde breiter. Noch 1924 war die französische Presse in Berlin weniger gut vertreten als zum Beispiel die dänische – weit hinter den USA, Großbritannien, den Niederlanden und Italien.[38] Es gab Ansätze, sich auf die Sicht des Nachbarn und seine Interessen einzulassen, auch den Begriff und das eigene Verständnis von Sicherheit zu problematisieren: Lief die extensiv definierte Sicherheit des eigenen Landes („sécurité") nicht auf die Unsicherheit Deutschlands hinaus?[39] Solche Auffassungen blieben freilich, so scheint es, auf kleinere Kreise begrenzt.

Gemeinsame Interessen wurden vor allem auf wirtschaftlichem Gebiet gesehen. Die meisten Zeitgenossen schätzten die Wirtschaften Deutschlands und Frankreichs aufgrund ihrer strukturellen Unterschiede als komplementär ein. „Die Wirtschaft" wurde als Hebel betrachtet, über den sich am ehesten die beiderseitigen Beziehungen verbessern ließen. Mit dieser politischen Zwecksetzung ist die Verflechtung zwischen beiden Ländern von den Regierungen in Paris und Berlin bewußt gefördert worden. Briand hat wiederholt wirtschaftliche Interdependenz als förderlich für den Frieden bezeichnet. Seine Politik des Ausgleichs mit Deutschland erfuhr starke Unterstützung durch konservative Geschäftskreise, die aus vornehmlich wirtschaftlichen Erwägungen am Ausgleich mit Deutschland interessiert waren und einen Konfrontationskurs ablehnten. Sie waren vielfach Mitglieder des Deutsch-Französischen Studienkomitees und hatten enge politische Verbindungen zur liberalen Rechten Frankreichs.[40]

Die wirtschaftliche Annäherung zwischen beiden Ländern machte nach 1924 große Fortschritte. Unter deutscher und französischer Führung fand eine internationale Kartellbildung statt, in der in den USA und Großbritannien gelegentlich eine antienglische oder anti-amerikanische Spitze gesehen wurde. Vor allem im schwerindustriellen und chemischen Bereich machte die internationale Kartellierung Fortschritte. Ein entschiedener Verfechter internationaler Kartelle war Louis Loucheur (mehrfach

---

[37] Gérard Bossuat, Les „Europe" des Français au long du XXe siècle, in: René Girault (Hg.), *Les Europe des Européens*, Paris 1993, S. 77–95, hier S. 81–85; Laurence Badel, Le Quai d'Orsay, les associations privées et l'Europe (1925–1932), in: René Girault et Gérard Bossuat (Hg.), *Europe brisée, Europe retrouvée. Nouvelles réflexions sur l'unité européenne au XXe siècle*, Paris 1994, S. 109–131.

[38] Hans-Jürgen Müller, *Auswärtige Pressepolitik und Propaganda zwischen Ruhrkampf und Locarno (1923–1925). Eine Untersuchung über die Rolle der Öffentlichkeit in der Außenpolitik Stresemanns*, Frankfurt/Main 1991, S. 59.

[39] Siehe etwa Ludovic Naudeau, *La guerre et la paix. Avec l'opinion des plus illustres penseurs et hommes d'État français*, Paris 1926.

[40] Als Überblick (mit der weiteren Literatur) Wurm, *Deutsche Frankreichpolitik* (Anm. 1), S. 150 ff.; siehe auch Pitts, *France* (Anm. 16); Keeton, *Briand's Locarno Policy* (Anm. 9). Nach Keeton war der Druck der Wirtschaftskreise das Movens für Briands Verständigungspolitik mit Deutschland. Das Interesse großer wirtschaftlicher Gruppen Frankreichs an Zusammenarbeit, Marktabsprachen und Handel mit Deutschland ist nicht zu leugnen und war ein wichtiger Faktor. Meines Erachtens aber war umgekehrt die wirtschaftliche Verflechtung in der Sicht Briands ein essentiell politisches Projekt und sollte der Verbesserung der bilateralen Beziehungen dienen.

Minister und selbst Industrieller), der eine enge wirtschaftliche Zusammenarbeit mit Deutschland befürwortete und – durchaus mit einer Spitze gegen die USA und Großbritannien – in Vereinbarungen der Produzenten den ersten Schritt zur Organisierung Europas sah.[41] Pläne für eine europäische Zollunion, zentriert um Deutschland und Frankreich, schossen aus dem Boden. Die Handelsbeziehungen zwischen Deutschland und Frankreich verdichteten sich. Im August 1927 wurde ein Handelsvertrag unterzeichnet, in dem sich beide Länder die Meistbegünstigung einräumten. Zwischen 1924 und 1930 stiegen die französischen Importe aus Deutschland, gefördert durch den Handelsvertrag, sprunghaft an und übertrafen die Einfuhren aus Großbritannien und den USA. Bis 1934 war Deutschland der Hauptlieferant Frankreichs. Wachstum und wirtschaftliche Modernisierung Frankreichs wurden abhängig von deutschen Lieferungen. Hier wie anderswo wurden in den zwanziger Jahren durchaus Entwicklungen der Zeit nach 1945 vorweggenommen.[42] In handelspolitischen Fragen arbeiteten die deutsche und die französische Delegation im Völkerbund eng zusammen.

Freilich muß man auch hier die Grenzen der Interessenparallelität sehen, und es gilt zu differenzieren. Das Bild ist uneinheitlich. Die von der Forschung bislang nicht untersuchten Kapitalverflechtungen zwischen beiden Ländern scheinen weit weniger dicht als die Handelsbeziehungen gewesen zu sein.[43] Kapitalverflechtungen stellen eine höhere Stufe der Interdependenz dar und setzen ein gewisses Maß an Vertrauen und politischer Stabilität voraus. Daran hat es in den beiderseitigen Beziehungen ganz offensichtlich auch in der Ära Briand-Stresemann gemangelt.

Seit dem Werk von John Maynard Keynes über die „Economic Consequences of the Peace"[44] war in Großbritannien und in den USA die Meinung verbreitet, daß die Rekonstruktion Europas nur bei einem wirtschaftlich starken Deutschland möglich sei. Frankreich intensivierte seine Wirtschaftsbeziehungen zu Deutschland, baute auf hohe Reparationen und war insofern nach 1924 an einem prosperierenden Deutschland interessiert.[45] Vorstellungen von Deutschland als wirtschaftlichem Kraftzentrum und Wachstumsmotor Europas waren in Frankreich aber auch in der Ära Briand-Stresemann weit seltener als in Großbritannien. Für diesen französisch-britischen Unterschied war nicht nur die unterschiedliche konjunkturelle Entwicklung beider Länder verantwortlich. Im Unterschied zum Vereinigten Königreich, dessen wirt-

---

[41] Stephen D. Carls, *Louis Loucheur and the Shaping of Modern France 1916–1931*, London 1993.

[42] Jacques Marseille, Le commerce entre la France et l'Allemagne pendant les „années 1930", in: *La France et l'Allemagne 1932–1936,* Paris 1980, S. 279–284; Robert Frank, France – Grande-Bretagne: La mésentente commerciale (1945–1958), in: *Relations Internationales* 55 (1988), S. 323–339, hier 328–330.

[43] Zeitgenössischer Überblick bei S. Wolff, Die deutsch-französischen Finanzbeziehungen, in: *Die Wirtschaftskurve* 9 (1930), S. 372–383 (mit Anhang: Deutsch-französische Kapitaldurchdringung).

[44] John Maynard Keynes, *The Economic Consequences of the Peace*, London 1919; erneut in: *The Collected Writings of John Maynard Keynes*, Bd. 2, London 1971.

[45] Allerdings wurde in Frankreich die Zahlungsfähigkeit Deutschlands eher als Frage des politischen Willens und weniger der wirtschaftlichen Leistungsfähigkeit betrachtet.

schaftliche Entwicklung überaus krisenhaft mit hoher Arbeitslosigkeit verlief, herrschte in Frankreich Mitte der zwanziger Jahre Vollbeschäftigung und nahm die Wirtschaft einen starken Aufschwung. Von daher war Frankreich auf Deutschland als Absatzmarkt weniger angewiesen als die britische Industrie. Überdies und für das hier behandelte Thema wichtiger, wurden die Leistungsfähigkeit der deutschen Wirtschaft und die Stärke der deutschen Industrie in Frankreich unter dem Aspekt des „potentiel de guerre" gesehen und als sicherheitspolitisch bedrohlich eingeschätzt. Wirtschaftliche Interessen kollidierten mit sicherheitspolitischen Überlegungen, und es erwies sich als überaus schwierig, eine Deutschlandpolitik zu formulieren, die beiden Erfordernissen in gleicher Weise Rechnung trug. Die Konzeption des „potentiel de guerre" bzw. „puissance de guerre" war ein zentrales Element der französischen Abrüstungsdoktrin und mit Blick auf Deutschland entwickelt worden. Sie besagte, daß bei einer vertraglichen Regelung über die Herabsetzung der Rüstungen nicht nur die faktischen Rüstungen der Friedenszeit, sondern auch das „potentiel de guerre" in Rechnung gestellt werden müsse: Einwohnerzahl, industrielle Kapazitäten, Dichte des Eisenbahnnetzes sowie die Schnelligkeit, mit der die Elemente im Konfliktfall mobilisiert werden könnten.[46] Anzufügen bleibt, daß in Frankreich gelegentlich abenteuerliche Vorstellungen von der Innovations- und Mobilisierungsfähigkeit Deutschlands und der deutschen Industrie herrschten.

Da eine aus sicherheitspolitischen Gründen wünschenswerte Begrenzung des deutschen Industriepotentials nicht möglich war, mußten der wirtschaftliche Ausgleich und die wirtschaftliche Verständigung nach Möglichkeit politisch gesteuert, kontrolliert oder überwacht werden. Sie durften nicht den Marktkräften und der Privatwirtschaft überlassen bleiben. Als schwächerer Wirtschaftspartner drohte Frankreich andernfalls unter den politischen und wirtschaftlichen Einfluß Deutschlands zu geraten. Dies löste im Quai d'Orsay und im Handelsministerium zunehmend Sorgen aus. Hier liegt einer der Gründe für den Europaplan der französischen Regierung, der einen politischen Rahmen für wirtschaftliche Koordinierung und Zusammenarbeit schaffen sollte.[47] Einen Vorteil des Deutsch-Französischen Studienkomitees, in dem hochrangige Wirtschaftsvertreter beider Länder saßen, sah Jacques Seydoux, Wirtschaftsfachmann und bis Ende 1926 Leiter der handelspolitischen Abteilung des Quai d'Orsay, darin, daß sich auf diese Weise Einsichten in die Ambitionen und Strategien der deutschen Industrie gewinnen ließen, die er als die „force motrice" der deutschen Gesellschaft betrachtete.[48]

---

[46] Zur französischen Haltung in der Abrüstungsfrage, zum Komplex nationale Sicherheit und Abrüstung vgl. Wurm, *Sicherheitspolitik* (Anm. 15), Kap. 4; als Überblick über die im Rahmen des Völkerbundes geführten Abrüstungsdebatten Frederic S. Northedge, *The League of Nations. Its Life and Times 1920–1946*, Leicester 1988, S. 113 ff.; Maurice Vaïsse, Security and Disarmament: Problems in the Development of the Disarmament Debates, in: Rolf Ahmann u. a. (Hg.), *The Quest for Stability. Problems of West European Security 1918–1957*, Oxford 1993, S. 173 ff.

[47] Cornelia Navari, The Origins of the Briand Plan, in: *Diplomacy & Statecraft* 3 (1992), S. 74–104, hier S. 99.

[48] Siehe Wurm, *Sicherheitspolitik* (Anm. 15), S. 496 ff.

Das Gewicht, das wirtschaftlichen Faktoren für die Verständigung beigemessen wurde, rührte auch daher, daß im (sicherheits-) politischen Bereich die Gegensätze zwischen beiden Ländern fortbestanden (Versailler Vertrag, Grenzen, Rüstung und Abrüstung).[49] Mißtrauen gegenüber Deutschland wurde in der Ära Briand-Stresemann abgebaut, blieb aber bis in die Reihen der Sozialisten[50] – den stärksten Stützen der Verständigungspolitik – weit verbreitet. Man war sich in Frankreich extrem unsicher in der Einschätzung Deutschlands und seiner künftigen politischen Entwicklung, was nicht ohne Folgen für die Vorstellungen von der Rolle Deutschlands in Europa blieb. Das Rätselraten um die deutschen „arrière-pensées" [Hintergedanken] war „ein beliebtes Spiel" in der Öffentlichkeit und der politischen Klasse Frankreichs.[51] Welches war der „echte" Stresemann? War er aufrichtig um Ausgleich und Verständigung bemüht oder aber ein machiavellistischer Machtpolitiker, dessen Verständigungs- und Friedensrhetorik bloß dazu diente, seine wahren Absichten zu kaschieren? Konnte man den Deutschen trauen? Auch am Quai d'Orsay waren die Auffassungen geteilt. Jacques Seydoux, ein Befürworter wirtschaftlicher Annäherung, doch tief mißtrauisch gegenüber der deutschen Politik und ihren weit ausholenden Zielen, sah die Verständigungspolitik Deutschlands instrumental-taktisch motiviert und wesentlich bedingt durch den Druck der USA und Großbritanniens sowie den Kapitalmangel der deutschen Industrie. Deutschland hatte, so Seydoux, seine hegemonialen Ziele nicht aufgegeben, suchte im Unterschied zur Zeit vor 1914 die Hegemonie aber nicht mit militärischen, sondern wirtschaftlichen Mitteln zu erreichen – durch die Stärke seiner Industrie und eine expansive Handelspolitik.[52] Für Berthelot, Generalsekretär am Quai d'Orsay, auch er ein Befürworter des Ausgleichs mit Deutschland, durfte die Verständigung mit dem Nachbarn das Bündnis

---

[49] Franz Knipping, *Deutschland, Frankreich und das Ende der Locarno-Ära 1928–1931. Studien zur internationalen Politik in der Anfangsphase der Weltwirtschaftskrise*, München 1987.

[50] Albert Thomas etwa fragte sich, ob es nicht permanente Mißverständnisse und Feindschaften zwischen Frankreich und Deutschland geben werde. Er bezweifelte Stresemanns Aufrichtigkeit, betrachtet ihn als einen „joueur éternel" und hielt gegenüber Deutschland eine vorsichtig-abwartende Politik für angebracht; vgl. Bertius W. Schaper, *Albert Thomas. Trente ans de réformisme social*, Paris o. J., S. 272 ff.; zu den außenpolitischen Vorstellungen der Sozialisten siehe Richard Gombin, *Les Socialistes et la guerre. La S.F.I.O. et la politique étrangère française entre les deux guerres mondiales*, Paris 1970; zum Deutschlandbild der französischen Arbeiterpresse vgl. Peter Friedemann, Das Deutschlandbild der Zwischenkriegszeit in ausgewählten Organen der französischen Arbeiterpresse, in: *Francia* 20 (1993), S. 37–60.

[51] Hermann Hagspiel, *Verständigung zwischen Deutschland und Frankreich. Die deutsch-französische Außenpolitik der zwanziger Jahre im innenpolitischen Kräftespiel beider Länder*, Bonn 1987, S. 518.

[52] Aufzeichnung vom 15. Juni 1926; MAE, Allemagne 389. Seydoux hatte sich bald nach dem Kriege für wirtschaftliche Verbindungen mit Deutschland im Rahmen der Reparationen eingesetzt. Anfang 1923 hatte er die Sitzungen hochrangiger Beamter geleitet, in denen auf direkte Veranlassung Poincarés das Projekt eines (autonomen oder von Deutschland unabhängigen) rheinischen Staates geprüft wurde. Vgl. Pierre Jardin, Le Conseil Supérieur de la Défense Nationale et les projets d'organisation d'un État rhénan (mars 1923), in: *Francia* 19 (1992), S. 81–96.

mit Großbritannien und die Vormachtstellung Frankreichs in Mittelost- und Südosteuropa nicht gefährden.[53] Für Alexis Léger hingegen, Kabinettschef Briands mit zunehmend größerem Einfluß auf den Außenminister und ab 1932 als Nachfolger Berthelots Generalsekretär des Quai d'Orsay, hatte die Annäherung an Deutschland Prioriät. Léger hat eine entscheidende Rolle bei der Formulierung des Europaplanes der französischen Regierung von 1930 gespielt.[54]

Von Poincaré gefragt, ob die Deutschen aufrichtig die Annäherung wollten, antwortete Berthelot ausweichend. Deutschland, meinte er, betreibe die Verständigungspolitik mit Überzeugung, „das bedeute allerdings nicht eine Sicherheit für die Zukunft angesichts der Tatsache, daß noch sehr viel Elemente in Deutschland dieser Politik feindlich oder zum mindesten zögernd oder mit Hintergedanken gegenüberständen".[55] Die Agitation der Verbände, Berichte über die Zusammenarbeit zwischen Reichswehr und Roter Armee[56], die geheime militärische Aufrüstung – über die man Genaues nicht wußte – gaben dem Mißtrauen stets neue Nahrung. Die „Kohabitation" zwischen Briand und Poincaré in einer Regierung, später 1930/32 diejenige zwischen Briand und Tardieu, brachte vorzüglich die gemischten, die zwiespältigen Gefühle des Landes zum Ausdruck: das Mißtrauen gegenüber Deutschland einerseits (Poincaré/Tardieu), die Sehnsucht nach Frieden und Entspannung und die Furcht vor einem neuen bewaffneten Konflikt andererseits (Briand).[57]

Die Befürchtungen bezogen sich auf die Zukunft, weniger auf die Gegenwart. Frankreich fürchtete die Bewegungsfreiheit seines Nachbarn. Wie würde sich Deutschland nach der Räumung des Rheinlandes und nach dem Wegfall internationaler Kontrollen (Dawes-Plan) – nach der Gewinnung der Souveränität, wenn man will – außenpolitisch orientieren? Wie, wenn nicht über eine Selbstbindung seines Nachbarn, konnte Frankreich in einem System souveräner Nationalstaaten Garantien schaffen, die die deutsche an die französische Politik knüpften? Deutschland, so Seydoux, werde nach der Regelung der Westfragen die Ostfragen in Angriff nehmen, den französischen Standpunkt bekämpfen und sich zur Durchsetzung seiner Interessen auf andere Mächte als auf Frankreich stützen können.[58] Mit dem Young-Plan und der Räumung des Rheinlandes war die Annäherung an ihre Grenzen gestoßen, gab es „nichts mehr zu verhandeln".[59] Es würde nicht mehr um die Truppenstärke

---

[53] Zu Berthelot Jean-Luc Barré, *Le seigneur-chat. Philippe Berthelot 1866–1934*, Paris 1988.

[54] Navari, The Origins (Anm. 47); Badel, Le Quai d'Orsay (Anm. 37). Étienne de Crouy-Chanel, *Alexis Léger ou l'autre visage de Saint-John Perse*, Paris 1989.

[55] Akten zur Deutschen Auswärtigen Politik 1918–1945 (ADAP), Serie B: 1925–1933, Bd. 7, Dok. Nr. 39 (Hoesch an Auswärtiges Amt, 21.10.1927); vgl. auch Adamthwaite, *Grandeur* (Anm. 32), S. 125.

[56] Manfred Zeidler, *Reichswehr und Rote Armee 1920–1933. Wege und Stationen einer ungewöhnlichen Zusammenarbeit,* München 1993.

[57] Girault und Frank, *Turbulente Europe* (Anm. 23), S. 149.

[58] Vgl. Wurm, *Sicherheitspolitik* (Anm. 15), S. 494 f.

[59] So Girault und Frank, *Turbulente Europe* (Anm. 23), S. 157.

in den besetzten Gebieten oder um Besatzungsfristen, sondern um die Substanz der europäischen Friedensordnung gehen. Jede zusätzliche Konzession an das Reich drohte einer französischen Niederlage gleichzukommen und würde auf eine tiefgreifende Revision des Versailler Vertrages hinauslaufen.

Klar war, und darin bestand in Frankreich Übereinstimmung, daß Deutschland sich mit dem Status quo nicht abfinden würde. Aber: Wie weit durfte Deutschland aufsteigen? Zu welchem Zeitpunkt war der deutsche Aufstieg mit einer europäischen Friedensordnung und französischem Sicherheitsverlangen nicht mehr verträglich, oder genauer: wurde er als nicht mehr verträglich eingeschätzt? Welchen Platz sollte Deutschland in Europa einnehmen?

Auf diese hypothetische, aber wichtige Frage fielen die Antworten unterschiedlich aus. Die Haltung variierte nach politischer Orientierung, war abhängig von der Sicht Deutschlands und seiner künftigen Entwicklung, den Methoden und Formen deutscher Außenpolitik und der internationalen Konstellation. Sicher aber ist, daß die deutschen Revisionserwartungen – auch diejenigen Stresemanns und der republikanisch-demokratischen Kräfte in Deutschland, auf die Frankreich setzte – weit über das hinausgingen, was selbst konzessionsbereite Kräfte in Frankreich zuzugestehen bereit waren. Der Status quo war für Deutschland immer weniger akzeptabel. Eine abgestimmte, geschlossene, langfristig angelegte Konzeption für den Platz Deutschlands in einer künftigen stabilen europäischen Ordnung vermochte die französische Regierung nicht zu entwickeln. Die der deutschen Politik zugrundeliegende Dynamik und der im Unterschied zur Zeit nach 1945 überaus rasche Wandel der Mächtekonstellation machten dies ebenso unwahrscheinlich oder unmöglich wie die strukturellen Schwächen des französischen Regierungssystems mit seinen zahlreichen Koordinationsdefiziten[60]. Die französische Regierung hat jedoch mit dem von Deutschland verworfenen Europaplan immerhin einen institutionellen Rahmen für eine künftige europäische Ordnung und für Verhandlungen darüber vorgelegt.

In Frankreich wurde der Status quo zwar als Idealziel, aber nicht als sakrosankt betrachtet. Am Quai d'Orsay mehrten sich nach 1924 die Stimmen, die eine Revision der deutsch-polnischen Grenze (Korridor) für erforderlich hielten. „Even Poincaré and Seydoux... considered limited frontier revisions."[61] Frankreich lockerte nach 1924 die militärischen Bindungen zu Polen und drängte Warschau zum Ausgleich mit Deutschland. In den Locarno-Verträgen stimmte die französische Regierung einer unterschiedlichen Behandlung der Ost-und Westgrenzen Deutschlands zu. Die Ost-

---

[60] Die Schwächen der Regierungsmaschinerie und ihre Bedeutung für die Außenpolitik betont Adamthwaite, *Grandeur* (Anm 32).

[61] So Keeton, *Briand's Locarno Policy* (Anm. 9), S. 351. Das bleibt für Poincaré zu prüfen. In seinem Aufsatz von 1929 erteilte er der territorialen Revision eine Absage. „The only guarantee of lasting tranquillity lies in a general, sincere and permanent determination to respect the treaties." Raymond Poincaré, Since Versailles, in: *Foreign Affairs* 7 (1929), S. 519–531, hier S. 526.

grenzen erhielten keine Garantie durch Großbritannien und Italien.[62] 1927 unternahm Frankreich die erste explizite Demarche in Warschau, um die Militärkonvention von 1921 den von den Locarno-Verträgen geschaffenen Bedingungen anzupassen. Pilsudski lehnte es jedoch ab, die Angelegenheit zu diskutieren.[63]

Territoriale Revision an einem Punkt konnte freilich, so die in Paris vielfach auch geäußerte Befürchtung, eine unkontrollierbare Dynamik in Gang setzen und die gesamte europäische Ordnung zum Einsturz bringen. „Après la Sarre, ce sera Dantzig, puis la Silésie, puis l'Autriche, puis les colonies. Soutenir le rapprochement devient un travail de Sisyphe."[64] Das war ein wichtiger Grund, warum sich Poincaré 1926 dem Rückkauf Eupen-Malmédys durch Deutschland energisch widersetzt hatte. Später wandte er sich wiederholt gegen die alte deutsche „Artischocken-Politik", nach Erreichen eines Zugeständnisses gleich das nächste zu verlangen. Und wie sollte die Revision, wenn überhaupt, ins Werk gesetzt werden: sicher auf friedlichem Wege – aber gegen den Willen Polens, gar über französischen Druck? Die Reaktion Pilsudskis auf Briands Plan des Austausches eines Teils des „Korridors" gegen einen baltischen Hafen wie Memel zeigte, daß zwar in den Köpfen Dritter, nicht aber für Polen selbst nationales Territorium verhandelbar war.[65]

Unterschiedlich sahen auch die Vorstellungen von der Stellung Deutschlands in Mittelosteuropa aus. Auch darüber wissen wir bislang wenig. Es gab starke Kräfte, die Deutschland ein größeres ökonomisches Betätigungsfeld in Ost- und Mittelosteuropa einräumen wollten. Politische Stabilität, so die Überlegung, war nicht möglich ohne wirtschaftliche Stabilität, wirtschaftliche Stabilität aber nur erreichbar bei einer engen Verflechtung der Volkswirtschaften jener Länder mit Deutschland. Frankreich, so Jacques Seydoux 1926, solle „enge wirtschaftliche Abmachungen" zwischen Deutschland und Polen nicht blockieren. In ihnen sah er die „beste Garantie für die Existenz Polens".[66] Andere plädierten umgekehrt dafür, dem „deutschen Drang nach Osten" energisch einen Riegel vorzuschieben. Besaß Frankreich dazu die Mittel und den politischen Willen? Und welche Mittel standen zur Verfügung?

Mit der Überwindung der eigenen Währungskrise und der Wiedergewinnung finanzieller Stärke ging Frankreich dazu über, sich in den Staaten der Kleinen Entente

---

[62] Piotr S. Wandycz, *France and Her Eastern Allies 1919–1925*, Minneapolis 1962; ders. *The Twilight of French Eastern Allies, 1926–1936. French-Czechoslovak-Polish Relations from Locarno to the Remilitarization of the Rhineland*, Princeton (N. J.) 1988; Jacques Bariéty, Die französisch-polnische ‚Allianz' und Locarno, in: Ralph Schattkowsky (Hg.), *Locarno und Osteuropa. Fragen eines europäischen Sicherheitssystems in den 20er Jahren*, Marburg 1994, S. 75 ff.

[63] Georges-Henri Soutou, L'alliance franco-polonaise (1925–1933) ou comment s'en débarrasser?, in: *Revue d'Histoire Diplomatique* 95 (1981), S. 295–348.

[64] Jules Sauerwein, *30 ans à la une,* Paris 1962, S. 186 (Sauerwein zu Stresemann).

[65] Keeton, *Briand's Locarno Policy* (wie Anm. 9), S. 351 f.

[66] Aufzeichnung vom 23.11.1926; MAE, Allemagne 400.

wieder stärker zu engagieren – finanziell, aber auch politisch und militärisch.[67] Bei der Stabilisierung der Währungen Polens (1926), Rumäniens (1929) und Jugoslawiens (1931) spielte die Bank von Frankreich eine wichtige oder die entscheidende Rolle. Zwischen 1927 und 1932 wurde in beträchtlichem Ausmaß französisches Kapital in Mittelosteuropa investiert. René Girault und Robert Frank schätzen den kumulierten Gesamtbetrag der französischen Anlagen im Raum zwischen Deutschland und der Sowjetunion, zwischen Baltikum, Mittelmeer und Schwarzem Meer auf 23 bis 24 Milliarden Francs. Das war eine beachtliche Summe und entsprach etwa 25 % des französischen Vermögens im Ausland.[68] Hauptempfänger waren jene Länder, die mit Frankreich verbündet waren: Polen, Jugoslawien, Rumänien, Tschechoslowakei.

Berthelot arbeitete nach 1926 gemeinsam mit dem Kriegsministerium an der Reorganisation der Armeen der Kleinen Entente. Mit Rumänien und Jugoslawien schloß Frankreich 1926 und 1927 Verträge ab, die Frankreichs Verpflichtungen eng umschrieben und das Schwergewicht auf die Schiedsgerichtsbarkeit legten.[69] 1927 und 1928 wurden Militärmissionen nach Rumänien entsandt und Anleihen gewährt, die an Rüstungslieferungen gekoppelt waren. 1930 schließlich wurde nach langen Verhandlungen zwischen dem französischen und dem rumänischen Generalstab ein umfangreiches, von General Weygand gebilligtes Aufrüstungsprogramm in Höhe von 4 Milliarden Francs unter der Kontrolle Frankreichs und zum Vorteil der französischen Industrie (Schneider Creusot) oder ihrer tschechischen Zweigniederlassungen (Skoda-Werke) über einen Zeitraum von 10 Jahren vereinbart.

Die Finanzdiplomatie war nicht ohne Probleme und politisch von zweifelhaftem Wert. Außen- und Sicherheitspolitik, Handel, Währung und Finanzen bildeten kein kohärentes Ganzes. Frankreich war Gläubiger und – gegenüber den USA und Großbritannien – Schuldner zugleich. Die Diplomatie des Franc beschwor scharfe Konflikte zwischen der Bank von Frankreich und der Bank von England herauf. Beide beschuldigten sich wechselseitig des „Finanzimperialismus".[70] Die Härte der Aus-

---

[67] Diese Zusammenhänge sind bislang kaum untersucht. Faszinierendes Material zur französischen Strategie gegenüber Rumänien (über die wir noch am besten und zumindest in den Grundzügen informiert sind) befinden sich in den Akten des französischen Finanzministeriums: F30. 1054–1058. Vgl. Philippe Marguerat, Banque de France et politque de puissance dans l'entre-deux-guerres: le problème des stabilisations monétaires en Europe Orientale, 1927–1931, in: *Relations Internationales* 1988/56, S. 475–485; René Girault, L'Europe Centrale et Orientale dans la stratégie des hommes d'affaires et des diplomates français, in: *Les relations financières internationales, facteurs de solidarités ou de rivalités*, Brüssel 1979, S. 119–132; Jean Bouvier, René Girault und Jacques Thobie, *L'impérialisme à la française*, Paris 1986, S. 199 ff.

[68] Girault und Frank, *Turbulente Europe* (Anm. 23), S. 156 f.

[69] Nicole Jordan, *The Popular Front and Central Europe. The Dilemmas of French Impotence, 1918–1940*, Cambridge 1992, S. 14 f.

[70] Richard Hemming Meyer, *Bankers' Diplomacy. Monetary Stabilization in the Twenties*, New York 1970; Marie-Luise Recker, *England und der Donauraum 1919–1929. Probleme einer europäischen Nachkriegsordnung*, Stuttgart 1976; Anne Orde, *British Policy and European Reconstruction after the First World War*, Cambridge 1990, Kap. 8, bes. S. 299 ff. Eine nach wie vor aufschlußreiche Quelle ist das Tagebuch des Gouverneurs der Bank von Frankreich: Emile Moreau, *Souvenirs d'un gouverneur de la Banque de France. Histoire de la stabilisation du franc, 1926–1928*, Paris 1954.

einandersetzungen und die Schärfe des Tones erwecken gelegentlich den Eindruck, daß in Paris Großbritannien – und nicht Deutschland – als der eigentliche Gegner Frankreichs betrachtet wurde. Das Engagement in Südosteuropa verschärfte die Gegensätze zum faschistischen Italien, das seine äußeren Ambitionen ab 1926 zunehmend auf den Balkan und Südosteuropa richtete, sich dort als Anwalt des Revisionismus präsentierte und die im Krieg unterlegenen Länder (Bulgarien, Ungarn, Österreich) unterstützte, die eine Modifizierung der Verträge anstrebten.[71]

Von Deutschland wurde in Paris angenommen, daß es den Abschluß von Handelsabkommen betreiben würde, um die Staaten Ost- und Mittelosteuropas in seine Abhängigkeit zu bringen. Dem wollte Frankreich zuvorkommen. In der Wiederherstellung traditioneller Handelsverbindungen zwischen Österreich und seinen Nachbarn sah Paris ein Mittel, einem „Anschluß" vorzubeugen.[72] Der nach dem Weltkrieg unternommene Versuch jedoch, Deutschland von den Märkten Ost- und Mittelosteuropas zu verdrängen, gelang nicht. Deutschland blieb der wichtigste Handelspartner und stellte 1929 zwischen 20 und 30 % der Einfuhren der ost- und südosteuropäischen Länder.[73] Frankreich trieb demgegenüber wenig Handel mit den östlichen Verbündeten. Die französischen Waren folgten nicht dem Kapital. Das war eine traditionelle Schwäche der französischen Expansion und eines ihrer Merkmale bereits vor 1914 gewesen. Keiner der Verbündeten kaufte 1929 mehr als 8 % seiner Einfuhren in Frankreich. Frankreich vermochte Anleihen zu gewähren. Anleihen aber konnten Märkte nicht ersetzen. Und im Verlauf der großen Krise wurden Märkte immer wichtiger. Jedenfalls sah sich Frankreich angesichts seines hohen Agrarprotektionismus und seiner großen Landwirtschaft nicht in der Lage, die vornehmlich agrarischen Produkte jener Region aufzunehmen.

Die finanzielle Stärke nach 1926 schließlich erwies sich als abhängig von der Zahlungsbilanz, von kurzfristigen Kapitalbewegungen, den Reparationen und der Schwäche des Pfund Sterling. In der großen Krise, die in Frankreich später einsetzte und länger dauerte als in anderen Ländern, schmolz ab 1931 auch die Finanzmacht dahin.[74]

---

[71] Ennio di Nolfo, *Mussolini e la politica estera italiana (1919–1933)*, Padova 1960; Giampiero Carocci, *La politica estera dell'Italia fascista (1925–1928)*, Bari 1969; Alan Cassels, *Mussolini's Early Diplomacy*, Princeton (N. J.) 1970; Pierre Milza, *L'Italie fasciste devant l'opinion française 1920–1940*, Paris 1967; William I. Shorrock, *From Ally to Enemy: The Enigma of Fascist Italy in French Diplomacy, 1920–1940*, Kent (Ohio) 1988.

[72] Nicole Piétri, Die österreichische Außenpolitik gegenüber den Nachfolgestaaten während der zwanziger Jahre aus der Sicht des Quai d'Orsay, in: Friedrich Koja und Otto Pfersmann (Hg.), *Frankreich-Österreich. Wechselseitige Wahrnehmung und wechselseitiger Einfluß seit 1918*, Wien 1994, S. 65–81.

[73] Angaben nach der Aufstellung bei Georges Soutou, L'impérialisme du pauvre: la politique économique du gouvernement français en Europe Centrale et Orientale de 1918 à 1929, in: *Relations Internationales* 7 (1976), S. 237.

[74] Kenneth Mouré, *Managing the Franc Poincaré. Economic Understanding and Political Constraint in French Monetary Policy, 1928–1936*, Cambridge 1991; Julian Jackson, *The Politics of Depression in France 1932–1936*, Cambridge 1985; Frank, *La hantise* (Anm. 31), Kap. 6.

Auch im Falle Rumäniens erreichte Frankreich seine außenpolitischen Ziele nicht.[75]

Es gab, so scheint es, unverrückbare Grenzen der Konzessionsbereitschaft. Der „Anschluß" Österreichs wurde als mit dem europäischen Gleichgewicht unvereinbar betrachtet. „L'Anschluß, c'est la guerre", hatte Briand 1928 erklärt.[76] Herriot sah in einer Zollunion mit Österreich die Vorstufe zu politischer Einigung und zu deutscher Dominanz im Donauraum – wie der Zollverein im 19. Jahrhundert die deutsche Einheit unter Preußens Führung vorbereitet hatte.[77] Für Poincaré lief ein „Anschluß" auf „the systematic reestablishment of German hegemony in Central Europe" hinaus.[78]

Die Befürchtungen, Unwägbarkeiten und Gefahren bündelten sich in der Sicherheitsfrage. Für Frankreich blieb auch in der Ära Briand-Stresemann die eigene militärische Überlegenheit Voraussetzung für die Sicherheit und die Verständigung mit Deutschland – dies um so mehr, als im Unterschied zur Zeit nach dem Zweiten Weltkrieg die USA und Großbritannien es ablehnten, Frankreich die für erforderlich gehaltenen Sicherheitsgarantien zu geben. Deutschland mußte militärisch entwaffnet bleiben. Die deutsche Forderung nach „Gleichberechtigung" – auch (zumindest formal) in der Rüstungsfrage – wurde zurückgewiesen. Nur über einen französischen Rüstungsvorsprung ließ sich die demographische und ökonomische Überlegenheit des deutschen Reiches machtpolitisch ausgleichen. Freilich sollte die Armee im Unterschied zu den Jahren 1919–1924 nicht mehr unilateral und offensiv zur Einhaltung der Vertragsbestimmungen, sondern nur mehr als defensiver Schutzschild eingesetzt werden.[79]

---

[75] Marguerat, *Banque de France* (Anm. 67). Im Verhältnis zwischen Frankreich und Polen sowie der Tschechoslowakei schufen die französischen Investitionen mehr Reibungen als ein Gefühl der Solidarität (besonders in Polen, aber auch in der Tschechoslowakei); Wandycz, *The Twilight* (Anm. 62), bes. S. 454 f. [76] Siebert, *Briand* (Anm. 3), S. 581. Briand diskreditierte sich dadurch, daß er am 3. März 1931 kurz vor der Verkündung des Zollunionsprojektes (21. März) erklärt hatte, die Anschlußgefahr sei eigentlich überwunden. *Journal Officiel de la République Française, débats parlementaires, Chambre des Députés, session ordinaire de 1931, deuxième partie* (3.3.1931), S. 1418.

[77] Berstein und Milza, *Histoire* (Anm. 8), S. 353.

[78] Poincaré, *Since Versailles* (Anm. 61), S. 525. Kritische, zusammenfassende Würdigung deutscher Mitteleuropapläne und ihres Gewichts für die deutsche Politik bei Peter Krüger, Wirtschaftliche Mitteleuropapläne in Deutschland zwischen den Weltkriegen, in: Richard G. Plaschka u. a. (Hg.), *Mitteleuropa-Konzeptionen in der ersten Hälfte des 20. Jahrhunderts*, Wien 1995, S. 283–303. Krüger betont den Einschnitt der großen Krise. Bis Anfang 1930 hatten für das Auswärtige Amt gesamteuropäische Lösungen bis hin zu einer europäischen Zollunion und die Verständigung mit Frankreich Vorrang vor regionalen Versuchen und einer Zollunion mit Österreich.

[79] Wurm, *Sicherheitspolitik* (Anm. 15), passim, bes. Kap. 3, 6; Jean Doise und Maurice Vaïsse, *Diplomatie et outil militaire 1871–1991*, Paris 1992, Kap. 3, bes. S. 339 ff. Man muß sich freilich fragen, wie stark der Widerstandswille gegen Deutschland tatsächlich war, wenn selbst Seydoux auf der Seite des langfristig Stärkeren stehen wollte; vgl. seine Aufzeichnungen vom 15.6.1926 und 23.11.1926; MAE, Allemagne 389 und 400. (Es sei für Frankreich besser, „mit Deutschland übereinzustimmen, um Europa zu beherrschen als gegen es zu sein".)

Bei allen Unterschieden lassen sich hier Analogien zur Zeit nach dem Zweiten Weltkrieg beobachten. Die Grundkonstellation im Verhältnis wirtschaftlicher und sicherheitspolitischer Faktoren ähnelt sich. Die französische Politik lief auf eine Art „Gleichgewicht der Ungleichgewichte" hinaus, wie es Stanley Hoffmann für das deutsch-französische Verhältnis und die französische Deutschland- und Europapolitik seit den fünfziger Jahren genannt und beschrieben hat: Durch die Entwicklung einer eigenen Atomstreitmacht, militärpolitische Autonomie, eine aktive Weltpolitik und die Betonung der internationalen Statusunterschiede zu Deutschland sollte das wirtschafts- und währungspolitische Gewicht der Bundesrepublik ausgeglichen werden.[80] Ein ähnlicher Unterschied gilt für die wirtschaftliche und sicherheitspolitische Integration Westeuropas seit dem Zweiten Weltkrieg. Gleichberechtigung wurde Deutschland in wirtschaftlichen (EGKS, EWG), nicht aber in Formen militärischer Integration (Pleven-Plan, WEU) zugestanden.[81] Der Unterschied wurde in den zwanziger Jahren von Deutschland abgelehnt, nach 1945 aber in einer völlig veränderten nationalen und internationalen Konstellation von der Bundesrepublik freiwillig akzeptiert.

---

[80] Stanley Hoffmann, La France dans le nouvel ordre européen, in: *Politique Étrangère* 55 (1990), S. 503–512, hier S. 504.

[81] Gustav Schmidt, Tying (West) Germany into the West – But to What? NATO? WEU? The European Community?, in: Clemens Wurm (Hg.), *Western Europe and Germany. The Beginnings of European Integration 1945–1960*, Oxford 1995, S. 137–174.

Präsident Georges Pompidou und die Ostpolitik

GEORGES–HENRI SOUTOU

Zunächst sollte man unterstreichen, daß Präsident Pompidou, trotz fehlender Sympathie für die Person Bundeskanzler Brandts, von der zentralen Bedeutung des französisch-deutschen Verhältnisses überzeugt war. Er bemühte sich, es zu entwickeln. Erkennbar ist dies vor dem Hintergrund der damaligen Turbulenzen im internationalen Währungssystem am Beispiel der Industrie- oder Währungspolitik. Er stimmte auch im Wesentlichen mit Bonn in den Bemühungen um eine neue Runde der europäischen Entwicklung, um regelmäßige Zusammenkünfte der Staats- und Regierungschefs und um die Suche nach einer europäischen Wirtschafts- und Währungsunion überein. Es ist nicht zutreffend, daß Pompidou der Bundesrepublik mißtraute und versuchte, mit dem Beitritt Großbritanniens zur europäischen Wirtschaftsgemeinschaft ein Gegengewicht zu ihr zu entwickeln.[1] Zutreffend dagegen ist, daß Pompidou Zweifel gegenüber der Entwicklung der deutschen Außenpolitik hegte. Diese Zweifel hingen eindeutig mit der Ostpolitik zusammen, wenngleich häufig geäußerte Ansichten über Pompidous Opposition gegenüber der Ostpolitik das Problem zu sehr vereinfachen. Pompidou hatte kein Wissen aus erster Hand über Deutschland. Die Mitarbeiter im Elysée-Palast vermittelten ihm eine traditionelle, geopolitisch gefärbte Sicht der Ostpolitik, in der ihre psychologischen und innenpolitischen Aspekte in dieser für die Bundesrepublik Deutschland so bedeutungsvollen Phase fehlten. Wir werden sehen, daß dies zu gewissen Verzerrungen und Übertreibungen in der Bewertung der deutschen Außenpolitik durch den Präsidenten führte. Was zeitweilig Tendenzen oder Arbeitshypothesen in Bonn waren, wurde in Paris als definitive Politik angesehen. Im folgenden soll versucht werden, die komplexe Haltung Pompidous zur Ostpolitik zu erklären.

---

[1] Haig Simonian, *The Privileged Partnership. Franco-German Relations in the European Community 1969–1984*, Oxford 1985; Andreas Wilkens, *Der Unstete Nachbar. Frankreich, die deutsche Ostpolitik und die Berliner Vier-Mächte-Verhandlungen 1969–1974*, Oldenburg 1990; Werner Link, Außen- und Deutschlandpolitik in der Ära Brandt 1969–1974, in: Karl Dietrich Bracher, Wolfgang Jäger und Werner Link, *Republik im Wandel 1969–1974. Die Ära Brandt*, Stuttgart und Mannheim 1986. Für eine auf den französischen Akten basierende Darstellung vgl. meinen Beitrag L'attitude de Georges Pompidou face à l'Allemagne, in: *Georges Pompidou et l'Europe*, Brüssel 1995, S. 267–313. Dieser Beitrag wertet die Kabinettsakten aus, die in den Archives Nationales in Paris liegen. Den Teilnehmern dieser Konferenz wurde ausnahmsweise der Zugang zu diesen Unterlagen gewährt. Wenn nicht anders vermerkt, stammen alle Angaben in diesem Beitrag aus diesen Materialien.

Pompidou und die erste Phase der Ostpolitik: Frankreich begrüßt die Normalisierung der Beziehungen zwischen Bonn und dem Osten

Pompidou hatte keine Einwände gegen die erste Phase der Ostpolitik, die zwischen 1970 und 1972 zu den Verträgen zwischen Deutschland und dem Osten führte. Am 4. Dezember 1971 äußerte er gegenüber Brandt, Frankreich wünsche die Herstellung eines „Zustandes der Ruhe zwischen Westeuropa und der Sowjetunion". Schließlich hatte die französische Politik seit de Gaulles Pressekonferenz vom 5. Februar 1964 betont, daß das deutsche Problem nur nach der Aussöhnung von Ost- und Westeuropa gelöst werden könnte und Bonn auf die Gebiete jenseits der Oder-Neiße verzichten sollte. Als Brandt zur Unterzeichnung des sowjetisch-deutschen Vertrages in Moskau war, führte Pompidou am 11. August 1970 öffentlich aus, daß die Ostpolitik eine Anwendung des Vermächtnisses von de Gaulle war.[2]

Es sei hier ausdrücklich betont, daß Pompidou 1972 die Ratifizierung der Ostverträge durch den Bundestag wünschte. Als er am 22. März 1972 den Vorsitzenden der CDU, Rainer Barzel, empfing, bestand er nachdrücklich darauf, daß die CDU die Ratifizierung nicht behindern sollte. Barzel entschied dann letztlich, daß die CDU sich bei der entscheidenden Abstimmung enthalten sollte, anstatt gegen die Verträge zu votieren, wie er es zunächst vorgesehen hatte. So gesehen spielte Pompidou eine wichtige Rolle bei der Ratifizierung der Ostverträge.

Abgesehen von Pompidous allgemeinem Wunsch nach Entspannung in Europa gab es einen sehr speziellen Grund für seine Unterstützung der Ostverträge: Sie festigten die Teilung Deutschlands. Interne Dokumente aus dem Kabinett Pompidous spielen indirekt auf eine solche Überlegung an. Zudem bestand Pompidou seit 1972 darauf, daß die DDR von Frankreich als ein völlig unabhängiges Land behandelt werden sollte. Als er Breschnew im Oktober 1970 besuchte, erklärte der Präsident unmißverständlich, Frankreich stimme einer internationalen Anerkennung der DDR zu. Man solle Deutschland „nicht die Hoffnung auf eine Wiedervereinigung nehmen", aber die französische Regierung sei „nicht in Eile". Pompidou ging sogar so weit, Breschnew zu warnen, daß die beiden deutschen Staaten nach ihrer gegenseitigen Anerkennung engere Kontakte entwickeln und bestrebt sein würden, enger zusammenzurücken. Wie weit sollte diese Entwicklung aus der Sicht Moskaus toleriert werden? Pompidou wollte zum Ausdruck bringen, daß Paris und Moskau gemeinsam die erste Stufe der Ostpolitik und die damit verbundene de facto-Anerkennung der DDR begrüßten, sie aber zugleich Wachsamkeit gegenüber weitergehenden Zielen Bonns entwickeln müßten.[3]

---

[2] Eric Roussel, *Georges Pompidou, 1911–1974*, Paris 1994, S. 391–392.
[3] Ebd., S. 395 ff.

Frühes Mißtrauen Pompidous gegenüber den eigentlichen Motiven Bonns und Moskaus

Entscheidend war, daß Pompidou offensichtlich die erste Stufe der Ostpolitik mit der Anerkennung der Nachkriegsrealitäten und besonders der Teilung Deutschlands unterstützte, daß er aber aufgrund des Nutzens, den Moskau daraus ziehen konnte, und aufgrund der vermuteten Motive Brandts weitaus weniger begeistert über die mögliche Entwicklung der Bonner Politik gegenüber dem Osten war. Pompidou und seine Berater, von denen in Deutschlandfragen vor allem der Diplomat Jean-Bernard Raimond zu nennen ist, waren bereits im Dezember 1969 davon überzeugt, daß Bonn mit der Ostpolitik letztlich das ostdeutsche Regime schwächen und sich Ostdeutschland einverleiben wollte. Doch diese Politik konnte fehlschlagen. Die zunehmenden Kontakte zwischen beiden deutschen Staaten konnten den Sowjets dienlich sein und anstatt zu einer „Destabilisierung des Ostens" zu einer Destabilisierung des Westens und zu vermehrtem sowjetischem Einfluß führen.[4] Pompidou glaubte, daß Brandts erstes außenpolitisches Ziel die Wiedervereinigung war und daß dies die übrige Politik Bonns beeinflußte. Insbesondere war Pompidou davon überzeugt, Bonn wolle nicht länger die Bildung eines starken Westeuropa, da dieses sein Bemühen um eine weitgehende Einigung mit Moskau behindern konnte. Wie Pompidou gegenüber Brandt am 25. Januar 1971 ausführte, bestand das Risiko, daß ein uneiniges Westeuropa stückweise mit Moskau in einer gefährlichen Position der Unterlegenheit verhandelte. Offensichtlich realisierte Pompidou nicht, daß die Ostpolitik in extrem langfristiger Perspektive angelegt war, die für die nahe Zukunft ein besseres Verhältnis zwischen den beiden deutschen Staaten, die Wiedervereinigung aber bestenfalls in ferner Zukunft anstrebte.

Wenn Pompidou, wie wir gesehen haben, keine Einwände gegen die Ostpolitik als Anerkennung der „Realitäten" in Europa hatte, so mißtraute er ihr, wenn sie ein Mittel zur Lösung der deutschen Frage sein sollte. Dies erklärte Pompidou Brandt bereits bei ihrem ersten offiziellen Treffen am 30. Januar 1970. Moskau würde keine schnelle Lockerung seiner Herrschaft über Osteuropa akzeptieren, wie das Beispiel Tschechoslowakei im Jahre 1968 gezeigt hatte. Man müsse auf die Liberalisierung der kommunistischen Prinzipien in der Sowjetunion selbst warten. Die Sowjets fürchteten zudem die Macht eines wiedervereinigten Deutschlands. Die Deutschen müßten sehr geduldig sein; inzwischen sollten sie aufpassen, von Moskau nicht manipuliert zu werden.

Hier wird neben der Aussicht auf eine deutsche Wiedervereinigung die zweite Befürchtung Pompidous bezüglich der Ostpolitik deutlich. Aufgrund des Druckmittels, das Moskau durch die Teilung Deutschlands gegenüber Bonn besaß, könnte die Ostpolitik zu einem umfassenden sowjetisch-deutschen Abkommen und zu einem sowjetisch-deutschen Kondominium über Europa unter vorherrschendem Einfluß Moskaus führen. Am deutlichsten spielte er auf eine mögliche derartige Ent-

---

[4] Diese Sicht vertrat Raimond in zwei Aufzeichnungen vom 6. November und 8. Dezember 1969. Vgl. dazu meinen bereits genannten Beitrag.

wicklung an, als er am 5. März 1970 mit Rainer Barzel zusammentraf. Warnend beschwor er unter Verwendung eines jetzt negativ gemeinten Begriffs de Gaulles „Europa vom Atlantik bis zum Ural" herauf, in dem die beiden deutschen Staaten zusammenleben konnten. An dieser Stelle sollte darauf hingewiesen werden, daß einige Befürworter der Ostpolitik, gewiß Egon Bahr und wahrscheinlich Willy Brandt selbst, tatsächlich über die Bildung eines europäischen Sicherheitssystems nachdachten, das auf einer breit angelegten sowjetisch-deutschen Einigung als Voraussetzung zur Lösung der deutschen Frage beruhen sollte, wenn sie sich auch über den möglichen Zeitplan für eine solche Entwicklung nicht sicher waren.[5]

In privaten Gesprächen mit französischen Journalisten erklärte Pompidou bereits im September 1970, er fürchte sowohl die neue deutsche Bestimmtheit gegenüber den westlichen Bündnispartnern als auch die Tatsache, daß die Sowjetunion jetzt einen starken Einfluß auf Bonn habe. Auch befürchtete er als ständige Zwangsvorstellung einen möglichen Rückzug der amerikanischen Truppen aus Europa, was zu einer sowjetisch-deutschen Übereinkunft führen konnte. Deutschland könnte dann wiedervereinigt werden, einen neutralen Status erlangen und mit Atomwaffen ausgerüstet werden: drei Alpträume für die Franzosen! Die einzige Antwort darauf war, Deutschland in einem starken Westeuropa zu verankern und zwar so, daß es sich nicht mehr loslösen konnte.[6] Pompidous Europapolitik muß in diesem Kontext gesehen werden und nicht als Trick, Deutschland durch den Beitritt Großbritanniens zur europäischen Wirtschaftsgemeinschaft auszubalancieren. Er war überzeugt, daß das europäische Problem mit der deutschen Frage eng verbunden und die Pflege praktischer Solidarität unter den Europäern der beste Weg war, die Entwicklung der deutschen Frage in einer Weise zu beeinflussen, daß sowohl eine deutsche Flucht aus der europäischen Einbindung als auch das Risiko eines sowjetisch-deutschen Kondominiums verhindert würde.

Pompidous Vorbehalte gegenüber einer Berlin-Regelung

Frankreich spielte, wie bekannt, eine wichtige Rolle in den Verhandlungen über das Viermächteabkommen vom September 1971. Es war das Außenministerium, das die Verhandlungen unterstützte. Der Präsident war von Beginn an sehr skeptisch und drängte zu äußerster Vorsicht. Er lehnte die Idee einer unterschiedlichen Behandlung für West- und Ost-Berlin ab und wies die Überlegung zurück, daß West-Berlin in vollem Sinn ein *Land* der Bundesrepublik Deutschland werden könne. Er lehnte es ab, ein Abkommen über Berlin zur Bedingung einer Ost-West-Entspannung zu machen und hätte es bevorzugt, die Verhandlungen auf praktische Fragen zu begrenzen, die das Leben der West-Berliner betrafen. Bereits im Oktober 1969 erklärte er: „Man darf nicht den Status von Berlin ändern."

---

[5] Siehe Link (Anm. 1), S. 169 ff.
[6] Roussel (Anm. 2), S. 393 f.

Natürlich konnte Frankreich nicht isoliert bleiben und mußte sich den Verhandlungen anschließen. Doch aus den Aufzeichnungen entsteht der Anschein, daß Pompidou am Ende eine wichtige Rolle spielte. Im August 1971 waren die Verhandlungen durch das Problem der sowjetischen Verantwortung für den Zugang nach West-Berlin festgefahren. Moskau wollte, daß in dem Abkommen die DDR als mitverantwortlich neben der Sowjetunion für den Zugang erwähnt würde. Pompidou drängte die französischen Verhandlungsteilnehmer, dieser Forderung strikt zu widerstehen. Sie setzten sich damit durch, so daß das Abkommen vom 3. September im Rahmen des Viermächte-Status für Berlin blieb.

Warum war die Verteidigung des Viermächte-Status für Pompidou so wichtig? Weil er überzeugt davon war, daß Berlin der Dreh- und Angelpunkt der Ost-West-Balance war. In einer ausführlichen handschriftlichen Aufzeichnung vom 26. März 1970 notierte der Präsident, „daß eine Viermächteregelung von fundamentaler Bedeutung sei, weil sie die UdSSR einschloß". Jede andere Lösung würde den Osten in die Lage versetzen, die Bundesrepublik Deutschland durch Berlin zu erpressen. Berlin war, wie der Präsident am 3. Juli 1970 gegenüber Brandt und erneut am 3. Juni 1971 gegenüber Barzel erklärte, „der zentrale und entscheidende Faktor in der Balance zwischen Ost- und Westeuropa." Wenn der Status von Berlin verändert wurde, konnte Moskau die Bundesrepublik Deutschland erpressen. Darüber hinaus würde der Westen (und vor allem Frankreich) sein bestes Mittel zur Kontrolle der deutschen Frage verlieren. Dies hängt offensichtlich mit Pompidous Befürchtungen vor einer schnellen deutschen Vereinigung und einem umfassenden deutsch-sowjetischen Abkommen zusammen.

1973–1974:
Wachsende Bedenken gegenüber der Ostpolitik?

Für Pompidou war 1973 ein Jahr der Krise. Abgesehen natürlich vom Yom-Kippur-Krieg und seinen weitreichenden Konsequenzen, stand Paris unter dem Eindruck des amerikanisch-sowjetischen Abkommens vom 22. Juni, welches eine Art gemeinsamer Herrschaft der zwei atomaren Supermächte anzukündigen schien. Wenngleich Frankreich der Helsinki-Konferenz im Juli und dem sich entwickelnden Prozeß der Konferenz für Sicherheit und Zusammenarbeit in Europa positiv gegenüberstand, so war die französische Regierung sehr verstimmt über den Beginn der MBFR-Verhandlungen in Wien, an denen Frankreich nicht teilnahm. Zusätzlich schien das von Henry Kissinger angekündigte „Jahr Europas" tatsächlich Washingtons Wunsch nach Wiedererlangung der Kontrolle über die Europäer gleichzukommen. In allen diesen Fragen suchte Pompidou die deutsche Unterstützung, doch zum größten Teil vergeblich. Paris war vom Besuch Breschnews in Bonn im Mai 1973 und von dem Umfang der Wirtschaftsvereinbarungen beeindruckt, die bei diesem Anlaß getroffen wurden. Die Ostpolitik schien sich aus französischer Sicht mehr und mehr in die Richtung der Hintergedanken zu entwickeln, die in Paris von Anfang an gefürchtet waren. Zusätzlich schlug Bonn im Herbst ein System der europäischen Verteidigung vor, das offenbar auf einer Lokkerung der Bindungen zu den Vereinigten Staaten und auf einer Vereinbarung mit der Sowjetunion basierte. All dies konnte den französischen Präsidenten nur irritieren.

Die Bundesrepublik Deutschland hatte zu Beginn der parallelen Prozesse KSZE und MBFR eine wichtige Rolle gespielt und war wesentlich an dem im Juni 1968 von der NATO gegebenen „Signal von Reykjavik" beteiligt gewesen, an dem Frankreich nicht mitgewirkt hatte. Der erste westliche Regierungschef, der offiziell den alten sowjetischen Vorschlag einer europäischen Sicherheitskonferenz akzeptierte, war Brandt, als er mit Breschnew in Oreanda im September 1971 zusammenkam. Die jeweiligen Positionen von Paris und Bonn waren gegensätzlich. Paris fürchtete die Konsequenzen der MBFR-Verhandlungen für die westliche Verteidigung. Bonn befürwortete sie in der Hoffnung, durch Abrüstung eines Tages zu einer neuen Sicherheitsordnung in Europa zu kommen, die eine Wiedervereinigung möglich machen würde. Die KSZE-Konferenz wurde in Paris als ein Mittel begrüßt, das sowjetische Interventionen in Osteuropa schwieriger machen würde und das der Entspannung diente. Bonn jedoch war ungeachtet der Haltung Brandts in Oreanda sehr zurückhaltend, weil man meinte, Moskau gehe es vorrangig um die internationale Anerkennung der europäischen Nachkriegsgrenzen und der Teilung Deutschlands.

Pompidou erläuterte die französische Haltung Brandt gegenüber bereits im Juli 1970 und erneut im Januar 1971. Unter dem negativen Eindruck, der in Paris durch das Treffen in Oreanda entstanden war, warnte Pompidou am 10. Februar 1972 Brandt indirekt vor dem Prozeß der „Finnlandisierung Deutschlands", die Moskau verfolge, um die Neutralisierung Deutschlands als Gegenleistung zur Wiedervereinigung zu erreichen. Pompidou teilte Brandt mit, daß es Frankreichs und Deutschlands Ziel sein sollte, eine allgemeine Entspannung in Europa (im Gegensatz zu einer begrenzten Entspannung zwischen Bonn und Moskau) zu erreichen. Sie würde zu besseren Beziehungen unter allen Völkern in Ost- und Westeuropa und zwischen den beiden deutschen Staaten führen und „die Neutralisierung von Mitteleuropa und somit auch Deutschlands" vermeiden.

Am Ende des Jahres 1972 und zu Beginn des Jahres 1973 wuchsen die Meinungsunterschiede zwischen Paris und Bonn. Bonn unterstützte in immer stärkerem Maße die MBFR-Verhandlungen, und Pompidou befürwortete im Anschluß an seine Reise nach Minsk im Januar 1973 mehr und mehr die KSZE. Ebenso nahm die Unruhe Frankreichs über die Ostpolitik zu. Am 23. November 1973 schrieb Jean-Bernard Raimond an den Präsidenten, daß Bonn die MBFR-Verhandlungen in der Absicht unterstütze, ein europäisches Sicherheitssystem zu schaffen, das „auf dem Abzug fremder Truppen und der Garantie der Supermächte" beruhe. Dies entspreche den Linien, die die Sowjets bereits seit 20 Jahren vorgeschlagen hätten. Zur gleichen Zeit wollte die Bundesrepublik engere Beziehungen zwischen der EWG und den Vereinigten Staaten, was Paris hartnäckig ablehnte, während man in Bonn die Konsequenzen eines amerikanisch-sowjetischen Atomwaffen-Abkommens fürchtete. Raimond folgerte, daß sich die Bundesrepublik Deutschland „in besonders tiefen Widersprüchen befand". Diese Aussagen stimmen mit dem überein, was wir über damalige interne Debatten in Bonn zwischen den Befürwortern atlantischer Loyalität und den

Anhängern eines weitreichenden und tatsächlich neutralistischen Übereinkommens mit Moskau wissen.[7]

Pompidous Unruhe wurde durch die Äußerungen Brandts ihm gegenüber am 21. Juni 1973 noch gesteigert. Bereits zwei Jahre zuvor hatte der Bundeskanzler das Thema eines europäischen Verteidigungssystems vage angeschnitten. Doch diesmal war er hartnäckiger, indem er auf die Möglichkeit einer europäischen Verteidigungsorganisation anspielte, „um die NATO zu ergänzen oder zu ersetzen". Brandt war der Auffassung, daß der französisch-deutsche strategische Dialog, welcher seit de Gaulle und Adenauer nie unterbrochen worden war, jetzt „praxisorientierter" sein sollte. In solch einer Organisation könne Deutschland sich nicht mit einer zweitklassigen Rolle zufrieden geben, auch wenn es jetzt noch nicht nach Atomwaffen strebe. Ohne die Tür zu einer europäischen Verteidigung völlig zu schließen, legte sich Pompidou nicht fest. Am 9. November erörterte der deutsche Außenminister Scheel mit seinem französischen Amtskollegen, Michel Jobert, erneut das Thema. Er war präziser als Brandt und erklärte Jobert, daß die Europäische Gemeinschaft sich letztlich „von ihrer Abhängigkeit" von der NATO befreien und eine nukleare Verteidigungsfähigkeit erreichen müsse. In Anbetracht der Tatsache, daß diese Aussage vom Außenministers eines Landes stammte, das vorgab, der zuverlässigste Anhänger der NATO auf dem europäischen Kontinent zu sein, war dies eine eher erschütternde Erklärung.

Joberts Antwort vom 9. November ist nicht bekannt. Seine Reaktion kann jedoch aus seiner Rede vor der Versammlung der WEU am 21. November[8] und aus einem Artikel in *Le Monde*, der sichtlich von ihm beeinflußt war, abgelesen werden. Bei diesen beiden Gelegenheiten betonte Jobert die Notwendigkeit der Atlantischen Allianz, der dauerhaften Präsenz amerikanischer Truppen in Europa sowie des amerikanischen Atomwaffenschirms. Den Europäern schlug er „ein Bemühen um Dialog und Selbstreflexion" im Rahmen der WEU vor. Ein europäisches Verteidigungssystem sei „eine langwierige Angelegenheit, über die man nur sagen konnte, daß sie nicht schon für morgen bestimmt war". Dies war in der Tat eine gedämpfte Antwort auf Scheels Vorschläge.

Offensichtlich reagierte Paris recht ablehnend auf die deutschen Annäherungsversuche. Als Brandt das Thema noch einmal mit Pompidou am 26. November, also fünf Tage nach Joberts Rede, anschnitt, antwortete Pompidou nicht. Als einige Tage später die Deutschen die Frage bei einem Treffen der „französisch-deutschen Gruppe für strategische Studien" erneut aufwarfen, schrieb Pompidou „Vorsicht!" an den Rand des Berichts über das Treffen. Pompidous vorsichtige Haltung war gewiß auch durch seine Weigerung erklärbar, das Dogma der französischen atomaren Unabhän-

---

[7] Siehe Link (Anm. 1), S. 231 über Widersprüche in der Bonner Führung zum Zeitpunkt erneuter Schwierigkeiten in Moskau im Herbst 1973. Siehe auch Werner Link, Außen- und Deutschlandpolitik in der Ära Schmidt 1974–1982, in: Wolfgang Jäger und Werner Link, *Republik im Wandel 1974–1982. Die Ära Schmidt*, Stuttgart und Mannheim 1987, S. 291 ff. über die Debatte in Bonn zur Zeit des Rücktritts von Brandt.

[8] Siehe *Le Monde*, 23. November 1973.

gigkeit zugunsten einer Deutschland einschließenden europäischen Zusammenarbeit aufzugeben. Aber sie wurde ebenfalls durch die recht zweideutige Natur der deutschen Annäherungsversuche verständlich, was durch die Aussagen Egon Bahrs gegenüber Jobert am 20. November noch verstärkt wurde.[9] Sie konnten durchaus zur Gründung einer europäischen Militärorganisation ohne amerikanische Beteiligung führen, und sie konnten in einer neutralistischen Weise mit dem europäischen Sicherheitssystem verbunden werden, das auf einem deutsch-sowjetischen Abkommen basierte, wie es von einigen Politikern in Bonn in Erwägung gezogen wurde und das Frankreich, wie schon mehrfach betont, fürchtete. Dies machte Pompidou auf indirekte Weise Helmut Kohl, Barzels Nachfolger im CDU-Vorsitz, am 15. Oktober 1973 deutlich. Zudem rief Brandts endgültige Ablehnung einer EURODIF-Urananreicherungsanlage unter französischer Führung zugunsten einer deutschen Zentrifugentechnik die Vermutung hervor, daß die Deutschen die Option für Atomwaffen behalten wollten. Eine Antwort Pompidous auf von ihm vermutete neutralistische Tendenzen der Ostpolitik war im Herbst 1973 seine Initiative, den Prozeß der europäischen politischen Zusammenarbeit durch regelmäßige Treffen der europäischen Staats- und Regierungschefs wiederaufzunehmen. Dies führte schließlich zur Gründung des Europäischen Rats.

Ergebnisse

Präsident Pompidou unterstützte die erste Phase der Ostpolitik, da sie der Entspannung in Europa diente und zu einer Anerkennung der Realitäten führte, einschließlich der Teilung Deutschlands, die gut in Pompidous Konzept paßte. Er spielte sogar eine wichtige Rolle in dem Bemühen, die CDU davon zu überzeugen, die Ratifizierung der Ost-Verträge nicht abzulehnen. Aber er wollte nicht, daß die Ostpolitik zu einer Veränderung der Ost-West-Balance führte und Moskau neue Möglichkeiten eröffnete, Deutschland und Westeuropa zu beeinflussen. Seine äußerst vorsichtige Haltung während der Berlin-Verhandlungen drückt dies recht klar aus.

Pompidou warnte stets vor den möglichen Konsequenzen der Ostpolitik. Als Ziel der sowjetischen Politik sah er den Wunsch nach einer „Finnlandisierung" Deutschlands und somit Westeuropas. Im Vordergrund stand nicht die häufig vertretene Auffassung, Pompidou habe die Ostpolitik kritisiert, weil er Bonn dessen neue enge Beziehungen mit Moskau nicht gönnte und für Frankreich das Privileg einer guten Beziehung mit der Sowjetunion behalten wollte, sondern Pompidous strikte Ablehnung des Kommunismus und seine Furcht vor einer Zunahme sowjetischer Macht. In seinen Augen schien Deutschland bereit zu sein, das westliche Bündnis gegenüber der UdSSR zu lockern – eine düstere Aussicht angesichts eines schnellen Abzugs amerikanischer Truppen, den die meisten Europäer zu jener Zeit befürchteten.

---

[9] Michel Jobert, *L'autre regard*, Paris 1976, S. 348.

Doch Pompidou mißtraute auch den Motiven der deutschen Politik. Er ließ sich von geopolitischen Gesichtspunkten bestimmen und begriff nicht die psychologischen und sogar moralischen Aspekte der Debatte in Deutschland. Dies veranlaßte ihn zu einer Überreaktion gegenüber einigen Aspekten der Ostpolitik, während er die tiefe Verankerung der Deutschen im Westen unterschätzte, die ungeachtet einiger zweideutiger diplomatischer „Kriegsspiele" in einigen Bereichen der Regierung Brandt und auch der zeitweiligen Doppeldeutigkeit von Brandt selbst bestand. Er verspürte in Bonn den Wunsch, eine neue europäische Sicherheitsordnung zu schaffen. In ihr war eine weit geringere Rolle für die Vereinigten Staaten vorgesehen und sie sollte auf einer umfassenden Vereinbarung zwischen der Sowjetunion und einem Deutschland aufbauen, das auf ein neues europäisches Verteidigungssystem ohne die NATO zielte und das nach Atomwaffen strebte. Vorsichtig versuchte er seinen deutschen Partnern verständlich zu machen, daß eine solche deutsche Politik entweder scheitern und zu einer sowjetischen Machterweiterung und zur „Finnlandisierung" Deutschlands führen würde, oder Erfolg haben würde und ein deutsch-sowjetisches Kondominium in Europa nach sich ziehen würde. Beide Perspektiven waren für Frankreich inakzeptabel. Nochmals: bei beiden Perspektiven handelte es sich um Überreaktionen. Doch waren sie nicht völlig aus der Luft gegriffen, wie die Gespräche zwischen Präsident Pompidou und seinen deutschen Partnern und ebenso die Debatten in Bonn am Ende der Regierung Brandt zu bestätigen scheinen.

Deutsch-französische Zusammenarbeit und nationale Interessen seit Anfang der achtziger Jahre

URS LEIMBACHER

Einleitung

Mit dem Zusammenbruch der Sowjetunion, dem Ende des Kalten Krieges, der deutschen Vereinigung und dem Abschluß des Maastrichter Vertrags zur Schaffung der Europäischen Union öffnete sich zu Beginn der neunziger Jahre eine konkrete Perspektive für eine gesamteuropäische Sicherheitsordnung vom Atlantik zum Ural. Die einschneidenden Veränderungen des internationalen Systems schienen einen entscheidenden qualitativen Fortschritt in der europäischen Integration zu ermöglichen, ja zu begünstigen. Dazu gehörte vor allem die Schaffung einer effizient koordinierten gemeinsamen Außen- und Sicherheitspolitik (GASP). Aufflackernde Bürger-, Rassen- und Religonskriege auf dem Balkan und in mehreren Regionen der ehemaligen Sowjetunion trübten indessen bald die hoffnungsvolle Aussicht auf Bewahrung der Stabilität im Wandel. Die Krise im ehemaligen Jugoslawien und das Ausbleiben eines rechtzeitigen, entschiedenen Eingreifens des Westens haben die Notwendigkeit einer Stärkung des Instrumentariums der GASP unterstrichen. Die Frage stellt sich, ob die Ursachen dieses ersten Fehlschlags in der Anwendung der neuen Bestimmungen des Maastrichter Vertrags auch künftig gemeinsames Handeln der Mitgliedstaaten unmöglich erscheinen lassen. Dem Bekenntnis zu einer gemeinsamen Außen- und Sicherheitspolitik steht die Herausforderung gegenüber, nationale Politiken systematisch und rechtzeitig auszugleichen, um Europa international handlungsfähig und glaubwürdig zu machen. Nur wenn dieser Ausgleich in einem von allen Mitgliedstaaten akzeptierten Verfahren herbeigeführt werden kann, erhält Europa die Chance zur eigenständigen Wahrung seiner Sicherheitsinteressen in der Welt.

Die Vergangenheit hat gezeigt, daß jeder qualitative Fortschritt in der europäischen Integration vom Zusammenwirken Deutschlands und Frankreichs abhängt. Dementsprechend stehen diese beiden Staaten im Mittelpunkt des nachfolgenden Versuchs, die Ursachen aufzuzeigen, die gemeinsames außen- und sicherheitspolitisches Handeln auf europäischer Ebene hindern. Die Analyse soll zunächst veranschaulichen, wie die deutsch-französische außen- und sicherheitspolitische Zusammenarbeit von den Regierungen in Paris und Bonn in den achtziger Jahren in beträchtlichem Maße als Instrument benutzt wurde, um Zielsetzungen (oder nationale Interessen) zu verfolgen, die von den offiziell erklärten Zielen abwichen – in Einzelfällen diesen gar widersprachen. Über die Ebene der deklaratorischen Politik hinausgehend, zielt die Analyse darauf ab, die tieferliegenden Interessenlagen auf beiden Seiten herauszuarbeiten.

Anschließend ist vor dem Hintergrund des historischen Umbruchs in Europa die veränderte Interessenlage auf seiten Frankreichs und Deutschlands aufzuzeigen.

Besondere Beachtung gilt dabei jenen Bereichen, in denen heute eine Konvergenz früher divergierender Interessenlagen erkennbar wird. Die deutsche Vereinigung und die Auflösung der Sowjetunion haben die Rahmenbedingungen für die bilaterale Zusammenarbeit gegenüber den achtziger Jahren grundlegend verändert. Ende August 1994 verließ der letzte russische Soldat der ehemaligen Besatzungsarmee deutschen Boden. Nach vier Jahrzehnten ist die deutsche Souveränität wiederhergestellt. Dadurch wächst auch der Handlungsspielraum für die deutsche Außenpolitik. Nationale Interessen lassen sich deutlicher artikulieren. Kann auf dieser veränderten Grundlage die bilaterale Zusammenarbeit zwischen Bonn und Paris Anstöße auf europäischer Ebene vermitteln? Oder wird, wie John Mearsheimer in einem vielbeachteten Beitrag schrieb, diese Artikulierung nationaler Interessen allmählich zum Zerfall der europäischen Integration führen?[1] Auf der Basis der herausgearbeiteten nationalen Interessen und der Bereiche ihrer Annäherung läßt sich schließlich das „europäische Potential" der deutsch-französischen Zusammenarbeit im Hinblick auf die Fortentwicklung der Europäischen Union abschätzen.

Nationale Interessen und deklaratorische Politik

Das Konzept der „nationalen Interessen", denen unsere Überlegungen nachspüren, ist schwer zu fassen. Einleitend ist deshalb ein knapper theoretischer Rahmen zu umreißen, der es erlaubt, die nachfolgenden Betrachtungen zu differenzieren und einzuordnen. Wer definiert „nationale Interessen" und wie beeinflussen sie die Entscheidungen der politischen Akteure im Bereich der internationalen Politik? Nationale Interessen werden selten in amtlichen Verlautbarungen formuliert. Oft muß sie der Forscher deduktiv ableiten aus Geographie, Geschichte, aus amtlichen Unterlagen, aus dem staatlichen Handeln, aus öffentlichen Stellungnahmen oder Memoiren der politischen Entscheidungsträger und aus der Berichterstattung in den Medien. Mit Bezug auf die Analyse der jüngeren Vergangenheit fehlt der Zugang zu internen amtlichen Dokumenten weitgehend. Die deduktive Methode – eine Methode, wie Sonderman feststellt,[2] „faute de mieux" – kann nur eine näherungsweise Umschreibung der nationalen Interessen ergeben. Eine induktive Methode zur Herleitung nationaler Interessen schlug demgegenüber Robert E. Osgood vor.[3] Er ordnet die höchste Priorität politischen Zielen wie der Sicherung der staatlichen Existenz und des Überlebens des Staatsvolkes zu. Aus diesen obersten Zielen eruiert er abgeleitete nationale Zielsetzungen wie z. B. die Sicherung der Integrität des Staatsgebiets, politische Unabhängigkeit oder den Erhalt grundlegender staatlicher Institutionen. Angesichts des zeitgenössischen Charakters unserer Analyse verspricht die

---

[1] John J. Mearsheimer, Back to the Future: Instability in Europe After the Cold War, in: *International Security* 15 (1990), Nr. 1, S. 5–56.
[2] Fred A. Sonderman, The Concept of the National Interest, in: *Orbis* 21 (1977), S. 121–138.
[3] Robert E. Osgood, *Ideals and Self-Interest in America's Foreign Relations*, Chicago 1953.

deduktive Methode besseren Erfolg. Osgood mag uns aber in dem Maße eine Leitplanke bieten, als wir uns vorab mit außenpolitischen Zielen befassen und nicht mit Machtfaktoren.

In der Anwendung des Konzepts des „nationalen Interesses" auf die politische Analyse finden wir bei Alexander George und Robert Keohane eine nützliche Einteilung in Kategorien.[4] Danach können drei Hauptgruppen nationaler Interessen unterschieden werden:
1. selbst-orientierte (wir bezeichnen sie als „nationale");
2. fremd-orientierte;
3. kollektive Ziele.

In jeder Gruppe können die Werte, auf denen diese Ziele aufbauen, als überragend, moderat oder sekundär eingestuft werden. In der dadurch aufgespannten Matrix taxieren George und Keohane die überragenden nationalen Interessen als „unverzichtbare nationale Interessen" (irreducible national interests). Sie verkörpern die grundlegendste Kategorie von Werten, wie physisches Überleben der Staatsbürger, die Freiheit zur Wahl der Regierungsform und das Streben nach Wohlfahrt.[5]

Neben dieser spezifischen Gruppe nationaler Interessen veranschaulicht die folgende Analyse auch kollektive nationale Interessen – ein Begriff, der auf den ersten Blick in sich widersprüchlich erscheinen mag. Diese kollektiven nationalen Interessen definieren George und Keohane als jene, wo sich der eigene Vorteil von jenem für andere nicht klar trennen lässt. Das Ziel der Schaffung einer europäischen Verteidigungsidentität, das Deutschland wie Frankreich als Ziel ihrer Politik definiert haben, gehört in diese Kategorie. Es wird zu zeigen sein, daß dieses kollektive Interesse aufgrund des europäischen Umbruchs von einer niedrigeren in die höchste Kategorie der unverzichtbaren Interessen aufgerückt ist. Schließlich ist es nützlich, im Rahmen dieser kollektiven nationalen Interessen zu unterscheiden zwischen konvergierenden, bilateral gleichlaufenden nationalen Interessen Deutschlands und Frankreichs zum einen und einem kollektiven Interesse, das über die bilaterale Beziehung hinausreicht. Dieses letztere Interesse könnte in einem normativen Sinne das „europäische" Interesse umreißen. Es müßte definitionsgemäß mehrere Mitgliedsländer der EU umfassen und eine wertende Antwort auf die Frage geben: Welche sicherheitspolitische Architektur für Europa ist wünschenswert? Der Kontrast zwischen diesen beiden Formen des kollektiven Interesses trat Mitte 1994 im Zusammenhang mit der Wahl des Nachfolgers von Jacques Delors zutage. Der von

---

[4] Alexander George und Robert Keohane, The Concept of National Interests: Uses and Limitations, in: *Commission on the Organization of the Government for the Conduct of Foreign Policy*, Appendix 2, United States Government Printing Office, Washington 1975, S. 64–74. Eine etwas vereinfachtere Unterscheidung findet sich auch bei Arnold Wolfers, *Discord and Collaboration*, Baltimore 1962, S. 67–80. Wolfers unterscheidet zwischen besitzorientierten nationalen Zielen („possession goals") und Zielen, welche die Rahmenbedingungen staatlichen Handelns betreffen („milieu goals").

[5] George und Keohane (Anm. 4), S. 67 f.

Frankreich mit Unterstützung Deutschlands quasi im Alleingang auserkorene Jean-Luc Dehaene wurde nicht aus persönlichen Gründen von anderen EU-Mitgliedern unter der Führung Großbritanniens abgelehnt, sondern vielmehr deswegen, weil sie diese Art der Bevormundung nicht akzeptieren wollten.

Französische nationale Interessen an der bilateralen Zusammenarbeit mit der Bundesrepublik Deutschland

Welches waren vor diesem konzeptionellen Hintergrund die nationalen Interessen, die Frankreich veranlaßten, 1982 mit der Bundesrepublik eine engere bilaterale Zusammenarbeit zu suchen?[6] Zunächst einmal bedeutete für Frankreich der Zusammenhalt der Atlantischen Allianz in den Augen von Präsident Mitterrand ein vitales nationales Interesse. Ein überragendes nationales Ziel stand auf dem Spiel. Denn die französische politische Klasse, allen voran Mitterrand, sahen in der heftigen Diskussion um die NATO-Nachrüstung in der Bundesrepublik Deutschland das Zeichen einer sich abschwächenden Westbindung und die Gefahr einer zunehmenden Neigung, sowjetischem Druck nachzugeben. Aus französischer Sicht bot eine geschlossene NATO-Front in der BRD den Puffer, hinter dem Frankreich abgeschirmt in der zweiten Reihe stand. Dieser Umstand bildete – zugleich ein Axiom und ein Paradox der französischen Sicherheitspolitik – die notwendige Grundlage für eine unabhängige französische Außen- und Verteidigungspolitik. Sie stützte sich auf die nationale nukleare Abschreckungsmacht und die Ablehnung der militärischen Integration in den Streitkräfteverbund der NATO.

Aus der Erschütterung dieser axiomatischen und paradoxen Konstellation erklärt sich die überaus heftige Reaktion Frankreichs auf die zunehmende Verschlechterung der amerikanisch-deutschen Beziehungen Ende der 70er und Anfang der 80er Jahre. Das gegenseitige Vertrauen, das die Grundlage für die Gewährleistung der Sicherheit der BRD durch erweiterte Abschreckung bildete, wurde durch das erkennbar schlechte Verhältnis Helmut Schmidts zu Jimmy Carter und später zu Ronald Reagan schwer gestört. Gleichwohl betonten sowohl Helmut Schmidt wie – ab 1982 – sein Nachfolger Helmut Kohl, daß eine Politik der Neutralität um den Preis deutsch-deutscher Annäherung nicht in Frage komme und die BRD fest im Atlantischen Verbund verankert bleibe.

Dessenungeachtet glaubten zahlreiche französische Beobachter, die BRD sei an dem Punkt angelangt, wo sie ihre NATO-Mitgliedschaft gegen ein sowjetisches Angebot der Vereinigung bei gleichzeitiger Neutralisierung eintauschen könnte.[7] Vor diesem Hintergrund gebot die Gewährleistung der nationalen Sicherheit Frankreichs

---

[6] Eine detaillierte Analyse der Hintergründe der Intensivierung der deutsch-französischen Zusammenarbeit hat der Autor vorgelegt in: *Die unverzichtbare Allianz*, Baden-Baden 1992.

[7] Vgl. etwa André Fontaine, Que faire de l'Allemagne?, *Le Monde*, 22.11.1978; Jean François-Poncet, Certitudes et Incertitudes allemandes, *Le Monde*, 10.11.1983; Jean-Pièrre Chevènement, La double-clé franco-allemande, *Le Monde*, 18.6.1987.

eine Vertiefung der Bindungen zur BRD mit dem Ziel der Verhinderung ihres „Abdriftens nach Osten". Dieses Ziel gehört zu den unverzichtbaren nationalen Zielen Frankreichs. Präsident Mitterrand befürchtete, das Kräftegleichgewicht in Europa könnte sich aufgrund der sowjetischen Aufrüstung mit SS-20 zum Nachteil des Westens verschieben. Die daraus resultierende Bedrohung der französischen Unabhängigkeit schien ausreichend ernst, um die politischen Kosten (bedingt durch eine beschränkte Einengung des französischen Handlungsspielraums) einer engeren bilateralen Zusammenarbeit mit der BRD zu rechtfertigen.

Der seit dem Elysée-Vertrag von 1963 bestehende formelle Rahmen bot die Möglichkeit zur politischen Umsetzung des Ziels, die BRD enger an den Westen anzubinden, dadurch das geostrategische Kräftegleichgewicht – zugleich auch jenes innerhalb Westeuropas – zu erhalten und damit letztlich die französische Handlungsfreiheit zu bewahren. Die französische Zielsetzung, die bilaterale Zusammenarbeit mit der BRD auszubauen, war Zweck und Mittel zugleich. Arnold Wolfers hat darauf hingewiesen, daß es oft unmöglich ist, eine scharfe Trennlinie zwischen Zielen und Mitteln zu ziehen: „Alle Mittel können als Zwischenziele oder Etappenziele betrachtet werden, und wenige Ziele, falls überhaupt, sind als endgültig in dem Sinne aufzufassen, daß sie um ihrer selbst Willen angestrebt werden."[8]

Der französische Vorstoß befriedigte zwei der dringendsten Anliegen: zum einen durchbrach er die Dynamik der „innerdeutschen Annäherung", die vermeintlich die BRD aus dem Verbund der westlichen Allianz zu ziehen drohte;[9] zum zweiten trug er zur Sicherstellung der westlichen Nachrüstung als Gegenpol zur sowjetischen Aufrüstung bei und – im wahrsten Sinne des Wortes – zur Zementierung der Stellung der BRD in der Allianz. In einer aufsehenerregenden Rede vor dem deutschen Bundestag verlieh François Mitterrand im Januar 1983 seiner Sorge über eine mögliche Verschiebung des strategischen Kräftegleichgewichts Ausdruck. Die Wahl des Forums und der Ton der Rede zeugen eindringlich vom Grad der französischen Unruhe.[10]

In seiner Haltung unterschied sich François Mitterrand markant von seinem Amtsvorgänger Giscard d'Estaing. Dies unterstreicht die Bedeutung der Definition und Wahrnehmung nationaler Interessen durch den Staatschef und deren Einfluß auf die Formulierung der Außenpolitik. Sie bestimmen in einem Präsidialsystem wie demjenigen Frankreichs (oder der USA) letztlich die Zielrichtung außenpolitischen Handelns.[11]

Frankreich hätte aber auch über eine politische Option verfügt, die deutlicher im Einklang mit dem erklärten Ziel einer europäischen Verteidigungsidentität gestan-

---

[8] Wolfers (Anm. 4), S. 68.

[9] Der erste französische Entwurf für eine Erklärung zur Vertiefung der bilateralen Zusammenarbeit zielte zunächst nur auf eine „Koordination der Ostpolitik". Vgl. Ernst Weisenfeld, *Welches Deutschland soll es sein?* München 1986, S. 137.

[10] François Mitterrand, Il faut que la guerre demeure impossible, in: *Réflexions sur la politique extérieure de la France*, Paris 1986, S. 183–208.

[11] Vgl. George und Keohane (Anm. 4), S. 69. Siehe auch Sonderman (Anm. 2), S. 132.

den hätte. Als Atommacht hätte Frankreich der BRD den gemeinsamen Bau einer eigenen Mittelstreckenrakete anbieten können, die in beiden Ländern und unter gemeinsamem Kommando (oder, was die BRD vorgezogen hätte, auch unter alleinigem französischen Kommando) hätte stationiert werden können.[12] Diese Handlungsvariante hätte jedoch ein beträchtlich weitergehendes Engagement Frankreichs in der gemeinsamen Wahrung der Sicherheit mit der BRD beinhaltet. Die französische Handlungsfreiheit wäre dadurch über Gebühr eingeengt worden. Das kollektive nationale (d. h. das bilateral konvergierende) Interesse an der Stärkung der europäischen Verteidigung trat somit hinter Erwägungen auf der Grundlage unverzichtbarer nationaler Interessen zurück. Mit der Unterstützung der amerikanischen Nachrüstung nahm Frankreich darüber hinaus aber auch die Festigung der amerikanischen Führungsposition in der NATO in Kauf. Diese Folge stand in direktem Gegensatz zum französischen Ansinnen, eine eigenständigere europäische Verteidigungsidentität zu fördern. Vor dem Hintergrund der unmittelbaren Bedrohung der französischen Sicherheit und Unabhängigkeit trat diese Erwägung indessen ins zweite Glied zurück.

Nationale Interessen der BRD an der bilateralen Zusammenarbeit mit Frankreich

Aus der Sicht der Bundesrepublik Deutschland fand die französische Unsicherheit über die Verläßlichkeit der deutschen Westbindung und Bündnistreue ihre Parallele in der Schwäche des französischen Engagements zur gemeinsamen Verteidigung. Angesichts der stetigen Zunahme des militärischen Potentials der Sowjetunion in Osteuropa war die Verunsicherung über das amerikanische Engagement in Europa für die BRD besonders gravierend. Die Rhetorik der Reagan-Regierung über die Möglichkeit, einen atomaren Konflikt gewinnen zu können, untergrub nachhaltig das Vertrauen der politischen Elite der BRD in die Bündnissolidarität der USA. Die geplante NATO-Nachrüstung vermochte deshalb nicht die beabsichtigte politische Rückversicherung für die BRD zu bieten. Sogar traditionell atlantisch orientierte Politiker innerhalb der regierenden Parteien begannen, eine engere Zusammenarbeit mit Frankreich als Instrument zur Stärkung der gemeinsamen Verteidigung ins Auge zu fassen.[13]

Von Beginn der bilateralen Konsultationen an legte die BRD das Schwergewicht auf die Vertiefung der französischen Einbindung in die Bündnisverteidigung. Das nationale Interesse der BRD an einer Stärkung des Verteidigungsdispositivs zum eigenen Schutz deckte sich mit dem kollektiven, bilateral konvergierenden Interesse an der Verbesserung des Zusammenhalts innerhalb der Allianz. Das Atlantische Bündnis blieb in der Sicht der BRD das zentrale Instrument zur Gewährleistung der

---

[12] Michel Tatu, Une occasion manquée, *Le Monde*, 12.12.1979.
[13] Zur Haltung der westdeutschen Parteien gegenüber der INF-Nachrüstung findet sich eine detaillierte Analyse bei Thomas Risse-Kappen, *Die Krise der Sicherheitspolitik*, Grünwald 1988.

nationalen Sicherheit. Frankreich hatte sich beständig geweigert, seine Streitkräfte in Friedenszeiten einer spezifischen Verteidigungsmission im Rahmen des Bündnisses zuzuordnen. Unter Beachtung dieses Umstands versuchte die BRD, über die bilateralen Konsultationen Frankreich näher an das Bündnis heranzuführen. Die deutsch-französische sicherheitspolitische Zusammenarbeit wurde zum Instrument zur Stärkung der Allianz. Dieses Ziel strebte die BRD auf unterschiedlichen Wegen an. Zunächst richtete sich das Bemühen im Rahmen der sicherheitspolitischen Zusammenarbeit auf die Verbesserung der Interoperabilität zwischen den französischen und den alliierten Streitkräften. Gemeinsame deutsch-französische Manöver fanden in steigender Zahl und unter Einbezug zunehmend größerer Verbände statt, um die Gefechtstaktik zu harmonisieren und gemeinsame Operationen zu üben. Mit dem Beschluß beider Länder zur Aufstellung einer gemeinsamen deutsch-französischen Brigade erzielte Bundeskanzler Kohl im Oktober 1990 insofern einen Durchbruch, als damit erstmals mehrere tausend französische Soldaten explizit für die Verteidigung der BRD bereitgestellt wurden. Die Tragweite des französischen Engagements wird darin erkennbar, daß dieses Truppenkontingent als einziges nach der Wende nicht abgezogen wurde, sondern in Deutschland stationiert blieb. Ein vermehrter Austausch von Militärpersonal diente der Angleichung französischer und deutscher (bzw. alliierter) Denkweisen in Strategie, Taktik, Planung und Logistik. Teile der militärischen Ausbildung für höhere Offiziere wurden zu gemeinsamen Lehrgängen zusammengelegt, die abwechselnd in Frankreich und der BRD stattfanden. Das erklärte Ziel bestand darin, daß bis zum Jahr 2000 jeder französische und deutsche Offizier im Generalsrang einen Ausbildungskurs im Partnerland absolviert haben sollte.[14]

Dadurch bewegte sich Frankreich allmählich in einer Richtung, in die zu gehen es während des vergangenen Vierteljahrhunderts nicht bereit gewesen war. Schritt um Schritt näherte sich Frankreich, ausgehend von einer deklarierten Solidarität mit der BRD, einer glaubwürdigen Fähigkeit zum gemeinsamen Einsatz im alliierten Verbund. Daraus ergab sich für die BRD die gewünschte stärkere Absicherung gegenüber dem sowjetischen Druck. Die Verwerfungen im deutsch-amerikanischen Verhältnis fanden einen teilweisen Ausgleich in der Stärkung der bilateralen Zusammenarbeit mit Frankreich.

Unter den Bedingungen des Kalten Krieges lag es allerdings weder im deutschen noch im französischen Interesse, die bilaterale Zusammenarbeit bis zu einem Punkt zu vertiefen, wo sich eine Schwächung der Atlantischen Allianz ergeben hätte. Hier stieß das bilateral konvergierende Interesse an der Stärkung der europäischen Verteidigungsidentität hart auf das unverzichtbare nationale deutsche Interesse am Erhalt eines starken Bündnisses sowie auf das gleichermaßen unverzichtbare französische Eigeninteresse an der Bewahrung seiner unabhängigen Außen- und Verteidigungspolitik. Das kollektive Interesse stand also gleichsam unter einem gemeinsamen stillschweigenden Vorbehalt kollidierender unverzichtbarer Eigeninteressen.

---

[14] André Giraud, Frankreich und Deutschland: Waffenbrüder für die Freiheit, in: *Europäische Wehrkunde* 11 (1987), S. 614.

Der daraus resultierende Vorrang der letzteren ergab sich logisch konsequent aus den darin verkörperten Werten.

Ein Beispiel verdeutlicht, daß der Interessengegensatz keineswegs nur konzeptioneller Natur war. Im Herbst 1987 löste die Ankündigung der Schaffung eines deutsch-französischen Verteidigungs- und Sicherheitsrates unter den NATO-Verbündeten beträchtliche Kritik und Irritation aus. Frankreich und die BRD beeilten sich, die Bedeutung der Allianz für die europäische Verteidigung zu unterstreichen und versicherten, die bilaterale deutsch-französische Beziehung stünde den Alliierten zur Mitbeteiligung offen. Eine solche Ausweitung der Teilnehmerschaft erfolgte jedoch nicht und fand auch später nur zögerlich statt, namentlich mit der Beteiligung Spaniens, Belgiens und Luxemburgs am gemeinsamen Streitkräfteverband. Die Zielsetzungen der deutsch-französischen Zusammenarbeit, aber auch ihr Nutzen als ein Mittel nationaler Politik wären wohl durch eine derartige Erweiterung des Kreises der Akteure verwässert worden. Die „Europäisierung" der bilateralen Initiative hätte paradoxerweise den Verlust ihrer Nützlichkeit für Paris und Bonn nach sich ziehen können.

Wie gezeigt, stand aus Sicht der BRD die militärische Seite der vertieften Zusammenarbeit mit Frankreich im Vordergrund. Ihre politische Dimension erwies sich aber ebenfalls als nützlich. Die bilaterale Zusammenarbeit ermöglichte es nämlich, ein weiteres nationales Interesse wahrzunehmen, das wenig mit der deklarierten Zielsetzung einer europäischen Verteidigungsidentität zu tun hatte. Angesichts wachsender Kritik, namentlich der USA, an der beharrlichen Fortsetzung der Bonner Ostpolitik war es überaus wichtig, auf die offene Unterstützung mindestens eines großen westlichen Partners zählen zu können. Nur so konnte die BRD ihre Isolierung in der NATO und in der EG vermeiden. In dem Maße, wie die USA Bonn unter Druck setzten, gegenüber Moskau eine härtere Gangart anzuschlagen, wuchs die Attraktivität einer gemeinsamen Position mit Frankreich zur Fortsetzung des Dialogs mit Moskau. Die engere Anlehnung an Frankreich bewahrte der BRD einen marginalen Handlungsspielraum zur Fortsetzung des Entspannungskurses mit der DDR. Der Spielraum blieb begrenzt, da Frankreich selbst ebenfalls über die innerdeutsche Annäherung besorgt war. Paris war nicht bereit, diesen Kurs vorbehaltlos zu unterstützen, denn er stand in direktem Widerspruch zu seinem eigenen Bestreben, die BRD stärker in den Westen einzubinden. Das Ziel der Weiterführung der deutschen Ostpolitik ist in der Matrix von George und Keohane als sekundäres nationales Ziel einzustufen. Keine westdeutsche Regierung war bereit, Freiheit und Demokratie für eine deutsche Vereinigung nach neutralistischen Vorgaben zu opfern.

Der Hauptgrund des französischen Engagements für eine Verstärkung der bilateralen Zusammenarbeit lag letztlich im Bestreben, die französische Unabhängigkeit zu wahren. Das Gesagte illustriert deshalb anschaulich, wie ein kollektives, bilateral konvergierendes Interesse tatsächlich der Verfolgung unterschiedlicher Zielsetzungen auf beiden Seiten dienen kann. Auch hier zeigt sich, daß Ziele und Instrumente nicht scharf zu trennen sind. Während die Intensivierung der bilateralen Zusammenarbeit in gewissem Maße ein außenpolitisches Ziel darstellte, weil es die Dynamik der deutsch-französischen Aussöhnung verdeutlichte, zeigt die vorangehende Analyse, daß die Zusammenarbeit auch – ja sogar vorwiegend – als Mittel diente, um andere Zielsetzungen zu verwirklichen.

Zur fundamentalen Kollision deutscher und französischer unverzichtbarer Eigeninteressen kam es im Zusammenhang mit den französischen nuklearen Kurzstreckenraketen. Dieses Beispiel verdeutlicht wohl am besten, wie das kollektive (und hier wohl genuin europäische) Interesse an der Schaffung einer europäischen Verteidigungsidentität mit unverzichtbaren Eigeninteressen hart kollidierte. Die BRD hatte als Zielgebiet der französischen Pluton-Raketen ein vitales Interesse an der Vermeidung von deren Einsatz. Frankreichs vitales Interesse bestand demgegenüber in der Wahrung der Glaubwürdigkeit seiner atomaren Abschreckung. Es betrachtete die unabhängige und souveräne Entscheidung über den Einsatz seiner Atommacht als unabdingbares Element dieser Glaubwürdigkeit.[15] Die Nuklearfrage war stets ein heikles Terrain im deutsch-französischen Dialog gewesen, nicht nur wegen des unterschiedlichen Status der beiden Länder, sondern auch aufgrund der markanten Verschiedenheit der nuklearen Einsatzdoktrin Frankreichs einerseits und der NATO andererseits.

Die BRD hatte innerhalb des Bündnisses die Zusicherung ihrer nuklearen Beschützer USA und Großbritannien, daß im äußersten Falle die Atomwaffen der NATO gemäß der Doktrin der „flexible response" und der „deliberate escalation" mit Vorbedacht und mit dem Ziel politischer Signalwirkung eingesetzt würden. Die französische Einsatzdoktrin sah demgegenüber im Rahmen einer letzten Warnung („ultime avertissement,,) einen einzigen massiven Einsatz der Pluton-Kurzstreckenraketen vor. Mit einer Reichweite von max. 120 km müßten sie unweigerlich auf dem Gebiet der BRD detonieren. Die BRD hatte somit ein vitales Interesse an einer Koordination eines nuklearen Einsatzes seitens der NATO und Frankreichs. Demgegenüber war die Rolle der französischen Pluton-Raketen zwar auch als ein Signal, jedoch mit rein nationalem Inhalt definiert, nämlich als letzter Schritt vor der Auslösung der massiven Vergeltung. Frankreich wollte nicht riskieren, die Klarheit dieses Signals zu verwässern.

Auch in dieser Hinsicht nutzte Bonn die bilateralen sicherheitspolitischen Konsultationen von Anfang an. Frankreich sollte sich gegenüber der BRD zur nuklearen Konsultation verpflichten, wie sie im Rahmen des Bündnisses mit den USA und Großbritannien bestand. Zunächst erzielte Bonn jedoch keinerlei Fortschritte. Erst 1986 willigte Präsident Mitterrand ein, vor dem Einsatz französischer Atomwaffen über deutschem Territorium den Bundeskanzler zu konsultieren. Die konkrete Form einer derartigen Konsultation blieb allerdings unklar. Die Bewegung wurde möglich durch die vorgesehene Ablösung der Pluton durch die Hadès-Rakete mit einer wesentlich höheren Reichweite von knapp 500 km. Präsident Mitterrand weigerte sich indessen, auch das Territorium der DDR in seine Zusicherung einzubeziehen, wie es Bundeskanzler Kohl wünschte, der in dieser Hinsicht für alle Deutschen sprach. Die unverzichtbaren Eigeninteressen waren unvereinbar. Das Problem blieb

---

[15] Darüber hinaus besteht auch eine enge Verbindung zwischen der nuklearen Autonomie Frankreichs und seinem Prestige als Atommacht bzw. seinem Ansehen als "Grande Nation".

ungelöst, bis sich die Frage nach der Wende mit dem französischen Verzicht auf die Stationierung der Hadès-Raketen erledigte.

Diese Beispiele verdeutlichen, daß im Kontrast zum stets deklarierten Ziel der Förderung einer europäischen Verteidigungsidentität (im normativen Sinn ein „europäisches" Interesse) sowohl Frankreich wie die BRD unter den Bedingungen des Kalten Krieges in den achtziger Jahren die bilaterale Zusammenarbeit benutzten, um spezifische nationale Eigeninteressen zu verwirklichen, die mit diesem erklärten Ziel wenig zu tun hatten. Sie gaben den unverzichtbaren nationalen Interessen den Vorrang vor der Verfolgung eines bilateralen kollektiven Interesses. Dies erklärt auch, weshalb die Entwicklung der bilateralen Zusammenarbeit bisweilen wenig stetig, ja sogar sprunghaft erschien. Bilaterale Vorstöße dienten oft in erster Linie den nationalen Zielen und bildeten deshalb keine kohärente Abfolge von Schritten auf dem Weg zu einem europäischen Pfeiler der Verteidigung. Es gab keine gemeinsamen Vorstellungen darüber, wie ein solcher Pfeiler aussehen sollte. Die deutsch-französische Zusammenarbeit spiegelte mithin eine Vielzahl nationaler Interessen wider, die sich nur teilweise deckten und die aus unterschiedlichen Visionen flossen.

Veränderte Rahmenbedingungen und die Interessenlage deutsch-französischer Zusammenarbeit seit 1989/90

Wie haben die Wende von 1989, die Auflösung des Warschauer Paktes und der Sowjetunion, die deutsche Vereinigung und der Abschluß des Vertrags von Maastricht die Rahmenbedingungen dieser Zusammenarbeit verändert? Wie hat sich die Interessenlage in beiden Ländern aufgrund dieser Umwälzungen entwickelt? Lassen sich unter den neuen europäischen Gegebenheiten bilateral konvergierende deutsch-französische Interessen erkennen, die sich zu kollektiven europäischen Interessen wandeln? Auf der Grundlage der Veränderungen aus französischer und aus deutscher Sicht wird es erst möglich, die Perspektiven der bilateralen Zusammenarbeit im neuen Europa zu beurteilen und ihr Potential für die Entwicklung der europäischen Integration abzuschätzen.

Mit der Auflösung des Sowjetreichs und dem Ende des Kalten Krieges erfuhr das Atlantische Bündnis eine Bedeutungsverschiebung in der deutschen Sicherheitspolitik. Die NATO bleibt zwar für Deutschland der Grundstein seiner Sicherheitspolitik, aber das Bündnis wandelt sich von seiner früheren Zentralfunktion als Schutzwall gegen die Rote Armee in zweifacher Weise. Zum einen ist die NATO der Garant einer transatlantisch-nuklear abgestützten Rückversicherung gegen Bedrohungen, die – weil geostrategischer Natur – latent vorhanden bleiben. Zum andern sieht Deutschland die NATO als Vehikel zur Umsetzung der seitens seiner Verbündeten nach der Vereinigung zunehmend deutlicher artikulierten Forderungen nach einer stärkeren Beteiligung an internationalen ordnungspolitischen Aufgaben, z. B. Friedensmissionen im Rahmen der UNO. Deutschland ist aus der vier Jahrzehnte währenden Bündnisrolle des primären Opfers einer sowjetischen Aggression in Europa entlassen. Seine Position als primär bedrohter, exponierter Frontstaat ist einer neuen, sicheren Mittelposition, umgeben von befreundeten Partnern, gewichen.[16] Damit ist, in den Worten von Bundespräsident Herzog, auch die „Zeit des Trittbrettfahrens" vorbei.[17] Deutschland sieht sich, von Westen wie von Osten her, neuen Erwartungen gegenüber.

Mit der deutschen Vereinigung hat das sekundäre Ziel der Ostpolitik seine Erfüllung gefunden. Die Ostpolitik wandelte sich nach der Wende zum Instrument der Verwirklichung neuer Ziele, insbesondere des Stabilitätstransfers nach Osten und längerfristig der Schaffung gesamteuropäischer Sicherheitsstrukturen als Voraussetzung für eine langfristige Wohlstands- und Existenzsicherung der Exportnation Deutschland. Gleichzeitig rückt dieses Ziel in die Kategorie der unverzichtbaren nationalen Interessen auf.[18] Darüber besteht ein parteipolitischer Grundkonsens, der auch die oppositionelle SPD erfaßt.[19] Deutschland erachtet den intensiven Austausch mit seinen östlichen Nachbarn, allen voran Polen, als das beste Mittel zur Wahrung seiner nationalen Sicherheit im neuen strategischen Umfeld. Das Ziel wird mit unterschiedlichen Instrumenten umgesetzt: massive wirtschaftliche Unterstützung, Förderung der Ausweitung der westlichen Integrationsstrukturen nach Osten, Heranführung der neuen EU-Beitrittskandidaten an die WEU, regelmäßige politische Konsultationen auf bilateraler oder trilateraler Basis mit Frankreich, gemeinsame Militärübungen. Dabei ist sich die BRD bewußt, daß sie die Stabilisierung dieser Region nicht aus eigener Kraft bewältigen kann.[20]

Umso bemerkenswerter erscheint es, daß Frankreich sich nach jahrelanger zögernder Zweideutigkeit unter Mitterrand nun unter der Präsidentschaft Chiracs zur Unterstützung der Osterweiterung bekennt. Premierminister Juppé erklärte: „Die Erweite-

---

[16] Der Wandel der sicherheitspolitischen Prioritäten spiegelt sich in der Stufenfolge der außenpolitischen Zielsetzungen, wie sie Außenminister Kinkel im April 1994 erläuterte: Die NATO und der atlantische Sicherheitsverbund stehen an dritter Stelle hinter der Verstärkung der Zusammenarbeit mit den Staaten Mittel- und Osteuropas sowie deren Heranführung an die Westeuropäische Union. Vgl. Presse- und Informationsamt der Bundesregierung, *Stichworte zur Sicherheitspolitik* (Mai 1994), S. 17.

[17] Roman Herzog, Die Grundkoordinaten deutscher Außenpolitik, in: *Internationale Politik* 1995/4, S. 4.

[18] Außenminister Kinkel bezeichnete 1994 die Schaffung einer Sicherheitsarchitektur für Osteuropa als die zentrale Aufgabe der deutschen Außen- und Sicherheitspolitik der kommenden Jahre: Die europäische Sicherheitspolitik benötigt eine breitere Plattform, in: *Handelsblatt*, 9.6.1994. Vgl. auch Arnulf Baring: "Die neue und zentrale Aufgabe Deutschlands in den nächsten Jahren besteht darin, Mittel- und Osteuropa und damit in erster Linie Polen in der NATO und in der Europäischen Union zu verankern. Denn wer wird das sonst tun?" Wie neu ist unsere Lage? Deutschland als Regionalmacht, in: *Internationale Politik* 1995/4, S. 17.

[19] Vgl. Rudolf Scharping, Rede über die gemeinsame transatlantische Sicherheit auf der Münchener Konferenz über Sicherheitspolitik am 5.2.1995, in: *Internationale Politik* 1995/4, S. 96–103, insb. S. 101.

[20] Volker Rühe, Deutsche Sicherheitspolitik. Die Rolle der Bundeswehr, in: *Internationale Politik* 1995/4, S. 26.

rung auf den Osten entspricht unseren Werten und unseren Interessen."[21] Für die Neogaullisten bedeutet die Perspektive der Osterweiterung der EU – unter Aufrechterhaltung der Prämisse vom Fortbestehen der Nationalstaaten – die Anknüpfung an die gaullistische Vision eines Europa vom Atlantik bis zum Ural. Sie begünstigt eine zwischen Bonn und Paris abgestimmte Ostpolitik, deren Kern mit den regelmäßigen trilateralen Begegnungen mit Polen gefestigt wird.[22] Die Europäische Union ist zudem schon heute eine engere sicherheitspolitische Allianz als die NATO. Ihr Integrationsgefüge ist viel dichter und auf unzähligen Ebenen viel verzahnter als jenes der NATO: „Die Vorstellung, irgendeine feindliche Macht greife ein Mitglied der Europäischen Gemeinschaft an – auch ohne einen Sicherheitsvertrag – und die anderen stünden einfach dabei und ließen es geschehen, ist ein eklatanter Widerspruch."[23] Es ist in nicht geringem Maße diese sicherheitspolitische Dimension, die neutrale Länder wie Schweden und Finnland zum Beitritt zur EU bewogen hat und die auch für zahlreiche mittel- und osteuropäische Länder im Vordergrund steht.

In der in hohem Maße auch sicherheitspolitisch motivierten Osterweiterung der EU liegt deshalb sowohl aus französischer wie aus deutscher Sicht der praktikable Lösungsansatz für die Projektion von Stabilität nach Osten. Denn „bei dieser Frage wird Rußland wohl keine Schwierigkeiten machen, ... weil mit diesen EU-Erweiterungen keine sicherheitspolitischen Probleme verbunden sind, es sich zudem um mittlere und kleinere Mächte handelt ... Weil das so ist, wird Rußland sich durch eine Osterweiterung der EU wohl nicht militärisch bedrängt fühlen müssen."[24] Obwohl auch im Hinblick auf die Erweiterung des Atlantischen Bündnisses nach Osten seit 1994 Einigkeit insbesondere zwischen den USA, Frankreich, Großbritannien und Deutschland besteht, ergibt sich vor dem Hintergrund russischer Vorbehalte die

---

[21] Rede anläßlich des 20jährigen Bestehens des Planungsstabes beim französischen Außenministerium, Paris 30.1.95, in: *Frankreich-Info* Nr. 7/1995. Im gleichen Sinne Juppé schon als Außenminister der Kohabitation, vgl. Artikel in *Le Monde*, 18.11.1994, in: *Frankreich-Info* Nr. 21/1994, sowie Rede vor dem Institut de Hautes Etudes de Défense Nationale, Paris, 7.9.1995, in: *Frankreich-Info* Nr.27/1995; Außenminister Hervé de Charette: Rede am IFRI, 17.10.1995, in: *Frankreich-Info* Nr. 30/1995.

[22] An dieser Stelle ist allerdings hinzuweisen auf den krassen Gegensatz zwischen dem politischen Konsens der Osterweiterung einerseits und den noch völlig ungelösten, ja noch nicht einmal angesprochenen Fragen der praktischen Durchführung. Als Stichworte seien hier bloß die Reform der EG-Agrarpolitik sowie der Strukturfonds genannt, die zwingende Voraussetzungen der Erweiterung bilden. (Ohne Anpassung der Grundlagen würden sich die Ausgaben der EU in diesen Bereichen verdoppeln.) Die hier schlummernden Interessenkonflikte zwischen Frankreich als größtem Agrarproduzenten der EU und Deutschland als Vorreiter des Freihandels und wichtigstem Nettozahler der EU werden enorme Herausforderungen an die Mechanismen zum Interessenausgleich stellen. Vgl. dazu knapp und anschaulich Jürgen Nötzold, Wie die EU mit Osteuropa umgeht, in: *Neue Zürcher Zeitung*, 7.2.1995.

[23] Christoph Bertram, Atlantisches Bündnis und Europäische Sicherheitsidentität, in: *Haus Rissen* (Hamburg) 8–9 (1993), S. 249.

[24] Arnulf Baring, Wie neu ist die Lage? Deutschland als Regionalmacht, in: *Internationale Politik* 1995/4, S. 18 f.

logische Abfolge: EU-Mitgliedschaft, WEU-Mitgliedschaft, NATO-Mitgliedschaft. Dabei bleibt jedes neue Mitglied – analog zu Schweden, Österreich und Finnland – frei, auf der ersten Stufe zu verharren.

Mit dem bilateral, trilateral oder gar europäischen Ansatz der Ostpolitik beugt Deutschland dem Verdacht einer neuen Schaukelpolitik wirksam vor – einem Verdacht, der durch die Erwartungshaltung der mittel- und osteuropäischen Länder gegenüber Deutschland in den Augen Frankreichs leicht genährt werden könnte. So meint der stellvertretende Vorsitzende des Auswärtigen Ausschusses des Sejm, Wojtek Lamentowicz: „Die polnischen Wege zur Europäischen Union und zur NATO führen über Deutschland. Und die deutsche Außenpolitik in den letzten fünf Jahren hat diese Erwartungen in hohem Maße erfüllt...Die kleineren Nationen Mittel- und Osteuropas sind stark von deutscher Kaufkraft abhängig."[25]

Damit weist er Deutschland die zentrale Gestaltungsrolle mit Bezug auf die polnischen Prioritäten in politischer wie in wirtschaftlicher Hinsicht zu. Wenn aber auch westliche Beobachter die neue Führungsrolle Deutschlands hervorheben, wie etwa der Engländer William Wallace, der meint, Geographie, Demographie, wirtschaftliches und finanzielles Gewicht machten Deutschlands Rolle als Europas führender Staat unausweichlich,[26] so muß den Verantwortlichen der französischen Politik mit aller Deutlichkeit die grundlegende Veränderung der Interessenlage vor Augen treten. Dies umso mehr, als jenseits des Rheins viele Zeichen gleichzeitig auf den Abschied Frankreichs von der Weltpolitik hindeuten.[27]

Das „ausgleichende Ungleichgewicht", auf dessen Basis sich die deutsch-französische Zusammenarbeit in den achtziger Jahren entwickelte, ist weggefallen. Besteht die Gefahr, daß das neue Gleichgewicht – die aus deutscher Sicht nun eingetretene Gleichwertigkeit mit Frankreich – in Paris als neues Ungleichgewicht wahrgenommen wird, das es wiederum auszubalancieren gilt?[28] Es liegt auf der Hand, daß die Perspektiven der Entwicklung der europäischen Integration stark davon abhängen, ob aufgrund einer solchen Beurteilung die bilaterale Zusammenarbeit weiterhin im wesentlichen nationale Zielsetzungen zu verwirklichen sucht oder ob auf der Grundlage der neuen geopolitischen Konstellation die kollektiven – im Sinne europäischer – Interessen beider Länder vermehrt politikbestimmend werden können. Die folgenden Hinweise zeigen, daß früher divergierende bilaterale Interessen nun konvergieren und damit auch die Grundlage für eine deutsche „Konziliatorrolle" im übernationalen Interesse entstehen könnte, wie sie Michael Richter in diesem Band konzeptuell entwirft.

---

[25] Wojtek Lamentowicz, Erwartungen an Deutschland, in: *Internationale Politik* 1995/1, S. 37 f.
[26] William Wallace, Deutschland als europäische Führungsmacht, in: *Internationale Politik* 1995/5, S. 23. Im selben Sinne auch *Financial Times*, 28.4.1994: "Europa gedeiht vor allem deshalb nicht, weder politisch noch wirtschaftlich, weil Deutschland nicht die Führungsrolle ausübt."
[27] Vgl. Ingo Kolboom und Hans Stark, Frankreichs Abschied von der Weltpolitik? in: *Internationale Politik* 1995/5, S. 29–36.
[28] Ingo Kolboom, Dialog mit Bauchgrimmen? Die Zukunft der deutsch-französischen Beziehungen, in: *Europa-Archiv* 49 (1994), S. 259.

Konvergenz nationaler Interessen als Vorbedingung europäischer Handlungsfähigkeit

Nimmt man die Konvergenz der nationalen Interessen als Gradmesser für die Chancen einer koordinierten deutsch-französischen Politik zur Weiterentwicklung der europäischen Integration, so scheinen die Perspektiven im Vergleich zu den achtziger Jahren durchaus ermutigend. Vor dem Hintergrund der festgestellten Verschiebungen der Interessenlage ist nämlich in den politischen Äußerungen erstmals seit der Wende eine mehrfache echte Konvergenz deutscher und französischer Interessen erkennbar.

Deren erstes und bei weitem wichtigstes Element liegt in der politischen und militärischen Annäherung Frankreichs an die NATO. Diese Annäherung beseitigt eine grundlegende Schranke deutsch-französischer Zusammenarbeit in der Außen- und Sicherheitspolitik, die auf alle Initiativen der achtziger Jahre ihren Schatten warf. Die unausweichliche politische Verrenkung Bonns zum Spagat zwischen der Bekräftigung der zentralen Rolle der NATO für die Sicherheit der BRD bei gleichzeitigem Bemühen, französische Initiativen für die Stärkung des europäischen Pfeilers der Verteidigung mitzutragen, entfällt durch den Wandel der französischen Position. Damit stimmen erstmals die grundlegenden äußeren Rahmenbedingungen für den Aufbau einer europäischen Verteidigung aus der Sicht beider Länder überein.

Diese Veränderung der französischen Politik wurde maßgeblich beeinflußt durch militärische Entwicklungen. Im Golfkrieg gegen den Irak beteiligte sich Frankreich am Militäreinsatz der internationalen Koalition nach den Regeln der NATO. 1992 kamen Bonn und Paris überein, das geplante Eurokorps nicht nur zur Verteidigung in Europa einzusetzen, sondern es auch für die Beteiligung an NATO-Friedensmissionen bereitzuhalten. Mit dieser Übereinkunft konnte die Bundesrepublik einen weiteren Teilerfolg in ihrem Bemühen verbuchen, mittels der bilateralen Zusammenarbeit Frankreichs Kontakte zur NATO zu intensivieren. Im April 1993 entschied sich Frankreich angesichts der drängenden militärischen Notwendigkeit zur Planung eines allfälligen NATO-Einsatzes in Ex-Jugoslawien, künftig wieder am NATO-Militärausschuß mitzuwirken.[29]

Im Januar 1994 trug Frankreich den Beschluß der Staats- und Regierungschefs der NATO-Staaten mit, bei Bedarf kollektive Ressourcen des Bündnisses für WEU-Operationen bereitzustellen, die von den europäischen Bündnispartnern im Rahmen gemeinsamer Aktionen der Außen- und Sicherheitspolitik unternommen würden.[30] Damit anerkannte Frankreich implizit die Begrenzung der Autonomie der WEU und den Vorrang der eingespielten militärischen Abläufe im Rahmen des Bündnisses vor Visionen autonomer WEU-Streitkräfte. Außenminister Kinkel konnte 1995 bekräf-

---

[29] Die Entscheidung wurde indes nicht amtlich veröffentlicht. *Le Monde* brachte die Meldung am 14.5.1993. Vgl. Anand Menon, NATO – The French Way, in: *International Affairs* 71 (1995), Nr. 1, S. 31.

[30] Vgl. Erklärung der Staats- und Regierungschefs des Nordatlantikpakts anläßlich der Tagung vom 10.–11.1.1994 in Brüssel, in: *Europa-Archiv* 49 (1994), S. D127–134, insb. S. 128.

tigen: „EU und WEU werden keine Streitkräfte außerhalb der NATO unterhalten, auch dann nicht, wenn sie ihre eigene Handlungsfähigkeit ausbauen."[31]

Durch die übereinstimmende Anerkennung der Priorät der bestehenden militärischen Infrastruktur des Atlantischen Bündnisses sinkt die operative Bedeutung der WEU, die Jacques Chirac in seiner damaligen Eigenschaft als Premierminister der ersten Kohabitationsregierung im Herbst 1987 nach langem Schlummer wieder zum Leben erweckt hatte, um der französischen Vision einer europäischen Verteidigungsidentität Gestalt zu geben. Frankreich sieht die WEU vorab noch als sicherheitspolitisches Konsultations- und Abstimmungsorgan der Europäer, und Paris anerkennt, daß der europäische Pfeiler der Verteidigung innerhalb der NATO entstehen soll und muß.

Die Teilnahme des französischen Verteidigungsministers an den Sitzungen der NATO-Verteidigungsminister wurde Ende 1995 wieder zur Regel erklärt. Die französischen Kontingente im Rahmen der NATO-Friedensmission in Bosnien kamen unter NATO-Oberkommando zum Einsatz. Auch an den Sitzungen des NATO-Militärausschusses wird sich der französische Generalstabschef wieder routinemäßig beteiligen. Indessen betonte Außenminister de Charette ausdrücklich, Frankreich werde auch weiterhin nicht am Verteidigungsplanungsausschuß teilnehmen und sich auch von der Nuklearen Planungsgruppe fernhalten.[32] Immerhin stellte er Frankreichs volle Mitwirkung an einem „erneuerten Atlantischen Bündnis" in Aussicht. Nur einen Monat später verkündete Frankreich dann aber doch seine regelmäßige Teilnahme am Verteidigungsplanungsausschuß sowie seine Bereitschaft, auch nukleare Fragen im Rahmen der Allianz anzusprechen.[33]

Der grundlegende Wandel in der Haltung Frankreichs gegenüber der Atlantischen Allianz ist einerseits in der Erkenntnis begründet, daß nur durch die eigene aktive Mitwirkung beim Umbau des Atlantischen Bündnisses der französische Einfluß zu wahren ist. Andererseits ist er eine Folge der in den USA seit dem Ende des Kalten Krieges erkennbaren Tendenz zur Reduktion der Bündnisverpflichtungen und zur Verringerung der amerikanischen Präsenz in Europa. Im Verteidigungsweißbuch 1994, das die Perspektiven der französischen Verteidigungspolitik nach dem Ende des Kalten Krieges umreißt, unterstreicht Frankreich die Notwendigkeit, durch eine Erneuerung der transatlantischen Bindung die Präsenz der amerikanischen Streitkräfte in Europa langfristig zu sichern.[34] Mit der Abschaffung der Wehrpflicht und der Bildung von strategisch mobilen Einsatzkräften von 50–60.000 Mann will Prä-

---

[31] Klaus Kinkel, Die NATO-Erweiterung: Ein Beitrag zur gesamteuropäischen Sicherheit, in: *Internationale Politik* 1995/4, S. 23.

[32] Vgl. Rede des französischen Außenministers, Hervé de Charette, bei der Ministertagung des Nordatlantikrats, Brüssel, 5.12.1995, in: *Frankreich-Info* Nr. 37/1995.

[33] Vgl. Paris Moves Toward New NATO Role, in: *International Herald Tribune*, 17.1.1996.

[34] Livre blanc sur la défense 1994, Paris 1994, S. 59. Vgl. auch die Rede vom 30.1.1995: "Muß noch einmal mehr bekräftigt werden, daß diese Präsenz [sc. der USA in Europa] für unsere Sicherheit unerläßlich ist und bleiben wird?"

sident Chirac Frankreich in die Lage versetzen, neben den USA als globaler ordnungspolitischer Akteur auftreten zu können.

Hier zeigt sich nach der Haltung mit Bezug auf die EU-Osterweiterung und die Annäherung an die NATO eine dritte Konvergenzlinie französischer und deutscher Interessen: Frankreich identifiziert immer deutlicher seine nationalen Interessen mit jenen seiner europäischen Verbündeten. Auch diese Tendenz ist bereits 1994 im Weißbuch erkennbar. Dort heißt es, die Interessen Frankreichs und seiner Nachbarn oder seiner westlichen Verbündeten seien kaum auseinanderzuhalten.[35] Mit Bezug auf die Wahrung der gemeinsamen Sicherheit bedeutet das die Anerkennung, daß der gemeinsame Ansatz im Rahmen des euro-atlantischen Verbundes an Stellenwert gewinnt. Präsident Chiracs Vorschlag für eine neue transatlantische Charta, die dieses partnerschaftliche Verhältnis der USA und Europas in der Wahrung der Sicherheit innerhalb wie außerhalb Europas nach dem Ende des Kalten Krieges bekräftigen soll, untermauert diese Haltung. Sie entspricht zugleich aber auch einer Anregung, die Bundesverteidigungsminister Rühe im Februar 1995 auf der Münchener Konferenz für Sicherheitspolitik präsentiert hatte[36] und die sich auch im Europa-Thesenpapier der CDU/CSU-Bundestagsfraktion findet.[37] Der Wandel der französischen Haltung verdient deswegen den Platz, der ihm hier eingeräumt wurde, weil er von jener politischen Partei, den Neo-Gaullisten, herrührt, die sich als Hüter des Erbes von General de Gaulle betrachten. Indem sie selbst die veränderten Rahmenbedingungen für die Wahrung der französischen Sicherheit anerkennen, betonen sie das kollektive nationale und hier genuin europäische Interesse an der Stärkung der europäischen Verteidigung innerhalb des Atlantischen Bündnisses.

Dieses Interesse deckt sich mit demjenigen Deutschlands. Dabei war aus deutscher Sicht der Stellenwert dieser Kategorie des nationalen Interesses auch in der Vergangenheit schon deutlich ausgeprägter als in Frankreich. Die Einbettung seiner eigenen Sicherheitspolitik in den Bündnisrahmen gehörte von Anfang an zu den Prämissen deutscher Sicherheitspolitik. Das Grundgesetz (Art. 24 Abs. 2) sieht Beschränkungen der nationalen Hoheitsgewalt zugunsten der Teilnahme an Strukturen gemeinsamer Sicherheit ausdrücklich vor. Die Definition nationaler Interessen, die heute auch in Deutschland unbefangener als in den achtziger Jahren als solche bezeichnet werden,[38] beinhaltet stets auch den Blick auf das gemeinsame

---

[35] Ebd; S. 48. Im gleichen Sinn: Premierminister Juppé, Rede vom 7.9.1995, (Anm. 21).
[36] Europa und Amerika – Neue Partnerschaft für die Zukunft, 4.2.1995, in: *Stichworte zur Sicherheitspolitik* (März 1995), S. 8.
[37] Überlegungen zur Europäischen Politik. Vorschläge für eine Reform der Europäischen Union, in: *CDU-Dokumentation* 1 (1995), S. 14.
[38] Vgl. Gregor Schöllgen, Intérêt national et responsabilité internationale. Un essai sur le rôle de l'Allemagne dans la politique mondiale, in: *Deutschland-Magazin* 1 (1993), S. 50; Karl Kaiser, Deutsche Außenpolitik in der Ära des Globalismus, in: *Internationale Politik* 1995/1, S. 35.

europäische Interesse.³⁹ Die vitalen nationalen Interessen Deutschlands decken sich mit denjenigen Europas insgesamt.⁴⁰ Die Unterscheidung zwischen den nationalen und den kollektiven Interessen ist in der Sicherheitspolitik zugunsten der letzteren Kategorie aufgehoben.

Unabhängig von diesen unterschiedlichen Grundlagen der Herausbildung des kollektiven nationalen Interesses am Aufbau einer europäischen Verteidigung im NATO-Rahmen gewinnt die katalytische Funktion der bilateralen sicherheitspolitischen Zusammenarbeit beider Länder parallel dazu an Bedeutung. Sie findet ihren konkreten Ausdruck in dem im Herbst 1995 einsatzfähig gewordenen Eurokorps. Zwei neue Ansätze auf bilateraler Ebene wurden zudem beim deutsch-französischen Gipfel im Dezember 1995 in Baden-Baden vereinbart: die Zusammenarbeit zum Bau militärisch nutzbarer Aufklärungssatelliten (für die Paris Bonn bereits Mitte der achtziger Jahre vergeblich zu gewinnen suchte) und den Aufbau einer deutsch-französischen Rüstungsagentur (weil der kollektive Ansatz im Rahmen der WEU von Großbritannien abgelehnt wird).

Zu den genannten Konvergenzen tritt eine vierte Dimension hinzu. Aus Frankreich tönen Signale, die darauf schließen lassen, daß auch die heikle Frage der Europäisierung der französischen Atommacht aus dem Bereich der unverzichtbaren nationalen Interessen – zweifellos langsam, aber heute immerhin erkennbar – in Richtung der kollektiven Interessen rückt. Im ersten Teil der Analyse wurde anhand des Beispiels der französischen nuklearen Kurzstreckenraketen die Problematik veranschaulicht, die sich für das deutsch-französische Verhältnis ergibt. Während das Ende des Kalten Krieges aus deutscher Sicht die Lösung für dieses heikle Problem brachte, liegt die Tragik des europäischen Wandels für Frankreich im markanten Absinken der Nuklearwaffe als Faktor internationalen Prestiges: „Als eine Art psychologischer Schwimmweste im Umgang mit dem erstarkten deutschen Partner wird die französische Force de dissuasion so nicht [mehr] wahrgenommen, und aus dem Bewußtsein der deutschen Öffentlichkeit ist sie, anders als in den beiden Jahrzehnten vor der Wiedervereinigung, praktisch völlig verschwunden."⁴¹ Darüber hinaus wurde sie zum Kristallisationspunkt weltweiter Kritik im Zusammenhang mit Frankreichs letzten Atomversuchen vor dem vollständigen Teststopp.

Obwohl der Schutz des Atomschirms – sei es der amerikanische oder der französische – vor dem Hintergrund des Verschwindens einer konkreten Bedrohung für

---

³⁹ Vgl. dazu z. B. Außenminister Klaus Kinkel: „Stärker als andere Nationen müssen wir unser Verhalten auch mit den Augen der anderen sehen." Ansprache anläßlich der Feier des 125jährigen Jubiläums des Auswärtigen Amts, 16.1.95, Bonn, in: *Internationale Politik* 1995/4, S. 81. Nach der *Neuen Zürcher Zeitung* müßte ein Beobachter aus einer anderen Welt schließen, der deutsche Wille zur Einbindung in den kostspieligen europäischen Einigungsprozeß grenze schon fast an Selbstverleugnung. Deutschlands Staatsräson im Zeichen Europas, *Neue Zürcher Zeitung*, 24.–25.2.1996.

⁴⁰ Grundsatzrede von Außenminister Kinkel in der Europa-Debatte des Deutschen Bundestags: Deutschland in Europa, in: *Europa-Archiv* 49 (1994), S. 336.

⁴¹ Christian Müller, Deutschland als Chance für den Westen, in: *Neue Zürcher Zeitung*, 7. 6.1995.

Westeuropa viel Gewicht verloren hat, bleibt die Frage eines formellen Einbezugs der westeuropäischen Partner in die französische Nukleardoktrin von elementarer politischer Bedeutung im Hinblick auf die Entwicklung einer europäischen Verteidigung. Vor diesem Hintergrund deutet sich in der Äußerung des gaullistischen Premierministers Juppé zur französischen Nuklearpolitik eine weitere bemerkenswerte Wandlung der französischen Haltung an: „Da wir zur Zeit eine gemeinsame Verteidigungspolitik mit unseren europäischen Partnern, darunter Großbritannien, anstreben und gleichzeitig an der Erneuerung des Atlantischen Bündnisses arbeiten, glaube ich, daß die [nukleare] Dimension der Gemeinschaft konstitutiver Bestandteil unserer Doktrin werden muß."[42] Das französische Konzept einer mit Deutschland und Großbritannien „konzertierten Abschreckung", wie es Juppé erstmals im Januar 1995 vorbrachte, unterstreicht eine Entwicklung der französischen Doktrin in Richtung eines gleichberechtigten konsultativen Einbezugs des nicht über Atomwaffen verfügenden Partners Deutschland.

Dieser sich entwickelnde neue politische Ansatz verwirklicht zwei elementare französische Eigeninteressen. Er bietet zum einen eine Rückversicherung gegenüber einem aus französischer Sicht stets möglichen deutschen Wunsch nach Vollendung des letzten Schritts zur Gleichheit durch nukleare Bewaffnung. Er sichert Frankreich zum zweiten im Rahmen einer solchen Konzertation eine führende Position als „Hüter des nuklearen Schlüssels" für Europa. Aus deutscher Sicht verdient der Ansatz Beachtung, weil damit eine Möglichkeit gegeben scheint, die sicherheitspolitische Solidarität auf weitere Mitglieder der EU auszudehnen. Bonn wird an einer Konkretisierung dieses Ansatzes wohl nur dann interessiert sein, wenn er nicht nur Deutschland erfaßt, sondern sich nach und nach auf alle EU-Mitglieder erstreckt. Als Präsident Chirac am 22. Februar 1996 umfassende Reformen der französischen Streitkräfte ankündigte, sprach er im Zusammenhang mit Schritten in Richtung der Europäisierung der Abschreckung einschränkend nur vom möglichen Einbezug von Frankreichs Nachbarn Großbritannien, Deutschland und Spanien.

Mit der Frage nach dem Kreis der Länder, die von einem derartigen „konzertierten Schutz" erfaßt würden, gelangen wir zur fünften Konvergenzlinie deutscher und französischer Interessen: jener hinsichtlich eines Europas unterschiedlicher Geschwindigkeiten. Zur Europäischen Sozialcharta und zur Wirtschafts- und Währungsunion hat Großbritannien schon Vorbehalte angebracht. Dänemark will nicht an der Formulierung einer gemeinsamen Verteidigungspolitik teilnehmen. Die WEU kennt unterschiedliche Stufen der Mitwirkung (die EU-Mitglieder Irland und Dänemark sind „permanente Beobachter", wobei Dänemark 1994 unterstrich, es wolle der WEU nicht als Vollmitglied beitreten). De facto bestehen also schon seit Beginn der neunziger Jahre unterschiedliche Geschwindigkeiten im Integrationsprozeß. Mit dem Beitritt der drei neutralen Länder Österreich, Schweden und Finnland haben sich diese Unterschiede akzentuiert. Zwar hat keines dieser Länder

---

[42] Rede vom 7.9.1995 (Anm. 21). Premierminister Juppé ging in dieser Rede soweit zu fordern: „Eine neue Form der [nuklearen] Konzertation muß gefunden werden."

irgendwelche Vorbehalte gegenüber dem Vertrag von Maastricht angebracht. Es hat sich aber auch keines um die WEU-Vollmitgliedschaft beworben.[43]

Zwar erhob sich im Spätsommer 1994 nach der Präsentation des Europa-Thesenpapiers der CDU/CSU-Bundestagsfraktion[44] ein Sturm des Protests in Frankreich und Großbritannien. Die Kritik betraf insbesondere den Vorschlag, daß diejenigen Länder, die zu weiteren Integrationsschritten bereit seien, vorangehen sollten, um angesichts der bevorstehenden Erweiterung der EU einen kohärenten, harten Kern zu bilden. Dieses Thesenpapier zur Weiterentwicklung des Integrationsprozesses stellt die erste präzise Umschreibung deutscher Vorstellungen zur Entwicklung der EU seit 1991 dar. Liest man es genau, so enthält es materiell wenig Neues. Insbesondere unterstreicht es ausdrücklich die Offenheit der Kerngruppe für all jene Mitgliedsländer, die politisch und wirtschaftlich bereit sind, daran teilzunehmen. Es betont, die Bildung eines inneren Kerns sei kein Ziel an sich, sondern ein Mittel zur Fortentwicklung der Integration bei gleichzeitiger Erweiterung. Die allgemeine Kritik überging indessen diese Offenheit. Sie entzündete sich daran, es werde ein geschlossener Klub von EU-Mitgliedern „Erster Klasse" gebildet. Der französische Premierminister Balladur und Außenminister Juppé sprachen sich allerdings in der Sache durchaus im Sinne dieses Thesenpapiers aus.[45] Sie unterstrichen die Notwendigkeit eines flexiblen Vorgehens, wonach jene Länder, die zu Fortschritten bereit seien, die Vorreiterrolle übernehmen sollten.

Die Annäherung der Positionen betrifft sodann aber auch, zumindest im terminologischen Ansatz, die Struktur der künftigen politischen Union. Im November 1993 strich die CDU das Ziel eines europäischen Bundesstaates aus ihrem parteipolitischen Grundsatzprogramm.[46] Sie definiert als Leitlinie ein demokratisches, föderales und bürgernahes Europa. Den Föderalismus erwähnt sie ausdrücklich als Instrument zur Verhinderung eines europäischen Zentralismus und zum Schutz der kulturellen Vielfalt. Die Verfassung der Europäischen Union soll einen Grundrechtskatalog enthalten, die Entscheidungsverfahren zwischen den Organen der EU festsetzen sowie die Aufteilung der Zuständigkeiten zwischen der EU einerseits und den Mitgliedstaaten andererseits regeln. Im Programm der CSU heißt es ähnlich, die CSU strebe keinen europäischen Bundesstaat an, sondern ein Europa der Nationen.

Außenminister Kinkel erklärte im November 1993 in der Europa-Debatte des Bundestages: „Es wird bei den Nationen bleiben, aber diese werden soweit zusam-

---

[43] Vgl. Erich Reiter, Sicherheitspolitik nach dem EU-Beitritt von Finnland, Österreich und Schweden, in: *Neue Zürcher Zeitung*, 9.1.1995.

[44] Vgl. Anm. 39.

[45] Vgl. Interview mit Premierminister Balladur in der Tageszeitung *Le Figaro*, Paris, 30.8.1994, in: *Frankreich-Info* Nr. 18/1994. Im gleichen Sinne auch der Beitrag von Außenminister Juppé: Europa überdenken, *Le Monde*, 18.11.1994, (Anm. 21). Liest man das Interview mit Balladur und das CDU/CSU-Thesenpapier parallel, fällt die materielle Übereinstimmung der Aussagen ins Auge. Die taktische Ungeschicklichkeit des CDU/CSU-Papiers bestand darin, die für den harten Kern in Frage kommenden Länder von vornherein aufzuzählen.

[46] Vgl. Eine Europäische Union der Nationen, *Handelsblatt*, 2.11.1993.

menrücken, wie es notwendig ist, um ihren Bürgern in der Welt von morgen ein Mitspracherecht zu sichern."[47] Im Vorfeld des Europäischen Rates von Essen meinte Bundeskanzler Kohl 1994, er träume nicht mehr von den „Vereinigten Staaten von Europa", während Präsident Mitterrand betonte, Europa müsse zwangsläufig föderaler werden.[48] Die deutschen Vorstellungen nähern sich damit durchaus jenen der französischen Vertreter der Tradition von General de Gaulles „Europa der Vaterländer".

Auch die Stärkung der Handlungsfähigkeit Europas als gemeinsame Prämisse einer institutionellen Reform verbindet zweifellos beide Länder. Die Erweiterung darf die Handlungsfähigkeit der EU nicht beeinträchtigen, und die im Maastrichter Vertrag vorgezeichnete Wirtschafts- und Währungsunion muß nun im zweiten Anlauf durch einen ebenso konkreten Ansatz zur politischen Union ergänzt werden. Nichts anderes meint Volker Rühe, wenn er sagt: „Europa muß zu einer echten politischen Union weiterentwickelt werden, die eine gemeinsame Außen- und Sicherheitspolitik verfolgt. Die wesentliche Bedingung dafür ist, daß wir die gemeinsamen europäischen Interessen auf der Grundlage einer gemeinsamen strategischen Analyse bestimmen."[49] Und Alain Lamassoure, der französische Europaminister, drückte exakt die seit 1991 bestehende deutsche Zielsetzung aus, als er erklärte: „In Wirklichkeit muß der Vertrag von 1996 für die Außen- und Sicherheitspolitik das sein, was der Vertrag von 1992 über die Wirtschafts- und Währungsunion war, das heißt, er muß über den bloßen Grundsatz hinaus ein Ziel, einen Zeitplan und ein Entscheidungssystem festlegen und die geeigneten Organe definieren, damit wir gemeinsame Aktionen in die Wege leiten und deren Durchführung überwachen können."[50]

Wenn Ingo Kolboom trotzdem festhält, genaugenommen gebe es keine Deutschland und Frankreich verbindende gemeinsame Vorstellung von Europa,[51] so weist er damit zu Recht auf die fehlende konkrete Diskussion über Begriffe und Inhalte hin. Nicht zuletzt aus dem unterschiedlichen Verständnis von Föderalismus und Souveränität auf beiden Seiten des Rheins ist die heftige Reaktion auf die Thesen der CDU/CSU-Fraktion zu erklären. Es gehört wohl zur Ironie des tektonischen Umbruchs, in dem Europa sich noch immer befindet, daß Deutschlands Bemühen um eine föderale Entwicklung der EU, die darauf gründet, die Versuchung nationalstaatlicher Alleingänge auszuschalten, von den Partnern allzugern als Hegemoniestreben mißverstanden wird. Nur wenn begriffliche Klarheit auf beiden Seiten besteht und die eigenen

---

[47] *Europa-Archiv* 49 (1994), S. D16. Vgl. im gleichen Sinne auch Wolfgang Schäuble, Ansprache beim Kolloquium der Europäischen Bewegung Frankreich, Paris, 21.12.1994, in: *Pressedienst, CDU/CSU-Bundestagsfraktion,* 21.12.1994.

[48] Vgl. EU Offers the East Post-Summit Talks, in: *International Herald Tribune,* 1.12.1994.

[49] Volker Rühe, Deutsche Sicherheitspolitik. Die Rolle der Bundeswehr, in: *Internationale Politik* 1995/4, S. 26.

[50] Alain Lamassoure, Beitrag für *Frankfurter Allgemeine Zeitung,* 7.12.1994, in: *Internationale Politik* 1955/1, S. 76. Vgl. auch dessen Vorschlag für ein „Europäisches Außenministerium": EU Foreign Ministry is Proposed by France, in: *International Herald Tribune,* 23.11.1994.

[51] Kolboom (Anm. 28), S. 261.

Vorstellungen nötigenfalls mit den Worten des andern beschrieben werden, können Interessengegensätze identifiziert werden. Diese Vorarbeit ist in allen Politikbereichen der deutsch-französischen Zusammenarbeit die unabdingbare Voraussetzung für einen sinnvollen Ansatz zum Interessenausgleich. Sie wird im Hinblick auf die Aufnahme weiterer Staaten in die EU von besonderer Bedeutung sein, wenn es darum geht, die Strukturen und Entscheidungsprozesse der EU so umzuformen, daß die Prämisse der Handlungsfähigkeit auch im Europa der 27 zu verwirklichen ist.

Ausblick

Die Voraussetzungen für ein fruchtbares deutsch-französisches Zusammenwirken im Hinblick auf die materielle Entwicklung des Integrationsprozesses waren in den achtziger Jahren nie so gut wie um die Mitte der neunziger Jahre. Die Herausforderung, der sich die Europäische Union gegenübersieht, war aber auch nie größer. Die vorangehende Analyse hat die bemerkenswerte Annäherung der Positionen, vielfach gar deren Übereinstimmung aufgezeigt. Wo den Worten noch kaum konkrete Taten gefolgt sind – etwa in der Frage einer nuklearen Konzertation – müssen die materiellen Grenzen des politischen Wandels erst noch ertastet werden. Der politische Wille auf deutscher und französischer Seite zur intensiven Zusammenarbeit scheint aber gegeben.[52] Das Europa-Thesenpapier der CDU/CSU-Bundestagsfraktion fordert, die deutsch-französischen Beziehungen auf eine qualitativ neue Stufe zu stellen. Hinzu kommt, „daß auf beiden Seiten des Rheins die Nachkriegsgeneration, die jetzt die Verantwortung übernimmt, ...die Überzeugung ihrer großen Vorgänger über die vorrangige Bedeutung der deutsch-französischen Beziehungen teilt."[53]

Eine Alternative zum Europa der unterschiedlichen Geschwindigkeiten besteht realistischerweise nicht, und beide Länder messen der Schaffung eines handlungsfähigen Europa vor dem Hintergrund des politischen Versagens im Falle Ex-Jugoslawiens größte Bedeutung zu. Und schließlich finden Deutschland und Frankreich auch erstmals die uneingeschränkte Unterstützung der USA für ihre Vision von Europa. Die Clinton-Administration begrüßt, ja sie fordert die Bildung einer europäischen Verteidigungsidentität und erteilt damit den britischen Vorstellungen von Europa ausdrücklich eine Absage.[54]

---

[52] Präsident Chirac und Bundeskanzler Kohl haben für die Regierungskonferenz ein gemeinsames Positionspapier vorgelegt.

[53] Alain Lamassoure, Ansprache vor der Europäischen Bewegung, Paris, 21.12.1994, in: *Frankreich-Info* Nr. 1/1995. Im gleichen Sinne: Außenminister Hervé de Charette, Artikel in: *Le Monde* und *Die Welt*, 13.11.1995, in: *Frankreich-Info* Nr. 35/1995, sowie in seiner Grundsatzrede am IFRI, 17.10.1995 (Anm. 21). Premierminister Balladur und Außenminister Juppé befürworteten einen neuen, den veränderten Rahmenbedingungen der deutsch-französischen Zusammenarbeit angepaßten Vertrag. Vgl. Alain Juppé, Rede vom 30.1.1995 (Anm. 21).

[54] Vgl. Rede Bill Clintons beim NATO-Gipfel im Januar 1994 in Brüssel, in: *Stichworte zur Sicherheitspolitik* 2 (1994), S. 5–7, sowie Why Washington Wants a Strong Europe, in: *International Herald Tribune*, 29.11.1994.

In der vorgezeichneten, absehbaren stufenweisen Erweiterung der EU nach Osten werden Deutschland und Frankreich zu den Bindegliedern zwischen zunehmend heterogenen geographischen Mitgliedergruppen mit unterschiedlichem Entwicklungsstand und Wohlstandsniveau. Diese Gruppierungen traten schon im Zusammenhang mit der Erweiterungsrunde von 1994 deutlich hervor. Deutschland bzw. Frankreich gelten als deren Vorreiter. Ihnen fällt es letztlich zu, deren Zusammenhalt durch engste Zusammenarbeit und Abstimmung untereinander zu gewährleisten. Gerade mit Blick etwa auf die notwendigen Reformen der Struktur- und Agrarpolitik der Gemeinschaft sind Deutschland und Frankreich die zentralen Akteure, die mit je einem Bein in Lagern mit gegensätzlichen Interessen stehen. Diese Kohäsionsfunktion stellt vor dem Hintergrund unserer Analyse ein kollektives nationales Interesse beider Länder dar. Angesichts der Erfahrungen der ersten Hälfte dieses Jahrhunderts dürfen wir es auch als unverzichtbar bezeichnen, weil es den elementaren Staatszielen der Friedenssicherung und der Wahrung des Wohlstands dient. Die parallele Entwicklung einer klar umrissenen politischen Union zur Umsetzung der GASP in Ergänzung zur Wirtschafts- und Währungsunion verwirklicht zugleich auch nationale Interessen Deutschlands wie Frankreichs: Paris festigt langfristig seine Führungsposition in der EU durch die unauflösliche wirtschaftliche Verbindung mit dem deutschen Partner, während für Bonn die Vergemeinschaftung außen- und sicherheitspolitischer Aktionen die gewünschte multilaterale Einbettung gewährleistet.

Wie im ersten Teil der Analyse gezeigt wurde, war der Bewegungsspielraum der bilateralen deutsch-französischen Partnerschaft stets auch abhängig von der Beziehung der Weltmächte USA und Rußland. Ein Rückfall Rußlands in eine autoritäre und auch nach außen hin wieder aggressivere Politik brächte für Deutschland rasch das alte Dilemma der Schutzbedürftigkeit und Anlehnung an die USA erneut zum Vorschein. Der potentielle Einfluß der deutsch-französischen Zusammenarbeit auf den europäischen Integrationsprozeß wird somit bei aller Konvergenz der beiderseitigen Interessen nicht allein von den politischen Prioritäten und der Entschlossenheit der Regierungen in Bonn und Paris abhängen.

Frankreichs Europakonzeptionen und das vereinte Deutschland: Die schwierige Balance zwischen Einbindung und Selbsteinbindung

AXEL SAUDER

Seit dem Umbruch im Europa der Jahre 1989/90 ist Frankreich mit einem fundamentalen Wandel der Rahmenbedingungen seiner Außen- und insbesondere seiner Europapolitik konfrontiert. Letztere war seit dem Zweiten Weltkrieg im wesentlichen darauf ausgerichtet, Deutschland zu kontrollieren und fest in der westlichen Welt zu verankern, Frankreich die Führungsrolle in Europa zu sichern und Europa zu einem handlungsfähigen Akteur sowie zu einem Multiplikator französischer Interessen werden zu lassen. Unter den Bedingungen der deutschen und europäischen Teilung konnten diese Ziele vergleichsweise leicht miteinander vereinbart werden. Die Souveränität des westdeutschen Teilstaats war durch die Vorbehaltsrechte der Siegermächte des Zweiten Weltkriegs begrenzt. Infolge der europäische Teilung standen der Bundesrepublik nur Gestaltungsmöglichkeiten im Westen, vor allem in Westeuropa, offen, um ihre Rückkehr in die Staatenwelt schrittweise ins Werk zu setzen. Die Bundesrepublik war als Frontstaat des Kalten Krieges ohnehin auf ihre westlichen Verbündeten angewiesen, um ihre Sicherheit angesichts der Bedrohung durch den Warschauer Pakt zu gewährleisten.

Die Bundesrepublik Deutschland war somit bereits aufgrund der bipolaren Struktur des internationalen Systems, die sich nach dem Zweiten Weltkrieg ausgebildet hatte, aufgrund ihres besonderen sicherheitspolitischen Status und wegen der deutschen Teilung so effektiv kontrolliert, daß sie nicht mehr, wie insbesondere von Frankreich in den Jahren nach Kriegsende befürchtet, zu einer direkten Sicherheitsbedrohung werden konnte. Zudem war die Westbindung die einzige außenpolitische Option, die der Bundesrepublik zur Verfügung stand. Darüber hinaus sicherte sie der Bundesrepublik Entwicklungschancen, insbesondere ökonomischer Art, die sie im Sinne ihrer übergeordneten politischen Ziele – schrittweise Wiedergewinnung von Souveränität und Gleichberechtigung – zu nutzen verstand. Der wirtschaftliche Aufstieg der Bundesrepublik, die bereits in den sechziger Jahren zur größten Wirtschaftsmacht Westeuropas wurde, war eine zumindest latente Bedrohung des französischen Führungsanspruches in Europa. Aus diesem Grund war es aus französischer Sicht notwendig, den deutschen Machtzuwachs möglichst fest in Europa einzubinden und auf diese Weise zu kontrollieren.

Dieser für die französische Außen- und Europapolitik und darüber hinaus für die europäische Einigung günstige Kontext besteht seit 1989 nicht mehr. Die deutsche Teilung gehört ebenso wie die Souveränitätsbeschränkungen, denen die Bundesrepublik unterlag, der Vergangenheit an. Dies mußte fast unweigerlich Auswirkungen auf die französische Führungsrolle in Europa haben, die bislang vom westdeutschen

Teilstaat stillschweigend akzeptiert wurde. Das Ende der europäischen Teilung eröffnete der Bundesrepublik erstmals in ihrer Geschichte Gestaltungsmöglichkeiten in Mittel- und Osteuropa und verschafft ihr, zumindest theoretisch, Alternativoptionen zur Westbindung. Ob die Bundesrepublik aufgrund dieser Entwicklungen versucht sein könnte, ihren Platz im europäischen Staatensystem neu zu bestimmen, wurde nicht zuletzt in Frankreich, insbesondere während des deutschen Einigungsprozesses, immer wieder gefragt.[1] Heute stehen alle Staaten Europas vor der Frage, wie sich das europäische Staatensystem entwickeln soll. Sie müssen Ordnungsmodelle entwerfen, mit denen das europäische Staatensystem entsprechend ihren nationalen Interessen neu strukturiert werden kann.

Das französische Ordnungsmodell für Europa kann als der Versuch interpretiert werden, das vereinte Deutschland im neuen Europa weiterhin fest eingebunden zu halten, die hierzu erforderlichen französischen Autonomieverzichte zu begrenzen und Frankreich eine politische Führungsrolle in Europa zu sichern. Die französischen Europakonzeptionen stehen in der Tradition der Europapolitik Frankreichs seit dem Zweiten Weltkrieg.[2] In ihr mußte stets der Zielkonflikt zwischen Einbindung Deutschlands und Frankreichs Scheu vor Selbsteinbindung kontrolliert werden, der sich aus den konkurrierenden Anforderungen an Frankreichs Europapolitik ergibt. Sie lassen sich aus ihrem innen- und außenpolitischen Bezugsrahmen ableiten. Schematisch gesprochen steht Frankreich unter der innenpolitischen und mit seiner politischen Kultur verknüpften Anforderung, seine nationale Souveränität zu wahren, die seit der Französischen Revolution als Grundlage demokratischer Partizipation und als Legitimation des Staates gesehen wird.[3] Im außenpolitischen Bereich wird jedoch der Druck auf Frankreich größer, zur Einbindung des vereinten Deutschlands auch zur Selbsteinbindung – und damit zum Souveränitätsverzicht – bereit zu sein. Dieser Zielkonflikt verschärfte sich mit der Vereinigung Deutschlands und den Veränderungen in Europa erheblich. In der französischen Europapolitik wird seit 1990 mit der ordnungspolitischen Konzeption der „Konföderation" versucht, ihn

---

[1] Vgl. Steven Philip Kramer, La question française, in: *Politique étrangère* 56 (1991), Nr. 4, S. 959–974; Steven Philip Kramer, *France and the New Germany* (American Institute for Contemporary German Studies, German Issue Nr. 11), Washington, D.C., Januar 1993; Axel Sauder, *Souveränität und Integration. Französische und deutsche Konzeptionen europäischer Sicherheit nach dem Ende des Kalten Krieges*, Baden-Baden 1995, S. 229–268.

[2] Vgl. u. a. Wilfried Loth, *Ost-West-Konflikt und deutsche Frage. Historische Ortsbestimmungen*, München 1989, S. 159–172; Wilfried Loth, Die zweite Chance. Die deutsch-französischen Beziehungen nach der deutschen Einheit, in: Lothar Albertin u. a. (Hg.), *Frankreich-Jahrbuch 1992*, Opladen 1992, S. 47–54; Hans-Manfred Bock, Frankreich 1991/92: Europäische Herausforderungen und nationale Ungewißheiten, in: ebd., S. 14–19; F. Roy Willis, *France, Germany and the New Europe*, Stanford 1968; Walter Schütze, France and Germany, Cooperation and Conflict, in: *Defence and Security, PSIS Occasional Papers* 2 (1987), Françoise Manfrass-Sirjacques, Die französische Europapolitik und die Deutsche Frage. Angst vor der dérive allemande, in: *Die neue Gesellschaft/Frankfurter Hefte* 37 (1990), Nr. 2, S. 116–121.

[3] So die Argumentation des französischen Europaministers, Alain Lamassoure. Vgl. Alain Lamassoure, Das Europa, das wir brauchen, in: *Frankfurter Allgemeine Zeitung*, 7.12.1994.

nicht akut werden zu lassen. Frankreichs Präferenzen hinsichtlich der Neuordnung Europas unterscheiden sich ganz erheblich von den deutschen Ordnungskonzeptionen einer föderal organisierten „gesamteuropäischen Friedensordnung", die aus der Osterweiterung der westlichen Integrationsstrukturen entstehen soll. Die Verschärfung des Zielkonfliktes zwischen Einbindung und Selbsteinbindung und die Konkurrenz zu den deutschen Ordnungskonzeptionen für Europa erklären, warum es Anzeichen dafür gibt, daß Frankreich seine traditionelle Einbindungsstrategie im Hinblick auf Deutschland durch eine Strategie der „rationalen" – d. h. nicht nach dem Schema der Gleichgewichtspolitik des 19. Jahrhunderts, sondern innerhalb der europäischen Integration vollzogenen – Gegenmachtbildung ergänzt.

Ziele und Zielkonflikte der französischen Europapolitik seit dem Zweiten Weltkrieg

1945 galt es unter den Verbündeten der Anti-Hitler-Koalition als ausgemacht, daß Deutschland niemals wieder zu einer Bedrohung des Friedens werden durfte. Dies sollte zuerst durch die staatliche Neuordnung Deutschlands gewährleistet werden. In den ersten Nachkriegsjahren reichten die alliierten Projekte in Bezug auf Deutschland von der völligen Zerstückelung (Morgenthau-Plan) bis zur Errichtung eines direkter alliierter Kontrolle unterworfenen Einheitsstaates, der von der Sowjetunion favorisiert wurde.[4] Frankreich setzte – gemäß der Devise de Gaulles: „Plus de Reich centralisé" – auf die Strategie, Deutschland durch eine extreme Föderalisierung zu schwächen und auf diese Weise zu kontrollieren. Es ergänzte diese Strategie, indem es Bündnispartner zu gewinnen suchte. Noch vor Kriegsende schloß de Gaulle im Dezember 1944 einen Freundschaftsvertrag mit der Sowjetunion. Im März 1947 folgte der Vertrag von Dünkirchen mit Großbritannien. Die Hälfte der Artikel dieses Vertrages betraf Deutschland, das – laut Präambel – daran gehindert werden sollte, „wieder eine Bedrohung für den Frieden zu werden". De Gaulle betonte im November 1944 vor der französischen Nationalversammlung: „In Wahrheit ist das Schicksal Deutschlands das zentrale Weltproblem."[5]

Die französische Strategie im Hinblick auf Deutschland lief somit unmittelbar nach dem Zweiten Weltkrieg darauf hinaus, Deutschland zu schwächen und Verbündete gegen eine eventuelle deutsche Bedrohung zu gewinnen. Die Strategie der französischen Deutschlandpolitik ähnelte der Politik Frankreichs nach dem Ersten Weltkrieg insofern, als sie auf den beiden Säulen Schwächung Deutschlands und Gegenmachtbildung gegen Deutschland ruhte. Eine zweite Parallele zur Zwischenkriegszeit besteht darin, daß Frankreich es beide Male nicht vermochte, diese Strategie gegen den Widerstand seiner westlichen Verbündeten aufrechtzuerhalten. Schon zu Beginn der

---

[4] Vgl. Heinz Laufer, *Das föderative System der Bundesrepublik Deutschland*, Bonn 1991, 6. Auflage, S. 45–47.

[5] Zitiert nach Alfred Grosser, *Frankreich und seine Außenpolitik, 1944 bis heute*, München 1989, S. 47.

fünfziger Jahre mußte Frankreich die Konzeption der Gegenmachtbildung und der direkten Kontrolle Deutschlands aufgeben. Frankreich blieb angesichts der immer deutlicher erhobenen amerikanischen Forderung, Deutschland in die westliche Staatengemeinschaft aufzunehmen, nur noch die Hoffnung, Deutschland durch Kooperation mit dem westlichen Teilstaat zumindest indirekt kontrollieren zu können.

Fünfzig Jahre später bietet sich ein vollkommen anderes Bild. Die deutsche Vereinigung ist friedlich erreicht worden. Deutschland ist zum in vieler Hinsicht mächtigsten Staat in Westeuropa geworden und hat seine volle Souveränität wiedererlangt. Es geht nicht mehr um Bündnisse gegen Deutschland, sondern um institutionelle Kooperation mit der Bundesrepublik in der Europäischen Union. Ohne die feste Einbindung der Bundesrepublik in die westliche Welt wäre diese atemberaubende Entwicklung kaum vorstellbar gewesen, denn nur unter dieser Bedingung war die Möglichkeit einer Vereinigung beider deutschen Staaten für die anderen europäischen Staaten – die Sowjetunion eingeschlossen – akzeptabel.[6] Für Frankreich war von überragender Bedeutung, daß es mittels seiner Europapolitik diesen machtpolitischen Transformationsprozeß vierzig Jahre lang so steuern konnte, daß er nicht als eine Sicherheitsbedrohung wahrgenommen werden konnte. Mit anderen Worten: Die französische Europapolitik war stets darauf ausgerichtet, Einflußchancen auf die deutsche Politik zu wahren. Kurz: sie diente der Kontrolle Deutschlands.

Wenn aus deutscher Sicht von der „Kontrolle Deutschlands" gesprochen wird, so häufig mit negativer Konnotation. Bei näherer Betrachtung drängt sich jedoch ein anderer Schluß auf. Letztlich haben gerade die Deutschen von der französischen Einbindungspolitik profitiert. Ohne Kontrollmöglichkeiten für Frankreich und die anderen westeuropäischen Staaten hätte der deutsche Machtzuwachs fast unweigerlich zu großen Krisen im westeuropäischen Staatensystem führen müssen. Alle Bundesregierungen haben dies klar erkannt. Hinter der deutschen Bereitschaft zur Selbsteinbindung steht nichts anderes als die Erkenntnis, daß deutsche Machtgewinne mit der Bereitschaft der Bundesrepublik einhergehen müssen, ihren Partnern über die Europäische Einigung Einflußchancen (und damit letztlich Kontrollmöglichkeiten) einzuräumen. Insofern sind – auch aus deutscher Sicht – die französische Europapolitik mit dem Ziel der Kontrolle Deutschlands und die deutsche Bereitschaft zur Selbsteinbindung die beiden Seiten der gleichen Medaille.

Der Kurswechsel in der französischen Deutschland- und Europapolitik zwischen 1948 und 1950, der zum Schuman-Plan führte, war zu einem Gutteil die Reaktion auf äußeren Druck. Er war eine „geniale Flucht nach vorne"[7], mit der Frankreich nach fünf Jahren deutschland- und europapolitischer Rückzugsgefechte wieder die Initiative gewann. Nunmehr ging es nicht mehr darum, Deutschland durch innere Zerstük-

---

[6] Vgl. Rainer Baumann und Basil Kerski, Deutschland, politisches Faustpfand oder bloße Verhandlungsmasse? Sowjetische Truppenpräsenz und die Neugestaltung des sicherheitspolitischen Status Deutschlands, in: Gunther Hellmann (Hg.), *Alliierte Präsenz und deutsche Einheit – die politischen Folgen militärischer Macht*, Baden-Baden 1994, S. 195–228.

[7] Vgl. Robert Toulemon, *La Construction européenne. Histoire, acquis, perspectives*, Paris 1994, S. 20.

kelung und internationale Gegenmachtbildung zu kontrollieren, sondern um Kooperation *mit* dem westdeutschen Teilstaat. Dies war einerseits die Lehre aus der Vergangenheit, daß ein isoliertes und offen diskriminiertes Deutschland mittel- bis langfristig zu einer Sicherheitsbedrohung werden würde. Deutschland mußten folglich gleichberechtigte Entwicklungschancen im Westen geboten werden. Zudem wurde es immer wichtiger, die Bundesrepublik als Verbündeten gegenüber der Sowjetunion zu gewinnen. Nicht zu Unrecht sprach Paul-Henri Spaak davon, daß „Stalin der Vater der europäischen Einigung" gewesen sei.

Die französische Europapolitik verfolgte seit Beginn der fünfziger Jahre zwei Großziele. Das erste war Einbindung und Kontrolle Deutschlands. Dies umfaßte sowohl die unmittelbare sicherheitspolitische Funktion der französischen Europa- und Deutschlandpolitik als auch den Versuch, die Machtbalance gegenüber Deutschland zu steuern. Die machtpolitische Konkurrenz zwischen Frankreich und Deutschland wurde seit den fünfziger Jahren zu einem immer wichtigeren Motiv der französischen Europapolitik. Das zweite Ziel der französischen Europapolitik war die Vision eines Europa als eigenständiger Akteur der Weltpolitik unter französischer Führung, ob als „Vereinigte Staaten von Europa" nach der Konzeption Jean Monnets oder als ein „europäisches Europa" der Staaten, wie es de Gaulle vorschwebte. Jedes dieser Großziele beinhaltet einen Zielkonflikt zwischen innen- und außenpolitischem Bezugsrahmen der französischen Europapolitik. Darüber hinaus sind auch die beiden Großziele selbst nicht immer ohne weiteres miteinander vereinbar. Somit beinhaltete die französische Europapolitik von Anbeginn einen dreifachen Zielkonflikt:
– zwischen Einbindung Deutschlands und Selbsteinbindung Frankreichs,
– zwischen dem Ziel eines handlungsfähigen Europa und seinen Vorbehalten angesichts einer Vertiefung der Integration. Das französische Ziel war gewissermaßen ein „starkes Europa mit schwachen Institutionen"[8],
– zwischen der Kontrolle der Bundesrepublik und der Notwendigkeit, die deutsche Unterstützung für die europapolitischen Ziele Frankreichs zu sichern.

Das erste und wichtigste Spannungsfeld ist die Frage, zu welchem Grad an Selbstbindung Frankreich bereit war, um die Bundesrepublik in Europa einzubinden. Dieses Problem, das aus dem außenpolitischen Souveränitätsanspruch Frankreichs herrührt, ist in der außenpolitischen Doktrin des Gaullismus zwar am deutlichsten formuliert worden, es besteht allerdings von Anbeginn. Einer der Gründe für das Scheitern der europäischen Verteidigungsgemeinschaft ist hier zu suchen, denn jene Souveränitätsverzichte, die für die Bundesrepublik aus französischer Sicht nicht ausreichend waren, wurden für Frankreich bereits als inakzeptabel betrachtet.[9] Dieser Konflikt zwischen Einbindung Deutschlands und Selbsteinbindung Frankreichs hat sich nach

---

[8] Vgl. Valérie Guérin-Sendelbach, Incertitudes françaises? Die Entwicklung der Europäischen Union aus französischer Sicht, in: *Dokumente* 50 (1994), Nr. 4, S. 302.

[9] Vgl. u. a. Paul-Marie de la Gorce, La bataille de la CED, in: *Espoir* Nr. 59/1987, S. 2–19 und Hans Erich Volkmann und Kurt Schwengler (Hg.), *Die Europäische Verteidigungsgemeinschaft. Stand und Probleme der Forschung*, Boppard 1985.

der deutschen Wiedervereinigung noch erheblich verschärft, da das vereinigte Deutschland nunmehr auf strikte Gleichberechtigung bei weiteren Integrationsschritten achtet.

Aber auch hinsichtlich des zweiten großen europapolitischen Ziels Frankreichs, der Schaffung eines unabhängigen und weltpolitisch handlungsfähigen Europa, muß Frankreich mit einem Zielkonflikt leben, der mit der französischen Bereitschaft zur Selbsteinbindung zusammenhängt. Denn es ist in der Tat schwer zu erkennen, wie – gerade in der Außen- und Sicherheitspolitik, die für weltpolitische Handlungsfähigkeit zentral wichtig ist – Europa als kohärenter Akteur auftreten könnte, ohne daß die Mitgliedsstaaten, und damit auch Frankreich, erhebliche Souveränitätsverzichte in diesem Kernbereich von Staatlichkeit leisten.

Schließlich besteht ein gewisses Spannungsverhältnis zwischen dem deutschlandpolitischen Motiv der Kontrolle durch Kooperation und den europapolitischen Visionen Frankreichs, die ohne deutsche Unterstützung nicht zu verwirklichen sind. Ein von den USA unabhängiges und außenpolitisch handlungsfähiges (West-)Europa ist in Frankreich stets als ein Hebel verstanden worden, um den französischen Einfluß in der Welt zu stärken. Die Ambivalenz besteht darin, daß einerseits die Kooperation mit der Bundesrepublik eine Voraussetzung für die Verwirklichung des französischen Ziels ist, ein homogenes und extern handlungsfähiges Europa zu schaffen. Um den französischen Führungsanspruch in diesem Europa einlösen zu können, ist andererseits jedoch die Kontrolle und Einhegung des deutschen Machtpotentials erforderlich. Den deutsch-französischen Beziehungen kommt somit eine doppelte Funktion zu: die deutsche Unterstützung für die europapolitischen Ziele Frankreichs zu sichern und gleichzeitig die deutsche Macht so einzubinden, daß der französische Führungsanspruch nicht gefährdet werden kann. Kurz: Es mußte stets eine schwierige Abwägung zwischen kooperativer Kontrolle und kontrollierter Kooperation getroffen werden.

Ein wichtiger Hintergrund zum Verständnis aller beschriebenen Zielkonflikte ist der innenpolitische Bezugsrahmen der französischen Außen- und Europapolitik, der Frankreichs Fähigkeit zu Souveränitätsverzichten – selbst wenn sie außenpolitisch geboten erscheinen – deutlich begrenzt. Seit der Französischen Revolution wird allein der französischen Nation das Recht zugestanden, über die Geschicke Frankreichs zu entscheiden. Die Nation ist die einzige legitime politische Gemeinschaft. Dies ist ein Prinzip des französischen öffentlichen Rechts, das von der überwältigenden Mehrheit der Franzosen nicht in Frage gestellt wird. Auch aus diesem Grund ist Frankreich als Einheitsstaat organisiert, d. h. es findet keine innerstaatliche Teilung von Souveränitätsrechten statt. Der französische Einheitsstaat ist somit nicht nur die Folge einer geschichtlichen Entwicklung, bei der sich bereits im Mittelalter und in der Renaissance einheitsstaatliche Strukturen ausbildeten. Der Einheit und Unteilbarkeit der Nation entspricht die unteilbare Souveränität des von ihr legitimierten Staates. Dies war um so leichter, als die französische Staatsnation identisch ist mit dem französischen Staatsvolk, so daß nationale Identität und Loyalität zum französischen Staat zusammenfallen. Da das Prinzip der unteilbaren Souveränität nicht nur im innerstaatlichen, sondern auch im außenpolitischen Bereich gilt, wird einsichtig, warum die Einbindung Frankreichs in supranationale Organisationen sofort schwerwiegende innenpolitische Probleme aufwirft, denn die zwischenstaatliche Machtteilung rührt an die Grundfesten der Legitimation politischer Herrschaft. Durch diese Grundprinzipien des französischen öffentlichen Rechts werden innerstaatlicher und überstaatlicher Föderalismus gleichermaßen ausgeschlossen.[10] Somit wird verständlich, warum Frankreich Souveränitätsverzichten im außenpolitischen Bereich sehr zurückhaltend gegenübersteht. Dies ist weniger die Folge der gaullistischen Doktrin, sondern eines erheblich älteren Staatsverständnisses, das allerdings in der außenpolitischen Doktrin des Gaullismus mustergültig formuliert worden ist. Insofern sind die geschilderten Zielkonflikte in der französischen Außen- und Europapolitik nicht erst mit dem Gaullismus entstanden – wie bereits das Scheitern der EVG zeigt – sondern stehen in Zusammenhang mit einem historisch gewachsenen Verständnis von der innenpolitischen Legitimation und der außenpolitischen Rolle Frankreichs. Dies könnte auch eine der möglichen Erklärungen für langfristige Konstanten der französischen Außenpolitik sein.

Deutschland und die Europäische Einigung aus französischer Sicht nach dem Ende der Nachkriegszeit:
Konzeptionen und Interessen Frankreichs in Europa

Bis 1989 operierte die französische Europapolitik in einem stabilen Umfeld. Europa war geteilt, während der westdeutsche Teilstaat bereits aufgrund seiner Abhängigkeit von der Sicherheitsgarantie seiner Verbündeten wirksam kontrolliert war. Dies sicherte Frankreich – in Verbindung mit dem geringeren internationalen Status und dem Verzicht der Bundesrepublik auf ABC-Waffen – machtpolitische Vorteile im Vergleich zur Bundesrepublik. Die Struktur des europäischen Systems setzte eventuellen deutschen (Groß-)Machtambitionen ohnehin enge Grenzen. Greift man die beiden europapolitischen Großziele Frankreichs wieder auf – Kontrolle Deutschlands und „Europäisierung Europas" –, so zeigt sich, daß für beide im Laufe des Jahres 1990 das gewohnte Koordinatensystem zusammengebrochen ist. Die Beschränkungen, die sich für Deutschland aus der europäischen und deutschen Teilung ergaben, sind weggefallen. Bis 1989/90 ging es für Frankreich darum, das Machtpotential eines ohne Alternativen fest eingebundenen Staates mittels europapolitischer

---

[10] Burdeau schreibt: „La souveraineté, perçue comme qualité inhérente de l'Etat, paralyse les efforts tentés pour faire du fédéralisme un principe d'organisation internationale"; vgl. Georges Burdeau, *Traité de science politique*, Bd. 2: *L'Etat*, Paris 1980, 3. Aufl., S. 555. Picht argumentiert ähnlich, wenn er schreibt: „In der Tat bilden die Wahrung nationaler Identität durch Abgrenzung von den Nachbarn und die innere Konstitution des Nationalstaates durch Schaffung einer mit unteilbarer Souveränität ausgestatteten Zentralgewalt das beherrschende Kontinuum der französischen Geschichte seit der Entstehung des französischen Staates im Mittelalter ... Jeder Souveränitätstransfer bedeutet aber einen weitreichenden Eingriff in einen Mechanismus, der gerade durch seine Einheitlichkeit empfindlicher ist als die Instanzenvielfalt föderalistischer Systeme"; vgl. Robert Picht, Deutschland – Frankreich – Europa: Der Zwang zur Partnerschaft, in: Robert Bosch Stiftung (Hg.), *Deutschland – Frankreich. Bausteine zum Systemvergleich*, Bd. 1: *Politisches System und Öffentlichkeit*, Gerlingen 1980, S. 49. Vgl. weiterführend zu diesen Aspekten Axel Sauder, *Souveränität und Integration* (Anm. 1).

Initiativen zu kontrollieren. Es besteht weiterhin ein Konsens in Deutschland über die Fortsetzung der Westintegration. Im Gegensatz zur Vergangenheit ist dies nunmehr eine politische Entscheidung, da (zumindest theoretische) Alternativen zur Westbindung zur Verfügung stehen. Die Westbindung der Bundesrepublik gehorchte während der fünziger Jahre noch der Einsicht in die Notwendigkeit. Die Bundesrepublik verfügt heute zumindest theoretisch über „freedom of strategic choice"[11] – und damit auch über die Option einer außenpolitischen Renationalisierung.

Anstatt der bipolaren Struktur des europäischen Staatensystems, in dem – mit Ausnahme der neutralen Staaten – jeder Staat einem in sich kohärenten politisch-militärischen Lager angehörte, ist in Europa ein System entstanden, in dem einer (mehr oder weniger) kohärenten westeuropäisch-atlantischen Gemeinschaft weitgehend bindungslose Staaten im Osten Europas gegenüberstehen. Diese Staaten und ihre Sicherheitsprobleme sind zu einer direkten Gestaltungsaufgabe westlicher Politik geworden. Mit dem „eisernen Vorhang" ist dessen paradoxe Stabilisierungswirkung entfallen, die Westeuropa vor den Folgen einiger osteuropäischer Sicherheitsprobleme (etwa den heute aufbrechenden Nationalitätenkonflikten) bewahrte und gleichzeitig die Optionen der westeuropäischen Ostpolitik begrenzte. Westeuropa ist nicht nur direkt mit den Sicherheitsproblemen der osteuropäischen Staaten konfrontiert, sondern auch erstmals in der Lage, ordnungspolitische Konzepte für den europäischen Kontinent zu formulieren.

Hinzu kommt, daß die Bundesrepublik durch den Beitritt der fünf neuen Länder mächtiger geworden ist. Die Bundesrepublik ist bereits heute der mit Abstand bevölkerungsreichste Staat der EU (81 Mio. gegenüber jeweils rund 57 Mio. in Frankreich, Italien und Großbritannien). Das Bruttoinlandsprodukt (BIP) der Bundesrepublik lag 1993 um 52,7 % über dem französischen. Der deutsche Anteil am BIP der EU liegt nach der Erweiterung um Schweden, Finnland und Österreich immer noch bei 27,6 %. Mehr als ein Viertel der jährlich erwirtschafteten Wohlstandsgewinne in der Europäischen Union stammt somit aus Deutschland.[12]

Der erwähnte Machtzuwachs wird in Frankreich umso aufmerksamer registriert, als er mit der Abschwächung der „Kultur der Zurückhaltung" (Volker Rühe) einhergeht. Die Bundesrepublik befindet sich auf dem Wege einer Normalisierung ihrer Außenpolitik. Dies äußert sich im Wunsch, eine weltpolitische Rolle zu übernehmen, die der deutschen Wirtschaftskraft entspricht. Die neue Funktionsbestimmung der Bundeswehr, die Forderung nach einem permanenten Sitz im UN-Sicherheitsrat und die sehr viel selbstbewußtere Durchsetzung deutscher Interessen in der EU sind deutliche Indikatoren, daß Deutschland auf dem Wege einer schwierigen, aber dennoch eingeleiteten außenpolitischen Normalisierung ist. Die Beitrittsverhandlungen mit den EFTA-Staaten, deren rascher Beitritt als ein vitales deutsches Interesse interpretiert und gegen den Widerstand einiger EU-Partner, allen voran Frank-

---

[11] Vgl. Geoffrey van Orden, The Bundeswehr in transition, in: *Survival* 33 (1991), Nr. 4, S. 352–370, hier S. 352.

[12] Vgl. EU-Recht gilt jetzt in fünfzehn Staaten, in: *EU-Informationen* 1 (Januar 1995), S. 5–9, hier S. 8.

reich und Spanien, mit einiger Härte durchgesetzt wurde, galt als ein erster Indikator für ein selbstbewußteres Auftreten der Bundesrepublik.[13] Auch die „Überlegungen zur europäischen Politik" der CDU-/CSU-Fraktion wurden trotz ihrer „integrationistischen" Zielsetzungen nicht zu Unrecht als Anzeichen eines selbstbewußteren Stils in der deutschen Europapolitik interpretiert.[14]

Mit dem Ende des Kalten Krieges sind die Souveränitätsbeschränkungen entfallen, die Westbindung ist nicht mehr die einzige politische Option; Deutschland hat darüber hinaus einen großen Machtzuwachs erfahren und läßt die Bereitschaft erkennen, diese Macht konsequenter als in der Vergangenheit im Sinne seiner Interessen einzusetzen. Aus der Sicht Frankreichs bieten diese vier Aspekte Anlaß zum Nachdenken, zumal der internationale Kontext im neuen Europa insbesondere der Bundesrepublik neue Handlungsmöglichkeiten in Osteuropa eröffnet und mit einer Erosion der französischen Machtposition in Europa zusammenfällt. Politisch ist die französische Unabhängigkeitsdoktrin weniger wirksam als zu Zeiten der Bipolarität, als Frankreich aus seiner unabhängigen Position im Westen ostpolitisches Kapital, insbesondere gegenüber der Sowjetunion, schlagen konnte. Der politische und militärische Wert des französischen Nukleararsenals ist im neuen Europa ebenfalls geschwunden. Zur Lösung der begrenzten Krisensituationen in Europa können Nuklearwaffen kaum etwas beitragen. Somit haben zwei wichtige Machtressourcen, die insbesondere im Verhältnis zur Bundesrepublik eine machtpolitische Asymmetrie begründen konnten, an Bedeutung eingebüßt. Eine dritte ist gar obsolet geworden: Frankreichs Rolle als Siegermacht.

Daraus resultiert eine deutliche Verschiebung der Machtbalance zugunsten Deutschlands.[15] Hinzu kommt, daß die geographische Mittellage Deutschlands in Frankreich die Befürchtung weckt, daß die Westbindung Deutschlands gefährdet sein könnte, die nach 1989 keine strategische Notwendigkeit mehr und nicht mehr die nahezu automatische Folgerung aus der Blockteilung und der Souveränitätsbeschränkungen ist, denen Deutschland unterworfen war. Die Besorgnis hinsichtlich der Westbindung Deutschlands schließt die Furcht vor einer Neuauflage der deutsch-russischen Sonderbeziehung ein.[16] Wie präsent diese Befürchtungen sind, zeigten die

---

[13] Dies wurde insbesondere in der von den Äußerungen des französischen Botschafters in Bonn, François Scheer, ausgelösten Kontroverse deutlich. Aufgrund seiner kritischen Schilderung des Auftretens der deutschen Delegation bei den Erweiterungsverhandlungen mit den EFTA-Staaten und der Wertung, daß dies zu erheblicher Verunsicherung in Frankreich beigetragen habe, wurde der französische Botschafter ins Auswärtige Amt einbestellt. Vgl. Alain Debove, L'ambassadeur de France à Bonn a été „convoqué" au ministère des affaires étrangères, in: Le Monde, 19.3.1994.

[14] Typisch ist die Wertung in Rudesse germanique, in: Le Monde, 4./5.9.1994.

[15] Ob Deutschland nun tatsächlich mächtiger, immer noch weniger mächtig oder nunmehr gleich mächtig wie Frankreich ist, kann letztlich nicht genau entschieden werden, da es keine allgemein anerkannten Kriterien für Macht und keine festgelegte Gewichtung zwischen ihnen gibt. Der Trend ist jedoch eindeutig.

[16] Vgl. Dominique David, Paris, Bonn, Moskau: Ein Dreieck für Europa, in: Centre de recherche sur l'Allemagne contemporaine/Deutsch-Französisches Institut/Forschungsinstitut der DGAP/ Institut français des relations internationales (Hg.), Handeln für Europa. Deutsch-französische Zusammenarbeit in einer veränderten Welt, Opladen 1995, S. 62–73.

französischen Reaktionen auf die (sogenannte) Nichtangriffsklausel im deutsch-sowjetischen Freundschaftsvertrag von November 1990.[17]

Es ist verständlich, daß diese Interpretation das erste Großziel der französischen Europapolitik – Kontrolle Deutschlands, und zwar in machtpolitischer Hinsicht ebenso wie im Hinblick auf Deutschlands Westbindung – nach der deutschen Vereinigung in den Mittelpunkt der französischen Politik rückte. Hier standen Frankreich zwei Strategien zur Verfügung, nach denen seine Politik in Europa und gegenüber der Bundesrepublik gestaltet werden konnte. Frankreich konnte einerseits auf den deutschen Machtzuwachs mit einer neuen Einbindungsoffensive antworten. Andererseits wäre auch denkbar gewesen, daß Frankreich diese nach dem Zweiten Weltkrieg entstandene Strategie aufgeben und zu einer Konzeption der Gegenmachtbildung zurückkehren könnte, indem das deutsche Machtpotential durch eine Koalition mit anderen Staaten ausbalanciert werden sollte. Hinsichtlich des geographischen Rahmens verfügte Frankreich über drei Optionen: die (früher zwangsläufige) Konzentration auf Westeuropa, die schnelle Erweiterung der EG nach Osteuropa, die Wiederbelebung der gaullistischen Vision eines geeinten Kontinentaleuropa.

Frankreich mußte sich folglich zwischen der Fortsetzung seiner Einbindungspolitik und einer Strategie der Gegenmachtbildung entscheiden sowie – im Hinblick auf den geographischen Rahmen seiner Politik – eine Wahl zwischen West- und Kontinentaleuropa treffen. Es entschied sich für die Einbindungsstrategie und für die Konzentration auf Westeuropa. Die gesamteuropäische Initiative Frankreichs – das Projekt einer „Konföderation" – hatte primär die Funktion, den Beitrittsdruck der ost- und mitteleuropäischen Reformstaaten zur EG zu mindern. An dieser Prioritätensetzung wird deutlich, wie wichtig deutschlandpolitische Überlegungen waren. Unter der Prämisse einer fortgesetzten Einbindungsstrategie kann Deutschland nur in einer vertieften EU fest eingebunden werden, und nur wenn die Union nicht erweitert wird, können die hierfür erforderlichen Souveränitätsverzichte Frankreichs begrenzt werden. Nur dann kann der Zielkonflikt zwischen Einbindung und Selbstbindung kontrolliert werden. Eine ähnliche Überlegung gilt auch für den zweiten Zielkonflikt der französischen Europapolitik: ein außenpolitisch handlungsfähiges Europa kann ohne weitreichende Souveränitätsverzichte nur verwirklicht werden, wenn die Zahl der Mitgliedsstaaten klein bleibt und wenn die Interessenheterogenität der beteiligten Staaten nicht allzu groß wird. Auch hier kann der Zielkonflikt nur dann entschärft werden, wenn die Europäische Union nicht in großem Umfang erweitert wird.

---

[17] Artikel 3, Absatz 3 des Vertrages vom 9. November 1990 lautet: „Sollte eine der beiden Seiten zum Gegenstand eines Angriffs werden, so wird die andere Seite dem Angreifer keine militärische Hilfe und sonstigen Beistand leisten und alle Maßnahmen ergreifen, um den Konflikt unter Anwendung der Grundsätze und Verfahren der Vereinten Nationen und anderer Strukturen kollektiver Sicherheit beizulegen." Vertrag über gute Nachbarschaft, Partnerschaft und Zusammenarbeit zwischen der Regierung der Bundesrepublik Deutschland und der Regierung der Union der sozialistischen Sowjetrepubliken, in: *Europa-Archiv* 46 (1991), Nr. 3, S. D85–90.

Das französische Referendum des Jahres 1992 zur Ratifizierung der Verträge von Maastricht zeigte jedoch, daß die in ihm angestrebte Einbindung Frankreichs in Europa nur noch von einer knappen Mehrheit der Franzosen (51 %) unterstützt wurde. Wenn es zur weiteren Vertiefung der europäischen Integration kommt, so wird sie aller Voraussicht nach innenpolitisch – wenn überhaupt – nur sehr schwer durchzusetzen sein. Daß Jacques Chirac im Mai 1995 zum französischen Staatspräsidenten gewählt wurde, ist auch darauf zurückzuführen, daß die Franzosen heute sehr viel „euroskeptischer" als in der Vergangenheit sind. In Frankreich wird seit dem Ende des Kalten Krieges eine Debatte darüber geführt, wie Frankreich auf die gewachsene Macht Deutschlands reagieren solle. Die heutige Debatte über die deutschen Vorschläge für die Regierungskonferenz von 1996 verläuft nahezu entlang der gleichen Trennlinien. Die Befürworter von Maastricht argumentierten, daß die neue deutsche Macht in Europa durch eine solide Konstruktion und eine entschlossene Vertiefung der europäischen Einigung eingebunden werden müsse, da ansonsten eine deutsche Hegemonie und ein unzureichend eingebundenes Deutschland im Herzen Europas drohten. Deutschland könnte versucht sein, zu einer Schaukelpolitik zwischen Ost und West zurückzukehren.[18] Für die Gegner des Vertrages von Maastricht barg dieser die Gefahr, daß die erforderlichen Souveränitätsverzichte Frankreich der deutschen Hegemonie in einer fest integrierten Europäischen Union ausliefern würden.[19] Mit einer weiteren Vergemeinschaftung seiner Politik würde Frankreich die außenpolitischen Trumpfkarten

---

[18] So meldete sich Michel Rocard, der während der Aushandlung der Verträge von Maastricht französischer Premierminister gewesen war, wenige Wochen vor der Abstimmung zu Wort. Wenn die europäische Einigung zum Stillstand komme, dann, so Rocard, „würde Deutschland die Neigungen seiner Geschichte und Geographie wiederentdecken. Gestützt auf die übermächtige Mark würde es sich erneut dem Osten zuwenden und sich für die Zukunft des Kontinents nur noch interessieren, um ihm seine wirtschaftspolitischen Prioritäten aufzuzwingen ... Sehr schnell wäre es auch mit der von Konrad Adenauer und Charles de Gaulle besiegelten Freundschaft vorbei. Ich will überhaupt nicht daran denken, was danach kommt." Der ehemalige Premierminister Balladur stellte bündig fest: „Die Ablehnung des Vertrages ... wird ganz einfach dazu führen, daß Deutschland nach seinem Gutdünken handeln kann"; beide zitiert nach *Le Monde*, 21.8.1992. Interessant ist, daß Wolfgang Schäuble sein Europakonzept mit einer ähnlichen Argumentation verteidigte: „... wir versuchen zu zeigen, daß wir das vereinigte Deutschland fest in der europäischen Integration verankern wollen, so daß, gleich was auch künftig geschieht, die Gefahr von Alleingängen nicht mehr besteht ... Vor allem für die Franzosen ist es doch positiv zu hören, daß die Deutschen sicher sein wollen, daß es keinen Sonderweg und keine wie auch immer geartete Konfrontation geben wird"; vgl. La France doit assumer ses responsabilités, Interview mit Wolfgang Schäuble, in: *Le Monde*, 24.9.1994.

[19] Vgl. hierzu die Ausführungen des gaullistischen Abgeordneten Lellouche, der lange Jahre außenpolitischer Berater des jetzigen Staatspräsidenten Chirac war: „Der von Deutschland [im Schäuble-Lamers-Papier, A.S.] vorgeschlagene Heiratsvertrag läuft darauf hinaus, die Föderalisierung Deutschlands in der Europäischen Union gegen die Germanisierung seiner Partner einzutauschen"; vgl. Pierre Lellouche, Europe: le vrai dilemme franco-allemand, in: *Le Figaro*, 13.10.1994.

aufgeben müssen, die ihm noch zur Verfügung stehen, und wäre so dem deutschen Machtanspruch in Europa schutzlos ausgesetzt.[20]

Die Debatte in Frankreich kreist somit um die zwei grundlegenden Strategien, mit der die gewachsene Macht Deutschlands in Europa kontrolliert werden könnte: eine reine Gegenmachtstrategie und die klassische Integrationsstrategie. Die Gegenmachtstrategie hätte darin bestanden, die europäische Einigung nicht weiter zu vertiefen oder sogar Bindungen zu lockern, Frankreichs Unabhängigkeit so weit wie möglich zu wahren und sich nach Bundesgenossen umzusehen, mit denen das gewachsene Gewicht Deutschlands ausbalanciert werden könnte. Die Vorteile dieser Strategie hätten darin bestanden, daß sie, sofern in gemäßigter Form realisiert, den innenpolitischen Anforderungen in Frankreich entsprochen hätten. Die außenpolitischen Nachteile liegen aber auf der Hand: Frankreich wäre das Risiko einer self-fulfilling prophecy eingegangen. Wenn es aus Furcht vor deutschen Alleingängen Gegenkoalitionen gebildet hätte, so wäre die Bundesrepublik möglicherweise isoliert und gerade auf den Sonderweg gebracht worden, den Frankreich vermeiden wollte. Eine darartige Renationalisierung der französischen Politik hätte über kurz oder lang zu einer Renationalisierung der deutschen Außenpolitik geführt. Schließlich wäre die deutsch-französische Sonderbeziehung, die den Kern der französischen Nachkriegspolitik bildet, aller Voraussicht nach an den neuen machtpolitischen Bruchlinien zwischen der Bundesrepublik einerseits, Frankreich und anderen west-, möglicherweise aber auch osteuropäischen, Staaten andererseits zerbrochen.

Es sprach somit viel dafür, die vielfach erklärte Integrationsbereitschaft der Bundesrepublik im Sinne der Einbindungsstrategie zu nutzen. Die immer wieder beschworene Gefahr, daß Frankreich sich in einem integrierten Europa der deutschen Übermacht völlig ausliefern würde, mahnte zur Vorsicht. Es konnte daher angezeigt sein, die Einbindungsstrategie durch den vorsichtigen Einbau von Elementen einer Gegenmachtbildungsstrategie zu ergänzen. Bis zu einem gewissen Grad sind die beiden Strategien nicht nur kompatibel, sondern auch stets ein Element der Europapolitik gewesen. Auch wenn sich die konzeptionellen Grundlagen beider Doktrinen unterscheiden, so wäre es gerade für Frankreich falsch, von einer absoluten Trennung beider Bereiche auszugehen. Denn aus französischer Sicht hatte die europäische Einigung immer auch etwas mit der Steuerung von Machtgleichgewichten zu tun.

Die in der französischen Öffentlichkeit seit 1992 recht emotional geführte Debatte darf jedoch nicht darüber hinwegtäuschen, daß die Einschätzung der politisch Verantwortlichen sehr viel nüchterner ausfällt. Die Machtkonkurrenz zu Deutschland bleibt ein wichtiges Motiv der französischen Europapolitik. Jedoch dürften jene, die

---

[20] Der *Economist* brachte diese – auch in Großbritannien lebendigen – Befürchtungen auf den Punkt: „Few Germans admit that, in pressing for a United States of Europe (cynics say a Federal Republic of Europe), they might just be pursuing an old national interest in a new way. Bismarck was more honest back in 1876: ‚I have always found the word Europe in the mouths of those politicians who were demanding from other powers something that they did not dare demand in their own name'. A federal Europe, with Germany at its heart, offers Germans the chance to extend their influence in all directions"; vgl. The German question, in: *The Economist*, 12.10.1991.

ohne Absicherungen den Rückfall in eine ungebremste deutsche Hegemonie fürchten, in der Minderheit sein. Das Schreckgespenst der neuen deutschen Macht wurde in der Maastricht-Debatte von Befürwortern und Gegnern auch als taktisches Argument mißbraucht, um die eigene Position zu rechtfertigen. Es geht Paris nicht um Krieg oder Frieden oder um die Verhinderung deutscher Sonderwege, sondern sehr viel prosaischer um die Definitionsmacht in Europa, d. h. auch um die Frage, welche Europakonzeption sich durchsetzen wird. In der Machtkonkurrenz zu Deutschland spielen allerdings Einbindungskonzepte eine Rolle, die von jeher der französischen Europapolitik zugrundegelegen haben.[21]

Die „Konföderation" und Vertiefung der westeuropäischen Einigung als gesamteuropäische Ordnungskonzeptionen Frankreichs

In der französischen Europapolitik seit 1990 kann eine doppelte Strategie ausgemacht werden: Institutionell wurde versucht, die Einbindung Deutschlands zu vertiefen, sie aber mit Elementen einer Gegenmachtbildung zu ergänzen. Hinsichtlich des geographischen Rahmens war dieses Ziel nur zu verwirklichen, wenn es gelang, eine schnelle Erweiterung der EU zu verhindern. Die Verknüpfung zwischen den Institutionen Westeuropas und den übrigen europäischen Staaten sollte durch die europäische Konföderation verwirklicht werden, deren Grundkonzeption in Form des Stabilitätspaktes bzw. der von Premierminister Balladur definierten „drei Kreise" immer noch die europäischen Ordnungskonzepte Frankreichs prägt.[22] Während die Bundesrepublik für die Vertiefung der westeuropäischen Einigung ähnliche Ziele formuliert, so unterscheiden sich die ordnungspolitischen Konzeptionen beider Staaten für Gesamteuropa erheblich. Für Deutschland war mit der Forderung einer schnellen Osterweiterung der westlichen Integrationsstrukturen die Hoffnung verbunden, das traditionelle Dilemma der deutschen Außenpolitik zwischen Ost und West, das mit dem Ende der Blockteilung akut geworden war, zu überwinden, indem beide Beziehungsmuster im gleichen institutionellen Rahmen verortet werden sollten.

---

[21] So das Argument eines der profiliertesten französischen Europaabgeordneten, Jean-Louis Bourlanges (UDF), warum Frankreich das Angebot des „Schäuble-Lamers-Papiers" annehmen solle: „Mit dem Traum eines fest integrierten Europas würde schließlich auch das Prinzip der [französischen A.S.] Politik gegenüber Deutschland brutal in Frage gestellt ... Frankreich hat drei außenpolitische Strategien hervorgebracht, um seine Beziehungen zu Deutschland zu steuern: die Zerstückelung ..., eine Umklammerungsstrategie ..., die Integration ... Zwei dieser Strategien sind heute hinfällig geworden. Wäre es sinnvoll, sich auch von der dritten zu verabschieden und ein einsames Deutschland in einem ungewissen Europa treiben zu lassen?"; vgl. Jean-Louis Bourlanges, Et si on disait oui aux Allemands?, in: Le Monde, 29.9.1994.

[22] Vgl. das Interview von Premierminister Balladur mit Le Figaro, 30.8.1994; die Auszüge zur Außenpolitik dieses Interviews finden sich in Frankreich-Info Nr. 18/1994. Vgl. auch „Leitlinien Frankreichs zur Regierungskonferenz 1996. Ein ‚vertrauliches Papier' aus dem Elysée", in: Dokumente 52 (1996), Nr. 3, S. 218–221.

Für die Bundesrepublik war das Fernziel, zu einer einheitlichen institutionellen Struktur in ganz Europa zu gelangen; Frankreich hingegen präferiert vermutlich auch langfristig den Erhalt zweier europäischer Teilregionen mit einem unterschiedlichen Institutionalisierungsgrad.

Der Vorschlag einer europäischen Konföderation als ordnungspolitisches Modell Frankreichs nach dem Ende des Kalten Krieges

Als Präsident Mitterrand in seiner Silvesteransprache 1989 das Projekt einer europäischen „Konföderation" entwarf,[23] war Frankreich bereits vorgeworfen worden, daß es für die neue europäische Lage keine schlüssige Politik anzubieten habe.[24] Wenige Tage zuvor hatten die Reisen Mitterrands zu Gorbatschow nach Kiew und in die DDR verdeutlicht, wie stark Frankreich sich an den in Bewegung geratenen Status quo klammerte.[25] Zu Beginn des deutschen Einigungsprozesses hatte Frankreich bis zum März 1990 Status quo-Ziele verfolgt.[26] Politisch versuchte Frankreich, die deutsche

---

[23] Vgl. hierzu vor allem Ernst Weisenfeld, Mitterrands Europäische Konföderation. Eine Idee im Spannungsfeld der Realitäten, in: *Europa-Archiv* 46 (1991), Nr. 17, S. 513–518 und Jean-Marie Guéhenno, La dissuasion nucléaire dans le nouveau contexte international, in: Ministère de la défense (Hg.): *Un nouveau débat stratégique, Actes du colloque de Paris, 29./30.9.1992*, Paris 1993, S. 153–159; eingehend, aber leider streckenweise zu unkritisch Georges Ayache und Pascal Lorot, *La conquête de l'Est. La France dans le nouvel ordre international*, Paris 1991, S. 34–61; vgl. für einen autoritativen Kommentar der beiden „geistigen Väter" des Projektes Hubert Védrine und Jean Musitelli, Les changements des années 1989–1990 et l'Europe de la prochaine décennie, in: *Politique étrangère* 56 (1991), Nr. 1, S. 165–177, hier S. 168–177.

[24] Vgl. kritisch und treffend zum Konföderationsprojekt Hans-Hagen Bremer, Randmacht Frankreich?, in: *Frankfurter Rundschau*, 4.1.1990.

[25] Noch im April 1991 bilanzierte Staatspräsident Mitterrand: „Eine Ordnung – die Ordnung von Jalta – besteht nicht mehr. Sie war unannehmbar, aber sie war bequem. Alles war von vornherein geregelt. Das Gleichgewicht der Kräfte erlaubte es denen, die die Vorherrschaft hatten, Probleme im Zusammenhang mit der Abhängigkeit der Staaten in den Hintergrund zu drängen ... Man kann davon ausgehen, daß die Ordnung, die folgen wird, gerechter und dauerhafter sein wird, sofern sie sich auf die Achtung der Souveränität der Staaten stützen wird. Aber ich frage Sie: Wird sie nicht schwieriger und in gewisser Weise gefährlicher sein?"; vgl. François Mitterrand, Rede vor der „Ecole de guerre", 11.4.1991, in: *Frankreich-Info* Nr. 10/1991, S. 6.

[26] Nachdem die Vereinigung beider deutscher Staaten nach den Volkskammerwahlen vom März 1990 unvermeidlich erschien, unterstützte Frankreich – loyal zur Bundesrepublik – die deutsche Einigung. Die Veränderungen in Deutschland und der europäischen Ordnung sollten jedoch möglichst gering gehalten werden. Frankreich setzte sich bis zuletzt mit großem Nachdruck dafür ein, daß die Eckpfeiler des sicherheitspolitischen Status Deutschlands auch in Zukunft beibehalten würden; es forderte insbesondere die Bekräftigung des deutschen ABC-Waffen-Verzichtes und eine völkerrechtlich verbindliche und endgültige Regelung der polnischen Westgrenze; vgl. zu diesen Punkten ausführlich Axel Sauder, Französische Truppenpräsenz und die deutsche Einheit: Abwicklung eines deutschlandpolitischen Reliktes oder Instrument einer neuen Dimension der Zusammenarbeit?, in: Hellmann (Anm. 6), S. 229–268.

Bereitschaft zur Einbindung für eine entschlossene Vertiefung der europäischen Einigung im Rahmen der EG zu nutzen. Frankreich reagierte nach dem bekannten Muster, einen perzipierten Machtzuwachs der Bundesrepublik zu „europäisieren" und damit einzubinden. Die Bezeichnung „Konföderation" verweist auf die traditionelle französische Konzeption eines konföderierten „Europa der Staaten", die von de Gaulle in den sechziger Jahren formuliert worden war,[27] aber wegen der Blockkonfrontation nicht umgesetzt werden konnte – ob immer zu Frankreichs Leidwesen, kann mit guten Argumenten bezweifelt werden.[28] Der Zusammenbruch der europäischen Ordnung in den Jahren 1989–1990 konfrontierte Frankreich mit der Herausforderung und der Möglichkeit, die gaullistischen Ordnungsmodelle für Kontinentaleuropa in die Tat umzusetzen.

Es war jedoch gerade der *Zusammenbruch* des europäischen Status quo, der Frankreich die größten Sorgen bereitete. Insofern unterscheidet sich das Konföderationsprojekt – trotz einiger auffallender Parallelen – von den gaullistischen Konzeptionen durch das Ziel, den europäischen Status quo zu stabilisieren (nicht zu überwinden). Aus diesem latenten Widerspruch zwischen dem Anspruch, eine neue europäische Ordnung skizzieren zu wollen und der Status-quo-Orientierung der französischen Konzeption wird der wenig präzise Charakter des Projektes verständlich. Erst im Frühjahr 1991 (d. h. über ein Jahr später) äußerten sich zwei hohe französische Regierungsbeamte, die maßgeblich an der Erstellung des Projektes mitgewirkt hatten, in einer französischen Fachzeitschrift etwas ausführlicher[29]. In der Konföderation sollen alle europäischen Staaten und die verschiedenen europäischen Institutionen zusammengefaßt werden. Sie ist keine weitreichende Skizze für eine neue gesamteuropäische Ordnung, sondern sie soll die neuentstandene Konstellation aus

---

[27] Vgl. Edmond Jouve, Le général de Gaulle et l'Europe, in: Joël Rideau u. a. (Hg.), *La France et les Communautés européennes*, Paris 1975, S. 49–62, hier S. 54–60; Philippe Moreau Defarges, France and Europe, in: Paul Godt (Hg.), *Policy Making in France. From de Gaulle to Mitterrand*, London 1989, S. 226–234; Ernst Weisenfeld, Europa vom Atlantik zum Ural. Eine magische Formel – eine Vision – eine Politik, in: Wilfried Loth und Robert Picht (Hg.), *De Gaulle, Deutschland und Europa*, Opladen 1991, S. 71–79.

[28] „Frankreich konnte ohne Mühe die von Jalta ererbte bipolare Weltordnung verdammen, denn es hat stark von ihr profitiert. Der Kalte Krieg und die deutsche Teilung sicherten Frankreich eine de facto-Situationsrente. Es hatte alles auf das Atom und Europa gesetzt. Das Ende der europäischen Teilung und die Rückkehr eines vereinten Deutschland haben es die Grenzen seiner Wahlmöglichkeiten und seiner wirklichen Macht entdecken lassen"; vgl. Dominique Moïsi und Jacques Rupnik, *Le nouveau continent. Plaidoyer pour une Europe renaissante*, Paris 1991, S. 138; vgl. weiter zur Entwicklung der französischen Europapolitik von revisionistischen Vorstellungen hin zu einer zunehmenden Status-quo-Orientierung Michael Meimeth, *Frankreichs Entspannungspolitik der 70er Jahre: Zwischen Status quo und friedlichem Wandel. Die Ära Georges Pompidou und Valéry Giscard d'Estaing*, Baden-Baden 1990; vgl. auch François Bujon de l'Estang, France: pour une nouvelle politique étrangère, in: *Politique internationale* 58 (1992/1993), S. 177–192, hier S. 178–179; Tony Judt, Paris and the Tribes of Europe, in: *French Politics & Society* 10 (1992), Nr. 2, S. 34–47, hier S. 43.

[29] Vgl. Védrine und Musitelli (Anm. 23), S. 165–177.

Staaten und Institutionen stabilisieren helfen. Nicht die *Transformation* der europäischen Ordnung, sondern deren *Stabilisierung* wird angestrebt. Jede Institution solle ihre spezifischen Eigenschaften wahren können, denn die Konföderation verstehe sich als komplementärer und übergreifender Rahmen.[30]

Die Konföderation ist der Entwurf einer *europäischen Staatenordnung*, in der die Konsolidierung der Staaten und die Regulierung ihrer Beziehungen angestrebt wird. Bereits der Begriff „Konföderation" ist ein deutlicher Hinweis auf die zentrale Rolle, die den Staaten zugedacht ist. Einer der bedeutendsten französischen Staatsrechtler verwies in einem Kommentar zum Konföderationsprojekt darauf, daß die Konföderation im Unterschied zur Föderation eine Verbindung „zwischen gleichen und unabhängigen Staaten ist, die ihre Souveränität und staatlichen Kompetenzen behalten, die aber mittels eines Vertrages einige Kompetenzen an ein gemeinsames Organ abgeben, das in der Regel auf einstimmigen Entscheidungen beruht".[31]

Frankreichs Vision einer europäischen Ordnung beruht daher auf einem Europa der souveränen, aber durch vielfältige Kooperationsbeziehungen miteinander verbundenen (National-)Staaten. Die Konföderation steht in dieser Hinsicht unverkennbar in der Tradition des klassischen, gaullistischen Konzepts eines „Europa vom Atlantik zum Ural"[32] oder eines „europäischen Europa"[33], oder, in der heutigen Diktion, des „Europa der Geographie"[34]. Die französischen Verantwortlichen sprachen stets von einer *europäischen* Konföderation, was die nordamerikanischen KSZE-Staaten ausschließt. Das langfristige Ziel ist also nichts weniger als die Wiederherstellung des osteuropäischen Staatensystems, wie es bis zur Blockteilung des europäischen Kontinents bestanden hatte. Wie in der gaullistischen Konzeption, so sind auch im Konföderationsprojekt die Staaten Europas die tragenden Elemente

---

[30] Vgl. ebd., S. 176–177. Mitterrand selbst beschrieb sein Projekt so: „Ich hoffe, daß auf der Grundlage der Verträge von Helsinki im Laufe der neunziger Jahre eine europäische Konföderation im wahrsten Sinne des Wortes entsteht, die alle Staaten unseres Kontinents in einer gemeinsamen und dauerhaften Organisation des Austausches, des Friedens und der Sicherheit zusammenfaßt"; zitiert nach Hans-Hagen Bremer, Randmacht Frankreich?, *Frankfurter Rundschau*, 4.1.1990; vgl. auch Védrine und Musitelli (Anm. 23), S. 176.

[31] Vgl. Raphaël Hadas-Lebel, Confédération: Le poids de l'Histoire, in: *Le Monde*, 2 4.1.1990, zitiert in Ayache und Lorot (Anm. 23), S. 37; vgl. auch die ähnliche Definition von Burdeau: „ein Zusammenschluß von Staaten, die vollkommen ihre Unabhängigkeit wahren, die aber in einem Konföderationsabkommen beschlossen haben, gemeinsam gewisse Entscheidungen, insbesondere im Bereich der internationalen Beziehungen zu treffen"; vgl. Burdeau (Anm. 10), S. 511.

[32] Vgl. hierzu die Äußerungen auf der Pressekonferenz de Gaulles vom 9.9.1965, zitiert in Ayache und Lorot (Anm. 23), S. 20.

[33] Steven Philip Kramer, La question française (Anm. 1), S. 366–367.

[34] Staatspräsident Mitterrand stellte in einem Interview mit der französischen Zeitschrift *L'Expansion* fest: „Europa ist wieder auf seine Geschichte und seine Geographie verwiesen", zitiert nach Thankmar von Münchhausen, Mitterrand für eine europäische Konföderation, in: *Frankfurter Allgemeine Zeitung*, 19.10.1991.

der angestrebten Ordnung³⁵. Zieht man zum Vergleich die ordnungspolitischen Überlegungen heran, die de Gaulle zur europäischen Ordnung entwickelte, so zeigen sich deutliche Parallelen:

„Je crois donc qu'à présent, non plus qu'à d'autres époques, l'Union de l'Europe ne saurait être la fusion des peuples, mais qu'elle peut et doit résulter de leur systématique rapprochement.... Ma politique vise donc à l'instauration du concert des Etats européens afin qu'en développant entre eux des liens de toute sortes grandisse leur solidarité. Rien n'empêche de penser que ... l'évolution puisse aboutir à leur confédération."³⁶

Es geht aus französischer Sicht nicht darum, die zwischenstaatlichen Beziehungen durch die gegenseitige Einschränkung staatlicher Autonomie in Integrationszusammenhängen zu transformieren. Der französische Versuch, nationalstaatliche Kooperationsstrukturen in Europa zu stabilisieren, steht daher in einem Spannungsverhältnis zu deutschen Bestrebungen, die zwischenstaatlichen und transnationalen Verflechtungen in Europa zu einer „gesamteuropäischen Friedensordnung" auszubauen, in der die Rolle der Staaten relativiert würde.³⁷ Das Konföderationsprojekt ist mit den gaullistischen Ordnungsvorstellungen für Europa verwandt, im Gegensatz zu diesen ist es jedoch nicht darauf ausgerichtet, eine Ordnungsstruktur für ganz Europa zu skizzieren, sondern es betrifft in erster Linie die Staaten Osteuropas. Daher läuft das Konföderationsprojekt auf zwei Zonen unterschiedlicher „Kooperationsdichte" hinaus: Im Westen des Kontinents soll die (möglichst nur geringfügig erweiterte) Europäische Union mit einer festen institutionalisierten Bindung zwischen den Mitgliedsstaaten erhalten werden, während für Osteuropa ein Netzwerk von Kooperationsbeziehungen zwischen weiterhin unabhängigen Staaten angestrebt wird.

Nach dem Regierungswechsel von 1993 griff der neue Premierminister Balladur den Gedanken des Konföderationsprojektes in seinem Vorschlag eines europäischen „Stabilitätspaktes" auf, in dem versucht werden soll, zwischen den osteuropäischen Staaten Abkommen zur Regelung der drängendsten Sicherheitsprobleme (Minderheiten, Grenzfragen) zu schließen. Er bezog sich dabei explizit auf das von Staatspräsident Mitterrand vorgeschlagene Konföderationsprojekt.³⁸ Auch wenn es gegenwärtig noch zu früh für eine abschließende Bewertung ist: Es spricht eine Reihe von Indizien dafür, daß sich die Europapolitik Jacques Chiracs im Rahmen der ordnungspolitischen Konzeptionen bewegt, die Anfang der neunziger Jahre entwickelt worden sind. Schließlich sind die Zielkonflikte, mit denen sich Frankreich konfrontiert

---

[35] Gilles Martinet, L'Europe de l'Atlantique à l'Oural ou de Vancouver à Vladivostok?, in: *Nouvelle Europe* 6 (1991), S. 16–17, hier S. 17.

[36] Vgl. Charles de Gaulle, *Mémoires d'espoir*, Paris 1970–1990, S. 186.

[37] Vgl. Peter Schmidt, L' Allemagne contre l'Europe des Etats, in: *Nouvelle Europe* 6 (1991), S. 34–37, hier S. 34–35.

[38] Vgl. Regierungserklärung des französischen Premierministers vor der Nationalversammlung, 8.4.1993, in: *Frankreich-Info* Nr. 17/1993, S. 20–24 und Für einen Stabilitätspakt in Europa, Erklärung des französischen Premierministers Balladur, März 1994, ebd., Nr. 8/1994.

sieht, die gleichen geblieben. Hinsichtlich des Konfliktes zwischen Einbindung und Selbsteinbindung dürften die Probleme sogar zugenommen haben, denn die „Euroskepsis" der französischen Wähler hat zugenommen. Zugleich wird Europa zunehmend nicht mehr als Modernisierungsinstrument Frankreichs wahrgenommen. Vielmehr führen die Befürworter einer „anderen" Wirtschaftspolitik die ökonomischen und sozialen Probleme Frankreichs auf die Politik des letzten Jahrzehnts zurück, die Frankreichs wirtschaftliche Öffnung gegenüber Europa und der Welt vorangetrieben, im Sinne einer wirtschaftspolitischen Konvergenz den Franc an die Deutsche Mark gebunden und im Rahmen der europäischen Integration auf nationale Kontrollinstrumente verzichtet habe.[39]

Gesamteuropäische Konföderation und westeuropäische Einigung

Die Osteuropapolitik Frankreichs spiegelt deutlich die französischen Einstellungen zur *westeuropäischen* Einigung wider. Das französische Konföderationsprojekt war von Anbeginn als Ergänzung der westeuropäischen Einigung konzipiert und sollte so den Druck zu einer Erweiterung der EU vermindern: „Die Konföderation ist nicht vorstellbar ohne die europäische Gemeinschaft ... Die Konföderation beginnt dort, wo die Gemeinschaft endet."[40] Die Beziehungen der Staaten Osteuropas zur Europäischen Union sollen aus französischer Sicht im Rahmen der Konföderation als Kooperationsbeziehungen zwischen den EU-Staaten und den osteuropäischen Staaten gestaltet werden. Damit erschließt sich eine wichtige Dimension des Konföderationsprojektes, durch das die Verknüpfung der ost- und westeuropäischen Staaten möglichst *außerhalb* der EU realisiert werden soll.

Frankreich steht einer Osterweiterung der Europäischen Union reserviert bis ablehnend gegenüber. Diese werde unweigerlich dazu führen, daß die Handlungsfähigkeit der EU geschwächt wird.[41] Der Beitritt der osteuropäischen Staaten würde die ökonomischen und politischen Disparitäten zwischen den Mitgliedsstaaten verschärfen und die Wahrscheinlichkeit von Interessenkonflikten erhöhen. Eine gemeinsame Handlungsfähigkeit auf der Grundlage homogener Interessen wäre dann schwieriger zu erreichen.[42] Die größere Interessenheterogenität kann durch eine Vertiefung der Integration nicht kompensiert werden, da diese im Widerspruch zu Frankreichs Ablehnung von Integration geraten würde. Kurz: Eine Erweiterung

---

[39] Vgl. für eine knappe Skizze der innenpolitischen Situation in Frankreich Axel Sauder, Innenpolitische Hintergründe und europapolitische Folgen der Präsidentenwahl in Frankreich, in: *Aktuelle Kurzanalyse* 14, Bonn: Forschungsinstitut der DGAP, Mai 1995.

[40] Vgl. Vedrine und Musitelli (Anm. 23), S. 176.

[41] Vgl. Laurent Cohen-Tanugi, Les perspectives institutionelles de l'Union européenne, in: *Politique étrangère* 58 (1993), Nr. 1, S. 35–42, hier S. 39–41.

[42] Vgl. Philippe Moreau Defarges, Frankreich und die Europäische Union: Vom Maastrichter Vertrag zur Regierungskonferenz von 1996, in: *Handeln für Europa* (Anm. 16), S. 338–351.

würde das zerbrechliche Gleichgewicht zwischen der Wahrung staatlicher Autonomie und europäischer Handlungsfähigkeit zerstören, denn aus französischer Sicht ist die Funktionsfähigkeit von Institutionen wie der Europäischen Union von der Interessenkonvergenz ihrer Mitglieder abhängig. Wenn die Zusammenarbeit durch Interessenkonflikte blockiert ist, sinkt aus französischer Sicht die Attraktivität der Union für jeden Mitgliedstaat. Am Ende einer solchen Entwicklung droht die Spaltung oder gar die Auflösung der Union.[43] Insofern wird die Gefahr gesehen, die westeuropäische Einigung durch eine überstürzte Erweiterung der EU zu gefährden. Hinzu kommt, daß in einer solchen erweiterten Integration Frankreich für eine vergleichbare Einbindung Deutschlands einen höheren Preis an Selbsteinbindung zahlen müßte. Im Dezember 1992 stellte Staatspräsident Mitterrand fest, ein Beitritt der sog. „Visegrad-Staaten" (Polen, Ungarn und die Nachfolgestaaten der Tschechoslowakei) „stehe nicht zur Debatte", wobei sie jedoch „eines Tages" dazustoßen sollten.[44] Noch 1990 hatte er unter Verweis auf das Konföderationsprojekt bündig festgestellt, ein Beitritt anderer Länder zur europäischen Gemeinschaft sei derzeit keine realistische Option.[45] Offiziell wird gegenwärtig in Frankreich die Osterweiterung der EU zwar nicht mehr (wie noch 1990) kategorisch ausgeschlossen. Die französische Diplomatie hat mittlerweile das Prinzip der Osterweiterung offiziell anerkannt.[46] Das nach wie vor bestehende Dilemma zwischen Vertiefung, Erweiterung und französischer Autonomie spricht jedoch dafür, daß dies auf keinen Fall eine von Frankreich angestrebte Entwicklung ist, sondern eher das Sich-Fügen in Unvermeidliches.[47] Wie tief die Interessendivergenzen zwischen Frankreich und der

---

[43] Vgl. Pascal Fontaine, L'Europe devant son avenir, in: *Cadmos* 14 (1991), Nr. 55, S. 88–100, hier S. 95.

[44] Vgl. die Pressekonferenz des französischen Staatspräsidenten Mitterrand nach dem europäischen Rat in Edinburgh, 12.12.1992, in: *Frankreich-Info* Nr. 42/1992.

[45] „Ich habe am 31. Dezember vergangenen Jahres eine ‚Europäische Konföderation' befürwortet, in einer Argumentation, die zunächst die Stärkung der Zwölfer-Gemeinschaft befürwortet. Die beiden Initiativen erscheinen mir komplementär ... Davon ausgehend handeln wir in konzentrischen Kreisen und erweitern Schritt für Schritt. Nicht, um die anderen Länder Europas in die Gemeinschaft zu holen. Wir geben uns nicht dieser Illusion hin, auch wenn es manchmal wünschenswert erscheinen könnte. Zur Zeit steht das in keinem Verhältnis zu den politischen und wirtschaftlichen Realitäten, in denen wir leben"; vgl. François Mitterrand, Pressekonferenz nach seinem Staatsbesuch in Moskau, 25.5.1990, in: *Frankreich-Info* Nr. 18/1990.

[46] Anfang Oktober 1994 einigten sich die EU-Außenminister darauf, mit den Visegrad-Staaten sowie Bulgarien und Rumänien in einen „strukturierten Dialog" mit dem Ziel ihres Beitritts einzutreten; vgl. Peter Hort, EU-Außenminister wollen engere Beziehungen zu den Ländern Ostmitteleuropas knüpfen, in: *Frankfurter Allgemeine Zeitung*, 5.10.1994.

[47] Französische Regierungspolitiker äußerten sich immer wieder in dieser Richtung, allerdings mit bezeichnenden Zwischentönen. So zum Beispiel der französische Außenminister, als er Ende September 1994 in einem Pressegespräch betonte, Frankreich sei für die Erweiterung der EU, jedoch hinzufügte: „Nous n'avons pas le choix, il faut le faire"; zitiert nach Pierre Servent, M. Juppé souhaite une „réforme fondamentale" de l'Union européenne, in: *Le Monde*, 24.9.1994.

Bundesrepublik jedoch immer noch sind, zeigte die Vorbereitung des EU-Gipfels Anfang Dezember 1994 in Essen. Es war bis zur letzten Minute unklar, ob die Beitrittskandidaten überhaupt nach Essen eingeladen würden.[48]

Schon seit den demokratischen Revolutionen in Osteuropa war jedoch klar, daß das ordnungspolitische Vakuum in Osteuropa gefüllt werden und den osteuropäischen Staaten eine Perspektive der Zusammenarbeit mit dem Westen eröffnet werden mußte. Mit der Konföderation sollte ein Ordnungsmodell entworfen werden, von dem man anfänglich hoffte, daß es mit einer Fortsetzung der westeuropäischen Einigung ohne Erweiterung vereinbar wäre. Auf dem europäischen Kontinent sollte eine Ordnung der „konzentrischen Kreise" entstehen.[49] Vier Tage nach der Vorstellung seines Konföderationsprojektes äußerte Mitterrand die Befürchtung, daß die „Gemeinschaft sich nicht unbegrenzt aufblähen" könne. Aus diesem Grund müsse den Staaten, die nicht EG-Mitglied werden könnten, mit der Konföderation eine Perspektive geboten werden.[50] Frankreichs europäische Ordnungspolitik ist daher zentral auf Westeuropa und dort in erster Linie auf die EU ausgerichtet, die vor Störeinflüssen aus Osteuropa möglichst abgeschirmt werden soll. Bereits 1990 formulierte Paris die bis heute gültige Orientierung seiner Politik: „Der Sockel ist zunächst die europäische Gemeinschaft. Dann ist es die Konföderation, deren Idee Staatspräsident Mitterrand entwickelt hat ... Sie betrifft vor allem die Länder Osteuropas, die sich nach Europa orientieren, die aber nicht der EG beitreten können. Und schließlich wird es die KSZE geben, zu der die Vereinigten Staaten und Kanada gehören, die unerläßlich für die Wahrung des Kräftegleichgewichtes sind."[51]

Die Konföderation ist daher in Osteuropa völlig zurecht als der Versuch interpretiert worden, eine baldige Erweiterung der EU zu verhindern.[52] Auch in Frankreich wurde darauf hingewiesen, daß einer der Beweggründe für das Konföderationsprojekt war, den Beitrittsdruck, der von einigen mittel- und osteuropäischen Ländern auf die EG ausgeübt worden war, zu mindern.[53] In den ordnungspolitischen Vorstellungen

---

[48] Vgl. Tom Buerkle, EU Patches Over Split on Admitting East, in: *International Herald Tribune*, 29.11.1994.

[49] Vgl. Alain Prate, Approfondissement ou élargissement?, in: *Commentaire* 15 (1992), Nr. 57, S. 77–85, hier S. 78.

[50] So in einer Stellungnahme vom 4.1.1990, zitiert nach Ayache und Lorot (Anm. 23), S. 36.

[51] Vgl. das Interview von Roland Dumas in *Le Figaro*, 25.7.1990.

[52] Fontaine kritisierte die Konföderation treffend als „au pire un succédané dissimulant mal l'embarras né de l'irruption impromptue et tumultueuse des peuples de l'autre Europe, au mieux une volonté farouche de préserver le projet d'Union européenne de tout risque d'éclatement ou de dilution"; vgl. Fontaine (Anm. 43), S. 91; Tony Judt (Anm. 28), S. 41–43; Henri Manzanares, Quelle Europe pour les „pays de l'Est"?, in: *Droit et économie* 67 (1991), S. 3–10, hier S. 3.

[53] Von französischen Entscheidungsträgern wird diese – plausible – Vermutung offiziell jedoch stets bestritten; vgl. die Einlassungen der französischen Europaministerin, Elisabeth Guigou, Les réponses françaises aux besoins des pays d'Europe centrale, in: *Revue Politique et parlementaire* 93 (1991), Nr. 956, S. 8–11, hier S. 11. Französische Spitzenpolitiker verschieben den Zeitpunkt eines Beitritts jedoch in eine so ferne Zukunft, daß kaum noch ein Unterschied zu

Frankreichs soll daher die Vertiefung der Europäischen Union mit Kooperationsstrukturen in Gesamteuropa kombiniert werden, so daß in absehbarer Zukunft eine zweigliedrige Ordnungsstruktur in Europa erhalten werden kann.

Mit der europäischen Konföderation soll eine Dialogstruktur zwischen der EU und den mittelosteuropäischen Staaten geschaffen werden. Die französischen Regierungspolitiker hatten keinen Zweifel daran gelassen, daß die Fortsetzung der europäischen Einigung Priorität besaß.[54] Die Konföderation ist daher nicht nur inhaltlich komplementär zur EU konzipiert, sondern in der Prioritätensetzung der Vertiefung der EU-Institutionen klar nachgeordnet. Frankreich konzentrierte sich nach 1990 darauf, die westeuropäische Einigung konsequent voranzutreiben. Die französischen Ordnungsmodelle für Europa beruhen auch langfristig auf der Zweiteilung des europäischen Kontinents. Der Stabilitätspol „Europäische Union" soll nach Möglichkeit versuchen, ordnungspolitische Antworten auf die Problemlagen in seinem östlichen Vorfeld zu geben.

Auch in diesem Punkt kann die Politik Frankreichs mit der Sorge um die Machtbalance zu Deutschland erklärt werden. Die europäische Einigung ist in Frankreich stets als ein Instrument zur Einhegung Deutschlands gesehen worden. Frankreich drang bereits im Zuge der deutschen Vereinigung darauf, weitere Schritte zur Vertiefung der EG zu gehen, deren Ergebnis die im Dezember 1991 unterzeichneten Maastrichter Verträge waren. Frankreich konnte kein Interesse daran haben, die bereits bestehende Verbindlichkeit der EU durch die schnelle Aufnahme neuer Mitglieder aus den mittelosteuropäischen Reformstaaten zu lockern, die Frankreich

---

[53] Fortsetzung

einer offenen Ablehnung des Beitritts erkennbar ist. Staatspräsident Mitterrand trug selbst im Juni 1991 mit seiner Äußerung, die Aufnahme der ehemaligen Staaten des Warschauer Pakts in die EG werde erst nach „Jahrzehnten" möglich sein, zum Scheitern der Prager Gründungskonferenz der Konföderation bei, die nur zwei Tage später begann; vgl. François Mitterrand, Interview mit „Radio France Internationale", abgedruckt in: *Bulletin der Französischen Botschaft*, Bonn, 12.6.1991; vgl. Weiterführend Védrine und Musitelli (Anm. 23), S. 175; Nicole Gnesotto: European Union after Minsk and Maastricht, in: *International Affairs* 15 (1992), Nr. 2, S. 223–231.

[54] Außenminister Dumas stellte hierzu schon Ende 1990 mit großer Nüchternheit fest: „Quand on parle de l'Europe, il faut savoir de quoi on parle... Cela signifie d'abord que nous devons règler le problème de la construction européenne dans le cadre de la Communauté Economique Européenne... Ensuite, nous devons porter une attention particulière sur ce qui vient de se passer dans l'autre Europe, l'Europe centrale et orientale... l'évolution des choses peut avoir des conséquences sur la vie de la CEE... Vous pouvez aisément concevoir que cela [das Scheitern der Reformbewegungen, A.S.] aura des conséquences sur la sécurité en Europe... La CEE réagira peut-être à ce moment-là dans une situation de catastrophe, qu'il vaudrait mieux prévenir que guérir. D'où l'idée d'avoir avec ces pays de l'Est une structure qui permettra, pour les années à venir, des rencontres, des échanges entre la Communauté d'une part et chacun de ces pays d'autre part. C'est l'idée de la Confédération"; vgl. Roland Dumas, Antworten auf die Fragen von WEU-Parlamentariern, 4.12.1990, in: *Propos sur la défense* 18 (1990), S. 103–110, hier S. 105.

in eine nachteilige Lage gegenüber Deutschland bringen würde. Damit war die Befürchtung verbunden, daß die deutschen Ostbeziehungen in einer erweiterten europäischen Union sehr viel schwerer zu kontrollieren sein würden und daß Deutschland bereits als „mechanische" Folge seiner wirtschaftlichen Macht eine Hegemonialposition in Mittel- und Osteuropa erlangen würde, an der Frankreich kein Interesse hatte.

An der bereits im Sommer 1990 – in einem ungleich hoffnungsvolleren europäischen Kontext als heute – von Außenminister Dumas aufgestellten Rangfolge hat sich bis heute nichts geändert. In einer Grundsatzrede stellte er klar, daß die europäische Einigung im Rahmen der EG Priorität in der Europapolitik Frankreichs genieße: „Den Aufbau der Zwölf fortzusetzen ist für uns vorrangig ... Unsere Gemeinschaft muß stärker werden, damit das vereinte Deutschland seinen Platz darin findet."[55] Die sicherheitspolitische Funktion des westeuropäischen Einigungsprozesses besteht in der Herstellung stabiler und *gleichgewichtiger* Beziehungen zwischen den Staaten Westeuropas. Frankreich verfolgt somit eine besondere Art von Gleichgewichtspolitik im Rahmen der EU. Ein Beobachter formulierte zutreffend: „Die französische Europapolitik wird den zwiespältigen Charakter, der sie von Anfang an ausgezeichnet hat, nicht ablegen: Ihr liegt die Überzeugung von ihrer Notwendigkeit und die Einsicht in ihren Nutzen für das friedliche Zusammenleben ... der europäischen Nationen zugrunde; gleichzeitig wurde sie aber immer auch instrumentalisiert: zur Einbindung, Kontrolle und Ausbalancierung der Macht Deutschlands (also zu einer Art Gleichgewichtspolitik innerhalb der EG), zur Wahrung des ‚Ranges' Frankreichs ..."[56]

Der – scheinbare – Widerspruch zwischen beiden Aspekten wird deutlich schwächer, wenn man die tatsächliche Integrationsbereitschaft Frankreichs zu messen versucht. Frankreich hat sich zwar im Hinblick auf die europäische Einigung von streng nationalstaatlich geprägten Vorstellungen entfernt. Es versucht allerdings auch, das bisherige Machtgleichgewicht in Westeuropa über die Wiedervereinigung Deutschlands hinaus fortzuschreiben, indem Deutschland fester in die Europäische Union eingebunden werden soll. In der europäischen Integration geht es Frankreich um *Machtgleichgewichte* zwischen Staaten, nicht um deren Relativierung. Daher bevorzugt Frankreich in der EU nach wie vor intergouvernementale Verfahren im Europäischen Rat oder im Ministerrat und steht einer Ausweitung von Mehrheitsbeschlüssen oder einer Aufwertung der Rolle der Kommission sehr zurückhaltend gegenüber. Dies zeigt sich im übrigen auch in den französischen Vorschlägen für die Regierungskonferenz von 1996. Die Einbindungspolitik in der EU dient nicht der Einschränkung der autonomen Handlungsfähigkeit von Staaten, sondern der politischen Ver-

---

[55] Vgl. Roland Dumas, Rede vor dem Senat, 27.6.1990, in: *Frankreich-Info Nr. 23/1990*, S. 2.
[56] Adolf Kimmel, Frankreich im Europa nach Jalta: Welche Rolle, welcher Rang?, in: Albertin (Anm. 2), S. 37–46, hier S. 44.

pflichtung auf das Ziel einer Politikkoordinierung.[57] Hierin unterscheidet sich die französische Zielprojektion von den langfristigen Zielen Deutschlands, denn die europäische Einigung rechtfertigt sich aus französischer Sicht nur solange, wie sie ein wirksames Instrument nationalstaatlicher Politik ist. Zwischen einer Einbindungsstrategie und einer (vorsichtigen) Gegenmachtbildung besteht daher kein prinzipieller Gegensatz. Vielmehr können sich beide Strategien sinnvoll ergänzen.

Die französischen Widerstände gegen eine Osterweiterung der europäischen Integrationsstrukturen sind einer pragmatischeren Haltung gewichen. Frankreich akzeptiert nun auch offiziell das Prinzip einer Erweiterung, nicht ohne jedoch den Zeitpunkt offenzulassen und auf die – zweifellos gewaltigen – Schwierigkeiten dieser Erweiterung hinzuweisen. Deutschland hingegen hat angesichts der Tatsache, daß die Erweiterung, aber auch die mit ihr verbundenen Probleme in größere Nähe gerückt sind, seine ursprünglich sehr weitreichenden und idealistischen Erweiterungsziele nach unten revidiert. Auch wenn in der praktischen Politik folglich größere Spielräume für eine gemeinsame Politik der EU gegenüber den mittel- und osteuropäischen Staaten bestehen, so ist auch weiterhin davon auszugehen, daß die dargestellten Zielkonflikte zwischen Einbindung Deutschlands und Selbsteinbindung Frankreichs, die durch die Erweiterung der Union verschärft werden, fortbestehen. Insofern bleibt die hier vorgelegte Analyse gültig, daß Frankreich immer noch eine möglichst späte und „kleine" Erweiterung präferiert, auch wenn es sich mit der grundsätzlichen Notwendigkeit abgefunden hat.[58]

---

[57] Vgl. „Leitlinien" (Anm. 22). Frankreichs Politik in der „Europäischen Politischen Zusammenarbeit" (EPZ) während der vergangenen Jahre hat diesen Sachverhalt deutlich gemacht. Frankreich versuchte, durch Politikkoordinierung die EG-Partner möglichst auf seine eigenen Interessen festzulegen. Es unternahm den Versuch, die eigene Politik zu westeuropäisieren und ihr so ein größeres internationales Gewicht zu verleihen. War dies nicht möglich, so ergab sich aus dem intergouvernementalen Charakter der EPZ kein Zwang für Frankreich, seine Politik anzupassen. Die EPZ war aber ein Rahmen, in welchem die politische Verpflichtung, nach Möglichkeit zu einer gemeinsamen Politik zu gelangen, ein sehr wirksames Mittel zur Einbindung anderer Staaten, insbesondere der Bundesrepublik, war; vgl. Joachim Schild, Frankreich und die Europäische Union: Außen- und Sicherheitspolitik im EG-Rahmen?, in: Albertin (Anm. 2), S. 79–101, hier S. 80–84; Françoise de La Serre, Das Ausmaß nationaler Anpassung an die EPZ, in: Alfred Pijpers und Elfriede Regelsberger (Hg.), *Die Europäische Politische Zusammenarbeit in den achtziger Jahren. Eine gemeinsame Außenpolitik für Europa?,* Bonn 1989, S. 237–256; Patrick Keatinge, The Foreign Relations in the Union, in: ders. (Hg.), *The Political Union. Studies in European Union,* Nr. 1, Dublin 1991, S. 105–160; Christopher Hill, Auf dem Weg zu einer gemeinsamen Außen- und Sicherheitspolitik? Probleme der Politischen Union, in: *Integration* 14 (1991), Nr. 2, S. 115–124; Françoise de La Serre und Philippe Moreau-Défarges, France. A Penchant for Leadership, in: Christopher Hill (Hg.), *National Foreign Policies and European Political Cooperation,* London 1983, S. 56–70.

[58] Vgl. Daniel Vernet, L'UE selon M. Balladur, in: *Le Monde,* 18.11.1994. Balladur sprach davon, daß die Erweiterung „inéluctable" sei; vgl. Edouard Balladur, Pour un nouveau traité de l'Elysée, in: *Le Monde,* 30.11.1994.

Ausblick

Aus der Darstellung der französischen Europakonzeptionen geht hervor, daß sie sich von den deutschen erheblich unterscheiden. Frankreich möchte die EU möglichst in der gegenwärtigen Form und mit dem heutigen Mitgliederkreis erhalten und Kooperationsbeziehungen zu den Staaten Ost- und Mitteleuropas knüpfen. Ähnliches gilt auch für die NATO. In Europa sollen daher aus französischer Sicht auch langfristig zwei unterschiedlich strukturierte Teilregionen erhalten bleiben. Die Bundesrepublik strebt seit 1990 hingegen an, die westeuropäischen und atlantischen Integrationsstrukturen so weit als möglich nach Osten zu erweitern und das europäische Staatensystem qualitativ zu transformieren, indem die bereits in Westeuropa realisierte Machtteilung in Integrationsstrukturen auf möglichst alle europäischen Staaten ausgedehnt wird.[59]

Diese Konzeptionen bestimmen auch den Platz und die Rolle, welche Frankreich und die Bundesrepublik im europäischen Staatensystem einnehmen wollen. In Frankreichs Europamodell soll für Frankreich noch ausreichend autonome Handlungsfähigkeit bewahrt werden, um glaubwürdig eine europäische Führungsrolle übernehmen zu können und Europa zur – legitimen (!) – Durchsetzung französischer Interessen zu nutzen. Gleichzeitig – dies ist die Ambivalenz des französischen Europakonzeptes – soll die europäische Einbindung genutzt werden, um die Machtkonkurrenz zu Deutschland zu steuern und eine europäische Führungsposition der Bundesrepublik (sowohl im Hinblick auf Ost-, aber auch in Westeuropa) zu verhindern. Dies verweist auf eine sehr viel realistischere Sicht der europäischen Einigung in Frankreich als in Deutschland: Der Aufbau Europas wird primär als ein Mittel gesehen, um die eigenen Interessen durchzusetzen und Frankreich Ressourcen zu sichern, über die es allein auf sich gestellt nicht verfügen würde. Nur diese Strategie kann einen manifesten Konflikt mit dem innenpolitischen Bezugsrahmen der französischen Europapolitik verhindern.[60]

Das deutsche Verständnis von Europa ist erheblich idealistischer. Die europäische Einigung wird als Ziel per se verstanden. In Deutschland werden – zumindest rhetorisch – die nationalen Interessen mit der europäischen Verflechtung und Integration gleichgesetzt, von deren Ausbau die Lösung der gegenwärtigen Probleme erwartet wird, vor denen Europa steht. Darüber hinaus soll die Einbettung Deutschlands in die europäische Integration auch einige alte außenpolitische Probleme Deutschlands lösen. Die geographische Mittellage soll in dem transformierten

---

[59] Vgl. für eine ausführlichere Darstellung des deutschen Europamodells Sauder (Anm. 1), S. 113–135.

[60] Der damalige Premierminister Balladur faßte diesen Gedanken knapp zusammen, als er sagte: „Tous les Français sont convaincus de la nécessité de développer la coopération entre les pays européens et tous souhaitent que la France n'y perde sa personnalité ni, pour les questions esentielles, son indépendance ... l'organisation de l'Europe est, pour la France, un élément supplémentaire de force et d'influence"; vgl. Edouard Balladur, Pour un nouveau traité de l'Elysée, in: *Le Monde*, 30.11.1994.

europäischen Staatensystem entschärft werden. Gleichzeitig sollen deutsche Sonderwege für immer unmöglich gemacht werden. In dieser europapolitischen Ordnungskonzeption der Bundesrepublik sollen parallel zu Deutschland auch alle anderen Staaten an nationalstaatlicher Autonomie verlieren. Das bedeutet, daß im Hinblick auf Frankreich angestrebt wird, das französische Beharren auf Souveränität und das Streben nach einer Führungsrolle in Europa zu erodieren. Insofern ist das Ziel einer gleichen Einbindung aller Staaten in Integrationsstrukturen die logische Fortsetzung eines Ziels, das die Außenpolitik der Bundesrepublik seit ihrer Gründung geprägt hat: Gleichberechtigung. Ging es hierbei früher um die schrittweise Wiedererlangung von Souveränitätsrechten, so werden heute vergleichbare Souveränitätsverzichte Deutschlands und seiner Integrationspartner angestrebt. Hier zeigt sich ein deutlicher Konflikt mit der französischen Europakonzeption: Die von Frankreich angestrebte Rollenverteilung zwischen einem noch autonom handlungsfähigen Frankreich und einer fest eingebundenen Bundesrepublik widerspricht der deutschen Konzeption und könnte in Deutschland als der Versuch einer Singularisierung verstanden werden.

Wird den deutschen Erweiterungswünschen hinsichtlich der westlichen Integrationsstrukturen nicht Rechnung getragen, so lauern auch hier Risiken für Frankreich. Sollte Frankreich sich auch langfristig einer Osterweiterung widersetzen, so wird Deutschland auf Dauer mit einer in sich instabilen Kombination aus geographischer Mittellage und ordnungspolitischer Randlage konfrontiert. In seiner geographischen Mittellage ist Deutschland dem Problemdruck aus den mittel- und osteuropäischen Staaten voll ausgesetzt und darüber hinaus mit den Erwartungen dieser Staaten an den Westen unmittelbar konfrontiert. Die ordnungspolitische Randlage Deutschlands im „Osten des Westens" begrenzt hingegen seine osteuropäischen Handlungsoptionen und macht diese zu einem großen Teil von seinen europäischen Partnern abhängig. In dieser Konstellation wäre Deutschland eingebunden im Westen und exponiert nach Osten. Dann bestünde die Gefahr, daß das weitere Bekenntnis Deutschlands zur Integration zunehmend als Singularisierung empfunden wird. Die Integrationsbereitschaft Deutschlands könnte daher aus diesem Grund deutlich abnehmen. Auch innenpolitisch könnten Zweifel am Sinn der westeuropäischen Integration aufkommen, wenn diese Institution, die Deutschland als mit Abstand größter Beitragszahler zu einem nicht unwesentlichen Teil finanziert, auf eines seiner drängendsten außenpolitischen Probleme keine adäquate Antwort geben kann oder will. Auch für diese Entwicklungen gibt es bereits erste Anzeichen.[61]

Die Ausbildung einer Art „deutschen Gaullismus", d. h. eine Betonung der deutschen Souveränität, ohne die bestehenden europäischen Bindungen zu lockern,

---

[61] Vgl. die europakritischen Stellungnahmen des Ministerpräsidenten von Bayern, Edmund Stoiber, in Karl Feldmeyer, Auch Kohl will Europas Vaterländer erhalten, in: *Frankfurter Allgemeine Zeitung*, 3.11.1993. Ein weiteres Beispiel für die beginnende Diskussion über Westbindung und europäische Integration in der Bundesrepublik ist der Sammelband von Rainer Zitelmann, Karlheinz Weißmann und Michael Großheim (Hg.), *Westbindung. Chancen und Risiken für Deutschland*, Frankfurt/ Main 1993.

würde insbesondere dann wahrscheinlich werden, wenn die EU-Partner eine substanzielle Erweiterung der Union endgültig ablehnen sollten. Daraus entstünde ein Konflikt zwischen der EU-Integration der Bundesrepublik (die ihren ostpolitischen Handlungsspielraum einschränkt und an die EU-Partner bindet) und der (aus deutscher Sicht) fehlenden Lösung für die drängendsten ostpolitischen Probleme. Daraus könnten Anreize für die Bundesrepublik erwachsen, auf eigene Faust (und damit auf Kosten ihrer Einbindung in die EU) Schritte zur Anbindung der Staaten Osteuropas an den Westen zu unternehmen.[62] Die deutsche Strategie wäre gescheitert, Ost- *und* Westbindung unter dem Dach der Europäischen Union anzusiedeln und so miteinander kompatibel zu halten. Der alte Konflikt Deutschlands zwischen Ost und West bräche wieder auf.

Aus französischer Sicht gibt es daher auch in Zukunft keine wirkliche Alternative zur Fortsetzung der seit vierzig Jahren verfolgten Einbindungsstrategie. Ebenso offensichtlich ist allerdings, daß diese Strategie wegen erheblich verschärfter Zielkonflikte zwischen innen- und außenpolitischem Bezugsrahmen möglicherweise an einem Wendepunkt angekommen ist. Die Entscheidung, wie der kaum noch zu unterdrückende Konflikt zwischen den drei Großzielen – Einbindung Deutschlands, Schaffung eines handlungsfähigen Europa, Schutz der französischen Souveränität – aufgelöst werden kann, wird nicht mehr allzu lange aufzuschieben sein. Die innenpolitische Debatte über die Verträge von Maastricht und die hauchdünne Mehrheit für ihre Ratifikation in der Volksabstimmung vom 20. September 1992 deuten darauf hin, daß in den Verträgen von Maastricht das innenpolitisch noch durchsetzbare Maß an Integration erreicht ist, auch wenn spezifische innenpolitische Problemlagen das Ergebnis der Volksabstimmung beeinflußt haben dürften (so bedeutete für einige Franzosen die Ablehnung der Verträge in erster Linie ein Mißtrauensvotum gegen Mitterrand). Jedoch zeigt trotz dieser Einschränkungen das Ergebnis der Abstimmung, daß weitere Integrationsschritte in Frankreich mit zunehmender Skepsis betrachtet werden. Maastricht ist somit aus französischer Sicht der zerbrechliche Kompromiß zwischen einer gerade noch akzeptablen Integrationsvertiefung und einer gerade noch ausreichenden Einbindung Deutschlands. Eine Erweiterung der EU würde dieses Gleichgewicht zerstören, denn entweder müßte die Integration weiter vertieft werden, wenn die Einbindung Deutschlands konstant gehalten werden soll, oder es müßte ein weniger eingebundenes Deutschland in Kauf genommen werden.

Der Konflikt zwischen dem innenpolitischen und dem außenpolitischen Bezugsrahmen der französischen Europapolitik ist seit 1989–1990 in besonderer Schärfe manifest geworden. Frankreich steht vor der unbequemen Wahl, entweder bis an die Grenzen des innenpolitisch Durchsetzbaren zu gehen, oder sich mit einer weniger eingebundenen Bundesrepublik abzufinden. Die Vermutung liegt nahe, daß in Zukunft der Druck auf die französische Politik noch wachsen könnte. Dies wäre aus mehreren Gründen möglich. Ein weiterer Machtzuwachs Deutschlands würde die Notwendigkeit erhöhen, diesen durch Einbindung zu kontrollieren. Ein solcher

---

[62] Vgl. zu dieser Argumentationsfigur CDU/CSU-Fraktion im Deutschen Bundestag, *Überlegungen zur europäischen Politik*, Bonn, 1. September 1994.

Machtzuwachs könnte sich einerseits aus größeren Machtressourcen Deutschlands ergeben, sobald die mit der Vereinigung verbundenen wirtschaftlichen und politischen Probleme überwunden sind, andererseits könnte er aber aus dem Willen Deutschlands resultieren, die bereits vorhandenen Machtressourcen im Sinne seiner nationalen Interessen einzusetzen. In diesem Falle wäre Frankreich gefordert, auch der Einbindung der französischen Macht zuzustimmen, wenn Deutschland weiter wirkungsvoll kontrolliert werden soll. Ein anderer Anpassungsdruck auf die französische Politik könnte sich ergeben, wenn sich die EU einer signifikanten Erweiterung nicht mehr verschließen kann und dann das bereits erwähnte Dilemma zwischen Lockerung der Einbindung Deutschlands oder Selbsteinbindung Frankreichs wieder aktuell werden würde. Beide Szenarien – deutscher Machtzuwachs und Erweiterung der Europäischen Union – sind mittelfristig zu erwarten.

Die seit September 1994 diskutierten Konzepte variabler Geometrie, die ein Vorschlag zur institutionellen Weiterentwicklung der Europäischen Union sind, könnten einen Kompromiß zwischen den deutschen und den französischen Ordnungsvorstellungen für Europa darstellen und die Zielkonflikte auf französischer Seite abschwächen. Sie werden jedoch nur vorübergehend das Kernproblem überdecken können: Die unterschiedlichen Vorstellungen in Frankreich und Deutschland zum Platz Deutschlands in Europa und darüber hinaus zur Neuordnung des europäischen Staatensystems.[63] In Strukturen differenzierter Integrationstiefe könnte für Frankreich der Konflikt zwischen Selbsteinbindung und Einbindung Deutschlands insofern relativiert werden, als der harte Kern der EU nur aus einem relativ kleinen Kreis von Staaten bestehen würde. Zur Einbindung Deutschlands wären daher weniger umfangreiche Souveränitätsverzichte erforderlich als im Falle einer deutlich erweiterten Europäischen Union. Der Beitrittsdruck der mittel- und osteuropäischen Staaten könnte im „dritten Kreis" aufgefangen werden, ohne die EU-Staaten vor die – gerade aus französischer Sicht unbequeme – Alternative zwischen einer Verwässerung der Union und ihrer entschlossenen Vertiefung zu stellen. Die Bundesrepublik hingegen könnte im harten Kern ihr Ziel, zu einer noch weitergehenden Integration der europäischen Staaten zu gelangen, zunächst einmal in einem kleineren Kreis von Teilnehmern realisieren. Hinsichtlich der Anbindung und des angestrebten Beitritts einiger mittel- und osteuropäischer Staaten könnte aus deutscher Sicht der dritte Kreis, gebildet aus den Beitrittsanwärtern und möglicherweise auch anderer Staaten, den Beitritt vorbereiten. In Strukturen variabler Geometrie können daher die Unterschiede und Widersprüche zwischen den ordnungspolitischen Konzepten beider Staaten relativiert, jedoch nicht aufgehoben werden. Dies wird deutlich, wenn man die Perspektiven skizziert, die Frankreich und die Bundesrepublik für die europäische Einigung entwickeln. Frankreich wird auch langfristig eine Differenzierung in verschiedene Teilregionen präferieren, denn nur so kann der Konflikt zwischen Einbindung Deutschlands und Selbsteinbindung kontrolliert werden.[64] Die

---

[63] Vgl. ebd. und das Interview mit Premierminister Balladur mit *Le Figaro*, 30.8.1994.
[64] Vgl. auch Daniel Vernet, L'Europe en mal d'élargissement, in: *Le Monde*, 31.12.1994.

drei Integrationskreise werden daher in Frankreich eher statisch betrachtet. Deutschland hingegen wird anstreben, das Modell dynamisch zu entwickeln. Variable Geometrie ist aus deutscher Sicht nur eine Übergangslösung. Das Ziel ist vielmehr, die Staaten der äußeren Kreise an den harten Kern heranzuführen. Daher ist der Vorwurf absurd, Deutschland wolle mit den Konzepten abgestufter Geometrie ein abgeschlossenes Direktorium in der Europäischen Union einrichten.[65]

Bei der 1996 zusammengetretenen Regierungskonferenz („Maastricht II") wird es voraussichtlich nicht zu dem insbesondere in Deutschland erhofften Reformschub kommen. Das bedeutet, daß die Europäische Union auf dem gegenwärtig erreichten – bereits hohen – Integrationsstand bleiben wird, abgesehen vielleicht von der Umsetzung der Wirtschafts- und Währungsunion. Sollte dies der Fall sein, dann würde – *ceteris paribus* – die Einbindung Deutschlands in Europa abnehmen. Frankreich steht dann erneut vor der Wahl zwischen zwei Optionen: Die erste ist der Ausbau der Einbindungsstrategie, etwa durch Beteiligung an einem weiter integrierten harten Kern, zusammen mit Deutschland. Sie wirft die bereits geschilderten Probleme auf, denn sie gerät zunehmend in Konflikt mit der französischen Perzeption der Rolle Frankreichs in Europa und der Welt.[66] Überspitzt ausgedrückt: das Mittel – Einbindung Deutschlands – gerät in wachsenden Konflikt mit dem Ziel – Wahrung des französischen Führungsanspruches. Die zweite Option wäre die Rückkehr zu einer aufgeklärten Gegenmachtbildung im Rahmen der Europäischen Union. Auf der Grundlage der bereits erreichten Vergemeinschaftung – d. h. ohne Renationalisierung – könnte Frankreich versuchen, die deutsche Macht in Europa zusammen mit anderen Partnern, die das gleiche Interesse haben, einzudämmen. Dies wäre nicht notwendigerweise der Rückfall ins 19. Jahrhundert, denn die politischen, wirtschaftlichen und gesellschaftlichen Verflechtungen zwischen den Staaten Westeuropas haben nach vierzig Jahren europäischer Integration ein Staatssystem entstehen lassen, in dem Renationalisierungsschritte sehr schwer umzusetzen und auf jeden Fall mit erheblichen Wohlfahrtsverlusten verbunden wären.

Eine reine Gegenmachtstrategie – d. h. die Lockerung der Bindungen in der EU (Renationalisierung) und die Aufgabe der Einbindungsstrategie zugunsten einer klassischen Gleichgewichtspolitik – ist für Frankreich keine sinnvolle Option, denn dies würde die deutsche Integrationsbereitschaft schwächen und sich somit als „self-fulfilling-prophecy" erweisen, indem sie die Renationalisierung und Autonomisierung der deutschen Macht fördert, die sie gerade verhindern soll. Zudem hätte gerade die Bundesrepublik in einem renationalisierten Staatssystem aller Voraussicht nach bessere Karten als Frankreich, um eigene Interessen durchzusetzen. Dies erklärt, warum Frankreich sie nur in homöopathischen Dosen, oftmals nur als Andeutung, einsetzt.

---

[65] Vgl. Moreau Defarges, Frankreich und die Europäische Union (Anm. 42).

[66] Das Präsidentschaftsprogramm des Kandidaten Balladur spiegelte diesen Konflikt deutlich wider. Neben den Zielen, Europa handlungsfähig zu halten und seine „Verdünnung" zu verhindern steht der Wunsch, dies nicht auf Kosten des französischen Nationalstaats anzustreben; vgl. Alain Frachon, M. Balladur veut une Europe forte mais respectueuse de l'Etat-nation à la française, in: *Le Monde*, 14.2.1995.

Es wird aber das Bemühen erkennbar, die Einbindungsstrategie mit Elementen der Gegenmachtbildung zu ergänzen, zum einen, weil die Widersprüche zwischen Einbindung und Selbsteinbindung die Wirksamkeit der Einbindungsstrategie begrenzen, zum anderen, weil Frankreich möglicherweise fürchtet, in einer allzu engen und allzu exklusiven Sonderbeziehung gegenüber dem vereinten Deutschland an Einfluß zu verlieren und erstmals zum Juniorpartner in den deutsch-französischen Beziehungen zu werden. Erste Hinweise auf eine solche Politik fanden sich schon in einem Interview, das der damalige Premierminister Balladur Ende August 1994 gab. Er betonte zwar den Wert und die Bedeutung der deutsch-französischen Beziehungen und der europäischen Einigung, verwies aber sogleich auf mögliche Alternativen: „Ein großes Land hat nur eine große Außenpolitik, wenn es die Wahl zwischen mehreren Haltungen hat. Für Deutschland ist das sowohl die enge Zusammenarbeit mit Frankreich als auch der Dialog mit den Vereinigten Staaten und die Hilfe für Rußland und Osteuropa. Das ist im übrigen die traditionelle Politik Deutschlands ... Das zentrale Problem der Außenpolitik Frankreichs ist gleicher Art: Sind der Aufbau Europas und der enge deutsch-französische Dialog die einzige Politik, die sich uns bietet? Oder stehen uns gleichzeitig andere Möglichkeiten offen?"[67]

Es ist deutlich zu erkennen, daß die französische Europapolitik nicht mehr ausschließlich wie in der Vergangenheit auf die deutsch-französischen Beziehungen und die europäische Einigung setzt, sondern zunehmend auch andere Beziehungsmuster in Betracht zieht. Dies ist sicherlich nicht in der Form eines „entweder-oder" vorstellbar – vielmehr als Ergänzung der vormals fast ausschließlichen Abstützung auf die deutsch-französischen Beziehungen. Aus französischer Sicht ist es daher logisch, die aus dem Konflikt zwischen Selbsteinbindung und Einbindung Deutschlands resultierenden Kontrolldefizite durch eine parallel verfolgte Strategie der „rationalen Gegenmachtbildung" abzufangen. Es ist ebenfalls offensichtlich, daß die französische Regierung sich auf eine gewisse Lockerung der Beziehungen zwischen den Staaten Westeuropas einstellt, die im Grunde auch von der deutschen Politik der nächsten Jahre erwartet wird. In einem europapolitischen Grundsatzartikel von Ende November wurde Balladur noch etwas deutlicher, indem er forderte, die – nach wie vor als zentral bezeichnete – deutsch-französische Sonderbeziehung durch den Ausbau der bilateralen Beziehungen Frankreichs zu anderen Staaten zu ergänzen, um zu verhindern, daß Frankreich in einer erweiterten europäischen Union marginalisiert werde: „La France est aujourd'hui le point de passage et le point d'équilibre entre les autres grands Etats de l'Union: l'Allemagne, la Grande-Bretagne, l'Italie et l'Espagne. Pour éviter d'être déportée à l'ouest, et donc marginalisée par l'élargissement à l'est et au nord, elle doit se fixer plusieurs objictifs: approfondir encore la relation franco-allemande, développer la coopération avec le Royaume-Uni, en particulier dans le domaine de la défense, nouer des liens plus étroits avec l'Italie et avec l'Espagne ..."[68]

---

[67] Vgl. das Interview mit Edouard Balladur, in: *Le Figaro*, 30.8.1994, in Auszügen abgedruckt in: *Frankreich-Info* Nr. 18/1994.
[68] Vgl. Edouard Balladur, Pour un nouveau traité de l'Elysée, in: *Le Monde*, 30.11.1994.

Hinzu kommt, daß die schwierigen Grundsatzfragen, die bei der Weiterentwicklung und Erweiterung der EU anstehen, Frankreich fast zwangsläufig zu wechselnden Koalitionen nötigen werden. Die Annäherung mit Großbritannien ist unübersehbar, wenn es um die Ablehnung des von Bonn vorgeschlagenen Föderalismus-Modells geht. Auch Staatspräsident Chirac hat sich nicht von der Linie entfernt, die nach wie vor prioritäre deutsch-französische Zusammenarbeit durch eine Annäherung mit Großbritannien zu ergänzen.[69] Hingegen sind sich Frankreich und die Bundesrepublik darin einig, die EU nicht zu der von Großbritannien favorisierten Freihandelszone zu entwickeln, sondern gemeinsam handlungsfähig zu halten. Es ist daher zu erwarten, daß die deutsch-französischen Beziehungen zwar von großer Bedeutung in der französischen Europapolitik bleiben werden, daß sie aber zunehmend von anderen bilateralen Beziehungsmustern ergänzt werden. Auf diese Weise könnte sich unterhalb der Gemeinschaftsebene ein Geflecht von Bilateralismen ausbilden, mit dem der Einfluß Deutschlands auf die Politik der EU begrenzt werden könnte und das Frankreich die Rolle eines privilegierten Vermittlers zwischen Deutschland und den anderen EU-Staaten sichern soll – nichts anderes ist gemeint mit dem Verweis auf den „point d'équilibre". Möglicherweise spiegelt sich in diesen Vorschlägen auch bereits die Ahnung, daß die Einbindung Deutschlands in der Europäischen Union abnehmen werde, wenn – wie zu erwarten ist – die Regierungskonferenz von 1996 nicht zu einer ausreichenden Vertiefung der Integration führt, die im übrigen gerade von Frankreich abgelehnt wird. Es ist daher davon auszugehen, daß das Element der Gegenmachtbildung zwar der traditionellen Einbindungsstrategie Frankreichs nachgeordnet bleiben, aber relativ an Bedeutung gewinnen wird. Auch hierin spiegeln sich die schweren Zielkonflikte, denen die französische Einbindungsstrategie ausgesetzt ist.

Die deutsch-französischen Beziehungen und die Europapolitik stehen vor grundlegenden Weichenstellungen. In der notwendigen inhaltlichen Debatte in Frankreich und Deutschland über die bilateralen Beziehungen und die Zukunft Europas ist jedoch Alarmismus fehl am Platze, der in beiden Staaten immer wieder – und vermutlich nicht nur aus taktischen Gründen, um noch zögernde Partner auf die schwerwiegenden Folgen ihrer eventuellen Verweigerung hinzuweisen – geäußert wird.[70] Rückfälle in die nationalstaatliche Gleichgewichtspolitik des 19. Jahrhunderts oder

---

[69] Während des zweiten Halbjahres 1994, d. h. nach der Publikation des „Schäuble-Lamers-Papiers", war eine merkliche Erwärmung der französisch-britischen Beziehungen festzustellen. Vgl. Jean-Pierre Langellier, Paris-Londres, Les oeillades d'Albion, in: *Le Monde*, 8. 2. 1995. Zur jüngeren Entwicklung David Buchan, Chirac Looks for Stronger UK Links, in: *Financial Times*, 14.5.1996

[70] „Nur wenn es gelingt, das nach 1945 errichtete neue System zur Regelung von Konflikten, zum Interessenausgleich, zur wechselseitigen Förderung und zur Selbstbehauptung nach außen weiter zu entwickeln, hat Deutschland die *Chance* [Hervorhebung hinzugefügt, A.S.], zur ruhigen Mitte Europas zu werden"; vgl. CDU/CSU-Fraktion (Anm. 62), S. 4. François Mitterrand richtete in seiner letzten Rede vor dem Europaparlament einen dramatischen Appell an die Abgeordneten: „... Nationalismus bedeutet Krieg! Krieg ist nicht nur unsere Vergangenheit, er kann auch unsere Zukunft sein"; vgl. die Rede von François Mitterrand vor dem Europaparlament in Straßburg, 17.1.1995, in Auszügen abgedruckt in Henri de Bresson und Marcel Scotto: Le nationalisme, c'est la guerre, déclare François Mitterrand, in: *Le Monde*, 19.1.1995.

eine Schaukelpolitik Deutschlands zwischen Ost und West sind sehr unwahrscheinlich, wenn nicht ausgeschlossen. Wer das Gegenteil behauptet, verkennt, was mittlerweile 45 Jahre europäische Integration an politischen, ökonomischen und gesellschaftlichen Bindungen hat entstehen lassen.[71] In Westeuropa ist ein Staatensystem entstanden, in dem es zwar immer noch Machtrivalitäten geben wird und in dem die Staaten aller Voraussicht nach einen prominenten Platz behalten und nicht hinter einer supranationalen Konstruktion verschwinden werden. Aber es ist in diesem Staatensystem unwahrscheinlich geworden, daß Interessenkonflikte zwischen den EU-Staaten zu Krieg führen. Insofern beruht die immer wieder bemühte Argumentationsfigur der notwendigen Flucht nach vorne, ähnlich einem Fahrradfahrer, der stürzt, wenn er nicht immer weiterfährt, möglicherweise auf unzutreffenden Annahmen. Sie dramatisiert und erschwert damit unnötig die anstehenden Entscheidungen in der Europäischen Union.[72] Sollte diese – zugegeben optimistische – Einschätzung zutreffen, dann litte Europa nicht nur unter einer Identitätskrise im Hinblick auf die eigene Rolle und Zukunft, sondern es mangelte ihm auch an Selbstbewußtsein angesichts der historischen Leistung der letzten 45 Jahre.

Angesichts der schwerwiegenden und noch immer nicht abschließend geklärten Fragen, die hinsichtlich der Zukunft Europas und der Stellung Deutschlands im europäischen Staatensystem aufgeworfen sind, war eine schnelle Lösung ohnehin nicht zu erwarten. Wenn diese Debatte zu einem für alle Beteiligten akzeptablen Ergebnis gebracht werden soll, dann sind erheblich mehr Realismus und Gelassenheit auf allen Seiten unabdingbar. Dies schließt zunächst ein, daß die Tatsache, daß Deutschland zu einem mächtigen Staat in der Mitte Europas geworden ist, von allen Seiten, auch von der Bundesrepublik selbst, akzeptiert wird. Die Bundesrepublik sollte auch verstehen, daß ihr bloßes Bekenntnis zur Fortsetzung der europäischen Integration alleine nicht ausreichen wird, um die Befürchtungen ihrer Nachbarn zu zerstreuen, sondern daß vor allen anderen Dingen kein Zweifel daran aufkommen darf, daß sich die Bundesrepublik weiterhin als Teil des Westens versteht und auch in ihrem Handeln dieser außenpolitischen Orientierung Rechnung trägt. Dies wird ihr dann um so leichter fallen, wenn ihre Partner dem unverhofften Machtzuwachs Deutschlands ebenfalls mit mehr Gelassenheit begegnen. Deutschland sollte hingegen die Versuche einer Gegenmachtbildung unaufgeregt (denn es droht kein Rückfall ins 19. Jahrhundert), aber aufmerksam beobachten. Je behutsamer und glaubwürdiger deutsche Interessen formuliert werden, desto geringer werden die Anreize für Frankreich sein, nach zusätzlichen Verbündeten Ausschau zu halten. Trotz aller Differenzen in den ordnungspolitischen Konzeptionen sollten Frankreich und die Bundesrepublik darauf hinarbeiten, die anstehenden Transformationsprozesse in Europa und die Einordnung Deutschlands in das europäische Staatensystem eher gemeinsam zu gestalten als zusammen zu erleiden. Dies wäre die adäquate Umsetzung der oft beschworenen deutsch-französischen Freundschaft.

---

[71] Vgl. eine ähnliche Argumentation in Michael Stabenow, Der Binnenmarkt als Kernstück, in: *Frankfurter Allgemeine Zeitung*, 26.9.1994.

[72] Michael Stürmer spricht von der Alternative „mehr Deutschland oder mehr Europa"; vgl. Michael Stürmer, Die EU vor der Stunde der Wahrheit, in: *Neue Zürcher Zeitung*, 26.9.1994.

Großbritannien und Deutschland während der Locarno-Ära: Persönliche Sympathien im Konflikt mit nationalen Interessen

Stephanie Salzmann

„If anybody at Locarno had told me how much I should feel Stresemann's death on personal, as apart from political grounds, I should have laughed at his prophecy. He was a very great man and the more I knew of him the more personal the regard I felt for him."[1] Das Gefühl persönlicher Betroffenheit und echter Trauer über den Tod des deutschen Außenministers Gustav Stresemann liest sich überraschend aus britischer Feder. Vor allem von Austen Chamberlain, der diese Zeilen an den britischen Botschafter in Berlin, Sir Horace Rumbold, schrieb, waren in der Vergangenheit eher kritische Töne über seinen deutschen Amtskollegen und dessen unermüdlichen Einsatz für deutsche Interessen zu hören gewesen. Chamberlain war sich bewußt, daß mit Stresemanns Tod eine Ära zu Ende ging, die sie beide, zusammen mit dem Franzosen Aristide Briand, maßgeblich gestaltet hatten. In Locarno hatte im Oktober 1925 eine politische Freundschaft zwischen den drei Männern begonnen, die in persönlichen Kontakten die Schwierigkeiten zu überwinden suchte, die auf politischer Ebene schier unüberwindlich im Weg standen. Dabei befand sich Großbritannien beständig in der Mittlerrolle zwischen Deutschland und Frankreich. Trotz Versailles war das besiegte Deutschland immer noch die potentiell stärkste Macht auf dem Kontinent. Großbritannien und Frankreich konnten es nur mit vereinten Kräften in Schach halten. Die britische Rolle kam der Quadratur des Kreises gleich, galt es doch, die deutschen Forderungen nach politischer und langfristig auch militärischer Gleichberechtigung mit den französischen Sicherheitsbestrebungen zu vereinbaren. Auch Chamberlain konnte das Dilemma nicht lösen, daß diese beiden politischen Konzeptionen prinzipiell unvereinbar waren. Chamberlains Bemühen um eine allseits befriedigende Lösung ist eindeutig zu erkennen, ebenso jedoch seine Ungeduld mit den Deutschen wie auch seine ausgeprägte persönliche Vorliebe für alles Französische. Das deutsch-britische Verhältnis in den Jahren zwischen Locarno und dem Tod Stresemanns ist gekennzeichnet von einem Wechselbad der Gefühle. Nicht die Siegermächte England und Frankreich bestimmten das politische Tempo, sondern das besiegte Deutschland unter Außenminister Gustav Stresemann.[2] Chamberlains Zeilen zollen einem Kollegen Tribut, der sich in innen- und außenpolitisch schwierigsten Zeiten um eine maßvolle Außenpolitik bemühte, ohne seine nationalen Ziele aus den Augen zu verlieren; dem er zwar politisch als Deutschem nie völlig vertraute, dessen vermittelnde und ausgleichende politische Fähigkeiten sowie dessen offen-

---

[1] Austen Chamberlain an Rumbold 19.11.1929, Nachlaß Rumbold, Bodleian Library Oxford, MSS Rumbold 37.
[2] Henry Kissinger, *Diplomacy*, New York 1994, S. 274.

sichtlich guten Willen im Bekenntnis zum „Geist von Locarno" er aber in steigendem Maße zu schätzen gelernt hatte und der als Garant für eine friedliche Revision des Versailler Vertrages stand.

Zu Beginn von Stresemanns Amtszeit 1923 standen Chamberlain und das britische Foreign Office den Deutschen insgesamt sehr kritisch gegenüber. Für die überwiegende Zahl der britischen Beamten waren die Jahre vor dem Ersten Weltkrieg prägend für ihr Deutschlandbild. Für Austen Chamberlain selbst kam alles Übel aus Preußen, das für ihn mit Deutschland identisch war. Chamberlains Abneigung gegen alles Preußische kann bis zu seiner Studienzeit in Berlin Ende der 1880er Jahre zurückdatiert werden, wo er unter anderem Geschichtsvorlesungen bei Heinrich von Treitschke hörte.[3] Eyre Crowe, Unterstaatssekretär im Foreign Office bis zu seinem Tod kurz vor Locarno im Jahr 1925, war trotz deutschen familiären Hintergrunds und seiner Aufgeschlossenheit für den deutschen Beitrag zur Kulturgeschichte Europas von tiefem Mißtrauen gegenüber den politischen Zielen Bismarcks und Wilhelms II. erfüllt. In seinem berühmten Memorandum von 1907 beschrieb er „a deep-seated natural opposition between the policies and interests" von Deutschland und Großbritannien.[4] Für seinen Nachfolger als Staatssekretär, William Tyrrell, der ebenfalls familiäre Bindungen nach Deutschland besaß und dort studiert hatte, lag der Kern des deutschbritischen Vorkriegsantagonismus in der Flottenrivalität. Robert Vansittart und Lancelot Oliphant waren um die Jahrhundertwende zwar erst seit kurzem im Foreign Office, im Jahr 1925 indes schon recht einflußreich. Britische Diplomaten waren übereinstimmend der Meinung, daß Deutschland für den Ausbruch des Krieges 1914 verantwortlich und in Versailles 1919 zu Recht für dieses Vergehen bestraft worden war.

Deutschfreundlich war im Foreign Office in den frühen 1920er Jahren nur Lord D'Abernon, der britische Botschafter in Berlin von 1920–1926.[5] D'Abernons größter Wunsch war es, das besiegte Deutschland mit seinen ehemaligen Gegnern zu versöhnen. Seine gutgemeinten Bemühungen, Deutschland in Großbritannien in einem möglichst positiven Licht darzustellen und Probleme stillschweigend unter den Teppich zu kehren, waren letztlich kontraproduktiv. Die Berichte des Botschafters nach London führten im Foreign Office zu der irrigen Annahme, daß die deutsche Politik konzilianter und „vernünftiger" geworden war, d. h. daß sich Berlin britischen Wünschen leichter fügen werde und einsehe, daß ein zu lautes Begehren nach einer Revision des Versailler Vertrages zu nichts führen werde und daß man in Berlin die

---

[3] David Dutton, *Austen Chamberlain. Gentleman in Politics*, Boulton 1985, S. 16–17; für eine positivere Sicht vgl. Brian McKercher, Austen Chamberlain's Control of British Foreign Policy 1924–1929, in: *International History Review* 6 (1984), S. 570–591.

[4] Memorandum on the Present State of British Relations with France and Germany, 1.1.1907, in: *British Documents on the Origins of the War 1898–1914*, Bd. 3, S. 397 ff. Zu Crowe und Tyrrell vgl. Zara S. Steiner, *The Foreign Office and Foreign Policy 1898–1914*, Cambridge 1969, Nachdruck 1986, S. 102–116.

[5] Zu D'Abernon vgl. Angela Kaiser, *Lord D'Abernon und die britische Deutschlandpolitik 1920–1926*, Frankfurt/M. u. a. 1989. D'Abernons Einfluß auf die britische, aber auch die deutsche Politik wird in der Literatur überschätzt.

innenpolitische Situation Frankreichs bei politischen Forderungen genauso respektieren müsse wie die eigene. Als sich die Erwartungen des Foreign Office nicht erfüllten, machten die Beamten, vor allem aber Austen Chamberlain, ihrem Unmut deutlich Luft und wurden zunehmend ungeduldig in ihrem Umgang mit deutschen Politikern und Diplomaten. Auch D'Abernons Berichte wurden immer häufiger kritischer kommentiert.

Schon bald nach Unterzeichnung des Versailler Vertrages wuchs in London das Unbehagen über die harten Friedensbedingungen für Deutschland. Das britische Bemühen um graduelle Lockerungen gewisser Bestimmungen führte jedoch unvermeidlich zu langwierigen und schwierigen Auseinandersetzungen mit Frankreich und Deutschland. Die Franzosen, traumatisiert durch den zweiten deutschen Angriff auf ihr Territorium innerhalb weniger Jahrzehnte, sahen im Versailler Vertrag das einzige Mittel, um den aggressiven Nachbarn in Schach zu halten, nachdem sie sich auf der Pariser Konferenz mit ihrer noch schärferen Definition von „Sicherheit" gegen Amerika und Großbritannien nicht hatten durchsetzen können. Der Quai d'Orsay fühlte sich zudem verpflichtet, seinen polnischen Verbündeten vor deutschen Forderungen nach einer Revision der deutsch-polnischen Grenze zu schützen. Frankreich war folglich bestrebt, die als unzureichend empfundene Sicherheit doch noch zu erreichen, indem man auf einer buchstabengetreuen Erfüllung des Versailler Vertrages bestand. Oberstes Ziel deutscher Politik war es hingegen, die Fesseln des als ungerecht angesehenen Friedensvertrages abzuschütteln. Regierung und Bevölkerung waren sich einig, daß das „Diktat" unbedingt einer umfassenden und baldigen Korrektur bedürfe.

Großbritannien stand mit seiner Position zwischen allen Fronten. Einerseits verweigerte es Frankreich das sehnlichst erwünschte Militärbündnis zum Schutz gegen Deutschland, nachdem die ursprünglich vorgesehene anglo-amerikanische Garantie durch die ausgebliebene amerikanische Ratifikation des Versailler Vertrages hinfällig geworden war. Andererseits mußte Deutschland eine Lektion erhalten, ohne daß das europäische Gleichgewicht völlig zerstört wurde und Deutschland als Gegengewicht gegen ein dominantes Frankreich in Europa gänzlich ausfiel. Hauptziel Britanniens war der Erhalt dieses Gleichgewichts, das Voraussetzung dafür war, daß sich London von europäischen Angelegenheiten würde zurückziehen können, um sich wieder verstärkt seinen eigentlichen imperialen Interessen und seinen innenpolitischen Problemen zu widmen. Unter allen Umständen wollten die Briten vermeiden, wieder in die Rolle des Weltpolizisten gedrängt zu werden und sich durch Bündnisse mit Kontinentalmächten in Konflikte hereinziehen zu lassen, die für sie außerhalb ihrer Interessensphäre lagen. Eine Allianz mit Frankreich kam auch wegen dessen Abkommen mit Polen nicht in Betracht. Um diesen Zwängen zu entgehen, befürwortete Britannien das Prinzip der kollektiven Sicherheit, das in der Gründung des Völkerbunds zum Ausdruck kam. Kollektive Sicherheit kann jedoch nur dann wirksam sein, wenn sich alle Staaten auf dem gleichen Wertefundament befinden.[6] In den ersten Jahren nach Gründung des Völkerbunds war dies kaum möglich, da

---

[6] Vgl. Kissinger (wie Anm. 2), S. 247–248.

Deutschland den Völkerbund als Institution der Siegermächte ablehnte. Nur als gleichberechtigter Partner Englands und Frankreichs mit einem ständigen Sitz im Sicherheitsrat war Berlin zur Mitarbeit in Genf bereit. Dies wiederum war für die Franzosen zunächst inakzeptabel. Locarno und der deutsche Eintritt in den Völkerbund im September 1926 entsprachen daher der britischen Interessenlage. Obwohl Austen Chamberlain, Gustav Stresemann und Aristide Briand ernsthaft hofften, Locarno bilde einen Anfang für bessere britisch-französisch-deutsche Beziehungen, konnte der vielbeschworene Geist von Locarno die Divergenzen in den nationalen Interessen langfristig nicht überbrücken. Frankreichs Definition von „Sicherheit" konnte nur so lange verwirklicht werden, wie der Versailler Vertrag genau eingehalten wurde. Zur Gefahr eines Wiedererstarkens deutscher militärischer Kräfte kam der wirtschaftliche Wiederaufstieg Deutschlands, der von Amerikanern, Briten und bis zu einem gewissen Grade auch von den Franzosen mit der Zustimmung zum Dawes-Plan gefördert wurde, der jedoch die französische Position weiter schwächte.[7] Aus deutscher Sicht war die Revision, wenn nicht sogar die vollständige Abschaffung des Versailler Vertrages die *conditio sine qua non* für alle weiteren Zugeständnisse an Frankreich.

Chamberlain war in seiner Haltung gegenüber Deutschland sehr gespalten. Stresemann glaubte er nach dem gemeinsamen Locarnoerfolg eigentlich trauen zu können. Doch waren da auch „die Deutschen", für die er als Volk nur geringe Sympathien hegte, die jetzt in ihrer vehementen Opposition zum Versailler Vertrag vereint waren, kein Verständnis für demokratische Werte hatten und bei denen man immer auf unangenehme Überraschungen gefaßt sein mußte. Für Chamberlain und das Foreign Office war es schwer nachvollziehbar, daß Stresemann trotz seiner Bestrebungen, ein verläßlicher politischer Partner zu sein, in erster Linie für das deutsche Bedürfnis nach Revision des Versailler Vertrages arbeitete. Stresemann unterschied sich von vielen seiner Landsleute jedoch durch seine vergleichsweise moderaten Ansichten, sein Gefühl für Realitäten und seinen Instinkt für das politisch Machbare. Sein Ziel war es, eine Revision auf friedlichem Weg durch diplomatische Verhandlungen und seine „Erfüllungspolitik" zu erreichen.[8] Stresemanns Verbleib im Amt als Außenminister hing nicht von dem Eindruck auf seine ausländischen Kollegen ab, sondern von den politischen Konstellationen im Reichstag. Daher mußte er sowohl die moderaten als auch die extremeren politischen Kräfte zufriedenstellen. In all seinen Jahren als Außenminister vollbrachte Stresemann einen Drahtseilakt zwischen diesen gegensätzlichen Positionen. Daher wirkte seine Politik auf ungeduldige äußere Beobachter wie die Briten häufig

---

[7] Vgl. Klaus Hildebrand, *Das vergangene Reich. Deutsche Außenpolitik von Bismarck bis Hitler*, Stuttgart 1995, S. 445–451.

[8] Zu Stresemanns außenpolitischer Konzeption vgl. u. a. Peter Krüger, *Die Außenpolitik der Republik von Weimar*, Darmstadt 1985, S. 207–217; Wilhelm von Sternburg, Gustav Stresemann, in: ders. (Hg.), *Die deutschen Kanzler. Von Bismarck bis Schmidt*, Königstein/Ts., 2. Aufl. 1985, S. 243–272, hier S. 245–255; Hildebrand (wie Anm. 7), S. 438–460; Kissinger (wie Anm. 2), S. 269–274.

schwankend und unberechenbar. London verstand nur unzureichend den immensen Druck, unter dem Stresemann stand. Die komplizierte innenpolitische Situation in Deutschland, die häufig wechselnden politischen Bündnisse für begrenzte politische Ziele blieben britischen Beobachtern unverständlich. Daher konnten sie gewisse Ereignisse, wie beispielsweise den „Flirt" der nationalen Rechten im Reichstag mit der Sowjetunion und Stresemanns politische Antwort darauf, nicht richtig einordnen und zogen falsche Schlüsse daraus. Londoner Diplomaten waren nur wenig an deutscher Innenpolitik interessiert. Das Foreign Office machte sich nicht die Mühe, die tieferliegenden Motive hinter den Forderungen der verschiedenen Gruppierungen im Reichstag zu analysieren und kritisierte statt dessen die deutschen „exzessiven Forderungen" im allgemeinen. Dieses Verhalten kontrastierte scharf mit dem britischen Bemühen, die französische innenpolitische Lage zu verstehen. Das manchmal fast dickköpfig wirkende französische Insistieren auf Forderungen wurde immer entschuldigt. In kritischen Situationen ergriff Chamberlain in der Regel Briands Partei. Die Konzessionen, die der britische Außenminister den Franzosen abrang, zielten auf die Wahrung britischer Interessen, d. h. die Verweigerung zusätzlicher britischer Garantien. Von Deutschland erwartete Chamberlain, daß es Vorschläge präsentierte, die für die Alliierten annehmbar waren. Wenn sich die Berliner Politik seinen Wünschen nicht unmittelbar fügte, fühlte sich Chamberlain in seinem Vorurteil gegenüber den obstruktiven Deutschen bestätigt.

Die zweite Regierung Baldwin, in der Austen Chamberlain das Amt des Außenministers bekleidete, übernahm im Oktober 1924 die Regierungsgeschäfte. In den fünf Jahren seit Unterzeichnung der Pariser Friedensverträge hatten verschiedene Ereignisse das britische Mißtrauen gegenüber Deutschland wachgehalten. Neben dem beständigen Disput über die Reparationen hatte die deutsche Außenpolitik die Welt mit der Unterzeichnung des Rapallo-Vertrages mit der Sowjetunion im April 1922 schockiert. Im Januar 1923 hatten die deutsch-französischen Spannungen im Ruhrkampf ihren vorläufigen Höhepunkt gefunden. Immer wieder war Britannien zur ungeliebten Aufgabe der Vermittlung zwischen Berlin und Paris gezwungen gewesen. Dabei hatte London jedoch nie das eigene Ziel aus den Augen verloren, keine weiteren, über bestehende Garantien hinausgehende Verpflichtungen zu übernehmen. Chamberlain begann seine Amtszeit mit den besten Absichten und hochgesteckten Erwartungen für seine Europapolitik. So schrieb er an Lord Stamfordham, den Privatsekretär des Königs: „I regard it as the first task of statesmanship to set to work to make the new position of Germany tolerable to the German people in the hope that as they regain prosperity under it they may in time become reconciled to it and be unwilling to put their fortunes again to the desperate hazard of war. I am working not for today or tomorrow but for some date like 1960 or 1970 when German strength will have returned and when the prospect of war will again cloud the horizon unless the risks are still too great to be . . . incurred and the actual conditions too tolerable to be jeopardized on a gambler's throw . . . I believe the key to the solution is to be found in allaying French fears, and that unless we find means to do this we may be confronted with complete breakdown of our friendly relations with France and an exacerbation of her attitude towards

Germany."[9] Chamberlain überschätzte jedoch seine Position und seinen persönlichen Einfluß auf die deutsche und französische Politik. „You will see how in Berlin as in Paris I am trying to play the part of the ‚honest broker', perhaps even a little more honestly than the author of that famous phrase", schrieb Chamberlain in Anspielung an Bismarck an seinen Botschafter Crewe in Paris.[10] Als sich der Erfolg nicht sofort einstellte, war er sichtlich irritiert und verärgert.

Im Januar 1925 trat Deutschland mit seinem Vorschlag für einen Rheinland-Sicherheitspakt an Briten und Franzosen heran, der den Status quo der deutschen Westgrenze festschreiben sollte.[11] Nach anfänglichem Zögern begrüßten die Briten den deutschen Plan. Berlins Angebot schien ein sinnvoller Kompromiß sowohl für die französischen Sicherheitsbedürfnisse als auch für das britische Bestreben nach einem begrenzten Engagement in Europa zu sein. Positiv schien aus britischer Sicht auch die implizite Lockerung des deutsch-sowjetischen Verhältnisses und damit eine Aufweichung der Rapallo-Allianz durch die deutsche Einbindung im Westen. Dies wiederum brächte für die polnische Furcht Erleichterung, von Deutschland und der Sowjetunion in die Zange genommen zu werden. Die hochgesteckten britischen Erwartungen über einen grundlegenden Kurswechsel in der deutschen Außenpolitik wurden jedoch bald enttäuscht. Auch wenn für Stresemann die Westbindung wünschenswert war, so doch nicht zu dem Preis einer Aufgabe der Ostpolitik. Stresemann stand nicht nur unter erheblichem Druck aus Moskau, sondern auch aus den Reihen der Deutschnationalen im Reichstag, die einen Teil der Regierungskoalition bildeten und ein Abkommen mit den Westmächten aufs schärfste kritisierten. Die Rechte fürchtete vor allem, daß Frankreich auf einen Beitritt Polens zu dem Pakt bestehen und so die deutsch-polnische Grenze ebenfalls festschreiben würde. In den Verhandlungen für den Sicherheitspakt zeigten sich die deutschen Unterhändler daher wesentlich kompromißloser als die Briten erwartet hatten. Stein des Anstoßes waren vor allem die Bedingungen des deutschen Völkerbundbeitritts. Stresemanns Weigerung, den Artikel 16 der Völkerbundsatzung unter Hinweis auf die deutsch-sowjetischen Beziehungen zu akzeptieren, führte fast zum Scheitern der Gespräche. Mit der Unterzeichnung des Sicherheitspaktes in Locarno, der nur die Westgrenzen garantierte und für Artikel 16 eine Ausnahmeregelung für die Deutschen zuließ, akzeptierten Chamberlain und Briand schließlich stillschweigend, daß es zwei Klassen von Grenzen in Europa gab. Für den Bestand der Westgrenze stimmten sie implizit der deutschen Forderung nach einer langfristigen Revision des Versailler Vertrages im Osten zu. Der Preis für unmittelbare Sicherheit war künftige Instabilität. „Niemand hatte bemerkt",

---

[9] Chamberlain an Stamfordham 9.2.1925, Nachlaß Austen Chamberlain, Public Record Office London (PRO) 800/257.

[10] Chamberlain an Crewe 2.4.1925, Nachlaß Austen Chamberlain, Birmingham University Library AC 52/200.

[11] Zu Locarno vgl. Jon Jacobson, *Locarno Diplomacy. Germany and the West 1925–1929*, Princeton 1972; Krüger (wie Anm. 8).

schreibt Kissinger, „daß die Staatsmänner von ihrem eigentlichen Ziel abgekommen waren: Locarno hatte weniger Europa befriedet als den nächsten Kriegsschauplatz definiert."[12]

Chamberlains Geduld mit den Deutschen wurde im Sommer 1925 auf eine harte Probe gestellt. „I feel in dealing with Germany...that I can have no assurance that any Government will do what it knows to be right and wise because of its internal difficulties", beschwerte er sich bei Botschafter D'Abernon in Berlin, ohne jedoch den innenpolitischen Schwierigkeiten in Berlin auf den Grund gegangen zu sein.[13] Chamberlain war vor allem über Stresemanns politische Undankbarkeit verärgert. Er erwartete von ihm, daß Stresemann die Tatsache, daß er mit den Westmächten zunehmend gleichberechtigt verhandeln durfte, mit politischen Zugeständnissen honorieren würde. „If you show the least inclination to give a German an inch he always thinks that his proper policy is to take an ell and this is fatal to success!"[14] Das ganze Ausmaß von Chamberlains Zorn erfuhr D'Abernon im September: „Your Germans – I use the possessive pronoun as one says to one's wife: your housemaid – are very nearly intolerable. From first to last very nearly every obstacle to the Pact negotiations has come from them. Briand has almost taken my breath away by his liberality, his conciliatoriness, his strong and manifest desire to promote peace. The German attitude has been just the contrary – niggling, provocative, crooked . . . At every stage the Germans sow distrust in my mind. At every stage Briand disproves the common assertion that the difficulty is now with France."[15]

Für dieses harte und überzogene Urteil über die deutschen Verhandlungen sind Chamberlain und die Foreign Office-Beamten, die seine Meinung im wesentlichen teilten, jedoch nur zum Teil verantwortlich zu machen. Die britische Sympathie lag auf französischer Seite, nicht auf deutscher. Doch hatten Botschafter D'Abernons geschönte Berichte über die Berliner Situation in London falsche Erwartungen geweckt. D'Abernon hatte das Foreign Office beispielsweise weder mit einer detaillierten Analyse der politischen Ziele der verschiedenen Reichstagsparteien versorgt, noch hatte er über ihre Haltung zum Sicherheitspakt berichtet. Besonders gravierend war dies angesichts des heftigen Widerstands der Deutschnationalen gegen Locarno und ihrer plötzlich betont sowjetfreundlichen Haltung. London nahm den Widerstand der DNVP gegen Stresemanns Politik verärgert zur Kenntnis, konnte jedoch die Stärke dieser Partei und ihren Einfluß nicht einschätzen. Problematischer jedoch war, daß London die Verbindung zwischen deutschnationaler Opposition zu Locarno und deutsch-sowjetischen Beziehungen nicht verstand. Die deutsche Rechte benutzte die Zusammenarbeit mit der Sowjetunion als Druckmittel, um die Revision des Versailler Vertrages voranzutreiben. Die Mischung aus Desinformation und Desinteresse über

---

[12] Kissinger (wie Anm. 2), S. 274.
[13] Chamberlain an D'Abernon 9.1.1925, Nachlaß Austen Chamberlain, PRO, FO 800/257.
[14] Chamberlain an Cecil 5.6.1925, Nachlaß Cecil, British Library London MS 51078.
[15] Chamberlain an D'Abernon 10.9.1925, Nachlaß Austen Chamberlain, PRO, FO 800/258.

die wirklichen Zusammenhänge in Deutschland war die Ursache für zahllose Momente der Verstimmung in London. Chamberlain und das Foreign Office unterschätzten auch die Abhängigkeit der Luther-Stresemann Regierung von der Unterstützung vieler politischer Parteien und besonders der politischen Rechten. Während der Locarno-Verhandlungen konnte sich Stresemann über diese Stimmen nicht einfach hinwegsetzen, da die DNVP zum ersten Mal Mitglied der Regierungskoalition war. Einzig außenpolitischer Erfolg hielt die inhomogene Koalition von politischen Parteien und Interessengruppen trotz ihrer Divergenzen in innenpolitischen Angelegenheiten zusammen. London sah nicht, daß Stresemann sowohl verbale als auch materielle Konzessionen an seine politischen Gegner machen mußte, um den Sicherheitspakt überhaupt durchzusetzen. Dies ließ ihn jedoch kompromißloser in seinen Forderungen und seiner Verhandlungsführung erscheinen.

Der Durchbruch in den Verhandlungen kam im August und September 1925. Die letzten juristischen Probleme waren gelöst. Moskau war es trotz intensiver Bemühungen in Berlin nicht gelungen, den Sicherheitspakt im letzten Moment zu torpedieren. Begeistert telegraphierte Chamberlain nach der Paraphierung des Vertrags nach London: „Following from Secretary of State for Sir William Tyrrell: Cock-a-doodle-do!!"[16] Doch die Euphorie wich schon bald einem Gefühl des Unwillens. In einer Mischung aus Ärger und Enttäuschung nahmen Chamberlain und seine Kollegen die – aus ihrer Sicht überzogenen – deutschen Forderungen nach einer vollständigen Räumung des Rheinlands zur Kenntnis. Der massive Widerstand der Deutschnationalen im Reichstag gegen Locarno rief breites Stirnrunzeln hervor. Die Briten, die glaubten, mit Locarno praktisch die politische Führung in Europa wieder übernommen zu haben[17], waren sehr daran interessiert, ihr europäisches Engagement wieder zu verringern. Da Locarno nun durch innenpolitischen Widerstand in Deutschland bedroht war, sah Chamberlain sein *Opus magnum* gefährdet und alle seine Vorurteile wieder einmal bestätigt. „On every side in fact we have done our part to wipe out the war spirit and to co-operate with Germany in building up in common a new Europe on truly pacific lines. What has been Germany's reply? In hardly a single point have the German Government come forward with any offer to meet our desires . . . Cannot Dr. Luther and Dr. Stresemann realize that M. Briand no less than themselves has a public opinion to deal with? We do not under-estimate the difficult position and indeed the weakness of the present German Government but the conviction is inevitable that that weakness has been, and is being, deliberately used to squeeze concessions out of the Western powers!"[18]

Die Briten waren verärgert über die überzogenen Erwartungen, die in Deutschland an die „Rückwirkungen" von Locarno geknüpft wurden. Stresemann hatte es in der Tat versäumt, sie in der Bevölkerung herunterzuspielen. Chamberlain über-

---

[16] Chamberlain an Tyrrell 15.10.1925, zitiert nach Dutton (wie Anm. 3), Photo XIII.

[17] Memorandum Gregory 1.11.1925, Documents on British Foreign Policy, Serie I A, Bd. 1, S. 74 ff.

[18] Chamberlain an D'Abernon 1.2.1926, ebd. S. 380 ff.

sah in seiner Empörung, daß Stresemanns politisches Überleben – die Regierung Luther brach unmittelbar nach der Ratifizierung der Locarnoverträge im Reichstag auseinander – von Zugeständnissen an die DNVP abhing. Bei zu starkem Widerstand von rechts wäre Stresemanns Wiederernennung zum Außenminister akut gefährdet gewesen und damit jede weitere deutsche Außenpolitik im „Geist von Locarno". Chamberlains Verärgerung ging in dieser Frage so weit, daß er nicht mehr zwischen moderaten und extrem nationalistischen Deutschen unterschied, sondern sich nur noch allgemein über „die Deutschen" beschwerte. Er sprach und schrieb zwar über die deutsche innenpolitische Situation, doch blieb diese für ihn abstrakt und wurde in seinen politischen Überlegungen nur selten tatsächlich berücksichtigt.

Das Locarnoabkommen stand von Anfang an auf schwankendem Fundament und hatte wenig Aussicht auf Stabilisierung. Die Westmächte und Deutschland gingen bei Locarno von unterschiedlichen Prämissen aus. Für Berlin war es der Anfang einer umfassenden Revision des Versailler Vertrages bei gleichzeitiger Bereitschaft, zusammen mit den Siegermächten nach gemeinsamen friedlichen Lösungen zu suchen. Locarno war der mühsame deutsche Versuch, einen übersteigerten Nationalismus zu überwinden, überzogene Forderungen zurückzuschrauben, die Glorifizierung uneingeschränkter Handlungsfreiheit abzuschwächen und Verantwortungsbewußtsein in den internationalen Beziehungen zu wecken. All diese Punkte hatten in der Vergangenheit das alliierte Mißtrauen gegenüber Deutschland genährt. Die Westmächte hingegen verstanden Locarno als Vorschußlorbeeren für Deutschland, derer Berlin sich erst noch würdig erweisen mußte. In diesen verschiedenen Auffassungen und den unterschiedlichen Definitionen von Sicherheit liegt der Grund für den Niedergang des „Geists von Locarno" bereits unmittelbar nach Unterzeichnung des Abkommens, denn Mißverständnisse und Divergenzen waren vorprogrammiert.

Der deutsche Eintritt in den Völkerbund als Teil des Locarnoabkommens war der erste Test für den Aufbruch in eine neue Zeit. Erst im zweiten Anlauf wurde dieser Test bestanden, denn Deutschlands erster Versuch im März 1926 scheiterte am überraschenden polnischen Widerstand. Die polnische Forderung nach Gleichberechtigung mit Deutschland im Sicherheitsrat wurde von Frankreich und einem zögernden Britannien unterstützt, stieß aber auf erbitterte deutsche Ablehnung. Chamberlain wußte, daß Berlin einer polnischen Gleichberechtigung im Völkerbund nie zustimmen würde. Dennoch tat er seinem Freund Briand den Gefallen, den Versuch einer französisch-polnischen Kontrolle Deutschlands zu wagen. Chamberlain zog seine Unterstützung erst zurück, als das Scheitern des deutschen Völkerbundbeitritts und damit der Zusammenbruch Locarnos unmittelbar im Raum stand.

Der nächste Sturm braute sich inzwischen schon am Horizont zusammen. Anfang April kündigten Moskau und Berlin die Unterzeichnung eines bilateralen Freundschaftsvertrags an. Dies war ein schwerer Schlag für die Westmächte, die gehofft hatten, mit Locarno der Rapallo-Allianz den Wind aus den Segeln genommen zu haben. Die britische Haltung während der Krise war vor allem von dem Wunsch bestimmt, Locarno zu retten. Londoner Beamte kritisierten den ungünstigen Zeitpunkt des Abkommens unmittelbar nach dem ersten gescheiterten Versuch des deutschen Völkerbundbeitritts, waren aber dankbar, daß sie nicht wieder, wie bei Rapallo, vor die vollendete Tatsache der Unterzeichnung des Vertrags gestellt wurden. Obwohl sichtlich verärgert, mahnte Chamberlain Paris und Warschau zur Mäßigung, während er gleichzeitig öffentlich sein Vertrauen in die deutsche Locarnopolitik bekundete. Gleichzeitig verlangte er von den Deutschen so viele öffentliche Bekundungen ihrer Loyalität zu Locarno, daß es einer Demütigung für Stresemann nahekam. Privat indes konnte Chamberlain seinen Ärger nur schwer verbergen und beschwerte sich bei D'Abernon bitter über die Doppelzüngigkeit der deutschen Regierung. Der Berliner Vertrag war für die politische Situation gravierender, als Chamberlain nach außen hin zugab, denn Frankreich stellte nun, um Berlin zu strafen, den deutschen Völkerbundbeitritt generell in Frage. Diese Entwicklung gab in London großen Anlaß zur Sorge, hing doch Locarnos weiteres Schicksal von der deutschen Mitgliedschaft in der Genfer Organisation ab. Daher war es wichtiger denn je, die britisch-französische Reaktion auf den deutsch-sowjetischen Vertrag abzustimmen. Der französische Botschafter in London, de Fleuriau, bekam zu hören, Paris stünde eine zu scharfe Kritik eigentlich nicht zu, da schließlich der unselige französische Vorschlag, den Polen ebenfalls einen Sitz im Sicherheitsrat zu geben, den deutsch-sowjetischen Stein ins Rollen gebracht hätte.[19]

Stresemann erfuhr nie, wie sehr ihm sein britischer Kollege beim Berliner Vertrag mißtraut hatte. Seiner und der Initiative seines Staatssekretärs Carl von Schubert war es zu verdanken gewesen, daß die Westmächte keine Neuauflage der Rapallo-Überraschung erleben mußten, sondern vor der Unterzeichnung des Abkommens informiert wurden. Der deutsche Außenminister war bestrebt, das kleine Pflänzchen des Vertrauens, das mit Locarno zu keimen begonnen hatte, nicht unmittelbar wieder zu zertreten. Als Stresemann von Chamberlains Unbehagen über den Berliner Vertrag hörte, flehte er den britischen Botschafter D'Abernon geradezu an, ihm zu glauben, daß er an Locarno ebenso festhielte wie die Briten. „Die Basis von Locarno jetzt zu verlassen wäre gleichbedeutend mit Selbstmord!"[20]

Deutschland zahlte dennoch den Preis für den Berliner Vertrag. Die Rückwirkungen waren nun eindeutig negativ, denn Frankreich beschloß, seine Besatzungstruppen erst später als ursprünglich vereinbart aus Deutschland abzuziehen. Chamberlain hatte ein schlechtes Gewissen, denn die französische Truppenstärke blieb nun erheblich höher, als er Stresemann in Locarno versprochen hatte. Dennoch hielt er es für höchst inopportun, die Frage der Besatzungstruppen und damit das französische Sicherheitsproblem bei Briand so schnell wieder aufzuwerfen, zumal die Pariser Regierung mit innenpolitischen Schwierigkeiten zu kämpfen hatte. Französische Innenpolitik hatte Vorrang vor einem den Deutschen in Locarno gegebenen Versprechen. Der Berliner Vertrag so bald nach Locarno hinterließ in London einen schalen Nachgeschmack. Er bestätigte die britische Skepsis gegenüber deutschen Intentionen. Vor allem Chamberlain blieb mißtrauisch, argwöhnte hinter der deutschen Politik immer ein doppeltes Spiel und setzte sich nur noch halbherzig für deutsche

---

[19] Minute Lampson 30.4.1926, PRO, FO 371/11324/C 5369.
[20] D'Abernon an Foreign Office 30.4.1926, PRO, FO 371/11323/C 5327.

Wünsche ein. Angesichts der innenpolitischen Schwierigkeiten seines Freundes Briand sah er keine Veranlassung, die Deutschen zu unterstützen und Briand dadurch noch mehr in Bedrängnis zu bringen.[21]

Der „Geist von Locarno" konnte sich von diesem Schlag nicht wieder erholen. Großbritannien sah Locarno als einen Versuch an, Deutschland mit seinen ehemaligen Gegnern zu versöhnen. Diese Voraussetzung für eine Verringerung des britischen Engagements in Europa war mit dem Berliner Vertrag zunichte gemacht worden. Das deutsch-sowjetischen Abkommen zeigte deutlich, daß die Reichsregierung trotz ihres festen Bekenntnisses zu Locarno nicht bereit war, ihre Verbindungen nach Osten aufzugeben. Die deutschen Ostkontakte waren nicht nur Teil der deutschen Definition von „Sicherheit", sondern auch eine, wenn auch kleine Demonstration deutscher Souveränität, die der Westen mißbilligte, die die Reichsregierung aber immer wieder als Faustpfand nutzte. Der Berliner Vertrag begrenzte daher die Wirkung des neuen Sicherheitspaktes im Westen. Trotz des hoffnungsvollen Anfangs war Locarno zum Scheitern verurteilt, weil die unterschiedlichen Definitionen von Sicherheit eine ernsthafte Verständigung unmöglich machten. Locarnos Geist verblaßte. Weder die berühmten Genfer Teeparties der drei Außenminister noch die häufigen öffentlichen Hinweise auf ihre freundschaftlichen Beziehungen konnten darüber hinwegtäuschen. Anfang 1927 hatte Locarno einen Tiefpunkt erreicht. Nach den Hoffnungen, die an das überraschende Treffen Briands und Stresemanns in Thoiry geknüpft worden waren, verhärtete Briand unter heimischem Druck seine Haltung gegenüber den deutschen Revisionswünschen. Chamberlain, der „ehrliche Makler", ergriff bis auf wenige Ausnahmen für die Franzosen Partei.

Im Sommer 1927 sollte Chamberlain dennoch von seinem verbesserten Verhältnis zu Stresemann profitieren. Die Aufmerksamkeit britischer Diplomaten verlagerte sich kurzfristig von Europa auf einen imperialen Schauplatz. Sowjetische Agitation in China führte zu erheblichen Spannungen zwischen London und Moskau und führte schließlich zum Abbruch der diplomatischen Beziehungen zwischen beiden Ländern.[22] Chamberlain war gegen diesen Schritt, da er die Auswirkungen der britisch-sowjetischen Konfrontation auf Deutschland fürchtete. Stresemann befand sich nun plötzlich in der ungewohnten Lage, von London und Moskau gleichzeitig umworben zu werden. Chamberlain war sehr erleichtert, als ihn Stresemann der deutschen Neutralität in dem Konflikt sowie seiner Loyalität zu Locarno versicherte. Die Situation verschlimmerte sich jedoch, als auf dem Höhepunkt der Krise ein sowjetischer Diplomat in Warschau ermordet wurde. Moskau vermutete sofort eine britisch inspirierte polnische Verschwörung. Chamberlain, der befürchtete, daß dieses Ereignis zu einem größeren sowjetisch-polnischen Konflikt eskalieren könnte, bat Stresemann, seine guten Kontakte nach Moskau zu nutzen und zu vermitteln. Der deutsche Außenminister befand sich folglich in dem Dilemma, in Moskau Fürspre-

---

[21] Zu Frankreich vgl. Vincent J. Pitts, *France and the German Problem. Politics and Economics in the Locarno Period*, New York, London 1987.

[22] Harvey L. Dyck, German-Soviet Relations and the Anglo-Soviet Break 1927, in: *Slavic Review* 25 (1966), S. 67–83.

cher ausgerechnet polnischer Interessen zu sein. Dennoch entsprach Stresemann Chamberlains Bitte und entschärfte dadurch die Krise. Der deutsche Außenminister erhielt aus London kein Zeichen des Dankes für seine Bemühungen, im Gegenteil. Nachdem Chamberlain mit Briand bei einem privaten Treffen diesen vergeblich gebeten hatte, Stresemann für sein Engagement mit einem Entgegenkommen in der Frage der Truppenreduzierung zu belohnen, verzichtete der Brite nicht nur auf jeglichen Druck auf seinen französischen Freund, sondern erneuerte öffentlich die britisch-französische *Entente Cordiale*, anstatt auf den Geist von Locarno zu verweisen. Nur zu seinem Staatssekretär Tyrrell bekannte Chamberlain privat, daß sich Stresemann „höchst vernünftig" gezeigt habe und die Probleme anderer Länder zunehmend sehe und taktvoll berücksichtige.[23]

„Die Briten werden uns nur soweit entgegenkommen, wie dies die englisch-französischen Beziehungen nicht beeinträchtigt", schrieb der deutsche Diplomat Herbert von Dirksen leicht frustriert im September 1927.[24] Das Auswärtige Amt war sich der Prioritäten der britischen Außenpolitik bis zum Sturz der konservativen Regierung im Juni 1929 deutlich bewußt. Die konträren Positionen Deutschlands und Frankreichs dominierten die europäische Politik in den kommenden Monaten. Sie standen im Zentrum der Abrüstungsverhandlungen, wo die deutsche Forderung nach militärischer Gleichberechtigung und Revision von Versailles mit dem französischen Sicherheitsbedürfnis zusammenprallte. Die Sicherheitsfrage überschattete auch die Verhandlungen über die Räumung des Rheinlands, das den Franzosen die letzte Möglichkeit nehmen würde, die deutsche militärische Stärke zu überwachen. Hinzu kam das Reparationsproblem. Je mehr Zeit verstrich, desto lauter und ungeduldiger wurde der deutsche Ruf nach Revision von Versailles. Nach Locarno und der sichtbaren Verbesserung der deutschen politischen und wirtschaftlichen Situation wuchs der deutsche Druck auf die Westmächte. Hinzu kam seit Mitte 1928 die sich rapide verschlechternde Gesundheit Stresemanns. Der deutsche Außenminister hatte nie sein Ziel aus den Augen verloren, daß Locarno der Beginn einer moderaten, aber stetigen Revision der Friedensverträge sein sollte, und er wollte die Früchte seiner Arbeit noch ernten, bevor er starb.

Im Rückblick ist es offensichtlich, daß sich Großbritannien mit der selbstgewählten Aufgabe des Vermittlers übernahm. Chamberlain konnte das Dilemma nicht ausräumen, daß die deutschen und französischen Interessen unvereinbar waren. Die rasche Revision des Versailler Vertrages hätte Deutschland zur stärksten europäischen Macht werden lassen. Zugleich war Berlin in alliierten Augen nicht verläßlich genug, nicht zuletzt deswegen, weil es seinen revisionistischen Forderungen gegen Polen nicht entsagte. Der Rahmen britischer Außenpolitik mit Londons begrenztem Interesse in Europa und dem Grundsatz, eine klare Parteinahme zu vermeiden, machte es Chamberlain unmöglich, Frankreich mit einer Militärgarantie zu entschädigen. Chamberlains Deutschlandpolitik blieb bis zum Ende seiner Amtszeit gespalten. Mit der Zeit

---

[23] Chamberlain an Tyrrell 17.6.1927, Nachlaß Austen Chamberlain, PRO FO 800/261.
[24] Memorandum Dirksen 29.9.1927, zitiert nach Dyck (wie Anm. 22), S. 82.

empfand er persönliche Sympathie für Stresemann und Respekt für seine Bemühungen um Versöhnung. Auch war er von Stresemanns starkem Willen beeindruckt, trotz sich rapide verschlechternder Gesundheit seine politische Aufgabe weiterzuführen. Gelegentliche harsche deutsche Forderungen führte Chamberlain auf die Krankheit seines deutschen Kollegen zurück. Dennoch: Chamberlain wußte, daß er Stresemann nicht mit der deutschen Nation gleichsetzen konnte. Als die Wilhelmstraße nach 1928 einen zunehmend kompromißloseren revisionistischen Kurs einschlug – deutsche Delegierte bei der Abrüstungskonferenz in Genf hatten einen besonders schlechten Ruf in London – war es für Chamberlain sehr schwierig, zwischen Stresemann und „den Deutschen" zu unterscheiden.

Es war das Schicksal von Locarno, daß das Abkommen mehr auf dem persönlichen Verhältnis Chamberlains, Stresemanns und Briands basierte als auf der Politik ihrer Länder. Das Mißtrauen, das während der vier Jahre, in denen die drei Staatsmänner zusammenarbeiteten, unterschwellig bestehen blieb, hatte keine persönlichen Gründe, sondern fand seine Wurzeln in den unterschiedlichen nationalen Interessen. Oberstes britisches Ziel war Stabilität in Europa, um sich aus den Angelegenheiten heraushalten zu können, die außerhalb der in London definierten Interessensphäre lagen. Das Prinzip der kollektiven Sicherheit konnte nicht greifen, solange es nationale Interessen nur überlagern sollte, nicht aber ersetzen konnte. Der Völkerbund konnte die Schiedsrichterrolle so lange nicht übernehmen, wie Deutschland durch den Sitz im Sicherheitsrat nur formal ebenbürtig, nicht aber vollständig politisch gleichberechtigt war. Der Verlauf der Reparationsverhandlungen 1929 zeigte, daß es bis zur völligen Gleichberechtigung und Unabhängigkeit Deutschlands noch ein weiter Weg war.

Das Werk von Locarno war noch nicht beendet, als die Regierung Baldwin die Unterhauswahlen im Juni 1929 verlor. Chamberlain war somit der erste der Locarnopartner, der die politische Bühne verließ. Stresemann starb einige Monate später, und auch Briand wurde abgewählt. Eine Ära war zu Ende gegangen. „My dear Stresemann", schrieb Chamberlain zum Abschied an seinen Amtskollegen, „I had hoped that before I left office we should have been able to finish the immediate work which we began at Locarno. For elections have decided otherwise, and as far as this country is concerned its completion will now be in other hands. But I cannot leave the Foreign Office without saying how much I value the friendly personal relations which we have formed in the midst of public affairs nor how much I rejoice at the measure of cooperation which in the course of these 4 1/2 years we have been able to establish between our countries. I beg you to accept my thanks for all the help that you have given and my best wishes for your health and welfare. I have paid my tribute in public to your services to the cause of peace; now I add only the assurance of my lasting regard and friendship."[25]

---

[25] Chamberlain an Stresemann 4.6.1929, Nachlaß Austen Chamberlain, PRO FO 800/263.

*Perzeptionen von Macht und Machtverfall:
Großbritannien und Deutschland im
internationalen System nach dem Zweiten Weltkrieg*

CHRISTOPH BLUTH

Der Zweite Weltkrieg und das Ende des Kommunismus in Europa waren zwei Ereignisse kataklysmischen Ausmaßes im 20. Jahrhundert, die die politische Ordnung im internationalen System völlig veränderten. Dieses Kapitel beschäftigt sich mit Großbritannien, das im internationalen System der Nachkriegszeit eine Schlüsselrolle spielte, wenngleich sie sich immer mehr auf Europa beschränkte. Es untersucht, wie Großbritannien sich auf das internationale Umfeld nach dem Zweiten Weltkrieg einzustellen versuchte. Das Ende des Kalten Krieges veränderte ein internationales Sicherheitsumfeld, das über mehrere Jahrzehnte hinweg relativ stabil geblieben war. Großbritannien steht daher erneut vor einer grundlegenden Überprüfung seiner Position in der Welt, seiner nationalen Interessen und der Ziele seiner Sicherheitspolitik.

Der Niedergang des Imperiums

Großbritannien ging aus dem Krieg als Sieger hervor und hatte deshalb nicht die Erfahrung der Niederlage oder der Diskreditierung seiner gesamten politischen Elite durch einen Vorgang wie die Entnazifizierung in Deutschland. Aus diesem Grund wurde die dramatische Veränderung der Position Großbritanniens in der Welt und alle sich daraus ergebenden Konsequenzen erst langsam im Laufe von drei Jahrzehnten voll erkannt. Ende der vierziger Jahre wurde Großbritanniens Rolle in der Welt von drei überlappenden Bereichen des Engagements definiert, was Winston Churchill 1948 als die Doktrin der drei Kreise formulierte. Der erste Kreis waren Beziehungen zum britischen Commonwealth und Empire, der zweite die englischsprechende Welt, insbesondere die Vereinigten Staaten und Kanada und der dritte schließlich Europa.[1] Dieser Ansatz definierte die Prioritäten der britischen Sicherheitspolitik für die ersten beiden Jahrzehnte des Kalten Krieges und wirkte in gewissem Maß bis zum Ende der achtziger Jahre fort. Aus heutiger Sicht wird klar, daß Churchill die tiefgreifenden Veränderungen im internationalen System unterschätzte, die damals spürbar wurden. Die Vereinigten Staaten waren zum dominanten Partner im Bündnis geworden. Großbritannien konnte, obgleich noch immer eindeutig die dritt-

---

[1] Rede anläßlich der Conservative Party Conference in Llandudno, 9. Oktober 1948, zitiert in Graeme P. Auton und Wolfram Hanrieder, *The Foreign Policies of West Germany, France, and Britain*, Englewood Cliffs, N. J. 1980, S. 177 f.

mächtigste Nation in der Welt, in keiner Weise an die amerikanische oder sowjetische Macht heranreichen. Zwar war es noch Zentrum eines großen Weltreiches, doch war die Welle des Antikolonialismus nicht mehr aufzuhalten, als Indien und Pakistan 1947 unabhängig wurden. Großbritanniens imperiale Rolle konnte weder politisch noch ökonomisch länger aufrechterhalten werden. Die Ambition, die Großmachtrolle möglichst lange zu erhalten, erzeugte Spannungen zwischen dem Engagement in Europa und der sogenannten Sonderbeziehung zu den USA, die als Instrument einer weiter gefaßten Rolle dienen sollte. Diese Spannung definierte die Parameter der britischen Sicherheitspolitik während der gesamten Zeit des Kalten Krieges.[2]

Die britische Außenpolitik der Nachkriegszeit mußte deshalb den Übergang der Nation vom Status einer Weltmacht zu dem einer Regionalmacht bewältigen. Das beeinflußte die britische Haltung zu Europa. Die große Bewegung der europäischen Integration, die für viele Kontinentaleuropäer die große Hoffnung auf ein neues Zeitalter nach zwei Weltkriegen bedeutete, wurde auch in London begrüßt. Doch obwohl sie im Prinzip eine Art von „europäischer Einheit" befürwortete, war die britische Regierung über supranationale oder föderalistische Konzepte einer europäischen Integration nicht begeistert. Auf gar keinen Fall wollte sie, daß Großbritannien einem „europäischen Staat" beitritt. Natürlich teilte Großbritannien mit anderen europäischen Staaten ein Interesse an der Verteidigung Europas und an der Erhaltung der amerikanischen Verpflichtung Europa gegenüber. Aber die Perzeption der Sicherheitsinteressen in Großbritannien unterschied sich in vielen Punkten von denen seiner europäischen Partner. Die immer noch bestehenden Beziehungen zu Gebieten außerhalb Europas bedeuteten, daß die Aufmerksamkeit nicht exklusiv auf die sowjetische Bedrohung gegen Westeuropa gerichtet war.[3] Zweitens schätzte die britische Regierung seit Mitte der fünfziger Jahre eine vorsätzlich geplante sowjetische Invasion Westeuropas als unwahrscheinlich ein.[4] In den Bedrohungsperzeptionen gab es daher deutliche Differenzen, vor allem mit den Deutschen und den Amerikanern. Die Briten sahen ihr nationales Interesse in der gegenseitigen Akzeptanz des Status quo in Europa. Sie waren deshalb sehr daran interessiert, auf diplomatischem Wege Entspannung in den Ost-West-Beziehungen zu schaffen, sowie durch Rüstungskontrolle und vertrauensbildende Maßnahmen das Risiko einer militärischen Konfrontation in Europa zu reduzieren. Ein wesentlicher Faktor in der britischen Politik war das Problem der Ressourcen. Eine Entspannung der Konfrontation zwischen Ost und West würde eine Reduzierung der britischen Verpflichtun-

---

[2] David Sanders, *Losing an Empire, Finding a Role*, London 1990.
[3] Brian Lapping, *End of Empire*, London 1989.
[4] Siehe dazu Public Record Office London (PRO), DEFE 7/677, Sir O. Franks an Foreign Office, 3. August 1952. Dieser Punkt wird erörtert bei Ian Clark und Nicholas J. Wheeler, *The British Origins of Nuclear Strategy 1945–1955*, Oxford 1989, S. 174. Vgl. auch: James Matthew Jones, British Threat Analyses in the 1950s, in: Carl-Christoph Schweitzer (Hg.), *The Changing Western Analysis of the Soviet Threat*, London 1990, S. 119–135. Besonders interessantes Material findet sich in PRO, FO 371/122790, 1. Mai 1956, NS 1023/23; FO 371/122797, 3. März 1956.

gen ermöglichen. Diese Aspekte der britischen Sicherheitspolitik führten zu Mißtrauen im deutsch-britischen Verhältnis, weil Adenauer den Verdacht hegte, daß die Briten nach Vorwänden suchten, um sich von ihren Verpflichtungen zur Verteidigung Europas zurückzuziehen.[5]

Großbritannien gehörte nicht zur EWG, die 1957 gegründet wurde. Frankreich und die Bundesrepublik Deutschland waren gegen eine EWG-Mitgliedschaft Großbritanniens. Auch die Schaffung einer Freihandelszone, durch die OEEC-Mitgliedsstaaten eine besondere Handelsbeziehung zu den Staaten der EWG hätten entwickeln können, wurde abgelehnt. Adenauer und de Gaulle teilten die Ansicht, daß Großbritannien für eine enge politische Integration der europäischen Staaten, so wie sie damals für möglich gehalten wurde, nicht vorbereitet war.[6]

Großbritannien im europäischen Staatensystem: Die Bedeutung der Kernwaffen

Die britische Entscheidung, eine eigenständige Atommacht zu werden, beruhte auf der Überzeugung, daß eine Großmacht Waffen besitzen müsse, die in der Zukunft die wahrscheinlich entscheidende militärische Bedeutung haben würden. Durch den Niedergang Großbritanniens als Weltmacht stellte sich die Frage seiner Rolle in der Welt nach dem Krieg. Wirtschaftlich schwach und nicht mehr in der Lage, seine Präsenz in den Überseegebieten aufrechtzuerhalten, bot sich der Besitz von Kernwaffen als ein Weg an, den Status einer Großmacht zumindest teilweise zu erhalten.

Die Verteidigungspolitik Premierminister Churchills nach seiner Wiederwahl 1951 markierte die Verschiebung des Akzents in der britischen Strategie von konventioneller Aufrüstung zum Aufbau des Nuklearpotentials: Im gleichen Jahr wurde die erste britische Wasserstoffbombe gezündet. Die Stabschefs verfaßten den „Globalen Strategiebericht", in dem sie die Ansicht vertraten, eine nukleare Streitmacht sei

---

[5] Dieser Verdacht war voll gerechtfertigt. Zwischen 1957 und 1960 wurde die British Army on the Rhine (BAOR) von 77 000 auf 55 000 Mann reduziert. Das Verteidigungs-Weißbuch von 1957, das erhebliche Kürzungen in den Budgets der Armee und Marine und eine Verschiebung des Schwerpunkts auf die nukleare Abschreckung vorsah, führte zu einer sehr negativen Reaktion in der Bundesrepublik. Eine Berichterstattung von General Ulrich de Maizière hatte eine „tiefe Wirkung" auf den Bundeskanzler, da es „schlimmer als erwartet" war. Siehe Institut für Politik und Zeitgeschichte, Universität Bonn, Nuclear History Program, Dokumente, Leiter IV A, Tgb. Nr. 57, Besprechung beim Bundeskanzler am 27. April 1957 vorm. Siehe auch: Olaf Mager, *Die Stationierung der britischen Rheinarmee*, Baden-Baden 1990, S. 161–188. Christoph Bluth, Nuclear Weapons and British-German Relations, in: Beatrice Heuser und Robert O'Neill (Hg.), *Securing Peace in Europe, 1945–1962*, London 1992, S. 139–156.

[6] Angelika Volle, *Deutsch-Britische Beziehungen. Eine Untersuchung des bilateralen Verhältnisses auf der staatlichen und nicht-staatlichen Ebene*, Diss. Bonn 1976, S. 33 ff. Zur britischen Haltung zu Europa siehe Royal Institute of International Affairs, *Britain in Western Europe*, London 1956, S. 7 f.; John W. Young, *Britain, France and the Unity of Europe, 1945–1951*, Leicester 1984.

wesentlich preisgünstiger als der Aufbau konventioneller Kräfte.[7] Außerdem könne der sowjetischen Bedrohung wirkungsvoller begegnet werden.[8] Manche Konsequenzen dieser Politik stießen jedoch im britischen Verteidigungsministerium auf Widerstand, insbesondere als es darum ging, den Haushalt der Armee und der Marine zu kürzen. Erst 1957, nach der Suez-Krise und dem weiteren Rückgang der weltweiten britischen Verpflichtungen, bekannte sich Verteidigungsminister Duncan Sandys in seinem Weißbuch zu rigorosen Einsparungen bei Armee und Marine und sprach sich für eine klare Verlagerung der Ressourcen zugunsten der nuklearen Abschreckungsmacht aus.[9]

Eine zentrale Rolle in dieser Politik spielte die Sonderbeziehung zu den Vereinigten Staaten. Die britisch-amerikanische Zusammenarbeit im Bereich der Kernwaffen geht bis in die Zeit des Krieges zurück. Die theoretischen Durchbrüche, die den Bau einer Atombombe erst möglich machten, wurden in Großbritannien erzielt. Schließlich nahm Großbritannien am Manhatten Project zum Bau der Atombombe teil. Um nach dem Krieg Kernwaffen zu erwerben, war die weitere Zusammenarbeit mit den USA unbedingt notwendig. Der amerikanische McMahon Act von 1946, der die Verbreitung von Informationen über Kernwaffen in jedes andere Land verbot, machte es theoretisch amerikanischen Präsidenten unmöglich, sich an einer solchen Zusammenarbeit zu beteiligen. Dennoch setzte Großbritannien erfolgreich sein Atombomben-Projekt fort, und die Modifizierung des McMahon Act erlaubte ihm eine stärkere Beteiligung an amerikanischer Technologie, was während des nächsten Jahrzehnts zur höchsten Priorität in den britisch-amerikanischen Beziehungen wurde.[10]

Im Bereich der nuklearen Zusammenarbeit erstrebte Großbritannien eine exklusive Beziehung zu den USA. In öffentlichen Erklärungen wurde zwar der Bedarf einer unabhängigen britischen Abschreckungswaffe betont. Die tatsächlich verfolgte Politik richtete sich jedoch auf eine immer engere Zusammenarbeit mit den Vereinigten Staaten und damit technologische Abhängigkeit von ihnen. Dabei ging man von der Erkenntnis aus, daß Großbritannien nicht in der Lage sein werde, der Sowjetunion alleine gegenüberzustehen. Der britische Ansatz in der Zielplanung beruhte auf der Voraussetzung, daß Operationen gemeinsam mit den Vereinigten Staaten ausgeführt würden. Die Aufgabe des eigenen, britischen Projekts für ballistische Raketen („Blue Streak") war 1960 eine klare Entscheidung für eine Entwick-

---

[7] PRO, CAB 131.12, D (52) 41, 29. September 1952. Clark und Wheeler (Anm. 4), S. 163. Eine detaillierte Analyse befindet sich in John Baylis, *Ambiguity and Deterrence*, Oxford 1995, S. 126–151.

[8] Es war offensichtlich, daß die amerikanischen Kernwaffen das hauptsächliche Element der Abschreckung gegen die Sowjetunion darstellen mußten. Britische Kernwaffen würden in der Zusammenarbeit mit den Vereinigten Staaten eine Rolle spielen und somit Großbritannien Einfluß auf die amerikanische Kernwaffenpolitik verschaffen.

[9] Martin S. Navias, *Nuclear Weapons and British Strategic Planning 1955–1958*, Oxford 1991.

[10] Margaret Gowing, *Independence and Deterrence: Britain and Atomic Energy 1945–1952*, London 1974; Christoph Bluth, *Britain, Germany and Western Nuclear Strategy*, Oxford 1995, S. 52–104.

lung hin zu noch größerem Vertrauen auf die technologische Zusammenarbeit mit den USA. Die britische Antwort auf das Dilemma einer erweiterten Abschreckung („extended deterrence") beinhaltete einen Widerspruch, der bis heute fortbesteht. Einerseits beschritt Großbritannien einen Weg, der die nukleare Abschreckung zugunsten britischer Sicherheitsinteressen sicherstellen konnte und der zugleich das Problem der Kontrolle von Nuklearwaffen regelte, nämlich den der Entwicklung einer eigenen Nuklearwaffe. Auf der anderen Seite ging Großbritannien in die umgekehrte Richtung, indem es versuchte, die USA enger an sich zu binden und zugleich sich selbst abhängiger von den USA zu machen. Die Verbindung zwischen den beiden Zielen – einer Stärkung der britischen nuklearen Abschreckung und der Entwicklung einer Sonderbeziehung zu den USA – war zweischneidig: Das eine war das Mittel, um das andere voranzutreiben, aber die Frage, was der Zweck und was das Mittel sei, geriet dabei durcheinander. Der Schwerpunkt wechselte ständig vom einen zum anderen. Viele der erklärten Ziele hinsichtlich der Sonderbeziehung bezogen sich auf den Zugang zu amerikanischer Technologie, die Zusammenarbeit in der Zielplanung und die Beeinflussung der amerikanischen Sicherheitspolitik. „Mittel" und „Zweck" waren auf diese Weise widersprüchlich ineinander verwickelt.

Die Zusammenarbeit mit den USA verhalf Großbritannien zu einem privilegierten Status gegenüber den anderen europäischen Bündnispartnern. Premierminister Harold Macmillan war sich natürlich der gegenläufigen Wirkung dieser Politik hinsichtlich seiner Ziele für die britischen Beziehungen zu Europa – im besonderen zu Frankreich und Deutschland – bewußt, aber das wurde der Sicherstellung einer britischen Nuklearabschreckung und der Sonderbeziehung zu den USA nachgeordnet. Dieser Ansatz wurde als „independence in concert" („abgestimmte Unabhängigkeit") beschrieben.[11]

Der Höhepunkt der amerikanisch-britischen Nuklearzusammenarbeit war die 1962 in Nassau zwischen Macmillan und Kennedy getroffene Vereinbarung über den Kauf der Polaris-Raketen. Dieses Abkommen sicherte die britische Nuklearstreitmacht, legte aber zugleich die britische Abhängigkeit von den USA fest.[12]

Britische Sicherheitspolitik: Die Hinwendung zu Europa

Die Labour-Regierung unter Premierminister Wilson, die sich vorgenommen hatte, das Nassau-Abkommen „neu zu verhandeln", kam zu dem Schluß, daß das Polaris-

---

[11] Dieser Begriff ist entwickelt worden in Martin S. Navias, *The Sandys White Paper of 1957 and the Move to the British New Look: An Analysis of Nuclear Weapons, Conventional Forces and Strategic Planning 1955–57*, unveröffentlichte Ph.D. Thesis, London: King's College 1989, Kapitel 4.

[12] Richard Neustadt, *Report to the President: Skybolt and Nassau*, 15. November 1963, National Security Files, Box 322, Staff memoranda, J. F. Kennedy Library, Boston. Eine unkonventionelle Analyse findet sich in *John D. Steinbruner, The Cybernetic Theory of Decision*, Princeton 1974. Siehe auch Baylis (Anm. 7), S. 320–326.

Abkommen ein preisgünstiger Weg war, Nuklearmacht zu bleiben und somit die globale Rolle Großbritanniens fortzusetzen. Sie erwarb vier der fünf geplanten Polaris-U-Boote. Von dem nuklear-strategischen Element abgesehen, kam es jedoch zu einer beträchtlichen Verlagerung in der britischen Sicherheitspolitik. Endlich wurde anerkannt, daß Großbritannien angesichts der großen Probleme seiner wirtschaftlichen Entwicklung nicht länger in der Lage war, seine globale Rolle auszufüllen. Es fiel die Entscheidung, sich aus den Verpflichtungen „östlich von Suez" zurückzuziehen und die britische Sicherheitspolitik neu auf Europa auszurichten.[13]

Mitte der sechziger Jahre wuchs die Interessenkonvergenz zwischen Großbritannien und den anderen europäischen Bündnispartnern gegenüber den Vereinigten Staaten. Die von dem amerikanischen Verteidigungsminister Robert McNamara 1962 vorgeschlagene Strategie der flexiblen Erwiderung („flexible response") führte in Europa zu gemischten Reaktionen.[14] Besonders die Deutschen wehrten sich gegen jegliche Verringerung der amerikanischen Bereitschaft, Kernwaffen zur Verteidigung Europas einzusetzen, während die Briten zögerten, den Umfang an konventionellen Waffen zur Verfügung zu stellen, der in McNamaras Konzept gefordert war. Der britische Verteidigungsminister Denis Healey war im Prinzip ein Befürworter der Strategie der flexiblen Erwiderung. Er zeigte jedoch eine kritische Haltung gegenüber dem „Wunschdenken" hinsichtlich der konventionellen Verteidigungsmöglichkeiten. Healeys Ansicht nach sollte nicht so sehr die Kriegführung betont werden, sondern die nukleare Abschreckung. Er hielt die Drohung eines frühzeitigen Einsatzes von Kernwaffen für ein wahrscheinlich notwendiges Element einer erfolgreichen Strategie der Abschreckung. Er befürchtete, daß im Fall aufkeimender Zweifel an der amerikanischen Entschlossenheit zu einer Strategie der nuklearen Abschreckung in Europa der Druck auf europäische Regierungen wachsen würde, eigenständige Kernwaffenarsenale aufzubauen, statt ihre konventionellen Kräfte zu stärken. Obwohl Healey energisch die Ansicht vertrat, daß man auf keinen Fall mit einer Stärkung der konventionellen Kräfte der NATO rechnen könne, die einem sowjetischen Angriff auf rein konventioneller Ebene standhalten könnten, und somit auch das Konzept der Anhebung der nuklearen Schwelle ablehnte, standen seine Anschauungen dennoch im Einklang mit der Doktrin der flexiblen Erwiderung. Er sah die Rolle taktischer Kernwaffen darin, einer Aggression „im mittleren Bereich" zu begegnen. Im Falle das Versagens der Abschreckung müsse die Möglichkeit geschaffen werden, die Kräfte des Angreifers so lange abzuwehren, daß noch vor einer Eskalation zum massiven Einsatz strategischer Waffen der Konflikt auf diplomatischer Ebene beendet werden könne. Dies war mit McNamaras ursprünglichem

---

[13] Neville Brown, British Arms and the Switch Towards Europe, in: *International Affairs* 3 (1967), S. 468–482.

[14] Jane Stronseth, *The Origins of Flexible Response*, London 1988; David N. Schwartz, *NATO's Nuclear Dilemmas*, Washington 1983; Denis Healey, NATO, Britain and Soviet Military Policy, in: *Orbis* 13 (1969), S. 48–58.

Konzept, das letztendlich auf eine Konventionalisierung des europäischen Schlachtfelds abzielte, nicht ganz zu vereinbaren.[15]

Indem sie bei der Entwicklung der 1967 von der NATO verabschiedeten Kompromißformel über die flexible Erwiderung sowie in der Nuklearen Planungsgruppe mitwirkten, arbeiteten die Briten erstmals eng mit den anderen europäischen Verbündeten (außer Frankreich) zusammen. Es ist vor allem der deutsch-britischen Zusammenarbeit zu verdanken, daß die Nuklearpolitik der NATO den Interessen der europäischen Bündnispartner ausreichend Rechnung trug. Die Reorientierung Großbritanniens im internationalen System, die durch die Hinwendung zu Europa in der Sicherheitspolitik und dem erneuten Antrag zur Mitgliedschaft in der EWG zum Ausdruck kam, basierte auf einer zentralen Annahme: die Zusammenarbeit mit der Bundesrepublik .

In der Sicherheitspolitik war die Frage der Nuklearstrategie weiterhin von zentraler Bedeutung. Der Dialog im Bündnis wurde im Rahmen der sogenannten Nuklearen Planungsgruppe (NPG) ausgetragen, in der die Briten und die Deutschen eine besonders enge Zusammenarbeit entwickelten. Das wichtigste Resultat waren die „vorläufigen politischen Richtlinien für den defensiven taktischen Ersteinsatz von Kernwaffen", die auf einer deutsch-britischen Studie beruhten (dem sogenannten Healey-Schröder-Papier). Diese Richtlinien betonten vor allem, daß der Einsatz taktischer Kernwaffen im wesentlichen dem politischen Ziel folgen sollte, den Gegner davon zu überzeugen, daß weitere militärische Aktionen mit hohen Risiken verbunden seien. Ihr Einsatz sollte dazu dienen, die Abschreckung wiederherzustellen. Die Studien der NPG hatten gezeigt, daß selbst ein großangelegter Einsatz von taktischen Kernwaffen nicht notwendigerweise der NATO den militärischen Vorteil zurückgeben würde. Deshalb wurde der hauptsächliche Nutzen von taktischen Nuklearwaffen in ihrer Funktion als politisches Signal gesehen, um die Entschlossenheit des Bündnisses zu demonstrieren, im Notfall zu einer weiteren Eskalation bereit zu sein. Der strittigste Punkt war der Einsatz von Waffen in einem „erweiterten Gebiet", d. h. auf dem Territorium der Sowjetunion. Trotz amerikanischer Bedenken bestanden die Deutschen und die Briten darauf, daß ein solcher Einsatz in den Richtlinien vorgesehen war.[16]

Die Arbeit der NPG war insofern erfolgreich, als sie einen effektiven Mechanismus der allianz-internen Konsultation über kritische Sicherheitsprobleme darstellte. Die „vorläufigen Richtlinien" dienten dazu, den Eindruck zu vermitteln, als sei sich das Bündnis über seine Nuklearstrategie einig. In Wirklichkeit ließen sich die Paradoxa und unterschiedlichen Sicherheitsinteressen, die sich aus der Präsenz von Kernwaffen in Europa ergaben, weder konzeptionell noch politisch beseitigen. Es gelang den Briten und den Deutschen jedoch, die nukleare Zusammenarbeit in der

---

[15] Healey (Anm. 14). Siehe auch Bluth (Anm. 10), S. 105–142.

[16] Bluth (Anm. 10), S. 179–200; Oral History Transcripts, *Nuclear Planning and British-German Relations 1966–1970*, King's College London, 12. April 1989; J. Michael Legge, *Theater Nuclear Weapons and the NATO Strategy of Flexible Response*, Santa Monica 1983.

Allianz zu erhalten. Die britisch-deutsche Zusammenarbeit spielte auch bei der Modernisierung der LRTNF („Long-Range Theatre Nuclear Forces") eine erhebliche Rolle. Diese Arbeit führte zu dem „Doppelbeschluß" der Außen- und Verteidigungsminister der NATO im Dezember 1979, LRTNF-Gefechtsköpfe in Europa zu dislozieren (108 Pershing II und 464 landgestützte Marschflugkörper), wenn ein Ergebnis der Rüstungskontroll-Verhandlungen mit der Sowjetunion ausbliebe.[17]

Nukleare Kontroversen und Rüstungskontrolle in Europa

Der NATO-Doppelbeschluß vertiefte die Legitimationskrise der Nuklearpolitik in Westeuropa, während die politische Konfrontation mit der Sowjetunion ihrem Höhepunkt zustrebte. Die konservative Premierministerin Margaret Thatcher, die 1979 gewählt worden war, erneuerte die Sonderbeziehung zu den USA. Sie hatte sich schon in der Opposition als unnachgiebige Kritikerin der Sowjetunion hervorgetan. Mit Präsident Reagan teilte sie einen instinktiven Konservatismus, wozu eine harte Linie gegenüber der Sowjetunion gehörte. Die Briten bestanden darauf, daß die sowjetische Bedrohung real sei und die Notwendigkeit bestehe, eine ausreichende Verteidigungsposition beizubehalten, die für Großbritannien Kernwaffen einschloß.[18] Das Kernstück der britischen Verteidigunspolitik war somit die Modernisierung des strategischen Potentials durch den Kauf des Trident D-5 Systems. Die Notwendigkeit, die Legitimität der Nuklearwaffen und der Strategie der flexiblen Erwiderung gegen alle politische Kritik und somit die Kohärenz der Allianz zu bewahren, hatte zur Folge, daß die Divergenzen innerhalb des Bündnisses weitgehend unterdrückt wurden.

Die britische, deutsche und amerikanische Regierung waren sich einig, daß die „nukleare Schwelle" so hoch wie möglich angesetzt werden sollte. 1986 wurden die neuen allgemeinen Richtlinien für den Einsatz taktischer Nuklearwaffen verabschiedet, nachdem sich die Verbündeten zehn Jahre lang nicht hatten einigen können: Ein klarer Sieg für die europäischen Sicherheitsinteressen, für den vor allem die Deutschen und Briten verantwortlich waren.[19]

Zu diesem Zeitpunkt hatte Michail Gorbatschow bereits die Führung der Sowjetunion übernommen und damit begonnen, die Ost-West-Beziehungen auf eine neue Grundlage zu stellen. Die neuen Prioritäten der sowjetischen Außenpolitik wurden in einen semi-ideologischen Rahmen mit der Bezeichnung „Neues Politisches Denken" eingebettet, das für ein neues System der Werte und Prinzipien im Bereich der internationalen Beziehungen eintrat.[20]

---

[17] Für Einzelheiten siehe John Cartwright und Julian Critchley, *Cruise, Pershing and SS-20 (A North Atlantic Assembly Report)*, London 1985.

[18] Alex Pravda und Peter J. S. Duncan (Hg.), *Soviet-British Relations Since the 1970s*, Cambridge 1990.

[19] Siehe Tom Halverson, *The Last Great Nuclear Debate: NATO and Short-Range Nuclear Weapons in the 1980s*. Ph.D. Thesis, London 1992, S. 278–279.

[20] Christoph Bluth, *The Collapse of Soviet Military Power*, Aldershot 1995; Stephen Shenfield, *The Nuclear Predicament*, London 1987.

Anfangs war die britische Reaktion auf die Politik Gorbatschows, die als förderlich für die Verbessung der Ost-West-Beziehungen innerhalb eines gewohnten Sicherheitsumfelds angesehen wurde, angemessen und erlaubte Großbritannien ein gewisses Maß an Einfluß. Was die britische Regierung sich von Gorbatschow erhoffte, war eine Stabilisierung der Verhältnisse in Europa. Womit in London nicht gerechnet wurde, war eine völlige Neuordnung des internationalen Systems. In anderen Worten: Die Rhetorik Gorbatschows wurde nicht ernst genommen. So unterstützte die Thatcher-Regierung den INF Vertrag von 1987, wodurch die Stationierung der „Intermediate Nuclear Forces" (auch LRTNF genannt) und der sowjetischen Mittelstreckenraketen rückgängig gemacht wurde, und zwar nicht, weil es für den Westen militärisch von Vorteil war, sondern als Maßnahme der Stabilisierung und Entspannung nach dem klassischen Muster der Rüstungskontrolltheorie. Weitere Schritte in der nuklearen Rüstungskontrolle wurden abgelehnt. Man war der Ansicht, daß auf der Grundlage des territorialen Status quo ein *modus vivendi* erreicht worden sei, gestützt durch die nukleare Abschreckung, deren Auflösung gefährlich sein könnte. Daher setzte sich Premierministerin Thatcher entschieden gegen eine dritte Null – die beiderseitige Aufgabe aller taktischen Kernwaffen – ein. Stattdessen befürwortete sie energisch die Modernisierung der nuklearen Kurzstreckenwaffen. Sie tat dies ungeachtet einer starken Opposition gegen jede Art der nuklearen Modernisierung in der Bundesrepublik, so daß ein neues landgestütztes System nie disloziert werden würde. Es wurde deutlich, daß die Haltung der britischen Regierung immer weniger mit den großen strukturellen Veränderungen des internationalen Systems in Europa in Einklang zu bringen war. Das zeigte sich auch, als Premierministerin Thatcher sogar noch nach dem Fall der Berliner Mauer, als der Kalte Krieg effektiv zu Ende war, für die Aufrechterhaltung der NATO und des Warschauer Pakts eintrat. Die britische Regierung sprach sich auch gegen die deutsche Vereinigung aus, bis diese gar nicht mehr aufzuhalten war.[21]

Für Großbritannien bedeutete das Ende das Kalten Krieges eine erneute Verschiebung der Machtverhältnisse zu seinen Ungunsten. Die Weltrolle Großbritanniens war erneut in Frage gestellt. Der Kalte Krieg hatte es Großbritannien nämlich ermöglicht, eine einzigartige Rolle in der Weltpolitik zu spielen, oder zumindest so zu tun. Es war als eine der vier Alliierten Mächte des Zweiten Weltkriegs verantwortlich für die Konfliktbeilegung in der Nachkriegszeit. Es hatte eine Sonderbeziehung zu den Vereinigten Staaten und somit einen Anspruch darauf, die führende europäische Macht der NATO zu sein. Die deutsche Vereinigung und das Ende der Ost-West-Konfrontation drohte Großbritannien nun eine eher marginale Rolle im internationalen System zuzuweisen.

---

[21] Andrew McEwen, Thatcher Toughens Her Line on Alteration of Frontiers, in: *The Times*, 12. Februar 1990. Siehe auch Condoleezza Rice und Philip Zelikow, *Germany Unified and Europe Transformed*, Cambridge (Mass.) 1995.

Britische Sicherheitspolitik nach dem Kalten Krieg

Alle europäischen Staaten – darunter die Bundesrepublik Deutschland und Großbritannien – hatten große Schwierigkeiten, sich dem neuen Sicherheitsumfeld anzupassen. Dazu gehört vor allem eine Neubewertung der nationalen Interessen und Sicherheitsbedürfnisse und die Entscheidung für die dazu am besten geeigneten militärischen und politischen Instrumente. Dieser Prozeß hat gerade erst begonnen. An erster Stelle steht für Großbritannien nach wie vor das atlantische Bündnis und damit die Beziehung zu den USA. Nach dem Wegfall der massiven militärischen Bedrohung aus dem Osten ist die Aufgabe des Bündnisses sehr unscharf geworden. Es ist vor allem der britische Pragmatismus, der diese Linie der Politik bestimmt. Die NATO ist als einzige Institution in der Lage, eine integrierte militärische Kapazität zu erhalten. Somit bleibt die britische Regierung davon überzeugt, daß die NATO weiterhin eine zentrale Rolle spielt. Das britische Festhalten an diesem Standpunkt rührt zum Teil daher, daß die NATO lange Zeit für Großbritannien ein sehr wertvolles politisches und diplomatisches Instrument war. Sie erlaubte dem Land, eine starke Position innerhalb der Allianz beizubehalten, weit über das hinaus, was normalerweise der Fall gewesen wäre. Der Wunsch, die zentrale Rolle der NATO zu erhalten, geht mit Skepsis hinsichtlich der Anwendung der EG-Entscheidungsfindungsprozesse in einem so zentralen Bereich wie der Verteidigung einher. Die Erfahrung im Golf-Krieg und die Konflikte im ehemaligen Jugoslawien haben die Bedenken hinsichtlich der Effektivität von Entscheidungen der Europäischen Union in der Sicherheitspolitik bestätigt.

Nachdem in der militärischen Planung nicht mehr von einem möglichen Krieg in Mitteleuropa ausgegangen werden kann, hat die NATO ein neues strategisches Konzept für die Herausforderungen nach dem Ende des Kalten Kriegs entwickelt. Zum Schwerpunkt der strategischen Planung wurde die Beteiligung an Maßnahmen zur Friedenserhaltung und an friedenschaffenden Operationen. Deshalb wurde die Alliierte Schnelle Eingreiftruppe („Allied Rapid Reaction Corps" ARRC) geschaffen. Großbritannien übernahm das Kommando der ARRC. Es war aus mehreren Gründen daran interessiert. Es sah darin ein Mittel, eine entscheidende Rolle für die NATO beizubehalten, als deren Daseinsberechtigung beinahe verschwunden war. Es sah in der ARRC auch ein Mittel, seinen eigenen herausragenden Platz innerhalb der Allianz zu erhalten. Daher war es bereit, einen beträchtlichen Teil seiner Streitkräfte umzuorientieren. Die politischen Bedingungen, unter denen die NATO Streitkräfte zu einem solchen Einsatz kommen sollen, bleiben jedoch trotz der zentralen Rolle der NATO bei der IFOR („Implementation Force") in Bosnien unklar. Die britische Haltung zu dieser Frage ist deshalb widersprüchlich. Auf der einen Seite wird die NATO bejaht, auf der anderen Seite ist Großbritannien selbst in bezug auf friedenschaffende Operationen höchst skeptisch. Die Haltung des britischen Premiers John Major trug entscheidend dazu bei, daß letzten Endes doch die Amerikaner in den Konflikt in Bosnien eingreifen mußten. In Zukunft ist jedoch damit zu rechnen, daß die USA von den Europäern verlangen, Konflikte auf ihrem Kontinent ohne den Einsatz amerikanischer Truppen lösen zu lernen. Die Zukunft des transatlantischen Bündnisses bleibt ungewiß.

Somit muß sich das Augenmerk auf die europäische Zusammenarbeit in der Sicherheitspolitik richten. Es gehörte zum Prozeß der Bildung der Europäischen Union, daß die Prinzipien einer Gemeinsamen Außen- und Sicherheitspolitik (GASP) entwickelt wurden.[22] Diskussionen der Mitgliedstaaten der Westeuropäischen Union (WEU) ließen einen allgemeinen Konsens zugunsten einer Verbindung zwischen der NATO und der entstehenden Europäischen Politischen Union erkennen. Die WEU wurde daher zum operativen Arm der Europäischen Union für Angelegenheiten im Verteidigungsbereich erklärt. Dies wird von den Briten im Prinzip unterstützt, in der Praxis bleibt man im Hinblick auf die WEU jedoch zögerlich. Eher unglücklich war man auch über die Schaffung des Eurocorps in Jahr 1992, das als Eingriff in die Verantwortung der NATO gesehen wurde und als Versuch Frankreichs, Deutschland von der NATO wegzuziehen. Die Bundesrepublik würde die Sicherheits- und Verteidigungspolitik gern als vierten Pfeiler der Europäischen Union sehen. Das würde eine Kongruenz der Mitgliedschaft von WEU und EU voraussetzen. Die britische Haltung gegenüber der WEU beruht jedoch weiterhin auf dem ambivalenten Prinzip, daß sie die Koordinierung europäischer Aktivitäten durch die WEU innerhalb der Allianz oder im Auftrag der Vereinten Nationen befürwortet, aber keine Rolle der Organisation für eine verteidigungspolitische Koordinierung außerhalb des NATO-Rahmens erkennen kann. Verteidigungsminister Portillo lehnte den Gedanken einer gemeinsamen europäischen Verteidigungspolitik strikt ab. Dabei muß man natürlich in Rechnung stellen, daß eine Vertiefung der europäischen Integration in der konservativen Partei Großbritanniens gegenwärtig höchst umstritten ist. Dadurch wird die Fähigkeit Großbritanniens, als Partner in der EU zu agieren, entscheidend eingeschränkt. Es ist damit zu rechnen, daß eine Labour Regierung sehr viel konstruktiver an der GASP mitarbeiten wird. Gegenwärtig jedoch ist es so, daß, obwohl Großbritannien an den politischen Diskussionen über Sicherheitsfragen innerhalb eines europäischen Rahmens teilnehmen will und es die Idee eines europäischen Pfeilers der Allianz prinzipiell unterstützt, ihm die NATO weiterhin der einzige akzeptable Rahmen für eine Zusammenarbeit in der Verteidigungsplanung bleibt. Somit enthält die britische Sicherheitspolitik viele der fundamentalen Widersprüche, die aus der unvollständigen Anpassung an die gegenwärtige Situation in Europa entstehen. Für eine Organisation der kollektiven Verteidigung wie die NATO ist in der gegenwärtigen Sicherheitslage kein Bedarf. Über die Prinzipien einer neuen Sicherheitsordnung in Europa, die den Organisationsrahmen und die Instrumentarien einer kollektiven Sicherheit in Europa bestimmen könnten, herrscht noch keine genaue Vorstellung. Die Zukunft der transatlantischen Beziehungen ist ungewiß. Für Großbritannien ist somit die Ära der Doktrin der „drei Kreise" endgültig vorbei. Die Bedeutung Großbritanniens wird davon abhängen, inwieweit es bei der Neudefinierung der europäischen Sicherheitsordnung, bei der die Europäische Union ohne Frage eine Schlüsselposition einnimmt, mitwirken wird.

---

[22] Peter Schmidt (Hg.), *In the Midst of Change: On the Development of West European Security and Defence Co-operation*, Baden-Baden 1992; Laurence Martin und John Roper (Hg.), *Towards a Common Defence Policy*, Paris 1995; Christoph Bluth, *Germany and the Future of European Security*, London 1993.

Teil IV

Deutschland in der Politik der Weltmächte

*Die deutsche Locarnopolitik und das amerikanische
Interesse an einer europäischen Friedensordnung:
Implikationen für den historischen Konstellationsvergleich*

MANFRED BERG

Als sich im Oktober 1925 die europäischen Mächte auf den Sicherheitspakt von Locarno einigten, fiel die Reaktion in einem Land besonders positiv aus, dessen Vertreter gar nicht mit am Verhandlungstisch gesessen hatten: in den Vereinigten Staaten von Amerika. Während es in Deutschland wegen angeblich zu weitreichender Zugeständnisse zu einer Regierungskrise kam, hielten in den USA Pazifisten Dankgottesdienste ab und feierten amerikanische Zeitungen die Gründung der „Vereinigten Staaten von Europa". Auch die US-Diplomatie war äußerst zufrieden. Kurz nach dem Ende der Konferenz schrieb Jacob Gould Schurman, der amerikanische Botschafter in Berlin, an den Wall Street Bankier und späteren Botschafterkollegen Dwight Morrow: „I think you ... will feel with me that the German delegation did a fine piece of work at Locarno. It means the beginning of a new era in Europe. And don't forget that it was the German Government that first proposed this scheme of a pact of *mutual* guarantee."[1]

Die Freude der Amerikaner hatte im wesentlichen zwei Gründe. Erstens sahen sie Locarno als direkte Folge und sicherheitspolitische Ergänzung der ein Jahr zuvor mit dem Dawes-Plan eingeleiteten amerikanischen Stabilisierungspolitik in Europa. Obwohl eine direkte Beteiligung am europäischen Sicherheitspakt zu keinem Zeitpunkt zur Debatte stand, hatte die amerikanische Außenpolitik während der sich seit Januar 1925 hinziehenden Verhandlungen keinen Zweifel daran gelassen, daß sie sein Zustandekommen als unabdingbar für den weiteren Zustrom amerikanischen Kapitals betrachtete. Eine entsprechende öffentliche Rede Alanson Houghtons, von 1922 bis 1925 Botschafter in Berlin und einer der einflußreichsten Europapolitiker der Coolidge-Administration, beim Antritt seines neuen Postens in London war durchaus zutreffend als „Amerikas Friedensultimatum an Europa" gewertet worden. Insofern war Locarno nicht zuletzt das Ergebnis wohldosierten Drucks der Amerikaner, den sie sich nicht zu Unrecht als ihren Anteil gutschrieben, auch wenn

---

[1] Jacob G. Schurman an Dwight Morrow vom 22.10.1925, Schurman Papers, John Olin Research Library, Cornell University, Ithaca (N. Y.), Box 6. Hervorhebung im Original. Zum Presseecho vgl. *The Literary Digest* vom 31.10.1925, Locarno Founds the United States of Europe. Brief des Dekans der St. John the Divine Cathedral, New York, an Stresemann vom 14.12.1925, Nachlaß Stresemann, Politisches Archiv des Auswärtigen Amtes in Bonn (PA AA), Bd. 31. Zur Regierungskrise nach Locarno vgl. Robert P. Grathwol, Stresemann and the DNVP. Reconciliation and Revenge in German Foreign Policy, Lawrence, Kansas, 1980, S. 121–145.

Außenminister Kellogg davon abriet, in den „Chor der etwas übertriebenen Lobpreisungen" einzustimmen.[2]

Wichtiger war freilich, daß Locarno in nahezu optimaler Weise den außenpolitischen Interessen der USA entsprach, so wie sie unter Führung der Republikanischen Administrationen von einem breiten, überparteilichen Konsens in Politik und Wirtschaft definiert wurden. Dessen Grundlage war die Überzeugung, daß die Stabilisierung Europas im allgemeinen und Deutschlands im besonderen aus politischen wie ökonomischen Gründen im nationalen Interesse der USA lag. Einmal galt es, die Bedrohung des liberal-kapitalistischen Gesellschaftsmodells durch den Bolschewismus einzudämmen; und zum zweiten, die europäischen Märkte für den amerikanischen Güter- und Kapitalexport zu öffnen. Wirtschaftliche Prosperität und politische Stabilität bedingten sich in diesem Diskurs gegenseitig. Ohne dauerhaften Frieden war die ökonomische Gesundung Europas unmöglich, ohne die Verbesserung der wirtschaftlichen Lage konnte es keine innergesellschaftliche Stabilisierung geben, welche wiederum eine entscheidende Voraussetzung internationaler Verständigung und Zusammenarbeit bildete.[3]

Der Wunsch nach einer stabilen europäischen Friedensordnung stand allerdings immer unter dem Vorbehalt, daß die Übernahme sicherheitspolitischer Mitverantwortung durch die USA nicht in Frage kam. Das Scheitern des Friedensvertrags im Senat an der unechten Mehrheit „unversöhnlicher" Isolationisten und kompromißloser Wilsonianer prägte die außenpolitische Maxime der Harding-, Coolidge- und Hoover-Administrationen, ihre Ziele stets mit einem Minimum an internationalen Bindungen und innenpolitischer Opposition zu verfolgen. Der Dawes-Plan von 1924 gewann in dieser Hinsicht Modellcharakter. Die auf Amerikas finanzielle Machtposition und kulturelles Prestige gegründete Diplomatie „privater Geschäftsleute" wahrte sowohl die amerikanischen Wirtschaftsinteressen als auch die Handlungsfreiheit der Regierung, die sich den Dawes-Plan im Wahlkampf gleichwohl gern auf ihre Fahnen heftete.[4]

---

[2] Vgl. Kelloggs Memo für Präsident Coolidge vom 5.11.1925, Kellogg Papers, Library of Congress, Manuscript Division (LC MD), Reel 17; Coolidges Botschaft an den Kongreß vom 8. 12. 1925, in: Foreign Relations of the United States (FRUS), 1925 I, Washington, DC, 1940, XII; Rede Kelloggs vor dem Council on Foreign Relations am 14.12.1925, Kellogg Papers, Reel 17; Houghtons Rede vor der Pilgrim Society vom 4.5.1925, Houghton Papers, Corning Glass Archives, Corning (N. Y.) *The Literary Digest* vom 16.5.1925, America's Peace Ultimatum to Europe.

[3] Zu den Grundlagen, Motiven und Methoden der amerikanischen Europapolitik allgemein vgl. vor allem Frank C. Costigliola, *Awkward Dominion. American Political, Economic, and Cultural Relations with Europe, 1919–1933,* Ithaca (N. Y.), 1984; Melvyn P. Leffler, *The Elusive Quest. America's Pursuit of European Stability and French Security, 1919–1933,* Chapel Hill 1979. Zu den deutsch-amerikanischen Beziehungen vgl. Werner Link, *Die amerikanische Stabilisierungspolitik in Deutschland 1921–1932,* Düsseldorf 1970; Manfred Berg, *Gustav Stresemann und die Vereinigten Staaten von Amerika. Weltwirtschaftliche Verflechtung und Revisionspolitik, 1907–1929,* Baden-Baden 1990.

[4] Zum Scheitern der Friedensverträge im Senat vgl. Lloyd E. Ambrosius, *Woodrow Wilson and the American Diplomatic Tradition. The Treaty Fight in Perspective,* Cambridge 1987. Zur Entstehung des Dawes-Plans und seinen Auswirkungen auf die europäische Machtbalance vgl. allgemein Stephen A. Schuker, *The End of French Predominance. The French Financial Crisis of 1924 and the Adoption of the Dawes Plan,* Chapel Hill 1976. Zur amerikanischen Diplomatie beim Zustandekommen des Dawes-Plans vgl. Berg (Anm. 3), S. 142–222; Link (Anm. 3), S. 201–324.

Nachdem der Dawes-Plan die erhoffte wirtschaftliche Konsolidierung eingeleitet hatte, stellten sich die Fragen nach Frieden und Sicherheit in Europa um so dringlicher, da Deutschlands Wiederaufstieg zur Großmacht absehbar und Frankreich das Instrument militärischer Sanktionen weitgehend genommen war. Die deutsche Sicherheitsinitiative von Anfang 1925 und das daraus resultierende System der Grenzgarantien und Schiedsverträge von Locarno waren den Amerikanern deshalb besonders willkommen, weil sie im Unterschied zu einem ähnlichen Vorschlag des damaligen Reichskanzlers Wilhelm Cuno vom November 1922 die USA nicht direkt engagierten, sondern die europäische Sicherheit zu einer Angelegenheit der europäischen Mächte machten. Gegen kritische Stimmen, Amerika habe sich damit einmal mehr aus Europa zurückgezogen, verteidigte Präsident Coolidge in seiner Kongreßbotschaft vom Dezember 1925 Locarno als Bestätigung der Richtigkeit der amerikanischen Politik: „These recent Locarno agreements represent the success of this policy which we have been insisting ought to be adopted, of having the European countries settle their own political problems without involving this country."[5] Die Vorteile lagen auf der Hand. Der Sicherheitspakt verringerte die Wahrscheinlichkeit, daß die USA erneut in einen europäischen Krieg hineingezogen würden, ohne ihnen Verpflichtungen aufzuerlegen. Indem er die Weichen auf friedliche Zusammenarbeit stellte, schuf er die Voraussetzungen für wirtschaftliche Prosperität. Darüberhinaus hegten die Amerikaner durchaus konkrete Erwartungen an Frankreich in der Abrüstungsfrage und bei der Bezahlung der französischen Kriegsschulden in Amerika.[6]

Locarno barg aus amerikanischer Sicht freilich auch die Gefahr, daß die an sich gewünschte europäische Verständigung eine antiamerikanische Tendenz annehmen könnte.[7] Die wirtschaftliche und finanzielle Dominanz der Vereinigten Staaten rief bei den Europäern ja durchaus Ressentiments hervor, nicht zuletzt in Frankreich, wo die Haltung Washingtons in der Kriegsschuldenfrage als politische Erpressung empfunden wurde. In Amerika dagegen wuchsen die Befürchtungen, daß Locarno den Auftakt zur wirtschaftlichen Verständigung zwischen Deutschland und Frankreich auf Kosten der USA bildete. Als Stresemann und Briand ein Jahr nach Locarno bei ihrem Treffen in Thoiry einen umfassenden deutsch-französischen Ausgleich ins Auge faßten,

---

[5] Coolidges Kongreßbotschaft, FRUS 1925 I, XII–XIII. Zur Vorgeschichte des Sicherheitspaktes vgl. Peter Krüger, *Die Außenpolitik der Republik von Weimar*, Darmstadt 1985, S. 269–301; Jon Jacobson, *Locarno Diplomacy. Germany and the West 1925–1929*, Princeton 1972, S. 47–67. Cunos Vorschlag für einen von den USA garantierten Nichtangriffspakt aller am Rhein interessierten Staaten in: FRUS 1922 II, S. 203–204.

[6] Vgl. Coolidges Kongreßbotschaft, FRUS 1925 I, XIII; Col. Edward House an Henry White vom 2.10.1925, Kellogg Papers, Reel 17: "With the security Pact signed there is no reason why France should not reduce her army and air fleet, and make her budget meet ... and she will want to take advantage of this feeling and clear up her debts with both Great Britain and the United States."

[7] Davor warnte Alanson Houghton die Deutschen bereits kurz nach Locarno. Vgl. den Bericht von Botschaftsrat Dufour (London) an das AA vom 24.11.1925, Nr. 735, PA AA Büro Reichsminister 27, Bd. 5; Botschafter Sthamer (London) an AA vom 12.12.1925, Akten zur Deutschen Auswärtigen Politik. Aus dem Archiv des Auswärtigen Amtes (ADAP) Serie B III, S. 14–15.

der eine vorzeitige Räumung des Rheinlands gegen vorgezogene deutsche Reparationszahlungen vorsah, scheiterte dieser nicht zuletzt am Widerstand der Amerikaner, die nicht die Absicht hatten, eine politische und wirtschaftliche Allianz zwischen Deutschland und Frankreich zu finanzieren, die als gegen die eigenen Interessen gerichtet empfunden wurde. Für die Deutschen blieb die Lektion, „daß keine Regelung in Betracht kommen [kann], die uns in Gegensatz mit Amerika brächte."[8]

Die deutsche Außenpolitik, so sehr sie auf Revisionserfolge im Zuge deutsch-französischen Ausgleichs hoffte, blieb sich stets bewußt, „daß . . . Europas Zukunft im wesentlichen in den Händen der Vereinigten Staaten liegen werde", wie Stresemann im April 1925 feststellte.[9] Die Deutschen versäumten denn auch nicht, sich Klarheit darüber zu verschaffen, wie eine deutsche Mitgliedschaft im Völkerbund in Washington beurteilt wurde. Die Haltung der Amerikaner, selbst dem Völkerbund fernbleiben zu wollen, aber den deutschen Beitritt zu befürworten, war für Stresemann ein gewichtiges Argument für die Locarnopolitik. Man könne nicht erwarten, erklärte er vor dem Reichstag, daß die „leitenden Machtfaktoren der Weltwirtschaft" sich für den Wiederaufbau Europas einsetzten, „wenn sie nicht ihrerseits die Empfindung haben, daß sie ein befriedetes Europa vor sich sehen und nicht ein Europa der Sanktionen und ein Europa der künftigen Kriege."[10] Die Alternative einer Option zwischen Europa und Amerika stellte sich in Stresemanns außenpolitischem Konzept ebensowenig wie die der Ost- oder Westorientierung. Nur durch Integration in das europäische Mächtekonzert und unter Ausnutzung seiner weltwirtschaftlichen Verflechtung konnte Deutschland seine Revisionsansprüche auf die Tagesordnung der internationalen Politik setzen. Die deutschen Erwartungen an das Tempo der „Rückwirkungen" von Locarno, also vor allem die vorzeitige Rheinlandräumung, waren freilich hochgesteckt und führten bereits bei der Unterzeichnung der Verträge zu herben Enttäuschungen.[11]

Entscheidend für die amerikanische Perzeption der deutschen Revisionsansprüche war, ob sie moderat und legitim erschienen und ob sie mit friedlichen Mitteln und in geordneten Bahnen verfolgt wurden. In dem in Locarno abgegebenen Bekenntnis zu Gewaltverzicht und Interessenausgleich sahen die Amerikaner jedenfalls, wie Außenminister Kellogg es ausdrückte, „a more lasting guarantee of peace than

---

[8] Vgl. Stresemanns Runderlaß vom 26.10.1926, ADAP B I, 2, S. 375. Zur amerikanischen Opposition gegen Thoiry vgl. Berg (Anm. 3), S. 285–291.

[9] Stresemann an Botschafter von Maltzan (Washington) vom 7.4.1925, PA AA Nachlaß Stresemann, Bd. 73.

[10] Reichstagsrede vom 22.7.1925, in: Henry Bernard (Hg.), *Gustav Stresemann. Vermächtnis. Der Nachlaß in drei Bänden*, Berlin 1932/33, Bd. 2, S. 160. Zu den deutschen Sondierungen im März 1925 vgl. FRUS 1925 I, S. 20–21; Tagebuchaufzeichnungen des Leiters der Westeuropaabteilung im State Department William R. Castle vom 16.3.1925, Castle Diary, Houghton Library, Harvard University, Cambridge, MA.

[11] Vgl. den Bericht Houghtons an Castle vom 7.12.1925 über Stresemanns Klagen nach der Unterzeichnung der Locarnoverträge über die ausgebliebenen französischen Konzessionen, Kellogg Papers, Reel 17.

anything that has occurred since the close of the war"¹² – also auch eine bessere Garantie als der Versailler Vertrag, der eben nicht als tragfähige Grundlage einer stabilen Friedensordnung betrachtet wurde. Die Unterstützung für den deutschen Revisionismus richtete sich dabei selbstverständlich nach den amerikanischen Interessen. Sie war am stärksten in der Reparationsfrage, wo eigene Wirtschafts- und Finanzinteressen unmittelbar betroffen waren, sie blieb oberflächlich in der Frage der Rüstungsgleichberechtigung, wo Deutsche und Amerikaner letztlich gegensätzliche Ziele verfolgten, und sie fehlte völlig bei den deutschen Versuchen zur Veränderung der Nachkriegsgrenzen.[13]

Darüber, daß die deutsche Locarnopolitik keineswegs die Anerkennung des territorialen Status quo bedeutete, waren sich die Amerikaner stets im klaren. Während man die entsprechenden Vorbehalte bezüglich Elsaß-Lothringens jedoch als rein theoretisch abtat, beurteilte man die Weigerung, die Unverletzlichkeit der deutschen Ostgrenze in gleicher Weise zu garantieren wie die der Westgrenze, weitaus pessimistischer. Die deutsch-polnische Grenze galt den US-Diplomaten als der Ort, wo der nächste Krieg ausbrechen werde, wobei freilich der Aggressor keinesfalls feststand. Alanson Houghton etwa hielt eine polnische Aggression gegen Danzig für wahrscheinlich. Die wirtschaftlichen Argumente für eine Rückgabe Oberschlesiens und des Korridors an Deutschland fanden durchaus Verständnis, nur erschien eine friedliche Lösung dieser Frage, auch wenn sie deutscherseits angestrebt werde, nach den Worten Kelloggs als „außerordentlich schwierig, wenn nicht unmöglich".[14] Unter diesen Umständen kamen weder eine aktive Unterstützung deutscher Revisionsansprüche noch eine Beteiligung an Grenzgarantien, sondern allein strikte Neutralität in Frage. Immerhin schien Locarno den Ausbruch eines neuen Krieges erst einmal für längere Zeit aufgeschoben zu haben. Mit der Förderung allgemeiner Abrüstung, allerdings vor allem mit Blick auf die eigenen maritimen Interessen, und der universellen Kriegsächtung glaubten die Amerikaner, einen ausreichenden Beitrag zur Sicherung des Friedens zu leisten. Der größte Prestigeerfolg in dieser Hinsicht, der Kellogg-Pakt von 1928, wurde von seinem Namenspatron ausdrücklich als Ergänzung und Verstärkung der Locarnoverträge gesehen, wiederum, ohne die USA in europäische Sicherheitsprobleme zu verstricken.[15]

---

[12] Vgl. Kelloggs Memorandum für Coolidge vom 5.11.1925, ebd.

[13] Zur Vereinbarkeit der deutschen Revisionspolitik mit dem amerikanischen Wunsch nach friedlichem Wandel in den genannten Politikfeldern vgl. umfassend Berg (Anm. 3), S. 274–417.

[14] Vgl. den Briefwechsel zwischen Schurman und Kellogg über die deutschen Ostgrenzen vom 12.4.1927 und 2.5.1927, National Archives Record Group 59: General Files of the Department of State (NA RG 59) 862.00/2323 1/2. Vgl. auch Alanson Houghton an Charles Hughes vom 10.1.1925, Houghton Papers, sowie Houghtons Memorandum für Präsident Coolidge vom 19.8.1925, Coolidge Papers, LC MD, Reel 53, Nr. 66. Gegenüber dem polnischen Botschafter erklärte Kellogg die USA in der Grenzfrage für „vollkommen neutral". FRUS 1925 I, S. 23–24.

[15] Vgl. Kelloggs Brief an Walter Lippmann vom 21.7.1928, Kellogg Papers, Reel 33. Zur Entstehung des Kellogg-Paktes und speziell zur deutsch-amerikanischen Kooperation vgl. Berg (Anm. 3), S. 362–376.

Obwohl hinter der deutschen Locarnopolitik unverkennbar der Anspruch auf Wiederherstellung des deutschen Großmachtstatus in Europa stand, wurde ihr friedlicher Charakter von den Amerikanern nicht ernsthaft bezweifelt. Im Unterschied zu Rapallo rief der im April 1926 geschlossene Neutralitätsvertrag mit der Sowjetunion kein Mißtrauen mehr hervor, sondern wurde als notwendige Absicherung der Locarnopolitik nach Osten akzeptiert. Auch die Enthüllungen über Verstöße gegen die Entwaffnungsbestimmungen des Versailler Vertrages und die geheime Rüstungskooperation mit der Roten Armee, die von den amerikanischen Diplomaten im übrigen eher bagatellisiert wurden, änderten nichts an der Grundüberzeugung, daß weder von den militärischen Möglichkeiten noch den Absichten der Deutschen eine Kriegsgefahr ausging. Ganz sicher stellte Deutschland in den zwanziger Jahren keine Bedrohung für die nationale Sicherheit der Vereinigten Staaten dar, weshalb man dort die „deutsche Gefahr" auch wesentlich gelassener betrachten konnte als in Deutschlands Nachbarländern.[16]

Darüber hinaus beruhte das wachsende Vertrauen in den ehemaligen Kriegsgegner vor allem auf der scheinbaren Stabilisierung der Weimarer Republik, die Ende der 20er Jahre vielfach als definitiv empfunden wurde. Dabei spielte neben der relativen Verbesserung der wirtschaftlichen Lage auch die Person Gustav Stresemanns eine wichtige Rolle, der als Außenminister und Parteiführer eine überragende Stellung in der deutschen Innen- und Außenpolitik einnahm und zum bekanntesten internationalen Vertreter Deutschlands avancierte. Stresemanns Wandlung vom Monarchisten zum Vernunftrepublikaner und vom Imperialisten zum Verständigungspolitiker personifizierte in den Augen amerikanischer Beobachter die Wandlung der Deutschen zu einem demokratischen und friedliebenden Volk. Anläßlich der Überreichung des Friedensnobelpreises porträtierte ihn die *New York Times* als einen „deutschen Staatsmann", der die Welt durch „Intelligenz, seinen Mut und seine visionäre Kraft" beeindruckte und der dem deutschen Volk gezeigt habe, „daß es lohnt, sich zu benehmen".[17] Seit den Verhandlungen um den Dawes-Plan hatte sich der deutsche Außenminister als Partner erwiesen, auf dessen Zusagen Verlaß war und der über die Fähigkeit verfügte, riskante außenpolitische Entscheidungen auch innenpolitisch durchzusetzen, häufig gegen den Widerstand seiner eigenen, rechtsliberalen Deutschen Volkspartei. Das Verdienst am Sicherheitspakt wurde denn auch in erster Linie der deutschen Politik zugeschrieben, deren Verständigungskurs in den USA bald allgemein als „the Stresemann Policy" firmierte. Die weit über das übliche Maß

---

[16] Vgl. die bei Leffler (Anm. 3) zitierten Berichte der Military Intelligence Division, S. 115–116. Zur Beurteilung der Entwaffnungsfrage vgl. Houghton an Hughes vom 27.12.1924, NA RG 59 862.00/1760; vgl. auch die Berichte der Berliner U.S.-Botschaft über die Enthüllungen zur geheimen Rüstungskooperation zwischen Reichswehr und Roter Armee vom 15.12.1926, 26.2.1927, 27.7.1927, NA RG 59 862.20/405,-/453,-/479.

[17] *The New York Times*, 4.7.1927, A German Statesman, Kopie in: PA AA Nachlaß Stresemann, Bd. 77. Zur Bedeutung Stresemanns als Symbolfigur der Konsolidierung der Weimarer Republik vgl. umfassend Berg (Anm. 3), S. 231–274.

hinausgehende Beachtung, die Stresemann in der amerikanischen Öffentlichkeit fand, war nach den Worten des deutschen Botschafters „äußeres Zeichen des Erfolges und der Anerkennung unserer mit dem Namen des Herrn Reichsministers verknüpften Außenpolitik."[18] Als Stresemann am 3. Oktober 1929 starb, reagierte man auch in Amerika mit großer Betroffenheit und ausführlicher Würdigung seiner staatsmännischen Leistungen. Sein Werk, die Reintegration Deutschlands in die Staatengemeinschaft, erschien unumkehrbar.

Die amerikanische Deutschlandpolitik der zwanziger Jahre verkannte nicht die Absichten der Stresemannschen Außenpolitik und ihrer Träger, sondern die Konsolidierung ihrer innenpolitischen Grundlagen, die bereits vor dem Einsetzen der Weltwirtschaftskrise zu bröckeln begannen. In dieser Fehleinschätzung lag auch ein gutes Stück Selbsttäuschung der Entscheidungsträger in Politik und Wirtschaft, die nur allzu gerne an den Erfolg ihrer Stabilisierungspolitik glaubten, zumal diese auf den großangelegten Export privaten Kapitals gegründet war, dessen Zustrom nicht durch Krisengerede gefährdet werden durfte.[19] Allerdings hätte es beim Tode Stresemanns wohl auch prophetischer Gabe bedurft, die bevorstehende wirtschaftliche Katastrophe und die Machtergreifung Hitlers vorauszusagen.

In den Kategorien des historischen Konstellationsvergleichs stellte die deutsche Locarnopolitik eine Variante der multilateralen Orientierung und vertraglichen Selbstbeschränkung oder, aus der Sicht der übrigen Mächte, der indirekten Kontrolle durch vertragliche Einbindung dar. Diese Konstellation entsprach in hohem Maße dem amerikanischen Interesse an einer wirtschaftlichen und politischen Stabilisierung Europas ohne eigenen sicherheitspolitischen Beitrag. Im bilateralen Verhältnis zu Deutschland gab es, trotz der mit Deutschlands wirtschaftlicher Erholung wieder zunehmenden ökonomischen Konkurrenz, keine gravierenden Konflikte. Dies lag freilich auch an der machtpolitischen Asymmetrie zwischen beiden Nationen und der bewußten Entscheidung der deutschen Außenpolitik, im Interesse der als vital empfundenen amerikanischen Unterstützung den USA in allen eventuellen Streitpunkten soweit wie möglich entgegenzukommen.

Darüber hinaus erschienen der amerikanische Wunsch nach friedlichem Wandel und die deutschen Revisionspolitik im Rahmen der Locarnokonstellation weitgehend als vereinbar. Daß Deutschland und Frankreich in Locarno im Kern gegenläufige Ziele verfolgten, entging auch den Amerikanern nicht, nur hofften sie, daß Großbritannien diese Konflikte würde moderieren können. „The English will do what they can to keep the French in order. But they will fight if Germany sends her armies over the Rhine", charakterisierte Alanson Houghton die englische Haltung zu Locarno

---

[18] Botschafter von Prittwitz-Gaffron (Washington) an AA vom 6.6.1928, PA AA Nachlaß Stresemann, Bd. 67; von Maltzan an Stresemann vom 19.12.1926, ebd., Bd. 48.

[19] Zur Rolle der amerikanischen Anleihen in Deutschland vgl. umfassend William C. McNeill, *American Money and the Weimar Republic. Economics and Politics in the Era of the Great Depression*, New York 1986; Link (Anm. 3), S. 382–437.

mit letztlich unbegründeter Zuversicht.[20] Großbritannien war zu traditioneller Gleichgewichtspolitik nicht mehr in der Lage. Damit krankte Locarno von vorneherein daran, daß es keine echte Garantiemacht gab, die zwischen deutschem Revisionsstreben und französischer Status quo-Politik vermittelte. Die Vereinigten Staaten, die machtpolitisch dazu am ehesten in der Lage gewesen wären, lehnten nicht nur jede Beteiligung an einem kollektiven Sicherheitssystem ab, sie standen darüber hinaus engerer europäischer Zusammenarbeit aus wirtschaftlichen Interessen durchaus ablehnend gegenüber.

Dieser „Grundwiderspruch der amerikanischen Europapolitik", wie Werner Link es formuliert hat,[21] war zweifellos einer der Gründe, warum Locarno nicht „zum Anfang einer neuen Ära in Europa" wurde, wie Botschafter Schurman 1925 gehofft hatte, sondern Zwischenspiel blieb. Es liegt auf der Hand, in diesem Widerspruch zugleich den entscheidenden Unterschied zu den beiden Vergleichskonstellationen dieses Bandes zu sehen. Sowohl die Ostpolitik nach 1969 als auch die deutsche Vereinigung waren fest in die westliche, von den USA dominierte Militärallianz und in den Prozeß der europäischen Integration eingebunden, gegen den die Amerikaner nach dem Zweiten Weltkrieg den Widerstand aufgegeben hatten. Freilich wäre es zu einfach, die Schuld für das Scheitern der Locarnopolitik dem berühmt-berüchtigten „amerikanischen Isolationismus" der Zwischenkriegszeit zuzuschieben. Abgesehen davon, daß die Europäer gar keine dauerhafte politische Schiedsrichterrolle der Amerikaner wünschten, scheiterte die Locarnopolitik in erster Linie daran, daß erstere nicht bereit waren, die Konsequenzen aus der Katastrophe des Weltkrieges zu ziehen. Etwas vereinfacht gesagt, hätte dies für Frankreich die Einsicht bedeutet, daß die Ergebnisse des Weltkrieges nicht für alle Zeiten festgeschrieben, und für Deutschland, daß die Niederlage von 1918 nicht einfach rückgängig gemacht werden konnte. Das „Weimarer Revisionssyndrom", wie Michael Salewski es genannt hat, also das in der politischen Kultur der Weimarer Republik von fast allen politischen Lagern als selbstverständlich vorausgesetzte Festhalten an einem Revisionsbegriff, der auf eine möglichst vollständige Wiederherstellung des *Status quo ante bellum*, einschließlich der vormaligen Grenzen des Deutschen Reiches, hinauslief,[22] war jedenfalls für den europäischen Frieden eine ungleich schwerere Belastung als die sicherheitspolitische Abstinenz der USA.

Für den Konstellationsvergleich und die Gegenwartsanalyse bleibt gleichwohl die Frage, ob die sicherheitspolitische Anwesenheit der Amerikaner die notwendige Voraussetzung einer stabilen Friedensordnung in Europa ist. Im Hinblick auf den Ost-West-Konflikt wird dies in der Rückschau kaum zu bestreiten sein. Die NATO

---

[20] Houghton an Castle vom 7.12.1925, Kellogg Papers, Reel 17. Zur Politik Großbritanniens allgemein vgl. Gottfried Niedhart, Multipolares Gleichgewicht und weltwirtschaftliche Verflechtung: Deutschland in der britischen Appeasementpolitik, 1919–1933, in: Michael Stürmer (Hg.): *Die Weimarer Republik – Belagerte Civitas*, Königstein 1980, S. 113–130.

[21] Link (Anm.3), S. 350–351.

[22] Vgl. Michael Salewski, Das Weimarer Revisionssyndrom, in: *Aus Politik und Zeitgeschichte*, B 2, 30 (1980), S. 14–25.

bot allerdings nicht nur Sicherheit vor einer sowjetischen Aggression, sondern schränkte zugleich den Handlungsspielraum der westdeutschen Ostpolitik ein, falls diese jemals einen separaten Ausgleich mit der Sowjetunion angestrebt hätte.

Nach dem Ende des Kalten Krieges und der deutschen Vereinigung hat sich jedoch eine neue Konstellation ergeben, die den Blick auf die Zwischenkriegszeit wieder instruktiv erscheinen läßt. Einerseits ist erkennbar, daß in den USA die Bereitschaft zum sicherheitspolitischen Engagement in Europa abnimmt, und zwar sowohl, weil dies innenpolitisch immer schwieriger zu vermitteln ist, als auch, weil die westliche Hemisphäre und der pazifische Raum außenpolitisch erheblich an Gewicht gewonnen haben. Andererseits ist die europäische Integration trotz Erweiterung der Europäischen Union auch aufgrund wachsender Furcht vor der Dominanz Deutschlands in die Krise geraten. Vor diesem Hintergrund ergeben sich aus dem Vergleich mit der Zwischenkriegszeit drei mögliche Implikationen für die amerikanische Deutschland- und Europapolitik der Gegenwart, die vor allem in der Debatte um die Expansion der NATO von Bedeutung sind.

Erstens stellt sich die Frage, ob die Einsicht, daß der sicherheitspolitische Rückzug aus Europa nach dem Ersten Weltkrieg ein schwerwiegender Fehler war, das Ende des Kalten Krieges überdauern wird. Die Stimmen zugunsten einer Reduzierung der mit dem amerikanischen Engagement in Europa verbundenen Lasten und für eine Hinwendung zu den inneren Problemen der USA und ein nüchternes Kalkül der eigenen Interessen sind zweifellos lauter geworden. Gelegentlich wird sogar das dem liberalen Internationalismus der letzten fünfzig Jahre zugrundeliegende Axiom vom Zusammenhang amerikanischer Wirtschaftsinteressen und Sicherheitsgarantien in Frage gestellt und empfohlen: „...to stand back and watch international events from a posture of discriminating detachment."[23] Solche Argumente beruhen allerdings weniger auf der „isolationistischen" Prämisse, daß Europas Probleme Amerika nichts angingen, sondern, im Gegenteil, auf der Einschätzung, daß die amerikanische Europapolitik seit dem Zweiten Weltkrieg so erfolgreich gewesen ist, daß die bisherigen Anstrengungen nicht länger vonnöten seien. Am weitesten ist bislang der einflußreiche konservative Publizist Irving Kristol mit der These gegangen, das Ende des Kalten Krieges habe Europa von der weltpolitischen Bühne verbannt und das Ende der europäischen Phase der Weltgeschichte insgesamt eingeläutet.[24] Die historischen Gründe für die Existenz der NATO, die doppelte Eindämmung sowjetischer Aggression und deutschen Hegemonialstrebens, seien entfallen, da beide Nationen keine Gefahr für den europäischen Frieden mehr darstellten. Deutschland vor allem

---

[23] Christopher Layne und Benjamin Schwartz, American Hegemony – Without an Enemy, in: *Foreign Policy* 92 (1993), S. 5–23, hier S. 23.

[24] Irving Kristol, Who Now Cares About NATO?, *The Washington Times*, 6. Februar 1995. Im Hinblick auf Rußland konstatiert Kristol zwar traditionelle Hegemonialpolitik in Osteuropa, im Kaukasus und Zentralasien, hält diese jedoch nicht für eine Bedrohung der europäischen Sicherheit und für die bessere Alternative gegenüber ethnischen und religiösen Kriegen und Konflikten in diesen Regionen. Für die Einschätzung der NATO als Relikt des Kalten Krieges, vgl. auch Jonathan Clarke, Replacing NATO, in: *Foreign Policy* 93 (1993/94), S. 22–40.

sei eine demokratische, territorial saturierte und friedliche Handelsmacht, die weltpolitisch jedoch keine Rolle spiele. Europäische Bedrohungsängste vor Deutschland repräsentieren für Kristol lediglich „den Sieg des Gedächtnisses über die Wirklichkeit". Auch wenn die Europäer und die außenpolitische Elite der USA die weltpolitische Irrelevanz Europas nicht wahrhaben wollten, lägen die zukünftigen Herausforderungen der amerikanischen Weltmacht in Lateinamerika, in der Auseinandersetzung mit dem Islam und mit China. Daß Frieden und Stabilität in Europa im vitalen, nationalen Interesse der USA liegen und ohne das westliche Bündnis gefährdet wären, ist gleichwohl unverändert überparteilicher Elitenkonsens, der vorerst noch nicht ernsthaft in Frage gestellt wird.[25] Ob diese Ziele auch in Zukunft durch die bestehenden Institutionen erreicht werden können und welche Rolle die USA dabei spielen sollen, wird dagegen intensiv diskutiert. Neue amerikanische Sicherheitsgarantien im Rahmen einer Osterweiterung der NATO sind äußerst umstritten und bereits mit den Locarnoverträgen verglichen worden, die England ebenfalls nur unterschrieben habe, weil es glaubte, sie niemals honorieren zu müssen.[26]

Zweitens kann das Scheitern der Locarnopolitik als Warnung vor dem Wiederaufleben des traditionellen deutschen Großmachtstrebens gedeutet werden. Daß das vereinte Deutschland ähnlich wie vor 1945 hegemoniale Ziele in Europa verfolge, wird indessen nur selten explizit behauptet.[27] Allerdings werden die Befürworter einer Expansion der NATO nicht müde, davor zu warnen, daß ein Machtvakuum an seinen Ostgrenzen Deutschland dazu zwingen könnte, eine Lösung dieser neuen sicherheitspolitischen Probleme außerhalb der bewährten Strukturen der Allianz zu suchen – entweder in Kooperation oder in Konkurrenz zu Rußland. In den Worten Henry Kissingers: „If this request [die Aufnahme der Visegrad-Staaten in die NATO] is rejected and the states bordering Germany are refused protection, Germany will

---

[25] Vgl. William Hyland, The Case for Pragmatism, in: *Foreign Affairs* 71 (1992), Nr. 2, S. 38–52, der allerdings ebenfalls für eine stärker an den unmittelbaren Interessen der USA ausgerichtete Außenpolitik plädiert. Kritisch zu diesem Elitenkonsens Layne und Schwartz (Anm. 23), S. 10–17. Vgl. auch den Aufsatz von Richard Holbrooke, früherer stellvertretender Außenminister in der Clinton-Administration, America: A European Power, in: *Foreign Affairs* 74 (1995), Nr. 2, S. 38–51, bes. S. 38–39.

[26] Owen Harries, The Collapse of „The West", in: *Foreign Affairs* 72 (1993), Nr. 4, S. 41–53, bes. S. 43–44. Harries ist Herausgeber der konservativen Zeitschrift *The National Interest*. Die Gegenposition zugunsten einer Erweiterung der NATO vertreten Ronald D. Asmus, Richard Kugler und Stephen F. Larrabee, *Building a New NATO*, ebd., S. 28–40. Auch ihre Argumentation hat freilich die Pointe, daß die Europäer und besonders Deutschland mehr Eigenverantwortung für die Sicherheitslage in Europa übernehmen. Für eine Zusammenstellung wichtiger amerikanischer Beiträge zur Expansionsdebatte vgl. Wolfgang Pordzik (Hg.), *Zur innerامerikanischen Debatte über die Erweiterung der NATO. Kommentar und Materialien*, Konrad Adenauer Stiftung, Washington, D.C., 1995.

[27] Vgl. etwa Jacob Heilbrunn, Tomorrow's Germany, in: *The National Interest* 36 (1994), S. 44–52, der dem vereinten Deutschland eine nationalistische Außenpolitik mit dem Ziel einer militärischen Großmacht- und Hegemonialrolle in Europa unterstellt, darin aber nicht unbedingt einen Grund zur Sorge sieht, solange es verläßlich bleibt und sich über seine Machtinteressen nichts vormacht.

sooner or later seek to achieve its security by national efforts, encountering on the way a Russia pursuing the same policy from its own side. A vacuum between Germany and Russia threatens not only NATO cohesion but the very existence of NATO as a meaningful institution."[28] Obwohl die historische Analogie nicht offen gezogen wird, erinnert das hier beschworene Szenario doch unverkennbar an die späten zwanziger und frühen dreißiger Jahre, als die deutsche Außenpolitik sich sukzessive vom zunehmend als Hemmschuh empfundenen System von Locarno abwendete, bis Hitler schließlich alle Rücksichten fallen ließ. Daß die Einbindung Deutschlands in die westliche Allianz auch in Zukunft die Grundlage deutscher Außenpolitik bleiben muß, ist beiderseits des Atlantiks ebenso unbestritten wie das Interesse Deutschlands an demokratisch verfaßten Verbündeten als östliche Nachbarn. Die Frage ist allerdings, ob die Vereinigten Staaten bereit sein werden, diese Ziele durch die Ausweitung ihrer militärischen Garantien im Rahmen der NATO abzusichern. Skeptiker fragen, wie man den Wählern in Kansas die strategische Bedeutung von Bratislava erklären wolle, und warnen vor einer Wiederholung des Debakels der Wilsonschen Völkerbundspolitik, als der amerikanischen Öffentlichkeit ebenfalls ein Übermaß an außenpolitischen Verpflichtungen zugemutet worden sei. Ein Scheitern der NATO-Expansion im Senat werde nicht nur den Osteuropäern, sondern der Institution selbst schweren Schaden zufügen.[29]

Wenn die Reduzierung der eigenen Rolle in Europa unvermeidlich scheint, gewinnt aus amerikanischer Sicht eine dritte Implikation aus dem Vergleich mit der Zwischenkriegszeit an Gewicht, daß nämlich die Errichtung einer europäischen Friedensordnung scheiterte, weil Deutschland nicht bereit war, die ihm zukommende Ordnungsfunktion einer Großmacht zu erfüllen und seine Revisionsforderungen übernationalen Interessen unterzuordnen. Die vereinte Bundesrepublik dagegen erscheint für diese Rolle ungleich geeigneter. Im Unterschied zur Weimarer Republik ist sie territorial saturiert, fest in die europäische Gemeinschaft integriert und eine stabile, westliche Demokratie. Solange sich an diesen Grundbedingungen nichts ändert, ist der deutsche Machtzuwachs für die meisten Amerikaner kein Grund zur Beunruhigung.[30] Im Gegenteil, ein starkes, sich seiner sicherheitspolitischen Verantwortung bewußtes Deutschland ist nach dieser vorherrschenden Auffassung unabdingbar bei der Stabilisierung und Demokratisierung Osteuropas. Mit dem Konzept der Führungspartnerschaft verbinden sich beträchtliche Erwartungen an die Bereitschaft der Deutschen, den USA einen Teil der Führungslasten abzunehmen. Ohne die Übernahme dieser Verantwortung wird sogar die Gefahr eines amerikanischen

---

[28] Vgl. die Stellungnahmen von General William Odom, Robert B. Zoellick und Richard Burt vom 27.4. bzw. 3.5. 1995 vor dem außenpolitischen Ausschuß des Senats. Zoellick war stellvertretender Außenminister während der Bush-Administration, Burt US-Botschafter in Deutschland. Text in Pordzik (Anm. 26), ohne Seitenzählung. Vgl. Henry Kissinger, Expand NATO Now, in: *The Washington Post*, 19. Dezember 1994, ebd.

[29] Vgl. Richard Cohen, Expand NATO?, in: *The Washington Post*, 27. Juni 1995; Charles A. Kupchan, It's a Long way to Bratislava, ebd., 14. Mai 1995.

[30] Dies betonen übereinstimmend Hyland (Anm. 25), S. 46–48 und Harries (Anm. 26), S. 49–51.

Rückzugs aus Europa gesehen.[31] Eine gewisse Enttäuschung darüber, daß Deutschland die ihm angebotene internationale Führungsrolle anscheinend nicht spielen kann und will, ist unverkennbar.

Daß sich daran in absehbarer Zeit etwas entscheidendes ändern wird, steht nicht zu erwarten. Selbst wenn man die historisch bedingten Beschränkungen deutscher Außenpolitik außer acht läßt, bleibt die Tatsache, auf die Timothy Garton Ash unlängst hingewiesen hat, daß das vereinte Deutschland zwar eine europäische Großmacht, aber eben keine militärische Supermacht ist (und sein kann).[32] Aus europäischer und speziell aus deutscher Sicht erscheint die Fortsetzung des sicherheitspolitischen Engagements der USA in Europa deshalb unverzichtbar, wie das Desaster, in das amerikanische Führungsschwäche und europäische Uneinigkeit die westliche Allianz im Konflikt um den Zerfall Jugoslawiens geführt haben, nur allzu schmerzhaft demonstriert hat. Ob die Amerikaner dazu jedoch auch in Zukunft bereit sein werden, ist angesichts des Wegfalls einer unmittelbaren Bedrohung für die USA und der ideologischen Herausforderung durch den Kommunismus sowie angesichts der Tatsache, daß die amerikanische Außenpolitik heute mehr denn je von innenpolitischen Erwägungen bestimmt wird, eine durchaus offene Frage.

---

[31] Für die Protagonisten einer deutschen Führungsrolle in Europa vgl. z. B. Elizabeth Pond, Germany in the New Europe, in: *Foreign Affairs* 71 (1992), Nr. 2, S. 114–130; Asmus u. a. (Anm. 26), S. 34; so im Kern auch der britische Historiker Timothy Garton Ash, Germany's Choice, in: *Foreign Affairs* 73 (1994), Nr. 4, S. 65–81, S. 79–81.

[32] Ebd., S. 67/68. Dies gilt es gegenüber Hans-Peter Schwarz' Vergleich der USA nach dem Zweiten Weltkrieg und Deutschlands nach dem Kalten Krieg zu betonen. Vgl. ders., Germany's National and European Interests, in: *Daedalus* 123 (1994), Nr. 2, S. 81–105, bes. S. 102.

Das nationale Interesse der Vereinigten Staaten und die deutsche Frage 1966–1972

ERNEST MAY

Im September 1966 traf Präsident Lyndon B. Johnson mit Bundeskanzler Ludwig Erhard in Washington zusammen. In ihrem gemeinsamen Pressekommuniqué war zu lesen: „President Johnson reaffirmed the objective of the reunification of Germany as one of the most significant goals of American foreign policy." Der Präsident und der Kanzler stimmten darin überein, „that a solution of the German problem on the basis of self-determination was essential in the interest of humanity as well as of lasting peace in Europe."[1] Diese Formulierung war nachdrücklicher, aber nicht unbedingt anders als die unzähligen amerikanisch-deutschen Erklärungen in den vorangegangenen Jahren.

Innerhalb der nächsten fünf Jahre sollten die Vereinigten Staaten ihre Ziele und Interessen in Deutschland ganz anders definieren. Im Juni 1972 feierte William Rogers, Außenminister in der Nixon-Administration den Abschluß einer Reihe von Abkommen, die aus der Ostpolitik der Bundesregierung resultierten. Diese Vereinbarungen liefen zum damaligen Zeitpunkt genau auf das Gegenteil von dem hinaus, was in der Erklärung von Johnson und Erhard im September 1966 gefordert worden war. Sie schienen die Teilung Deutschlands auf unbestimmte Zeit festzuschreiben. Die Ostverträge der Bundesregierung schienen jegliche Selbstbestimmung für die 17 Millionen Deutschen, die in dem von amerikanischen und anderen westlichen Regierungsvertretern üblicherweise als „sogenannte Deutsche Demokratische Republik" bezeichneten Staat lebten, auf unbestimmte Zeit zu verschieben. Dennoch bezeichnete Rogers diese Vereinbarungen als „decisive progress...in reconciliation among the peoples of all of Europe. We hope that today will be viewed as one of the most important days in the history of the last half of the 20th century." Kurze Zeit später veröffentlichten Nixon und Generalsekretär Leonid Breschnew in San Clemente, Nixons kalifornischem Landsitz, ein gemeinsames Kommuniqué, in dem sie nachdrücklich eine Mitgliedschaft beider deutscher Staaten in den Vereinten Nationen begrüßten.[2]

Wie kam es dazu, daß die Vereinigten Staaten bereit waren, so schnell die deutsche Wiedervereinigung aufzuschieben, wenn nicht sogar aufzugeben, obwohl sie doch dieses Vorhaben zu „einem der wichtigsten Ziele" ihrer Außenpolitik erklärt hatten? Nachdem die USA so oft ihre Unterstützung für das Selbstbestimmungsrecht der Deutschen erklärt hatten, wie schafften sie es so schnell, sich an die Akzeptanz einer anderen Realität zu gewöhnen? Die Antworten auf diese Fragen sagen nicht

---
[1] U.S. Department of State, *Documents on Germany, 1944–1985*, Washington, D.C. 1985, S. 867.
[2] Ebd., S. 1206 f.

nur etwas über die amerikanische Deutschlandpolitik in diesen Jahren aus, sondern geben auch einen allgemeineren Einblick in das Wesen des nationalen Interesses.

Zunächst muß man jedoch eine detailliertere Geschichte rekonstruieren, was nicht leicht fällt. Nur wenige Dokumente, die die Deutschlandpolitik der Regierungen Johnson und Nixon betreffen, sind bisher veröffentlicht worden. Das zur Zeit wichtigste Archiv ist nur teilweise für Wissenschaftler geöffnet. Obwohl die Archivare in der Lyndon B. Johnson Presidential Library außerordentlich hilfsbereit sind, haben sie bislang nur wenige, ausgewählte Akten freigegeben. Die Nixon Presidential Library bietet bis jetzt keine Forschungsmöglichkeiten für Wissenschaftler, was wahrscheinlich noch für lange Zeit so bleiben wird. Die dortigen Archivare haben noch immer in erster Linie mit Rechtsanwälten zu tun. Henry Kissingers Akten bleiben unter seiner eigenen Obhut. Nur ausgewählte westdeutsche Dokumente wurden bisher veröffentlicht. Bei den wenigen publizierten ostdeutschen und russischen Unterlagen handelt es sich um willkürlich ausgewählte Dokumente. Man muß sich also mit publizierten Dokumenten, Interviews mit Beteiligten und Autobiographien begnügen. Zur Verfügung stehen die ausführlichen, aber zwangsläufig selektiven Erinnerungen, die von Henry Kissinger in den siebziger Jahren veröffentlicht wurden.[3]

Diese Fragmente können an verschiedene Betrachtungsweisen angepaßt werden. In einer dieser Darstellungen spielen die Westdeutschen die führende Rolle. Bald nach dem erwähnten Treffen im Weißen Haus, verlor Erhard sein Amt. Die CDU/CSU war nicht mehr die allein bestimmende politische Kraft. In der neuen Regierung der Großen Koalition stellte die CDU mit Kurt Georg Kiesinger zwar den Kanzler, doch seinem Kabinett gehörten mehrere Mitglieder der SPD an. Der Vorsitzende der SPD, Willy Brandt, bisher Regierender Bürgermeister von Berlin, wurde neuer Außenminister. Brandt hatte bereits lange zuvor konkrete Maßnahmen gefordert, um die Beziehungen zwischen beiden Teilen Berlins und auch das Verhältnis zwischen den beiden deutschen Staaten zu verbessern. Er war bereit gewesen, in dieser Hinsicht weiter zu gehen als viele andere führende Vertreter der SPD. Brandt bekam jedoch auch aus Teilen der CDU und der FDP und von gesellschaftlichen Gruppen – darunter nicht zuletzt kirchliche Kreise – Unterstützung. Der neue Außenminister begann sogleich, die Möglichkeiten für seine eigenen ostpolitischen Vorstellungen zu sondieren. Die Bundestagswahlen 1969 führten dazu, daß Brandt Kanzler einer SPD/FDP-Regierung wurde und er sich noch entschlossener darum bemühte, die Vereinbarungen zu erreichen, die schließlich im Jahre 1972 ratifiziert wurden.[4]

---

[3] Das weitaus beste Werk, das Auskunft über die deutschen Quellen in Ost und West gibt, ist: James McAdams, *Germany Divided. From the Wall to Reunification*, Princeton 1993.

[4] Die grundlegenden englischsprachigen Veröffentlichungen sind: William E. Griffith, *The Ostpolitik of the Federal Republic of Germany*, Cambridge 1978 und Wolfram Hanrieder, *Germany, America, Europe. Forty Years of German Foreign Policy*, New Haven 1989 (jetzt in der deutschen Fassung als überarbeitete 2. Aufl.: *Deutschland, Europa, Amerika. Die Außenpolitik der Bundesrepublik Deutschland 1949–1994*, Paderborn 1995). Die ausführlichste Studie ist: Helga Haftendorn, *Sicherheit und Entspannung. Zur Außenpolitik der Bundesrepublik Deutschland, 1955–1982*, Baden-Baden 1983.

In der Phase des Übergangs zur Großen Koalition blieb den Vereinigten Staaten – so lautet die eine Sichtweise – kaum etwas anderes übrig, als den neuen Tendenzen in Bonn zu folgen. Was auch immer amerikanische Regierungsvertreter in privatem Kreise vielleicht äußerten, öffentlich hätten sie nur schwer von der Auffassung ihres deutschen Verbündeten zu innerdeutschen Fragen abweichen können. Am 7. Oktober 1966 hielt Johnson eine wichtige Rede über die Beziehungen der USA zu Europa. Darin betonte er die vordringliche Bedeutung der Entspannung zwischen West und Ost. Anstatt die bekannte Auffassung über den Vorrang der deutschen Wiedervereinigung zu wiederholen, deutete der amerikanische Präsident an, daß die Wiedervereinigung ein Ergebnis von Verständigung zwischen West und Ost sein könnte und nicht ihre Vorbedingung sein müsse.[5] Diese Aussage paßt nicht nur zu der Hypothese, daß Westdeutschland die Führung hatte, sondern auch dazu, daß das amerikanische Interesse an einer Wiedervereinigung und sogar an Selbstbestimmung zweitrangig war und tatsächlich nur eine Funktion des tiefergehenden Interesses an Frieden und Stabilität in Europa war. Amerikanische Regierungsvertreter hatten ihre Erklärungen zu Deutschland stets in einem solchen Rahmen formuliert. So befürchtete Präsident Dwight D. Eisenhower im Jahre 1959: „Permanent and compulsory division of the German nation...would leave Central Europe a perpetual powder mill." Präsident John F. Kennedy betonte während seines Berlin-Besuchs im Jahre 1963: „Real lasting peace in Europe can never be assured as long as one German out of four is denied the elementary right of free man, that is to make a free choice." In einer gemeinsamen Erklärung von Johnson und Erhard aus dem Jahre 1964 war der Standpunkt vertreten worden: „So long as Germany remains divided, Europe will not achieve stability."[6] Die Veränderungen in der amerikanischen Wiedervereinigungs- und Selbstbestimmungsrhetorik könnten als bloße taktische Veränderung ausgelegt werden, nicht unbedingt als Zeichen eines wirklichen Wandels der Interessen.

Es gibt allerdings auch eine anderslautende Darstellung, die ebenfalls in Einklang steht mit der fragmentarischen Quellenlage. In ihr spielen die Vereinigten Staaten in weitaus stärkerem Maß eine Führungsrolle. Ferner kann man von einem tatsächlichen Wandel im Verständnis der nationalen Interessen sprechen. Bei dieser Sichtweise ist die Rede Johnsons vom Oktober 1966 ein zentrales Ereignis. Zbigniew Brzezinski, der spätere nationale Sicherheitsberater von Präsident Jimmy Carter, hat schon früh die These vertreten, die Rede Johnsons sei schon lange vor Erhards Rücktritt entworfen worden. Sie habe geradezu die Absicht verfolgt, die deutschlandpolitische Haltung der USA umzukehren. Er selbst sei ein hervorragender Zeuge dafür, denn er sei der eigentliche Autor dieser Rede.[7] Brzezinski war damals von der

---

[5] *Public Papers of Lyndon B. Johnson: 1966*, Washington, D.C. 1968, S. 1125–1130.

[6] *Documents* (Anm. 1), S. 615, 850, 867.

[7] Zbigniew Brzezinski, Purpose and Planning in Foreign Policy, in: Donald M. Hancock und Denkwart A. Rustow (Hg.), *American Foreign Policy in International Perspectives*, Englewood Cliffs, N. J. 1971, S. 96–98 und Brzezinski, *Oral History*, Lyndon Baines Johnson Presidential Library (Austin, Texas). Siehe auch: Adrian W. Schertz, *Die Deutschlandpolitik Kennedys und Johnsons. Unterschiedliche Ansätze innerhalb der amerikanischen Regierung*, Köln 1992, S. 437 f.

Fakultät für Politikwissenschaft an der New Yorker Columbia Universität beurlaubt und Mitglied des Planungsstabes von Außenminister Dean Rusk. Brzezinski hatte bereits zuvor mehrere Beiträge veröffentlicht, in denen er darlegte, daß der europäischen Stabilität am besten gedient wäre, wenn die Vereinigten Staaten die bestehenden territorialen und politischen Verhältnisse akzeptieren würden. Er hatte betont, daß sowohl die West- als auch die Osteuropäer aus der Teilung Deutschlands ein gewisses Sicherheitsgefühl ableiteten. Die Osteuropäer begrüßten es zudem, einen deutschen Staat an ihren Grenzen zu haben, der nicht nur ihre eigene ideologische Überzeugung teilte, sondern auch klein und vergleichsweise schwach war und der außerdem uneingeschränkt die Grenzen anerkannte, wie sie auf der Potsdamer Konferenz 1945 gezogen worden waren – diejenige mit der Tschechoslowakei, wie sie vor dem Münchener Abkommen von 1938 existiert hatte, und diejenige mit Polen an der Oder-Neiße-Linie, die die Rote Armee errichtet hatte.[8]

Brzezinski erinnert sich, daß er für eine geplante Rede Rusks zur Europapolitik Formulierungen vorschlug, wonach die Vereinigten Staaten an einer Entspannung mit der Sowjetunion auf der Grundlage der Akzeptanz des territorialen und politischen Status quo interessiert waren. Angesichts der bevorstehenden Großen Koalition in Bonn und Pressespekulationen über amerikanische Reaktionen schlug Rusk vor, daß der Präsident selbst die Rede halten sollte. Johnson folgte diesem Rat. Sein nationaler Sicherheitsberater, der frühere Professor für Wirtschaftsgeschichte am Massachusetts Institute of Technology (MIT), Walt Rostow, und dessen Stellvertreter, der frühere MIT Wirtschaftswissenschaftler (und Experte für Europaangelegenheiten) Francis Bator, überprüften den Text. Den Erinnerungen Brzezinskis zufolge nahmen Rostow und Bator nur kleinere Veränderungen vor. Der Präsident habe Brzezinskis Formulierungen übernommen und damit eine größere Änderung in der amerikanischen Interessendefinition und Mitteleuropapolitik verkündet. Als Bundeskanzler Kiesinger im August 1967 nach Washington kam, brachte die abschließende gemeinsame Erklärung die neue Linie zum Ausdruck: „We share the view that a policy of relaxation of tensions can help avoid conflicts ... It is only by following such a policy that the division of Europe and the division of Germany can be ended and a just and permanent peace be established in Europe."[9]

Andere Beteiligte vertreten eine Sichtweise, die der von Brzezinski ähnelt, weichen in Einzelpunkten aber von ihm ab. Bator glaubt, daß Johnsons Rede auf einem Entwurf basierte, der vor allem von Beamten in der Europaabteilung des Außenministeriums verfaßt worden war. Die Mitarbeiter im Weißen Haus seien nur in geringem Maße beteiligt gewesen. Er erinnert sich nur an einen Satz aus dem Brzezinski-Entwurf, der auch in der endgültigen Fassung vorkam – und dabei handelte es sich eher um eine stilistische Feinheit als um einen Leitgedanken.[10] Die

---

[8] Siehe zum Beispiel Zbigniew Brzezinski, *Alternative to Partition. For a Broader Conception of America's Role in Europe*, New York 1965.

[9] *Documents* (Anm. 1), S. 963.

[10] Gespräche in Cambridge, Mass., 1994–1995.

Erinnerungen Bators scheinen plausibler zu sein. Damit soll Brzezinski keine bewußte Übertreibung unterstellt werden. Es handelt sich lediglich um eines von vielen Beispielen, bei denen ein Mitarbeiter in einem Bereich einer komplexen Bürokratie seine Rolle überbewertet und übersieht, was andere Beteiligte in anderen Abteilungen ausgearbeitet und vorgeschlagen haben.

Den Hintergrund der unterschiedlichen deutschlandpolitischen Formulierungen bilden die langen Debatten innerhalb der US-Regierung sowohl über Deutschland als auch über die amerikanische Haltung gegenüber der Zukunft Deutschlands.[11] Allgemein gesprochen gab es seit den fünfziger Jahren zwei gegensätzliche Wahrnehmungen der Bundesrepublik Deutschland. Auf der einen Seite bestand der Verdacht, daß das kaiserliche Deutschland, wenn nicht sogar Nazi-Deutschland unter einer dünnen, westlich verordneten Schale von Republikanismus und Liberalismus fortexistierte. In der entgegengesetzten Wahrnehmung herrschte Optimismus, daß ein wirklich neues Deutschland aus den Trümmern des Dritten Reiches entstanden war und daß dieses Deutschland dauerhaft zur Zusammenarbeit mit den anderen europäischen Staaten im Interesse von Frieden und Stabilität in Europa bereit war. Mitte der sechziger Jahre vertrat fast kein amerikanischer Regierungsvertreter uneingeschränkt die erste Position. Eine beträchtliche Anzahl neigte zur zweiten Auffassung. Die Mehrheit jedoch war immer noch von einem Gefühl des Argwohns gegenüber Deutschland bestimmt, selbst dann, wenn sie in der politischen Realität keinen Anlaß dafür sahen.

Diese Ambivalenz hatte sich auf fast jeden größeren Aspekt der amerikanischen Europapolitik ausgewirkt. Paradoxerweise hatte sie oft zur Konsensbildung beigetragen. So beruhte zum Beispiel die beständige amerikanische Unterstützung für die europäische Einigung darauf, daß man sich ungeachtet unterschiedlicher Annahmen auf diplomatische Formeln einigen konnte. Einige konnten sagen: „Falls Deutschland eine potentielle Gefahr darstellt, kann eine europäische Zusammenarbeit vielleicht dazu beitragen, dem Land die Hände zu binden." Andere konnten währenddessen denken: „Falls sich Deutschland wirklich gewandelt hat, dann wird dieser gleiche Schritt helfen, es zu beweisen." Derselbe Effekt war in den internen amerikanischen Debatten über eine erweiterte Abschreckung erkennbar, was zum Projekt der Multilateralen Atomstreitmacht und später zur Nuklearen Planungsgruppe der NATO und zum Atomsperrvertrag führte. Für einige Amerikaner waren dies Mittel zur „doppelten Eindämmung" – sowohl Deutschlands als auch der Sowjetunion. Für andere wiederum stellten sie einen Fortschritt in der Herstellung einer „besonderen Beziehung" zwischen Deutschland und den Vereinigten Staaten dar, die dazu

---

[11] Hierzu erschienen vor kurzem zwei Überblicksdarstellungen: Thomas Alan Schwartz, Victories and Defeats in the Long Twilight Struggle. The United States and Western Europe in the 1960s, in: Diane B. Kunz (Hg.), *The Diplomacy of the Crucial Decade. American Foreign Relations during the 1960s*, New York 1994, S. 115–148 und Frank Costigliola, Lyndon B. Johnson, Germany, and „the End of the Cold War", in: Warren I. Cohen und Nancy Bernkopf Tucker (Hg.), *Lyndon B. Johnson Confronts the World. American Foreign Policy, 1963–1968*, New York 1994, S. 173–210.

bestimmt war, an die Stelle von Washingtons „besonderer Beziehung" mit dem immer schwächer werdenden Großbritannien zu treten.

Mitte der sechziger Jahre arbeitete die Bundesrepublik in vollem Umfang an der Schaffung eines gemeinsamen Marktes mit. Die Schlüsselfrage war nun, ob Frankreich jemals seinen Widerstand gegen eine britische Beteiligung aufgeben würde und ob die Deutschen die Franzosen in diese Richtung würden lenken können. Die Meinungsunterschiede hinsichtlich einer erweiterten Abschreckung schienen vorläufig zweitrangig geworden zu sein. Die Unterredungen Johnsons mit Erhard und die amerikanisch-deutschen Gespräche auf den unteren politischen Ebenen behandelten eher bilaterale Fragen, insbesondere eine finanzielle „Lastenteilung" und eine mögliche politische und diplomatische Unterstützung Deutschlands für den amerikanischen Einsatz in Vietnam.

Die deutlichen Formulierungen in der gemeinsamen Erklärung von Johnson und Erhard im September 1966 spiegelten das Verständnis des Präsidenten für die Wünsche des Bundeskanzlers wider. Später demonstrierte Johnson seine prinzipielle Übereinstimmung mit Kiesingers neuem Koalitionskabinett. Doch Johnsons Rede vom Oktober 1966 stellte weniger eine Anpassung an die Deutschen als die Nutzung einer lange erwarteten Gelegenheit dar.

Während der sich in den späten fünfziger und frühen sechziger Jahren hinziehenden Berlin-Krise machte man sich in den Vereinigten Staaten Sorgen über die Risiken, die mit der amerikanischen Verpflichtung gegenüber West-Berlin verbunden waren. Keiner der Verantwortlichen befürwortete eine Abkehr von diesem Engagement. Viele fragten sich jedoch, ob diese Verpflichtung auch ein Kontaktverbot mit Vertretern der DDR beinhalten mußte. Selbst Eisenhower, der äußerlich entschlossen wirkte, äußerte in privatem Kreis Zweifel daran, einen atomaren Krieg wegen protokollarischer Feinheiten zu riskieren.[12]

Mitglieder der Kennedy-Administration führten eine längere Debatte darüber, wie die amerikanische Verpflichtung gegenüber West-Berlin aufrechterhalten und gleichzeitig die Gefahr, daß sich ein Konflikt um Berlin zu einem weltweiten atomaren Krieg entwickelt, verringert werden könnte. Dabei wurde auch die Möglichkeit erörtert, Konzessionen in der deutschen Frage zu machen. Als Gegenleistung sollte die Sowjetunion darauf verzichten, sich in West-Berlin einzumischen. Chester Bowler, der stellvertretende Außenminister, schrieb im Juli 1961 an Präsident Kennedy: „Do we or the Soviets really want to see Germany united? And if not, is there some room here for maneuver?"[13] Auch Präsident Kennedy selbst äußerte Zweifel daran, ob ein Bekenntnis zur Wiedervereinigung realistisch oder klug wäre. Er vertrat schließlich die Position, daß die Vereinigten Staaten nur auf die Selbstbestim-

---

[12] Siehe Marc Trachtenberg, *History and Strategy*, Princeton 1991, S. 194 ff. Dieser Sachverhalt wird weiter ausgeführt in einem Manuskript von Andrew Erdmann, einem Doktoranden an der Harvard University: Eisenhower the President. Es soll demnächst in dem Sammelband *Cold War Statesmen and Nuclear Weapons* erscheinen.

[13] Bowles an Kennedy, 1. Juli 1961, President's Office Files [POF], Box 28, John F. Kennedy Presidential Library (Boston, Mass.) [JFK Library]. Vgl. auch Schertz (Anm. 7), S. 116.

mung Deutschlands festgelegt sein sollten.[14] Angesichts der offenkundigen Empfindlichkeit Bundeskanzler Adenauers hielt sich der Präsident zurück, diese Haltung öffentlich zu äußern. Er erhielt weiterhin Ratschläge, die entweder besagten, daß die Vereinigten Staaten ein starkes Interesse an der deutschen Wiedervereinigung hatten, oder die das genaue Gegenteil empfahlen.

Der frühere Außenminister Dean Acheson war der entschiedenste Befürworter der ersten Sichtweise. Er schrieb im April 1961 an Kennedy: „There is no ‚solution' for the Berlin problem short of the unification of Germany." Die Vertreter der alten Linie in der Europaabteilung des Außenministeriums, angeführt von Foy Kohler, unterstützten Achesons Haltung. Sie argumentierten, daß eine Abkehr vom Eintreten für die Wiedervereinigung die westliche Allianz spalten, antiamerikanischen Nationalismus in Deutschland begünstigen und es erschweren würde, „ernsthaft auf das Thema der Selbstbestimmung in anderen Teilen der Welt zu drängen." Der stellvertretende nationale Sicherheitsberater Carl Kaysen war der energischste Anhänger der zweiten Option. In einem Ende August 1961 verfaßten Memorandum trat Kaysen für eine bedingungslose Anerkennung der in Potsdam festgelegten Grenzen ein. Die DDR-Regierung sollte „als die jetzt in Ostdeutschland herrschende Regierung" anerkannt werden. Die Wiedervereinigung könne nur durch Verhandlungen zwischen den beiden deutschen Regierungen und durch die Schaffung gemeinsamer Sicherheitsgarantien der Mitgliedsstaaten von NATO und Warschauer Pakt erreicht werden.[15] Ähnlich argumentierte auch Henry Kissinger, der damals noch als Professor in Harvard lehrte, aber als einer von Kennedys inoffiziellen Beratern in der deutschen Frage fungierte. Ebenfalls im August 1961 schrieb er: „If the West understands its interests correctly, it must stand for the unity of Germany despite the experiences of the two world wars and despite the understandable fear of a revival of German truculence. The West may have to acquiesce in the division of Germany, but it cannot condone it. The division of Germany is almost certainly unavoidable, but the future cohesion of the North Atlantic Community depends on our ability to demonstrate what makes it so."[16] Auch nach der Ermordung Kennedys und der Amtsübernahme Johnsons änderte sich nichts an diesen Argumenten.

Bis Mitte der sechziger Jahre hatte die Position Kaysens in der amerikanischen Regierung an Zustimmung gewonnen. Kaysen selbst war nach Harvard zurückgekehrt und sollte bald J. Robert Oppenheimer als Leiter des Institute for Advanced Study in Princeton ablösen. Die Argumente Kaysens faszinierten nicht nur die-

---

[14] Memorandum for the Record: Discussion at NSC Meeting, 29. Juni 1961, Foreign Relations of the United States [FRUS], 1961–1963, Bd. 14, S. 160–162.

[15] Acheson an Kennedy, 3. April 1961, National Security File [PNSF], Box 81, JFK Library; Kohler an Rusk, 17. Juli 1961, POF, Box 117, ebd.; Minutes of Meeting of the Interdepartmental Coordinating Group on Berlin, 26. Juli 1961, FRUS, 1961–1963, Bd. 14, S. 227–230; Kaysen an Bundy, 14. August 1961, PNSF, Staff Memoranda: Kaysen, JFK Library; Kaysen., 22. August 1961, PNSF, Box 82, ebd.

[16] Kissinger an Bundy, 16. August 1961, PNSF, Box 82, JFK Library. Zitiert auch bei Schertz (Anm. 7) S. 136.

jenigen, die sich noch immer auf die Eindämmung der deutschen Ambitionen konzentrierten, sondern auch viele, die alte Befürchtungen abgelegt hatten. Wer sich mit der Situation in Deutschland beschäftigte, mußte die zunehmende Popularität von Slogans wie „Wandel durch Annäherung" bemerken. Führende SPD-Politiker waren in besonderem Maße daran beteiligt, solche Vorstellungen zu äußern. Meinungsumfragen vom Herbst 1966 gaben der SPD einen 52 % zu 32 % Vorsprung gegenüber der CDU.[17] Selbst Acheson war von seiner Haltung zumindest ein wenig abgerückt. Er gehörte nun zu denjenigen, die Johnson empfahlen, die Bundesrepublik zu einer flexibleren Position zu drängen.[18]

Einigen gut informierten Washingtoner Journalisten zufolge wollte Johnson selbst erreichen, daß die deutsche Frage aufhört, ein Hindernis für eine Entspannung mit der Sowjetunion zu sein. Rowland Evans und Robert Novak beschreiben Johnsons erste Begegnung mit Erhard folgendermaßen: „Johnson's principal message to Erhard was clear: the United States is ‚going down the road to peace' and ‚we are going to do it with or without others'. . . Peace is essential, he said, because he didn't want the United States killing one hundred million Russians and the Russians killing one hundred million Americans . . . Johnson did not hide the fact that he *expected* Erhard to be more flexible than Adenauer."[19] Seymour Hersh fügt unter Berufung auf einen ungenannten „hochrangigen deutschen Diplomaten" hinzu, Johnson habe Kiesinger verdeutlicht, die Vereinigten Staaten „would no longer fight a war of unification. If you want to live in peace in Europe, you have to look for an alternative."[20]

Gab es damals eine einseitige Neudefinition der nationalen Interessen? Wurde der Wandel durch die Umwälzungen in der politischen Situation Deutschlands lediglich erleichtert? Die richtige Antwort ist wahrscheinlich sowohl „ja" als auch „nein". Die gegenwärtig schlechte Quellenlage läßt den Schluß zu, daß die Vereinigten Staaten vielleicht selbst dann der deutschen Wiedervereinigung eine geringere Priorität gegeben hätten, wenn Erhard an der Spitze einer CDU/CSU geführten Bundesregierung geblieben wäre. Doch blieb der Wandel im Verständnis des nationalen Interesses noch immer weit von dem entfernt, was Außenminister Rogers später als Ergebnis der Ostpolitik feiern sollte. Johnson nahm niemals eine Position ein, die der von Kaysen empfohlenen Haltung entsprochen hätte. Die Nixon-Administration trat ihr Amt mit dieser Erbschaft und ebenso mit Bedenken über die bundesdeutsche Ostpolitik an. Als Nixons nationaler Sicherheitsberater stand Kissinger von einem sehr frühen Zeitpunkt an im Zentrum der Politik. Er verstand wahrscheinlich von den deutschen Verhältnissen mehr als jeder andere in der amerikanischen Regierung. Am intensivsten hatte er sich mit der Bundesrepublik Deutschland während der Adenauer-Jahre beschäftigt, als er die Kennedy-Administration in Europa-Fragen beriet

---

[17] *Economist*, 24. September 1966, S. 1229.

[18] Costigliola (Anm. 11), S. 196.

[19] Rowland Evans und Robert Novak, *Lyndon B. Johnson. The Exercise of Power*, New York 1966, S. 388.

[20] Seymour Hersh, *The Price of Power. Kissinger in the Nixon White House*, New York 1983, S. 416.

und zugleich auf Spannungen innerhalb der westlichen Allianz hingewiesen hatte. Seit Mitte der sechziger Jahre hatte sich seine Arbeit in der Regierung mehr auf den Vietnam-Krieg konzentriert und sich mit der Frage beschäftigt, wie man angesichts eines schwerfälligen Regierungsapparates zu einer in sich schlüssigen Außenpolitik kommen könnte.

Der Ausgangspunkt für Kissingers Nachdenken über die deutsche Frage lag somit in einer Zeit, als sich die Einstellung informierter amerikanischer Kreise gegenüber der Bundesrepublik noch nicht von Mißtrauen zu Vertrauen gewandelt hatte. Letztlich sah Kissinger ein Übereinkommen zwischen den beiden deutschen Staaten als unvermeidbar an. Er fügte in seinen Memoiren jedoch hinzu: „I cannot maintain that I came to this view immediately." Er befürchtete, Brandts Ostpolitik würde in der einen oder anderen Form die europäische Stabilität gefährden. Eine Gefahr erblickte Kissinger im deutschen Nationalismus. Denkbar war für Kissinger, daß zu einem späteren Zeitpunkt eine Bonner Regierung bereit sein könnte, mit allen Mitteln nach der Wiedervereinigung zu streben, selbst wenn es bedeutete, unabhängig von der westlichen Allianz zu handeln. Eine zweite Gefahr bestand in einem deutsch-sowjetischen Handel, bei dem der Preis für die deutsche Vereinigung das Ausscheiden Westdeutschlands aus der westlichen Allianz wäre. Dies könnte bestenfalls die Form einer Neutralisierung Deutschlands und schlimmstenfalls die deutsche Rückkehr zur Rapallo-Politik annehmen, zu einer Schaukelpolitik, bei der Deutschland versuchen würde, als der entscheidende Faktor im Kräftespiel zu handeln.[21]

Kissingers Eingeständnis, er habe erst nach einiger Zeit die Unvermeidbarkeit der Ostpolitik akzeptiert, läßt den genauen Zeitpunkt seiner Umorientierung unklar. Aus Gesprächen mit früheren Mitarbeitern Kissingers folgert Seymour Hersh, daß der Prozeß recht langsam war. Ein später zu Kissinger auf Distanz gegangener Mitarbeiter behauptete, Kissinger habe „die Ostpolitik und Willy Brandt von Anfang an gehaßt." Ein anderer ehemaliger Mitarbeiter, der mit Kissinger weiterhin ein gutes Verhältnis pflegte, bestätigte, Kissinger sei gegenüber den Deutschen von „Furcht und Mißtrauen" erfüllt gewesen. Hersh vertritt die Auffassung, daß Kissinger sein Streben, die Ostpolitik zu blockieren, nicht vor Herbst 1970 aufgab, nachdem Brandt einen Vertrag mit der Sowjetunion abgeschlossen hatte, der einen Gewaltverzicht, die Anerkennung des territorialen Status quo, die de facto-Anerkennung der DDR und die Vorbereitungen für eine gesamteuropäische Sicherheitskonferenz beinhaltete.[22]

Möglicherweise hat Kissinger seine Haltung bereits früher geändert, aber dies ist nur eine Vermutung. Als Brandt im Oktober 1969 Bundeskanzler wurde, glaubte Kissinger zwar nicht, Brandt selbst werde mit der westlichen Allianz brechen. Doch er warnte davor, die Ostpolitik „could in less scrupulous hands turn into a new form of classic German nationalism." Im Februar 1970 riet er dem Präsidenten, sich auf „general support for the improvement of the FRG's relations with the East" zu beschränken, „without approving specific FRG moves". Noch kurz vor der Unter-

---

[21] Henry A. Kissinger, *White House Years*, Boston 1979, S. 410–412.
[22] Hersh (Anm. 20), S. 416–418.

zeichnung der Vereinbarungen zwischen der Bundesrepublik und der Sowjetunion im August 1970 war Kissinger gegen eine offene Unterstützung der Ostpolitik und warnte Nixon davor, Brandt könnte im Falle eines Scheiterns in letzter Minute vielleicht versuchen, die Schuld auf Washington zu schieben. Zu diesem Zeitpunkt hatte Kissinger jedoch bereits seit mehreren Monaten mit dem sowjetischen Botschafter Anatolij Dobrynin Gespräche über ein mögliches Berlin-Abkommen geführt, das parallel zu den deutsch-sowjetischen und deutsch-deutschen Vereinbarungen abgeschlossen werden sollte.[23]

Unklar ist die Rolle von Präsident Nixon und Außenminister William Rogers sowie dessen Europaexperten. In seinen Erinnerungen erwähnt Nixon Brandts Ostpolitik überhaupt nicht. Natürlich hat er sich mit der deutsche Frage gleich in der Anfangsphase seiner ersten Amtszeit beschäftigt, führte ihn doch seine erste Auslandsreise im Februar 1969 nach Bonn und Berlin. Er mußte sich also für die Unterredungen mit Kiesinger, Brandt und anderen Ministern, mit den Fraktionsspitzen aus dem Bundestag und mit Berliner Regierungsvertretern und anderen Gesprächspartnern vorbereiten, und er mußte Reden halten, die in weiten Kreisen verfolgt und analysiert werden würden. Aus den Texten dieser Reden kann man schließen, daß Nixon die bisherige Verpflichtung zur Wiedervereinigung und Selbstbestimmung mit den Argumenten zu verbinden wußte, die Johnson dazu bewogen hatten, die Priorität dieser Verpflichtung zu relativieren. In seiner Rede in den Berliner Siemens-Werken führte Nixon aus: „The question is how best to end the challenge and clear the way for a peaceful solution to the problem of a divided Germany." Auf seinem Rückweg legte Nixon einen Zwischenstopp in Brüssel ein, um vor dem Nordatlantikrat eine Ansprache zu halten. Er benutzte Formulierungen, mit denen er die Ostpolitik noch deutlicher unterstützte, als dies Rusk in seinen Ausführungen wenige Monate zuvor beim NATO-Ministerratstreffen getan hatte. Er wünschte sich konstruktivere Ansätze: „Let us look at new situations with new eyes, and in so doing, set an example for the world."[24]

Während Brandts Besuch in Washington im April 1970 begründeten der deutsche Bundeskanzler und Präsident Nixon eine Beziehung, die Kissinger als „überraschend herzlich" empfand. Kissinger schreibt über Brandt: „I personally liked him – Nixon less so – but his policy worried us both." Ein Mitarbeiter Kissingers glaubte dagegen, daß Nixon „Brandt besser leiden konnte als die meisten anderen europäischen Politiker". Dies habe es Kissinger erschwert, dem Präsidenten zu raten, die Ostpolitik nicht zu unterstützen.[25] Die vor kurzem veröffentlichten Tagebücher des damaligen Stabschefs im Weißen Haus, H. R. Haldeman, belegen, daß Nixon Kissingers Bemühungen zwar tolerierte, die Kontrolle über die amerikanische Außenpolitik auszuüben, manchmal jedoch davon irritiert war. Nixon betrachtete Kissinger als geeigneter und loyaler als seinen Außenminister William Rogers. In einem Abschnitt

---

[23] Kissinger (Anm. 21), S. 409, 530–533.

[24] *Documents* (Anm. 1), S. 1031–1033; Kissinger (Anm. 21), S. 80.

[25] Kissinger (Anm. 21), S. 423–424; Henry A. Kissinger, *Years of Upheaval*, Boston 1982, S. 143; Hersh, (Anm. 20), S. 417–418.

der Haldeman Tagebücher heißt es: „The P[resident] made the point . . . that if we got to the stage where somebody had to fall on a sword in order to save the P[resident], Henry [Kissinger] would do it, but Rogers wouldn't. I made the point that I agreed with that, but that if Henry did do it, he would do it with loud kicking and screaming and make sure the blood spurted all over the place so he got full credit for it, but he would go ahead and do it, whereas Rogers would find a way to avoid it and get someone else stuck."[26]

Präsident Nixon bemühte sich dennoch, die Ansichten von Rogers und seiner Deutschlandexperten kennenzulernen. Er muß den Äußerungen von Rogers gegenüber deutschen Journalisten unmittelbar nach Brandts Abreise zugestimmt haben, wonach die Vereinigten Staaten Brandts Bestreben, die Beziehungen mit den osteuropäischen Staaten zu verbessern, uneingeschränkt befürworteten. Daraus läßt sich folgern, daß es eher Nixon als Kissinger war, der den Wechsel in der Definierung des nationalen Interesses der USA bewirkte, wie er schließlich 1972 in Rogers' uneingeschränkter Anerkennung für die verschiedenen Vereinbarungen zum Ausdruck kam.

Kissinger übernahm eindeutig die führende Rolle in der Ausarbeitung neuer Vereinbarungen über Berlin. Die Möglichkeit eines deutsch-sowjetischen oder deutsch-deutschen Abkommens, das den Status von West-Berlin gefährdet hätte, war eine Sorge der Johnson-Administration gewesen. Kissinger dachte zunächst daran, die Verhandlungen über Berlin so zu erschweren und in die Länge zu ziehen, daß die Ostpolitik durchkreuzt worden wäre. Nach Brandts Erfolg bei Nixon begann Kissinger, eine wirkliche Vereinbarung mit den Russen und den anderen Siegermächten zu suchen. Seine eigenen Erinnerungen und die Memoiren Valentin Falins, ergänzt durch die Aussagen von Brandts Vertrautem, Egon Bahr, berichten genau von den Manövern, die diese Verhandlungen sowohl gegenüber dem amerikanischen Außenministerium als auch dem bundesdeutschen Auswärtigen Amt geheimhielten. Einer von Kissingers Mitverschwörern war Kenneth Rush, der damalige amerikanische Botschafter in Bonn. Bei einer günstigen Gelegenheit kamen Kissinger und Rush zu einem geheimen Treffen in Washington zusammen. Ironischerweise – jedenfalls in Anbetracht der späteren Ereignisse – war der Treffpunkt die Wohnung von Rushs Freund, Justizminister John Mitchells, in den Watergate Apartments.[27]

In seinem beständigen Bemühen, jegliches Zugeständnis als Hebel zu benutzen, verband Kissinger die Berlin-Verhandlungen mit anderen politischen Fragen. Die Russen, so dachte er, waren bestrebt, ihren Vertragsabschluß mit Brandt endgültig unter Dach und Fach zu bringen. Daher tat Kissinger alles, um die Sowjetunion zu einem Entgegenkommen zu bringen. Er hat vielleicht einige kleinere Gewinne

---

[26] Harry R. Haldeman, *The Haldeman Diaries. Inside the Nixon White House*, New York 1994 (Eintrag für den 3. März 1971). Eine ausführlichere Version dieser Tagebücher, zusammen mit Auszügen aus Haldemans Sammlung von Fotos und Videofilmen wurde als CD-ROM von Sony Electronic Publishing Company 1994 herausgebracht.

[27] Hersh (Anm. 20), S. 417. Siehe weiter: Valentin Falin, *Politische Erinnerungen*, München 1993, Kapitel 7 bis 10 und Karsten Schröder, *Egon Bahr*, Rastatt 1988, Kapitel 3.

bezüglich SALT erzielt und Zusicherungen für eine russische Unterstützung in der Vietnam-Frage erhalten. Die Russen beherrschen jedoch ebenfalls das Linkage-Spiel. Sie erreichten im Gegenzug Zugeständnisse, die aus Kissingers Bestreben resultierten, das Außenministerium aus den SALT-Verhandlungen herauszuhalten, sowie aus Nixons energischem Bemühen um ein Gipfeltreffen möglichst lange vor der nächsten amerikanischen Präsidentenwahl.[28] Die Ergebnisse dieses Kuhhandels sind als solche zweifellos wichtig, doch in unserem Zusammenhang nur von marginalem Interesse. Für uns ist von Bedeutung, daß die neuen Berlin-Vereinbarungen eine vollständige Neuformulierung der Haltung Amerikas in der deutschen Frage besiegelten.

Falls es zutrifft, daß Johnsons Rede vom Oktober 1966 einen kalkulierten Wechsel in der amerikanischen Politik markierte, was sagt dann ein solcher Vorgang darüber aus, wie die Definition des nationalen Interesses Gestalt annimmt und einen Änderungsprozeß durchläuft? Um über diese Frage nachzudenken, müssen die Ereignisse in einen allgemeineren Zusammenhang eingeordnet werden. Zur damaligen Zeit hatten die Vereinigten Staaten Frieden und Stabilität zu ihren wichtigsten Interessen nicht nur in Europa, sondern auch in anderen Teilen der Welt erklärt. Frieden und Stabilität sind jedoch ungenaue Begriffe. Wie „Macht" oder „Sicherheit" in der neo-realistischen Theorie der internationalen Beziehungen können sie leicht zu formelhaften Begriffen in tautologischen Aussagen werden. In den Jahren 1956 und 1968 waren die Amerikaner in der Lage, kurze Kriege in Ungarn und der Tschechoslowakei so zu interpretieren, als seien sie ihrem Interesse an Frieden in Europa dienlich. Später sahen die Vereinigten Staaten in einem der blutigsten Kriege der Geschichte – in dem Krieg zwischen dem Iran und dem Irak in den achtziger Jahren – keinen Widerspruch zu ihren Zielen von Frieden und Stabilität im Nahen Osten.

In einigen Teilen der Welt hatten die Vereinigten Staaten in der Ära der Ostpolitik ihre Interessen jedoch so formuliert, daß sie eher überprüfbar waren. Dies geschah nicht durch eine bewußte Kalkulation dessen, was die abstrakten Größen Frieden und Stabilität ausmachte. Vielmehr resultierte es aus Handlungszusammenhängen in Situationen, bei denen die realistische Basis für eine Einschätzung des nationalen Interesses unklar war.

Weltweit gab es drei Orte bzw. Regionen, wo die Vereinigten Staaten ihre Interessen so definiert hatten, daß sie bereit waren, amerikanisches Blut zu vergießen: Berlin, Korea und Südostasien. Jede amerikanische Administration seit Harry S. Truman hatte gelobt, um West-Berlin willen einen Dritten Weltkrieg zu riskieren. Im Auftrag der Vereinten Nationen hatten die Vereinigten Staaten einen aufwendigen, 33 Monate dauernden Krieg in Korea geführt. Seither unterhalten sie entlang der Grenze zwischen Nord- und Südkorea große Truppenverbände, die mit taktischen Nuklearwaffen ausgerüstet und zu einer erneuten Auseinandersetzung bereit sind. In den Jahren von 1966 bis 1972 kämpften mehrere Hunderttausend amerikanische Soldaten, um eine Eroberung Süd-Vietnams durch Nord-Vietnam hinauszuzögern.

---

[28] Kissinger (Anm. 21), S. 823 ff.

Warum Berlin, Südkorea und Südvietnam so zentral für das nationale Sicherheitsinteresse der USA wurden, versteht sich nicht von selbst. Es fällt nicht schwer zu behaupten, daß die Vereinigten Staaten ihr erklärtes Interesse an einer deutschen Wiedervereinigung entschlossener hätten verfolgen sollen. Gemessen am Kräftepotential – Soldaten, Facharbeiter, und Produktionskapazität – war Ostdeutschland im Kräftegleichgewicht viel wichtiger als West-Berlin, Korea und Südvietnam zusammen. Es fällt gleichermaßen nicht schwer, die Auffassung zu vertreten, daß die USA die deutsche Selbstbestimmung entschiedener und energischer als alle anderen Interessen hätten verfolgen sollen. Selbstbestimmung war in der amerikanischen Außenpolitik zumindest seit der Ära der Unabhängigkeitsbewegungen in Lateinamerika eines der wichtigsten Prinzipien gewesen. Es war ein Grundsatz, der während des Kalten Krieges sogar gegen eigene Verbündete aufrechterhalten wurde. Damit wurde auch die amerikanische Position gegenüber Berlin, Korea und Vietnam begründet. Die amerikanische Verpflichtung zugunsten der Selbstbestimmung für Deutschland war in den Vereinbarungen enthalten, die den Zweiten Weltkrieg beendet hatten, und sie tauchten wiederholt in feierlichen Erklärungen nicht nur des Präsidenten, sondern auch des Kongresses auf.

Um erklären zu können, weshalb die Vereinigten Staaten aufhörten, die Wiedervereinigung oder die Selbstbestimmung als wichtiges nationales Interesse zu definieren, muß man sich verdeutlichen, daß Interessendefinitionen weder durch Machtberechnungen noch durch Prinzipientreue allein erfolgen. Das Kräftepotential Ostdeutschlands konnte aus vielerlei Gründen unberücksichtigt bleiben. Die Tatsache, daß fast niemand eine energische Verfolgung der Wiedervereinigung befürwortete, hing damit zusammen, daß das Risiko einer sowjetischen Gegenmaßnahme stärker zu Buche schlug als der mögliche Nutzen. Darüber hinaus meinten viele, daß selbst eine erfolgreiche Befreiung Ostdeutschlands gefährlich sein könnte, da eine solche Maßnahme bei den Sowjets Ängste vor einem Verlust ihres Einflußbereichs hervorrufen könnte. Viele Experten vertraten die Meinung, eine Wiedervereinigung würde letztlich den Westen schwächen, entweder aufgrund der Reaktionen in anderen westlichen Staaten oder bedingt durch die Abwendung eines vereinigten Deutschlands von der westlichen Allianz. Es gab keine Möglichkeit herauszufinden, ob eines dieser Argumente zutreffend war. Das Beispiel veranschaulicht, daß „Macht" vor allem in den Vorstellungen existiert und mehr von Ängsten als von quantitativen Größen wie Soldaten oder Arbeitern bestimmt wird.

Grundprinzipien lassen sich in noch geringerem Maße messen. Es war für Amerikaner nicht schwierig, leidenschaftliche – und aufrichtige – Anhänger des Prinzips der deutschen Selbstbestimmung zu sein und gleichzeitig seine Realisierung auf unbestimmte Zeit hinauszuschieben. Prinzipien können immer nur Ziele für die Zukunft sein, nicht für die Gegenwart. Die Tatsache, daß viele Westdeutsche ebenfalls bereit waren, die Selbstbestimmung zurückzustellen, machte es für die Amerikaner um so einfacher.

Ein wichtiger Unterschied zwischen dem amerikanischen Interesse an einer deutschen Wiedervereinigung und den amerikanischen Interessen in West-Berlin, Südkorea und Südvietnam bestand darin, daß die USA in den letztgenannten Fällen gezwungen waren, möglichst genau zu sagen, was im Widerspruch zu ihren Interessen stand. Im Falle Berlins führte die Blockade 1948 dazu, die amerikanischen Interessen so zu definieren, daß eine sowjetische oder eine ostdeutsche Besetzung West-Berlins verhindert wurde und der Zugang nach Berlin und die westliche Militärpräsenz in der Stadt aufrechterhalten werden mußten. Die im Jahre 1958 einsetzende Berlin-Krise führte zu keinen neuen Überlegungen hinsichtlich dieser Interessen. Sie löste jedoch Zweifel am amerikanischen Interesse an einer Wiedervereinigung und der Selbstbestimmung aus, da es nun zu einem Test der im Jahre 1948 übernommenen Verpflichtungen kam. Würde die Ersetzung der Russen durch die Ostdeutschen den Fall West-Berlins einleiten? Würde sie den Zugang nach Berlin gefährden? Beeinflußte die Errichtung der Mauer die Integrität von West-Berlin? Die Beantwortung dieser Fragen wurde noch dadurch erschwert, daß der atomare Rüstungswettlauf den möglichen Preis einer Fehleinschätzung erhöht hatte. Doch die grundlegenden Interessen standen nicht zur Disposition. Sie waren im Kern nicht durch Machtkategorien oder Grundprinzipien bestimmt. Es war die nationale Ehre, die auf dem Spiel stand.

Dies war ebenso in Korea der Fall und zu einem gewissen Grad auch in Vietnam. Korea unterschied sich von Berlin insofern, als die Definition von amerikanischem Interesse niemals in gleichem Maße getestet wurde. Es war einfach nur ein Interesse an der Aufrechterhaltung der Waffenstillstandslinie von 1953 vorhanden. Vietnam unterschied sich von den beiden anderen Fällen dadurch, daß die amerikanische Interessendefinition nicht von vergleichbarer Klarheit war. Bis zum November 1963 war sie persönlicher Natur – recht zutreffend ausgedrückt mit dem Spruch „Sink or swim with Ngo Dinh Diem." Danach war die Formulierung eines bestimmten Interesses niemals wirklich präzise. Dies führte dazu, daß aus Vietnam eine Tragödie wurde, aber auch dazu, daß die Tragödie relativ begrenzt blieb. Wäre die Verpflichtung in Vietnam so klar umrissen gewesen wie in West-Berlin oder in Südkorea, wäre es vielleicht nicht möglich gewesen, sie mit lediglich 50 000 amerikanischen Toten und nur mit Amerikanern und Vietnamesen als Opfern zu beenden.

Diese Vergleiche tragen dazu bei, den Begriff des nationalen Interesses zu veranschaulichen. Die Vereinigten Staaten konnten ihr Interesse an einer Wiedervereinigung Deutschlands als „entscheidend" oder „wesentlich" hinstellen und es danach fast problemlos neu definieren. Dies hing nicht mit Veränderungen in der Machteinschätzung oder mit einem Prinzipienwandel zusammen, sondern damit, daß diese Interessen niemals real geworden waren. Sie hatten keine Geschichte, außer auf der rhetorischen Ebene. Es hatte niemals einen Testfall gegeben, wo die Vereinigten Staaten zu sagen gezwungen waren, was für sie unannehmbar war. Die Frage der nationalen Ehre kam niemals ins Spiel. Dieses Beispiel bringt uns einem besseren Verständnis des wichtigen und schwer definierbaren Konzepts von nationalem Interesse ein gutes Stück näher.

Die USA zwischen Deutschland und der Sowjetunion: 1947 und 1989

Philip Zelikow

Diese Studie untersucht den Zusammenhang zwischen allgemein gefaßten Definitionen nationalen Interesses und dem tatsächlichen außenpolitischen Entscheidungshandeln. Dazu werden zwei Beispiele aus der amerikanischen Geschichte nach dem Zweiten Weltkrieg herangezogen. In beiden Fällen handelt es sich um Weichenstellungen, in denen sich die USA politisch gesehen zwischen Deutschland und der Sowjetunion befanden. Als erstes Beispiel dient die Arbeit der amerikanischen Delegation bei der Moskauer Außenministerkonferenz im März und April 1947; als zweites die amerikanische Politik gegenüber Deutschland im November und Dezember 1989.

Marshall in Moskau 1947

Die Bedeutung der Moskauer Außenministerkonferenz ist allgemein anerkannt. Deutschland war zum wichtigsten Test für die Ost-West-Beziehungen nach dem Kriegsende geworden. Das gegenseitige Mißtrauen war bereits groß und substantielle Differenzen zwischen den Vereinigten Staaten und der UdSSR waren offensichtlich. Aber vor Moskau schien der Weg der Zusammenarbeit immer noch möglich, wenn auch schwierig. Moskau war ein Wendepunkt – „the first occasion on which the Allies systematically picked through the accumulated pile of German issues." Nach Moskau wurden fast alle Hoffnungen auf Zusammenarbeit aufgegeben, zumindest innerhalb der amerikanischen Regierung. Robert Murphy, damals diplomatischer Berater der amerikanischen Militärregierung in Deutschland, sprach für viele seiner Zeitgenossen: „It was the Moscow Conference of 1947, I believe, which really rang down the Iron Curtain."[1]

Die gängige Interpretation der Moskauer Konferenz kann wie folgt zusammengefaßt werden: Die Truman-Administration hatte bereits entschieden, daß die weltweite Konfrontation mit der Sowjetunion unvermeidlich war und eine Politik der Eindämmung verfolgt werden sollte. Dies wurde bereits während Marshalls Aufenthalt in Moskau deutlich, als Truman vor dem Kongreß seine berühmte Rede hielt, in der er ankündigte, daß Amerika Griechenland und der Türkei gegen die kommunistische Gefahr helfen würde. Entsprechend der vorherrschenden Meinung war

---

[1] Frank Ninkovich, *Germany and the United States. The Transformation of the German Question since 1945*, überarb. Aufl., New York 1995, S. 58; Robert Murphy, *Diplomat Among Warriors*, New York 1965, S. 307.

Marshalls Haltung in Moskau das Ergebnis dieser entschlossenen Wendung zur Politik der Eindämmung. Er weigerte sich, Kompromisse in Schlüsselfragen zu erwägen, vor allem in Fragen der Reparationen. Indem er sich so verhielt, favorisierte er solche Berater, die die stärker werdende antisowjetische Stimmung verkörperten. Dazu gehörten Charles Bohlen, H. Freeman Matthews, John Foster Dulles (der als Vertreter der Republikaner zu Marshalls Delegation gehörte, da diese gerade die Mehrheit im Kongreß übernommen hatten) und der amerikanische Botschafter in Moskau, Walter Bedell Smith. Marshall habe die Einsprüche von Militärgouverneur General Lucius Clay zurückgewiesen, der ernstgemeinte Kompromisse angeboten wissen wollte, um eine Chance für die Viermächte-Zusammenarbeit und die Vereinigung Deutschlands zu bewahren. Clay, verärgert durch die schroffe Abweisung, verließ Moskau. Folgt man dieser Sicht, war die Teilung Deutschlands, obwohl schon sehr wahrscheinlich, unvermeidlich. „Die Zusammenarbeit mit der Sowjetunion in Deutschland war auf höchster Ebene ... als mögliche politische Alternative offensichtlich abgeschrieben worden."[2]

Wichtige Aspekte dieser Interpretation sind ungenau. Zwar waren die Vereinigten Staaten auf eine allgemeine Politik der Eindämmung eingeschwenkt, was mit der Verkündung der Truman Doktrin offensichtlich wurde. Auch dachten viele Befürworter der Eindämmung, daß der Versuch der Moskauer Konferenz, eine Übereinstimmung mit den Sowjets über die Verwaltung von Deutschland zu finden, wahrscheinlich aussichtslos war. Deshalb rieten sie von größeren Kompromissen ab, besonders bei den Reparationen. Marshall jedoch traf in Moskau keine Entscheidung im Sinne der neuen Politik. Es gab eine Debatte zwischen Clay und Dulles über die Reparationen, aber Marshall lehnte Clays Vorschlag nicht ab – letztendlich akzeptierte er ihn gegen die Einsprüche von Bohlen, Dulles und Matthews. Bei seinem Kompromißvorschlag hielt sich Marshall an die Richtlinien, die Clay vorgeschlagen

---

[2] John H. Backer, *Die deutschen Jahre des Generals Clay. Der Weg zur Bundesrepublik 1945–1949*, München 1983, S. 210. Für ähnliche Darstellungen der Moskauer Außenministerkonferenz und der Reparationsfrage siehe John H. Backer, *The Decision to Divide Germany. American Foreign Policy in Transition*, Durham 1978, S. 149–170; Josef Foschepoth, Konflikte in der Reparationspolitik der Alliierten, in: *Kalter Krieg und deutsche Frage. Deutschland im Widerstreit der Mächte 1945–1952*, hg. von Josef Foschepoth, Göttingen 1985, S.186 f.; John Gimbel, *The Origins of the Marshall Plan*, Stanford 1976, S. 179–193; Hermann Graml, *Die Alliierten und die Teilung Deutschlands. Konflikte und Entscheidungen 1941–1948*, Frankfurt/M. 1985, S. 190 f.; Bruce Kuklick, *American Policy and the Division of Germany. The Clash with Russia over Reparations*, Ithaca 1972; Melvyn P. Leffler, *A Preponderance of Power. National Security, the Truman Administration and the Cold War*, Stanford 1992, S. 152–154, 506; Ninkovich (Anm. 1), S. 59 f.; Ernst Nolte, *Deutschland und der Kalte Krieg*, München 1974, S. 234; Jean Edward Smith, *Lucius D. Clay. An American Life*, New York 1990, S. 413–428; Anders Stephanson, *Kennan and the Art of Foreign Policy*, Cambridge, Mass. 1989, S. 127–130; Kenneth W. Thompson, *Cold War Theories. World Polarization 1943–1953*, Baton Rouge 1981, S. 68, 70; Daniel Yergin, *Shattered Peace. The Origins of the Cold War and the National Security State*, Boston 1977, S. 297–301.

hatte, und verteidigte seine Entscheidung gegenüber Truman in einer Botschaft, die Clay aufgesetzt hatte.

Marshalls Kurs rief sofort Bedenken sowohl in Washington als auch unter den britischen Delegierten in Moskau hervor. Truman wies Marshall an, seine Haltung zu ändern, aber stattdessen drängte Marshall Truman, seinen Standpunkt zu überdenken, und Truman machte einen Rückzieher. Die Sowjets jedoch reagierten nicht auf Marshalls Vorschlag, und dies – einhergehend mit dem sowjetischen Desinteresse an dem von amerikanischer Seite vorgeschlagenen Abrüstungsvertrag und Stalins eigenen Kommentaren in dieser Frage – überzeugte Marshall letztendlich, daß die sowjetische Regierung keine schnelle Lösung für die Zusammenarbeit der Alliierten in Deutschland wünschte. Er schlug folglich einen Weg ein, der zum Marshall-Plan, zur Aufgabe der Viermächte-Verwaltung für Deutschland und zur Schaffung eines westdeutschen Staates führte.[3]

Marshall war im Januar 1947 Außenminister geworden. Die Vorbereitungen für seine bevorstehende Reise nach Moskau standen im Brennpunkt der Diskussion innerhalb und außerhalb der Regierung. Marshall war der Meinung, daß er den Versuch machen sollte, eine Vereinbarung über fundamentale Prinzipien zu erreichen, die zu Verhandlungen auf untergeordneter Ebene über die Viermächte-Verwaltung und den Inhalt eines Friedensvertrages für Deutschland führen konnten.[4]

Die amerikanische Regierung und die Delegation Marshalls waren gespalten. Charles Kindleberger, ein Wirtschaftsfachmann, der im State Department an der Spitze einer Abteilung für deutsche und österreichische Wirtschaftsfragen stand, erinnerte sich später: „The political side of the department, George Kennan, H. Freeman Matthews et al., had grown weary trying to negotiate practical agreements with the Soviet Union ... and were inclined to think the cause of reaching satisfactory agreements hopeless. Those in OMGUS [Office of the Military Government of the United States] in Berlin trying to negotiate about Germany, and the economists in

---

[3] Für Interpretationen, die genauer sind, siehe Anne Deighton, *The Impossible Peace. Britain, the Division of Germany and the Origins of the Cold War*, Oxford 1990, S. 136–154; Wolfgang Krieger, *General Lucius D. Clay und die amerikanische Deutschlandpolitik, 1945–1949*, Stuttgart 1987, S. 225–233; Werner Link, Die amerikanische Deutschlandpolitik 1945–1949, in: Alexander Fischer u. a., *Die Deutschlandfrage und die Anfänge des Ost-West-Konflikts 1945–1949*, Berlin 1984, S. 7, 13–15. Deighton präsentiert ein klares Bild von der Bestürzung, die die britische Delegation fühlte, als sie von Marshalls Idee hörte, aber sie distanziert sich nicht von den Ausführungen amerikanischer Historiker über das, was innerhalb Marshalls eigener Delegation geschah. Kriegers allgemeine Interpretation ist solide, aber er mißversteht die Substanz von Marshalls Reparations-Vorschlag.

[4] Siehe Marshalls Erklärung vom 14. Februar 1947 vor dem Foreign Relations Committee des Senats. Foreign Relations of the United States (nachfolgend FRUS) 1947, Bd. 2, S. 167. Sowie seine Erklärung bei der Abfahrt am 5. März 1947. George C. Marshall Papers, Speeches, Bd. 7, 1947. George C. Marshall Library, Lexington, Virginia. Siehe ferner die Pressekonferenz am 7. und 14. Februar 1947. Marshall Papers, Box 157, Folder 6, Marshall Library.

the Department in Washington...may have been naive about the prospects. We thought it worth a try."⁵

Kurz nach der Abreise Marshalls nach Moskau verkündigte Truman seinen Plan, Griechenland und der Türkei zu helfen. Marshall kümmerte sich wenig um die antikommunistische Rhetorik, obwohl er die Notwendigkeit einsah, die Probleme im östlichen Mittelmeer anzusprechen.⁶ Aber er war vollständig durch die Fülle der Fragen in Anspruch genommen, die mit der Zukunft Deutschlands und Österreichs zu tun hatten. Die wichtigsten waren die wirtschaftliche Vereinigung Deutschlands und die Zahlung der Reparationen.

Die Schlüsselfrage vor Moskau lautete: Was würden die Vereinigten Staaten tun, wenn die Sowjets nicht nur dazu bereit wären, ein höheres deutsches Industrieniveau zu erlauben, sondern auch dazu, eine ausgeglichene deutsche Wirtschaftsbilanz zu genehmigen und eine gesamtdeutsche Wirtschaftsverwaltung zu akzeptieren. Die Frage war konkreter und nicht theoretischer Natur. Die Sowjets und die Briten waren aus verschiedenen Gründen gewillt, das Industrieniveau zu erhöhen und eine bedeutend höhere Produktion zu erlauben. Die Sowjets hätten eine Erhöhung der Produktion zum Ausgleich von Importkosten akzeptieren können, solange ein Teil dieser Zunahme den von ihnen gewünschten Reparationen zufließen würde. Bereits in Potsdam hatten sie einer ausgeglichenen Wirtschaftsbilanz zugestimmt. Ferner hatten die Sowjets angedeutet, daß sie der Wirtschaftseinheit zustimmen könnten, wenn die Amerikaner und Briten Reparationslieferungen aus der laufenden Produktion zugestehen würden.⁷ Waren die Amerikaner darauf vorbereitet, einen Kompromiß auf dieser Grundlage anzubieten?

---

⁵ Charles P. Kindleberger, *Marshall Plan Days*, Boston 1987, S. 174. Über Bohlens Standpunkt, wie er sich zu dieser Zeit entwickelt hatte, siehe sein Memorandum vom 11. Februar 1947, zit. in Michael Ruddy, *The Cautious Diplomat. Charles E. Bohlen and the Soviet Union, 1929–1969*, Kent 1986, S. 71. Zu den Ansichten von Dulles siehe John Foster Dulles. *War or Peace*, New York 1950, S. 102–105 und Ronald W. Pruessen, *John Foster Dulles. The Road to Power*, New York 1982, S. 332–337. Zu Smith siehe Walter Bedell Smith, *My Three Years in Moscow*, Philadelphia 1950, S. 211 f. Zu H. Freeman Matthews siehe Hugh De Santis, *The Diplomacy of Silence. The American Foreign Service, the Soviet Union, and the Cold War, 1933–1947*, Chicago 1983; Walt W. Rostow, *The Division of Europe After World War II: 1946*, Austin 1981 und Martin Weil, *A Pretty Good Club. The Founding Fathers of the U.S. Foreign Service*, New York 1978. Für vergleichbare Ansichten von Colonel Charles Bonesteel im Kriegsministerium siehe Leffler (Anm. 2), S. 152. Für Kennans schon lange feststehende Meinung, daß die amerikanischen Bemühungen, mit Moskau bei der Verwaltung Deutschlands zusammenzuarbeiten, nur russischen Interessen dienen würden, siehe George F. Kennan, *Memoirs 1925–1950*, New York 1967, S. 258 ff.; Wilson D. Miscamble, *George F. Kennan and the Making of American Foreign Policy, 1947–1950*, Princeton 1992, S. 143 f.
⁶ Charles E. Bohlen, *Witness to History 1929–1969*, New York 1973, S. 261.
⁷ Der Position der französischen Regierung wird in dieser Studie wenig Aufmerksamkeit geschenkt; hauptsächlich deswegen, weil die Franzosen bei der Moskauer Außenministerkonferenz all ihre politische Energie einer Frage widmeten: mehr deutsche Kohle zu bekommen. Die Amerikaner hatten zunehmendes Verständnis dafür, obwohl Marshall die damit verbundene französische Forderung nach Loslösung der Saar und des Ruhrgebiets von Deutschland nicht akzeptierte. Über die Bedeutung der Franzosen in Moskau und ihre Haltung siehe Kindleberger (Anm. 5), S. 186 f.; Heike Bungert, A New Perspective on French-American Relations During the Occupation of Germany, 1945–1948. Behind-the-Scenes Diplomatic Bargaining and the Zonal Merger, in: *Diplomatic History* 18 (1994), S. 333–352.

Clay hatte im Sommer 1946 einen solchen Handel vorgeschlagen. Er machte diesen Vorschlag in einem Brief, den er Byrnes übergab und der im State Department geheimgehalten wurde.[8] Diejenigen, die dem Versuch, mit den Sowjets zu kooperieren, am skeptischsten gegenüberstanden, widersetzten sich Reparationen aus der laufenden Produktion und waren auch gegen jede Wiederaufnahme von Reparationslieferungen. Vor Marshalls Abreise war keine Annäherung der unterschiedlichen Standpunkte in Sicht.[9]

Während der ersten beiden Wochen der Moskauer Verhandlungen blieb die Diskussion innerhalb der amerikanischen Delegation, wie die kritischen Probleme zu lösen wären, auf kleiner Flamme. Clay, ein Vier-Sterne-General, der im Begriff war, das Kommando über alle amerikanischen Streitkräfte in Deutschland zu übernehmen, hatte der Delegation ursprünglich nicht angehört. Aber Marshall ließ ihn nachkommen. Er meinte, „he wasn't getting enough facts on the political side from his staff..."[10]

Am 22. März begann Marshall eine energische Haltung einzunehmen. Gegenüber dem britischen Außenminister Ernest Bevin ließ er verlauten: „We had been examining the situation to see if there might not be some procedure such as the operation in Germany of reparation plants for the benefit of the Soviets, they providing the raw materials, etc., which would permit a form of reparations from current production without delaying the creation of a self-supporting German economy." Bevin drückte gegenüber Marshall höflich seine Zweifel an der Durchführbarkeit eines solchen Plans aus. Tatsächlich aber waren er und seine Delegation alarmiert. Sie setzten nicht mehr auf eine Zusammenarbeit mit den Sowjets. Im Hinblick auf Reparationen wollten sie aufpassen, „not to get into detailed discussions which the public everywhere may expect to lead to a compromise."[11]

Am selben Tag erreichte Marshall die Zustimmung für neue Richtlinien, um bestehende Meinungsverschiedenheiten zu verringern. Einige Tage später schlug

---

[8] Der Brief ist veröffentlicht in *The Papers of General Lucius D. Clay: Germany 1945–1949*, hg. von Jean Edward Smith, Bloomington 1974, Bd. 1, S. 279–284. Über Byrnes Geheimhaltung des Briefes siehe Kindleberger (Anm. 5), S. 189.

[9] Siehe Principal Economic Issues... Memorandum Nr. 2 – Reparation, S. 3 f. Das Memorandum, obwohl es die Möglichkeit für zusätzliche Reparationen aus der laufenden Produktion offenhält, listet in Annex D peinlich genau die entmutigenden logistischen und rechtlichen Probleme auf, denen man bei der Einführung einer solchen Regelung begegnen würde. FRUS 1947, Bd. 2, S. 198 f.

[10] Kindleberger an seine Frau, 16. März 1947 und Kindleberger an de Wilde und Oliver, 17. März 1947. Charles P. Kindleberger, *The German Economy 1945–1947. Charles P. Kindleberger's Letters from the Field*, Westport 1989, S. 145, 149. Über die Diskussion auf kleiner Flamme siehe Kindlebergers Brief vom 12. März an John de Wilde und an seine Frau in *Marshall Plan Days* (Anm. 2), S. 190 und *The German Economy*, S. 142.

[11] Patrick Dean an Pearson Dixon, 17. März 1947, zit. in Deighton (Anm. 3), S. 138. Für weitere Hintergrundinformationen über die britische Position siehe auch Sean Greenwood, Bevin, the Ruhr, and the Division of Germany: August 1945–December 1946, in: *Historical Journal* 29 (1986), S. 203–212.

Marshall eine prozedurale Veränderung vor. Die Minister sollten sich in nicht öffentlichen Sitzungen mit nur wenigen Beratern treffen, um die „basic questions" zu diskutieren. Das erste dieser Treffen war für den 1. April angesetzt und sollte sich der wirtschaftlichen Vereinigung und der Reparationen annehmen.[12] Die Zeit der Entscheidung war gekommen, und die Debatten innerhalb der Delegation wurden heftiger. Clay drängte auf ein amerikanisches Angebot, das die wirtschaftliche Einheit im Gegenzug für Reparationen aus der laufenden Produktion bringen würde. Er ging noch weiter und war sogar bereit, mit solchen Lieferungen zu beginnen, noch bevor eine ausgeglichene Wirtschaftsbilanz erreicht war. Clay traf auf den entschiedenen Widerstand von Dulles, der privat mit Senator Vandenberg korrespondierte. Auch Marshall lehnte anfänglich Clays Bitten ab und weigerte sich, von der bestehenden amerikanischen Position abzugehen. Marshalls Spitzenberater, Benjamin Cohen und die Ökonomen des State Department bereiteten schließlich einen Kompromiß vor, der einen Zeitplan für die Entnahme von Reparationen aus der laufenden Produktion bei ausgeglichener Wirtschaftsbilanz vorsah, wenn die Sowjets im Gegenzug Waren im Wert von mindestens 75 % von dem, was sie als Reparationen bekommen würden, liefern würden.

Clay reagierte unzufrieden über die Art, wie die Delegation geführt wurde. Aus seiner Sicht schien die Chance, Deutschland zu vereinigen, verloren zu gehen. Er beklagte sich sogar bei seinem sowjetischen Gegenüber, Marschall Wassilij Sokolowski, daß man es den Militärs selbst hätte überlassen sollen, die Angelegenheit auszuarbeiten. Clay wollte, so wurde berichtet, am 30. März in sein Hauptquartier in Berlin zurückkehren.[13] Am 29. März jedoch bat Marshall Clay, Mason und Bohlen, die Verhandlungspositionen erneut zu durchdenken. In den Augen der Wirtschaftsexperten wollte Clay „one more try" versuchen.[14] In der Tat machte Clay den Vorschlag, das Industrieniveau zu erhöhen. Er wollte den Vorteil der zunehmenden Produktion dazu nutzen, um Reparationen aus der laufenden Produktion in Betracht

---

[12] Für die Zitate von Marshall siehe Moscow 963, Delsec 1336, 22. März 1947, FRUS 1947, Bd. 2, S. 278 sowie die Niederschrift der 17. Sitzung des Rats der Außenminister: USDEL (47) (M)17th Mtg, in: Department of State, The Council of Foreign Ministers and Records of Decisions – The Moscow Session, 1947, Truman Library. Siehe auch Moscow 1093, Delsec 1367, 30. März 1947, FRUS 1947, Bd. 2, S. 297.

[13] Siehe Kindleberger an de Wilde und Oliver, 24. März 1947. Kindleberger, *The German Economy* (Anm. 10), S. 153 f.; Mason an Thorp, 26. März 1947. Charles P. Kindleberger Papers, State Dept. File, Box 5, Folder for Memoranda, 1947, Truman Library; und George Jacobs und Kindleberger an de Wilde und Oliver, 29. März 1947. Kindleberger, *The German Economy* (Anm. 10), S. 157 f. (hier das Zitat über Clays Reaktion). Die Wirtschaftsexperten erkannten, daß Cohens Kompromiß die Russen nicht zufrieden stellen würde, aber sie hofften, es könnte verstanden werden „as a sincere attempt to do something to meet the Russian views". Die Konferenz könnte dann in Freundschaft auseinandergehen und in einigen Monaten wieder aufgenommen werden. Jacobs und Kindleberger an de Wilde und Oliver, 29. März 1947. Kindleberger, *The German Economy* (Anm. 10), S. 158 f.

[14] Jacobs und Kindleberger an de Wilde und Oliver, 29. März 1947. Kindleberger, *The German Economy* (Anm. 10), S. 159.

zu ziehen, „if and when economic balance is obtained". Die Entnahme von Reparationen aus der laufenden Produktion würde im Austausch für die sowjetische Zustimmung zur Herstellung der wirtschaftlichen Einheit zugestanden werden. Alle Einzelheiten sollten den Militärregierungen überlassen bleiben. Clay war gegen „an adamant stand on production for reparations unless this study is made and shows the cost unwarranted."[15]

Bohlen argumentierte gegen den Kompromißvorschlag. Mißtrauisch gegenüber sowjetischen Versprechungen wollte er auf der Vollendung der ökonomischen Vereinigung bestehen, bevor man überhaupt an Reparationen aus der laufenden Produktion denken konnte. Auch Dulles argumentierte in dieser Weise. „There appears to be little possibility, in fact, of giving the Soviet Union anything approaching *what* it wants *when* it wants it, out of the Western zone unless in effect the United States is prepared to pay for it." Zur Unterstützung seines Vorschlags setzte Clay ein Telegramm auf, das Marshall an Truman senden konnte. Der Wirtschaftsfachmann des State Department, Edward Mason, war mit Clays Entwurf einverstanden.[16]

Am 31. März trug Marshall die amerikanische Haltung im Hinblick auf die wirtschaftliche Vereinigung vor, die von den Wirtschaftsexperten entworfen worden war.[17] Er konzentrierte sich auf die praktischen ökonomischen Probleme in Deutschland.[18] Sein konkretes Ziel war eine Vereinbarung über Grundsätze. Bevin spezifizierte dagegen genau, was die sowjetische Zustimmung zur ökonomischen Vereinigung bedeuten würde. Offensichtlich zog Molotow Marshalls abstrakteren Zugang vor und bot an, sich zusammen mit den Amerikanern über prinzipielle Fragen zu einigen. Später am selben Tag traf Marshall seine Entscheidung über das, was er am nächsten Tag in kleinem Kreis anbieten würde. Darüber informierte er Präsident Truman. Ein höheres deutsches Industrieniveau war mit der Verringerung der Anzahl von Produktionsmitteln verbunden, die für Reparationen entfernt werden konnten. (Clay

---

[15] Clay an Marshall, handgeschriebene Zusammenfassung, 30. März 1947. *Papers of General Lucius D. Clay* (Anm. 8), Bd. 1, S. 331.

[16] Kindleberger an seine Frau, 30. März 1947. Kindleberger, *The German Economy* (Anm.10), S. 160 f. Dulles an Marshall, 30. März 1947, zit. in Pruessen (Anm. 5), S. 343. Dulles erwiderte völlig die Feindseligkeit der Wirtschaftsexperten ihm gegenüber. Kindleberger erinnert sich in demselben Brief vom 30. März, von den Briten gehört zu haben, Dulles habe einem französischen Experten gegenüber geäußert, „not to consult with the economic people in the U.S. delegation, that he would find their political people, i.e. Matthews and Riddleberger, much more sympathetic". Kindleberger dachte, Dulles' Kommentar war „the moral equivalent of diplomatic treason".

[17] Die folgende Zusammenfassung basiert auf dem Sitzungsprotokoll USDEL(47)(M)18th Mtg, 31. März 1947. Department of State, Council of Foreign Ministers: Minutes and Records, Truman Library; Moscow 1122, Delsec 1376, 31. März 1947, FRUS 1947, Bd. 2, S. 299 ff.

[18] Als Marshall seine Warnung aussprach, gab es Plünderungen an der Ruhr. Über sie wurde Präsident Truman berichtet als „the first mass protest against the food shortages which have existed for months". Department of State, Summary of Telegrams, 4. April 1947, Naval Aide Files, State Department Briefs, Box 20, Truman Library.

hatte diesen Punkt bereits angesprochen). Der Umfang der Reparationen aus der laufenden Produktion würde von der Fähigkeit Deutschlands abhängen, einen Exportüberschuß zu erwirtschaften. Die Planung für Reparationen aus der laufenden Produktion könnte sofort beginnen und die Lieferung von solchen Reparationen unverzüglich einsetzen, wenn eine Verwaltung für ganz Deutschland etabliert wäre.[19]

Während der nächsten zwölf Stunden hörte Marshall nichts aus Washington, und er fügte ein weiteres Zugeständnis hinzu. Wenn Reparationen aus Produktionsmitteln durch Reparationen aus der laufenden Produktion ersetzt würden, sollte eine Entscheidung über den Umfang der laufenden Produktion darauf beruhen, die Produktionsmittel in ihrem Wert als bestehendes und nicht als demontiertes Unternehmen zu bemessen. Molotow gefiel dieser Punkt, und er versprach, Marshalls gesamten Vorschlag zu prüfen. Bevin setzte dann Molotow damit zu, den Großteil der Sitzung mit einer langen fruchtlosen Debatte über eine Rechtsfrage zu verbringen. Ließ das Potsdamer Abkommen überhaupt Reparationen aus der laufenden Produktion zu? Obwohl Marshall dringend darum bat, nur Richtlinien für die Expertengespräche festzulegen, kam es nicht zu einer Diskussion seines Vorschlags.[20]

---

[19] Moscow 1118, Delsec 1375, 31. März 1947. FRUS 1947, Bd. 2, S. 298 f.

[20] Sitzungsniederschrift USDEL(47)(M), 1st informal meeting, 1. April 1947. Department of State, Council of Foreign Ministers: Minutes and Records, Truman Library; Moscow 1143, Delsec 1379, 1. April 1947. FRUS 1947, Bd. 2, S. 303 f. Um das Verständnis der Delegation über die Bedeutung der bestehenden Unternehmen bei der Bewertung der Produktionsmittel würdigen zu können, siehe Annex D von „Principal Economic Issues" (wie oben Anm. 9). Dort heißt es z. B.: „It is generally accepted that a German plant of relatively full capacity production can produce the value of the moveable capital equipment embodied in it in less than a year." In der Tat dachten die Wirtschaftsexperten, daß Marshalls Formulierung zu weit gegangen war, da sie den Wert des Landes und finanzielle Vermögenswerte bei der Bewertung eines Unternehmens einschloß. Kindleberger an de Wilde und Oliver, 1. April 1947. Kindleberger, *The German Economy* (Anm. 10), S. 163.
Krieger glaubt fälschlicherweise, daß Marshalls Reparationsvorstoß vier Bedingungen hatte, darunter die Korrektur der deutschen Grenze mit Polen und die sowjetische Zustimmung zu dem Viermächte-Abrüstungsvertrag, wie er ursprünglich von Byrnes vorgeschlagen worden war. Vgl. Krieger (Anm. 3), S. 225. Der Bezug auf die Abrüstung war eine rhetorische Geste, um diejenigen zu beruhigen, die eine Wiederbelebung des deutschen Militarismus befürchteten, falls es zu einer Anhebung des deutschen Industrieniveaus kommen würde. Der Abrüstungsvertrag konnte keine Vorbedingung für Reparationen sein, da er keine Vorbedingung für die Erhöhung des Industrieniveaus gewesen war – ein Schritt, auf den sich Amerikaner, Briten und Sowjets im Prinzip verständigt hatten. Die Offiziellen damals in Washington – wie Krieger in seinem Buch – haben diesen Punkt nicht vollkommen verstanden und waren deshalb besorgt, Marshall würde neue Hindernisse bei der Erhöhung des Industrieniveaus schaffen. Tatsächlich hatte er gerade den entgegengesetzten Wunsch. Der Hinweis auf die Grenzziehung enthielt keine Bedingung, sondern bezog sich auf einen oft wiederholten Punkt: Reparationspläne, die mit dem Prinzip einer ausgeglichenen Wirtschaftsbilanz verbunden waren, mußten dem geringeren Exportüberschuß Rechnung tragen, der in der sowjetischen Zone verfügbar sein würde, falls deutsche Produkte aus landwirtschaftlichen Gegenden unter polnischer Verwaltung von den Berechnungen ausgeschlossen blieben.

Marshall hatte die wesentlichen Elemente von Clays Vorschlag übernommen. Obwohl die Reparationen an die Schaffung einer gemeinsamen Verwaltung in Deutschland gebunden waren, stimmten die Sowjets der Vereinigung im Gegenzug zu Reparationen aus der laufenden Produktion zu. Marshall ließ in Übereinstimmung mit Clay auch offen, wie die Lieferung der neuen Reparationen mit der vorausgehenden Verwirklichung einer ausgeglichenen Wirtschaftsbilanz in Deutschland zusammenhängen sollte.[21]

Der tatsächliche Umfang der Reparationen hätte noch in Verhandlungen gelöst werden müssen. Seit dem Aussetzen der Reparationslieferungen im Mai 1946 gab es keine konkreten Zahlen oder festen Pläne für den weiteren Abbau von Produktionsmitteln. Auch der Umfang eines höheren Industrieniveaus in Deutschland war unklar. Details sollten in Berlin ausgearbeitet werden. In seinen Erinnerungen schrieb Clay, daß Marshalls Lösung eine Formel hervorbrachte, die von „beträchtlicher Flexibilität" war. Die sowjetische Delegation habe dies entweder übersehen, oder – was wahrscheinlicher sei – sie habe überhaupt kein konkretes Konferenzergebnis angestrebt.[22]

Wenn Marshall Clays Rat folgte, warum verließ dann Clay so verärgert Moskau? Die Erklärung liegt wahrscheinlich in persönlichen Gründen. Am 31. März hatte Marshall zu entscheiden, wer ihn zum ersten Treffen im kleineren Kreis begleiten würde. Wie üblich entschied er sich für Cohen und Bohlen, besetzte aber den letzten freien Platz mit Bedell Smith und nicht mit Clay. Am selben Tag übersandte Clay Marshall eine knappe Notiz, in der er seine Absicht ausdrückte, zu seinem Kommando in Berlin zurückzukehren. Kindleberger, der von alldem nichts wußte, notierte: „Some wiseacres believe [Marshall] took Smith [to the restricted meeting] to avoid a choice between Dulles and Clay. This is the only explanation which has a glimmer of

---

[21] Cohen fragte nach zusätzlichen Unterlagen zu den Reparationsfragen, gleich nachdem Marshall initiativ geworden war. Kindleberger zum Autor am 6. März 1995: „Marshall and Cohen thought that reparations out of current output would be satisfactory if the Soviet Union agreed to the principles of treating the four zones as an economic unit and the first-charge principle; but were leery of trusting Clay to adhere to them in his anxiety to make a deal with the Russians ... On the whole, Clay emphasized the reparations out of current production, Cohen ... the qualifications." Marshall hatte in der Tat das „first-charge"-Prinzip verwässert, indem er der Frage auswich, ob eine ausgeglichene Wirtschaftsbilanz vor dem Beginn der Entnahme jeglicher Reparationen aus der laufenden Produktion erreicht werden mußte. Es scheint, daß Cohen bereit war, einige der unklaren Aspekte des Vorschlages festzulegen, bevor man die Planung neuer Reparationen an die Militärregierungen übergab. Aber da Marshalls Vorschlag nie im Detail diskutiert wurde, blieben die genauen Umrisse der amerikanischen Flexibilität ungeprüft.

[22] Lucius D. Clay, *Decision in Germany*, Garden City 1950, S. 150. Der Gedanke, daß Marshalls Vorschlag von einem von Clays Gegnern kam, etwa von Dulles, ist nicht korrekt. Niemand außer Clay hatte eine Formulierung wie diejenige, die Marshall beschlossen hatte anzubieten, vorgeschlagen. Anhänger der „Eindämmungs"-Theorie wie Backer, Jean Edward Smith und Anders Stephanson lehnen sich zum Teil an die ökonomische Analyse von Manuel Gottlieb an: *The German Peace Settlement and the Berlin Crisis*, New York 1960. Aber Gottlieb erkannte an, daß Marshalls Vorschlag vom 1. April Clays persönliche Handschrift trug, obwohl Gottlieb offensichtlich keine Klarheit über die Einzelheiten von Marshalls Vorschlag hatte. Ebd., S. 158.

sense in it." Aber Clay, der die amerikanische Delegation in dem Expertenkomitee angeführt hatte, das gerade in Moskau zusammengekommen war, war zweifelsohne beleidigt. Vier-Sterne-Generäle lieben es nicht, wie Stabspersonal behandelt zu werden, und die Reibungen zwischen Clay und Bedell Smith, der keinen vierten Stern erhalten hatte, waren nicht neu. Kindleberger hielt einige Tage später fest, Clay sei verstimmt gewesen, „particularly when the Secretary took Smith to Tuesday's [1. April] closed session instead of Clay. Clay refused to come to a Cohen staff meeting on Tuesday night and has more or less washed his hands of a conference failure."[23]

Marshalls geplanter Kompromiß über die Reparationen ließ in Wahington die Alarmglocken klingeln. Marshalls Botschaft an Truman war am 31. März angekommen. Acheson ließ die Botschaft einige wenige Offizielle im State Department lesen. Sie erkannten, daß sich Marshall von der Position entfernte, die sie als festgelegt betrachteten. Hastig wurde im State Department eine Antwort entworfen, „for the Secretary from the President (Eyes Only)." Nachdem Acheson es vor Senatoren als Fehler hingestellt hatte, „to believe that you can, at any time, sit down with the Russians and solve questions", ging er zum Weißen Haus und überredete Truman, ein entsprechendes Telegramm an Marshall abzuzeichnen.[24]

Aber Marshall widersetzte sich dieser Richtlinie von Präsident Truman. In seiner Antwort („to Acheson Personal Eyes Only for the President from Marshall") erklärte Marshall, daß die Washingtoner Botschaft ihn erst erreicht hatte, als er seine Kollegen inoffiziell bereits über seine Vorstellungen ins Bild gesetzt hatte. Dann fügte er hinzu: „I am fearful that terms, which you suggest be made clear in advance of study [of reparations from current production], are somewhat too restrictive and may not afford necessary elbow room for negotiation."[25] Dies fand zweifelsfrei Trumans Aufmerksamkeit. Der Präsident überdachte die Angelegenheit. Er erklärte sich mit Marshalls Haltung einverstanden, solange nicht die Reparationen aus der laufenden Produktion dem Ziel einer ausgeglichenen Wirtschaftsbilanz zuwiderliefen oder dringend benötigte Kohle und Rohstoffe abgezweigt wurden. Marshalls Vorschlag hatte diese beiden Bedenken bereits berücksichtigt.[26]

---

[23] Für die Notiz Clays siehe *Papers of General Lucius D. Clay* (Anm. 8), Bd. 1, S. 332. Für die Zitate siehe Kindleberger an de Wilde und Oliver, 1. April 1947, und Kindleberger an seine Frau, 5. April 1947. Kindleberger, *The German Economy* (Anm. 10), S. 162, 167.

[24] Das Acheson-Zitat aus einer Aussage vom 1. April findet sich bei Yergin, *Shattered Peace* (Anm. 2), S. 296. Das Telegramm an Marshall wurde entworfen von Ernest Gross im Occupied Territories Bureau und von John Hickerson im Office of European Affairs. Es wurde genehmigt vom Undersecretary of State for Economic Affairs, Will Clayton, bevor Acheson und Hilldring mit Truman um 17.00 Uhr zusammentrafen. Siehe FRUS 1947, Bd. 2, S. 301 ff. und das Original-Telegramm mit den verschiedenen Anmerkungen in den National Archives, Record Group 49, Box C-234, 4-147. Siehe auch President's Appointment File, President's Secretary's Files, Box 86, Daily Sheets, Truman Library.

[25] Moscow 1167, Delsec 1385, 2. April 1947. FRUS 1947, Bd. 2, S. 306 f.

[26] Secdel 1420, 3. April 1947. National Archives, RG 49, Box C-234, 4-347. Die Botschaft zeigt, daß sie unter Trumans Anleitung konzipiert wurde.

Die britische Delegation nahm Marshalls Vorschlag vom 1. April sehr ernst und war ziemlich beunruhigt. Sie bemühte sich, die Diskussion in eine andere Richtung zu lenken.[27] Dies gelang, was zum Teil daran lag, daß auch die Sowjets die Angelegenheit fallen lassen wollten. Nachdem eine Woche ohne jede Antwort von Molotow auf Marshalls Vorschlag vergangen war, schrieb Mason entmutigt nach Hause: „None of us think there is a slight chance of the Soviet government accepting the proposal, at least at this conference." Aber Mason tröstete sich mit dem Gedanken, daß die Vereinigten Staaten wenigstens versucht hätten, einen Weg zu finden, das Industrieniveau zu erhöhen, und Vorschläge gemacht hatten, wie Reparationen aus der laufenden Produktion mit dem Potsdamer Abkommen verbunden werden könnten.[28] Dadurch war ein Washingtoner Tabu gebrochen, und es wurde eingeräumt, daß Potsdam Verhandlungen über diese Art von Reparationen erlaubt.

Ungefähr zur selben Zeit wurde auch Marshall pessimistischer, ob überhaupt irgendein Fortschritt zu erreichen wäre. Er beriet sich mit Bevin am 8. April, wie man fortfahren sollte. Bevins Bericht von diesem Treffen spricht von Marshalls Bereitschaft, „to consider seriously whether there could not be some saving of United States expenditures if the Russians would play straight on economic unity."[29] Aber Marshall und Bevin stimmten zugleich über die Notwendigkeit von Planungen überein, auch ohne die Russen mit der britisch-amerikanischen Bizonen-Verwaltung voranzugehen.

Marshall versuchte auch, die sowjetische Zustimmung für einen Viermächte-Abrüstungsvertrag zu gewinnen. Aber die Sowjets setzten weiter darauf, einen Abrüstungsvertrag mit ihren politischen Präferenzen im Hinblick auf die Bodenreform und die Bildung einer deutschen Regierung zu verbinden. Da der Vertrag Deutschland vollkommen entwaffnete, fand Marshall die starre sowjetische Haltung besonders frustrierend. Nachdem er am 15. April Stalin persönlich seinen Standpunkt dargelegt hatte, war Marshall darüber beunruhigt, daß Stalin die Moskauer Verhandlungen lediglich als Sondierungsgespräche verstanden wissen wollte.[30]

---

[27] Deighton, *The Impossible Peace* (Anm. 3), S. 136, 151–154.

[28] Mason an Thorp, 7. April 1947. Charles P. Kindleberger Papers, State Dept. File, Box 5, Folder for Memoranda 1947, Truman Library.

[29] Zit. nach Deighton, *The Impossible Peace* (Anm. 3), S. 154.

[30] Für das Treffen mit Stalin siehe Bohlens Memorandum in: FRUS 1947, Bd. 2, S. 337–343. Wenn Marshall es aufgegeben hätte, die Sowjets zu überzeugen, hätte er nicht in einem weiteren nur für Acheson und Truman bestimmten Telegramm vertraulich mitgeteilt: „I do hope no leak on that interview [mit Stalin] will occur as I think I will profit much more if our discussion, particularly my frank statements, do not appear to stir up all sorts of talk which will merely stiffen his backbone in resentment. Later on we might find it desirable to release his statement, but I doubt it." Moscow 1425, Kosmos 48, 17. April 1947. FRUS 1947, Bd. 2, S. 351. Den einzigen Grund für die sowjetische Opposition gegen den Viermächte-Abrüstungsvertrag sah Marshall in der sowjetischen Gegnerschaft gegen die militärische Präsenz der USA in Europa. Moscow 1511, Delsec 1458, 22. April 1947. FRUS 1947, Bd. 2, S. 376. Für weitere Informationen zum Hintergrund des Abrüstungsvertrages siehe John Gimbel, Die Vereinigten Staaten, Frankreich und der amerikanische Vertragsentwurf zur Entmilitarisierung Deutschlands, in: *Vierteljahreshefte für Zeitgeschichte* 22 (1974), S. 258–286.

Nach Hause zurückgekehrt, gab Marshall in einer Radioansprache einen detaillierten Bericht über das Moskauer Treffen. Er beschrieb seine Initiative vom 1. April und sagte, daß die Sowjets nicht darauf geantwortet hätten. Seine Schlußfolgerung war einfach: „Disintegration forces are becoming evident. The patient is sinking while the doctors deliberate."[31] Er hatte bereits die Entwicklung in Gang gesetzt, die dann als Marshall-Plan bekannt wurde.[32]

Marshall soll hier nicht als geheimer Befürworter einer Zusammenarbeit mit der Sowjetunion – gewissermaßen als Verbündeter von Henry Wallace – dargestellt werden. Er akzeptierte die allgemeine Linie der Eindämmungspolitik. Aber er wollte spezielle Lösungen für spezielle Probleme erarbeiten. Für das besondere Problem Deutschland wollte er – wie Cohen, Clay und die Ökonomen des State Departments – intensiver versuchen, die Basis für eine pragmatische Zusammenarbeit zu finden. Dabei stellte er die prinzipiellen Probleme in den Beziehungen mit der UdSSR zurück und hatte vor allem die Lebensfähigkeit Deutschlands im Auge, das er sowohl als eine Art Mündel der USA betrachtete als auch als wirtschaftlichen Motor Europas. Die Besorgnis über das Schicksal der Deutschen wurde besonders deutlich, als Marshall Dulles' Ratschlag, Deutschlands Kohle- und Stahlindustrie unter internationale Kontrolle zu stellen, zurückwies.[33] Es ist nicht sicher, ob Marshall richtig

---

[31] Text von Marshalls Radioansprache vom 28. April in George C. Marshall Papers, Box 157, Folders 10 und 11, Marshall Library.

[32] Zum Zusammenhang zwischen deutscher Frage und der Entwicklung des Marshall-Plans siehe Michael J. Hogan, Western Integration and German Reintegration: Marshall Planners and the Search for Recovery and Security in Western Europe, in: Charles S. Maier und Günter Bischof (Hg.), *The Marshall Plan and Germany: West German Development within the Framework of the European Recovery Program*, New York 1991, S. 115–170.

[33] Dulles war, obwohl er den Sowjets feindlich gegenüberstand, nicht pro-deutsch. Er stand den Franzosen wohlwollend gegenüber, fürchtete die Wiederbelebung der deutschen Industriemacht und argumentierte dafür, die deutschen Kohle- und Stahlressourcen unter internationale Kontrolle zu stellen. Pruessen (Anm. 5), S. 343–346. Clay stand ihm außerordentlich ablehnend gegenüber. Cohen und die Wirtschaftsexperten benutzten Clays Opposition, um Dulles zur Annahme eines Kompromisses zu bringen, der ein Lippenbekenntnis für seine Vorstellung darstellte, sie aber tatsächlich ausschaltete. Clay selbst sagte Jahrzehnte später gegenüber Fragestellern, daß man der Frage der internationalen Kontrolle ausgewichen war, weil die Sowjets sie nicht aufgeworfen hätten. Smith (Anm. 2), S. 417 f. Clays Erinnerung trog. Nachdem Clay Moskau verlassen hatte, wurde die Frage ausführlich von den Ministern diskutiert und, im Gegensatz zu Pruessens Eindruck, schloß Marshalls sorgfältig entworfene Erklärung jeglichen internationalen Kontrollplan unter Bestätigung zukünftiger deutscher Souveränität aus. Er sagte am 10. April 1947: „Whatever provision is made should not interfere with German responsibility for the management and operation of Germany's resources. In the first instance Germany must have responsibility not only for the production but for the marketing of the products of her own industries. It is only when the Germans take action contrary to the just interest of other countries that the attention of an international agency may have to be called into question." George C. Marshall Papers, Speeches, Nr. 7: 1947, Marshall Library. Über die Bestrebungen, Dulles mit Cohens Hilfe auszumanövrieren, siehe verschiedene Briefe in Kindleberger, *The German Economy* (Anm. 10), S. 153, 158, 163 f., 177.

handelte, als er Clays Reparations-Initiative aufgriff. Hätten die Sowjets Marshalls Idee im Prinzip akzeptiert und dann bei einigen Punkten energisch nachgehakt, wäre eine Anzahl von Problemen aufgetaucht, die von Anfang an Bohlen besorgt machten und auch Cohen verunsicherten.

Als Ergebnis der obigen Analyse ist zweifelsfrei festzuhalten: Erstens werden wichtige Details geklärt, die in der bisherigen Historiographie undeutlich geblieben waren. Die Darstellung von Forrest Pogue über Marshalls Haltung in Moskau wird bestätigt.[34] Freilich hat Pogue die Details der Reparationsproblematik ausgelassen.[35] Zweitens lassen die Vorgänge in Moskau erkennen, daß einzelne außenpolitische Episoden nicht immer in globale Erklärungsmuster gepreßt werden können. Die amerikanische Außenpolitik wurde von 1945 bis 1991 durch die Konfrontation mit der Sowjetunion beherrscht. Man ist deshalb versucht, spezielle Fragen amerikanischer Politik in die größeren Vorstellungen amerikanisch-sowjetischer Beziehungen einzupassen. Aber Marshalls Vorgehen in Moskau zeigt die Gefahren dieser Betrachtungsweise. Mehrere seiner Berater, darunter Bohlen und Dulles, nahmen in der Tat eine Haltung ein, die dem Containment-Kurs entsprach. Aber im entscheidenden Moment nahm Marshall ihren Rat nicht an.

Allgemeine Vorstellungen vom nationalen Interesse können den Rahmen für Entscheidungen der Politik in speziellen Fragen festlegen. Aber oft ist es die Formulierung konkreter Politik, wodurch die nationalen Interessen definiert werden. Solche Schritte können, wie es in Moskau der Fall war, oft aus spezifisch persönlichen und politischen Umständen resultieren, die nur in einer Detailanalyse erhellt werden können. Wie es Marshall in seiner Radioansprache an die Nation erklärte: „Problems which bear directly on the future of our civilization cannot be disposed of by general talk or vague formulae – by what Lincoln called ‚pernicious abstractions'. They require concrete solutions for definite and extremely complicated questions."[36]

Bush und Baker 1989 in Malta und Brüssel

Die diplomatischen Ereignisse im Jahre 1989 müssen anders analysiert werden als jene von 1947. Die Qualität der Vorbereitungen war 1947 besser. Bei der Moskauer Konferenz 1947 trafen sich die Minister mehr als vierzigmal. Dazu kamen zahlreiche bilaterale Gespräche auf untergeordneter Ebene. Marshall war von einer großen

---

[34] Forrest Pogue, *George C. Marshall*, New York 1987, S. 196. Siehe auch John Gimbel, Cold War Historians and the Occupation of Gemany, in: Hans A. Schmitt (Hg.), *U.S. Occupation in Europe After World War II*, Lawrence 1978, S. 95 f.

[35] Kindleberger ist das einzige Mitglied der Delegation des State Department, das sich als Reaktion auf wissenschaftliche Veröffentlichungen der 70er und 80er Jahre schriftlich über die Moskauer Konferenz geäußert hat. Kindleberger hat den obigen Text überprüft und stimmt mit ihm überein. Kindleberger an den Autor, 6. März und 7. April 1995.

[36] Wie Anm. 31.

Expertengruppe begleitet, was in unseren Tagen nicht üblich ist. In Moskau wurde 1947 Politik formuliert. Heute dagegen werden bei Ministertreffen vorbereitete Strategien vorgetragen. Versagen die im Vorfeld festgelegten Marschrouten, endet das Treffen mehr oder weniger ergebnislos, so daß neue Richtlinien für die nächste Konferenz auszuarbeiten sind. Infolgedessen kann die Politik auf der obersten Ebene leicht zum Stillstand kommen. Untergeordnete Mitarbeiter haben einen stärkeren Einfluß auf Entscheidungen, da ihre politischen Vorgesetzten dazu tendieren, nur kurz und episodisch aufzutreten. Die Deutschlandpolitik der Bush-Administration im November und Dezember 1989 und darüber hinaus im gesamten Zeitraum 1989/90 kann als eine Serie von Einzelepisoden verstanden werden, die sich allerdings letztlich zu einem Ergebnis akkumulierten. Die Suche nach einer einzelnen, entscheidenden Verhandlung wäre irreführend. Dasselbe gilt für die anderen beteiligten Regierungen.

Die Öffnung der Berliner Mauer war ein elektrisierendes Ereignis, wie es die Welt in vielen Jahren nicht gesehen hatte. Obwohl das Verschwinden der Mauer sofort die Nachkriegsordnung und die Zukunft Deutschlands tangierte, stand diese Frage zunächst nicht im Mittelpunkt. Stattdessen wirkten die Bilder aus Deutschland, wo Familien nach Jahren der Trennung wieder zusammenkamen. Niemand – weder gewöhnliche Bürger noch Staatsmänner – wußten, was als nächstes passieren würde oder sollte. Jahre nach den Ereignissen könnte man annehmen, daß der öffentliche Druck für die Einheit von Anfang an zwingend und unwiderstehlich war. Jedoch dachten noch Anfang Dezember die meisten Ostdeutschen, daß die DDR ein unabhängiger Staat bleiben sollte. Jene, denen die Idee einer möglichen Wiedervereinigung gefiel, wollten gleichwohl den Sozialismus erhalten.[37] Ostdeutsche Bürgerrechtler wollten einen besseren Sozialismus in einem eigenen Staat, der den Materialismus und die Ausbeutung des Westens ablehnte.[38]

Nach den Ereignissen in Berlin mußte die sowjetische Führung darum kämpfen, das unsicher gewordene Terrain in Osteuropa unter Kontrolle zu behalten. Gorbatschow hatte die Auswechselung der orthodoxen Führer durch Reformbefürworter innerhalb der kommunistischen Parteien Osteuropas befürwortet. Die Sowjetunion hatte formell die Breschnew-Doktrin widerrufen und die Welt atmete erleichtert auf,

---

[37] Eine Umfrage der Akademie der Wissenschaften (DDR) Anfang Dezember zeigte, daß 71 % gegen die Wiedervereinigung und 27 % dafür waren. Ein Staat, Zwei Staaten?, in: *Der Spiegel*, 18. Dezember 1989, S. 89. Diese Umfrage war möglicherweise moderat zugunsten von SED-Anhängern geschönt. Eine andere – ebenfalls fehlerhafte – Umfrage schätzte, daß Ende November 48 % der ostdeutschen Frauen die Wiedervereinigung befürworteten. Elizabeth Pond, *Beyond the Wall. Germany's Road to Unification*, Washington 1993, S. 135, 310. Siehe auch G. Jonathan Greenwald, *Berlin Witness. An American Diplomat's Chronicle of East Germany's Revolution*, University Park 1993, S. 274. Für genauere Darlegungen des folgenden Teils dieser Studie vgl. Philip Zelikow und Condoleezza Rice, *Germany Unified and Europe Transformed. A Study in Statecraft*, Cambridge, Mass. 1995. Zitate aus amerikanischen Regierungsdokumenten stammen von den Originalakten, bevor diese in der George Bush Library oder den National Archives katalogisiert wurden.

[38] Vgl. Pond (Anm. 37), S. 134.

als Moskau angesichts der Ereignisse in Polen während des Frühlings und Sommers 1989 zu diesem Versprechen stand. Gorbatschow und Schewardnadse hatten schon lange für eine Lockerung der Reisebeschränkungen in der DDR plädiert. Wie viele in Ostberlin dachten sie, daß ein reformiertes aber noch sozialistisches Ostdeutschland überleben könnte, ohne seine Bürger einzusperren.

Nicht überraschend war dann die erste Reaktion aus Moskau, die kaum die Panik des Kreml verbergen konnte. Am 10. November schickte Gorbatschow selbst warnende Briefe. Er teilte George Bush mit, daß er wegen der öffentlichen Unruhe in Berlin beunruhigt war („a chaotic situation may emerge with unforseeable consequences"). Dann warnte Gorbatschow vor politischem Extremismus in der Bundesrepublik. Er könne mit Reformen in Ostdeutschland leben. „But when statements are made in the FRG designed to stir up emotions, in the spirit of implacable rejection of the postwar realities, that is, the existence of two German states, then such manifestations of political extremism can only be seen as aimed at undermining the current dynamic processes of democratization and renewal of all aspects of the society's life. And, looking ahead, this can bring about a destabilization of the situation not only in Central Europe, but on a larger scale."

Bushs Sicherheitsberater, General Brent Scowcroft, und Kohls außenpolitischer Berater im Kanzleramt, Horst Teltschik, verständigten sich schnell darauf, daß das sowjetische Verlangen nach Viermächte-Gesprächen zurückgewiesen werden sollte. Das westdeutsche Kabinett hatte einige Tage zuvor entschieden, sich Viermächte-Kontakten „über die Köpfe der Deutschen hinweg" zu widersetzen.[39] Das Weiße Haus antwortete Gorbatschow nicht sofort. Stattdessen war Washington bemüht, daß sich Amerika, Großbritannien, Frankreich und die Bundesrepublik auf eine gemeinsame Haltung verständigten. Es war nicht das letzte Mal, daß die Amerikaner es übernahmen, eine gemeinsame westliche Antwort als Reaktion auf die Ereignisse in Deutschland zu formulieren.[40]

Als Kohl und Gorbatschow am 11. November miteinander sprachen, war der Ton ruhig und freundschaftlich. Kohl war darauf gerichtet zu beruhigen.[41] Er und Teltschik waren über dieses Telefongespräch hocherfreut. „Keine Drohung, keine Warnung, nur die Bitte, Umsicht walten zu lassen", schrieb Teltschik in sein Tagebuch.[42] Insgeheim hatte Kohl bereits entschieden, wie er etwaige Bitten der DDR um Hilfe behandeln würde. Er würde bei seiner Haltung bleiben, die er am 8. November in seiner Bundestagsrede eingenommen hatte. Größere wirtschaftliche Hilfe für

---

[39] State 363047, 11.11.1989; Horst Teltschik, *329 Tage. Innenansichten der Einigung*, Berlin 1991, S. 23; siehe auch Baker an Präsident Bush 13.11.1989. Teltschik glaubt, daß Gorbatschows Botschaft auch an Willy Brandt übermittelt wurde. Interview des Autors mit Teltschik in Gütersloh im Juni 1992.

[40] Vgl. State 364359, 14.11.1989; Bushs Antwort an Gorbatschow, State 369390, 17.11.1989.

[41] Für wörtliche Auszüge des Telefonats vgl. Anatoly Chernyayev, *Shest' Let s Gorbachevym: Po dnevikovym zapisyam*, Moskau 1993, S. 305; Alexander Galkin und Anatoly Chernyayev in: *Svobodnaia Mysl* (Jan./Febr. 1994), S. 19, 24. Vgl. auch Teltschik (Anm. 39), S. 28.

[42] Teltschik (Anm. 39), S. 28.

Ost-Berlin sollte von einem grundlegenden politischen Wandel abhängig sein: wirklich freie Wahlen in der DDR, die Aufgabe des Machtmonopols der kommunistischen Partei und die Schaffung von neuen unabhängigen Parteien. Was die Wiedervereinigung anging, würde Kohl auf der Selbstbestimmung für die Ostdeutschen bestehen. Bei freier Entscheidung würden die Ostdeutschen die Wiedervereinigung wählen. Kohl wußte, daß Bush ihn unterstützen würde.[43]

Ein neuer ostdeutscher Ministerpräsident, Hans Modrow, kündigte am 17. November Veränderungen für die DDR an. Er listete spezielle Reformen auf, die von der Politik über die Bildung bis hin zu Umweltverbesserungen gingen. Die führenden Bürgerrechtler begrüßten seine Initiative. Modrow äußerte sich auch zur nationalen Frage. Politische Reformen, erklärte er, würden die Legitimität der DDR als „eines sozialistischen, unabhängigen deutschen Staats" begründen. Die veränderte Wirklichkeit im Leben der DDR würde die „unrealistische und gefährliche Spekulation über eine Wiedervereinigung" beenden. Die beiden deutschen Staaten könnten eine „kooperative Koexistenz" in allen Fragen haben, von Frieden und Abrüstung über Kultur bis hin zum Tourismus, verbunden durch eine „Vertragsgemeinschaft", die auf früheren Vereinbarungen und Hoffnungen für ein „gemeinsames europäisches Haus" aufbaute.[44] Modrow sprach von Beziehungen zwischen den beiden deutschen Staaten, die den Beziehungen innerhalb der EG ähneln sollten. Mitte November schien Kohl an Boden zu verlieren. Modrows Alternative schob auf geschickte Weise die Wiedervereinigung beiseite. Zum ersten Mal gab es in Ost-Berlin eine legitim erscheinende Gegenposition zu Kohls Vision für Deutschland.

Im Osten anzutreffende Bewegungen für die Einheit waren noch schwach. Am 19. November begannen einige Leipziger Demonstranten den Slogan von „Wir sind das Volk" zu „Wir sind ein Volk" zu wechseln. Folglich erhöhte Ost-Berlin den Druck, um die ostdeutsche Bevölkerung davon zu überzeugen, daß der Weg zur Einheit nicht offen war. Sie wiesen darauf hin, daß es vor Öffnung der Mauer kein Verlangen nach der Einheit gegeben hatte. Meinungsumfragen deuteten darauf hin, die DDR als unabhängigen Staat erhalten zu wollen.[45] Das „Neue Deutschland" brachte es auf den Punkt: Jede Frage sei verhandelbar, nur nicht die der Wiedervereinigung. Führende ostdeutsche Intellektuelle widersetzten sich entschieden einer Wiedervereinigung und konnten großen und lautstarken öffentlichen Rückhalt für diesen Standpunkt innerhalb Ost- und Westdeutschlands erreichen.[46]

---

[43] Ebd., S.32 ff.

[44] Bundesministerium für innerdeutsche Beziehungen, *Texte zur Deutschlandpolitik*, Serie 3, Bd. 7, Bonn 1990, S. 422 ff.

[45] Pond (Anm. 37), S. 135. Für eine ausgezeichnete Chronologie über den Ablauf der täglichen Ereignisse in der DDR zwischen 1989 und 1990 vgl. *Chronik der Ereignisse in der DDR*, Köln 1990.

[46] Am 26. November veröffentlichten einunddreißig Schriftsteller, geachtete Reformkommunisten, Persönlichkeiten der Kirche und Oppositionsführer einen Aufruf an ihre ostdeutschen Landsleute, wo sie für die Unabhängigkeit der DDR eintraten. Innerhalb von zwei Wochen hatten 200 000 Menschen unterschrieben. Eine Gruppe von prominenten westdeutschen Intellektuellen reagierte mit einem entsprechenden Manifest, das die Wiedervereinigung und einen gefährlichen Nationalismus zurückwies. Konrad Jarausch, *The Rush to German Unity*, New York 1994, S. 67.

Aber Kohl wollte nicht, daß die Einheit vom Tisch gefegt würde. Die schwierige Aufgabe war, diese Option gegen den wachsenden Druck weltweit und innerdeutsch lebendig zu erhalten. Sofort nach Modrows Plädoyer für eine Vertragsgemeinschaft telefonierte Bundeskanzler Kohl mit Präsident Bush. Diesem gefiel Kohls Position. Er versicherte dem Kanzler, daß sich die Vereinigten Staaten in ihren öffentlichen Kommentaren über die Zukunft Deutschlands zurückhalten würden. Seine größte Sorge war, amerikanische Selbstgefälligkeit könnte die vorsichtige Reformbereitschaft in der Sowjetunion oder in der DDR zerstören.[47]

François Mitterrand und Margaret Thatcher waren im Hinblick auf die Entwicklung in Deutschland weniger gelassen. Der französische Präsident lud alle zwölf Regierungschefs der Europäischen Gemeinschaft für den 18. November nach Paris ein, um die Situation in Deutschland zu beraten. Mitterrand eröffnete die Diskussion, indem er Kohl über seine Absichten befragte, die Frage nach den künftigen Grenzen in Europa eingeschlossen. Kohl wiederholte seinen bisherigen Standpunkt, indem er das Recht auf Selbstbestimmung hervorhob. Aber er sah keine Notwendigkeit, Grenzfragen zu diskutieren. Danach listete Thatcher ihre Bedenken auf. Jede Diskussion über Grenzveränderungen oder die deutsche Wiedervereinigung würde Gorbatschows Position untergraben und eine Büchse der Pandora über Grenzansprüche öffnen. „I said," schrieb sie später, „that we must keep both NATO and the Warsaw Pact intact to create a background of stability." Kohl äußerte keine Bedenken und sprach überhaupt nicht über die Wiedervereinigung. Er zielte auf Beruhigung. Privat hielten Kohls Berater allerdings sorgfältig die Unterschiede fest, mit denen die ausländischen Regierungen auf die Öffnung der Mauer reagiert hatten.[48]

In der Zwischenzeit begann sich die amerikanische Haltung stärker herauszukristallisieren. Der Beamtenapparat war vorsichtig und kam zu der Schlußfolgerung: „At the moment neither the people of the GDR nor the government of the FRG is talking about reunification...The emphasis has been on democratization, and this is where we should keep our emphasis as well."[49] Außenminister James Baker selbst jedoch war von den Empfehlungen zur Wiedervereinigung angetan, die er in einer Studie von Dennis Ross und Francis Fukuyama, Mitglieder seines politischen Planungsstabs, gelesen hatte.[50]

Als der deutsche Außenminister Hans-Dietrich Genscher am 20. November Washington besuchte, brauchte Baker nicht in eine detaillierte Diskussion einzusteigen, weil Genscher die Angelegenheit der Wiedervereinigung herunterspielte. Er bezeichnete die Einheit als einen Prozeß, der sich im Rahmen allgemeinen Wandels in Europa entwickeln würde. Es war Präsident Bush, der die Frage der Wiedervereinigung ansprach. Der Präsident gab seiner Unterstützung für das deutsche

---

[47] Teltschik (Anm. 39), S. 36; Aufzeichnung des Telefonats zwischen Kohl und Bush, 17.11.1989.

[48] Margaret Thatcher, *The Downing Street Years*, New York 1993, S. 793 f. Teltschik (Anm. 39), S. 37 f.

[49] Dazu die Aufzeichnungen Handling the German Question at Malta and Beyond und The German Question, 20.11.1989. Über den Begriff „deutsche Selbstbestimmung" siehe auch das interessante Memorandum von Mulholland German Self-Determination: Three Components, 21.11.1989.

[50] Ross an Baker, How to Approach the German Unity Issue, 13.11.1989.

Selbstbestimmungsrecht Ausdruck und fragte: „Will reunification move faster than any of us think?" Genscher antwortete, niemand könne das wissen. Es gäbe verschiedene Meinungen in Ostdeutschland. Die vorrangige Aufgabe wäre, die Demokratie in der DDR aufzubauen. Die Bundesrepublik würde zu ihren Verpflichtungen in der NATO und der EG stehen. „All of this must be done in a way that does not alarm the Soviet Union."[51] Ende November waren sich die Vereinigten Staaten und die Bundesrepublik in ihrer Unterstützung für die deutsche Selbstbestimmung und das unmittelbare politische Ziel einig: die Etablierung der Demokratie in Ost-Berlin. Präsident Bush drängte Kanzler Kohl nicht, seinen Entwurf über die Zukunft Deutschlands ausführlich darzulegen. Genscher hatte den Amerikanern gesagt: „German reunification is discussed more outside Germany than inside Germany. Germans are now concentrating on free elections in the GDR."

Die britische und französische Regierung waren noch immer besorgt. Thatchers Ansichten waren recht deutlich, und charakteristischerweise machte sie keine Anstrengung, sie zu verschweigen oder zu verbergen. Sie beschrieb die Politik ihres Landes in einer Rede am 13. November, wo sie öffentlich das sagte, was sie gerade privat an Gorbatschow geschrieben hatte: „In East Germany the objective must be to see genuine democracy." „Once the demand for reform starts, there is a tendency for it to run very fast. Indeed the very speed of change could put the goal of democracy in jeopardy. Strong emotions have been aroused on all sides by recent events. The need now is to take a measured view of the way ahead." Einige Tage später kam Thatcher in einem Brief an Präsident Bush geradewegs zum zentralen Punkt. Die Sowjetunion solle beruhigt werden. „German reunification is not a matter to be addressed at the moment."[52] Thatcher verfolgte dann die Angelegenheit mit einem Anruf bei Bush weiter. Sie wiederholte, daß die Diskussion um die deutsche Wiedervereinigung verfrüht und unklug sei.[53] Bush diskutierte mit Thatcher ausführ-

---

[51] Aufzeichnung der Unterredung zwischen Bush und Genscher, 21.11.1989. Zu Genschers Besprechung im State Department siehe Baker an Präsident Bush, 21.11.1989. Siehe auch Seitz an Baker (Meeting and Luncheon with Hans-Dietrich Genscher), 18.11.1989.

[52] Siehe Rede von Thatcher in der Guildhall, 13.11.1989. Thatcher (Anm. 48), S. 793; Botschaft von Thatcher an Bush, 16.11.1989. Zur britischen Haltung gegenüber Deutschland im Jahre 1989 vgl. auch Karl-Günther von Hase, Britische Zurückhaltung: Zu den Schwierigkeiten Englands mit der deutschen Einheit, in: *Die Politische Meinung*, November-Dezember 1990, S. 13–18; Richard Davy, Großbritannien und die Deutsche Frage, in: *Europa-Archiv* 4 (1990), S. 139–144; Günther Heydemann, Britische Europa-Politik am Scheideweg: Über Deutschland nach Europa?, in: *Deutschland-Archiv* 12 (1989), S. 1377–1382.

[53] Aufzeichnung Zelikows über Telefonat zwischen Thatcher und Bush, 17.11.1989. Nach dem Anruf von Kohl am Morgen des 17. November, aber noch vor dem Telefongespräch mit Thatcher, wurde der Präsident in einem Interview wiederholt gebeten, seinen Standpunkt über die Aussichten zur Wiedervereinigung Deutschlands darzulegen. Er sagte, dies sei eine Angelegenheit der beiden deutschen Staaten. Nach den Ängsten anderer Länder befragt, meinte er: „We've had discussions with countries that express concerns in this regard because of certain historical precedents, but I don't think history need repeat itself if there evolves a single German state. But that is down the road, and it is not something that is being pressed. And I repeat: That is a matter for the determination of the German people." Interview mit Peter Maer von Mutual/NBC Radio, 17.11.1989.

lich über Deutschland, als sie am 24. November in Camp David für einen ganzen Tag zusammentrafen. Der Nationale Sicherheitsrat drängte Bush, sich nicht zu Formulierungen verleiten zu lassen, welche Deutschlands Selbstbestimmungsrecht zwar unterstützten, die Wiedervereinigung aber als weit entfernt und unerreichbar erscheinen ließen. Stattdessen empfahl Scowcroft: „Your position should remain clear: that we are prepared to honor the German people's choices about their future – including a choice for reunification; that we are committed to peaceful change in a stable way, and that we are comfortable with the way Bonn is meeting the challenge posed by recent events." Bush stimmte mit dieser Empfehlung überein.[54]

In Camp David bezeichnete es Thatcher als Priorität, die Bewegung in Richtung Demokratie in Osteuropa zu konsolidieren. Um dieses Ziel zu erreichen, sei ein stabiles Umfeld erforderlich. Also müßten NATO und Warschauer Pakt erhalten bleiben. Deutschlands Schicksal sei nicht nur eine Frage der Selbstbestimmung. Sie legte ihr Hauptaugenmerk wieder auf zwei Themenbereiche: die Grenzfragen, die sie mit einer Landkarte erläuterte, und die Gefahr für Gorbatschow. Wiedervereinigung bedeute, daß Gorbatschow verloren wäre. Stattdessen drängte sie Bush, sein Augenmerk auf die Demokratisierung der DDR zu lenken. Sicherlich wäre es schwer, die Deutschen davon abzuhalten, sich zu vereinigen, wenn sie es wollten, aber man könnte sicher ihre Erwartungen dämpfen. Bush blieb unverbindlich. „The President did not challenge me directly." „The atmosphere did not improve as a result of our discussions."[55]

Die britische Regierung war mit ihrer Haltung nicht allein. Die französischen Spitzenpolitiker waren ebenfalls besorgt. Aber Präsident Mitterrand war zumindest in der Öffentlichkeit zurückhaltender, und konzentrierte sich auf die Notwendigkeit, die europäische Integration und damit die Bindungen der Bundesrepublik zur Europäischen Gemeinschaft zu vertiefen. Nachdem die Diskussion auf dem außerordentlichen Gipfeltreffen der EG in Paris am 18. November zu der beruhigenden Darstellung Kohls geführt hatte, unternahmen die Franzosen keinen weiteren Schritt, um die europäische Meinung im Hinblick auf Deutschland zu beeinflussen. Aber wenig später, als Ostdeutsche in den Straßen begannen, nach einem vereinten Vaterland zu rufen, gab Mitterrand seine Zurückhaltung auf. Gegenüber Bush drückte er am 27. November seine Sorge aus, daß die Sowjetunion auf eine Veränderung des strategischen Gleichgewichts in Europa nicht eingestellt sei. Er dachte, die EG könnte helfen. Einer Revision des Status quo sollte eine stärkere europäische Integration vorausgehen. Ohne Konsultationen mit Bonn gab Mitterrand bekannt, daß er im Dezember

---

[54] Zelikow, Briefing Materials for the President's Meeting with Prime Minister Thatcher at Camp David, 21.11.1989; Scowcroft, Meeting with Prime Minister Margaret Thatcher, 22.11.1989. Bush unterstrich die Empfehlung, der Premierministerin zu sagen, er werde negativ reagieren „to any Soviet request for special US-USSR arrangements on Germany, or Four-Power talks, or other devices that shift the focus at this time from the pressing need for reform and democracy in the GDR."

[55] Thatcher (Anm. 48), S. 794. Aufzeichnung über die Unterredung mit Margaret Thatcher in Camp David, 24.11.1989.

Ost-Berlin besuchen werde, offensichtlich noch vor Kohls erster eigener Reise dorthin. Außerdem kündigte Mitterrand ein Treffen mit Gorbatschow in Kiew an.[56]

Gegen Ende November wurde nur deshalb zwischen der amerikanischen Regierung und ihren wichtigsten Verbündeten ein offener Streit über Deutschland vermieden, weil sie alle in dem kurzfristigen nationalen Interesse übereinstimmten, politische Reformen in der DDR gewährleistet zu sehen. Selbst Moskau konnte dieses Ziel teilen. Die sowjetische Regierung hoffte, Modrow werde die Situation mit einer Mischung aus innenpolitischen Reformen, der „Vertragsgemeinschaft" mit der Bundesrepublik und der Absage an jede Form der Vereinigung meistern können. Die Präsidenten des Bundestags und der Nationalversammlung erfuhren direkt von Gorbatschow, die Wiedervereinigung stehe nicht auf der Tagesordnung.[57]

Kohl verstand, wie andere, insbesondere Modrow, versuchten, die Frage der Wiedervereinigung von der politischen Agenda zu streichen. Die öffentliche Meinung in der Bundesrepublik war gespalten. Eine Woche nach dem Fall der Mauer dachte ungefähr ein Viertel der Westdeutschen, daß die Bundesrepublik westlich und die DDR östlich orientiert bleiben würde. Ein anderes Viertel war der Meinung, daß eine Wiedervereinigung möglich sein könnte. 44 % sahen engere Beziehungen zwischen den beiden deutschen Staaten voraus, vergleichbar den Beziehungen zu Österreich oder der Schweiz. Eine andere Umfrage, die ermutigender für Teltschik war, zeigte, daß die meisten Westdeutschen zumindest im Prinzip die Wiedervereinigung unterstützten. Nahezu die Hälfte hielt sie innerhalb der nächsten zehn Jahre für erreichbar. Kohls Herausforderer von der oppositionellen Sozialdemokratie, Oskar Lafontaine, kritisierte den konservativen rechten Flügel, der „das alte Leitbild des Nationalstaates als Orientierung vor Augen hat". Lafontaine hielt diesen Standpunkt nicht mehr für angemessen und meinte, dies „hat auch nichts zu tun mit den aktuellen Wünschen und Gefühlen der Menschen in der DDR."[58]

---

[56] Botschaft von Mitterrand für Bush, 27.11.1989. Als er am 30. November wieder mit Bush sprach (nachdem Kohl sein Programm für die Vereinigung im Bundestag angekündigt hatte), vermied Mitterrand erneut jeden Kommentar zu Deutschland. Bei der Skizzierung seiner Vorstellungen für den Malta-Gipfel sagte Bush zweimal, er wolle trotz Gorbatschows Bedenken „in a forward-leaning position" gehen. Mitterrand sagte, er habe keine Bedenken und volles Vertrauen zu Präsident Bush. Zur westdeutschen Irritation über Mitterrands Reiseankündigungen vgl. Teltschik (Anm. 39), S. 47. Zu Frankreich vgl. weiter Walter Schütze, Frankreich angesichts der deutschen Einheit, in: *Europa-Archiv* 4 (1990), S.133–139. Ingo Kolboom, Vom „Gemeinsamen Haus Europa" zur Europäischen Konföderation – François Mitterrand und die europäische Neuordnung 1968–1990, in: *Sozialwissenschaftliche Informationen* 19 (1990), S. 237–246. Die breitere Öffentlichkeit in Frankreich war offensichtlich weniger besorgt über die Aussicht einer deutschen Vereinigung. Renata Fritsch-Bournazel, *Europe and German Unification*, Providence 1992, S. 174 f.

[57] Gorbatschows Äußerung vom 17. November wurde von Bundestagspräsidentin Rita Süssmuth, die zusammen mit dem Präsidenten der französischen Nationalversammlung, Laurent Fabius, bei Gorbatschow gewesen war, an die Presse weitergegeben.

[58] Vgl. *Der Spiegel*, 20.11.1989, S. 16 f. (Emnid Umfrage). Teltschik (Anm. 39), S. 41 (ZDF Politbarometer Umfrage). Lafontaine, in: *Süddeutsche Zeitung*, 25./26. November 1989. Vgl. auch A. James McAdams, *Germany Divided. From the Wall to Reunification*, Princeton 1993, S. 206.

Gleichzeitig verschlechterte sich die wirtschaftliche Lage in der DDR und wuchs die Ungeduld der Ostdeutschen, die weiterhin in großer Zahl der DDR den Rücken kehrten.[59] Politische Führer können einer verwirrten und unsicheren öffentlichen Meinung einen Orientierungspunkt liefern, indem sie Stellung beziehen. Am 28. November tat Kohl genau dies. Er hielt eine Rede im Bundestag, die ein Zehn-Punkte-Programm zur Erreichung der deutschen Einheit präsentierte.[60] Mit dieser Rede wies Kohl einen Weg zur deutschen Einheit. Die hauptsächlich von Teltschik entworfene Rede war brillant konzipiert. Sie bewegte sich mit dem Hinweis auf gesamteuropäische Prozesse und europäische Friedensordnung in den Bahnen der zurückliegenden Ostpolitik. Andererseits kehrte sie zu Adenauers Strategie „Wandel durch Stärke" zurück. Kohl sprach von schrittweisem Vorgehen, ließ aber keinen Zweifel am Ziel der Wiedervereinigung, obwohl dieses Ziel in vage Formulierungen verpackt war, um Bedenken zu zerstreuen. Kohls Rede begann die Kluft zwischen dem abstrakten Verlangen nach Wiedervereinigung und operationaler Vollendung dieses Ziels zu überbrücken. „Wir haben unser Ziel erreicht", schrieb Teltschik in sein Tagebuch. „Der Bundeskanzler hat die Meinungsführerschaft in der deutschen Frage übernommen."[61]

Bush blieb gelassen. Bakers enger Vertrauter Robert Zoellick bereitete eine inoffizielle Analyse von Kohls Rede für den Außenminister vor, die grundsätzlich auch positiv war. Sie betonte, daß die Rede ein Spektrum von Möglichkeiten zuließ, was schließlich zu irgendeiner Form der Wiedervereinigung führen könnte.[62] Die Botschaft von Kanzler Kohl an Präsident Bush vom 28. November hatte nicht nur diese Rede zum Gegenstand. Mit Blick auf Bushs bevorstehendes Treffen mit Gorbatschow in Malta enthielt sie auch Ausführungen zu allen wichtigen Fragen in den Ost-West-Beziehungen. Mit Bush wußte sich Kohl einig, daß es keine Parallele zwischen Jalta und Malta gebe. Er drängte Bush, dem Treffen in Malta nicht den Anschein eines „status quo summit" zu geben. Bei der speziellen Frage der deutschen Wiedervereinigung drückte Kohl als erstes seinen Dank für Bushs Unterstützung aus. Er warnte, Gorbatschow könnte darauf bestehen, daß es keine Veränderung bestehender Grenzen geben solle, und hoffte, daß Bush bei seinem Standpunkt bleiben würde. Kohl faßte sein Zehn-Punkte-Programm zusammen und schloß: „Dear George, I would be particularly grateful if in your talks with Mr. Gorbachev you would support the policy expressed in these ten points and emphasize to him that this future-oriented course, not adherence to outmoded taboos, is in the best interests of his country, too."[63]

---

[59] Vgl. dazu Daniel Hamilton, *After the Revolution. The New Political Landscape in East Germany*, Washington, D.C. 1990, S. 13.

[60] Zehn-Punkte-Programm zur Überwindung der Teilung Deutschlands und Europas, in: *Texte zur Deutschlandpolitik* (Anm. 44), S. 426–433.

[61] Teltschik (Anm. 39), S. 58.

[62] Undatiertes Papier in Zoellicks Akten, wahrscheinlich vorbereitet, um Baker für eine Pressekonferenz am 29. November zu instruieren.

[63] Botschaft (in englischer Sprache) über einen speziellen Kanal von Kohl an Bush, 28.11.1989. Vgl. auch Teltschik (Anm. 39), S. 54.

Amerikanischen Offiziellen war sofort bewußt, daß Kohl mit seinem Zehn-Punkte-Programm für die Einheit einen gewaltigen ersten Schritt unternommen hatte. Als Folge könnte er in der Bundesrepublik politisch bloßgestellt sein, insbesondere wenn die deutsche Öffentlichkeit glaubte, daß Kohl eine internationale Krise ausgelöst hatte. In der Tat blieben sowjetische Irritationen nicht aus. Folglich entschieden die Offiziellen sowohl im State Department als auch der Stab des Nationalen Sicherheitsrates, daß Washington seine Politik aktivieren müsse, um Kohl zu stützen und ihn vor internationaler Kritik in Schutz zu nehmen. Sie hofften, Bush werde nach seinem Treffen mit Gorbatschow in Malta einen westlichen Konsens zustande bringen, der sowohl Kohl zu unterstützen geeignet sei, als auch mit den bekannten westlichen Positionen in der Wiedervereinigungsfrage übereinstimmte. In dieser Weise instruiert, telefonierte Bush am 29. November eine halbe Stunde mit Kohl.

Kohl war der Meinung, daß definitiv weitere Veränderungen auf die DDR zukommen würden. Er erwartete freie Wahlen in Ostdeutschland bis zum Herbst 1990 oder Anfang 1991. Die Bewegung in Richtung Wiedervereinigung sei ein langfristiger Prozeß. (Privat dachten Kohl und seine Berater zu dieser Zeit, bei etwas Glück sei die Wiedervereinigung innerhalb von fünf bis zehn Jahren zu erreichen.) Mit der Frage der Bündniszugehörigkeit eines vereinten Deutschlands wollte sich der Bundeskanzler vorerst noch nicht auseinandersetzen.

Kohl dachte sehr viel konkreter darüber nach, wie er die Franzosen dazu bringen könnte, seine Plan zu unterstützen. Er und Genscher hatten entschieden, gemeinsam mit Mitterrand einen schnellen Fortschritt in Richtung auf einen neuen europäischen Vertrag zu unterstützen, um die Wirtschafts- und Währungsunion auf dem bevorstehenden Straßburger EG-Gipfel zu begründen, bei dem Frankreich den Vorsitz im Europäischen Rat hatte. Kohl versicherte Bush: „It is an iron law that there will be no going it alone in German policy." Wir Deutsche sind vom Schicksal begünstigt, kommentierte Kohl: „History left us with good cards in our hands. I hope with the cooperation of our American friends we can play them well." Bush signalisierte Unterstützung. Man dürfe nichts tun, „that would force a reaction by the USSR." Aber er versicherte Kohl: „We are on the same wavelength. I appreciated your ten points and your exposition on the future of Germany." Wie schon seinen Brief beendete Kohl jetzt auch den Anruf, indem er Bush darum bat, auf dem bevorstehenden Gipfel die Unterstützung für den Kurs Kohls sicherzustellen. Die öffentlichen Stellungnahmen seien überaus wichtig. „Germans – East and West – are listening very carefully. Every word of sympathy for self-determination and unity is very important now."[64]

Am nächsten Tag verließ Präsident Bush Washington zu seinem Treffen mit Gorbatschow. Kohl brauchte Hilfe. Wie es einige seiner Berater vorhergesagt hatten, riefen sowohl der Plan selbst, als auch der Mangel an Abstimmung eine negative Reaktion hervor. Französische Diplomaten beklagten sich vertraulich bei westdeutschen Offiziellen über den „Überraschungsangriff" und drückten öffentlich starke Vorbehalte über den „voreiligen" Vorstoß aus. Premierministerin Thatcher ließ

---

[64] Aufzeichnung des Telefonats mit Kohl, 29.11.1989. Für die Meinung seines Stabes vor dem Anruf siehe Hutchings, The President's Telephone Call to Chancellor Kohl, 28.11.1989.

Kohl wissen, daß die Wiedervereinigung in ihren Augen kein Thema sei.[65] In Moskau sah die Reaktion nicht anders aus. Kurz vor Kohls Rede hatten Gorbatschow und Schewardnadse den kanadischen Premierminister Brian Mulroney getroffen. Von Mulroney wußte Bush, daß Deutschland die Hauptsorge der sowjetischen Führer darstellte. Die Deutschen sollten sich die Wiedervereinigung aus dem Kopf schlagen. Den amerikanischen Botschafter in Bonn, Walters, beschuldigte Gorbatschow, sich wie ein „deutscher Gauleiter" aufzuführen, wenn er sich öffentlich für die Wiedervereinigung einsetzt. Mulroney überbrachte Gorbatschows Warnung: „People have died from eating unripen fruit."[66]

Die sowjetische Führung griff Kohl sowohl öffentlich als auch privat an. Gorbatschow selbst sagte einer Gruppe von Studenten: „There are two German states. History saw to that. And this fact is generally accepted by the world community . . . That is the reality, and we must work on the basis of that reality . . . I do not think that the question of the reunification of these states is currently a pressing political question."[67] Moskaus Ärger enthielt für Kohl große Risiken. In der drohenden Krise würden ihm seine westeuropäischen Verbündeten die Schuld geben, ihm aber nicht helfen. Auch die westdeutsche Öffentlichkeit könnte seine Politik als gefährlich provokativ einstufen.

Die Amerikaner fragten sich, wo Moskau wirklich stand. Mulroneys Mitteilungen deuteten darauf hin, daß die Sowjets in Malta eine harte Haltung einnehmen würden. Scowcroft übermittelte Bush die Einschätzung des Nationalen Sicherheitsrates, die von Condoleezza Rice entworfen worden war:

1. Die Sowjets hatten die Kontrolle über ihre Politik in Osteuropa verloren. Sie hatten die gegenwärtigen Entwicklungen nicht vorausgesehen. Sie reagierten jetzt auf diese Entwicklungen von einem Tag zum anderen.
2. Die Sowjets waren gegen die deutsche Wiedervereinigung („would rip the heart out of the Soviet security system"). Ihr Alptraum war ein mit der NATO verbündetes wiedervereinigtes Deutschland. „The Warsaw Pact, having lost its East German anchor, would quickly disintegrate and the Soviet line of defense would begin at the Ukrainian border." Die teuer erkauften Gewinne des Zweiten Weltkrieges wären dahin.
3. Moskau trat für die fortgesetzte Existenz zweier deutscher Staaten ein. Es würde versuchen, mit Frankreich und Großbritannien zusammenzuarbeiten, um die gegenwärtige Situation zu stabilisieren.

---

[65] Richard Kiessler und Frank Elbe, *Ein runder Tisch mit scharfen Ecken. Der diplomatische Weg zur deutschen Einheit*, Baden-Baden 1993, S. 51 ff.

[66] Als er sich für den Malta-Gipfel vorbereitete, lud Bush Mulroney und seinen Außenminister Joe Clark ein, nach Washington zu kommen und über deren Reise in die Sowjetunion zu informieren. Für ihre Kommentare über die sowjetischen Standpunkte zu Deutschland siehe die Aufzeichnung vom 29.11.1989. Da die Freundschaft zwischen Bush und Mulroney kein Geheimnis war, kann angenommen werden, daß die sowjetische Führung damit rechnete, ihre Position werde an den amerikanischen Präsidenten weitergeleitet.

[67] Für Gorbatschows Bemerkungen siehe *Prawda*, 17.11.1989.

4. Es gab im Hinblick auf die Deutsche Frage noch kein Anzeichen von Panik in Moskau. Für den Fall, daß der sowjetische Einfluß schneller verfallen sollte, könnte Moskau den Ruf nach kollektiver Sicherheit für ganz Europa oder nach Verhandlungen für einen deutschen Friedensvertrag laut werden lassen.[68] Die CIA kam zu vergleichbaren Ergebnissen, fügte aber hinzu, daß Gorbatschow eine gewisse Zweideutigkeit an den Tag gelegt hätte und vielleicht einen gewissen Pragmatismus in Reserve habe.[69]

Auf der Grundlage dieser Annahmen arbeiteten die Mitarbeiter des Nationalen Sicherheitsrats Robert Blackwill, Rice und Zelikow intensiv mit Zoellick und Ross zusammen, um die Politik zu entwickeln, die Bush in Europa bei seinem Treffen mit Gorbatschow und auf dem NATO-Gipfel verfolgen könnte. Die deutsche Frage war selbstverständlich nur ein Aspekt einer komplizierten amerikanisch-sowjetischen Agenda, die den Zeitpunkt des nächsten umfassend angelegten Gipfeltreffens, die Zukunft der Perestroika, Wirtschaftsbeziehungen, Rüstungskontrolle und regionale Fragen einschloß. Was Deutschland anging, verfolgte Bush drei Ziele. Es sollte vermieden werden, die sowjetische Seite durch das Verlangen nach Demokratisierung und Selbstbestimmung in der DDR unnötig aufzuschrecken. Sollte es sich aber als erforderlich erweisen, würde sich Bush für das Ziel der deutschen Einheit einsetzen und jeglichen Vorschlag für eine Viermächte-Friedenskonferenz zurückweisen. Zweitens würde Bush versuchen, alliierte Unterstützung für Kohl und seinen Zehn-Punkte-Plan zu bekommen. Amerikas Schlüsselposition gegenüber den Deutschen würde er dazu benutzen, um Bonns fortgesetzte Unterstützung für die NATO und eine verantwortliche Haltung bei Grenzfragen festzulegen. Drittens würden die Vereinigten Staaten einen Vorschlag für die nach den politischen Revolutionen in Mitteleuropa veränderte Lage unterbreiten.

Gorbatschow trat mit eigenen Initiativen hervor, die er auf dem Weg nach Malta in Italien bekannt gab. Er formulierte aufs neue seine Hoffnung für ein „gemeinsames Europäisches Haus" von souveränen und ökonomisch unabhängigen Nationen und forderte ein Gipfeltreffen der Staats- und Regierungschefs der KSZE-Mitgliedsstaaten, das 1990 abgehalten werden sollte. In diesem Rahmen könnte Deutschlands

---

[68] Scowcroft für Präsident Bush: The Soviets and the German Question, 29.11.1989. Die Markierungen auf dem Memorandum zeigen an, daß Bush es gelesen hat.

[69] CIA, The German Question and Soviet Policy, SOV M 89-20089X, 27.11.1989. Es ist zweifelhaft, ob der Präsident oder seine Berater auf der Kabinettsebene diese zwanzig Seiten umfassende Analyse tatsächlich gelesen haben. Ihre Autoren wußten nichts von den sowjetischen Erklärungen gegenüber den Kanadiern, die von Mulroney an Bush weitergegeben wurden. Es gab keine Beweise, daß Schewardnadse mit den Pragmatikern sympathisierte. Über Jakowlews – wie auch Gorbatschows – Standpunkte gab es gegensätzliche Hinweise. Von altgedienten Beratern wie Valentin Falin glaubte man, sie seien nachdrücklich gegen die Wiedervereinigung. Man war der Auffassung, daß die Meinung der Militärs gespalten sei. Kein sowjetischer Offizieller hatte die geringste Bereitschaft erkennen lassen, ein wiedervereinigtes Deutschland als NATO-Mitglied zu akzeptieren. Die Debatte ging darüber, ob Deutschland überhaupt wiedervereinigt werden sollte.

Zukunft als Teil einer allgemeinen Diskussion über europäische Sicherheit und Politik debattiert werden. Dieser gesamteuropäische Prozeß hätte mit der Existenz von zwei deutschen Staaten als tatsächlicher Gegebenheit zu tun.[70]

Das Treffen in Malta begann Bush mit einer längeren Erklärung mit fast zwanzig verschiedenen Initiativen, die von Abrüstungsgesprächen bis hin zu amerikanisch-sowjetischer Kooperation auf dem Gebiet der Wirtschaft reichten. Gorbatschow erwiderte, daß er bis zu diesem Zeitpunkt nach einem greifbaren Beweis amerikanischer Unterstützung gesucht hatte. „During your presentation, I heard it. I was going to ask you today to go beyond words. But you have done so."[71]

Die beiden Politiker zogen sich dann zu einem Gespräch unter vier Augen zurück. Sie kamen auf Deutschland zu sprechen. Gorbatschow sagte, er wisse, daß einige Verbündete der Bundesrepublik wegen der Wiedervereinigung besorgt wären. Auch er zeigte sich besorgt und vertrat einen deutlichen Standpunkt: „There are two German states, this was the decision of history." Das Telefonat mit Kohl am 11. November habe ergeben, daß dieser seine Verantwortung kenne und zu den im Juni 1989 in Bonn getroffenen Vereinbarungen stehe. Bush versprach, keine unbedachten Schritte in der deutschen Frage unternehmen zu wollen. Aber obwohl einige westliche Staaten mit der sowjetischen Haltung übereinstimmten, müsse man über den Zeitpunkt nachdenken, „when the notions of FRG and GDR will become a part of history." Er drängte Gorbatschow, die im Gang befindlichen Veränderungen zu akzeptieren. Zugleich gab er die Zusicherung, daß die Vereinigten Staaten keine übereilten Schritte unternehmen würden, die gefährliche Konsequenzen haben könnten.[72]

Die Atmosphäre bei den Beratungen am nächsten Tag war freundlich. Bushs Initiativen hatten einen guten Eindruck hinterlassen. Im Gegenzug hatte Gorbatschow ein offenes Ohr in der Frage freier Wahlen in Nicaragua und größerer sowjetischer Zurückhaltung gegenüber Kubas außenpolitischen Abenteuern gezeigt. Unter

---

[70] Siehe *Prawda*, 2. und 3.12.1989.

[71] Die sowjetische Aufzeichnung dieses Treffens wurde veröffentlicht in Mikhail S. Gorbachev, *Gody Trudnykh Reshenii, 1985–1992: Izbrannoye*, Moskau 1993, S.173–176. Interviews mit den Beteiligten enthält Don Oberdorfer, *The Turn: From the Cold War to a New Era. The United States und the Soviet Union 1983–1990*, New York 1991, S. 378 f. Für die amerikanischen Aufzeichnungen siehe Memcon of First Expanded Bilateral Session with Chairman Gorbachev, 2.12.1989. Die Bush auf Malta zur Verfügung stehenden Texte zu Deutschland finden sich in: Presidential Briefing Book, Presidential Presentations, 29.11.1989.

[72] Diese Darstellung basiert auf den sowjetischen Aufzeichnungen, die ausführlich zitiert werden in Chernyayev (Anm. 41), S. 309 f. Vergleichbare Aufzeichnungen von amerikanischer Seite über das Vier-Augen-Gespräch sind nicht verfügbar. Bush und Scowcroft haben aber später ihre Berater über das Treffen informiert, und die sowjetische Darstellung deckt sich mit den Erinnerungen von Blackwill und Rice sowie mit den Darstellungen, die später gegenüber Journalisten gegeben wurden. Während Bush und Gorbatschow miteinander sprachen, drückte Schewardnadse gegenüber Baker die tiefe Sorge seiner Regierung gegenüber einer deutschen Wiedervereinigung aus. Man sei beunruhigt über revanchistische Erklärungen, die aus Westdeutschland kämen.

Bezugnahme auf das am Tag zuvor stattgefundene Vier-Augen-Gespräch über Deutschland antwortete Bush jetzt auf Gorbatschows Erklärung, daß die Existenz von zwei deutschen Staaten eine historische Tatsache sei. Bush sagte, von den Vereinigten Staaten könne nicht erwartet werden, die deutsche Wiedervereinigung zu mißbilligen. Er wisse, wie schwierig dieses Thema für Moskau war. Er sei sich auch der Aussagen von Helsinki im Hinblick auf Grenzen bewußt. Er wollte von Gorbatschow wissen, in welchem Umfang Veränderungen des Status quo möglich seien.

Gorbatschow betonte zunächst seine Zustimmung zu Amerikas Einbeziehung in die Angelegenheiten Europas. Alles andere wäre „unrealistic and unconstructive". In den Ost-West-Beziehungen sei ein Prozeß zu erwarten, „where the countries of Europe will become closer to each other." Alle Europäer, auch Kohl, seien sich in einem Punkt einig: „We should do everything within the Helsinki context rather than ruining what has been done." Deshalb forderte Gorbatschow ein „Helsinki II". Der Gipfel von fünfunddreißig europäischen Staaten sollte die Stabilität verbessern und den Warschauer Pakt und die NATO in eher politische Organisationen verwandeln. Gleichzeitig kritisierte Gorbatschow die amerikanische Sicht, die Teilung Europas könne nur „on the basis of western values" überwunden werden. Gorbatschow erinnerte an frühere westliche Vorstellungen, die Sowjetunion dürfe nicht die Revolution exportieren.[73]

Auch die gemeinsame Pressekonferenz zum Abschluß der Beratungen ließ den freundlichen Ton erkennen, von dem die Gespräche bestimmt gewesen waren. Gezielt nach der deutschen Einheit und Kohls Vorschlag gefragt, sagte Bush, daß die Vereinigten Staaten und die NATO eine seit langem feststehende Position hätten. Fälschlicherweise fügte er hinzu: „Helsinki spells out a concept of permanent borders." Die Vereinigten Staaten würden sich Zurückhaltung auferlegen. Der Präsident unterstrich, das Tempo des Wandels sei eine Angelegenheit, über die die Deutschen selbst entscheiden sollten. Daran anknüpfend berief sich Gorbatschow auf den „Helsinki-Prozeß". Er habe die Ergebnisse des Zweiten Weltkriegs konstatiert. Die beiden deutschen Staaten seien als Ergebnis der Geschichte eine Realität.[74]

Gorbatschow hatte öffentlich und privat den Eindruck vermittelt, über die Entwicklung in Deutschland beunruhigt, aber nicht ernsthaft besorgt zu sein. Nichts von der Feindseligkeit, die Mulroney eine Woche zuvor erlebt hatte, kam zum Vorschein. Der entschieden auftretende Anwalt sowjetischer Interessen, der sich mit Mulroney im Kreml getroffen hatte, war durch den Staatsmann ersetzt worden, der sich relativ gelassen über den stattfindenden Wandel äußerte. Bush hatte im Gegenzug seine Vorstellungen über Deutschland zurückhaltend vorgebracht und damit konstruktiv und zum eigenen Vorteil auf den maßvollen Ton Gorbatschows reagiert.

---

[73] Siehe Gorbachev (Anm. 71), S. 176–179. Für die amerikanische Seite Memcon for Second Expanded Bilateral Session (on the *Maxim Gorky*), 3.12.1989.

[74] Zur Pressekonferenz vom 3.12.1989. *Public Papers of the Presidents: George Bush, 1989*, Bd. 2, Washington, D.C. 1990, S. 1877 f.

Gorbatschows entspannte Haltung zeigte den Amerikanern, daß der sowjetische Führer im Hinblick auf die deutsche Frage flexibel war. Auf jeden Fall sollten Situationen vermieden werden, bei denen die Sowjetunion genötigt sein würde, zu irgendeinem konkreten Vorschlag bezüglich Deutschlands „nein" zu sagen. Da die Entwicklung im westlichen Sinn zu verlaufen schien, konnte darauf verzichtet werden, Gorbatschow zu einer Festlegung zu zwingen. Man würde versuchen, Moskau zu beeinflussen und in die eigene Richtung zu lenken. Aber Gorbatschow hatte den Eindruck hinterlassen, daß kein größerer Druck erforderlich sein werde.

War es tatsächlich dieser Eindruck, den Gorbatschow hinterlassen wollte? Sein enger Berater Tschernjajew gibt einen interessanten Hinweis. Er betont Gorbatschows Neigung „to seek compromise, his predilection for bringing about peace everywhere, and hence his calculated readiness to accept what he does not really approve of. When he does this it is because he finds it necessary to pacify his opponent so as to prevent him from drawing undesirable conclusions or doing something wrong and believes that afterwards things will take care of themselves and agreement will be reached." Dieser Charakterzug machte Gorbatschow „at once strong and weak."[75]

Im Rückblick betrachten einige Gorbatschows Verhalten in Malta als einen verhängnisvollen Fehler. Einer der sowjetischen Teilnehmer, der verstorbene Marshall Achromejew, beklagte, Gorbatschows Versäumnis, eine eindeutige Festlegung in der deutschen Frage vorzunehmen, habe den Westen davon überzeugt, daß er auf keinen entschiedenen Widerstand seitens der UdSSR treffen würde. Zweifellos habe Bush Kohl entsprechend informiert.[76]

Bei seinem nun folgendem Treffen mit den Regierungschefs der Verbündeten in Brüssel wurde Bush mit einer anderen gewaltigen Aufgabe konfrontiert. Es ging um die Unterstützung der Verbündeten für Kohls Zehn-Punkte-Plan, und es galt, die Vorbereitung der deutschen Vereinigung mit der festen Zusicherung zu verbinden, Deutschland werde Mitglied der NATO bleiben. Kurz nachdem seine Maschine in Brüssel gelandet war, traf sich Bush mit Kohl. Er gab einen detaillierten Bericht über die Gespräche in Malta und übermittelte Gorbatschows Warnung an Bonn, nichts zu überstürzen. Kohl seinerseits berichtete von seiner Zusicherung gegenüber Gorbatschow, alles zu unterlassen, was die Ereignisse in der DDR außer Kontrolle geraten lassen könnte. Dann berichtete er über die neuesten politischen Unruhen in der DDR. Kohl dankte Bush für dessen „ruhige" Aufnahme des Zehn-Punkte-Plans. Er versprach, nichts Unbedachtes zu tun. Es gebe keinerlei Zeitplan. Die Bundesrepublik sei ein fester Bestandteil der Europäischen Gemeinschaft. Kohl betonte die enge Abstimmung mit Präsident Mitterrand. Die Fortsetzung der Integration im Westen sei eine Voraussetzung für die Zehn Punkte. Nach freien Wahlen in der DDR stelle die Konföderation – mit zwei unabhängigen Staaten – den nächsten Schritt dar.

---

[75] Anatoly Chernyayev, The Phenomenon of Gorbachev in the Context of Leadership, in: *International Affairs* (Moskau 1993), S. 48.

[76] S. F. Achromejew und G. M. Kornienko (ein früherer stellvertretender Außenminister, der 1988 in den Ruhestand ging), *Glazami Marshala i Diplomata*, Moskau 1992, S. 253 f., 259.

Die dritte Phase, die Föderation, liege in der Zukunft. Es könnte etwa fünf Jahre dauern, um dieses Ziel zu erreichen. Für Bush folgte aus der Unsicherheit Gorbatschows: „We need a formulation which doesn't scare him, but moves forward." Kohl wollte nicht, daß sich Gorbatschow in die Enge getrieben fühlt. Die Zeitungen seien voll von Unsinn. Kohl äußerte sich ablehnend zu Kissingers Meinung, daß sich die beiden deutschen Staaten innerhalb von zwei Jahren zusammenschließen könnten. Wegen des ökonomischen Ungleichgewichts der beiden Staaten sei dies unmöglich. Bush müsse aber wissen, daß sich die deutsche Frage „like a groundswell in the ocean" entwickle. „I need a time of quiet development", bemerkte Kohl, der sich nach den außergewöhnlichen Ereignissen vom November ein wenig erschöpft anhörte.

Sowohl das Weiße Haus als auch das Kanzleramt betrachteten dieses Gespräch als bedeutsam. Die Amerikaner rechneten damit, Kohl wolle entschlossen in Richtung Wiedervereinigung vorangehen. Die Deutschen konnten eine gewisse Erleichterung darüber fühlen, wie Gorbatschow sich der deutschen Frage auf Malta genähert hatte. Für Scowcroft stand fest, daß Kohl jetzt von der Unterstützung der USA ausgehen konnte.[77] Für das NATO-Gipfeltreffen vom 4. Dezember waren zwei Sitzungen vorgesehen. Am Morgen würde der Präsident über Malta informieren. Am Nachmittag würde er einen allgemeinen Überblick über die Zukunft Europas geben. Der Entwurf dazu stammte von Blackwill und Zelikow. Sie benutzten einen Text, der ursprünglich von Blackwill als gemeinsame Erklärung Bushs und Gorbatschows gedacht gewesen war. Jetzt wurde daraus ein Statement amerikanischer Politik gegenüber Deutschland und Europa mit Ausführungen über die NATO, die KSZE und die EG als zentrale Institutionen Europas. Was Deutschland betraf, so begrüßte der Entwurf die Möglichkeit der Wiedervereinigung. General Scowcroft hatte den Entwurf an Verteidigungsminister Cheney weitergeleitet, der ihn ohne jeden Vorbehalt gebilligt hatte.

Den letzten Schliff erhielt Bushs geplante politische Erklärung von Zoellick und Blackwill. Besonders wichtig waren die Ausführungen über Deutschland. Schon Ende November hatte Baker vier Punkte für die amerikanische Haltung zur Frage der deutschen Wiedervereinigung gebilligt, die in seinem politischen Planungsstab von Ross und Fukuyama entworfen worden waren. Ohne daß die Presse der Angelegenheit viel Bedeutung schenkte, gab Außenminister Baker diese Punkte am 29. November in Washington bekannt.[78] Während der Reise schlug Zoellick vor, daß Bakers vier Prinzipien zur deutschen Wiedervereinigung in Bushs Erklärung eingefügt werden sollten. Blackwill stimmte zu, und die Teilnehmer arbeiteten an Formulierungen, die eine Unterstützung der deutschen Vereinigung darstellten. Der Entwurf wurde von Scowcroft, Baker und Bush überprüft und genehmigt.

---

[77] Für den deutschen Bericht zu diesem Treffen siehe Teltschik (Anm. 39), S. 62 ff. Für die amerikanische Seite: Memcon for meeting with Chancellor Kohl at Chateau Stuyvenberg in Brussels, 3.12.1989. Ferner stütze ich mich auf ein Interview mit Scowcroft im Juni 1991. Siehe auch Scowcroft für Präsident Bush: Scope Paper – Your Bilateral with Chancellor Kohl.

[78] Press Conference by Secretary Baker on Bush/Gorbachev Malta Meeting, The White House, 29.11.1989, S. 7f.

Bush begann die Nachmittagssitzung der NATO-Regierungschefs mit einer politischen Erklärung über „the future shape of the new Europe and the new Atlanticism". Die Allianz stehe großen Möglichkeiten gegenüber, die friedliche Revolution im Osten zu konsolidieren und die „architecture for continued peaceful change" zu schaffen. Die Vereinigten Staaten und die NATO hätten die „schmerzliche" Teilung Europas niemals akzeptiert. Alle hätten die deutsche Wiedervereinigung unterstützt. Als Basis dafür sollten die folgenden Prinzipien gelten:
1. Der Gedanke der Selbstbestimmung muß ohne vorgefaßte Meinung über das Endergebnis verfolgt werden. Wir sollten zu diesem Zeitpunkt keine speziellen Vorstellungen von der Einheit favorisieren oder ausschließen. (Die ursprüngliche Formulierung des State Department, das Ergebnis müsse für Deutschlands Nachbarn akzeptabel sein, war fallengelassen worden.)
2. Die Wiedervereinigung sollte unter der Voraussetzung von Deutschlands weiterer NATO-Zugehörigkeit und einer zunehmenden Vertiefung der europäischen Gemeinschaft erfolgen. Die rechtliche Stellung und die Verantwortlichkeiten der Alliierten Mächte seien zu beachten.[79]
3. Im Interesse der allgemeinen europäischen Stabilität müssen alle Schritte in Richtung Einheit friedlich, stufenweise und als Teil eines schrittweisen Prozesses erfolgen.
4. In der Frage der europäischen Grenzen sollte auf die Prinzipien der Schlußakte von Helsinki Bezug genommen werden.

„An end to the unnatural division of Europe and of Germany", fügte Bush hinzu, „must proceed in accordance with and be based upon the values that are becoming universal ideals, as all the countries of Europe become part of a commonwealth of free nations. I know my friend Helmut Kohl completely shares this conviction." Dann schlug Bush vor, die Allianz solle die Förderung von mehr Freiheit im Osten zu einem grundlegenden Element ihrer Politik machen. Zugleich solle die NATO in dieser Phase des historischen Übergangs weiterhin ein Garant für Stabilität sein: „I pledge today that the United States will maintain significant military forces in Europe as long as our Allies desire our presence as part of a common security effort ... The U.S. will remain a European power." Bush lobte auch die fortschreitende Integration der EG. Die Vereinigten Staaten würden engere Bindungen zu der Gemeinschaft suchen.[80]

Nach Bushs Erklärung meinte Kohl, niemand hätte die Haltung der Allianz besser zusammenfassen können. „The meeting should simply adjourn." Nach einer

---

[79] Die frühere Ross/Fukuyama Formulierung hatte eine Einschränkung enthalten, „if there is unification". Sie wurde fallengelassen. Der Hinweis auf die Rechte der Vier Mächte war neu. Er war hinzugefügt worden, weil die Bonner US-Botschaft sich über Kohls andauernde Unterlassung beklagte, diese Rechte zu erwähnen. Demgegenüber wollte Washington seine rechtlichen Verpflichtungen für Berlin und „Deutschland als Ganzem" herausstellen. Siehe Bonn 37736, Kohl's Ten-Point-Program – Silence on the Role of Four Powers, 1.12.1989.

[80] Outline of Remarks at the North Atlantic Treaty Organization Headquarters in Brussels, 4.12. 1989, in: *Public Papers* (Anm. 74), S. 1644–1647. Bush gab seine vier Prinzipien zu Deutschland direkt an Gorbatschow weiter. Siehe seinen Brief an Gorbatschow, 8.12.1989. Vgl. auch Scowcroft an Bush, European Press Reaction to the NATO Summit and Your Speech on the Future of Europe, 6.12.1989.

peinlichen Pause bat der italienische Ministerpräsident Andreotti um das Wort. Er warnte, daß Selbstbestimmung – wenn sie zu weit ging – außer Kontrolle geraten und Schwierigkeiten bereiten könnte. Kohl erwiderte scharf, daß Andreotti diese Auffassung wohl nicht vertreten würde, wenn der Tiber sein Land teilte. Der niederländische Premierminister unterbrach dieses Wortgefecht und unterstützte Bushs Haltung. Thatcher dagegen teilte Andreottis Bedenken. Sie wollte Bushs Vorschlag zunächst einmal genauer prüfen. Aber ein westlicher Regierungschef nach dem anderen unterstützte die allgemeine Stoßrichtung Bushs.[81] Thatcher fühlte sich sowohl durch die amerikanische Haltung in der deutschen Frage als auch durch die starke Unterstützung Washingtons für den weiteren Integrationsprozeß in Europa geschlagen.[82] Kohl und seine Berater dagegen waren hocherfreut. Der von der NATO vorgegebene Rahmen würde jetzt die Behandlung der deutschen Frage auf dem EG-Gipfel bestimmen, der vier Tage später stattfinden sollte. Die Führer der internationalen Staatengemeinschaft würden Kohls Plan nicht zum Entgleisen bringen. „Im Gegenteil!" schrieb Teltschik. „Das Signal steht auf grün – zur Vorsicht wird ermahnt, aber die Weichen sind richtig gestellt."[83]

Allerdings ließ Gorbatschow erkennen, daß er sich nicht nur von der Zurückhaltung bestimmen lassen wollte, wie er sie in Malta gezeigt hatte. Am 5. Dezember kritisierte er gegenüber Genscher Kohls Rede in scharfer Form und wiederholte seine Kritik am nächsten Tag in Kiew gegenüber dem für solche Töne durchaus empfänglichen französischen Staatspräsidenten Mitterrand. Mit den sowjetischen Bedenken im Ohr machte sich Mitterrand an die Vorbereitung eines Treffens des Europäischen Rats, der unter seinem Vorsitz am 8. Dezember in Straßburg tagen sollte. Mitterrand fand schnell heraus, daß die Briten ihm helfen wollten, eine zweite Front gegen Kohls Plan zu eröffnen. Trotz der Enttäuschung auf dem NATO-Gipfel hatte Thatcher noch nicht aufgegeben. Ihr Blick richtete sich auf Paris. „If there was any hope now of stopping or slowing down reunification," erinnert sie sich, „it would only come from an Anglo-French initiative."[84] Aber Thatcher und Mitterrand konnten sich nicht auf einen Aktionsplan verständigen.[85]

---

[81] Teltschik (Anm. 39), S. 64–67; Interview des Autors mit Blackwill, Cambridge 1991. Trotz zunehmender Rufe nach Truppenreduzierungen in Europa blieb die öffentliche Meinung in den Vereinigten Staaten gegen Ende des Jahres 1989 in ihrer Unterstützung für die militärische Verpflichtung fest. Während 1982 ungefähr 66 % der Amerikaner die amerikanische Truppenstärke in Europa erhalten oder verstärken wollten, war im November 1989 – trotz der politischen Veränderungen auf dem Kontinent – diese Zahl nur auf 58 % gesunken. Der Erfolg des NATO-Gipfels vom Mai 1989 könnte einen Teil dazu beigetragen haben, ebenso wie das Mißtrauen gegenüber den zukünftigen sowjetischen Absichten und die Ungewißheit über die politische Gesamtsituation – Themen, die wiederholt von Präsident Bush hervorgehoben worden waren. Zu den Umfrageergebnissen siehe Tutwiler an Baker, Support for NATO and U.S. Troops in Europe, 8.12.1989.

[82] Thatcher (Anm. 48), S. 795 f.

[83] Teltschik (Anm. 39), S. 67.

[84] Thatcher (Anm. 48), S. 796.

[85] Ebd., S. 796 f.

Frankreich beruhigte sich selbst damit, daß deutsche Schritte in Richtung Einheit durch vergleichbar große Schritte in Richtung Europäische Union ausgeglichen werden mußten. In diesem Punkt war Kohl bereit zuzustimmen, so daß Frankreich sein wichtigstes Ziel für den Straßburg-Gipfel erreichte. Für Ende 1990 wurde eine Regierungskonferenz zur Ergänzung der Römischen Verträge einberufen. Im Gegenzug billigte die EG die Entwicklung in Richtung Wiedervereinigung. Kohl berichtete später von dem „eisigen Klima", das ihm die Konferenzteilnehmer in Straßburg entgegengebracht hatten. Auch der Wind aus Moskau blieb kalt.

Oberste Priorität für die Vereinigten Staaten war, den Weg für Kohl offen zu halten – frei von Bedingungen, die Moskau oder auch die Franzosen oder Briten aufstellen könnten. Einzig die unveränderte Mitgliedschaft Deutschlands in der NATO wurde verlangt, um Deutschland fest im Westen einzubinden. Bush machte „die NATO-Mitgliedschaft Deutschlands ebenso zur unabdingbaren Voraussetzung der amerikanischen Unterstützung für den späteren Vereinigungsprozeß ... wie die Lösung der Grenzfrage mit Polen."[86] Amerikas diplomatische Strategie zielte darauf ab, die Sowjets zu beruhigen und die Verbündeten davon abzuhalten, in erneute nationale Feindseligkeiten zu verfallen.

Auch Kohl versuchte, sowjetische Irritationen abzubauen. Er schickte eine Botschaft an Gorbatschow, in der er versprach, die Situation nicht destabilisieren zu wollen. Es seien die Menschen, die die deutsche Frage auf die Tagesordnung zurückbrächten. Jede Entwicklung würde in gesamteuropäische Strukturen eingebettet werden. Die legitimen sowjetischen Sicherheitsinteressen würden anerkannt. Als diese Botschaft überbracht wurde, war Gorbatschow gerade dabei, seinen eigenen Brief an Kohl zu schicken. Sein Ton war kalt. Die UdSSR werde alles tun, um Interventionen in die inneren Angelegenheiten der DDR zu „neutralisieren". Ostdeutschland sei ein strategischer Partner der Sowjetunion. Die Existenz von zwei deutschen Staaten sei eine historische Tatsache.[87]

Unbeeindruckt von Gorbatschows Zurückweisung unternahm Kohl die ersten Schritte seines Zehn-Punkte-Plans und traf sich am 19. Dezember mit Modrow, um über soziale, kulturelle und ökonomische Beziehungen zwischen den beiden deutschen Staaten zu verhandeln. Die beiden Regierungschefs kündigten an, daß sie das Brandenburger Tor in Berlin als Grenzübergang öffnen würden und daß noch bestehende Beschränkungen beim grenzüberschreitenden Verkehr rechtzeitig zu Weihnachten beseitigt werden würden. Als Kohl in Dresden vor einer jubelnden Menge eine Ansprache hielt, sprach er gefühlsbetont über die deutsche Nation. Ihn begleiteten Sprechchöre mit der Forderung nach Wiedervereinigung.

Innerhalb eines Monats nach der Öffnung der Berliner Mauer hatte sich die politische Landschaft dramatisch verändert. Genschers Berater Frank Elbe hatte Mitte November noch zu Zoellick gesagt, das Tempo der deutschen Vereinigung dürfe die

---

[86] Kiessler und Elbe (Anm. 65), S. 55.

[87] Kohls Botschaft wurde am 14.12. nach Moskau geschickt. Gorbatschows Botschaft wartete auf ihn, als er am 18.12. von einem Besuch aus Ungarn zurückkehrte. Teltschik (Anm. 39), S. 80 f., 85.

Stabilität in Europa nicht gefährden. Anfang Dezember dagegen meinte er, wenn die deutsche Einheit nicht käme, würde die Stabilität in Europa gefährdet.[88] Als der Druck 1990 zunahm, zweifelte niemand länger daran, daß die beiden deutschen Staaten sich vereinigen würden. Das größte Problem bestand in der Bestimmung des Zeitpunkts und in der Vermeidung einer Krise in den Ost-West-Beziehungen, die Europa erneut einen Kalten Krieg beschert hätte.

Schlußfolgerungen

Die Fallstudien zu den Jahren 1947 und 1989 dienen als Anfangs- und Endpunkte für den Kalten Krieg und illustrieren Amerikas Haltung gegenüber Deutschland als einem Zentrum dieser globalen Auseinandersetzung. In beiden Fällen stand Amerika zwischen Deutschland und Rußland und hatte zu entscheiden, inwieweit Deutschland vor sowjetischem Druck geschützt werden sollte. In beiden Fällen rangierten Überlegungen zur Zukunft Deutschlands vor denjenigen zur Politik gegenüber der Sowjetunion. Im Laufe des Jahres 1947 traten die amerikanisch-sowjetischen Beziehungen in eine Phase der gefährlichen Konfrontation ein. Diejenigen, deren Denken von den sowjetischen Zielen beherrscht war, fürchteten, daß Kompromisse im Hinblick auf Deutschland die feste Haltung, die gegenüber der Sowjetunion erforderlich war, untergraben würden. Die Ost-West-Beziehungen im allgemeinen und die amerikanisch-sowjetischen Beziehungen im besonderen bewegten sich von der Entspannung 1987–88 in Richtung auf eine genuine Annäherung. Die britische Premierministerin Thatcher sprach aus, was einige amerikanische und auch westdeutsche Entscheidungsträger fürchteten: Eine entschiedene Unterstützung der deutschen Einheit könnte die Annäherung gefährden. Gorbatschows Politik der Kooperation mit dem Westen werde dadurch bedroht. Doch ähnlich wie 1947 versah die amerikanische Regierung auch 1989 die amerikanischen Interessen in Deutschland mit einem höheren Stellenwert.

Da Deutschland in der amerikanisch-sowjetischen Rivalität eine zentrale Rolle spielte, konnten die amerikanischen Interessen in Deutschland nicht von den Beziehungen zu Moskau getrennt werden. Die Frage war, ob man die Deutschen dazu benutzen sollte, um amerikanisch-sowjetischen Zielsetzungen zu dienen. Marshall hätte die Deutschland-Problematik 1947 als Hebel in der Konfrontation mit Moskau nutzen können. Bush und Baker hätten die deutschen Angelegenheiten 1989 dazu dienen können, um Gorbatschow zu stärken und die amerikanisch-sowjetische Annäherung zu untermauern. In beiden Fällen geschah dies nicht. Die Deutschlandpolitik war mehr als eine Funktion der Politik gegenüber der Sowjetunion.

---

[88] Siehe Kiessler und Elbe (Anm. 65), S. 47. Elbe berichtet, daß Zoellick im Dezember zustimmend reagierte.

Nationales Interesse und Deutschlands Rolle in Europa: Wandel und Kontinuität russischer Wahrnehmungen

Sergei Chugrov

Dieser Beitrag stellt den Versuch dar, die Ursachen für die Fehleinschätzungen, politischen Mythen und ideologischen Stereotypen im Weltbild der außenpolitischen Elite Rußlands deutlich zu machen, wie sie sich in den russisch-deutschen Beziehungen niedergeschlagen haben. Besondere Aufmerksamkeit wird dabei denjenigen Fehleinschätzungen zuteil, die kaum der Stabilität in Europa förderlich sein können. Die umfangreiche Literatur über die russisch-deutschen Beziehungen thematisiert viele Aspekte der gegenseitigen Wahrnehmung und gegenseitiger Fehleinschätzungen, doch es mangelt an einer eingehenden Analyse dieses speziellen Sachverhalts.[1] In der sowjetischen bzw. russischen Literatur über die bilateralen Beziehungen wurden bislang keine umfassenden Analysen zu diesem Thema veröffentlicht.[2]

Die Wurzeln für Moskaus Wahrnehmung der Sicherheit und des europäischen Gleichgewichts liegen immer noch in der Regierungszeit Peters des Großen und Katharinas II. Sie basierte traditionellerweise auf einer Selbstwahrnehmung als Arbiter, geschützt von einem Puffer schwacher und unter russischer Führung stehender Staaten. Deutschland und Europa sollten nach dieser Auffassung in Rivalität aufgeteilt und gelähmt sein.[3] Diese imperialen Stereotypen können nicht über Nacht verändert werden. Auf der anderen Seite waren Russen und Deutsche durch enge kulturelle und politische Beziehungen verbunden. Ohne Übertreibung kann

---

[1] Nur ein kleiner Teil der an sich umfangreichen Literatur beschäftigt sich mit diesem Punkt. Von Interesse sind die folgenden Bände: John T. MacCurdy, *Germany, Russia and the Future. A Psychological Essay*, Cambridge 1944; Walter Laqueur, *Russia and Germany. A Century of Conflict*, New Brunswick 1990; Robert H. Haigh, David S. Morris und Anthony R. Peters, *German-Soviet Relations in the Weimar Era. Friendship from Necessity*, Aldershot 1985; Arnold Buchholz und Johannes Dietrich, *Die Bundesrepublik Deutschland in der sowjetischen Publizistik*, Köln 1964; Lawrence L. Whetten, *Germany's Ostpolitik. Relations Between the Federal Republic and the Warsaw Pact Countries*, Oxford 1971.

[2] Viele Arbeiten, die in der Sowjetperiode veröffentlicht wurden, konnten die ideologischen Barrieren nicht überwinden. Vgl. V. I. Miliukova, *Otnosheniia SSSR-FRG i problemy evropeiskoi bezopasnosti [Die Beziehungen zwischen der UdSSR und der Bundesrepublik Deutschland und das Problem der europäischen Sicherheit]*, Moskau 1983. Zahlreiche mehr oder weniger erfolgreiche Versuche, das Thema zu behandeln, wurden vor kurzem unternommen, z. B. Aleksej M. Filitov, *Germanskij vopros: ot raskola k ob edineniju [Die Deutsche Frage: Von der Teilung zur Vereinigung]*, Moskau 1993; Iurevic Nikolaj Kuzmin, *Germaniya edina? [Ist Deutschland vereinigt?]*, Moskau 1993.

[3] Paul W. Schroeder, Balance of Power and Political Equilibrium. A Response, in: *The International History Review* 16 (1994), S. 753.

man sagen, daß es Deutschland in Rußland nie an Freunden mangelte (mit der einzigen Ausnahme in der Zeit von 1941 bis 1945).[4] Dennoch ist die Geschichte der russisch-deutschen Beziehungen, wenn man sie als Geschichte wechselseitiger Wahrnehmungen beschreibt, voll von zahlreichen politischen Mythen, die aus regionalen Interessengegensätzen herrühren.

Um die Forschung auf dem Gebiet der russisch-deutschen Beziehungen voranzubringen, bedarf es vergleichender Perzeptionsanalysen. Um besser verstehen zu können, welche Wahrnehmungen den größten Einfluß auf die bilateralen Beziehungen hatten, wird im folgenden auf Überlegungen von Mills zurückgegriffen. Wenn zwei Konstellationen mit unterschiedlichem Ausgang sich nur durch einen Bestimmungsfaktor unterscheiden, dann ist dieser Faktor wahrscheinlich von großer Wichtigkeit. Wenn zwei Konstellationen sich in den meisten Faktoren unterscheiden, aber zu ähnlichen Ergebnissen führen, so ist es wahrscheinlich, daß diejenigen Faktoren, in denen sie sich ähnlich sind, von großer Bedeutung sind. In diesem Sinn sollen drei Perioden vergleichend analysiert werden – die Ära Stresemann, die Ostpolitik der Regierung Brandt/Scheel und die gegenwärtigen Entwicklungen seit der Wiedervereinigung.

Die Ära Stresemann

Am Vorabend der Ära Stresemann war die Mentalität der neuen russischen Elite von einer Mischung aus konstruktiven und destruktiven Slogans bestimmt. Die widersprüchlichen Einstellungen gegenüber Deutschland sind nur zu verstehen, wenn man sie vor dem Hintergrund sieht, daß sich Rußland als Labor für ein einzigartiges Experiment, für die Ausbildung einer „strahlenden Zukunft" verstand. Das geistige Leben dieser Gesellschaft war auf die Ablösung alter Denkmuster und Maßstäbe ausgerichtet, doch wurden sie durch neue Dogmen ersetzt. Die nationalen Interessen wurden mit einem Heiligenschein umgeben und die ideologischen Dogmen rückten ins Zentrum der nationalen Politik.

Die Einstellungen der regierenden russischen Elite gegenüber Deutschland waren von revolutionärer Romantik geprägt. Trotz der Grausamkeiten des Krieges genoß Deutschland den Ruf, die Quelle des revolutionären Denkens zu sein. Die Möglichkeit einer in Deutschland ausbrechende Revolution nach sowjetischem Stil schien im August 1923 unmittelbar bevorzustehen, als es in Deutschland zu einer Reihe von Streiks kam.[5] Die russische Elite betrachtete Deutschland als ein Mittel zum Schutz dessen, was als zentrale nationale Interessen wahrgenommen wurde:

---

[4] Gerald Freund, *Unholy Alliance. Russian-German Relations from the Treaty of Brest-Litovsk to the Treaty of Berlin*, London 1957, S. 317–318.

[5] Siehe Haigh, Morris und Peters (Anm. 1), S. 108–109. Sergei Chugrov, Ideologicheskie stereotipy: nasledie sovetskoi epokhi [Ideologische Stereotypen: ein Vermächtnis der Sowjet-Epoche], in: *Mirovaia ekonomika i mezhdunarodye otnosheniia [The World Economy and International Relations]* 5 (1993), S. 50–63.

1. die Existenzsicherung des sowjetischen Staates angesichts der alliierten Intervention in Sowjetrußland,
2. die Konsolidierung der „Großen Sozialistischen Oktoberrevolution" und die Eindämmung der von den Alliierten finanzierten und unterstützten reaktionären Kräfte, die das neue Regime beseitigen wollten.

Da Moskau und Berlin zwei Ausgestoßene des Versailler Systems waren, diente diese Ächtung durch die Westmächte aus russischer Sicht als gemeinsamer Nenner für die gegenseitige Wahrnehmung und ebenso für die Beurteilung der übrigen Welt. Dieses seltsame Gefühl der Schicksalsgemeinschaft, basierte sicherlich auf einem politischen Mythos. Die Führer der Sowjetunion hätten nicht ignorieren dürfen, daß Deutschland bereits im Jahre 1923 kaum als ein Ausgestoßener angesehen werden konnte, da die Weimarer Republik von den Alliierten mehr und mehr als gleichwertiger Partner und nicht mehr nur als ein Objekt behandelt wurde. Im Vergleich dazu blieb Moskau trotz der 1924 einsetzenden internationalen Anerkennung ein Paria in der internationalen Politik.[6]

Als Folge dieser Entwicklung traten die Einstellungen gegenüber Deutschland in den Hintergrund, die dem Reich der politischen Romantik entstammten. An ihre Stelle traten pragmatischere Orientierungen, denn es gab für Moskau keine Alternativen zur Selbstisolation und Konfrontation mit dem Westen. Rußland hätte sich in einer vollkommen anderen Form entwickeln können, wenn der Westen in der Lage gewesen wäre, eine tolerante Einstellung zu Moskau einzunehmen. Doch aufgrund der Moskauer Absichten, eine Weltrevolution zu realisieren, konnte nicht erwartet werden, und natürlich erwarteten es die Bolschewiki auch nicht, daß die kapitalistischen Regierungen freundschaftliche Gefühle hegten.[7] Moskau rechnete mit einer alliierten Invasion, die auf die Beseitigung der Sowjetmacht ausgerichtet war. Man glaubte, sie nur durch die Ausnutzung der Gegensätze innerhalb des „kapitalistischen Lagers" abwenden zu können. Mitte der zwanziger Jahre zählte aus Moskauer Sicht vor allem der innerkapitalistische Gegensatz zwischen der Entente und Deutschland.[8]

Rußland wollte seine nationalen Interessen durch die Spaltung der anti-sowjetischen Allianz wahren und versuchte zu diesem Zweck, eine „Freundschaft" mit Berlin zu entwickeln. Die Weimarer Republik versuchte dies aus pragmatischen Gesichtspunkten ebenfalls und wollte Rußland als Trumpfkarte in seinen Verhandlungen mit der Entente einsetzen. Rußlands Führungselite interpretierte die Art dieser „Freundschaft" mit Deutschland falsch und verfügte nicht über ausreichende Vorstellungs-

---

[6] Haigh, Morris und Peters (Anm. 1), S. 189–190.
[7] Zu den Ausgangslagen sowjetischer Politik Teddy J. Uldricks, *Diplomacy and Ideology. The Origins of Soviet Foreign Relations 1917–1930*, London 1979.
[8] Siehe Edward H. Carr, *International Relations Between the Two World Wars (1919–1939)*, London 1959, S. 80–81.

kraft, um die Transformation des westlichen Wirtschaftssystem zu bemerken.⁹ Aus diesem Grund wurde der Beitritt Berlins zum Dawes-Plan in Moskau als heftiger Rückschlag wahrgenommen. Nach sowjetischer Auffassung entwickelte sich Deutschland zu „einer Kolonie des westeuropäischen Kapitalismus." Dieser Punkt wurde zum zentralen Thema der sowjetischen Propaganda. Sie stellte Deutschland als Spielzeug der Westmächte dar.¹⁰

Natürlich nahm Rußland die Gespräche von Locarno als den Versuch der westlichen Allianz wahr, Deutschland zu einer Marionette in einem von Großbritannien angeführten Block zu machen. „Wir müssen erkennen, daß die Entscheidungen von Locarno ausschließlich darauf ausgerichtet sind, Deutschland unter bestimmten Umständen zum Teilnehmer an einer Intervention gegen uns zu machen", sagte einer der prominentesten Führer der kommunistischen Bewegung, Grigorij Sinowjew, auf dem XIV. Parteitag im Dezember 1924.¹¹ Da sich die deutsche Regierung in der Wahrnehmung der politischen Elite der Sowjetunion vom Osten zum Westen wandte, entstand die Furcht, daß Berlin vielleicht die Politik von Rapallo beenden und die Sowjetunion isoliert lassen könnte, wie sie es bereits vor 1922 gewesen war. Da die deutschen Politiker keine derartigen Absichten hatten, handelte es sich bei dieser Angst um eine Fehlperzeption.¹²

Moskau wollte nicht untätig bleiben, als es seine einzige westliche Stütze in Gefahr sah. Man wollte sich nicht mit einfachen Protesten gegen die westliche Orientierung der deutschen Politik oder mit Warnungen vor den Gefahren zufrieden geben, die man in dieser Orientierung sah. Um die negativen Konsequenzen von Locarno auszugleichen, versuchte Moskau im Dezember 1925 Stresemann zu Gesprächen über einen russisch-deutschen Neutralitätsvertrag zu drängen. Stresemann wollte sich mit der Zusicherung begnügen, daß der Vertrag von Rapallo noch immer die Basis der Beziehungen zwischen Moskau und Berlin bildete. Der Kreml jedoch, geplagt von der Furcht vor einer neuen antikommunistischen Front, übte Druck aus,¹³ so daß es schließlich am 24. April 1926 zum Abschluß des Berliner Vertrags kam. Damit gelang es Moskau, der „feindlichen Einkreisung" zu entkommen. Die sowjetische Wahrnehmung des Berliner Vertrags als ein gegen Locarno gerichtetes Dokument kam in der Einschätzung von Maxim Litwinow auch explizit zum Ausdruck: „Wenn Locarno, wie wir immer vermutet haben, als eines seiner Ziele die Bildung eines antisowjetischen Blocks hat und die Isolierung unserer Union bezweckt, dann ist jetzt festzuhalten, daß der heute unterzeichnete Vertrag tatsächlich dem Geist von Locarno widerspricht. Wir dürfen uns freuen, daß es uns zu einem gewissen Grad gelungen

---

⁹ William C. McNeill, Weimar Germany and Systemic Transformation in International Economic Relations, in: *Coping with Complexity in the International System*, hg. von Jack Snyder und Robert Jervis, Boulder 1993, S. 191–192.

¹⁰ Lionel Kochan, *Russia and the Weimar Republic*, Cambridge 1954, S. 96.

¹¹ Protokoly XIV s-ezd VKP(b), Moskau 1925, S. 652–653.

¹² Genauer dazu Carr (Anm. 8), S. 82.

¹³ Siehe Freund (Anm. 4), S. 224 und 238.

ist, den anti-sowjetischen Stachel aus dem Locarno-Vertrag herauszuziehen."[14] Da Locarno tatsächlich weit davon entfernt war, auf die Formierung eines anti-sowjetischen Blocks abzuzielen, offenbart diese Aussage sehr deutlich den sowjetischen Mythos von der „feindlichen Einkreisung". In der Selbstwahrnehmung sah man sich als „belagerte Festung". Die sowjetische Elite instrumentalisierte ihre Weltsicht, um eine Atmosphäre der Furcht und des Mißtrauens zu schaffen und die Suche nach Feinden zu unterstützen. Dies führte zu einer Verkümmerung der intellektuellen Kultur.

Als ein erhellendes Beispiel für den Kontrast zwischen Moskaus ideologischen Invektiven und der Realität können die militärischen Beziehungen zwischen der Sowjetunion und Deutschland dienen. Bis 1933 erhielten ungefähr 200 deutsche Piloten ihre Grundausbildung in Lipeck.[15] Die Flugplätze bei Smolensk und Lipeck waren von großer Bedeutung für die Reichswehr, um die Beschränkungen hinsichtlich der Luftwaffe umgehen zu können.[16] Die Verantwortlichen in Moskau und in Berlin nahmen die beiderseitigen militärischen Beziehungen nicht offiziell zur Kenntnis. Die deutschen Medien schufen den Mythos, Gustav Stresemann habe nichts davon gewußt. Es kann jedoch kein Zweifel daran bestehen, daß die Mehrheit der höheren Regierungsbeamten von der engen Zusammenarbeit zwischen der Roten Armee und der Reichswehr Kenntnis hatte, deren Grundlage in der Amtszeit von Seeckt gelegt wurde.[17] Die Reichswehr schaute nach Osten. Trotz des verzweifelten Festhaltens am Begriff einer „feindlichen Einkreisung" konzentrierte sich Moskau in der praktischen Politik auf die Sicherung guter Beziehungen mit Berlin.[18]

Bereits im Laufe des Jahres 1927 wurde ein spürbarer Gegensatz zwischen Deutschlands Erfolgen in der Außenpolitik und Moskaus Fehlschlägen deutlich. Unter der Führung Stresemanns profitierte die deutsche Außenpolitik von der Verbesserung der Beziehungen mit dem Westen. Im Gegensatz dazu hatte die sowjetische Diplomatie eine Serie von bitteren Rückschlägen sowohl in Europa als auch in Asien hinzunehmen.[19] Doch gelang es Moskau, die Gefahr einer Isolierung zu vermeiden.[20] Die deutsch-sowjetischen Beziehungen während der Stresemann-Ära

---

[14] *Izvestija*, 25. April 1926.

[15] Zum Gesamtzusammenhang Manfred Zeidler, *Reichswehr und Rote Armee 1920–1933. Wege und Stationen einer ungewöhnlichen Zusammenarbeit*, München 1993.

[16] Für weitere bemerkenswerte Beispiele der militärischen Zusammenarbeit siehe auch Laqueur (Anm. 1), S. 169 ff.

[17] Freund (Anm. 4), S. 202–203.

[18] Zu erwähnen sind auch das Protokoll über die deutsch-sowjetischen Wirtschaftsbeziehungen vom 21. Dezember 1928 und das Schlichtungsabkommen vom 25. Januar 1929.

[19] Siehe Laqueur (Anm. 1), S. 140.

[20] In einer gewissen Weise kann dies durch die nicht nachlassende anti-deutsche und anti-sowjetische Einstellung der Westmächte erklärt werden. Aufschlußreich ist zum Beispiel, daß bis in die dreißiger Jahre eine Gruppe von britischen Politikern Rußland und Deutschland mit dem Begriff Teutoslavia belegten. Martin Kitchen, *British Policy Toward the Soviet Union during the Second World War*, London 1986, S. 20.

zeichneten sich durch eine relative Harmonie aus. Stresemann selbst drückte dies so aus: „Jede Idee eines Kreuzzuges gegen Rußland kommt mir dumm und bedeutungslos vor."[21] Dennoch behielt die Ideologie in der Sowjetunion die Oberhand gegenüber einer pragmatischen Einstellung, da die Elite von der kommunistischen Mythenbildung tief durchdrungen war.[22]

Die Ära der Ostpolitik

Am Vorabend der Regierung Brandt/Scheel begann die sowjetische Idee zu schwinden, man könnte das öffentliche Bewußtsein mit dem blinden Glauben an eine „strahlende Zukunft" erfüllen oder an der Aussicht festhalten, den „Imperialismus zu begraben". Die Einstellungen der sowjetischen Elite der späten sechziger und frühen siebziger Jahre zeigten alle Symptome einer tiefen Dissonanz zwischen Dogma und Realität. Doch anstatt diese Situation durch den Verzicht auf die abgestandenen Dogmen zu überwinden, wurden in der Gesellschaft die ideologischen Schrauben wieder angezogen.

Die sowjetischen Interessen in Bezug auf Deutschland wurden während des Gipfels der Warschauer Paktstaaten in Bukarest im Juli 1966 und auf der Konferenz der kommunistischen und Arbeiterparteien Europas in Karlovy Vary (Karlsbad) im April 1967 formuliert. Die 24 Parteien erreichten eine Vereinbarung über die folgenden acht Ziele:

1. die Bundesrepublik Deutschland sollte die Oder-Neiße-Linie und die Demarkationslinie zwischen West- und Ostdeutschland als endgültige internationale Staatengrenzen anerkennen,
2. die DDR sollte die gleichen Rechte und denselben Status wie die Bundesrepublik erhalten,
3. West-Berlin sollte als eine eigenständige politische Einheit behandelt werden;
4. die Bundesrepublik sollte ihren Alleinvertretungsanspruch für das deutsche Volk aufgeben,
5. die Bundesrepublik sollte keine Atomwaffen erwerben dürfen,
6. das Münchener Abkommen mit der Tschechoslowakei sollte als ungültig von Anfang an erklärt werden,
7. die Kommunistische Partei in der Bundesrepublik sollte reformiert werden,
8. eine europäische Sicherheitskonferenz sollte abgehalten werden.

---

[21] Zitiert bei Kochan (Anm. 10), S. 126.

[22] Zu den ideologischen Festlegungen gehörte vor allem, daß die deutschen Sozialdemokraten (im sowjetischen Sprachgebrauch: Sozialfaschisten) Verräter des Proletariats und für den Fehlschlag von Spartakus verantwortlich waren.

Im großen und ganzen haben Moskau und Bonn in diesen Fragen Kompromisse erzielt.[23] Es gibt keinen Zweifel, daß Moskau die Aussicht auf eine Vertragsunterzeichnung mit Deutschland als ein Mittel zur Stabilisierung Osteuropas ansah. In diesem Zusammenhang wird oft behauptet, daß Moskau die Sozialdemokratische Partei Deutschlands benutzen wollte, um Deutschland von innen heraus kontrollieren zu können. Angesichts der klaren ideologischen Abgrenzung der SPD gegen den Kommunismus wäre dies reines Wunschdenken gewesen. Von vielen westlichen Kritikern seiner Ostpolitik wurde Brandt allerdings „Gutgläubigkeit und Naivität" unterstellt.[24] Natürlich träumte Moskau davon, seine Sicherheit durch die Auflösung der NATO zu einem Zeitpunkt zu vergrößern, als die Vertragsgemeinschaft zwanzig Jahre bestand und die Mitglieder formal austreten konnten. In diesem Sinne stimmte der Mythos von der Ostpolitik Brandts als sowjetische Verschwörung gegen die NATO vollkommen mit dem Muster der sowjetischen Ideologie überein. Die sowjetische Führungsspitze war von der Fehleinschätzung bestimmt, der Westen befinde sich in einem Zustand der akuten Krise. Wäre dies so gewesen und hätte Moskau mit seiner Taktik Erfolg gehabt, so hätte es keine Möglichkeit ausgelassen, die neue Ostpolitik als Instrument zur Förderung seines Maximalziels zu nutzen und Deutschland aus dem NATO-Bündnis zu lösen.[25]

Es war nicht eine sowjetische Verschwörung, die Bonn veranlaßte, von der Politik der „Aufrechterhaltung der Spannungen" abzugehen. Ein weitaus wichtigerer Faktor war, daß die Sowjetunion die strategische Parität mit dem Westen erreicht hatte. Der amerikanische Kurs der Entspannung und de Gaulles Politik der Annäherung an die Sowjetunion ließen das Gespenst einer politischen Übereinkunft auf Kosten der Bundesrepublik entstehen, was eine entsprechende Reaktion in Bonn hervorrief. Außerdem wurde Deutschlands „neuer Öffnung zum Osten" in Moskau mit ausgesprochener Skepsis begegnet, da die sowjetische Führung ihrerseits besorgt war, daß die neue Taktik eine List war, den Zusammenhalt des Warschauer Pakts zu gefährden und ein weiteres wirtschaftliches Vordringen zu erreichen.[26] Die sowjetischen Medien begegneten der Ostpolitik ebenfalls mit Vorsicht.[27] Erst nachdem Moskau die Aufrichtigkeit der neuen Bonner Politik anerkannt hatte, ließ die

---

[23] Vertrag zwischen der Bundesrepublik Deutschland und der Union der Sozialistischen Sowjetrepubliken vom 12. August 1970; Vertrag zwischen der Bundesrepublik Deutschland und der Volksrepublik Polen vom 7. Dezember 1970 in: Whetten (Anm. 1), S. 218–231.

[24] Siehe etwa das konservative britische Unterhausmitglied Geoffrey Stewart-Smith (Hg.), *Brandt and the Destruction of NATO*, London 1973, S. 2.

[25] Vgl. auch Whetten (Anm. 1), S. 211.

[26] Ebd., S. 20.

[27] HSFK-Gruppe Sozialistische Länder, Die Rezeption der Ostpolitik der BRD in der UdSSR und DDR, in: *Die Ostpolitik der BRD*, hg. von Egbert Jahn und Volker Rittberger, Opladen 1974, S. 225. Zur sowjetischen Perzeption der Bundesrepublik vgl. auch Jörg Mentzel und Wolfgang Pfeiler, *Deutschlandbilder. Die Bundesrepublik aus der Sicht der DDR und der Sowjetunion*, Düsseldorf 1972; Reinhard Schwarz, *Das politische Deutschlandbild in der sowjetischen Presse 1969 und 1970*, Diss. Aachen 1972.

Presse ihre Denunziationen des „deutschen Revanchismus" fallen und lobte statt dessen den „Beginn einer Ära des Verzichts auf Revanchismus, einer Ära der freien Zusammenarbeit."

Die Ostpolitik zerstörte die Feindbilder. Sie gab sowohl Moskau als auch Bonn die Möglichkeit, nationale Interessen in Abstimmung miteinander zu verfolgen, anstatt auf Kosten des anderen, wie es im vorangegangenen Vierteljahrhundert versucht worden war. Die Entspannung, die zu einem intensiven Dialog zwischen der UdSSR und den Vereinigten Staaten führte, schien auch die Beziehungen der kommunistischen Staaten untereinander hinsichtlich ihres nationalen Interesses, ihrer wirtschaftlichen Entwicklung und des Austauschs von Ideen und Menschenrechten grundlegend zu verändern.[28] Sie gehörten zu den Nutznießern der Bonner Ostpolitik, da sie gezwungen worden waren, die Aussichten einer künftigen europäischen Architektur durch die Perspektive der sowjetisch-deutschen Beziehungen zu betrachten.[29] Die Politik der Annäherung zwischen Ost und West änderte nichts an dem Mythos, es gäbe zwei deutsche Staaten und zwei getrennte Nationen. Dieses unsinnige Konzept der Abgrenzung, das nicht zuletzt vom stellvertretenden sowjetischen Außenminister Semjonow vertreten wurde, brachte genau das Gegenteil der gewünschten Wirkung. Die Ideologen ließen es erst nach langen Diskussionen fallen. Dabei waren die Führungsspitze und die Akademiker in der DDR orthodoxer als ihre sowjetischen Kollegen. Es ist nach wie vor ein Rätsel, wie die russischen Deutschlandexperten diese Fehleinschätzung teilen konnten, obwohl sie sich durch einen hohen wissenschaftlichen Standard auszeichneten. Generell zeichneten sie sich durch Mißtrauen gegenüber Deutschland und den Deutschen aus. Selbst die jüngeren unter ihnen übernahmen viele der hergebrachten Stereotypen.[30] Deshalb waren nur sehr wenige von ihnen noch am Vorabend des Falls der Berliner Mauer in der Lage, die Wiedervereinigung Deutschlands vorherzusagen; so stabil und unwiderruflich waren die alten Stereotypen.[31] Der größere Teil der Elite bestand nachdrücklich darauf, daß die ostdeutschen Länder außerhalb des Geltungsbereichs der NATO bleiben sollten. Dies hätte zu Instabilität in Europa führen können, wenn sich Gorbatschow und Schewardnadse aus politischen Gründen nicht darüber hinweggesetzt hätten. Die

---

[28] Hélène Carrère d'Encausse, *Histoire d'un malentendu. Après la détente (un dossier de la Revue Politique Internationale),* Paris 1982, S. 17.

[29] Dies gab Adam D. Rotfeld Anlaß zu fragen: „Welchen Wert hätten Versicherungen über die Dauerhaftigkeit der bestehenden Grenzen und der territorialen Integrität für Polen, wenn ein vereinigter deutscher Staat ohne sowjetische Garantien entstünde?" Adam D. Rotfeld, Jalta: Myth, symbol czy zobowiazanie?, in: *Polityka,* 26. Januar 1985. Zitiert nach: Renata Fritsch-Bournazel, *Confronting the German Question. Germans on the East-West Divide,* Oxford 1988, S. 19.

[30] Dazu einer der engsten Mitarbeiter Gorbatschows Georgy Shakhnazarov, *Tsena svobody* [*Der Preis der Freiheit*] Moskau 1993, S. 120.

[31] Zum Beispiel, Nikolai Pavlov, *Mirovaia ekonomika i mezhdunarodnye otnosheniia* [*World Economy and International Relations*] 7 (1990). Dieser Artikel enthält eine eingehende Analyse aller größeren Veränderungen in den russisch-deutschen Beziehungen, vertritt jedoch den Standpunkt, daß die östlichen Staaten auf jeden Fall neutral bleiben sollten.

ideologische Komponente in der politischen Kultur der Sowjetunion brachte wiederum Feindbilder hervor und war dabei, das Land in eine Welt voller Halluzinationen zu stoßen.

Die gegenwärtige Periode: Der Geist von Rapallo?

Der Zusammenbruch des früheren Systems der internationalen Beziehungen in Europa resultierte in einem Vakuum, das vor allem von irrationalen Gefühlen aufgefüllt wird.[32] Bislang hat Rußland seine grundlegenden nationalen Interessen unter Zurücklassung der alten ideologischen Mythen formuliert. Hierfür gibt es mehrere Gründe. Zunächst einmal gehen die kontroversen Definitionen nationaler Interessen auf die Krise der nationalen Integrität und Identität zurück. Die Selbstwahrnehmung der Nation ist durch den Zerfall der Sowjetunion negativ geprägt worden. Es entstand das sogenannte „Syndrom der Zerstückelung", das Rußland äußerst empfindlich und mißtrauisch gegenüber jeder Bedrohung für seine Integrität macht. Im Hinblick auf Deutschland ist der Status der Region Kaliningrad von äußerster Sensitivität.

Die Krise der nationalen Integrität geht mit derjenigen der nationalen Identität einher. Hier läßt sich eine Ähnlichkeit mit den ostdeutschen Ländern beobachten, die nach der deutschen Wiedervereinigung ebenfalls ihre Identität ändern mußten. Viele Russen zermartern sich den Kopf über die Kluft zwischen der europäischen und der asiatischen Identität. Der Wunsch der Nation, sich selbst als eine Einheit mit einer einzigen und unverwechselbaren Identität wahrzunehmen, führt zu einer politischen Auseinandersetzung um Rußlands Dilemma: Soll es die Ziele einer Großmacht verfolgen oder mit dem Status eines zweitklassigen Landes zufrieden sein? Da die letztere Option Rußlands Geschichte und seinen Traditionen widerspricht, ist Moskau sehr hellhörig gegenüber jedem Versuch geworden, Rußland als zweitklassiges Land zu behandeln.

Die „Großmacht"-Mentalität ist tief im russischen Bewußtsein verwurzelt. Nach zahlreichen Meinungsumfragen ist etwa ein Viertel der Bevölkerung tief besorgt über Rußlands Verlust des „Großmacht-Prestiges". Nicht der wirtschaftliche Wohlstand eines Landes ist es, der von der russischen Elite oft als zentraler Wert angesehen wird, sondern die Stärke und die Fähigkeit, Druck auf die übrige Welt auszuüben. Es gibt jedoch einige sichtbare Veränderungen. Gegenwärtig findet eine schrittweise Umwandlung der gewohnten gemeinschaftlichen Verhaltensregeln und der für die sowjetische Mentalität natürlichen sozialen Wechselwirkungen in gesellschaftliche Verhaltensregeln statt, wo an die Stelle der gemeinschaftlichen Bindungen, individuelle Freiheit, Rationalität und vertragliche Regelungen traten. In Deutschland gibt es einige spezifische Fehleinschätzungen über die Ursprünge des gegenwärtigen russischen Natio-

---

[32] Ich beziehe mich auf Dr. Hans-Henning Schröder (Köln), wie er sich im Juli 1993 bei einer Konferenz des Deutsch-Russischen Forums in Bonn geäußert hat.

nalismus und seine mögliche Weiterentwicklung in eine russische Form des Nationalsozialismus. Walter Laqueur beispielsweise mißt in seiner Analyse der Ursachen des deutschen und russischen Nationalismus dem Problem des Antisemitismus besondere Bedeutung bei. Im Rahmen seines Konzepts dienen die Einstellungen der Deutschen und Russen gegenüber der jüdisch-freimaurerischen Verschwörung als eine allgemeingültige Erklärung.[33] Es ist zutreffend, daß patriotische Vereine im gegenwärtigen Rußland wie Pilze aus dem Boden schießen; etwas weniger als 100 ultra-nationalistische Gruppen sind in Rußland aktiv.[34] Die Glorifizierung der nationalistischen Werte, das Auftauchen von kleinen russischen Führern in Verbindung mit dem Gebrauch von Nazisymbolen und -eigenschaften sind besorgniserregende Symptome einer verzerrten Wahrnehmung der deutschen Geschichte im heutigen Rußland. Vielen Meinungsumfragen zufolge nahm allerdings in den frühen neunziger Jahren die Zahl der Anhänger antisemitischer Konzepte deutlich ab.[35] Die Zunahme des russischen Nationalismus leitet sich nicht von der Feindschaft gegenüber anderen ethnischen Gruppen ab, sondern von der Krise der nationalen Identität.

Die Analyse wird durch die Spaltung der politischen Elite Rußlands in zwei unterschiedliche Gruppen erschwert. Ein Teil der Elite ist den alten Normen und Stereotypen treu geblieben, während es einer neu entstehenden westlich orientierten Elite an ausreichender Kompetenz und spezifischen Fähigkeiten mangelt.[36] Dies ist ein Hauptgrund für die Vergeblichkeit aller Bemühungen, Rußlands nationale Interessen zu bestimmen. Umfragen ergeben, daß dieser Riß die politische Elite in zwei fast gleich große Hälften teilt. Jedoch scheint ein Konsens auf der Basis einer moderaten Form des Nationalismus zu entstehen.

Moskau zeigt keine übermäßige Besorgnis über Deutschlands neue Stellung in Europa. Außerdem wandte sich die akademische und intellektuelle Elite den Aussichten auf ein „zweites Rapallo" zu, als deutlich wurde, daß der Westen zögerte, Moskaus Assoziierung mit der Europäischen Union, dem Europarat und der NATO zuzustimmen. Vorschläge wurden in die Diskussion eingebracht, die sich für engere Beziehungen mit Bonn einsetzten und Deutschland mit Präferenzrechten beim Abbau der reichen Bodenschätze ausstatten wollten. Dadurch wollte man Bonn locken, die westliche Einheit spalten und den Maastricht-Prozeß blockieren.[37] In absehbarer

---

[33] Siehe Laqueur (Anm. 1), S. 5 ff.

[34] *Izvestija*, 2. Dezember 1994, S. 5.

[35] Lev Gudkov und Aleksei Levinson, Otnoshenie k evreiam, in: *Sotsiologicheskie issledovaniia* [*Sociological Studies*] 12 (1992), S. 108–111. Eine Übersetzung wurde veröffentlicht unter dem Titel Attitudes Toward Jews, in: *Sociological Research* 33 (1994), Nr. 2, S. 63–68.

[36] Lev Gudkov und Boris Dubin, Konets kharismaticheskoi epokhi: pechat' i izmeneniia v sistemakh tsennostei obshchestva [Das Ende der charismatischen Epoche. Die Presse und Veränderungen im gesellschaftlichen Wertesystem], in: *Svobodnaia mysl* [*Free Thought*] 5 (1993), S. 32–44.

[37] Solche in Akademikerkreisen häufig geäußerte Vorstellungen fanden jedoch nicht Eingang in regierungsamtliche Erklärungen. Sie übersahen auch, daß Bilateralität in den internationalen Beziehungen nicht mehr die Rolle spielt wie in der Zeit vor dem Ersten Weltkrieg, an die gern angeknüpft wird. Heute hat die Einbindung der Nationalstaaten in internationale Verflechtungen und Strukturen die Rahmenbedingungen für Außenpolitik beträchtlich verändert.

Zukunft wird Rußland aber kaum daran interessiert sein, den „Geist von Rapallo" als ein Druckmittel zu gebrauchen, da es selbst der erste Verlierer sein könnte. Am Vorabend des Zerfalls der Sowjetunion bemühte sich Gorbatschow nach Kräften, den Westen nicht zu irritieren. Als der Leiter der Internationalen Abteilung des Zentralkomitees, Valentin Falin, im Jahre 1991 vorschlug, einen neuen Vertrag zwischen Moskau und Bonn zu unterzeichnen, distanzierte sich Gorbatschow davon, um die Vereinigten Staaten und ihre Alliierten nicht zu verärgern.[38] Es scheint, daß nicht überall im Westen wirklich verstanden wird, daß nicht das Gespenst einer deutsch-russischen Annäherung das Gleichgewicht der Kräfte in Europa destabilisieren könnte, sondern ein Fehlschlag der demokratischen Reformen in Rußland.

Wie perzipiert Moskau seine nationalen Interessen in Europa? Vor dem Hintergrund sozio-kultureller und historischer Verbindungen ist es eindeutig, daß Rußland integraler Bestandteil eines amorphen Europas ist. Nach den ersten Jahren der Euphorie begann die russische Elite jedoch zu verstehen, daß die Aussichten für einen Beitritt zu Europa unter rein politischen Gesichtspunkten recht vage sind. Gegenwärtig sieht es nicht so aus, als sollte sich Rußland um jeden Preis um einen europäischen Status bewerben. Einem neu enstehenden Konsens innerhalb des größeren Teils der Elite zufolge sollte Rußland nach anderen Zielen streben. Diese Ziele könnten sein:
1. das Selbstverständnis einer spezifischen Zivilisation, die sowohl mit Europa als auch mit Asien Berührungspunkte hat,
2. eine von Europa gesonderte Integration innerhalb des bestehenden Rahmens der GUS und
3. die Schaffung einer Einflußzone Moskaus im Hinblick auf sicherheitspolitische Gesichtspunkte.[39]

Die russische Selbstwahrnehmung ist dadurch geprägt, daß die westlichen Staaten (einschließlich Deutschlands) einen Mangel an Vorstellungskraft im Umgang mit Moskau bewiesen haben. Die russische Führungsspitze wird von dem deutlichen Gefühl bestimmt, daß der Westen Rußland als den Verlierer des Kalten Kriegs behandelt, als armen Schlucker oder bestenfalls als Juniorpartner. Der Westen täte besser daran, wenn er Rußland als einen gleichberechtigten Partner behandeln würde, der zwar in Schwierigkeiten ist, aber die Chance hat, sich zu erholen. Die russische Elite erwartet selbstverständlich von Deutschland Verständnis für seine politische Haltung. Die deutschen Eliten tendieren allgemein zu der Auffassung, daß Rußland auch künftig eine Großmacht bleiben wird. Einige Politiker schlagen jedoch vor, wirtschaftliche Unterstützung an Erfolge bei der Umsetzung der Reformen in Ruß-

---

[38] Shakhnazarov (Anm. 30), S. 94.
[39] Der letzte Punkt beruht auf der Tatsache, daß sich Rußland als das Zentrum der Gemeinschaft Unabhängiger Staaten versteht. Dies hat nicht nur damit zu tun, daß Rußland die größte Macht der Region darstellt. Ausschlaggebend für das russische Streben nach einem besonderen Status ist außerdem, daß man in Rußland niemals unbeteiligt gegenüber der Entwicklung der früheren Sowjetrepubliken sein kann. Siehe *Nezavisimaya gazeta*, 27.5.1994.

land zu koppeln. Eine solche Position erscheint logisch, doch sie erzeugt Moskaus Mißtrauen, zweitklassig behandelt zu werden.[40] Ein zu großer Druck dieser Art muß die verbitterten Attacken der kompromißlosen russischen Nationalisten gegen die Reformpolitik verstärken und eine neue Welle von Germanophobie hervorrufen, da die Wiedervereinigung die Nationalisten bereits eifersüchtig, um nicht zu sagen wütend gemacht hat.[41]

Ohne Zweifel werden diese Facette des „russischen Problems" und die gegenwärtige „Lähmung Rußlands" als Teil europäischer Sicherheitspolitik in Deutschland angemessen wahrgenommen.[42] Das neue Rußland versucht, eine herausgehobene Position einzunehmen, die seinem Gewicht und seiner Verantwortung als Groß- und Nuklearmacht entspricht.[43] In Europa und insbesondere in Deutschland betont man jedoch vorrangig wirtschaftliche Interessenlagen und neigt dazu, das russische Beharren auf militärischer Macht als Bedrohung für das ganze System der demokratischen Werte wahrzunehmen.[44]

Russische Irritationen entzünden sich vor allem an einem Thema: am Problem der Osterweiterung der NATO. Tatsächlich sollte Rußland vor der NATO-Erweiterung keine Angst haben, da sie die Stabilität in dieser instabilen Region fördern könnte. Durch die Verankerung der Visegrad-Gruppe könnte die NATO das Machtvakuum in Zentraleuropa füllen, welches wiederholt die Ursache für europäische Konflikte während der letzten drei Jahrhunderte gewesen ist.[45] Aus deutscher Sicht könnte die Belassung Zentraleuropas in einem strategischen „Niemandsland" Rußland dazu verleiten, seinen Einfluß in diesem Gebiet wieder zur Geltung zu bringen.[46] Daher die Aussage von Verteidigungsminister Volker Rühe: „Wenn wir nicht Stabilität exportieren, werden wir Instabilität importieren."[47] Moskau mangelt es jedoch an einem Verständnis des deutschen strategischen Dilemmas.

---

[40] Heinz Timmermann, *Profil und Prioritäten der Außenpolitik Russlands unter Jelzin*, Köln, Bundesinstitut für ostwissenschaftliche und internationale Studien, Bericht 21 (1992), S. 10, 40 und 30.

[41] Siehe dazu Bruno Schoch (Red.), *Deutschlands Einheit und Europas Zukunft*, Frankfurt am Main 1992, S. 92–93 und 111.

[42] Gerhard Wettig, Rußland und Deutschland in einem neuen System der europäischen Sicherheit, Köln, *Bundesinstitut für ostwissenschaftliche und internationale Studien*, Bericht 7 (1992), S. 9 und 26.

[43] Vgl. dazu etwa Andrej V. Kozyrev, Russia and NATO: A Partnership for a United and Peaceful Europe, in: *NATO Review* 42 (1994), Nr. 4, S. 5.

[44] So Professor Lawrence Freedman (King's College, London) zum Verfasser am 3.3.1995.

[45] Jack S. Levy, The Theoretical Foundations of Paul W. Schroeder's International System, in: *The International History Review* 16 (1994), S. 733.

[46] Ronald D. Asmus, Richard L. Kugler und F. Stephen Larrabee, NATO-Expansion. The Next Step, in: *Survival* 37 (1995), S. 9.

[47] Volker Rühe wird zitiert in: James O. Jackson, Trying to Enlist in NATO, in: *Time*, 8. November 1993, S. 52.

Während es nur wenige russische Politikwissenschaftler gibt, die anerkennen, daß eine Erweiterung der NATO auch gewisse Vorteile für Moskau hat,[48] neigen die meisten Angehörigen der russischen Elite, einschließlich der Demokraten und der Nationalisten, dazu, die NATO-Erweiterung als katastrophal für die Stabilität in dieser Region anzusehen. Vier Punkte werden in Moskau meistens genannt:
1. Rußlands Interessen werden durch seine Isolation und Marginalisierung schwer geschädigt,
2. der demokratische Teil der russischen Elite befürchtet, daß die NATO-Erweiterung Wasser auf die Mühlen der Nationalisten bedeutet und es dadurch zu einer Aushöhlung der Reformen kommt,
3. das russische Militär ist über eine neue „NATO-Bedrohung" nahe der russischen Grenze besorgt,
4. die politische Elite hat das Gefühl, daß die NATO-Erweiterung notwendigerweise ein europäisches Sicherheitssystem hervorbringt, das den russischen Großmachtstatus und -einfluß weder anerkennt noch offenläßt.[49] Natürlich würde die vorschnelle Erweiterung der NATO eine Gegenreaktion auslösen. Nach dem Budapester Gipfel der OSZE 1994 scheint Moskau die Ergebnislosigkeit seiner Bemühungen zu erkennen, den Westen von einer Osterweiterung der NATO abzuhalten.

Als konfliktträchtig könnten sich abweichende Wahrnehmungen der russisch-ukrainischen Beziehungen und der Rolle Kiews in Europa erweisen. Das Problem der Kontrolle über die Ukraine stellt einen der explosivsten Bereiche in den russisch-deutschen Beziehungen dar.[50] Bei der Bestimmung ihrer Rolle in Europa als Festung gegen das Schreckgespenst der russischen Expansion könnten die ukrainischen Nationalisten dazu beitragen, das Schreckgespenst in eine Realität umzuwandeln. Natürlich sollte Deutschland, das ebenfalls ein natürliches Interesse in der Region hat, seine Entschlossenheit bekunden, die territoriale Integrität der Ukraine aufrechtzuerhalten. Doch könnte hier eine Quelle für Fehlperzeptionen entstehen. Nicht Rußlands zunehmende Kontrolle über die ukrainische Wirtschaft könnte sich als problematisch erweisen. Viel gefährlicher für die Stabilität in dieser unbeständigen Region könnten Desintegration und Chaos in der Ukraine sein.

Auf jeden Fall weiß die russische Elite Bonns Kompromißlösung zu schätzen, wie sie von Volker Rühe vertreten wird. Rühe betont, daß eine NATO-Erweiterung nicht gegen Rußland gerichtet wäre und durch eine verstärkte Kooperation mit Rußland in einem größeren gesamteuropäischen Zusammenhang ausgeglichen werden müsse.[51] Es scheint, daß Moskaus Mißtrauen durch erhöhte wirtschaftliche und

---

[48] Zu ihnen gehört der Direktor des Zentrums für Strategische Studien Sergei Oznobischev, Chechnya-Russia-NATO, in: *Nezavisimaia gazeta*, 3. Februar 1995.

[49] Asmus u. a. (Anm. 46), S. 21.

[50] Einige deutsche Experten weisen auf die mögliche Verschärfung der russisch-ukrainischen Beziehungen hin. Vgl. etwa Timmermann (Anm. 40), S. 14–16.

[51] Ebd., S. 22.

politische Zusammenarbeit seitens Deutschlands gedämpft werden könnte. Erstens ist Deutschland wirtschaftlich stärker als jedes andere Land involviert. Von insgesamt 87 Milliarden Dollar Auslandsschulden entfallen 60 Milliarden auf Deutschland.[52] Zweitens ist Deutschland aufgrund seiner historischen und sozio-psychologischen Verbindungen in der Lage, die russischen Schwierigkeiten besser als viele andere Länder zu verstehen. Darum ist es fähig, einen großen Teil zur Überwindung der russischen Isolation beizutragen. Die Zeiten von Rapallo sind vorbei, und Bonn kann sich nicht zum Schaden der EU verhalten. Deutschland ist jedoch in der Lage, die Rolle eines unvoreingenommenen Anwalts der russischen Interessen in Europa zu spielen.[53]

Zusammenfassung

Die hier untersuchten Konstellationen in der Geschichte der sowjetisch/russisch-deutschen Beziehungen lassen einige konstante Muster in den russischen Wahrnehmungen nationaler Interessen im Hinblick auf Deutschland erkennen. Dieses Bündel von Einstellungen und Überzeugungen widersteht Veränderungen und hat einen unwandelbaren Einfluß auf die politischen Ergebnisse. Seit den frühen zwanziger Jahren und das ganze 20. Jahrhundert hindurch nahm Deutschland einen außergewöhnlichen Platz in der sowjetischen und russischen Außenpolitik ein. In der Perzeption Deutschlands überwog das „Bild des Partners" gegenüber dem „Bild des Feindes". In erster Linie bestand das sowjetisch/russische Problem darin, wie eine Isolierung von der übrigen Welt vermieden werden konnte. In allen drei untersuchten Perioden dienten die russisch-deutschen Beziehungen in großem Maße diesem Zweck. Als Rußland versuchte, seine Interessen in der Perspektive ideologisch bedingter Fehlperzeptionen zu definieren, scheiterte seine Außenpolitik.

In der Ära Stresemann bestand das zentrale nationale Interesse der Sowjetunion darin, zu überleben und ihre Isolation zu überwinden. Dieses realistische Ziel wurde erreicht. Das ehrgeizige Ziel, die westliche Welt zu spalten und eine sozialistische Weltrevolution zu fördern, stellte sich jedoch als Schlag ins Wasser heraus. In der Ära Brandt/Scheel war es Moskaus realistisches Interesse, den Prozeß der Entspannung zu starten und ein europäisches Sicherheitssystem zu schaffen. In enger Zusammenarbeit mit der Bundesrepublik Deutschland schien Moskau seine Ziele erreichen zu können. Ein ehrgeiziges Ziel war angeblich die Zerstörung der NATO. Unabhängig davon, ob dies tatsächlich zutraf, blieb die Auflösung der NATO eine bloße Phantasie. Gegenwärtig besteht Moskaus fundamentales Ziel wieder darin, eine internationale Degradierung und Isolierung zu vermeiden. Dieses Ziel genießt die volle Unterstützung Deutschlands. Gleichzeitig scheint Rußlands Wunsch, einen besonderen Status in den europäischen Institutionen zu erlangen, keine Aussicht auf Rückendeckung durch Deutschland zu haben.

---

[52] Angela Stent, Russia's Economic Revolution and the West, in: *Survival* 37 (1995), S. 128.
[53] Alexander Rahr, Evropeiskii put' dlya Rossii, in: *Segodnya*, 23. Dezember 1994, S. 3.

Wir können daraus folgern, daß Moskau keine Verständigung mit Bonn erreichen kann, wenn ideologische Motive zur treibenden Kraft der russischen Ambitionen werden. Dies scheint der wichtigste unveränderliche Faktor in den deutsch-russischen Beziehungen im 20. Jahrhundert zu sein. Das wichtigste Moment des Wandels besteht in den Versuchen Moskaus, die intellektuelle Lethargie und das bizarre System der ideologischen Mythen abzulegen. Die Kontinuität der nationalen Interessen Rußlands resultiert in dem Interesse an einem starken und stabilen Deutschland als Stabilitätsfaktor der Region. Es gibt fast symbolische historische Parallelen: Das Syndrom der Zerstückelung und der Teilung ist in der deutschen Geschichte wohlbekannt. Deutschland muß vergleichbare Probleme bei der Erlangung seiner nationalen Identität lösen, auch wenn sich die Ziele Rußlands und Deutschlands im Ausmaß und im Wesen beträchtlich unterscheiden.

Man sollte die Übereinstimmungen in der russischen und deutschen Geschichte nicht übertreiben. Die Erfahrungen des Nationalsozialismus in Deutschland und des Kommunismus in Rußland führten zu verschiedenen Resultaten. Im gegenwärtigen Deutschland überwiegt die Skepsis gegenüber autoritären Regimen und weniger die Furcht vor Chaos. Den russischen Eliten ist es bisher nicht gelungen, den Prozeß der Demokratisierung mit Vorrang zu betreiben. Mit anderen Worten: Das Streben nach Macht und die Kontrolle über politische Entscheidungen rangieren vor dem Respekt für die demokratischen Institutionen. Dies ist eine der Ursachen für die deutsche und allgemein westliche Unzufriedenheit mit den mageren Resultaten des Transformationsprozesses in Rußland. Kaum zu überschätzen ist die Notwendigkeit des deutschen Verständnisses für die politischen Dilemmata Rußlands. Falsche Reaktionen in Deutschland aufgrund von Fehlinterpretationen könnten zu Fehlschlüssen in Rußland führen, wodurch die äußerst unsichere innenpolitische Lage weiter destabilisiert würde. Es ist klar, daß Rußlands innenpolitische Entwicklung seine Politik gegenüber Europa und Deutschland bestimmt. Einerseits enthält der Rückgriff auf Supermacht-Vorstellungen, wie sie die sowjetische Außenpolitik bestimmt haben, ernsthafte Gefahren, einschließlich des Entstehens einer Gesellschaft, die mit Chauvinismus und Fremdenfeindlichkeit infiziert ist. Dieses Entwicklungsmodell wird unvermeidlich mit einer Rückkehr zum Kalten Krieg in dieser unsicheren Region enden, dieses Mal aber in einer vielleicht viel gefährlicheren Form. Auf der anderen Seite wird es immer deutlicher, daß die blinde, übereilte Verfolgung westlicher Muster nicht zum Erfolg führen wird. Rußland sollte sich an den Erfahrungen Deutschlands bei der Demokratisierung seines politischen Systems orientieren. Das darf aber nicht auf Kosten seiner nationalen Interessen geschehen. Die wesentlichen Lehren aus der deutschen Entwicklung bieten einen hoffnungsvollen Anhaltspunkt für die Erneuerung Rußlands und seiner Reintegration in den politischen Zusammenhang Europas.

Rußland und Deutschland: Perzeptionen, Paradigmen und politische Beziehungen 1945–1995

Hannes Adomeit

1. Methodenprobleme

Es ist fast eine Binsenwahrheit, daß Wahrnehmungen der Politik zugrunde liegen. Tatsächlich sind Wahrnehmungen, wie schon Präsident Kennedy festellte, wichtiger für die Entscheidungsfindung als die Realität. Daraus folgen schwierige methodische Probleme. Wie können Wahrnehmungen identifiziert und gemessen werden? Welches ist die zweckmäßigste Vorgehensweise, um Hypothesen über die Beziehung zwischen Perzeptionen und außenpolitischem Verhalten zu testen? Welche Methode ist die richtige, um zwischen echten oder kognitiven Wahrnehmungen auf der einen Seite und instrumentalisierten, propagandistischen oder formalisierten auf der anderen Seite zu unterscheiden? Tiefenpsychologische Analysen von Entscheidungsträgern wären eine optimale Vorgehensweise. Indes war noch kein westlicher Psychiater in der Lage, sowjetische oder russische Führer zwecks Rekonstruktion ihrer kognitiven Landkarten auf die Couch zu zitieren.

Der hier benutzte methodische Ansatz konzentriert sich auf formalisierte Wahrnehmungen. Diese werden in Partei- und Regierungsverlautbarungen, in Reden und Interviews von Führungskräften aus Partei, Regierung und Gesellschaft deutlich. Dabei gilt natürlich, daß es keine vollständige Übereinstimmung zwischen formalisierten Wahrnehmungen und dem tatsächlichen Erkenntnisstand gibt. Offizielle Interpretationen sind oft nichts anderes als Propaganda und haben einen politischen oder „instrumentalen" Zweck. Diese formalisierten Wahrnehmungen sind jedoch normalerweise Teil eines analytischen Rahmens, einer kognitiven Landkarte, einer Konzeption oder eines Paradigmas. Politische Akteure mögen nicht immer in der Lage oder nicht willens sein, die konstitutiven Elemente des Paradigmas explizit darzulegen und seine Grundannahmen zu benennen. Allerdings dürfte die Lücke zwischen instrumentalisierter und kognitiver Wahrnehmung nicht allzu groß sein. Auch kann die ständige Wiederholung eines kodifizierten Dogmas deren Verfechter dazu bringen, Teile des Dogmas als echte Meinung anzunehmen. Schließlich üben formalisierte Wahrnehmungen einen Druck in der Innen- und Außenpolitik aus, dem kaum auszuweichen ist. Dies trifft sicherlich auf die Sowjetunion und den Einfluß der marxistisch-leninistischen Ideologie auf das politische Verhaltens zu.

Die folgende Analyse konzentriert sich auf die sowjetische bzw. russische Seite und geht von der Prämisse aus, daß Wahrnehmungen und politisches Handeln in einen Bezugsrahmen eingeordnet sind. In der Zeit vom Zweiten Weltkrieg bis heute werden zwei solcher Bezugsrahmen oder Paradigmen unterschieden: Zum einen das imperiale oder ideologische Paradigma und zum anderen das Paradigma des Neuen

Denkens.¹ Ersteres, so wird argumentiert, bestimmte die sowjetische Außenpolitik vom Ende des Zweiten Weltkrieges bis in die späten 70er und frühen 80er Jahre. Seine grundlegenden Elemente waren Konkurrenzstreben und Konfrontation, wobei ideologische, geopolitische und militär-strategische Faktoren die dominante Rolle in der Formulierung politischer Grundsätze spielten. Sie lieferten sowohl die rationalen Begründungen als auch die Rationalisierungen für globale Expansion und Vorherrschaft vor allem in Mittel- und Osteuropa.

In den späten 70er und frühen 80er Jahren, d. h. in den letzten Jahren der Breschnew-Ära und während des „Interregnums" von Andropow und Tschernenko, geriet dieses Paradigma in eine tiefe Krise. In dieser zweiten Phase kamen in allen Bereichen staatlicher Aktivität entscheidende Fehler und Rückschläge zusammen. Unter den sowjetischen Führern auf allen staatlichen und gesellschaftlichen Ebenen war es weithin unumstritten, daß administrative Anpassungen und die Korrektur von „Fehlern" nicht mehr ausreichten, um den Verfall aufzuhalten. Vielmehr sei eine Systemreform unumgänglich.

Eine dritte Phase sowjetischer und russischer Außenpolitik basierte auf einem neuen Paradigma, nämlich dem des Neuen Denkens. Sie dauerte von der Mitte der 80er Jahre bis Ende 1992. Zunächst als Versuch, und zögerlich entwickelte sich der neue außenpolitische Ansatz dann eher übereilt. Oft improvisierend reagierte Moskau auf nicht eingeplante und unvorhergesehene Ereignisse. Im Unterschied jedoch zu Denkschulen, welche die Gorbatschow-Ära als eine Häufung von Ungeschicklichkeit und Stümperhaftigkeit ansehen, wofür im innenpolitischen Bereich sicher einiges spricht, wird im folgenden sowohl Gorbatschows als auch den Anfängen von Jelzins Außenpolitik ein beträchtliches Maß an konzeptioneller Konsistenz und taktischem Geschick zuerkannt.

Die spätere Entwicklung russischer Perzeptionen und politischer Strategien gestaltete sich undeutlicher. Diese vierte Phase beinhaltet viele sich widersprechende Elemente. Viele Teile des neuen Paradigmas waren im Sommer und Herbst 1992 heftigen Angriffen ausgesetzt, die im Frühjahr 1993 sogar noch zunahmen. Konservative und reaktionäre politische Kräfte versuchten, sich wieder Geltung zu verschaffen und die Macht zurückzugewinnen. Seitdem wurden verschiedene Elemente des traditionellen sowjetischen Paradigmas wieder zum Leben erweckt. Die Entwicklung demokratischer, marktorientierter und föderativer Strukturen hat sich verlangsamt. Die marxistisch-leninistische Ideologie wurde des öfteren durch einen russischen Nationalismus als politische Legitimation ersetzt. Jedoch gab es keine umfassende Rücknahme des neuen Paradigmas und keine vollständige Rückkehr zu einem militärischen und geostrategischen Analyserahmen.² Von besonderem Interesse ist weiterhin, daß Deutschland kaum von den traditionalistisch und nationali-

---

¹ Eine detaillierte Beschreibung beider Paradigmen und ihre Anwendung auf die Analyse sowjetischer und russischer Außenpolitik ist zu finden in Hannes Adomeit, Russia as a „Great Power" in World Affairs: Images and Reality, in: *International Affairs* 71 (1995), S. 35–68.

² Als Warnung, die Politik nicht zu sehr in einer russisch-nationalistischen Richtung zu interpretieren, siehe z. B. das Folgedokument zu der im August 1992 vorgelegten Analyse des Rates für Außen- und Verteidigungspolitik, in: Strategija dlja Rossiju (2): Tesis Soweta po wneschnej i oboronnoj politike, in: *Nesavisimaija gaseta*, 27. Mai 1994.

stisch ausgerichteten Wahrnehmungen und politischen Entscheidungen betroffen ist. Es blieb von allzu heftigen Angriffen und dem erneuerten Verdacht größtenteils verschont, es nehme an einer gegen Rußland ausgeheckten internationalen Intrige teil.

Im folgenden sollen diese vier Phasen sowjetischer und russischer Paradigmen und Perzeptionen in ihren Auswirkungen auf die Beziehungen zu Deutschland untersucht werden.

Wahrnehmungen und das imperiale und ideologische Paradigma

In der Zeit von Stalin bis zum Ende der Breschnew-Ära dominierte im außenpolitischen Denken eine enge Wechselbeziehung zwischen Macht und Ideologie. Die marxistisch-leninistische Ideologie hatte mobilisierende und motivierende Funktionen, nicht zuletzt als Legitimation für das sowjetische Imperium. Zur Durchsetzung eines weltweiten Sozialismus befand sich in Marx' Gedankengebäude jedoch kein besonderer Hinweis auf den Gebrauch militärischer Macht. Da aber die nicht-militärischen Instrumente staatlicher Macht stumpf blieben und die militärische Macht relativ und absolut zunahm, wurde die außenpolitische Praxis unter Stalin, Chruschtschow und Breschnew in zunehmendem Maß von militärischen, geopolitischen und geostrategischen Überlegungen bestimmt. In grober Auslegung der im Westen anzutreffenden realistischen Sicht der internationalen Beziehungen wurde Macht mehr und mehr als Ansammlung quantitativer Indikatoren angesehen. Parität bedeutete danach, ungefähr genauso viele Divisionen und Waffen wie alle potentiellen Gegner zusammen zu besitzen. Die *ultima ratio* dieses Paradigmas bestand in der Annahme, daß militärische Macht in politischen Einfluß transformiert und daß anwachsende Arsenale in eine Steigerung von Status, Prestige und Macht in der internationalen Politik umgesetzt werden können.[3] Wie wurde nun die sowjetische Politik gegenüber Deutschland durch diese formalisierten Wahrnehmungen beeinflußt?

Im wesentlichen gab es für die sowjetische Politik bei Ende des Zweiten Weltkrieges vier Optionen:
1. eine Revolutionierung des sozialen und ökonomischen Systems ganz Deutschlands unter der Führung einer sowjetisch kontrollierten kommunistischen Partei;
2. eine grundlegende Schwächung des wirtschaftlichen und militärischen Potentials Deutschlands, verbunden mit Gebietsabtretungen;
3. eine von den Vier Mächten durchgeführte und langfristig durchgesetzte Teilung oder Zerstückelung;
4. ein vereintes, neutrales Deutschland.[4]

---

[3] Siehe Hannes Adomeit u. a., *Die Sowjetunion als Militärmacht*, Stuttgart 1987; ders., The Political Rationale of Soviet Military Capabilities and Doctrine, in: *Strengthening Conventional Deterrence in Europe: Proposals for the 1980's, Report of the European Security Study (ESECS)*, London 1983, S. 67–104.

[4] Siehe Hans-Peter Schwarz, *Vom Reich zur Bundesrepublik: Deutschland im Widerstreit der außenpolitischen Konzeptionen in den Jahren der Besatzungsherrschaft, 1945–1949*, Neuwied und Berlin 1966, S. 201–270.

Eine leidenschaftslose Betrachtung sowjetischer Interessen hätte die Verfolgung der vierten Option nahegelegt. Sie hätte zur Gründung eines nicht geteilten und mit einer kleinen Armee und Polizeistreitmacht zwecks innerer Sicherheit und Selbstverteidigung ausgestatteten deutschen Staates geführt, der neutral und nicht kommunistisch irgendwo zwischen Kapitalismus und Sozialismus im internationalen System angesiedelt gewesen wäre. Diese Linie wurde – propagandistisch zumindest – sowohl von Stalin in seiner Note vom 10. März 1952 an die drei Westmächte verfolgt, als auch von seinen Nachfolgern 1954. Im Falle Österreichs wurde sie im Staatsvertrag von 1955 festgeschrieben. Wie verhält es sich nun im Falle Deutschlands mit der Glaubwürdigkeit des sowjetischen Wiedervereinigungs- und Neutralitätskurses?

Die Glaubwürdigkeit dieser „Linie" wird durch das in diesem Zeitraum (50er Jahre) voll anwendbare imperiale und ideologische Paradigma in Frage gestellt. Die Einschlagung dieses Kurses hätte die Zurückweisung der Zwei-Lager-Theorie mit all ihren Implikationen bedeutet. Genauso wichtig ist, daß er Vertrauen in die friedlichen Absichten der Westmächte vorausgesetzt hätte. Auch hätten Stalin und seine Nachfolger von der friedlichen Entwicklung eines vereinten Deutschland überzeugt gewesen sein müssen. Eine Unterbindung des deutschen Revisionismus hätte die Rückgabe der Gebiete östlich der Oder-Neiße-Linie erfordert, die offiziell vorübergehend unter sowjetischer und polnischer Verwaltung standen, faktisch aber bereits Teil einer umfassenden territorialen Neuordnung Mittel- und Osteuropas geworden waren.

Nach dem heutigen Erkenntnisstand stimmte Stalins Perzeption Deutschlands mit der Logik des imperialen Paradigmas vollständig überein. Es bedeutete Sicherheit, wenn an fast all denjenigen Gebieten festgehalten wurde, die die Rote Armee besetzt hatte, wenn Verträge mit allen westlichen Nachbarn vom Schwarzen Meer bis zur Ostsee und – nach Abschluß des sowjetisch-finnischen Vertrags – bis zum Nordmeer abgeschlossen werden konnten und wenn es schließlich möglich war, die eigene Interessensphäre durch die Einbeziehung Berlins abzurunden, statt mit den Westmächten in einen Wettbewerb um die Loyalität der deutschen Bevölkerung und Politik einzutreten. Die kognitive wie auch die instrumentalisierte Perzeption stimmten darin überein, daß der östliche Teil Deutschlands ebenso wie andere Gebiete Mittel- und Osteuropas als Glacis von größter Bedeutung waren und daß es töricht wäre, freiwillig auf die Kontrolle über die menschlichen und materiellen Ressourcen dieser Gebiete zu verzichten.

Die daraus resultierende Deutschlandpolitik lief auf eine Mischung der ersten drei oben genannten vier Optionen heraus. Die „revolutionäre Veränderung" ganz Deutschlands wurde versucht, stellte sich aber als undurchführbar heraus. Die „Schwächung des wirtschaftlichen und militärischen Potentials" Deutschlands wurde unter anderem durch die Übertragung von Gebieten an Polen erreicht. Es kam, wenn auch ungeplant, zur „Teilung" Deutschlands, weil Stalin den von ihm kontrollierten Teil Deutschlands nicht aufgeben wollte und das in der Sowjetunion existierende System dort einführte.

Im folgenden soll der Zusammenhang von Perzeptionen, Paradigmen und politischen Strategien aufgezeigt werden. Aus Gründen räumlicher Beschränkung werden lediglich zwei Beispiele angeführt. Diese behandeln die frühe sowjetische

Okkupationspolitik und die „Berija-Affäre". Die Lehren aus diesen Beispielen sollten erst in den späten 70er und frühen 80er Jahren gezogen werden, als sich das traditionelle Paradigma in einer Krise befand und „kognitive Dissonanz" in Moskau weit verbreitet war. Die Beispiele werden anhand bisher unveröffentlichter Quellen dargestellt.

Nachkriegspolitik und Perzeptionen: Die deutsche Bevölkerung

Eines der hier herangezogenen Beispiele befaßt sich mit der Auseinandersetzung über die politische Zuverlässigkeit und Orientierung der deutschen Bevölkerung. Wie in vielen anderen Fällen verstärkten sich traditionelle imperiale Erfordernisse und der Marxismus-Leninismus gegenseitig. Traditionelle, in der Metropole verbreitete imperialistische Erklärungen bleiben normalerweise vom Willen der Menschen und Völker an der Peripherie unberührt. Die primäre Zwecksetzung von Imperium ist die Vergrößerung von Macht und Ansehen des Zentrums und *nicht* die Ermutigung oder Billigung von Emanzipationsentwicklungen an der Peripherie. Im sowjetischen Fall wurde dies durch universale Ansprüche und anti-nationalistische Kritik, aber auch durch die leninistische Verachtung für „Spontaneität" und „arithmetische Mehrheiten" verstärkt. Die objektiven „historischen Gesetze" rangierten vor dem Volkswillen. Das Ineinandergreifen von imperialen und ideologischen Faktoren erklärt auch die Geringschätzung für freiwillige Zusammenarbeit und Zustimmung zu den Menschenrechten in der UdSSR und in den Satellitenstaaten.

Zur Bekräftigung dieses Punktes ist zu sagen, daß die sowjetische Militäradministration in Deutschland (SMAD) in ihren Berichten nach Moskau beklagte, es sei „nicht einfach, die deutsche Bevölkerung im Geiste der Freundschaft und des Respekts für die Sowjetunion umzuerziehen". Im wesentlichen sah sie drei Gründe für diese Schwierigkeit: erstens die anti-sowjetische Propaganda vor dem Krieg, welche einen mächtigen Einfluß auf die allgemeinen Vorstellungen ausgeübt hatte, zweitens eine „unselige" Okkupationspolitik, die nach dem Urteil des brandenburgischen Ministerpräsidenten die allgemein verbreiteten negativen Stereotypen noch verstärkt hatte und drittens ein geschicktes Ausnützen von „Fehlern und Unzulänglichkeiten" der SMAD durch die Gegner der neuen Ordnung.[5]

In einem Kommentar zu einem im Mai und Juni 1948 in Berlin durchgeführten Referendum über die Einheit Deutschlands gab Oberst Tulpanow, Chef der SMAD-Informationsabteilung, zu, daß „ein bedeutender Teil der Bevölkerung" negativ gegenüber den sowjetischen Okkupationsstreitkräften und der SED eingestellt sei. „Die FDJ scheint keine Einflußmöglichkeit auf weite Kreise der Jugendlichen zu

---

[5] Prem'er ministr semli Brandenburg d-r Steingof [Steinhof] ob otnoschenij nemezkogo naselenija k Sowetskim okkupazionnym wlastam, Bjuro informazij SWA, Bjulleten, Nr. 23, 18. Juni 1948, Streng Geheim. KPdSU Archiv, Zentralnij Komitet WKP (b), Otdel wneschnej politiki (künftig ZK WKP (b), Otdel wneschnej politiki), fond 17, opis 128, ed. chr. 579.

haben." Als man das Referendum propagierte, war Mitarbeitern der kommunistischen Partei erklärt worden: „Wir sind alle für die Einheit. Ihr braucht uns nicht erst dazu zu bringen. Laßt die Russen packen und abziehen, und wir werden die Einheit ohne Verzögerung bekommen."[6]

Der Chef der Informationsabteilung war auch skeptisch gegenüber der hohen Prozentzahl an Unterschriften, die man in der sowjetisch besetzten Zone erhalten hatte. Sich der allgemeinen Stimmung sehr wohl bewußt, gestand er offen eine „negative Haltung gegenüber der sowjetischen Besatzungsmacht, der SED und dem demokratischen Lager bei bestimmten Bevölkerungskreisen" ein. Solche Einstellungen seien vor allem unter „den Flüchtlingen, Kirchenorganisationen und religiösen Sekten" zu beobachten. Insbesondere die protestantische Kirche wird von ihm als wichtiger Faktor in der Beeinflussung allgemeiner Wahrnehmungen angesehen.[7]

Trotz der Offenheit verbleibt Tulpanow in traditionellen bolschewistischen Fehlwahrnehmungen verhaftet. Obwohl er es besser wußte, hielt er es für nützlich, sie in seinen Mitteilungen nach Moskau zu verwenden. Auch konstruierte er wenig überzeugende Rationalisierungen, befürwortete ungeeignete Mittel und nahm seine Zuflucht zum „Parteichinesisch". So beruhigte er gemäß der standardisierten marxistisch-leninistischen und stalinistischen Rhetorik seine Vorgesetzten damit, daß trotz aller Probleme mit den Jugendlichen in Berlin, der Haltung der Flüchtlinge und kleinbürgerlicher Kreise „das Referendum von der Arbeiterklasse und den Bauern unterstützt" werde.[8] In anderen Berichten erweckte er die Vorstellung, in den Beziehungen zur deutschen Sozialdemokratie sei noch nicht alles verloren. Eine traditionelle bolschewistische Linie einnehmend, behauptete er, daß es einen „größer werdenden Riß zwischen dem provokativen anti-sowjetischen Kurs der SPD-Führung und der Parteibasis" gäbe; ein Schisma zwischen den Anhängern des westlich orientierten Kurt Schumacher, die „hinter den reaktionären bourgeoisen Führern hinterherkriechen", und der Parteibasis.[9]

Ungeachtet der offenkundigen Mängel des sowjetischen Systems, des tiefen in der Zwischenkriegszeit entstandenen Risses zwischen der deutschen Sozialdemokratie einerseits und den russischen und deutschen Kommunisten andererseits und des Verhaltens russischer Streitkräfte nach Kriegsende erhielt Moskau die tröstliche Botschaft, daß die Strategie hinsichtlich Deutschlands in Ordnung war und daß lediglich eine Korrektur „taktischer" Fehler, Versehen und Mängel nötig sei. Dazu gehöre die „Verbesserung der Parteiarbeit" und die „Stärkung der organisatorischen

---

[6] SMAD Informationsabteilung, Bericht von Oberst Tulpanow an den Genossen Baranow, KPdSU Zentralkomitee, Predwaritelnye itogi prowedenija Narodnogo oprosa „Sa edinstwo Germanij", Geheim. KPdSU Archiv, Otdel wneshnej politiki, fond 17, opis 128, ed. chr. 568.

[7] Ebd.

[8] Ebd.

[9] Dies bezieht sich auf den Parteitag der SPD in Berlin am 8./9. Mai 1948; siehe SMAD, Informationsbüro, Bericht von Oberst Tulpanow, Chef des Informationsbüros, an Genosse Baranow, KPdSU Zentralkomitee, 12. Mai 1948. KPdSU Archiv, Otdel wneshnej politiki, fond 17, opis 128, ed. chr. 568.

Aktivität". „Das Zentralkomitee der SED", so eines dieser ritualisierenden Fragmente, „muß eine klare ideologische Plattform für die Arbeit mit den Sozialdemokraten ausarbeiten und organisatorische Anstrengungen unternehmen, die die Mobilisierung regionaler und unterer Ränge der SED für diese Arbeit garantieren."[10] Als Schlußfolgerung ergibt sich, daß ideologisch vorgefaßte Meinungen letztlich wichtiger waren als kognitive Wahrnehmungen.

Die „Berija-Affäre"

Hielte man am chronologischen Ablauf fest, müßte jetzt eine Analyse der „Friedensnote" Stalins vom 10. März 1952 folgen. Meiner Ansicht nach wurde seit der (teilweisen) Öffnung der sowjetischen Archive nichts ans Tageslicht gebracht und haben Interviews mit sowjetischen Offiziellen nichts ergeben, was der Sicht widersprechen würde, daß Stalin nicht bereit war, einer deutschen Vereinigung unter kapitalistischen oder neutralen Vorzeichen zuzustimmen. Dies ist auf der Basis neuer sowjetischer Quellen von westlichen Forschern überzeugend nachgewiesen worden. Der an diesem Problem interessierte Leser sei auf die Ergebnisse ihrer Arbeit verwiesen.[11] Als sprechendes Beispiel für die anhaltende Bedeutung des imperialen und ideologischen Paradigmas dient hier nicht die „Friedensnote", sondern die sogenannte „Berija-Affäre". Sie stellt ein besonders gutes Beispiel für den Widerspruch zwischen echter (kognitiver) Wahrnehmung und Politik und gleichzeitig für die Übereinstimmung zwischen formalisierten Wahrnehmungen und Politik dar.

Der stenographische Bericht eines streng geheimen Treffens des Zentralkomitees der KPdSU am 2. Juli 1953, als Berijas Verhaftung und Exekution diskutiert und gebilligt wurden, läßt erkennen, daß der damalige Chef der Geheimpolizei und das Mitglied des Politbüros, Laurentij Berija bereit war, sich in einer sehr viel fundamentaleren Art und Weise mit der inneren Krise der DDR zu beschäftigen als der Rest der sowjetischen Parteiführung und Regierung. Man gewinnt aber auch den Eindruck, daß Berija in diesem Punkt innerhalb des Politbüros isoliert war. Das Protokoll läßt gemeinsame Sichtweisen und den gemeinsamen Nenner erkennen, auf denen die Politik der kollektiven Führung nach Stalin beruhte. Es liefert auch einen

---

[10] Als Antwort auf die Entscheidungen, die am 8./9. Mai 1948 auf dem Parteitag der SPD in Berlin beschlossen wurden; siehe SMAD, Informationsbüro, Bericht von Oberst Tulpanow, Chef des Informationsbüros, an Genosse Baranow, KPdSU Zentralkomitee, 12. Mai 1948. KPdSU Archiv, Otdel wneshnej politiki, fond 17, opis 128, ed. chr. 568.

[11] Siehe insbesondere die Forschungen von Gerhard Wettig, zusammengefaßt in seinem Artikel: Die Deutschland-Note vom 10. März 1952 auf der Basis diplomatischer Akten des russischen Außenministeriums, in: *Deutschland-Archiv* 26 (1993), S. 786–805. Übereinstimmend siehe auch Wilfriede Otto, Sowjetische Deutschlandnote 1952: Stalin und die DDR. Bisher unveröffentlichte handschriftliche Notizen Wilhelm Piecks, in: *Beiträge zur Geschichte der Arbeiterbewegung* 33 (1991), S. 374–381.

faszinierenden Einblick in das politische Bewußtsein von Entscheidungsträgern, die unfähig waren, sich von imperialen und ideologischen Vorstellungen zu lösen.[12]

Dem ZK-Treffen war am 27. Mai eine wichtige Sitzung des Ministerrats vorangegangen. Ministerpräsident Malenkow zufolge war das „deutsche Problem" und die „ernste Lage in der DDR" Gegenstand der Debatte gewesen. „Wir stimmten alle darin überein", berichtete er dem ZK, „daß in der DDR auf Grund einer falschen Politik viele Fehler gemacht worden waren. Unter der Bevölkerung der DDR herrschte große Unzufriedenheit, was besonders daran abzulesen war, daß die Bevölkerung Ostdeutschlands begonnen hatte, nach Westdeutschland abzuwandern. In allerjüngster Zeit, etwa in den letzten zwei Jahren, sind schätzungsweise 500 000 Menschen nach Westdeutschland geflohen." Die Analysen der innenpolitischen und ökonomischen Situation in der DDR, vor allem der „Massenmigration" aus dem östlichen in den westlichen Teil Deutschlands, zeigt, daß „wir vor einer inneren Katastrophe stehen. Wir mußten der Wahrheit ins Gesicht sehen und zugeben, daß *ohne die Anwesenheit sowjetischer Truppen das derzeitige Regime der DDR nicht überlebensfähig ist.*"[13]

Angesichts des offen zugegebenen Bankrotts der sowjetischen Politik und der „inneren Katastrophe" in der DDR stellt sich die Frage, warum man die Verluste nicht abschrieb und den imperialen Außenposten aufgab? Der Hauptgrund, der dagegen sprach, entsprang leninistischem Denken: ein kapitalistisches und bürgerliches Deutschland, auch wenn es angeblich friedlich und demokratisch war, konnte niemals neutral sein.

Molotows Ausführungen zufolge war Berija „wortreich in seinen Erklärungen, mit dem Ergebnis, daß ein vereintes bürgerliches Deutschland gut für die Sowjetunion wäre – als ob es für ein bürgerliches Deutschland heutzutage möglich wäre, *nicht eng mit anderen imperialistischen Nationen verbunden zu sein*; und als ob es unter den gegebenen Umständen für ein bürgerliches Deutschland möglich wäre, nicht gleichzeitig ein imperialistisches, aggressives Deutschland zu sein".[14]

Sein zentraler Punkt lautete: „Als Marxisten ist es uns klar, daß in der gegenwärtigen – der imperialistischen – Epoche *die Vorstellung, ein bourgeoises Deutschland könnte friedensliebend oder neutral gegenüber der UdSSR sein, nicht nur eine Illusion, sondern tatsächlich eine dem Kommunismus fremde Position darstellt.*"[15] Chruschtschow unterstützte diese Begründung und fragte: „Kann ein demokratisches bürgerliches Deutschland wirklich neutral sein? Ist das möglich?" Auch seine Antwort bestand im wesentlichen darin, daß dies undenkbar sei.[16]

---

[12] Siehe KPdSU, ZK, Streng Geheim, Plenum ZK KPSS, Jiulj 1953 goda. Stenografitscheskij otschët, O prestupnych i antigosudarstvennych dejstvijach Berija, 2.–7. Juli 1953, *Isvestija ZK KPSS* 1 (1991), S. 140–214.

[13] Ebd., S. 143–144 (meine Hervorhebung).

[14] Ebd., S. 162.

[15] Ebd., S. 162 (meine Hervorhebung).

[16] Ebd., S. 157–158.

Ein zweiter von den Gegnern eines Kompromisses vorgebrachter Punkt hebt die Wichtigkeit der DDR im Kampf um Einfluß in Europa hervor. Für Molotow war es selbstverständlich, daß die bloße Existenz der Deutschen Demokratischen Republik ein „schwerer Schlag nicht nur gegen den deutschen Imperialismus, sondern auch gegen das imperialistische System Europas" sei. Wenn die DDR dem „korrekten politischen Kurs" folge, würde sie ein „verläßlicher Freund der Sowjetunion" werden und „ein ernstes Hindernis für den Erfolg imperialistischer Pläne in Europa" darstellen.[17]

Drittens werden moralische, psychologische und emotionale Gründe für die Richtigkeit der eingeschlagenen Linie angegeben. Dem Kurs Berijas zu folgen hätte bedeutet, „auf das zu verzichten, was mit dem Blut unserer Soldaten, dem Blut unseres Volkes im harten Kampf gegen den Hitlerismus gewonnen wurde."[18] Die vierte und letzte Begründung für das Verbleiben der UdSSR in der DDR ist wirtschaftlicher Art. A. P. Sawenjagin, einer der stellvertretenden Vorsitzenden eines der militär-industriellen Ministerien, die für die Herstellung der Nuklearwaffen verantwortlich waren, brachte es auf den Punkt: „In der DDR sind große Mengen an Uran vorhanden – vielleicht nicht weniger, als den Amerikanern zur Verfügung stehen. Dieser Umstand war Berija wohl bekannt, und er hätte es dem Zentralkomitee mitteilen müssen, damit es ihn hätte in Betracht ziehen können."[19]

Die politische Führung der Sowjetunion war also von Anfang bis etwa Mitte der 50er Jahre sehr wohl über die zentralen Probleme im Bilde. Der DDR fehlte es an Legitimität. Viele Menschen verließen die DDR. Das Regime war instabil. Es konnte nur durch die Präsenz sowjetischer Truppen an der Macht gehalten werden. Wegen der Anwesenheit der westlichen Alliierten und dem Aufblühen eines westlichen „way of life" in Berlin befand sich die DDR ideologisch in einer schwierigen Position. Ökonomisch war sie auf Grund der sowjetischen Reparationspolitik zurückgefallen. Dennoch verlangte aus Moskauer Sicht der Wettstreit mit dem Imperialismus ein Festhalten am östlichen Teil Deutschlands.

War es angesichts der Instabilität der DDR und der im ZK unbestrittenen Tatsache, daß das von der Sowjetunion eingesetzte Regime nur durch Waffengewalt gestützt werden konnte, nicht denkbar, daß Moskau gezwungen werden konnte, seine exponierte Position in Mitteleuropa aufzugeben? Interessanterweise war die oberste Führung in den frühen 50er Jahren offenbar recht optimistisch. Nach Molotows Beobachtung „hatten sich die internationalen Kräfteverhältnisse seit dem Zweiten Weltkrieg fundamental zugunsten der Sowjetunion und der ihr freundlich gesonnenen Staaten gewandelt." Zu ihren Freunden zählte er China, Nord-Korea, Polen, die Tschechoslowakei, die DDR, Rumänien, Ungarn, Bulgarien, Albanien und die Mongolei und kam damit auf eine Gesamtzahl von 800 Millionen Menschen, die in der Sowjetunion und den mit ihr verbündeten Ländern lebten.[20]

---

[17] Ebd., S. 162.

[18] Ebd., S. 162.

[19] Ebd., Nr. 2 (Februar 1991), S. 170. Bei dem in Frage kommenden Ministerium handelt es sich um das Maschinenbauministerium.

[20] Ebd., S. 170.

Als ebenso wichtig für die positive Bewertung der Kräfteverhältnisse schienen der sowjetischen Führung die Nuklearwaffen zu sein. Sawenjagin teilte seinen Kollegen mit, daß das Nuklearwaffenmonopol der USA „liquidiert" worden sei. Nachdem sie diese Tatsache erkannt hatten, „begannen die Amerikaner mit der Entwicklung einer Wasserstoffbombe." Diese Waffe war von „einer zehnfach größeren Zerstörungskraft als die konventionelle Atombombe" und war nicht nur von technischer, sondern auch weltpolitischer Bedeutung; die Verhinderung eines zweiten US-Monopols wäre deshalb ein „äußerst wichtiges weltpolitisches Ereignis". Er versicherte seinen Zuhörern, daß im Wettlauf um die Entwicklung dieser Waffe „wir nicht hinter die Amerikaner zurückgefallen sind."[21]

Fortgesetztes Festhalten am Paradigma

Von der Deutschland-Diskussion nach Stalins Tod läßt sich eine feste Brücke bis zum Ende der Breschnew-Ära und dem Tschernenko-Andropow-Interregnum schlagen. Der innere Zusammenhang von Wahrnehmungen, Paradigma und Politikinhalten blieb im Grunde unverändert. Was sich in der Zwischenzeit lediglich verstärkt hatte, war die sowjetische Wahrnehmung, daß sich die Kräfteverhältnisse weiter zugunsten des Sozialismus verändert hatten. Insbesondere der rapide Aufbau des sowjetischen Nuklearwaffen-Potentials schien den Kurs der europäischen- und der Weltgeschichte verändert zu haben: Niemand würde in der Lage sein, die Sowjetunion aus Mittel- und Osteuropa zu verdrängen. Die USA erkannten diese Tatsache an und waren während der gesamten Nachkriegszeit nicht bereit, die sowjetische Herrschaft militärisch herauszufordern. Dies zeigte sich bereits in der Berlin-Krise von 1948, als die Vereinigten Staaten noch das Nuklearwaffenmonopol besaßen. Bestätigt wurde diese Tatsache durch die amerikanische Reaktion auf den Ungarn-Aufstand von 1956 und den Bau der Berliner Mauer von 1961, als die USA sich noch immer einer knappen nuklearen Überlegenheit erfreuten.

Zu fragen ist infolgedessen, welche Auswirkungen die neuen Gegebenheiten und die damit verbundenen Perzeptionen auf die sowjetische Deutschland-Politik hatten. Und welche Konsequenzen ergaben sich aus der neuen „Korrelation der Kräfte" für die sowjetische Position in Ostmitteleuropa?

Im Jahre 1961 war die DDR wieder in eine schwere Krise getrieben, erholte sich aber nach dem Bau der Mauer in erstaunlichem Maße. Das Land verwandelte sich nie in ein Nordirland oder einen Libanon. Anfang der 70er Jahre herrschte in Moskau allerdings noch weiter die Sicht vor, daß die Stabilität des Landes gefährdet sei. Breschnew nannte es gegenüber Honecker beim Namen: „Erich, ich sage dir offen, vergesse das nie: Die DDR kann ohne uns, ohne die SU – ohne ihre Macht und ihre Stärke – nicht existieren. Ohne uns gibt es keine DDR."[22] Im Verlaufe der

---

[21] Ebd., Nr. 2 (Februar 1991), S. 166.
[22] Protokoll einer Unterredung zwischen Leonid I. Breschnew und Erich Honecker vom 28. Juli 1970. Das Dokument ist abgedruckt in Peter Przybylski, *Tatort Politbüro: Die Akte Honecker*, Berlin 1991, S. 281.

70er Jahre konsolidierte sich die DDR aber weiter. Nach und nach paßte sich ihre Bevölkerung an die inneren und internationalen Machtkonstellationen an. Militärisch wurde sie zu einem Bollwerk und zur Hauptstütze des sowjetischen Sicherheitssystems in Osteuropa. Die Volksarmee wurde nicht nur als modernste der nicht-sowjetischen Streitkräfte im Warschauer Pakt, sondern auch als die verläßlichste Armee des östlichen Bündnisses angesehen. In ideologischer Hinsicht kopierte das östliche Deutschland das sowjetische marxistisch-leninistische Modell und war in vielerlei Hinsicht sogar erfolgreicher als der Prototyp. Bei der Unterdrückung nationaler Autonomie in Osteuropa konnte man sich wegen ihres Fehlens nationaler Legitimität und ihrer Angst vor einer Ausbreitung sozialdemokratischer Einflüsse immer auf die SED verlassen, und tatsächlich trug sie viel zum Scheitern des Prager Frühlings 1968 und des Polnischen Sommers 1980/81 bei. Die DDR wurde zum ersten Handelspartner der Sowjetunion; mehr als 10 % des sowjetischen Handels wurden mit ihr abgewickelt. Noch größere Anteile wurden in der Versorgung mit industriellen Ausrichtungen und Maschinen sowie mit chemischen und optischen Produkten erreicht. Wegen ihres speziellen Status gegenüber der Bundesrepublik und der EG war die DDR auch eine wichtige Schaltstelle für westliche Technologie. Ungeachtet offizieller Reden betrachteten Öffentlichkeit, politische Führung und politische Parteien in der Bundesrepublik die Teilung Deutschlands als Tatsache. Die Wiedervereinigung war für alle Akteure – die Sowjetunion, die Ost- und Westeuropäer und die Deutschen selbst – eine Sache von Jahrhunderten. Das imperiale und ideologische Paradigma und die ihm zugrunde liegenden formalisierten Perzeptionen schienen zutreffend zu sein und ein effizientes politisches Werkzeug dargestellt zu haben. Am Ende der 70er und zu Beginn der 80er Jahre sollten jedoch Entwicklungen zusammenkommen, die dieses aus Moskauer Sicht sehr komfortable Bild zerstörten.

Die Krise des Paradigmas

Infolge grundlegender stuktureller Defizite und tiefer Erschütterungen, die auf spezielle innenpolitische und internationale Umstände zurückzuführen waren, begannen die drei Hauptsäulen, auf denen das Paradigma beruhte – marxistisch-leninistische Ideologie, militärische Macht und wirtschaftliche Leistungsfähigkeit – zu bröckeln und drohten einzustürzen.

Die Kernelemente und Vorhersagen der *Ideologie* erwiesen sich als unrichtig. Davon war die Vorstellung betroffen, daß die „Gegensätze" zwichen den „Machtzentren des Imperialismus" schwerer wiegen als Verbindungen zwischen ihnen, daß sich die „Korrelation der Kräfte" letztendlich zugunsten des Sozialismus entwickeln würde, daß der Konflikt mit dem Sieg des Sozialismus enden würde, daß die sozialistische Produktionsweise der kapitalistischen überlegen sei, daß die „nationalen Befreiungsbewegungen" Staaten mit anti-imperialistischer, nicht-kapitalistischer und schließlich sozialistischer Orientierung hervorbringen würden, daß Klassenbeziehungen der entscheidende Faktor in den internationalen Beziehungen seien und daß das Phänomen des Nationalismus verschwinden würde.

Ideologie und Realität

Die zunehmend größer werdende Lücke zwischen Ideologie und Realität und der Verfall der Effektivität des sowjetischen Systems führten zu einem weltweiten Attraktivitätsverlust des sowjetischen Entwicklungsmodells. Im Westeuropa der späten 70er Jahre entwickelte sich unter dem Etikett des „Eurokommunismus" Widerstand gegen das Modell. In Mittel- und Osteuropa trat dies durch die Slogans „Sozialistischer Markt" und „Sozialismus mit menschlichem Antlitz" in Erscheinung. In der Dritten Welt konnte Moskaus militärische Unterstützung zwar die Machtfragen oft entscheiden, aber sein ökonomischer Beistand war nicht ausreichend, entscheidend zur langfristigen sozio-ökonomischen Entwicklung beizutragen.

Gleiches gilt für die *militärische Macht*, der zweiten Säule des Paradigmas, wo Fehlschläge in der sowjetischen Politik gegenüber den USA, Westeuropa, Mittel- und Osteuropa, Japan, China und der Dritten Welt mehr oder weniger gleichzeitig auftraten. Die Anwendung von Gewalt seitens der Sowjetunion in benachbarten Ländern hatte – aus Moskaus Perspektive – oft dazu beigetragen, Krisensituationen zu relativ niedrigen politischen, militärischen und wirtschaftlichen Kosten zu bereinigen. Aber das „Schnellverfahren" funktionierte nicht in Afghanistan.

Auch Fehler der sowjetischen Politik in Europa trugen zu einer grundlegenden Krise des Paradigmas bei. In Polen machte es die Einführung des Kriegsrechts durch General Jaruzelski für Breschnew zwar nicht notwendig einzugreifen, aber das Land kam nicht zur Ruhe. Eine stabile Lösung wurde nicht erreicht. In Westeuropa war der größte Fehlschlag der sowjetischen Politik die Kampagne gegen die Stationierung der Mittelstreckenraketen Pershing 2 und Cruise Missiles. Während die Sowjetunion aus der Auseinandersetzung über die nuklearen Mittelstreckenwaffen mit militärischen Vorteilen hervorging, bedeutete das Ende der Kampagne für die UdSSR in politischer Hinsicht einen weiteren Einflußverlust in Europa, das Ende der SPD/FDP-Regierung unter Schmidt und die Bildung einer CDU/CSU/FDP-Koalitionsregierung unter Kohl. Die „Friedensbewegung" verlor an Stärke und hörte auf, ein brauchbares Element der sowjetischen Politik zu sein.

Seit den späten 70er Jahren begannen in den USA die Verteidigungsausgaben stark zu steigen. Neue Herausforderungen in der Form von entwickelteren, computergesteuerten konventionellen Waffen, Kommando- und Kontrollsystemen, sowie Reagans strategische Verteidigungsinitiative gingen von den USA aus. Die Sowjetunion wurde in eine für sie schwierige Position gedrängt, da sie auf dem Gebiet der Hochtechnologie reagieren mußte, wo sie nicht wettbewerbsfähig war. So hing der Ausgang des militär-technologischen und politischen Wettbewerbs mit dem Westen ganz eindeutig von Verbesserungen in der sowjetischen Wirtschaft ab – dem dritten Pfeiler des imperialen Systems und Paradigmas. Die wirtschaftlichen Wachstumsraten der Sowjetunion gerieten Ende der 70er und Anfang der 80er Jahre in einen starken Abwärtstrend. Selbst für politische Führer, die wenig Wissen über wirtschaftliche Zusammenhänge hatten, was praktisch bei allen sowjetischen Führern von Stalin bis Gorbatschow der Fall war, wurde es unmöglich, die Tatsache zu ignorieren, daß die zukünftige Effektivität und Modernität der sowjetischen Streitkräfte durch den ökonomischen Verfall untergraben wurde und daß grundlegende strukturelle Reformen notwendig waren, um diesem schwierigen Problem begegnen zu können.

Kognitive Dissonanz prägte auch die Wahrnehmung des deutschen Problems seitens der sowjetischen Führer. Das anschaulichste Beispiel dafür ist die Krise in den sowjetischen Beziehungen zur DDR im Frühjahr und Sommer 1984.

Kognitive Dissonanz: Konsequenzen für die Deutschland-Politik

Im Frühjahr 1984 spitzte sich eine breitangelegte Kampagne Moskaus gegen die Bundesrepublik zu. Sowjetische Politiker und Propagandisten sahen neuen „Revanchismus", „Militarismus" und „Neo-Nazismus" heranwachsen. Bonn wurde direkt für die Verschlechterung im Ost-West-Verhältnis und für das angeblich erhöhte Kriegsrisiko in Europa verantwortlich gemacht. Statt aber die Richtung westdeutscher Politik erfolgreich zu beeinflussen, manövrierte sich die Sowjetunion selbst in die Isolation.

Auf die Krise des Paradigmas deuteten auch die sowjetischen Beziehungen mit dem östlichen Teil Deutschlands hin. Am wichtigsten war hierbei die Ausweitung westdeutscher Kredite an die DDR und die daraus angeblich resultierende politische Abhängigkeit Ost-Deutschlands. Im Juli 1983 hatte Bonn einen Kredit in Höhe von einer Milliarde DM gewährt. Im Juni 1984 warnte die sowjetische Führung Honekker anläßlich eines Besuches in Moskau noch einmal, die Schulden der DDR nicht zu erhöhen. Honecker jedoch schlug den sowjetischen Rat aus und akzeptierte Ende Juli 1984 einen weiteren von Bonn garantierten Kredit, dieses Mal in der Höhe von 950 Millionen DM. Aus der Perspektive Moskaus war es unakzeptabel, daß das wirtschaftliche und finanzielle Entgegenkommen der Bundesrepublik mit politischen Zugeständnissen der DDR verbunden war. Auch die in Bonn und Ost-Berlin getroffenen Vorbereitungen für einen offiziellen Staatsbesuch Honeckers in der Bundesrepublik trugen zur Krise im sowjetisch-ostdeutschen Verhältnis bei. In den Augen seiner Kollegen im SED-Politbüro war der geplante Besuch für Honecker ein „wichtiges, sogar emotionales Ereignis"[23], die „Krönung seiner Laufbahn".[24] Die Kontroverse über die Schulden, über die daraus folgende Abhängigkeit und über Honeckers Reisepläne führte schließlich zu einer schweren Krise in den Beziehungen zwischen Moskau und Ost-Berlin, deren Höhepunkt ein hastig arrangiertes Geheimtreffen sowjetischer und ostdeutscher Partei- und Staatsführer im August 1984 in Moskau war.

Zu dieser Zeit hatte sich Moskaus Beurteilung der DDR-Schulden und der damit angeblich verbundenen politischen Abhängigkeiten verfestigt. Werner Krolikowski, ein Mitglied des SED-Politbüros und von 1973 bis 1976 Sekretär im Zentralkomitee für wirtschaftliche Angelegenheiten, offenbarte später: „Die sowjetischen Parteiführer (Breschnew, Andropow, Tschernenko und Gorbatschow) warnten bei jedem

---

[23] Interview des Autors mit Krenz.
[24] Günter Schabowski, *Das Politbüro. Ende eines Mythos. Eine Befragung.* Hg. von Frank Sieren und Ludwig Koehne, Reinbek 1990, S. 35.

Treffen mit Honecker denselben vor der großen Gefahr der Westverschuldung der DDR."²⁵ Bei einem dieser Treffen in Ostberlin, aus Anlaß des 30. Jahrestages der Gründung der DDR, „schlug Breschnew vor dem gesamten Politbüro mit der Faust auf den Tisch und warf Honecker sehr ernst vor, daß er mit seiner Westverschuldung die DDR in den Bankrott führt."²⁶ Der DDR-Parteiführer gab vor, die Kritik ernst zu nehmen und machte dem Politbüro Vorschläge, wie die Gesamtschuld der DDR in den 80er Jahren halbiert werden könne. Aber diese Vorschläge waren genauso unrealistisch wie seine vorherige Politik. Es wurden keine ernsthaften Versuche unternommen, die Pläne zu erfüllen, und der Grad der Verschuldung erhöhte sich weiter. Auf der Geheimkonferenz in Moskau vom August 1984 stellte Tschernenko unverblümt fest:

„Sie, Genosse Honecker, haben in unserem Gespräch im Juni [1984] keinen Zweifel geäußert und zugestimmt, daß die DDR in allen internationalen Fragen mit der Sowjetunion voll übereinstimmt. Die Lage nach unserem Gespräch ist, milde ausgedrückt, nicht besser geworden. Ungeachtet dessen kam es zu Erklärungen über neue Maßnahmen zur Erleichterung von Kontakten, zum Ausbau der Möglichkeiten für Besuche von Bürgern und Kindern aus der BRD. *Diese Maßnahmen sind vom Gesichtspunkt der inneren Sicherheit in der DDR zweifelhaft und stellen einseitige Zugeständnisse an Bonn dar.* Sie erhalten finanzielle Vorteile, aber in Wirklichkeit sind das scheinbare Vorteile. Hier geht es um zusätzliche finanzielle Abhängigkeiten der DDR von der BRD."²⁷ Als sei die Warnung noch nicht klar genug gewesen, fügte Tschernenko hinzu: „Die Ereignisse in Polen sind eine schwerwiegende Lehre, aus der man Schlußfolgerungen ziehen sollte."²⁸

Zu Honeckers geplantem Besuch in der Bundesrepublik meinte der sowjetische Parteiführer, dies sei „natürlich eine Sache, die von der SED zu entscheiden ist". Die sowjetische Seite erwarte allerdings, „daß Sie noch einmal kollektiv und allseitig, unter Berücksichtigung der von uns geäußerten Überlegungen, diese Frage prüfen. Wir möchten ihnen jedoch sagen, daß die sowjetischen Kommunisten es positiv aufnehmen würden, wenn Sie in der entstandenen Lage von dem Besuch Abstand nehmen."²⁹

Um diesen Einblick in die Gedankengänge der Sowjetführung und in die Natur der Beziehungen zwischen dem Zentrum und der Peripherie abzuschließen, sei betont, daß Gorbatschow, der ebenfalls an den Verhandlungen teilnahm, sich an dem

---

[25] Handgeschriebene Notizen Krolikowskis vom 16. Januar 1990, in: Przybylski (Anm. 22), Dok. 22, S. 327.

[26] Ebd.

[27] Niederschrift über das Treffen zwischen Genossen Erich Honecker und Genossen Konstantin Ustinowitsch Tschernenko am 17. August 1984, Persönliche Verschlußsache, ZK 02, Tgb.-Nr. 439, SED Parteiarchiv, Politbüro, Arbeitsprotokolle, J IV 2/2.039/280, S. 46 des maschinengeschriebenen Originals (meine Hervorhebung).

[28] Ebd.

[29] Ebd., S. 53.

Druck auf Honecker beteiligte. Er soll sogar, wie Honecker nach seiner Rückkehr aus Moskau Krenz berichtete, einer der kompromißlosesten Gesprächspartner gewesen sein – ein „Scharfmacher".[30] Ob dies nun stimmt oder nicht, jedenfalls begann Gorbatschow nach seinem Machtantritt mit einer grundlegenden Überprüfung des alten Paradigmas. Sie trug die Überschrift „Neues Denken".

Neues Paradigma, neue Wahrnehmungen

Als Antwort auf die Häufung politischer, ideologischer, ökonomischer, technologischer, sozialer und internationaler Fehlschläge entwickelte Gorbatschow ein neues Paradigma. Seine wichtigsten Komponenten waren „Restrukturierung" der Wirtschaft sowie „Offenheit" im politischen Diskurs und „Demokratisierung" der Politik. Außenpolitisch beinhaltete es die Konzepte „gemeinsames Haus Europa" – ein Haus, das beide Hälften des Kontinents umfassen sollte – und „Freiheit der Wahl" sowohl für die Staaten als auch die Völker Mittel- und Osteuropas.

Im einzelnen bestand das Paradigma des Neuen Denkens aus folgenden Elementen:

1. Der Gebrauch militärischer Macht und geopolitische Expansion stellen veraltete Formen der internationalen Politik dar. Sie führen zu hohen Kosten und behindern die sozio-ökonomische Entwicklung.
2. Status, Macht und Prestige in den internationalen Beziehungen sind durch die Effizienz des politischen Systems, ökonomischen Erfolg und die Fähigkeit bestimmt, sich wissenschaftlich-technologischen Veränderungen schnell anzupassen.
3. Die inneren Ressourcen einer Nation – wie z. B. ein hoher Ausbildungsstand und technologische Fertigkeiten der Bevölkerung oder auch die Lebensqualität – sind wichtige Faktoren im Hinblick auf internationalen Einfluß.
4. Nationale Interessen werden in der Weltpolitik durch multilaterale Ansätze, Teilnahme an internationalen Institutionen und internationale Integration vorangebracht.
5. Die Hauptursachen für Instabilität sind nicht der internationale Klassenkonflikt oder die Konkurrenz unter den industrialisierten Ländern, sondern Nationalismus, ethnische Konflikte, religiöser Fundamentalismus, politischer Extremismus, Migration, Terrorismus, Umweltkatastrophen, Rüstungsexporte und militärische Aggression aus dem Süden.[31]

---

[30] Interview des Autors mit Krenz. Die ostdeutsche Aufzeichnung liefert allerdings weder für die Scharfmacher-Formulierung, noch für die Auffassung, daß Gorbatschow vielleicht unterschiedliche, eher versöhnliche Ideen hatte, einen Beweis. Der Text läßt erkennen, daß sich Gorbatschow in die Parteilinie einfügte.

[31] Für eine genauere Beschreibung des neuen Paradigmas siehe Adomeit (Anm. 1), S. 41–42.

Wie Gorbatschow eingeräumt hat, erkannte er bei seinem Machtantritt weder die Hindernisse, die den von ihm angestrebten Veränderungen im Wege standen, noch die Tatsache, daß seine Reformpolitik zwangsläufig die Grenzen des Systems sprengen würde. Zu Beginn seiner Amtszeit wollte er lediglich den „sozialen und ökonomischen Fortschritt des Landes beschleunigen" und die „Gesellschaft in allen Bereichen erneuern".[32] Analog dazu unterschieden sich seine Wahrnehmungen in der Deutschlandpolitik zunächst kaum von denen seiner Vorgänger. Allerdings veränderten sich seine Anschauungen während seiner Amtszeit in dieser – wie in anderen Fragen – ganz erheblich.

Die deutsche Frage: Wahrnehmungen und Politik in der Ära Gorbatschow

Die Veränderungen traten auf der Ebene der formalisierten Wahrnehmungen ein, aber auch auf der Ebene der kognitiven Wahrnehmungen, soweit diese rekonstruierbar sind. Zu Beginn von Gorbatschows Amtszeit und in einer Phase sowjetisch-amerikanischer Spannungen, als aus seiner Sicht die Vereinigten Staaten unter Präsident Reagan versuchten, die Sowjetunion in ein Wettrüsten der Hochtechnologie-Waffen zu zwingen, erschien ihm die Verbindung zur DDR lebensnotwendig. Darin liegt zum Teil die Ursache dafür, daß sich Gorbatschows Haltung gegenüber der DDR anfänglich kaum von derjenigen Breschnews, Andropows und Tschernenkos unterschied. Wie seine Vorgänger vertrat auch der neue Parteichef die Meinung, die DDR werde einer geschickten Linkage-Strategie Bonns zum Opfer fallen, wonach wirtschaftliche Anreize dazu benutzt werden sollten, das politische System zu verändern.

Solche Anschauungen waren allerdings im Kern falsch.[33] Obwohl Honecker in der Tat politische Zugeständnisse machte, waren diese nur von geringer Bedeutung. Die sowjetische Vorstellung, er wolle den Kommunismus „aufweichen", war schlichtweg unrichtig. Wie die Ereignisse zeigen sollten, sind die Gründe für den Niedergang der DDR (zumindest des Honecker-Regimes) eben gerade nicht darin zu sehen, daß ihre Parteiführung eine revisionistische – liberalere und humanere – Version des Sozialismus anstrebte, sondern darin, daß Honecker sich beharrlich *weigerte*, umfassende Reformen einzuleiten.

Eine zweite Fehlwahrnehmung Gorbatschows lag in der Vorstellung, daß Niveau und Entwicklungsstand der DDR-Wissenschaft, Technologie und Industrie so weit entwickelt waren, um sie wirkungsvoll im Wettrüsten mit den USA einsetzen zu können. Gorbatschow teilte Honecker mit, daß die dringend erforderliche „Beschleunigung des wissenschaftlich-technologischen Fortschritts unter den RGW-Staaten"

---

[32] Michail Gorbatschow, *Perestroika. Die zweite russische Revolution. Eine neue Politik für Europa und die Welt*, München 1987, S. 9.

[33] Zu Einzelheiten über Gorbatschows Wahrnehmungen und Fehlwahrnehmungen des Deutschland-Problems vgl. Hannes Adomeit, Gorbachev, German Unification and the Collapse of Empire, in: *Post-Soviet Affairs* 10 (1994), Nr. 3, S. 197–230.

und die „Einnahme einer führenden Position" in diesem Bereich eine ausgedehntere Zusammenarbeit notwendig machten.[34] Er müsse „offen sagen", daß er „gewisse Hoffnungen in die Zusammenarbeit zwischen der DDR und der CSSR auf dem Gebiet der wissenschaftlich-technologischen Kooperation" setze und hier „die größten Möglichkeiten" erblickte. Kooperation „mit den anderen Ländern" des RGW, so fügte er hinzu, „wäre weitaus schwieriger".[35]

Eine dritte Fehlwahrnehmung betraf den Zeitraum, in dem die eventuelle Vereinigung der beiden deutschen Staaten geschehen könnte. Wie Gorbatschow Bundespräsident von Weizsäcker im Juli 1987 in Moskau sagte, wolle er nicht über „die Frage nach der deutschen Nation" theoretisieren. Lediglich der „politische Aspekt", die Tatsache, daß es „zwei deutsche Staaten mit unterschiedlichen gesellschaftlichen und politischen Systemen" gibt, sei relevant. Was „*in hundert Jahren sein wird, das soll die Geschichte entscheiden*".[36] Wenige Tage vor dem Fall der Berliner Mauer meinte er bei einem Besuch von Parteichef Egon Krenz, es gebe „keinen Grund, Vermutungen anzustellen, wie sich die deutsche Frage einmal lösen wird. Die gegenwärtigen Realitäten müßten berücksichtigt werden. Dies sei das wichtigste. Wenn die Tendenz der Annäherung in Europa *über mehrere Jahrzehnte* anhalte und sich die Integrationsprozesse unabhängig von den Gesellschaftssystemen, jedoch bei eigenständiger Entwicklung von Politik, Kultur, des Entwicklungsweges und der Traditionen fortsetzen und der Austausch von geistigen und materiellen Gütern sich entwickle, dann könne die Frage *möglicherweise* eines Tages anders lauten. Aber dies sei heute kein Problem aktueller Politik."[37] Derartige Aussagen und andere Belege zeigen in überzeugender Weise, daß Gorbatschow noch zu diesem späten Zeitpunkt Illusionen nachhing, auch wenn er Mut zeigte, sich den Kräften des Wandels anzupassen.

Eine vierte Fehlwahrnehmung Gorbatschows betraf die Aussichten auf einen Reformsozialismus in der DDR. Wenige Tage nach dem Ausscheiden Honeckers teilte Gorbatschow dem neuen Parteichef Krenz mit, daß er es als verfrüht erachte, wenn die SED schon jetzt einen „detaillierten Plan" des Kurswechsels ausgebe. Gleichzeitig sah er sich dadurch ermutigt, daß sich die „Hauptrichtungen des Aktionsprogramms schon klar abzeichneten – mehr Sozialismus, Erneuerung, Demokratisierung." Für ein solches Programm besaß die DDR die volle sowjetische Unterstützung: „Die Sowjetunion werde alles daran setzen, um ihre eingegangenen

---

[34] Gorbatschow an Honecker, 12. September 1985. SED, Zentrales Parteiarchiv, IV 2/2.035/58.

[35] Vermerk einer Unterhaltung zwischen Honecker und Gorbatschow am 5. Juni 1985 in Moskau. SED, Zentrales Parteiarchiv, IV 2/1/631.

[36] Gorbatschow (Anm. 32), S. 260 f. (meine Hervorhebung).

[37] Niederschrift des Gesprächs des Genossen Egon Krenz, Generalsekretär des ZK der SED und Vorsitzender des Staatsrats der DDR, mit Genossen Michail Gorbatschow, Generalsekretär des ZK der KPdSU und Vorsitzender des Obersten Sowjets der UdSSR, am 1.11.1989 in Moskau. SED, Zentrales Parteiarchiv, IV 2/1704, S. 24 des maschinengeschriebenen Originals (meine Hervorhebung).

Verpflichtungen zu erfüllen. Dies werde die Lage der DDR etwas erleichtern."[38] Wie sich bei den Volkskammerwahlen vom März 1990 herausstellte, hatte nicht einmal die Sozialdemokratie eine Chance in der DDR, ganz zu schweigen eine (angeblich) reformierte kommunistische Partei.

Gorbatschows Herangehen an das deutsche Problem zwischen 1985 und 1990 beruhte also auf verschiedenen Fehlwahrnehmungen und falschen Annahmen. Man kann ihn infolgedessen mit Goethes „Zauberlehrling" vergleichen, der durch magische Kräfte die Geister des Wandels hervorrief, um schließlich zu erkennen, daß er sie nicht beherrschen konnte. Trotzdem muß an dieser Stelle festgehalten werden, daß der – wenn auch unkontrollierbare – Verlauf der Ereignisse, die zur deutschen Vereinigung führten, zu den Hauptkonturen des neuen unter Gorbatschow entwikkelten Paradigmas paßte. Ein vereinigtes nicht-sozialistisches Deutschland, das zur Zusammenarbeit mit der Sowjetunion in europäischen und internationalen Angelegenheiten bereit war, konnte genausogut unter das neue Dach des „gemeinsamen europäischen Hauses" gebracht werden wie eine reform-sozialistische, unabhängige DDR, in der die Bevölkerung die „Freiheit" hätte, ihre „Wahl" zu treffen.

Die Zustimmung zur deutschen Vereinigung und zur Mitgliedschaft eines vereinten Deutschland in der NATO wurde auch durch Änderungen in der Wahrnehmung ermöglicht, die sich auf die Frage bezogen, ob die Bundesrepublik als Bedrohung für Rußland anzusehen sei. Eine im Mai 1989 in Moskau durchgeführte öffentliche Meinungsumfrage offenbarte die Wirkungslosigkeit sowjetischer Propaganda und eine große Diskrepanz zwischen jahrzehntealten offiziellen Feindbildern und Wahrnehmungen in der Öffentlichkeit. Die folgenden Antworten zu den Fragen über Sicherheit waren von besonderer Bedeutung.[39]

1. Glauben Sie persönlich, daß die UdSSR von West-Deutschland bedroht wird?

Ja, sehr	3 %
Theoretisch gibt es eine Bedrohung, aber praktisch existiert sie nicht	20 %
Nein, ich glaube nicht, daß sie bedroht ist	54 %
Es besteht überhaupt keine Bedrohung	17 %

2. Halten Sie einen Krieg mit West-Deutschland in diesem Jahrhundert für möglich?

Praktisch unmöglich	66 %
Nicht sehr wahrscheinlich, die Möglichkeit schließe ich aber nicht aus	29 %
Die Möglichkeit eines Krieges mit der BRD ist ziemlich groß	1 %

---

[38] Ebd., S. 17.
[39] Obras nemza i FRG w SSR, *Moskowskie nowosti*, Nr. 25, 18. Juni 1989, S. 7. Die Umfrage wurde telefonisch zwischen dem 12. und 14. Mai 1989 durchgeführt. Ergebnisse in Prozent der Befragten.

3. Von welchem Land oder welcher Region wird Ihrer Meinung nach die UdSSR am meisten bedroht?

USA	9 %
BRD	3 %
Naher Osten	2 %
Asiatische Länder	2 %
Großbritannien, Frankreich	0,6 %
Fühle mich von keinem Land bedroht	54 %

Die Antworten zeigen deutlich, daß sich lediglich eine kleine Minderheit durch die Bundesrepublik bedroht fühlte. Sofern Bedrohungsperzeptionen existierten, waren diese „theoretischer" Natur oder vermutlich von der Sichtweise bestimmt, daß die Bundesrepublik von den Vereinigten Staaten in einen Krieg hineingezogen werden könnte (ca. ein Zehntel der Befragten meinte, daß die UdSSR von letzterem Land bedroht werde). Die Umfrage verdeutlicht, daß das Paradigma des Neuen Denkens im Hinblick auf mit Deutschland zusammenhängenden Sicherheitsfragen eine angemessene Antwort auf Perzeptionswandlungen in der Öffentlichkeit darstellte.

Darüber hinaus versprach der Paradigmenwechsel von der Bedeutung militärischer und geostrategischer Einflußfaktoren zum stärkeren Gewicht von politischen und wirtschaftlichen Komponenten nicht nur wirtschaftliche Entlastung, sondern auch wesentliche längerfristige Vorteile aus der deutschen Vereinigung in Form von groß angelegter deutscher Regierungshilfe, Privatinvestitionen und der Ausweitung der Handelsbeziehungen. In der Tat basierte die Politik Gorbatschows und seiner Berater auf der Annahme, daß explizite und implizite Verbindungen zwischen der sowjetischen Zustimmung zur Vereinigung und wirtschaftlichem Engagement von deutscher Seite existierten. Moskau nahm an, daß die Regierung Kohl, in Dankbarkeit für Gorbatschows Zustimmung zur Vereinigung, nicht nur all die von der DDR hinterlassenen wirtschaftlichen Verpflichtungen übernehmen, einen Beitrag zu den Kosten der Stationierung sowjetischer Streitkräfte in der DDR bis 1994 leisten und Moskau bei der Finanzierung des Truppenabzugs und der Umsiedlung von Militäroffizieren unterstützen würde. Sie würde auch Kredite für deutsche Exporte in die Sowjetunion garantieren, potentielle Privatinvestoren überzeugen, sich nach Investitionsmöglichkeiten umzusehen und andere westliche Regierungen zur Erhöhung ihrer Wirtschaftshilfe veranlassen. Die Moskauer Führung ging auch davon aus, daß Deutschland der Sowjetunion beim Reformprozeß und der Modernisierung behilflich sein und sie darin unterstützen würde, Zugang zu internationalen Wirtschaftsinstitutionen zu bekommen und eine schnelle Integration in das internationale kapitalistische Wirtschaftssystem zu erreichen. Wie die Entwicklung seit der Vereinigung zeigt, waren derartige Annahmen über die deutsche Regierung durchaus begründet. Wenn die Auswirkungen auf die russische Wirtschaft sehr zu wünschen übrig lassen, dann liegt dies in erheblichem Umfang daran, daß Rußland sich ohne Erfolg um deutsche Privatinvestoren bemühte, die dort noch keine zufriedenstellenden Investitionsbedingungen zu erblicken vermögen.

Russische Wahrnehmungen und Politik unter Jelzin

Das neue Paradigma wurde auch in den ersten anderthalb Jahren russischer Außenpolitik unter Jelzin und Außenminister Andrej Kosyrew angewandt. Abbau des globalen Überengagements, Beendigung regionalen militärischen Übergewichts, Verzicht auf strategisches Gleichgewicht, breite politische Kooperation mit neuen Partnern im UN-Sicherheitsrat, Mitarbeit in internationalen wirtschaftlichen Institutionen wie GATT, Internationaler Währungsfond, G-7 und sogar die NATO-Mitgliedschaft wurden zu erklärten Zielen des neuen Rußland. Während seines Besuchs in den USA im Juni 1992 gab Jelzin expressis verbis die Forderung nach Parität auf, auf der die Sowjetunion so lange bestanden hatte.[40] Etwas früher schon hatte er in einer Rede vor den Vereinten Nationen ausgeführt, Rußland betrachte die westlichen Länder nicht mehr als Gegner sondern als „Alliierte".[41]

Jedoch erhielten mit Beginn der zweiten Hälfte des Jahres 1992 mehrere Elemente des imperialen- und ideologischen Paradigmas einen neuen Aufschwung. Obwohl der monolithische und absolutistische Marxismus-Leninismus verworfen blieb, tauchten in der russischen Außenpolitik wieder imperiale Tendenzen auf, vor allem im Gebiet der ehemaligen Sowjetunion. Diese Tendenzen wurden ergänzt durch ein quasi-ideologisches Gemisch aus Nationalismus, Panslawismus, „Eurasianismus" und Neo-Realismus westlicher Prägung. Es ist jedoch festzuhalten, daß
1. die russische Außenpolitik im „fernen Ausland" im großen und ganzen nicht zu Konfrontation und militärischem Druck zurückgekehrt ist, sondern lediglich derartige Tendenzen wieder in ihr Vokabular aufgenommen worden sind,
2. das nationalistische Bellen im „nahen Ausland" nicht immer Beißen bedeutet und
3. Deutschland weitgehend von Kritik und verbalen Angriffen ausgenommen bleibt.

Sowohl innerhalb als auch außerhalb der russischen Regierung herrscht die Wahrnehmung vor, daß Deutschland insgesamt ein Partner ist, der die russischen Empfindlichkeiten nicht nur versteht, sondern auch bereit ist, russische Interessen in der internationalen Politik zu fördern. Regierung und öffentliche Meinung haben in Rußland größtenteils davon abgesehen, das neue Deutschland durch das Prisma des „Gleichgewichts der Mächte", der Geopolitik und des militär-strategischen Wettbewerbs zu betrachten. Überdies herrschen im Unterschied zu einigen Teilen der amerikanischen öffentlichen Meinung und Regierung in Rußland noch immer die Wahrnehmungen vor, daß ein zurückhaltend auftretendes Deutschland einem Deutschland vorzuziehen ist, daß eine aktive Rolle in Europa und der Weltpolitik spielt.

---

[40] Auszüge aus der Pressekonferenz des Bush-Jelzin-Gipfels. *The New York Times*, 17. Juni 1992. Über die NATO-Mitgliedschaft als langfristiges Ziel russischer Außenpolitik vgl. *Diplomatitsheskij westnik*, Nr. 1, 15. Januar 1992, S. 13 sowie die Analyse von Hannes Adomeit, The Atlantic Alliance in Soviet and Russian Perspectives, in: Neil Malcolm (Hg.), *Russia and Europe: An End to Confrontation?* London 1994, S. 31–54.

[41] *Diplomatitscheskij westnik*, Nr. 4–5, 29. Februar – 15. März 1992, S. 49.

Es gibt allerdings mehrere Phänomene, die zu einem negativen Bild des neuen Deutschland führen könnten. Dazu gehören die deutsche Unterstützung der baltischen Staaten in ihren Auseinandersetzungen mit Moskau über die Rechte der russischen Minderheit; die Unzufriedenheit dieser Staaten und Deutschlands mit dem Status der russischen Streitkräfte in der baltischen Region, vor allem in Kaliningrad (Königsberg); der deutsche Wunsch, ein Generalkonsulat in dieser Stadt zu eröffnen; die Klagen und Beschwerden der Rußlanddeutschen und ihr Wunsch, in ihr ursprüngliches Siedlungsgebiet in der Wolgaregion zurückzukehren; die deutsche Rolle im Jugoslawien-Konflikt, nicht zuletzt die deutsche Unterstützung der Unabhängigkeit Sloweniens und Kroatiens sowie der kroatischen und moslemischen Seite im Bosnien-Krieg; die deutliche Ausweitung deutschen wirtschaftlichen und politischen Einflusses in Mittel- und Osteuropa, besonders in Polen, der Tschechischen Republik und Ungarn; und schließlich die deutsche Befürwortung der NATO-Ausweitung in diese und andere Länder, die vorher Teil der sowjetischen Einflußsphäre waren.[42]

Die Sichtweisen, die sich auf diese und andere Fragen beziehen, umfassen heute im neuen Rußland ein breites Spektrum. Dazu gehören atlantische, westorientierte, pan-slawistische, eurasische, liberale, sozialdemokratische, sozialistische, kommunistische, konservative, nationalistische, reaktionäre und faschistische Strömungen. Trotz aller auseinandergehenden Meinungen sind jedoch zumindest die Tatsachen über die *wirtschaftliche* Dimension der deutsch-russischen Beziehungen wohl bekannt. Regierungsbehörden und informierte Öffentlichkeit sind sich darüber im klaren, daß Deutschland Rußlands wichtigster Handelspartner und Geldgeber ist. Politische Führer und Fachleute verschiedenster Couleur sind sich der Tatsache bewußt, daß – wie ein Regierungssprecher einräumte – „deutsche Privatinvestitionen in Rußland ausschlaggebend sind" für den Erfolg der Reformbemühungen. Ihr Umfang ist jedoch klein, „erheblich kleiner als zum Beispiel in Ungarn".[43] Was die russischen Wahrnehmungen betrifft, gibt es keinen Beleg dafür, daß dieser Sachverhalt auf grundsätzlich fehlende Bereitschaft unter den deutschen Regierungsbehörden oder Geschäftsleuten zurückzuführen ist. Im Gegenteil, die extreme Rechte scheint jede Form von westlichen Investitionen in einem negativen Licht zu betrachten und behauptet, dahinter stecke ein westlicher Plan, um russische Ressourcen auszubeuten und die russische Wirtschaft zugrunde zu richten. Sie erzeugt damit ein Klima, das potentielle westliche Investoren abschreckt.

In bezug auf politische und militärische Sicherheitsfragen lautete die zentrale Frage während und nach der Vereinigung, ob Deutschland wieder zu einer größeren Bedrohung für Rußland werden könnte. Wie oben deutlich geworden ist, schien die öffentliche Meinung selbst in der sowjetischen Ära über deutschen „Revanchismus"

---

[42] Der Autor stimmt mit ähnlichen Argumenten überein, die von Heinz Timmermann vorgebracht wurden: Deutschland und Rußland: Ihre Beziehungen heute und morgen, in: *Aktuelle Analysen* 14 (24. März 1993).

[43] Zitiert nach Wjatscheslaw Jelagin, Leiter der Presse- und Informationsabteilung im russischen Außenministerium, *Rossijskie westi*, 14. Mai 1994.

und „Militarismus" nicht allzu besorgt zu sein. In der Tat scheinen Regierungsbehörden und öffentliche Meinung heute generell weniger über ein Wiederaufleben des deutschen Nationalismus und deutscher Machtpolitik in Sorge zu sein als über deutsche Gleichgültigkeit und deutsche Beteiligung an einer Politik der Isolierung eines angeblich wiederauferstandenen neoimperialistischen Rußland.

Vor der Entscheidung des Bundesverfassungsgerichts, das die Verfassungsmäßigkeit eines Bundeswehreinsatzes bei friedenserhaltenden Missionen bestätigte, wiederholten einige russische Beobachter die amerikanische Kritik. Sie verspotteten die Deutschen, keine Supermacht, sondern „supervorsichtig" zu sein [swerchostoroshnij] und nannten Deutschland eine Macht der „großen Zurückhaltung" [velikij moltschalnik].[44] Das momentan dominierende Deutschlandbild wurde auf treffende Weise von Jelzin vor seinen Gesprächen mit Bundeskanzler Helmut Kohl im Mai 1994 in Bonn zum Ausdruck gebracht. Auf die These der russischen Opposition, „Deutschland werde sich nach dem Abzug russischer Truppen völlig von Rußland abwenden und uns nicht bei den Reformen unterstützen, wie es dies aktiv in den letzten Jahren unter der Führung von Helmut Kohl getan hat", antwortete Jelzin: „Ich vertraue Helmut Kohl – seinen moralischen Maßstäben, seinem Anstand und seiner großen politischen Erfahrung. Ein Zeitalter der nationalen Versöhnung zwischen beiden Ländern und Völkern – zwischen Rußland und Deutschland – wird beginnen."[45]

Eine richtige Einschätzung? Der Abzug der russischen Streitkräfte aus der ehemaligen DDR und die Feierlichkeiten, die dieses Ereignis am 31. August 1994 begleiteten, werfen Licht auf die Frage nach aktuellen russischen Sichtweisen sowie Interessen gegenüber Deutschland.[46] Es ist überaus beeindruckend, daß in weniger als vier Jahren 338 000 Soldaten und 207 400 Angehörige, 123 629 Waffen sowie 2,7 Mio. Tonnen militärischer Ausrüstung nach Rußland transportiert wurden. Folglich gibt es einen breiten Konsens in russischen Regierungserklärungen und in der öffentlichen Meinung, daß diese technischen Aspekte des Abzugs Anerkennung verdienen. Umgekehrt herrscht aber Enttäuschung darüber, daß Deutschland auf getrennten Feierlichkeiten für den Abzug der westlichen Alliierten auf der einen und Rußlands auf der anderen Seite bestand.[47]

Wie sieht es mit den politischen, wirtschaftlichen und sicherheitspolitischen Aspekten der deutsch-russischen Beziehungen in historischer Perspektive aus? In dieser Frage gibt es mindestens drei divergierende Sichtweisen: die kommunistische und ultra-nationalistische; die konservativ-nationalistische; und die liberal-demokra-

---

[44] Aleksej Puschkow, Germanija w Ewrope. Ostoroschnij nabor vysoty, *Moskowskie nowosti* 22 (30. Juni 1993).

[45] *ITAR-TASS* (in russisch), 11. Mai 1994.

[46] Zu den technischen, politischen, militärischen und wirtschaftlichen Aspekten des Abzugs der russischen Streitkräfte aus Deutschland siehe Julia Baumgart, Die Verabschiedung der russischen Streitkräfte aus Deutschland im Spiegel der russischen Medien, in: *Aktuelle Analysen* 63 (31. Oktober 1994).

[47] Ausnahmen, die die Regel bestätigen, stellen die Berichte der *Komsomolskaja Prawda* vom 3. August 1994 und *Segodnija* vom 2. September 1994 dar.

tische. Die Grenzen zwischen den Strömungen sind allerdings nicht eindeutig. Eine Analyse von Medienberichten zeigt, daß nur selten zwischen den sowjetischen Streitkräften und denen Rußlands unterschieden wird. Nicht nur wird der Zweite Weltkrieg legitimerweise als Verteidigungskrieg dargestellt. Die sowjetischen Streitkräfte werden auch, was kaum haltbar ist, als „Befreier" überall in Mittel- und Osteuropa und nicht als „Okkupanten" porträtiert.[48]

Die direkt oder indirekt aufgeworfene Kernfrage bezieht sich darauf, worauf sich russischer Einfluß in Deutschland und Europa nach dem Abzug der Streitkräfte gründen soll. Ultra-nationalistische und kommunistische Autoren erinnern ihre Leser daran, daß sie bereits früh, nämlich zur Zeit der „sogenannten Perestrojka", vor einem Abzug aus der DDR gewarnt hätten, da dieser das gesamte Gefüge der internationalen Beziehungen der Nachkriegszeit zerstören, zum Zusammenbruch von Warschauer Pakt und RGW führen und Osteuropa schließlich dem Einfluß von Rußlands geopolitischen Konkurrenten überlassen würde.[49] Solche Sichtweisen lassen sich am ehesten als Anzeichen von Ressentiments aufgrund des Zusammenbruchs des sowjetischen Reiches interpretieren. Offensichtlich befürworten die Ultra-Nationalisten und Kommunisten nicht die Rückführung der russischen Streitkräfte in diese Region. Jedoch wird zum Teil argumentiert, daß das Festhalten an einem großen nuklearen Arsenal und der Aufbau moderner konventioneller Streitkräfte in Rußland dazu dienen könnten, die Haltung und die Politik der Nachbarn Rußlands zu beeinflussen, Deutschland vermutlich eingeschlossen.

In erster Linie jedoch finden sich Skepsis und Besorgnis. Dies gilt insbesondere für die konservativen und nationalistischen wie auch die liberalen und demokratischen Strömungen in Rußland. Es besteht die Sorge, daß Rußland nach Beendigung des Abzugs nicht mehr viele Trümpfe in der Hand hat. Man wehrt sich gegen die Neigung des Westens, jeglichen Versuch Rußlands, Anerkennung für elementare Rechte und Interessen im „nahen Ausland" und anderswo zu gewinnen, als „Rückkehr des russischen Imperialismus" zu brandmarken und als Vorwand zu benutzen, um auf Rußland Druck ausüben zu können. Der Westen trage die Verantwortung für die „neuerliche Möglichkeit eines Kalten Krieges" mit Rußland als dem „Hauptnachfolger der UdSSR". Käme es zu neuen Auseinandersetzungen, wäre allerdings die Ausgangsposition Rußlands schlimmer als die der Sowjetunion zu Beginn des Kalten Krieges.[50] Dies ebnet den Weg für den Verdacht, daß Deutschland seine wirtschaftliche Macht dazu einsetzen könnte, um in Europa eine dominierende Rolle zu spielen; es läßt auch die Sorge entstehen, daß Deutschland nun mit dem Westen eine resolutere Haltung gegenüber Rußland einnehmen könnte.[51]

---

[48] Die einzige Zeitung, die den Charakter der sowjetischen Präsenz in der DDR als „Besetzung" bezeichnet und die die Vorstellung angreift, in irgendeiner Weise die derzeitigen russischen Streitkräfte mit der „kriminellen Geschichte der Sowjetunion" in Verbindung zu bringen, ist die *Literaturnaja gaseta*, 7. September 1994.

[49] *Sowetskaja Rossija*, 31. August 1994.

[50] *Nesawisimaja gaseta*, 31. August 1994.

[51] Ebd.

Die Wahrnehmung der Deutschen durch die Russen als Faktor in der europäischen Sicherheitspolitik

Eberhard Schulz

Deutsche und Russen hatten wegen ihrer geographischen Lage im Laufe ihrer Geschichte viel miteinander zu tun. Sie machten miteinander erfreuliche und weniger erfreuliche Erfahrungen. Die Kontakte führten zu kultureller und wirtschaftlicher Bereicherung, seltener zu militärischen Konflikten. Aber nie waren die negativen Phänomene so extrem wie im 20. Jahrhundert. Ging es im Ersten Weltkrieg noch lediglich um Vorherrschaft und wirtschaftliche Interessen, so artete der Zweite unter Hitler zum Ausrottungskrieg aus. Ihm schloß sich der existentielle Antagonismus des Kalten Krieges an. Nach dem Zusammenbruch des Sowjetsystems herrscht auf beiden Seiten eine bedrückende Unsicherheit und sind Ängste wach geworden, die auf widersprüchlichen Tendenzen, kaum erfüllbaren Wünschen und zählebigen Vorurteilen beruhen.

Angesichts der außerordentlichen Vervollkommnung des militärischen Vernichtungspotentials ist es für Deutsche und Russen wie für ganz Europa lebenswichtig, friedensgefährdende Faktoren, soweit irgend möglich, zu eliminieren. In diesem Zusammenhang ist zu untersuchen, wie sich die Wahrnehmung der eigenen wie auch der anderen Seite bei Deutschen und Russen auf die europäische Sicherheit auswirkt. In jüngster Zeit sind verschiedene Veröffentlichungen erschienen, die die Wahrnehmung der Deutschen durch die Russen nach den fundamentalen Veränderungen auf beiden Seiten beleuchten.[1]

Um die Bedeutung der gegenseitigen Wahrnehmungen für die praktische Politik richtig einschätzen zu können, haben wir zunächst zu fragen, von welcher Art die Akteure sind, die auf der internationalen Bühne die maßgebenden Rollen spielen. Sodann sind die Quellen der Wahrnehmung und die mit ihnen gegebenen Manipulationsmöglichkeiten unter die Lupe zu nehmen. In einem zweiten Abschnitt werden wir erörtern, wie Deutsche heute von Russen wahrgenommen werden, welche nationalen Charakteristika Russen bei den Deutschen wahrzunehmen glauben und wie die Deutschen nach russischer Meinung ihre nationalen Interessen definieren und diese in der praktischen Politik verfolgen. Schließlich ist zu fragen, welche Konsequenzen sich aus den Wahrnehmungen der Russen für die Möglichkeiten der deutschen Seite ergeben könnten, auf ein für alle Beteiligten tragfähiges Sicherheitssystem in Europa hinzuwirken.

---

[1] Genannt seien hier nur: Vladimir V. Razmerov (Hg.), *Ob-edinennaja Germanija v Evrope i mire*, Moskau 1994; Anatolij Frenkin, *Die Deutschen aus russischer Sicht*, Leinfelden 1995; Hans-Joachim Spanger und Aleksandr Kokeev, *Brücken, Achsen – neue Gräben. Die deutsch-russischen Beziehungen im multilateralen Spannungsfeld*, HSFK-Report Nr. 6 (1995); *Rußlands Perspektiven. Strategische Analysen russischer Experten* (Quartalsschrift, hg. von Anatolij Frenkin im Mitschka-Verlag, Leinfelden), Heft 1, Juni 1995.

Die Akteure auf der internationalen Bühne und das Perzeptionsproblem

Vielfach wird die Auffassung vertreten, in der internationalen Politik seien „die Staaten" die Akteure, weil die wesentlichen politischen Entscheidungen, soweit die Öffentlichkeit sie beobachten kann, auf der Ebene der Regierungen der Staaten gefällt werden. Insoweit ist die Identifizierung korrekt, doch weist sie gravierende Unzulänglichkeiten auf. Der Akteur ist damit so hoch aggregiert, daß konkrete Aussagen über die Motive seiner Politik kaum noch möglich sind. Ganz zweifelhaft wird die Identifizierung, wenn sie mit der (expliziten oder impliziten) Annahme verbunden wird, jeder Staat verfolge „seine" Interessen, gar Interessen, die objektiv gegeben seien, wie Sicherheit und Macht. Solche Interessen mag es geben, auch wenn man heute durchaus bezweifeln mag, daß ein Zuwachs an Macht dem Staat in jedem Falle mehr Sicherheit garantiert. Doch wer könnte aus einem so abstrakt definierten Interesse ableiten, welche konkrete Handlungsoption diesem Interesse am ehesten diente; und wer wollte die Behauptung wagen, daß sich ein Staats- oder Regierungschef jeweils ausschließlich oder vielleicht auch nur vorwiegend von den Interessen seines Staates leiten ließe? Außerdem bleiben bei dieser Betrachtungsweise die Entscheidungen transnationaler Akteure, die im 20. Jahrhundert enorm an Bedeutung gewonnen haben, im Dunkeln.

Eine konkrete und realistische Einschätzung der Politik wird erleichtert, wenn man sich vor Augen führt, daß es sich bei den Entscheidungsträgern um Menschen handelt, die ihre individuellen Qualitäten und Schwächen haben, die ihre Politik aus einer durchaus subjektiven Sicht heraus betreiben, die ihre persönlichen Interessen ungern vernachlässigen und die häufig zumindest auch die Interessen einer bestimmten Gruppe oder Klientel und nicht nur die des Staates vertreten, auch wenn sie die letzteren im Munde führen.

Im Verhältnis zweier Völker und Staaten kommt es nicht nur auf die Eigen- und Fremdwahrnehmung bei den letztlich verantwortlichen Politikern an. Auch die Mitglieder der Legislative und mehr noch der Exekutivorgane haben jeweils einen gewissen Handlungsspielraum. Weiter gibt es transnationale Akteure in Wirtschaft, Kultur und Medien. Nicht zuletzt müssen die Herrschenden auf ihre politische Klientel, auf einflußreiche Gruppen und auf das gesamte Wählervolk Rücksicht nehmen, wenn sie ihre Position stärken oder zumindest doch nicht gefährden wollen. Die Entwicklung im 20. Jahrhundert hat schließlich gezeigt, daß die Außenpolitik immer mehr zum Instrument der Innenpolitik geworden ist, und zwar etwa in dem Maße, in dem der machtpolitische Spielraum der Staaten geschrumpft ist.

Das bedeutet praktisch, daß Politiker zunehmend dazu neigen, sich durch spektakuläres, aber möglichst risikoarmes Auftreten auf der internationalen Bühne zu profilieren, auch um damit davon abzulenken, daß sie drängende Probleme zu Hause nicht lösen können. Denken sie aber an eine substantielle Aktion gegenüber einem anderen Staat, hängt es wesentlich von ihrer Wahrnehmung eben dieses Staates ab, ob sie sich von der Aktion einen außenpolitischen Erfolg versprechen können. Außerdem haben sie zu berücksichtigen, wie das Bild aussieht, das sich die Mehrheit oder einflußreiche Gruppen der eigenen Bevölkerung von jenem Staat machen, um abschätzen zu können, ob sich die Aktion auf ihre innenpolitische Situation positiv oder negativ auswirkt.

Bei der gegenseitigen Wahrnehmung ist es zweckmäßig, zwischen kurz- und langfristigen Bildern zu unterscheiden. Langfristige Eindrücke lösen wohl weniger starke akute Emotionen aus, bilden dafür aber, sofern sie positiv sind, eine solidere Grundlage für eine Verständigung. Andererseits wäre es für einen Politiker gefährlich, aktuelle Emotionen bei politischen Entscheidungen zu vernachlässigen. Ferner ist zu berücksichtigen, daß die Wahrnehmungen in jedem Falle mit Fehlern behaftet sind, die oft mit einer bestimmten Eigenwahrnehmung zusammenhängen. Solche Fehlwahrnehmungen können in der Politik katastrophale Folgen haben wie etwa Hitlers Annahme, Stalins Sowjetunion sei nach den blutigen Säuberungen der dreißiger Jahre ein „Koloß auf tönernen Füßen". Positive Fehlurteile wiederum können die eigene Bevölkerung motivieren und dazu beitragen, objektive Schwierigkeiten zu überwinden; deswegen beschwören Politiker so gern (und mit Recht) die „traditionelle Freundschaft", obwohl es diese im strengen Sinne nur zwischen Personen, nicht aber zwischen Staaten geben kann.

Die gegenseitige Wahrnehmung setzt sich aus einer Vielzahl verschiedener Elemente zusammen. Die Grundlage bilden religiöse oder philosophische Wertvorstellungen, im deutschen Verhältnis zu den Russen etwa die gemeinsame christliche Tradition, die freilich wegen der Kirchenspaltungen sowohl positive als auch negative Assoziationen auslösen kann; hohes Ansehen genießen russische Literatur und Musik. Für viele Russen spielen deutsche Philosophie und Dichtung eine herausragende Rolle; auch hier können die Bilder sehr unterschiedlich ausfallen – je nachdem, ob dem Betrachter etwa Goethe, Kant, Hegel oder Marx vor Augen steht. Bewunderung, wenngleich nicht immer Sympathie, genießen die Deutschen, vermittelt auch durch die in Rußland lebende deutsche Minderheit, wegen ihrer administrativen Effizienz und ihrer „Ordnung".

Historische Mythen wie der von der russischen „Leidensfähigkeit" (als ob sich die Russen ihre Leiden ausgesucht hätten) erweisen sich immer wieder als außerordentlich zählebig, aber der jeweils herrschende Zeitgeist und kurzfristige Modeströmungen bewirken nicht minder abwegige Vorurteile. Besonders nachhaltig wirken sich traumatische Erfahrungen aus, die die Völker gemeinsam oder miteinander hatten, etwa das Vordringen der Mongolen nach Europa, die napoleonischen Kriege und der Zweite Weltkrieg.

In der Vermittlung von Wahrnehmungen treten wissenschaftliche Forschung und Schulbildung wohl auf beiden Seiten mehr und mehr hinter die aktuelle Berichterstattung, vor allem durch die elektronischen Medien, zurück. Persönliche Erfahrungen durch Begegnungen zu Hause oder durch Reisen in das Partnerland gewinnen nach der langen Abschließung an Bedeutung; sie können nützliche Erkenntnisse, wegen der sprachlichen und kulturellen Unterschiede aber auch neue Mißverständnisse produzieren.

Wie im Wirtschaftsleben, so lädt auch in der Politik die Wahrnehmung zur Instrumentalisierung geradezu ein. In einer extremen Ausprägung haben dies in diesem Jahrhundert die Ideologien der Nationalsozialisten und der Kommunisten vorgeführt. Soziale Krisen oder verletzte nationale Gefühle oder gar beide zusammen stellen den besten Nährboden für das Gedeihen brutaler Ideologien dar. Der ideologische Anspruch auf das Wahrheitsmonopol legitimiert die Ausschaltung von „Abweichlern" und Andersdenkenden. Er stärkt die Machtposition der Herrschenden und eröffnet ihnen die Möglichkeit, die Wahrnehmung der Bevölkerung durch Propaganda in eine gewünschte Richtung zu drängen.

Freilich ist diese Möglichkeit mit der Entwicklung der grenzüberschreitenden Medien im Verlauf des 20. Jahrhunderts immer mehr eingeschränkt worden. Heute lassen sich Staatsgrenzen gegen Informationen von außen nicht mehr vollständig abschotten. Indessen sollte diese Errungenschaft nicht überschätzt werden: Die Wahrnehmung setzt nicht nur ein Informationsangebot, sondern auch die Bereitschaft voraus, es zu nutzen. Voreingenommenheit – etwa wegen seelischer Verletzungen oder wegen eines anderen Erfahrungshintergrundes – oder auch ideologische Kategorien filtern nicht passende Informationen heraus, lassen sie also in die Wahrnehmung nicht eindringen. Ähnlich wirken Opportunismus und Karrierismus sowie in einem Terrorregime die Rücksicht auf gefährdete Familienangehörige oder berufliche Existenzangst.

Man kann sogar noch einen Schritt weitergehen: Die Masse der Menschen ist offenbar nicht in der Lage, eine eigene Persönlichkeit auszubilden und damit in der Eigenwahrnehmung ein spezifisches Identitätsbewußtsein zu erwerben. Solche Menschen sind auf eine kollektive Identität angewiesen. Diese kann sich primär in einem Nationalbewußtsein, in Lokalpatriotismus, in der Mitgliedschaft in einem Fan-Club oder in der peinlichen Beachtung irgendwelcher Moden manifestieren. Echtes Selbstbewußtsein wird freilich auch damit nicht hergestellt; um eigene Unvollkommenheit verkraften zu können, bedürfen die meisten Menschen eines Sündenbocks; ihre Identität wird erst durch ein Feindbild komplett. Diesen Mechanismus einer verbogenen Eigenwahrnehmung hat das nationalsozialistische Regime in Deutschland in frappierender Weise und mit schrecklichen Folgen für die (ohnehin von Stalin gequälten) Russen vorgeführt. Jetzt, nach dem Zusammenbruch der Sowjetunion, die aus dem Zweiten Weltkrieg als Siegerin hervorgegangen war, droht Rußlands Eigenwahrnehmung eine ähnliche Entwicklung zu nehmen. Manche Menschen haben mit dem Absturz der Supermacht ihr Selbstbewußtsein verloren; einige tendieren dazu, diesen Verlust durch aggressives Gebaren überzukompensieren. Das ist um so schlimmer, als im Westen, auch in Deutschland, die Suche nach einem neuen Feindbild in vollem Gange ist und sich die Suchenden teils aus Trägheit, teils wegen der im Osten herrschenden Ungewißheit neben dem stark vergröberten und vereinfachten islamischen Fundamentalismus wieder auf Rußland einschießen.

Die Deutschen aus russischer Sicht

Es versteht sich von selbst, daß Aussagen darüber, was „die" Russen von „den" Deutschen denken, unmöglich sind. Jede Wahrnehmung ist ein individueller Vorgang, und die Bandbreite der potentiellen Bilder ist unbegrenzt. Selbst repräsentative Meinungsumfragen, deren Ergebnisse wiederum von der Fragestellung, dem aktuellen Zeitpunkt und anderen mehr oder weniger akzidentiellen Faktoren beeinflußt werden, können nur begrenzt widerspiegeln, was „die" Russen von „den" Deutschen denken. Ganz abwegig wäre die Annahme, die Wahrnehmungen der Individuen müßten eine logische Kohärenz aufweisen; jeder einzelne schleppt in seinen Wahrnehmungen Widersprüche mit sich herum.

Eine Untersuchung, die sich auf Aussagen russischer Forscher stützt, wird zunächst einmal Meinungen von Personen erfassen, die überdurchschnittlich gut über die Deutschen informiert und in relativ geringem Maße von Vorurteilen, Klischees oder Ideologien abhängig sind. Wie weit diese Personen wiederum als Multiplikatoren oder gar als Meinungsführer in Rußland auftreten, ist ebenso schwer zu bestimmen wie ihr wirklicher Einfluß auf maßgebliche Politiker und die meinungsbildenden Medien.[2] Dies zu überprüfen, bedürfte es einer Inhaltsanalyse der Medien, die den Rahmen dieser Betrachtung sprengen würde. Die häufige Wiederkehr von bestimmten Stereotypen gibt jedoch einen Hinweis darauf, wie verbreitet die jeweiligen Vorstellungen in dem Kreis der informierten Personen sind.

Außer der Wahrnehmung bestimmter Charakteristika der deutschen nationalen Identität ist für die Beurteilung der zwischenstaatlichen Beziehungen die russische Perzeption der deutschen Außenpolitik von Bedeutung. Diese wiederum hängt wesentlich davon ab, wie die Deutschen nach Auffassung der Russen ihre nationalen Interessen definieren. Auch hier spielt die Eigenwahrnehmung der Russen eine erhebliche Rolle.

Bei der Beurteilung der im folgenden dargestellten Deutschland-Bilder ist es nun wichtig, die besondere Situation zu berücksichtigen, in der diese Bilder auftreten: Das völlig unerwartete Aufgehen der DDR in der Bundesrepublik Deutschland hat überall in Europa einen emotionalen Schock ausgelöst. Rußland befindet sich zwar nicht in der Situation der kleineren unmittelbaren Nachbarn Deutschlands, die sich der Gefahr einer deutschen Hegemonie ausgesetzt sehen; auch nicht in der Position Frankreichs oder Großbritanniens, die sich bisher noch als Großmächte von Deutschland abzuheben glaubten; russische Politiker könnten sich von einem stärkeren Deutschland sogar einen größeren Spielraum in einem aus der Erstarrung des nuklearen Patts gelösten Europa versprechen. Das alles aber tritt in der Eigenwahrnehmung hinter die noch unverdaute Erfahrung des Zusammenbruchs der Sowjetunion mit ihren überaus schmerzlichen Folgen für die Masse der Bevölkerung zurück. Die machtbewußten Eliten in den russischen Streitkräften, der Administration und auch der Wissenschaft haben ihr inneres Gleichgewicht noch nicht wiedergefunden und tendieren dazu, aus ihrer Eigenwahrnehmung heraus ihr aktuelles Bild

---

[2] Das ausgezeichnete Buch etwa, das das renommierte Moskauer Institut für Weltwirtschaft und internationale Beziehungen (IMEMO) der Russischen Akademie der Wissenschaften unter der Federführung von Vladimir V. Razmerov herausgegeben hat (Anm. 1), ist nicht nur auf so miserablem Papier und mit einem so mangelhaften Druckverfahren hergestellt worden, daß es auf weite Strecken fast unleserlich ist, sondern ist mit einer Gesamtauflage von 200 Exemplaren praktisch unter Ausschluß der Öffentlichkeit erschienen, weil es in der neuen „Marktwirtschaft" natürlich keinen Profit bringt und weil die Verantwortlichen auch noch nicht gelernt haben, was man tun muß, um auch ein gutes Buch verkaufen zu können.

von Deutschland zu überzeichnen. Dies hat zwar durchaus Konsequenzen für die gegenwärtigen Beziehungen zwischen Rußland und Deutschland, doch sollte man sich vor der vorschnellen Annahme hüten, die Überzeichnungen müßten über einen längeren Zeitraum konstant bleiben. Wenn Vladimir Razmerov etwa die heutige russische Wirtschaft als einen „schmutzigen Basar" bezeichnet, „wo kaum jemand arbeitet, dafür aber viele stehlen und sich alle an diesem Pseudomarkt Beteiligten gegenseitig zu betrügen suchen"[3], so hat er als Gegenbild die eingespielte soziale Marktwirtschaft der Bundesrepublik vor Augen, die sich trotz ihrer Belastung durch die Vereinigungsprobleme mit der russischen Umbruchwirtschaft nicht vergleichen läßt.

Dem deutschen Nationalcharakter widmet Frenkin seine besondere Aufmerksamkeit. Auf den ersten Blick erscheint seine Darstellung der Deutschen als so positiv, daß sich seine Landsleute manchmal indigniert von solcher „Speichelleckerei" abwenden. Wer jedoch die leisen Zwischentöne wahrnimmt, bemerkt, was Frenkin und wohl den Russen generell an den Deutschen nicht nur als fremd, sondern auch als abstoßend erscheint. Dabei kann es durchaus sein, daß Russen gerade diejenigen deutschen Eigenschaften verabscheuen, die sie am meisten bewundern.

So hebt Frenkin die deutsche „Fähigkeit zur Vervollkommnung", den „Perfektionismus" hervor, fügt aber hinzu, was die Russen irritiere, sei „die schreckliche Pedanterie vieler Deutscher, die alle Dinge mit peinlicher, kleinlich wirkender Exaktheit ausführen".[4] Man sollte die Begriffe nicht auf die Goldwaage legen. Selbst für einen Russen, der die deutsche Sprache so ausgezeichnet beherrscht wie Frenkin, ist es schwer, alle Untertöne zu vernehmen, die in den Vokabeln mitschwingen. Aber daß die „protestantische Arbeitsethik" und die „Zielstrebigkeit"[5] der Deutschen vielen Russen unheimlich, ja unsympathisch sind und ihnen geradezu als unmenschlich erscheinen können, wird unmißverständlich deutlich. Übrigens sind dies Topoi, die in der russischen Literatur über Deutschland namentlich im 19. Jahrhundert gang und gäbe waren. Der Lebensordnung in Deutschland (ganz im Gegensatz zu der in Rußland) fehlten ein bißchen „Reichtum und Tiefe des geistigen und seelischen Lebens"; die Seele sei dem Verstand untergeordnet.[6] Frenkin spricht bei den Deutschen von „Sturheit", „Engstirnigkeit" und „Beschränktheit", ja die Deutschen erschienen vielen Russen als „stumpfsinnig", während die Russen sich selbst als großzügig empfänden und der russischen Seele „Phantasie, Sentimentalität, Träumerei, Rückhaltlosigkeit, Uneingeschränktheit und viele andere Leidenschaften" zusprächen.[7] Wieder ist davor zu warnen, sich an den Vokabeln festzubeißen, die Frenkin nicht in einem beleidigenden Sinn verstanden wissen will; aber unterschiedliche Grundlinien im Nationalcharakter von Russen und Deutschen zeichnen sich

---

[3] V. Razmerov, Ob-edinivšajasja Germanija: Uroki i perspektivy, in: ders. (Anm. 1), S. 11.
[4] A. Frenkin, *Die Deutschen* (Anm. 1), S. 28.
[5] Ebd.
[6] Ebd., S. 17.
[7] Ebd., S. 25.

hier doch ab. Um so auffälliger (und sicher nicht falsch) ist, daß Frenkin bei manchen Deutschen ein hohes Einfühlungsvermögen gerade gegenüber Russen konstatiert: „Sich in die Lage, in den seelischen Zustand der Russen hineinzuversetzen, unsere Sorgen nachzuempfinden – das können so tief nur die Deutschen"[8]. In langen Passagen beschreibt er die herzliche Aufnahme, die er in Deutschland stets gefunden habe, und bringt immer wieder seine Sympathie für seine deutschen Gesprächspartner zum Ausdruck. Der Leser mag sich fragen, worin die Ursache für die Divergenz zwischen der überaus positiven Charakterisierung konkreter Personen und der Distanzhaltung zu suchen ist, die in der Beschreibung „typisch deutscher" Eigenschaften zu Tage tritt.

Natürlich sind solche pauschalen Aussagen immer problematisch; Widersprüche lassen sich dabei kaum vermeiden. Frenkin erwähnt das deutsche Verantwortungsbewußtsein, die Bereitschaft, sich mit den höheren Interessen des Staates zu identifizieren, als einen hohen moralischen Wert, den die Russen am deutschen Geist schätzten, gerade weil diese Tradition in Rußland längst verloren gegangen sei.[9] Andererseits aber stellt er fest, in der Bundesrepublik sei „die Abkehr vom Erbe des deutschen Geistes" ziemlich groß. In der jüngeren Generation, besonders bei Studenten, beobachtet er Gleichgültigkeit gegenüber der klassischen deutschen Philosophie (die in Rußland immer mit besonderer Hochachtung verfolgt wurde), Empirismus, Pragmatismus, Gedankenlosigkeit, eine Abkehr vom Christentum und Flucht aus der Politik, ferner Konsumismus, Hedonismus, zunehmende Kriminalität und Vandalismus, kurz: Amerikanisierung.[10] Daran ist wohl einiges wahr, auch wenn es ein wenig nach der Resignation eines alternden Heroen klingt, der vor der seelentötenden Rastlosigkeit des Industriezeitalters in romantisierender Vergangenheitsverklärung Zuflucht sucht. Schließlich ist, was er kritisiert, wohl weniger typisch deutsch als eher eine allgemeine Zeiterscheinung, von der auch Deutschland nicht verschont geblieben ist.

Jedenfalls kommt Frenkin am Schluß wieder auf positive Einschätzungen zurück. Der Deutsche werde in Rußland geschätzt, weil er ein Bürger sei, ein Mensch, der tief in der Gesellschaft, namentlich in der Familie, verankert sei und ein klares Verhältnis zum Staat habe. Die deutsche Gesellschaft erscheine den Russen als musterhaft, weil sie Ordnung biete.[11] Damit sind wir wieder bei dem, was ein Russe in seiner Eigenwahrnehmung bei sich vermißt, aber doch auch in der deutschen Form nicht leiden kann.

Lassen sich aus solchen Urteilen über den deutschen Nationalcharakter irgendwelche Konsequenzen für die politischen Beziehungen ableiten? Sicher nicht in der Form einer Interessenidentität oder auch nur einer Komplementarität. Auf die Definition der nationalen Interessen bei den Deutschen werden wir noch zurückkommen.

---

[8] Ebd., S. 13.
[9] Ebd., S. 56.
[10] Ebd., S. 58 f.; 61.
[11] Ebd., S. 118.

In bezug auf den deutschen Nationalcharakter kann man auf russischer Seite jedenfalls eines mit Sicherheit konstatieren: Die Deutschen und Deutschland stoßen in Rußland auf großes Interesse, auf weit größeres Interesse als alle anderen Nationen. Damit mögen auch Gefahren verbunden sein, vor allem die, daß Russen an Deutschland zu hohe Erwartungen stellen; zunächst aber eröffnen sich hier Chancen für Zusammenarbeit, vorausgesetzt, sie werden in der richtigen Weise und mit dem nötigen Realismus angepackt.

Solcher Realismus erfordert zunächst die Feststellung, daß Interesse oder gar Sympathie nicht mit Freundschaft oder Interessenidentität zu verwechseln sind. Schon gar nicht erlauben sie eine deutsch-russische Zusammenarbeit auf Kosten anderer Nationen in Zentral- und Osteuropa (übrigens natürlich auch nicht etwa eine deutsch-polnische Zusammenarbeit gegen Rußland). Ebenso wenig können sie Deutschland veranlassen, aus der Integration in der Europäischen Union oder der NATO auszuscheren, um in einem deutsch-russischen Bilateralismus das überholte „Konzert der Großmächte" in Europa wieder aufzunehmen. Positiv hat Rußland dagegen Grund zu der Annahme, daß es für seine legitimen Interessen in Europa bei keinem Partner ein so offenes Ohr finden kann wie bei den Deutschen, sofern die überwiegend positive Wahrnehmung auf Gegenseitigkeit beruht.

Daß die positive Wahrnehmung auf Gegenseitigkeit beruhe, ist jedoch in Rußland nicht unumstritten. Cedilina etwa vertritt die Auffassung, daß die Bundesrepublik Rußland nach wie vor als den Hauptfaktor einer militärischen Bedrohung betrachte, wenn auch die Gefahr eines großen Krieges, vor allem wegen der inneren Schwäche Rußlands, gering sei; Rußland sei eben immer noch eine gewaltige Militär- und vor allem Nuklearmacht.[12] Für Westeuropa im ganzen und Deutschland im besonderen könne es vorteilhafter erscheinen, den stabilen Westen Europas von einer immer tiefer im Chaos versinkenden GUS durch einen „cordon sanitaire" abzugrenzen als sich auf gesamteuropäischer Ebene auf friedenschaffende Maßnahmen einzulassen.[13]

Die geradezu entgegengesetzte Auffassung scheint die stellvertretende Vorsitzende der russischen Konstitutionell-Demokratischen Partei, Natal'ja Naročnickaja, zu vertreten. In ihren Augen könnte Deutschland zu einer regionalen Supermacht in Europa werden, wenn es sich im Sinne seiner traditionellen Ostpolitik vom Amerikanismus löste und mit Rußland zusammenarbeitete.[14] In eine ähnliche Richtung denkt Strežneva, die mit Erstaunen feststellt, daß Deutschlands Partner im Westen einerseits von Deutschland eine führende Rolle in der EU erwarteten, andererseits aber gerade diese deutsche Führung fürchteten. Sie hält es für denkbar, daß sich Deutschlands Partner einer föderativen Entwicklung der EU aus Angst vor der deutschen

---

[12] Elena Cedilina, Germanija i problema evropejskoj bezopasnosti, in: Razmerov (Anm. 1), S. 71. Cedilina stützt sich dabei allerdings auf einen Aufsatz von Lawrence Martin im *Europa-Archiv*, den sie irrtümlich für einen Deutschen hält.

[13] Ebd., S. 84.

[14] Natal'ja Naročnickaja, Rossija – èto ne vostok i ne zapad, Meždunarodnaja žizn' 9/1993, S. 49; zitiert nach Spanger/Kokeev (Anm.1), S. 17.

Vormacht widersetzen und Deutschland aus diesem Grunde immer wieder auffordern, sich zu einem „normalen" Nationalstaat zu entwickeln, daß sie damit aber gerade das erreichen, was sie verhindern wollen.[15]

Ziborova wiederum sieht in der deutschen Vereinigung den Beginn einer neuen Etappe in der deutschen Geschichte. Die Vereinigung habe Deutschland für die USA noch interessanter gemacht und die Tendenzen in Washington zu einer engeren Zusammenarbeit mit der Bundesrepublik verstärkt. Gleichzeitig habe sich die Korrelation der Kräfte zwischen den USA und Deutschland so weit zugunsten der Bundesrepublik verschoben, daß sich Deutschland, wenn es erst einmal die östlichen Bundesländer erfolgreich integriert habe, zu einer Supermacht in Europa mausern könne.[16] Die Schwächung des amerikanischen Einflusses auf Deutschland habe die amerikanische Administration veranlaßt, nach neuen Möglichkeiten zu suchen, mit denen die Entwicklung Deutschlands kontrolliert werden könnte. Ziel dieser Maßnahmen müsse sein, eine Verschiebung der Machtbalance in Europa mit negativen Auswirkungen auf die USA zu verhindern. Die veränderte geopolitische Lage erfordere eine Anpassung der bestehenden Strukturen oder eine grundlegende Reorganisation der Bündnisbeziehungen. Jedenfalls sei ohne Deutschland weder eine Reform der NATO noch eine Erneuerung der Prinzipien der Zusammenarbeit der USA mit Europa möglich.[17] Aus Äußerungen des Generalinspekteurs der Bundeswehr, Klaus Naumann, über innenpolitische Probleme in den USA und über ein abnehmendes Gewicht des militärischen Faktors in der Welt glaubt Cedilina schließen zu dürfen, es sei wahrscheinlich, daß Deutschland die USA mit der Zeit von ihren führenden Positionen in Europa verdrängen werde.[18]

Ganz in die entgegengesetzte Richtung zielen Äußerungen von Vladimir Červjakov, der davon ausgeht, Deutschland strebe mit der Ausweitung der NATO nach Osten im Einklang mit den USA eine militärpolitische Rückendeckung für seine ökonomische und politische Expansion nach Osten an. Rußland habe angesichts der Gefahr, international isoliert zu werden, damit begonnen, den für das 20. Jahrhundert bekannten Mechanismus der Eindämmung Deutschlands wiederzubeleben, um die deutschen Anstrengungen, das Gleichgewicht der Kräfte auf dem Kontinent zu verändern, zu durchkreuzen. Rußland versuche zu diesem Zweck, die strategische Partnerschaft mit Frankreich gegen Deutschland zu aktivieren.[19] Spanger und Kokeev verweisen auf ähnliche Gedanken bei dem früheren russischen Finanzminister Boris Fedorov, der allerdings in diesem Zusammenhang die Aufnahme Rußlands in die NATO fordert.[20]

---

[15] M. Strežneva, Germanija i Evropejskij Sojuz, in: Razmerov (Anm. 1), S. 62.

[16] M. Ziborova, Bonn-Vašington posle ob-edinenija Germanii, in: Razmerov (Anm. 1), S. 91.

[17] Ebd., S. 101.

[18] Cedilina (Anm. 12), S. 70.

[19] Vladimir Červjakov, Rasširenie NATO i izmenenie balansa sil v Evrope, *Svobodnaja mysl'* 1994/6, S. 37 u. 45 f., zitiert nach Spanger/Kokeev (Anm. 1), S. 15 f.

[20] Boris Fedorov, Rossija dolžna vstupit' v NATO, *Izvestija*, 6.11.1994, S. 2, zitiert nach Spanger und Kokeev (Anm. 1), S. 16.

Daß ein russischer Militärfachmann die Entwicklung in Deutschland heute immerhin ein wenig differenzierter betrachten kann als zu den Zeiten der grobschlächtigen Sowjetpropaganda, auch wenn sich seine Grundeinstellung nicht wesentlich verändert hat, zeigt ein Beitrag von Zacharov, der feststellt, „nach Auffassung liberaler und demokratischer Kreise in der BRD" habe der Einfluß der Militärs auf die deutsche Außenpolitik zugenommen. Allerdings relativiert er diese Aussage sofort mit dem Hinweis, daß kaum jemand in Europa mit der Möglichkeit einer neuen Aggression von deutscher Seite rechne. Außerdem sei die „Militarisierung" der deutschen Außenpolitik (Zacharov selbst setzt den Begriff in Gänsefüßchen) nicht nur ein „Verdienst" von Militärs sondern auch von Politikern. Politiker setzten sich dafür ein, um für Deutschland die Attribute einer Großmacht zu erwerben, insbesondere einen ständigen Sitz im Sicherheitsrat der Vereinten Nationen; die Militärs täten es, um die große Stärke der Bundeswehr auch unter den Bedingungen einer nicht mehr bestehenden Bedrohung aufrechterhalten zu können. Derzeit gehe es in der deutschen Diskussion um Blauhelmeinsätze, aber man könne ja nicht ausschließen, daß die Bundeswehr auch wieder einmal für nationale oder nationalistische Interessen verwandt werde.[21]

Zacharov stellt aber ausdrücklich fest: „Der Kurs auf die EG-Integration und auf die Erweiterung der Funktionen der EU in der Außenpolitik sowie auf dem Gebiet von Sicherheit und Verteidigung bleibt die Grundrichtung der Europa-Politik der BRD. Seit den ersten Jahren ihres Bestehens war die Politik der BRD in die Politik übernationaler Organisationen eingebaut. Auch heute noch agiert Bonn als einer der aktivsten Verfechter der Integration für eine freiwillige Begrenzung der Souveränität zugunsten supranationaler Organe."[22] Das schließe nicht aus, daß auch für Deutschland nationale Interessen Priorität genössen, aber wie die USA könne Deutschland sie „internationalisieren" und sie multilateral verfechten.[23] Dieser optimistischen Beurteilung, soweit sie die USA angeht, hat die Rückwendung der amerikanischen Politik inzwischen vorerst die Grundlage entzogen. Indessen erkennt Zacharov ausdrücklich an, daß der Verzicht auf Massenvernichtungsmittel grundsätzliche Bedeutung für die deutsche Außenpolitik besitzt.[24] Heute könnten sich Deutschland, ja ganz Europa, angesichts der dichten Besiedlung selbst einen massiven Einsatz von konventionellen Waffen nicht mehr leisten. Deswegen liege auch der deutschen Militärdoktrin das Ziel der Kriegsverhinderung zugrunde.[25]

In der Nachkriegszeit habe sich die Bundesrepublik „degermanisiert", d. h. sich zu einem Rechtsstaat westlichen Typs mit einem hohen Demokratie-Standard entwickelt. Die seit der Vereinigung verstrichene Zeit sei aber zu kurz, als daß man schon

---

[21] Jurij Zacharov, Rol' voennoj sily vo vnešnej politike edinoj Germanii, in: Razmerov (Anm. 1), S. 160 f.
[22] Ebd., S. 162.
[23] Ebd., S. 164.
[24] Ebd., S. 166.
[25] Ebd., S. 167.

ein Urteil darüber abgeben könne, ob diese Verwandlung von Dauer sei. Einige in der deutschen Gesellschaft ablaufende Prozesse seien nicht ganz eindeutig. In diesem Zusammenhang nennt Zacharov Ausländerfeindlichkeit und Rechtsradikalismus, wobei die Beteiligung junger Leute daran Assoziationen an die 30er Jahre wachrufe.[26] In absehbarer Zeit aber würden Rechtsradikale keinen bestimmenden Einfluß auf die deutsche Außenpolitik gewinnen; insbesondere werde es nicht zu neuem Expansionismus und zur Lösung außenpolitischer Probleme mit Gewaltanwendung kommen. Der deutsche Verzicht auf Gewalt werde auch durch die antimilitaristische Einstellung der deutschen Öffentlichkeit bestimmt.[27]

Die Bundesregierung hat nach Zacharovs Eindruck noch keine klare Vorstellung davon, wie sich die neue internationale Verantwortung Deutschlands ausdrücken soll und welche Rolle Deutschland in der Weltpolitik spielen soll. Daß es in dieser Hinsicht Schwanken und Unsicherheit gebe, sei in erheblichem Maße auf die Haltung der wichtigsten Partner und Verbündeten Deutschlands zurückzuführen, „die einerseits von Deutschland einen größeren Beitrag zur Lösung der internationalen Probleme erwarten und sogar fordern, andererseits aber befürchten, sein Einfluß könnte zu groß werden".[28] Mit solchen Schlußfolgerungen hält sich Zacharov alle Wege offen. Er steht damit nicht allein – weder in Rußland noch sonst in der Welt.

Cedilina registriert nüchtern, daß sich Rußlands Macht mit der der Sowjetunion, als deren Rechtsnachfolger Rußland auftrete, nicht messen könne und daß Rußlands Einfluß auf die Geschicke Europas eine ständig abnehmende Tendenz aufweise. Demgegenüber wachse in Westeuropa rapide der politische Einfluß des vereinigten Deutschland.[29] Wie aber wird Deutschland seinen wachsenden Einfluß gebrauchen? Cedilina sieht die deutsche Außenpolitik derzeit in einer Phase des Überdenkens und der Umorientierung. Kurzfristig werde Deutschland das Schwergewicht auf die Reform der NATO und auf die Aktivierung der WEU für die militärpolitische Integration der EU legen. In dieser Phase werde Deutschlands Hauptinteresse darin bestehen, in Osteuropa eine relative Stabilität zu bewahren und dort entstehenden Konflikten entweder vorzubeugen oder sie notfalls mit Hilfe der NATO oder des friedenschaffenden Potentials der WEU zu regulieren. Gleichzeitig aber werde Deutschland auf längere Sicht nach Möglichkeiten für eine Zusammenarbeit mit Rußland sowie auch mit der Ukraine, mit Weißrußland und mit Kasachstan suchen.[30]

Razmerov verdient für das von ihm auf hohem wissenschaftlichem Niveau herausgegebene Bändchen besondere Anerkennung, weil er darin durchaus unterschiedliche Auffassungen zu Worte kommen läßt, was in russischen politikwissenschaftlichen Veröffentlichungen derzeit noch eine seltene Ausnahme darstellt. Razmerov selbst befürwortet eine enge Zusammenarbeit mit Deutschland. Denn Deutschland

---

[26] Ebd., S. 179.
[27] Ebd., S. 180.
[28] Ebd., S. 183.
[29] Cedilina (Anm. 12), S. 69.
[30] Ebd., S. 86.

sei für Rußland nicht nur der wichtigste Handelspartner, den weder die USA noch Japan ersetzen könnten, nicht nur der nächste geopolitische Nachbar, der Rußland mit dem Westen verbinde, und nicht nur der wichtigste Geldgeber, der gewaltige Mittel, zum Teil sogar gratis, zur Verfügung stelle, sondern vor allem gebe es eine gewisse Ähnlichkeit der historischen Aufgaben und eine historische Schicksalsgemeinschaft bis hin zu einem hohen Maße von Interdependenz in der künftigen Entwicklung; denn eine soziale, wirtschaftliche und politische Katastrophe in einem der beiden Länder verschließe praktisch auch dem anderen den Weg einer normalen Entwicklung, was wohl vor allem den Deutschen zu denken geben müßte.[31] Gewiß seien die wechselseitigen Interessen nicht identisch, und die Probleme, die die Deutschen zu bewältigen hätten, seien mit denen der Russen nicht zu vergleichen; schließlich besäßen die Deutschen viele Eigenschaften, an denen es den Russen mangele, etwa Arbeitsamkeit, Organisiertheit, Akkuratesse, Sparsamkeit und manche andere.[32]

Die derzeitige deutsche Ostpolitik (und auch die russische Westpolitik) freilich beurteilt Razmerov angesichts der ungeheuren Probleme, mit denen sich die früher kommunistisch regierten Länder auseinanderzusetzen haben, wesentlich skeptischer als Cedilina, wenngleich er den deutschen Grundinteressen Sympathie entgegenbringt. Er sieht für die früher kommunistischen Staaten ein Dilemma darin, daß sie zur gleichen Zeit wirtschaftlich den Übergang zur Marktwirtschaft und politisch die Einführung der Demokratie zu bewältigen hätten, wofür ihnen aber nur gänzlich unzureichende Institutionen zur Verfügung stünden. Angesichts dieser Tatsachen müßte es das Ziel der deutschen Ostpolitik sein, in enger Zusammenarbeit mit den westlichen Partnern wirtschaftliches Wachstum in ganz Europa, eine ökologische Säuberung des Kontinents, eine Vertiefung der demokratischen Entwicklung in Osteuropa und eine verläßliche internationale Friedensordnung für die riesige Region vom Atlantik bis zum Ural herbeizuführen.[33] Deutschland habe nach der Überwindung der Spaltung in die beiden Frontstaaten des bipolaren Europa den ihm historisch zustehenden Platz in der Mitte Europas wieder eingenommen.[34] Es sei aber als das einzige Land, das wirklich um eine Einbeziehung Osteuropas in das westeuropäische Staatengeflecht bemüht gewesen sei, alleingelassen worden. Nachdem sie diese Erfahrung gemacht hätten, seien die deutschen Politiker zu der alten Idee zurückgekehrt, Europa in drei Zonen aufzuteilen: in den Westen mit der früheren DDR bis zur Oder, in die zweite, schon zweitrangige Zone, bis an die Grenzen der früheren Sowjetunion und in den Rest im Osten, der keine Beachtung mehr erfahre. Das ziele zwar darauf ab, die Auswirkungen möglicher Krisen und Katastrophen im Osten auf den Westen zu minimieren, doch würden damit Katastrophen geradezu vorprogrammiert, deren Folgen sich auch im Westen bemerkbar machen würden, besonders wenn sich die Katastrophen in Rußland ereigneten.[35]

---

[31] Razmerov, Ob-edinivšajasja Germanija, in: Razmerov (Anm. 1), S. 6.
[32] Ebd., S. 32.
[33] Ebd., S. 35.
[34] Ebd., S. 36.
[35] Ebd., S. 38 f.

Daß sich Deutschland in Zukunft mehr nach Osten orientieren werde, nimmt Strežneva an. Mittelfristig hält sie eine solche Reorientierung der deutschen Politik sogar für unausweichlich. Strežneva, die sich in viel stärkerem Maße als ihre Kollegen im IMĖMO auf britische Literatur stützt, begründet ihre These vor allem mit zwei Argumenten: Erstens habe mit dem Hinzutreten der östlichen Bundesländer das norddeutsche, protestantische Element gegenüber dem süddeutschen deutlich an Gewicht gewonnen. Die bisherige westliche Orientierung der Politik der Bundesrepublik sei wesentlich vom Katholizismus geprägt worden. Die Verlegung der Bundeshauptstadt nach Berlin werde sich auch in dieser Hinsicht auswirken.[36] Zweitens hätten die westlichen und südlichen Bundesländer in der alten Bundesrepublik wirtschaftlich am meisten von der Westorientierung profitiert. Die mehr zur früheren Zonengrenze hin gelegenen Unternehmen und Bundesländer würden in Zukunft auf eine Korrektur drängen. Strežneva läßt anklingen, daß sie einen weiteren supranationalen Ausbau der EU für unwahrscheinlich hält. Echten Föderalismus gebe es ohnehin nur in Deutschland und Belgien; er werde sich bei den übrigen Partnern kaum durchsetzen, zumal die Perspektive eines deutschen Europa für die anderen nicht akzeptabel sei.[37]

Das schärfste Reizthema der westlichen Osteuropa-Politik ist für Russen die Erweiterung der NATO nach Osten. Der russische Auslandsaufklärungsdienst stellt die Frage, ob die NATO-Erweiterung nicht mit der zunehmenden Rolle Deutschlands in der NATO zu tun habe. Nicht nur die Bundesrepublik habe ein Interesse an der Revision der Nachkriegsgrenzen, heißt es ominös.[38] Auf russischer Seite wird gefragt, ob Deutschland gegebenenfalls bereit wäre, Soldaten in den Kampf nach Polen oder ins Baltikum zu entsenden.[39] Eine Ausweitung der NATO werde jedenfalls das deutsche Verhältnis zu Rußland trüben.[40] Wenn deutsche Politiker meinten, Deutschlands Ostgrenze solle nicht gleichzeitig die Ostgrenze des Bündnisses sein, so werde das in Rußland als deutscher Wunsch nach einer Pufferzone verstanden, während die NATO gleichzeitig näher an Rußland heranrücken solle.[41] In Rußland wird außerdem der Vorwurf erhoben, Deutsche interpretierten Konflikte Rußlands mit seinen Nachbarn immer zum Nachteil Rußlands.[42]

Zusammenfassend wird man feststellen können, daß es in den russischen politischen Eliten, sowohl unter Politikern als auch in der zentralen Verwaltung, selbst bei

---

[36] Strežneva (Anm. 15), S. 45.

[37] Ebd., S. 63 ff.

[38] *Rußlands Perspektiven* (Anm. 1), S. 21. Im Gegensatz zu KGB und GRU, den Spionagediensten der Sowjetunion, legt der Auslandsaufklärungsdienst der Russischen Föderation unter der Leitung von Evgenij M. Primakov, der 1996 Außenminister wurde, Wert auf eine solide Öffentlichkeitsarbeit.

[39] Ebd., S. 28.

[40] Ebd., S. 29.

[41] Ebd.

[42] Ebd., S. 36.

den Militärs (hier wohl mit Ausnahme der Generalität), in Wissenschaft und Publizistik, sowie in der breiten Öffentlichkeit eine durchaus positive Grundeinstellung zu Deutschland gibt. Überall dort spricht man den Deutschen in bezug auf Rußlands verzweifelte Lage eine hohe Problemlösungskompetenz zu, und zwar nicht nur wegen des deutschen wirtschaftlichen und politischen Potentials, sondern auch wegen unquantifizierbarer Faktoren. Hierzu zählen die relative geographische Nähe, weitreichende kulturelle Gemeinsamkeiten und die von den Russen bei den Deutschen immer noch vermuteten altpreußischen Tugenden, also Effizienz durch Arbeitsliebe, Disziplin, Sparsamkeit und Zuverlässigkeit – Eigenschaften, die bei der eigenen Nation als weniger ausgeprägt angenommen werden.

Es kommt hinzu, daß die meisten Russen von der „Degermanisierung" der Deutschen überzeugt sind und von diesen daher keine Aggressivität und kein Expansions- oder Hegemoniestreben mehr befürchten, sondern ihnen auf der internationalen Ebene Integrationsbereitschaft und Achtung des Rechts zutrauen. Außerdem erkennt man Probleme, die die russische und die deutsche Nation gemeinsam oder in vergleichbarer Art haben, etwa daß sie wegen ihrer Größe und ihrer jüngsten Vergangenheit dem Mißtrauen ihrer Nachbarn ausgesetzt sind und daß Teile ihrer jeweiligen Nation als Minderheiten in fremden Staaten leben (eine für Russen neue und sehr bedrückende Erfahrung). Es gibt auch eine gewisse Interdependenz durch die Gefahr, daß katastrophale soziale Verhältnisse in Rußland eine gefährliche Migrationswelle nach Deutschland auslösen könnten. Viele Russen schätzen das Gewicht, das Deutschland dank seiner festen Verankerung im Westen in der europäischen und atlantischen Politik gewonnen hat, und nicht zuletzt haben sie nicht vergessen, daß sie in der bösen Zeit des Ost-West-Antagonismus mit der deutschen Entspannungspolitik gute Erfahrungen gemacht haben, und das, obwohl die Deutschen von den Auswirkungen des Kalten Krieges am meisten betroffen worden waren.

Man findet in Rußland sogar eine Tendenz, von Deutschen mehr Sympathie für russische Interessen zu erwarten als von anderen Völkern. Das sollte zu denken geben; denn zu hochgeschraubte Erwartungen können leicht Rückschläge auslösen. Nach dem Zusammenbruch der Sowjetunion, der im Westen lautstark begrüßt wurde, gab es in Moskau eine kurze Phase der begeisterten Hoffnung auf eine globale hegemoniale Partnerschaft zwischen Rußland und den USA. Seit diese Illusion zerstoben ist und auch die Versuche der russischen Regierung, über die OSZE als Regionalorganisation der Vereinten Nationen für Europa eine herausgehobene Position in einer gesamteuropäischen Sicherheitsordnung zu erlangen, gescheitert sind, wenden sich russische Intellektuelle, soweit sie sich nicht überhaupt in die rechtsradikale oder kommunistische Isolation flüchten, zunehmend wieder einer Zusammenarbeit mit Deutschland zu. Ob sich die machtbewußten politischen Eliten diesem Trend anschließen, bleibt abzuwarten.

Konsequenzen für die Möglichkeiten deutscher Europa-Politik

Welche Schlußfolgerungen lassen sich aus alledem für eine wünschenswerte deutsche Europa-Politik in bezug auf Rußland ziehen? Die psychologischen Voraussetzungen für eine konstruktive und partnerschaftliche Politik – das hat die Darstellung der russischen Wahrnehmungen von Deutschland ergeben – sind günstig. Das eröffnet einen gewissen politischen Spielraum. Bevor jedoch dieser positive Spielraum skizziert wird, scheint es angebracht festzustellen, was vermieden werden sollte.

Wie zur Zeit der klassischen Neuen Ostpolitik unter Brandt und Schmidt gilt zunächst, daß Deutschland seine Kraft aus seiner Zugehörigkeit zur westlichen Gemeinschaft zieht (nämlich aus der Integration in EU und NATO und der Bindung an „westliche Werte", so wenig konkret sich diese oft auch ausdrücken mag). Jeder kleinste Schritt in Richtung auf eine Lösung aus dieser Gemeinschaft wäre fatal. Dasselbe gilt für einen Rückfall in nationale Großmachtpolitik, gar für den Gedanken an eine „Achse Berlin – Moskau". Dies sei nur der Vollständigkeit halber gesagt – es steht überhaupt nicht zur Diskussion.

Ernster ist die Gefahr einer anderen Fehlentwicklung. Rußland stellt mit seiner schieren Größe, mit seiner isolierten Position in der internationalen Politik (im Gegensatz zu dem ebenfalls relativ großen Deutschland ist es nicht in eine Integration eingebunden) und seiner noch nicht überwundenen absolutistischen Tradition einen schwer kalkulierbaren Faktor dar. Mehr noch: Es steht mit der Notwendigkeit einer gleichzeitigen Umgestaltung seines politischen Systems und seiner Wirtschaft vor einer wirklich präzedenzlosen Aufgabe, deren ungeheure Schwierigkeit außerhalb Rußlands in gefährlicher Weise unterschätzt wird. In dieser Situation ist Rußland außerordentlichen sozialen und ethnischen Spannungen ausgesetzt. Kein Wunder, daß sich Rußlands Nachbarn fürchten.

Die deutsche Politik könnte nun kaum einen schlimmeren Fehler begehen, als pauschal gegen Rußland Partei zu ergreifen, um damit ihre mit der Demokratie neugewonnene Ehrbarkeit demonstrativ zu unterstreichen. Was die Nachbarn Rußlands brauchen, ist ein effektiver Schutz gegen eine unberechenbare Gefahr, nicht rhetorische Parteinahme, die Erwartungen weckt, die niemand in der NATO ernstlich zu honorieren gedenkt. Das bedeutet, daß die Sicherheit der Nachbarn vor Rußland nur mit Rußland und nicht gegen Rußland erreicht werden kann. Daß dies ungemein schwierig ist, versteht sich von selbst; und daß diese Wahrheit des 21. Jahrhunderts für unsere unmittelbaren Nachbarn im Osten, die weitgehend noch in den nationalistischen Denkschemata des 19. Jahrhunderts befangen sind, nach den vielen hochtrabenden Zusagen aus dem Westen einen unheilvollen Schock auslösen kann, muß ernsthaft in Betracht gezogen werden.

Seit die Nuklearwaffen die kriegsverhindernde Funktion nicht mehr erfüllen können, die sie in der Phase des bipolaren Patt ausgeübt haben, wird Europa wieder in hohem Maße von militärischen Konflikten bedroht, die mit improvisierten ad-hoc-Entscheidungen weder verhindert noch unter Kontrolle gebracht werden können. Eine umfassende und gründliche Überprüfung der europäischen Sicherheitsproblematik wäre dringend geboten, ist aber angesichts innenpolitischer Turbulenzen in allen größeren Ländern vorerst nicht realisierbar. Während sich die Politik der USA in der Endphase der Präsidentschaft Reagans und unter Präsident Bush einem „Multilateralismus" zu öffnen schien, ist sie mit dem Stimmungsumschwung im Kongreß zunächst einmal in die entgegengesetzte Richtung getrieben worden. Das Ausscheiden von Präsident Mitterrand in Frankreich ist nicht dazu angetan, eine weitsichtige Sicherheitspolitik zu begünstigen, und in Deutschland scheinen vielversprechende Ansätze Mitte der neunziger Jahre stecken geblieben zu sein. Um so dringender wird die öffentliche Diskussion, deren Ergebnisse es den Regierungen vielleicht eines Tages gestatten wird, die Probleme nun wieder praktisch anzugehen.[43]

Zu den zentralen Wahrnehmungen der Deutschen durch die Russen gehört, daß die Deutschen, in der Mitte Europas gelegen, ein Eigeninteresse an der Erhaltung des Friedens auf dem ganzen Kontinent haben, daß sie, die mit der Kultur der größten Zahl europäischer Völker Berührung haben, Verständnis auch für die besonderen Probleme Rußlands aufbringen und daß sie die Kompetenz haben, Probleme effizient zu lösen. Daraus läßt sich schließen, daß Russen Vertrauen zu westlichen Vorschlägen für ein europäisches Sicherheitssystem am ehesten fassen werden, wenn ihnen diese von Deutschland vermittelt werden. Deutschlands zentrale Situation stellt dieses Land vor die Alternative, in der europäischen Politik entweder der Prellbock oder die Lokomotive zu sein.

Wann immer sich der schwerfällige Zug in Richtung auf ein tragfähiges Sicherheitssystem in Bewegung setzen wird, wird er auf die Zugkraft der deutschen Lokomotive angewiesen sein. Dabei kommt Deutschland zustatten, daß es mit der Integration, zunächst in die NATO, dann in die EU, von seinen Partnern so fest in die Arme genommen worden ist, daß es seinerseits keinen Arm mehr gegen sie heben könnte, selbst wenn es das wollte; und schließlich hat Deutschland als einziges größeres Land in Europa eine lange föderale Tradition, die es ihm erleichtert, sich einem gemeinsamen Rechtssystem unterzuordnen und sich in supranationale Strukturen eingliedern zu lassen. Ob es deutscher Politik gelingen kann, die Partner in West und Ost davon zu überzeugen, daß sich Europas Sicherheit auf die Dauer nur dadurch gewährleisten läßt, daß alle Staaten so fest wie möglich in geeignete Institutionen eingebunden werden, ist offen. Die Alternative wäre allerdings mit hoher Wahrscheinlichkeit der gemeinsame Untergang der Europäer im 21. Jahrhundert.

In welche Richtung der europäische Zug gelenkt werden müßte, kann in diesem Zusammenhang nur in großen Zügen angedeutet werden.[44] In Westeuropa hat der Prozeß der Integration schon beachtliche Erfolge aufzuweisen. Daß er gelegentlich ins Stocken gerät oder auch Rückschläge erfährt, ist bei einem Vorgang von solcher Tragweite normal. Ein solcher Prozeß erfordert immer neue Impulse. Der „point of no return" ist noch keineswegs erreicht. Dies gilt insbesondere für das kritische Gebiet der Sicherheitspolitik mit der Einbindung Deutschlands. Rußland ist zu groß,

---

[43] Ein Beispiel für ernsthafte Diskussion bietet Reinhard Mutz, Bruno Schoch und Friedhelm Solms (Hg.), *Friedensgutachten 1995*, Münster 1995. Die Publikation wird getragen vom Institut für Friedensforschung und Sicherheitspolitik an der Universität Hamburg (IFSH), von der Hessischen Stiftung für Friedens- und Konfliktforschung (HSFK) sowie der Forschungsstätte der Evangelischen Studiengemeinschaft (FEST).

[44] Hier sei auf die Ansätze im *Friedensgutachten* (Anm. 43) hingewiesen, besonders: Peter Schlotter, Die OSZE auf dem Abstellgleis?, S. 103–115; Hans-Georg Ehrhart, Die Europäische Union am Scheideweg: Welches Europa soll es sein?, S. 116–128 und Berthold Meyer, Auf dem Holzweg. Von der Partnerschaft für den Frieden zur Ost-Erweiterung der NATO, S. 144–157.

als daß die EU seine Mitgliedschaft verkraften könnte; aber nur die EU kann in Europa einen Partner für Rußland darstellen, der dessen Übergewicht ausbalancieren kann.

Weit schwieriger ist die Lage der NATO, der weltweit besten Militärorganisation, die die stärkstmögliche Gewähr für ein fortbestehendes amerikanisches Engagement in Europa bildet. Ohne die Mitwirkung der USA wird eine große Zahl von Europäern nicht zu bewegen sein, einer Partnerschaft von EU und Rußland zuzustimmen, weil sie wohl befürchten, daß sich daraus eine deutsch-russische „bigemony" über Europa entwickeln könnte. Die NATO wiederum hat ihre zwingende Zweckbestimmung verloren, weil sie allein dazu gegründet worden war, die vielfach befürchtete Expansion der Sowjetunion über ganz Europa zu verhindern. Dementsprechend war sie von der gemeinsamen existentiellen Furcht vor der Sowjetunion zusammengehalten worden. In künftigen Konfliktfällen würden die Regierungen der Mitgliedsländer, wenn bis dahin kein neuer überzeugender Zweck gefunden würde, jeweils die Frage stellen, wie sie darauf im Sinne ihrer „nationalen Interessen" reagieren sollten. Die Antworten fielen wohl kaum anders aus als jetzt im Falle des früheren Jugoslawien. Nur wenn gelingt, was in schwachen Ansätzen und halbherzig gerade auch im Balkan-Konflikt schon versucht worden ist, nämlich die NATO von einem Bündnis, das der Verfolgung enger nationaler Interessen dient, zum militärischen Exekutivorgan der Vereinten Nationen in Europa umzuwidmen, könnte ein Absterben der NATO verhindert werden. Daß dies keine wesentliche Veränderung der Entscheidungsträger mit sich bringen müßte, ergibt sich schon aus der gegenwärtigen Struktur und der Verfahrensweise des Sicherheitsrats, in dem die USA, Frankreich und Großbritannien wie in der NATO Beschlüsse anregen oder zu Fall bringen können.

Eine solche Umwidmung der NATO wiederum könnte nur gelingen, wenn einige wichtige Voraussetzungen erfüllt würden. Die NATO müßte sich der OSZE, die sich zur Regionalorganisation der Vereinten Nationen für Europa gemäß Kap. VIII der VN-Charta erklärt hat, als einer ihrer bewaffneten Arme zur Verfügung stellen. Einen weiteren Arm könnten die Streitkräfte Rußlands darstellen, die insofern mit der NATO gleichberechtigt wären und mit ihr eine praktische Partnerschaft eingingen, sich dafür aber auch in die Disziplin der OSZE (VN) einbinden lassen müßten. (Bisher agieren die Streitkräfte Rußlands in verschiedenen Ländern der GUS, die OSZE-Mitglieder sind, unabhängig von der OSZE, die auch im GUS-Bereich tätig ist.) Es liegt auf der Hand, daß die OSZE erheblich ausgebaut werden müßte, um den zusätzlichen Anforderungen gerecht werden zu können. Auch hierfür müßte Deutschland als Lokomotive fungieren, weil es der einzige große Staat in der NATO ist, der sich in der Vergangenheit (immerhin mit einigem Erfolg) für die OSZE eingesetzt hat.

Die Erfahrungen mit allen internationalen Konflikten zeigen, daß die Rechtsordnung in einer Zeit, da die Staaten in hohem Maße voneinander abhängig geworden sind, nicht an den Staatsgrenzen enden darf. Bisher wird das Völkerrecht von niemandem ernstgenommen. Als oberstes Kriterium für Entscheidungen in Organisationen wie dem VN-Sicherheitsrat, der Welthandelsorganisation, der OSZE oder der NATO werden immer wieder angebliche „nationale Interessen" ins Feld geführt. Es gibt zwar den Internationalen Gerichtshof der VN, der in zwischenstaatlichen Konflikten Regelungen suchen könnte, aber er hat keine Zähne. Da die NATO auch keine Zähne mehr hat, wenn die Mitgliedsregierungen harten Maßnahmen aus innenpolitischen Überlegungen ihre Zustimmung nicht zu geben wagen, stellt sich langfristig die Frage, ob die Regierungen und der Sicherheitsrat nicht politisch entlastet würden, wenn sie die Regelung von Streitfällen durch den Internationalen Gerichtshof obligatorisch machten. Freilich müßte dann auch das Gewaltmonopol (analog der innerstaatlichen Praxis) langfristig auf die Ebene einer weltweiten Rechtsordnung angehoben werden.

Heute klingt das utopisch, aber nicht minder utopisch wäre vor 150 Jahren den deutschen Fürsten der Gedanke erschienen, daß ihre Souveränität der eines Deutschen Reiches untergeordnet werden sollte. Im 21. Jahrhundert wird die (heute schon vielfach durchlöcherte) nationale Souveränität ebenso wenig zu halten sein wie der deutsche Partikularismus im 19. Jahrhundert. Die Frage ist nur, wann das öffentliche Bewußtsein den Erfordernissen der Zeit so weit gefolgt ist, daß notwendige Entscheidungen politisch durchsetzbar werden. Das gewaltige russische Sicherheitsproblem jedenfalls wird sich mit den Mitteln der nationalstaatlichen Machtpolitik auf die Dauer nicht bewältigen lassen. Erst wenn in weiteren Kategorien gedacht wird, läßt es sich vielleicht erfassen.

Das russische Volk verdient in seiner schwierigen Lage unsere Sympathie. Es hat die europäische Kultur um warme und großartige Töne bereichert. Bürger Rußlands haben vielen von uns tiefe Freundschaft bewiesen. Rußland hat einen Anspruch darauf, daß seine Interessen wie die aller anderen Europäer in der europäischen Politik mitvertreten werden. Aber um Rußland in ein europäisches Sicherheitssystem einzugliedern, sind außerordentliche Anstrengungen und viel Geduld erforderlich. Rußland muß in einem solchen System gleichberechtigt sein, aber auch die gleiche Verantwortung tragen. Seine Großmachtallüren werden die Europäer nicht hinnehmen. Seine innere Stabilität muß es in erster Linie selbst erringen; ohne diese bliebe es eine ständige Gefahr für seine Nachbarn.

Entscheidende Fortschritte auf dem Weg zu einem sicheren Europa sind von entschlossener Führung durch starke Persönlichkeiten abhängig, die über Weitsicht und Verantwortungsbewußtsein verfügen, gleichzeitig aber taktisch klug genug sind, sich auf ihren Positionen zu behaupten. Solche Konstellationen stellen in der Politik allerdings seltene Glücksfälle dar.

Teil V

Bilanz

Deutschland in Europa:
Interessenperzeption und Rollendefinition

GOTTFRIED NIEDHART

I

In seinem in Fachkreisen viel zitierten und auch in der publizistischen Öffentlichkeit breit rezipierten Buch beschreibt Timothy Garton Ash den 1990 wiederhergestellten deutschen Nationalstaat als „unhandliche Größe".[1] Damit soll zum Ausdruck gebracht werden, daß Deutschland einerseits zu groß, andererseits aber zu klein ist. Aufgrund seiner demographischen und wirtschaftlichen Daten dominiert es zwar die europäische Staatenwelt. Seine natürliche Ausstattung läßt ihm keine andere Wahl, was bei seinen Nachbarn Besorgnisse über die daraus möglicherweise folgenden politischen Konsequenzen hervorruft. Zugleich ist Deutschland aber nicht in der Lage, eine Führungsrolle in Europa zu übernehmen, die der Rolle der Vereinigten Staaten in der amerikanischen Hemisphäre vergleichbar wäre. Weiter: Als europäische Führungsmacht wirkt Deutschland in die Weltpolitik hinein. Zugleich ist es jedoch zweifellos keine Weltmacht.

Als der deutsche Nationalstaat 1871 gegründet wurde, verhielt es sich nicht anders. Alles hing davon ab, wie die deutsche Politik ihre Ressourcen einsetzen und wozu sie ihre Handlungsspielräume nutzen würde. Im Kern ging es nach 1871 darum, ob die „halbhegemoniale Stellung"[2] die deutsche Führung dazu verleiten würde, das in den großen Friedensschlüssen von Utrecht und Wien offensichtlich immer nur vorübergehend gelöste Grundproblem der europäischen Staatenwelt, die Spannung zwischen Gleichgewicht und Hegemonie, zwischen Multipolarität und Vorherrschaft einseitig im Sinne einer Pax Germanica zu entscheiden. Obwohl die historische Erfahrung, die zuletzt das Napoleonische Frankreich mit einer solchen Politik gemacht hatte, wenig Anreiz bot, den Versuch zu wiederholen, setzten sich im wilhelminischen Deutschland diejenigen politischen Kräfte durch, deren außenpolitisches Denken den Kategorien von Militär, Rüstung und Vorherrschaft folgte und die die internationale Politik als Null-Summen-Spiel verstanden. Nicht nur wirtschaftlich, sondern auch militärisch binnen kurzem eine europäische Großmacht geworden, verweigerte sich die deutsche Politik den Herausforderungen der Moder-

---

[1] Timothy Garton Ash, *Im Namen Europas. Deutschland und der geteilte Kontinent*, München 1993, S. 562. – Im folgenden handelt es sich um den Versuch, eine auswertende Analyse der Beiträge dieses Bandes vorzunehmen. Dabei wird auf die neuerliche Zitierung der einschlägigen Literatur, die sich dort findet, weitgehend verzichtet.

[2] Ludwig Dehio, *Deutschland und die Weltpolitik*, Frankfurt 1961, S. 13.

ne. Anders als bei den „Handelsstaaten" Großbritannien und USA kam es in der deutschen Außenpolitik nicht zu einer Anpassung an die wechselseitigen Abhängigkeiten der arbeitsteiligen industriellen Welt. Auch andere Großmächte wie Österreich-Ungarn, Rußland und bis zu einem gewissen Grad auch Frankreich waren von diesem Defizit betroffen. Im deutschen Fall aber wog es aufgrund des Machtpotentials des Landes am schwersten. Die deutsche politische Führung zeigte sich nur unzureichend der Aufgabe gewachsen, in internationalen Zusammenhängen zu denken, die Rückwirkungen des eigenen Verhaltens auf die Nachbarn vorauszusehen und die internationale Politik auch aus der Perspektive anderer Staaten zu betrachten. Statt dessen nutzte man die neuen wirtschaftlichen Mittel und technischen Möglichkeiten einseitig für militärische Machtakkumulation und konzipierte die deutsche Außenpolitik unter nationalegoistischen Vorzeichen. Das Deutsche Reich erwies sich als unfähig, seine Existenz mit den Erfordernissen einer europäischen Friedensordnung in Einklang zu bringen, denn, wie es Klaus Hildebrand kürzlich pointiert formuliert hat, „es verstand nur wenig von der Welt."[3]

Der Ausgang des Ersten Weltkriegs verkehrte die hegemonialen Ansprüche Deutschlands zunächst in ihr Gegenteil. Jedoch zerstörte der Versailler Vertrag das deutsche Machtpotential keineswegs, so daß der in Deutschland allgemein verbreitete Wunsch nach Wiederherstellung der deutschen Großmachtrolle auf einer durchaus realen Basis beruhte. Der nationale Konsens, der auf eine entsprechende Revision des Versailler Vertrags zielte und durch alle Parteien und sozialen Schichten hindurch bestand, löste sich allerdings auf, wenn es um die Frage des außenpolitischen Konfliktverhaltens und der Rolle Deutschlands in Europa sowie um die nähere Bestimmung des nationalen Interesses ging. Sollte man seine Interessen im Rahmen von internationalen Kooperationsformen und multilateraler Diplomatie verfolgen oder seinen Vorteil eher durch exklusive Allianzbildungen oder gar unilaterale Politik zu wahren versuchen? Im Deutschland der Weimarer Republik wurden darauf höchst unterschiedliche Antworten gegeben. Sie hingen nicht zuletzt mit unterschiedlichen Reaktionen auf die Erfahrung von Krieg und Niederlage zusammen.[4] Idealtypisch und verkürzt formuliert, standen sich zwei Positionen gegenüber. Die eine entwickelte ein kooperatives internationales Konzept und wollte eine multilaterale Diplomatie entwickeln; die andere ging von unilateralen oder bilateralen Strategien aus und hielt an konfrontativen Mustern fest. Interessenwahrung durch Kooperation oder Konfrontation lautete die Alternative, vor die sich die deutsche Politik gestellt sah und die zu einem Prinzipienstreit führte. Die außenpolitische Elite war gespalten. Nicht nur die Innen-, sondern auch die Außenpolitik der Weimarer Republik litt unter einer Polarisierung der Denkschulen. Die Politik der internationalen Kooperation und der Einbindung in die internationale Ordnung, wie sie Außenminister

---

[3] Klaus Hildebrand, *Das vergangene Reich. Deutsche Außenpolitik von Bismarck bis Hitler 1871–1945*, Stuttgart 1995, S. 896.

[4] Vgl. dazu Gottfried Niedhart und Dieter Riesenberger (Hg.), *Lernen aus dem Krieg? Deutsche Nachkriegszeiten 1918 und 1945*, München 1992.

Stresemann unter Betonung nationaler Interessen und Großmachtambitionen verfolgte, wurde vielfach als Kontinuitätsbruch empfunden und zurückgewiesen. Die Wende zu unilateraler Großmachtpolitik, wie sie seit der Weltwirtschaftskrise stufenweise erfolgte, hing nicht nur damit zusammen, daß Gewalt und Krieg für den Nationalsozialismus konstitutiv waren, sondern konnte auch auf konfrontativen Denkmustern aufbauen, die das außenpolitische Denken und das Verständnis von internationalen Beziehungen bei den Führungsschichten in Deutschland auch nach dem Ersten Weltkrieg vielfach bestimmten.[5] Kurz: Die republikanische außenpolitische Elite der Weimarer Republik, die in den mittleren zwanziger Jahren eine Politik der Entspannung gegenüber den Kriegsgegnern verfolgte, konnte sich mit ihrem kooperativen Ansatz nicht behaupten. Der von ihr eingeleitete Lernprozeß, der Schluß machen wollte mit den „starken Worten"[6], blieb ohne ausreichende gesellschaftliche Resonanz.

Erst nach dem Zweiten Weltkrieg wurde der kooperative Ansatz in Deutschland konsensfähig. Hatte Stresemann nur begrenzt Zustimmung gefunden, wenn er die Suche nach „gleichlaufenden Interessen" zu einem Grundprinzip außenpolitischen Handelns und internationalen Konfliktverhaltens machen wollte,[7] so erwies sich das Prinzip internationaler Vernetzung als schlechthin konstitutiv für die deutsche Außenpolitik in der zweiten Hälfte dieses Jahrhunderts. Allerdings unterschieden sich die Rahmenbedingungen nach 1945 grundlegend von denjenigen nach 1918. Die Deutschen, wie sie sich seit Kriegsende in höchst unterschiedlichen Besatzungszonen und seit 1949 in zwei Staaten politisch neu organisierten, hatten schlechterdings keine Alternative zur vollständigen Verflechtung mit den Systemen der Siegermächte. Politik im allgemeinen und erst recht die nur mühsam wieder angebahnten Außenbeziehungen unterlagen in beiden deutschen Staaten der Kontrolle durch die Siegermächte. Die Bereitschaft zur kooperativen Selbsteinbindung war unter diesen Bedingungen die einzige Möglichkeit, um überhaupt wieder außenpolitische Schritte tun zu können. Dabei fanden die Bundesrepublik Deutschland und die Deutsche Demokratische Republik im Rahmen ihrer jeweiligen Blöcke deutlich verschiedene Handlungsspielräume vor. Die Bundesrepublik stieg auch als „penetriertes System"[8] nicht nur zu einem führenden Staat des Westens auf, sie war im Übergang von den sechziger zu den siebziger Jahren auch in der Lage, kooperative Beziehungen mit dem im Kalten Krieg verfeindeten Sowjetblock zu entwickeln. Entscheidend ist, daß die Einbindung in internationale Strukturen ein beherrschendes Charakte-

---

[5] Siehe hierzu Martin Broszat und Klaus Schwabe (Hg.), *Die deutschen Eliten und der Weg in den Zweiten Weltkrieg*, München 1989.

[6] Rede Stresemanns vor dem Übersee-Klub in Hamburg am 16.4.1925. Peter Krüger, *Versailles. Deutsche Außenpolitik zwischen Revisionismus und Friedenssicherung*, München 1986, S. 186.

[7] Stresemann vor der Arbeitsgemeinschaft Deutscher Landsmannschaften in Groß-Berlin am 14.12.1925. *Akten zur Deutschen Auswärtigen Politik*, Serie B, Bd. 1, Teil 1, S. 730.

[8] Dazu Wolfram F. Hanrieder, *Fragmente der Macht. Die Außenpolitik der Bundesrepublik*, München 1981. Siehe auch unten Anm. 51.

ristikum der deutschen Außenpolitik blieb. Was in der Zwischenkriegszeit noch scheiterte und in der Zeit nach dem Zweiten Weltkrieg unter Zwang erfolgte, entwickelte sich seit den fünfziger Jahren zu einem stilbildenden Element, das weder Anfang der siebziger Jahre aufgegeben wurde, als die immer noch nicht vollständig souveräne Bundesrepublik im Zuge ihrer Ostpolitik erfolgreiche Versuche zur Emanzipation von den westlichen Siegermächten unternahm, noch 1989/90 in Frage gestellt wurde, als mit der Vereinigung der beiden deutschen Staaten wieder ein souveräner Nationalstaat in Deutschland entstand.

Im Unterschied etwa zu Frankreich oder Großbritannien ruft die Abtretung von Souveränitätsrechten an supranationale Einrichtungen in Deutschland kaum Widerstände hervor. Auch wenn die gerade in der Bundesrepublik vielfach voreilig eingeläutete postnationale Epoche noch auf sich warten läßt[9] und die neue „Gesellschaftswelt" noch längst nicht die alte „Staatenwelt" abgelöst hat[10], gehört es in der Bundesrepublik auch bei denen, die in jüngster Zeit auf eine klare Benennung nationaler Interessen des vereinigten Deutschland in Europa und der Welt drängen,[11] zu den unausgesprochenen Selbstverständlichkeiten, daß es zwischen nationalen Interessen und internationaler Verflechtung kein Ausschließlichkeitsverhältnis gibt. Schon Anfang der achtziger Jahre mahnte David Calleo die Deutschen, „sich durch ein sorgfältiges Studium der eigenen Vergangenheit auf eine abenteuerliche Zukunft vorzubereiten."[12] Die Beiträge dieses Bandes verdeutlichen indes, daß eine überwiegend autonome Bestimmung nationaler Interessen angesichts internationaler und transnationaler Verflechtungen und globaler Problemstellungen anachronistisch wäre. Ungeachtet mancher Analogien zwischen Vergangenheit und Gegenwart in der Geschichte der deutschen Großmacht hat sowohl die deutsche als auch die internationale Politik im Laufe des 20. Jahrhunderts einen graduellen Wandel durchlaufen. Völlig zu Recht hat der frühere polnische Botschafter in Bonn, Janusz Reiter, den historischen Vergleich mit dem Ziel angemahnt, Gegenwart und Vergangenheit in differenzierter Weise zu betrachten und nicht nur auf die leidvolle Vergangenheit zu blicken: „Aber heute werden viel zu selten historische Vergleiche gezogen. Deshalb fehlt manchmal die richtige Perspektive, um einzuschätzen, was wir erleben."[13]

Stellt man die drei Konstellationen nebeneinander, die in diesem Band verglichen werden, so ist ein deutlicher Trend unübersehbar. Die deutsche Politik zeichnet sich

---

[9] Insgesamt dazu Konrad H. Jarausch, *Normalisierung oder Re-Nationalisierung? Zur Umdeutung der deutschen Vergangenheit*, in: *Geschichte und Gesellschaft* 21 (1995), S. 571–584.

[10] Zu den Begriffen Ernst-Otto Czempiel, *Weltpolitik im Umbruch. Das internationale System nach dem Ende des Ost-West-Konflikts*, 2. Aufl. München 1993, S. 105 ff.

[11] Siehe etwa Gregor Schöllgen, *Angst vor der Macht. Die Deutschen und ihre Außenpolitik*, Berlin 1993.

[12] David Calleo, *Deutschland und das Gleichgewicht der europäischen Mächte*, in: Wolfram F. Hanrieder und Hans Rühle (Hg.), *Im Spannungsfeld der Weltpolitik: 30 Jahre deutsche Außenpolitik (1949–1979)*, Stuttgart 1981, S. 28.

[13] Janusz Reiter in einem Interview in: *Frankfurter Allgemeine Zeitung*, 1.9.1995, Magazin, S. 42.

durch eine Zunahme der kooperativen Elemente aus. Bestand in den zwanziger Jahren eine Spannung zwischen kooperativer und konfrontativer Politik und fiel die deutsche Politik danach in die Extremform der Konfrontation, in den auf Expansion und Hegemonie gerichteten Angriffskrieg, zurück, so ist die deutsche Rolle in Europa nach 1945 durch kooperative Verflechtung in Westeuropa, durch Konfrontationsabbau gegenüber Osteuropa seit der Mitte der sechziger Jahre und schließlich nach dem Ende des Ost-West-Konflikts durch die Suche nach gesamteuropäischen Kooperationsformen gekennzeichnet, in die erklärtermaßen auch Rußland einbezogen ist. In jeder der hier verglichenen Konstellationen räumten die Entscheidungsträger Kooperationsformen eine eindeutige Priorität vor Konfrontation ein, auch wenn das Mischungsverhältnis recht unterschiedlich ausfiel und die Rahmenbedingungen für die deutsche Außenpolitik in der Locarno-Phase Mitte der zwanziger Jahre, während der Détente Ende der sechziger und Anfang der siebziger Jahre und schließlich bei der Auflösung des Ost-West-Konflikts seit 1989 sehr verschieden waren.

II

Der in diesem Band unternommene Versuch, einen Vergleich zwischen drei Phasen deutscher Außenpolitik durchzuführen, in denen ihr Handlungsspielraum erweitert und zugleich ihre Einbindung in internationale Zusammenhänge bewußt angestrebt wurde, richtet die Aufmerksamkeit sowohl auf die Selbstwahrnehmungen deutscher Politik als auch auf die Deutschland-Perzeptionen in anderen Ländern. Wie die Artikulation deutscher Interessen und die Rolle Deutschlands in Europa eingeschätzt wurde, hing von der jeweiligen Perspektive ab, aus der heraus die „deutsche Frage" gesehen wurde. Für das jeweilige Konfliktverhalten von politischen Entscheidungsträgern ist weniger die Realität entscheidend, wie sie so umfassend wie möglich retrospektiv von Historikern oder Sozialwissenschaftlern rekonstruiert und analysiert wird, sondern der notwendigerweise begrenzte Blickwinkel, aus dem heraus sie zeitgenössisch perzipiert wird. In der geradezu klassischen Formulierung von Konrad Adenauer aus dem Jahr 1949: „Es nützt nichts, daß wir tatsächlich ungefährlich sind, sondern es kommt darauf an, ob Frankreich uns für gefährlich hält ... Ob uns das heutige französische Sicherheitsbedürfnis überholt vorkommt, ob es tatsächlich überholt ist, dies alles ist nicht entscheidend. Auch wenn Frankreich sich im Irrtum befindet, so ist sein Verlangen nach Sicherheit doch psychologisch vorhanden und also eine politische Tatsache, mit der wir zu rechnen haben."[14]

Für den Austrag von Konflikten scheint es von zentraler Bedeutung zu sein, wie weit Perzeptionen auseinanderliegen bzw. wo sie sich überschneiden. Darum macht die Analyse perspektivischer Verengungen und selektiver Wahrnehmungen Konflikte

---

[14] Interview Adenauers mit der *Zeit* vom 3.11.1949. Wieder abgedruckt in: *Die Zeit*, 3.11.1989, S. 53.

besser durchschaubar.¹⁵ Die Verständigung darüber, wie man einander beurteilt, wo man übereinstimmt und wo man differiert, bedeutet noch nicht die Lösung eines Konflikts, stellt aber eine wichtige Voraussetzung für Lösungsansätze dar. Dies gilt sowohl für kooperative als auch konfrontative Beziehungsstrukturen. In den während des Zweiten Weltkriegs niedergeschriebenen Worten des französischen Historikers Marc Bloch: „Selbst um die unvermeidlichen Kämpfe zu führen, wäre etwas mehr Verständnis für die anderen vonnöten, und erst recht wäre Verständnis erforderlich, um Kämpfe zu vermeiden, solange noch Zeit dazu ist."¹⁶

Wenn die Beiträge dieses Bandes nationale Interessenlagen und zwischenstaatliche Interessenkonflikte untersuchen, so geht es nicht um einen Rückgriff auf ältere Ansätze, die das nationale Interesse zu einer eigenen analytischen Kategorie erheben. Vielmehr gilt es, die „Sackgasse der objektiven Interessendefinition"¹⁷ zu vermeiden und im Einzelfall herauszuarbeiten, was als handlungsleitendes Interesse angegeben wird. Der Begriff des nationalen Interesses findet sich sowohl in der wissenschaftlichen Terminologie als auch in der politischen Alltagssprache. Gegenwärtig erlebt der Begriff in Deutschland eine bemerkenswerte Renaissance,¹⁸ ohne daß er immer hinreichend theoretisch definiert oder empirisch ausgefüllt ist. Sowohl Ziele und Inhalte der Politik werden gelegentlich darunter subsumiert, als auch die Art ihrer Umsetzung in der internationalen Politik.¹⁹ Wie Joseph Frankel schon vor längerer Zeit feststellte, ist der Begriff „ausgesprochen vage" und „umfaßt nicht nur eine Reihe von Begriffsinhalten, er wird auch in ganz verschiedenen Zusammenhängen gebraucht."²⁰ Dennoch ist er schon deswegen unverzichtbar, weil er ständig benutzt wird. Wie andere Begriffe aus dem Bereich der internationalen Politik – erwähnt seien nur „Macht", „Sicherheit" oder „Gleichgewicht der Kräfte" – existiert er wie selbstverständlich. Versteht man darunter die „umfassendste Beschreibung des gesamten Wertkomplexes der Außenpolitik" eines Landes,²¹ so mag dies unter

---

[15] Siehe hierzu Michael W. Richter, *The Perception Method for Analysing Political Conflicts*, in: Klaus Gottstein (Hg.), *Tomorrow's Europe. The View of Those Concerned*, Frankfurt/New York 1995, S. 731–751. Vgl. auch Markus Jachtenfuchs, *Ideen und internationale Beziehungen*, in: *Zeitschrift für Internationale Beziehungen* 2 (1995), S. 417–442.

[16] Marc Bloch, *Apologie der Geschichte oder Der Beruf des Historikers*, München 1985, S. 111.

[17] Michael Kreile, *Verantwortung und Interesse in der deutschen Außen- und Sicherheitspolitik*, in: *Aus Politik und Zeitgeschichte*, B 5/96, 26.1.1996, S. 7. Vgl. auch Donald E. Nuechterlein, *National Interest and Foreign Policy. A Conceptual Framework for Analysis and Decision-Making*, in: *British Journal of International Studies* 2 (1976), S. 247: „The national interest is the perceived needs and desires of one sovereign state in relation to other sovereign states comprising the external environment."

[18] Neben Schöllgen (Anm. 11) siehe etwa Christian Hacke, *Weltmacht wider Willen. Die Außenpolitik der Bundesrepublik Deutschland*, 2. Aufl. Frankfurt/Berlin 1993; Hans-Peter Schwarz, *Die Zentralmacht Europas. Deutschlands Rückkehr auf die Weltbühne*, Berlin 1994.

[19] Ein Beispiel dafür ist Arnulf Baring (Hg.), *Germany's New Position in Europe. Problems and Perspectives*, Oxford/Providence 1994.

[20] Joseph Frankel, *Nationales Interesse*, München 1971, S. 11.

[21] Ebd., S. 24. Zitiert auch in dem Beitrag von Christian Hacke, oben S. 18.

systematischen Gesichtspunkten zufriedenstellend erscheinen, läßt aber die Frage der Gewichtung einzelner Faktoren in konkreten Entscheidungssituationen offen.

Wie die Beiträge dieses Bandes zeigen, kann das nationale Interesse als langfristig und umfassend angelegtes Konzept verstanden werden, aber auch als momentan bestehendes Ziel, das für die Außenpolitik eines Landes nur Aspektcharakter hat. So kann ein strukturell vorgegebenes Interesse an Friedenswahrung zurücktreten, wenn es mit der Definition von Sicherheitsinteressen kollidiert. Die Geschichte der internationalen Beziehungen seit der Industriellen Revolution bietet immer wieder Beispiele dafür. Industriestaaten, die westlichen Wert- und Ordnungsvorstellungen folgen, sehen ihr nationales Interesse an wirtschaftlichen Entfaltungsmöglichkeiten grundsätzlich am besten gewahrt, wenn Frieden, Stabilität und freier Handel international gewährleistet sind. Das vorrangige Interesse an Friedenswahrung zeichnet den Typus des Handelsstaats aus, wie er mit Großbritannien und den USA seit dem 19. Jahrhundert seine klassische Ausprägung erfahren hat. Freilich ist das langfristige Interesse an einem funktionierenden Weltmarkt nicht spezifisch genug, um die Außenbeziehungen eines Landes hinreichend analysieren zu können. Hinzu kommen konkret benennbare Positionen, deren Gefährdung als Beeinträchtigung von Sicherheitsinteressen hingestellt wird und die als nicht verhandelbares Gut gelten.[22] Der Bezug auf das nationale Interesse wird dort handlungsrelevant, wo Interessenkonflikte auftreten, die die Wohlfahrt, vor allem aber die Sicherheit eines Landes berühren.

III

Wenn sich, wie oben gesagt, in Deutschland ein Trend herausgebildet hat, der Kooperationsformen einen deutlichen Vorzug vor Konfrontationsbeziehungen einräumt, so heißt dies nicht, daß die deutsche Politik aufgehört hätte, in einem Netz von internationalen Konflikten zu stehen. Kooperationszusammenhänge beruhen auf „kompatiblen, aber keineswegs auf identischen Interessenprofilen".[23] Internationale Verflechtung und multilaterale Diplomatie beseitigen nicht das Machtgefälle im internationalen System. Man könnte sogar sagen, daß Interessenkonflikte zwischen Staaten, die demselben System angehören, im Einzelfall schwerer zu benennen und zu bearbeiten sein mögen als Konflikte zwischen systemverschiedenen Staaten. In Bündnissen oder Wertegemeinschaften sind nationale Sonderinteressen in der Regel den ranghöheren kollektiven Interessen[24] untergeordnet. In der Bundesrepublik hat

---

[22] Siehe etwa den Beitrag von Ernest May oben, S. 271 ff., wo der Frage nachgegangen wird, wann nationales Interesse einen eher rhetorischen Charakter hat und wann es einen Verbindlichkeitsgrad erhält, der zum Handeln zwingt.

[23] Karl Kaiser und Hanns W. Maull, *Einleitung: Die Suche nach Kontinuität in einer Welt des Wandels*, in: Dies. (Hg.), *Deutschlands neue Außenpolitik. Bd. 1: Grundlagen*, München 1994, S. XXIV. Nicht mehr berücksichtigt werden konnte Karl Kaiser und Joachim Krause (Hg.), *Deutschlands neue Außenpolitik. Bd. 3: Interessen und Strategien*, München 1996.

[24] Siehe dazu Urs Leimbacher, oben, S. 182.

dies dazu geführt, eigene Interessen in fast funktionalem Zusammenhang mit gemeinsamen Interessen der Bündnispartner zu nennen.

Einerseits versteht es sich von selbst, daß ein höherrangiges Interesse wie das Interesse an der Bewahrung und dem Ausbau des liberalen Systems nur als gemeinsames Interesse formuliert werden kann. Andererseits spart die Fixierung auf „zentrale Interessen"[25] (Bewahrung von Freiheit, Sicherheit und Wohlfahrt der Bürger; europäische Integration; Festigung des transatlantischen Bündnisses; weltweite Achtung des Völkerrechts; auf marktwirtschaftlichen Regeln basierende und gerechte Weltwirtschaft) zweierlei aus. Zum einen prägt der Bezug auf höherrangige kollektive Interessen nicht das politische Tagesgeschäft, wo konfligierende Sonderinteressen viel wichtiger sind. Zum anderen beendet das gemeinsame Bekenntnis zu zentralen Interessen keineswegs die Ungleichheit der Staaten im Hinblick auf ihren internationalen Status. Margaret Thatchers berühmt gewordene Frage aus dem Jahr 1990: „Wer sind die Deutschen?" weist in aller Deutlichkeit darauf hin.[26] „Angst vor Deutschland" meint heute selbstverständlich nicht mehr das Gefühl des militärischen Bedrohtsein, sondern die Dominanz Deutschlands als Finanz- und Handelsmacht, wie es Jean-Pierre Chevènement jüngst wieder beschrieben hat.[27] Obwohl Deutschland nach dem Zweiten Weltkrieg einen historisch unvergleichlichen Wandel zu einer „Zivilmacht"[28] vollzogen hat, ist die Kontinuität seiner Dominanz in Europa das beherrschende Wahrnehmungsmuster. Die Erinnerung an die Vergangenheit der „Henker", die „im Namen Deutschlands und der Überlegenheit der deutschen Rasse gehandelt" haben, verbindet sich mit der Wahrnehmung des gegenwärtigen „Modells" Deutschland. Ohne sie selbst zu teilen oder gar schüren zu wollen, konstatiert Chevènement eine „Angst vor Deutschland", wie sie in Frankreich und anderswo zweifellos empfunden wird und wie sie von der deutschen Politik als Realität in den Köpfen der anderen in Rechnung zu stellen ist: „Sie könnte etwa so beschrieben werden: Deutschland ist heute in der Lage, und es scheint davor nicht einmal auf der Hut zu sein, in Europa und insbesondere in Frankreich sein Modell durchzusetzen: Marktwirtschaft, Konkurrenzfähigkeit, ... Konsenszwang, eine Politik, die auf die technische Verwaltung von Problemen reduziert ist, Hierarchisierung der Staaten nach Maßgabe ihres jeweiligen Reichtums."

Die Nachkriegszeit ist zwar im Hinblick auf den Ost-West-Konflikt und die Teilung Deutschlands zu Ende, aber die Schatten des Krieges sind keineswegs völlig gebannt.

---

[25] So der im 1994 vom Bundesministerium der Verteidigung herausgegebenen *Weißbuch zur Sicherheit der Bundesrepublik Deutschland* verwendete Begriff, der auch oben, S. 27 von Hacke zitiert wird.

[26] *Der Spiegel* 1990/29, S. 109 ff.

[27] Mit „Angst vor Deutschland?" ist ein Gespräch überschrieben, das Fritz J. Raddatz mit Chevènement, Mitglied der Sozialistischen Partei und u. a. 1988–1991 französischer Verteidigungsminister, anläßlich seines Buches *France – Allemagne. Parlons franc* (Paris 1996) geführt hat. *Die Zeit*, 2.8.1996, S. 39 f.

[28] Zum Begriff Hanns W. Maull, *Zivilmacht Bundesrepublik Deutschland. Vierzehn Thesen für eine neue deutsche Außenpolitik*, in: *Europa-Archiv* 47 (1992), S. 269–278.

Dem historisch leicht erklärbaren Mißtrauen der Partner Deutschlands[29] stehen „Interessenunsicherheiten" der Deutschen gegenüber,[30] also das Zögern der deutschen Außenpolitik, unbefangen eigene Interessen zu benennen, wie dies andere Staaten, die historisch weniger belastet sind, ohne Bedenken tun. Ein gleichberechtigtes und souveränes Deutschland, wie es seit 1990 wieder besteht, sorgt nach wie vor für nervöse Fragen. Erst recht war dies nach dem Ersten Weltkrieg der Fall. Was für die deutsche Politik selbstverständlich war, die Revision des Versailler Vertrags zumindest in den die deutsche Großmacht diskriminierenden Punkten (Besetzung des Rheinlands, Militärkontrolle, Rüstungsbeschränkungen), erschien aus französischer Sicht als Gefährdung eigener Sicherheitsinteressen. Ein gleichberechtigtes Deutschland war automatisch ein überlegenes Deutschland. Dies nachzuvollziehen war auch für Stresemann offensichtlich kaum möglich, obwohl er darum bemüht war, die deutschen Interessen im Kontext der europäischen Großmächteordnung zu bestimmen. Soweit der Rahmen traditionellen nationalstaatlichen Denkens dies zuließ, löste Stresemann das Problem der Verträglichkeit von deutscher Großmachtpolitik und europäischer Ordnung besser als jeder andere deutsche Außenpolitiker vor ihm. Gleichwohl kam es nach dem Ersten Weltkrieg nicht zu einem dauerhaften Kernbestand gemeinsamer Interessen der europäischen Nationalstaaten. Abgesehen davon, daß dem Entspannungsprozeß von Locarno nicht ausreichend Zeit zu seiner Konsolidierung zur Verfügung stand, wurde in den zwanziger Jahren der Widerspruch zwischen der deutschen Revisionspolitik und der Status quo-Politik insbesondere Frankreichs und Polens nicht gelöst.[31] Auch in der Ära Stresemann wurde Deutschland als „unruhige Großmacht" perzipiert.[32] Selbst wenn sich deren Dynamik auf die ökonomische Variante von Machtpolitik beschränkte und damit den systemsprengenden Charakter der wilhelminischen Machtpolitik abgelegt hatte, erschien sie den Nachbarn Deutschlands doch geeignet, erneut eine Führungsstellung in Europa zu erringen.[33]

---

[29] Für die USA zeigt dies Frank Costigliola, *An „Arm Around the Shoulder": The United States, NATO and the German Reunification, 1989–90*, in: *Contemporary European History* 3 (1994), S. 95–97.

[30] Ludger Kühnhardt, *Wertgrundlagen der deutschen Außenpolitik*, in: Kaiser und Maull (Anm. 23), S. 115.

[31] Siehe dazu oben die Beiträge von Ralph Schattkowsky S. 119 ff., Clemens Wurm S. 150 ff. und Stephanie Salzmann S. 233 ff. Eine Verschärfung erfuhr das Problem noch dadurch, daß die USA, wie Manfred Berg in seinem Beitrag oben S. 259 ff. zeigt, als Garantiemacht für den prekären Locarno-Frieden ausfielen. Zum Gesamtzusammenhang vgl. auch Gustav Schmidt, *Die Position und Rolle Deutschlands in regionalen und internationalen Strukturen von der Jahrhundertwende bis zur Weltwirtschaftskrise*, in: Jürgen Kocka u. a. (Hg.), *Von der Arbeiterbewegung zum modernen Sozialstaat. Festschrift für Gerhard A. Ritter zum 65. Geburtstag*, München 1994, S. 641 ff.

[32] Raymond Poidevin, *Die unruhige Großmacht. Deutschland und die Welt im 20. Jahrhundert*, Freiburg/Würzburg 1985.

[33] Dazu Wurm, oben, S. 163.

Damit ist ein Problem angesprochen, das auch nach dem Zweiten Weltkrieg wieder auftauchen sollte. In den fünfziger Jahren handelte es sich nur um die Frage, welche Rolle ein potentiell gleichberechtigtes Deutschland spielen würde, sowie um eine Zielvorstellung, die Adenauer mit Wiederherstellung eines deutschen Großmachtstatus umschrieb.[34] Im Laufe der sechziger Jahre bahnte sich jedoch ein Wandel an, und Ende 1976 war die Bundesrepublik für Bundeskanzler Schmidt „zur zweiten Weltmacht des Westens" aufgestiegen.[35] Nachdem sie unter dem Vorzeichen des Kalten Kriegs im Laufe der Ära Adenauer zu einem im Westen praktisch gleichberechtigten Staat geworden war, erreichte die Bundesrepublik unter dem Vorzeichen der Détente in der Ära Brandt den Status einer selbständiger werdenden Mittelmacht, die mit ihren begrenzten Mitteln das Ziel des friedlichen Wandels in den Ost-West-Beziehungen verfolgte. Hatte schon Adenauer die Emanzipation von den Siegermächten angestrebt, so war dieser Zustand mit der „neuen" Ostpolitik der 1969 ins Amt gekommenen sozial-liberalen Regierung erreicht, nicht ohne in Washington und anderswo vorübergehend erhebliche Besorgnisse auszulösen. Obwohl die Westbindung der Bundesrepublik keinerlei Veränderung erfuhr, wurde einer der führenden Köpfe der westdeutschen Ostpolitik als „altmodischer Nationalist" verdächtigt.[36] Wollte Bonn möglicherweise einen neuen deutschen Sonderweg zwischen West und Ost einschlagen? War es dabei, eine Dynamik zu entfesseln, die außer Kontrolle geraten und sich zugunsten der Sowjetunion auswirken könnte?[37] Derartige Wahrnehmungen wurden durch die Realität widerlegt. Die Bundesrepublik blieb ein aktives Mitglied der westlichen Allianz und war um europapolitische Initiativen bemüht. Mehr noch: Sie erfuhr auch politisch-gesellschaftlichen Wandel, der als Zeichen ihrer weiteren Verwestlichung angesehen werden kann.

Kein Zweifel jedoch konnte daran bestehen, daß die Bundesrepublik deutlich erkennbar an internationalem Einfluß gewonnen hatte und eine führende Rolle spielte: in militärischer Hinsicht im westlichen Bündnis und wirtschaftlich weltweit. Bundeskanzler Schmidt nannte den damit verbundenen Aufstieg „ungewollt und gefährlich".[38] Ersteres trifft schlechterdings nicht zu, und es zeugt von einer gewissen Unsicherheit des ansonsten machterfahrenen Bundeskanzlers, den Übergang von der Nachkriegszeit zur neuen Normalität deutscher Außenpolitik und zur neuen internationalen Rolle der Bundesrepublik in dieser Weise zu charakterisieren.

---

[34] Adenauer am 1.6.1951 in einem Pressegespräch: „Wenn ich wieder eine Großmacht werden will – und das müssen wir Deutsche werden –, muß ich anfangen aufzutreten, wie eine Großmacht auftritt." *Adenauer. Teegespräche 1950–1954*. Bearb. v. Hanns Jürgen Küsters, Berlin 1984, S. 93.

[35] Aufzeichnung Schmidts vom Dezember 1976: „Erwägungen für 1977." Archiv der sozialen Demokratie, Bonn, Depositum Schmidt, 6567. Siehe auch meinen Beitrag oben, S. 15.

[36] So Henry Kissinger über Egon Bahr. Henry Kissinger, *Years of Upheaval*, London 1982, S. 147.

[37] Vgl. oben die Beiträge von Georges-Henri Soutou, S. 173 ff., Urs Leimbacher, S. 183, Friso Wielenga, S. 101 f.

[38] Wie oben Anm. 35.

„Gefährlich" erschien der Aufstieg der Bundesrepublik wegen der Besorgnisse, die er bei „anderen Regierungen" auszulösen geeignet war, „einschließlich insbesondere der sowjetischen Führung!" Schmidt wußte zweierlei. Außerhalb Deutschlands würde diese Entwicklung Erinnerungen an Nationalsozialismus und Wilhelminismus wachrufen. Ferner war ihm deutlich, daß die Bundesregierung zwar nur im Rahmen ihrer internationalen Verflechtung handeln konnte, daß die Multilateralität der deutschen Politik aber „zwangsläufig und wider unseren eigenen Willen" dazu geführt hatte, die Bundesrepublik in Europa und in der NATO zu einem „Führungsfaktor" zu machen. Was für Adenauer in der Rekonstruktionsphase deutscher Politik nach dem Krieg noch unbedingt erstrebenswert erschien, war in Schmidts Selbstwahrnehmung zur Wiederauflage einer alten Problematik geworden. Wie war die Tatsache einer deutschen Machtstellung in Europa mit der europäischen Ordnung und dem bestehenden Gefüge der westlichen Staatenwelt vereinbar? Auch Schmidt vertrat als Lösungsansatz, was schon für seine Vorgänger gegolten hatte und was zur Maxime außenpolitischen Denkens in der Bundesrepublik schlechthin geworden war. Er empfahl „Behutsamkeit im Umgang mit anderen Staaten". Dabei handelte es sich nicht so sehr um „Machtvergessenheit", wie sie der alten Bundesrepublik bisweilen angelastet wird. Vielmehr waren Integration und Multilateralität die „kostengünstigere Variante einer nationalen Interessenpolitik".[39]

IV

Bundeskanzler Schmidts Versuch, die Interessenwahrnehmung der Bundesrepublik an ein Rollenverständnis zu koppeln, mit dem die „allgemeine Besorgnis" in Ost und West über die nachhaltige Rückkehr der Deutschen in die internationale Politik abgemildert werden könnte, wurde auch in der dritten Konstellation wiederholt, die in diesem Band behandelt wird, in der Phase der maßgeblich von den USA gegen die Bedenken der anderen Hauptsiegermächte unterstützten Wiederherstellung des deutschen Nationalstaats durch die Vereinigung der beiden 1949 gegründeten deutschen Teilstaaten.[40] Zugleich ist es nicht überraschend, daß dem vereinigten und nun auch vollständig souveränen Deutschland mindestens dieselbe Skepsis entgegenschlägt wie der alten Bundesrepublik. Aus gutem Grund betont die Bundesregierung darum die Notwendigkeit der Perspektivenübernahme als einer spezifischen Anforderung an die deutsche Politik: „Stärker als andere Nationen müssen wir unser Verhalten auch mit den Augen der anderen sehen."[41] Deutschland als „europäische Führungsmacht" zu bezeichnen, wie es William Wallace tut,[42] beschreibt nicht nur

---

[39] Helga Haftendorn, *Gulliver in der Mitte Europas. Internationale Verflechtung und nationale Handlungsmöglichkeiten*, in: Kaiser und Maull (Anm. 23), S. 140.
[40] Zur zentralen Rolle der USA siehe den Beitrag von Philip Zelikow oben, S. 297 ff.
[41] Zitiert oben bei Leimbacher, S. 196, Anm. 39.
[42] Zitiert oben bei Michael W. Richter, S. 54, Anm. 19.

einen Sachverhalt, sondern evoziert auch Fragen. Wird die europäische Integration der Einbindung der Bundesrepublik dienen, oder wird die Bundesrepublik Europa benutzen, um „kostengünstig" eine Hegemonie zu errichten? Wie wird die „Berliner" Republik den Spielraum nutzen, der ihr durch den Wegfall des Ost-West-Konflikts und die Auflösung der Sowjetunion entstanden ist? Welcher Weg wird beschritten werden, um das im Verteidigungs-Weißbuch der Bundesregierung erwähnte „zentrale Interesse" zu wahren, „eine auf Ausgleich und Partnerschaft bedachte Heranführung unserer östlichen Nachbarstaaten an westliche Strukturen und die Gestaltung einer neuen umfassenden kooperativen Sicherheitsordnung"?[43]

Sowohl aufgrund ihrer geographischen Lage als auch infolge ihrer Größe fällt der Bundesrepublik Deutschland in einem Europa, das weder durch Blöcke noch durch militärische Bedrohung diszipliniert ist, eine Schlüsselstellung zu. Die Abwesenheit von Feinden relativiert die in Frankreich oder Großbritannien vorhandene nukleare Macht und schafft für den Handelsstaat Deutschland eine Konstellation, in der er seine global angelegten Interessen besser verfolgen und seine Macht wirkungsvoller entfalten kann als zuvor.[44] Die deutsche Rolle gegenüber Ost- und Südosteuropa, insbesondere die Frage der Osterweiterung von EU und NATO, sind geeignet, Interessengegensätze zwischen den europäischen Führungsmächten hervortreten zu lassen.[45] Was die Partner Deutschlands beruhigen kann, ist die Tatsache, daß die Bundesrepublik heute im Unterschied zur Zeit Stresemanns oder auch Brandts ein territorial saturierter Staat ohne jegliche revisionistische Zielsetzung ist. Auch ist der neue Nationalstaat nicht in Gefahr, eine Re-Nationalisierung seiner Außenpolitik zu betreiben. Die europäische Rolle und die Sicherheit der Grenzen sagen jedoch noch nichts darüber aus, wo die Grenzen der deutschen Interessen liegen. Konsens herrscht freilich dahingehend, daß es sich nicht um Sonderinteressen oder um eine „Normalisierung" im Sinne älterer, an das 19. Jahrhundert erinnernder Großmachtautonomie handelt,[46] sondern um „verflochtene Interessen",[47] um „Interessen, die im Verein mit den Partnern realisiert werden können."[48] Wenn sich der Aktionsbereich deutscher Politik erweitert, so ist dies weniger das Ergebnis einer „Militarisierung" der deutschen Außenpolitik, wie gelegentlich kritisch angemerkt wird, sondern das Resultat der Einbindung in europäische, transatlantische und UNO-Strukturen sowie der

---

[43] Zitiert oben bei Hacke, S. 27.

[44] Dazu oben der Beitrag von Rudolf Adam, S. 81 f.

[45] Am Beispiel der deutsch-französischen Beziehungen zeigen dies oben Leimbacher, S. 192 und Axel Sauder, S. 220 f. Für Großbritannien siehe den Beitrag von Christoph Bluth, oben S. 255 f.

[46] Diesen Trennungsstrich betont Adam oben S. 75. Besonders pointiert auch Marion Gräfin Dönhoff im Vorwort zu Heinz D. Kurz (Hg.), *United Germany and the New Europe*, Aldershot 1993, S. XV: Der neue deutsche Nationalstaat der Gegenwart habe nichts mit dem des 19. Jahrhunderts gemeinsam. „The Germans do not seek power – on the contrary, they avoid it ... Trading and earning money, yes. But to aim at a position of power with their commercial potency, no! They are tired of heroism."

[47] Hacke oben, S. 30.

[48] Haftendorn (Anm. 39), S. 149.

Zugehörigkeit zur Gruppe der internationalen Führungsmächte. Welche Rolle diese Staatengruppe im Bereich von Rüstung und Waffenhandel weltweit spielt und in welchem Verhältnis die nationalen Interessen dieser Staaten und eine globale Friedensordnung zueinander stehen, sind allerdings Fragen, die Anlaß zu Diskussion und auch Skepsis geben.

Ungeachtet internationaler Verregelungen, supranationaler Institutionen und transnationaler Strukturen, die die Rolle des Nationalstaats relativieren und das „Regieren jenseits des Staates" als Denkmuster entstehen lassen,[49] scheint das Verhalten der großen Mächte nach wie vor von ausschlaggebender Bedeutung für die internationale Ordnung zu sein. Souveränitätsverzicht, wie er im europäischen Zusammenhang geboten erscheint, wird in Europa unter dem Gesichtspunkt sowohl von Macht und Einfluß, als auch der politischen Kultur einzelner Länder verschieden beurteilt. Was für die Bundesrepublik vor dem Hintergrund der Nachkriegsentwicklung vergleichsweise unproblematisch ist, trifft in Frankreich oder Großbritannien auf Ablehnung. Aus deutscher Sicht erscheint dies nicht akzeptabel. Dabei „ist das Ziel einer gleichen Einbindung aller Staaten in Integrationsstrukturen die logische Fortsetzung eines Ziels, das die Außenpolitik der Bundesrepublik seit ihrer Gründung geprägt hat: Gleichberechtigung."[50] Wie schon nach dem Ersten, so führte auch nach dem Zweiten Weltkrieg dieses unverzichtbare Ziel deutscher Politik zur Wiederbelebung machtpolitischer Konkurrenz.

In einem gegenüber der ersten Hälfte des Jahrhunderts gewandelten europäischen Staatensystem stellt sich „für Deutschlands Nachbarn erneut die historische Frage, wie ein vereinigtes Deutschland daran gehindert werden könnte, eine Vormacht zu werden, dieses Mal nicht in der destabilisierenden Rolle einer balancierenden Gleichgewichtsmacht, sondern in der ordnungspolitischen Rolle einer dominierenden Institutionsmacht."[51] Die Nachbarstaaten Deutschlands sehen sich vor einer doppelten Aufgabe. Sie müssen „die Möglichkeit einer eigenmächtigen deutschen Hegemonie" wirksam begrenzen, können zugleich aber nicht auf „die ausgleichende ordnungspolitische Rolle der Bundesrepublik in Europa" verzichten.[52] Umgekehrt steht die Bundesrepublik vor dem Dilemma, historisch bedingte Ängste vermeiden zu müssen und gleichzeitig auf die Übernahme einer führenden Rolle nicht verzichten zu dürfen. Aus dem Dilemma folgt ein Imperativ. Die deutsche Politik muß ihre

---

[49] Markus Jachtenfuchs und Beate Kohler-Koch, *Regieren im dynamischen Mehrebenensystem*, in: dies. (Hg.), *Europäische Integration*, Opladen 1996, S. 30 ff.

[50] Sauder oben, S. 226. Zu dieser Problematik auch Gustav Schmidt, *Konfrontation und Détente 1945–1989: Wechselschritte zur Friedenssicherung*, in: ders. (Hg.), *Ost-West-Beziehungen: Konfrontation und Détente 1945–1989*, Bd. 3, Bochum 1995, S. 29.

[51] Wolfram F. Hanrieder, *Deutschland, Europa, Amerika. Die Außenpolitik der Bundesrepublik Deutschland 1949–1994*, 2. Aufl. Paderborn u. a. 1995, S. 447.

[52] Ebd. Darüber hinaus nimmt die Bundesrepublik insbesondere aus der Sicht Polens und Rußlands als Tor zum Westen und als Sachwalter ihrer Interessen im Westen eine zentrale Stellung ein. Dazu oben die Beiträge von Adam Rotfeld, S. 135 ff.; Hannes Adomeit, S. 347 ff., und Eberhard Schulz, S. 370 f.

Gestaltungsaufgaben übernehmen und zugleich glaubwürdig das Prinzip der Selbsteinbindung in europäische und atlantische Strukturen praktizieren.

In der Forschung wird darum von der Notwendigkeit gesprochen, „eine Konvergenzformel für den Zusammenhang von nationalen, kollektiven und globalen Sicherheitsinteressen zu finden."[53] Deutschlands „nationale" und „europäische" Interessen erscheinen in einem unauflöslichen Zusammenhang.[54] Deutschland dürfe Europa nicht „dominieren", sondern müsse „gesamteuropäische Strukturen orchestrieren".[55] Weniger herausgehoben erscheint seine Stellung, wenn ihm die Rolle einer „Mitführungsmacht" zugewiesen wird[56] oder wenn es Europa – analog zum Flug der Gänse – als Formation mit „wechselnder Führungsrolle" verstehen soll.[57] Ein weiterer Versuch, die europäische Rolle des „zaudernden Riesen"[58] begrifflich zu erfassen, wird in diesem Band unternommen, indem Deutschland als „Konziliator im übernationalen Interesse" dargestellt wird. Der Konziliator verfolgt zwar auch eigene Interessen, unterscheidet sich aber von einer klassischen Führungsmacht dadurch, daß er zur „Selbstbegrenzung seiner Interessen" bereit ist und darüber hinaus „das Interesse eines übergeordneten Ganzen" im Auge hat. Die „konziliatorische Rolle" enthält „keine Privilegierung, sondern eine Aufgabe". Sie besteht darin, „einen öffentlichen Diskurs über das verbindliche europäische Interesse einzuleiten". Für die praktische Politik von zentraler Bedeutung ist freilich das Erfordernis, andere Nationen, insbesondere – aber nicht nur – Frankreich, „in die konziliatorische Rolle mit hineinzuziehen."[59]

Welche Begriffsbildungen man auch immer bevorzugt, und ob man das Bild des Orchesters mit Deutschland als Dirigenten, der freilich nicht ohne sein Orchester leben kann, oder das Bild des Gänseflugs wählt, in dem es wechselnde Führungen

---

[53] Walter L. Bühl, *Gesellschaftliche Grundlagen der deutschen Außenpolitik*, in: Kaiser und Maull (Anm. 23), S. 183.

[54] Hans-Peter Schwarz, *Germany's National and European Interests*, in: Baring (Anm. 19), S. 107–130.

[55] Kühnhardt (Anm. 30), S. 123.

[56] Haftendorn (Anm. 39), S. 150.

[57] Helen Wallace, *Integration von Verschiedenheit*, in: Thomas König, Elmar Rieger und Hermann Schmitt (Hg.), *Das europäische Mehrebenensystem*, Frankfurt/New York 1996 (= Mannheimer Jahrbuch für Europäische Sozialforschung, Bd. 1), S. 38 f. Die Metapher des Gänseflugs erscheint Wallace geeignet, denn sie weise auf „kollektives Handeln" hin. „Offensichtlich haben die fliegenden Gänse gemeinsame Interessen und gemeinsame Ziele." Einen „einzelnen Führer" kennen sie nicht. „Schlau, wie sie sind, rotieren die Gänse die Positionen, um die Verantwortung für die Gruppe insgesamt aufzuteilen und die müden Mitglieder zu schützen ... Der Reiz der Metapher des Gänseflugs liegt darin, daß sie eine unterschiedliche Zahl von Mitgliedern einer Gruppierung und eine wechselnde Führung zuläßt, aber auch die Existenz von Untergruppen mit einer stärkeren Gruppenzugehörigkeit, die trotzdem vom gemeinsamen Prozeß und von den gemeinsamen Regeln, die ihr Verhalten steuern, abhängig bleiben."

[58] David Marsh, *Der zaudernde Riese. Deutschland in Europa*, München 1994.

[59] So Richter in seinem Beitrag oben, S. 55 und 73.

gibt – deutlich ist, daß Deutschland sowohl die europäische Politik mitprägen, als auch in europäische Strukturen eingebettet sein muß. Nationale und europäische Politik sind verzahnt und ergänzen einander. Weder kann der Nationalstaat heute den Grad von Autonomie für sich reklamieren, der den Staatsmännern der Locarno-Ära noch vor Augen schwebte, noch geht die Politik in supranationalen Zusammenhängen auf. In seiner „postmodernen" Variante scheint der Nationalstaat als „der primäre Ort der Identität für die meisten Menschen" vorläufig unersetzbar zu sein.[60] Als internationaler Akteur ist er ebenfalls deutlich sichtbar präsent, nicht zuletzt auch in Westeuropa, wo die EU sich schwertut, zu einer gemeinsamen Außenpolitik zu kommen. Im Kreis der europäischen Führungsmächte scheint Deutschland die entwickelste Form des „postmodernen" Nationalstaats darzustellen, geradezu einen „Musterfall post-nationalistischer Mäßigung".[61] In der Tat liegt nach den Erfahrungen der ersten Hälfte unseres zu Ende gehenden Jahrhunderts darin die entscheidende Voraussetzung, um das deutsche Gewicht in Europa nicht zu einem für andere kaum akzeptablen Übergewicht werden zu lassen. „Nur nicht ‚normal' werden," hat der frühere niederländische Botschafter in Bonn den Deutschen geraten. Er meint damit die Normalität des klassischen Nationalstaats, wie er die neuzeitliche Geschichte Europas bis zur Mitte des 20. Jahrhunderts bestimmt hat. Deutschland solle an seiner „postnationalen" Identität festhalten. Sie sei keine Verschleierung der Absicht, die „Macht über Europa zu gewinnen", sondern Ausdruck der Notwendigkeit, nationale und europäische Interessen gleichzeitig im Blick zu haben und Souveränität „gemeinsam auszuüben". Den Nachbarländern Deutschlands legt er nahe, sich nicht gegen diesen Prozeß zu sperren. Sie „sollten lieber selber dem deutschen Beispiel folgen und sich um eine eigene ‚postnationale' Identität bemühen."[62]

---

[60] Paul Kennedy, *In Vorbereitung auf das 21. Jahrhundert*, Frankfurt 1993, S. 176.
[61] Hans-Peter Schwarz, *Das deutsche Dilemma*, in: Kaiser und Maull (Anm. 23), S. 86.
[62] Jan G. van der Tas, *Nur nicht ‚normal' werden*, in: *Die Zeit* 9.6.1995, S. 8.

Deutschland und Europa im 20. Jahrhundert

Klaus Hildebrand

„Nationales Interesse und europäische Ordnung: die Rolle Deutschlands in Europa seit der Zwischenkriegszeit" hat uns als Gesprächsgegenstand intensiv und ertragreich beschäftigt.[1] Wieviel Deutschland und was für ein Deutschland verträgt Europa? Ist der Friede stabil, wenn Deutschland wie zwischen 1648 und 1871 geteilt ist – ein amerikanischer Gelehrter hat diese Überzeugung einmal in die Formel gefaßt: „peace in pieces"? Oder gilt das Umgekehrte: Ist der Friede gefährdet, wenn ein seit 1871 für knapp 80 Jahre im Nationalstaat existierendes Volk unnatürlich getrennt wird? Mit anderen Worten: Kann Europa mit einem in der Mitte des Kontinents geeinten Deutschland verträglich auskommen?

Wir haben diese Frage, inwieweit Deutschland als Reich und als Großmacht, als geteilte Nation und als neuer Nationalstaat in die geographische und wirtschaftliche, in die politische, aber auch in die geistige Landkarte Europas paßt, anhand von drei unterschiedlichen Fallbeispielen untersucht und dabei die geläufige Betrachtungsweise zu überwinden versucht. Denn normalerweise geht man ganz anders vor, als wir es getan haben. Man wendet sich der Geschichte des vergangenen Reiches zu, das mit so viel unvermuteter Plötzlichkeit 1871 die Bühne der Weltpolitik betrat und dann bis zu seinem katastrophalen Untergang 1945 alles in allem mehr schreckliche als vorteilhafte Spuren in der Weltgeschichte hinterließ. Daraufhin pflegt man sich der Geschichte des zweigeteilten Deutschlands zu widmen. Man beschreibt – mit viel Berechtigung – die „success story" des Westens und das Scheitern des Ostens. Schließlich gibt man, je nach Temperament, seinen Eindruck über das neue Deutschland wieder, das seine Geburt den Verhältnissen der internationalen Politik und dem Willen der aufbegehrenden Menschen in der ehemaligen DDR verdankt, wobei das zuerst Genannte wohl doch das Ausschlaggebende gewesen ist.

Dieses Schema haben wir verlassen: Deutschland zur Zeit der Locarno-Verträge, Deutschland in der Ära Brandt, Deutschland in den neunziger Jahren waren unsere zu vergleichenden Untersuchungsobjekte. Dabei handelte es sich jeweils um einen Aggregatzustand deutscher Geschichte, Zeitgeschichte und Gegenwart, in dem die Deutschen, in ganz unterschiedlicher Art und Weise, aber doch irgendwie vergleich-

---

[1] Im folgenden handelt es sich um die Einführung in die von mir geleitete Abschlußdiskussion am letzten Tag der Konferenz. Was an sich selbstverständlich ist, sei dennoch betont. Es ging mir nicht um ein Resümee der Vorträge im einzelnen. Vielmehr wollte ich einige Beobachtungen vortragen, Betrachtungen anstellen und Fragen aufwerfen, die aus meiner Sicht im Rückblick auf die Referate und Diskussionen der Konferenz erwähnenswert waren. Der Redetext ist beibehalten worden.

bar, zu sich selbst gekommen sind. Mit der Verständigung nach Westen und dem Eintritt in den Völkerbund kehrte das Reich in die Gemeinschaft der „nations civilisées" zurück. Mit dem *modus vivendi* nach Osten und der Aufnahme in die UNO komplettierte sich das bundesrepublikanische Provisorium so weit, wie das überhaupt möglich war. Und mit der Wiedervereinigung, die andere schlicht Vereinigung oder programmatisch Neuvereinigung nennen, erlangten das westdeutsche Notgebilde, das so viel Endgültiges angenommen hatte, und der ostdeutsche Satellit, der keine Eigenmacht besaß, eine gemeinsame Gestalt.

In einer nach wie vor nationalstaatlich verfaßten Welt darf sie als normal gelten – zumal diese Normalität durch den gemäßigten Territorialbestand, die anerkannten Grenzen und die militärische Selbstbeschränkung des wiedervereinigten Deutschland garantiert, durch europäische und atlantische Integration noch gefördert wird. Die Europa beunruhigenden Wesenselemente des Bismarckstaates und seiner in ihm aufgehobenen älteren Traditionen scheinen ein für allemal gebannt zu sein, nämlich in politischer und in militärischer, in weltanschaulicher und in kultureller Hinsicht den möglichst von allem und von allen unabhängigen „dritten Weg" zu gehen und sich nicht entscheiden zu wollen, weder für den Westen noch für den Osten, weder für den Kapitalismus noch für den Kommunismus, weder für die Angelsachsen noch für die Russen bzw. die Sowjets. Daß diese Vergangenheit Vergangenheit bleiben soll, daran ist die Mehrheit der in Deutschland Verantwortlichen interessiert, weil sie – bislang jedenfalls, und das geschieht selten genug – aus der Geschichte gelernt hat.

In diesem Sinne dienten uns die drei historischen Fälle dieses Jahrhunderts als Analogien für die Gegenwart, als Lehrstücke für die Zukunft. Warum, so wurde aus ganz unterschiedlichen Blickwinkeln in den einzelnen Referaten gefragt, ist das Locarno-Experiment mißglückt, ist die Ostpolitik gelungen, könnte die Wiedervereinigung für Europa akzeptabel, vielleicht sogar stimulierend wirken, wenn die Deutschen und die Europäer, vor allem aber die in unvergleichlicher Macht dastehenden Amerikaner jeweils das Ihre, das Nötige dazu tun?

Nun, in den zwanziger Jahren schlug fehl, was in den siebziger Jahren Erfolg hatte, und was für die jetzt anbrechende Zeit zumindest gedämpfte Erwartungen wecken kann, weil maßgebliche Bedingungen in bezug auf nationale Interessen und europäische Ordnung sehr unterschiedlich ausfielen; die Referate und Beiträge haben diese Konditionen im einzelnen benannt, ich fasse sie in notwendiger Vereinfachung so zusammen:

1. In den zwanziger Jahren waren nationale Interessen durch keine mit der Nachkriegszeit vergleichbaren Mechanismen der Integration gezähmt. Als die Schönwetterperiode der mittzwanziger Jahre verflog, trat überall, mit Robert Vansittarts Wort, der „alte Adam" erneut hervor, und wie eh und je lautete die Maxime des Handelns: „Jeder für sich und keiner für alle". Das ist, aus welchen Gründen auch immer, inzwischen anders, besser geworden.
2. Das Ringen um Deutschlands Seele für den Westen, von dem Austen Chamberlain in der Stresemannzeit wörtlich und mit unüberhörbarem Seufzer gesprochen hat, blieb damals vergeblich und ist später gelungen.
3. Nach dem Ende des Ersten Weltkriegs zogen sich die Angelsachsen, militärisch vor allem, vom europäischen Kontinent zurück. Sie ließen die verständlich, aber

beinahe krankhaft um ihre Sicherheit besorgten Franzosen mit den unruhigen Deutschen, die nichts anderes als Revision im Sinn hatten, und mit den unheimlichen Sowjets, die die Weltrevolution propagierten, alleine zurück. Das änderte sich nach dem Ende des Zweiten Weltkriegs grundlegend und erklärt in hohem, vielleicht sogar in ausschlaggebendem Maß die Gunst der Entwicklung. Die Folgen, die daraus zu ziehen sind, liegen auf der Hand: Die zwanziger Jahre entbehrten sowohl der Hegemonie als auch der Integration, übrig blieb am Ende nur Instabilität, Unordnung und Chaos.

Die Jahrzehnte nach 1945 dagegen begünstigten die Integration der Europäer unter der großzügigen, nichtsdestoweniger bestimmten, ebenso schöpferischen wie willkommenen Hegemonie der Amerikaner. Das heißt aber: Seit eh und je gibt es Hegemonien, die von den Hegemonisierten gutgeheißen werden, weil der Fortfall des Hegemon mit dem Rückfall in die Anarchie identisch sein kann. Mit anderen Worten: Sollte es in Europa nach dem dramatischen Ende der Sowjetunion, einem rückständigen Garnisonsstaat, zu einem – ich sage bewußt – katastrophalen Rückzug der USA, dem modernen Handelsstaat, kommen, dann sind die Folgen für den alten Kontinent und für Deutschland, für die Welt, aber auch für Amerika unabsehbar – das Szenario würde auf jeden Fall eher der unseligen Zwischenkriegsära als der glücklicheren Nachkriegsära gleichen. Ob die ehernen Zwänge der Pax Atomica auch dann noch das Schlimmste zu verhüten imstande wären, oder ob atomare Waffen vielmehr die unvernünftige *ultima ratio*, den militärischen Konflikt zur allgemeinen Vernichtung steigern würden, ist heute offener als vor 1989.

Wohlgemerkt: Ich unterschätze nicht, worauf bei unserer Konferenz mit Recht immer wieder hingewiesen wurde, daß es autonome Konsequenzen des seit Jahrzehnten eingetretenen Integrationsniveaus gibt. Ich sehe aber auch, daß nach wie vor die geschichtswirksamen Zwänge der seit Jahrhunderten angereicherten Nationalstaatstradition existieren: Denn nach Hermann Heimpels einsichtsvoller Feststellung sind bekanntlich die Nationen das Europäische an Europa.

Ich erinnere darüber hinaus an das, was unsere Debatten gleichfalls beschäftigt hat: Im Wandel der Dekaden und Generationen schwinden Erfahrungen, verändern sich Mentalitäten, werden aus unbezweifelten Gewißheiten nach und nach offene Fragen. Zum Beispiel: Was für Metternich und Castlereagh selbstverständlich war, nämlich allem voran den Frieden zu bewahren, weil Krieg die Revolution schlechthin darstellte, das war für Cavour und Bismarck, weil sie im Zeitalter der Realpolitik andere Ziele verfolgten, nicht mehr ohne weiteres akzeptabel. Und was für Bismarck und Salisbury galt, nämlich Maß zu halten und den Status quo zu sichern, das vermochte Bülow und Joseph Chamberlain nicht mehr länger zu überzeugen. Warum sollten wir in den vor uns liegenden Jahren und Jahrzehnten von einer solchen mit dem Generationenwechsel einhergehenden Metamorphose des Zeitgeistes und der Gedankenbildung verschont bleiben?

Hier liegt, bei aller Begrenztheit wissenschaftlichen Tuns, eine Aufgabe für Historiker und Politologen, nämlich die Erfahrungen der Vergangenheit wachzuhalten. Die Repräsentanten der öffentlichen Meinung, die auf ihre Art und Weise zu dieser Aufgabe berufen sind, vermögen der Verpflichtung oftmals nicht nachzukommen. Die Gründe dafür sind zahlreich; einer liegt mit Gewißheit darin, daß sie, in ihrem Selbstverständnis oftmals Moralisten, in der Regel längst Mächtige sind. Wie auch immer: Bei unserer Konferenz, so scheint mir, haben wir diesen maßgeblichen Sachverhalt zu wenig beachtet, zumindest nur indirekt berührt. Denn die Wechselwirkung von öffentlicher Meinung und äußerer Politik beschreibt nun einmal ein zentrales, möglicherweise lebenswichtiges Problem unseres Jahrhunderts. Tag für Tag begegnen wir ja demjenigen „Typus von Politiker", den Henry Kissinger so sarkastisch kritisiert hat, „der verzweifelt herauszufinden versucht, was die Öffentlichkeit will, am Ende aber gerade deshalb von ihr zurückgewiesen, vielleicht sogar verachtet wird". Kurzum: Wer die Signatur der Moderne verstehen will, muß die Beziehungen zwischen diesen beiden Gewalten, der Medienmacht und der Außenpolitik, untersuchen – klagte doch bereits Lord John Russell, Repräsentant der englischen Whigs, in der Mitte des letzten Jahrhunderts über die „eitle Tyrannei der *Times*".

Die im Verlauf unserer Konferenz ein ums andere Mal betonte Tatsache, daß Wahrnehmungen, Bilder und Mythen oftmals wirklicher sind als die Realität; die Tatsache, daß die einmal sogenannten kognitiven Mißverständnisse nicht selten über Krieg und Frieden entscheiden; die Tatsache, daß Perzeptionen den Sachverhalten oftmals überlegen sind, verweist zudem auf die Notwendigkeit einer Auseinandersetzung mit den Problemen von Meinungsbildung und Meinungsentwicklung. Möglicherweise könnte sie die in diesem Zusammenhang nicht selten auftretenden Unterschiede von „fact" und „fiction" einigermaßen erklären.

Dessenungeachtet hat unsere Tagung neben vielen anderen, hier nicht erwähnten Ergebnissen zweierlei gezeigt: Zum einen, daß die vornehmste Aufgabe der Geschichte, von Thukydides bis heute, die Gegenwart ist. Und zum anderen, daß die Kategorien der Staatenwelt, nationales Interesse und internationale Ordnung, Integration und Vormacht, Gleichgewicht und Hegemonie, Krieg und Frieden, um nur einige anzuführen, ungeachtet anderslautender Überlegungen nach wie vor ihre analytische Gültigkeit besitzen, weil es, zumindest auf diesem zentralen Feld der Historie und Gegenwart, andere nicht gibt.

Was ich meine ist dies: Mit einem gewissen Recht wird heute danach gefragt, ob sich die äußere und internationale Politik nicht generell auf ganz neue Herausforderungen einzustellen habe, Herausforderungen, die mit dem allgemeinen Zustand der globalen Zivilisation zusammenhängen, Herausforderungen, die manchem nachdenklichen Betrachter bereits wie „das fast Unabwendbare" eines Verhängnisses erscheinen: „Große Kriege", so urteilt der Schweizer Historiker Peter Stadler, „lassen sich zwar mittels Krisenmanagement vermeiden..., Lebensgewohnheiten aber, die zum Alltagskonsum gehören, kaum noch ändern". So erwägenswert diese Mahnung auch klingt, so bestreitbar erscheint doch ihr Gehalt: Die Geschichte zeigt durchaus, daß sich der menschliche Alltag grundlegend zu wandeln vermag, aber die Zähmung, gar die Bannung der Bellona, die maßgebliche Aufgabe der Staatskunst, ist bei weitem noch nicht gelungen. Wir haben, so meine ich, auf unserer Konferenz einen kleinen Beitrag geleistet, um diesem Ziel zu dienen, und das stellt ohne Zweifel einen Wert dar.

Die Autoren

Rudolf Adam, seit 1976 im Auswärtigen Amt. 1991–95 im Planungsstab, seitdem Leiter des Referats für weltweite Abrüstung und Rüstungskontrolle.

Hannes Adomeit, Professor für Internationale Politik und Direktor des Forschungsprogramms über Rußland und Ostmitteleuropa an der Fletcher School of Law and Diplomacy, ein der Tufts Universität in Medford, Mass. angegliedertes Lehr- und Forschungsinstitut für internationale Beziehungen. Zahlreiche Publikationen zur sowjetischen und russischen Außenpolitik, u. a. *Die Sowjetmacht in internationalen Krisen und Konflikten,* Baden-Baden 1983; (Hg.) *Die Sowjetunion als Militärmacht*, Stuttgart 1987; (Hg.) *Die Sowjetunion unter Gorbatschow: Stand, Probleme und Perspektiven der Perestrojka*, Stuttgart 1990.

Manfred Berg, seit 1992 wissenschaftlicher Mitarbeiter am Deutschen Historischen Institut in Washington, D.C. Zahlreiche Veröffentlichungen zur deutschen und amerikanischen Geschichte, u. a. *Gustav Stresemann und die Vereinigten Staaten von Amerika. Weltwirtschaftliche Verflechtung und Revisionspolitik 1907–1929*, Baden-Baden 1990.

Christoph Bluth, Professor an der Universität Reading und Direktor der Graduate School for European and International Studies. Spezialist für internationale Sicherheitspolitik, Publikationen u. a. *Soviet Strategic Arms Policy Before SALT*, Cambridge 1992; *Britain, Germany and Western Nuclear Strategy*, Oxford 1995; *The Collapse of Soviet Military Power*, Aldershot 1995.

Sergei V. Chugrov, Institut für Weltwirtschaft und Internationale Beziehungen (IMEMO) in Moskau. Publikationen zur Stereotypenbildung in den internationalen Beziehungen und zur russischen Außenpolitik, u. a. *Russia and the West*, New York 1995.

Klaus Jürgen Citron, seit 1959 im Auswärtigen Dienst, u. a. 1984–86 Leiter der deutschen Delegation bei den Verhandlungen über Vertrauens- und Sicherheitsbildende Maßnahmen in Stockholm, 1988–90 Leiter des Planungsstabes des AA, 1990–94 Botschafter in den Niederlanden.

Christian Hacke, seit 1980 Professor für Politikwissenschaft an der Universität der Bundeswehr in Hamburg. Zahlreiche Veröffentlichungen zur amerikanischen und deutschen Außenpolitik, u. a. *Von Kennedy bis Reagan, Grundzüge der amerikanischen Außenpolitik 1960–1984,* Stuttgart 1984; *Amerikanische Nahostpolitik. Kontinuität und Wandel von Nixon bis Reagan,* München 1985; *Weltmacht wider Willen. Die Außenpolitik der Bundesrepublik Deutschland,* erw. Neuausgabe Frankfurt/Berlin 1993.

Klaus Hildebrand, seit 1982 Professor für Mittelalterliche und Neuere Geschichte an der Universität Bonn. Veröffentlichungen u. a. *Vom Reich zum Weltreich. Hitler, NSDAP und koloniale Frage 1919–1945,* München 1969; *Bethmann Hollweg – Der Kanzler ohne Eigenschaften? Urteile der Geschichtsschreibung. Eine kritische Bibliographie,* Düsseldorf 1970, 2. Auflage 1970; *Deutsche Außenpolitik 1933–1945. Kalkül oder Dogma?* Stuttgart u. a. 1971, 5. Auflage 1990 (englische Übersetzung); *Das Dritte Reich,* München 1979, 5. Auflage 1995 (italienische, englische, französische, japanische, spanische Übersetzung); *Von Erhard zur Großen Koalition 1963–1969,* Stuttgart 1984; *Deutsche Außenpolitik 1871–1918,* München 1989, 2. Auflage 1994; *Integration und Souveränität. Die Außenpolitik der Bundesrepublik Deutschland 1949–1982,* Bonn 1991; *Das vergangene Reich. Deutsche Außenpolitik von Bismarck bis Hitler, 1871–1945,* Stuttgart 1995, 2. Auflage 1996.

Detlef Junker, Professor für Neuere Geschichte an der Universität Heidelberg (beurlaubt), seit 1994 Direktor des Deutschen Historischen Instituts, Washington, D.C. Veröffentlichungen u. a. *Die Deutsche Zentrumspartei und Hitler 1932–33. Ein Beitrag zur Problematik des politischen Katholizismus in Deutschland,* Stuttgart 1969; *Der unteilbare Weltmarkt. Das ökonomische Interesse in der Außenpolitik der USA 1933–1941,* Stuttgart 1975; *Franklin D. Roosevelt. Macht und Vision: Präsident in Krisenzeiten,* 2. Auflage, Göttingen 1989; *Kampf um die Weltmacht. Die USA und das Dritte Reich 1933–1945,* Düsseldorf 1988; *Von der Weltmacht zur Supermacht. Amerikanische Außenpolitik im 20. Jahrhundert,* Mannheim 1995.

Max Dietrich Kley, Mitglied des Vorstands der BASF AG, Ludwigshafen.

Urs Leimbacher, Leiter des Euro Info Center Schweiz der Schweizerischen Zentrale für Handelsförderung (OSEC), Zürich. Veröffentlichungen u. a. *Die unverzichtbare Allianz,* Baden-Baden 1992; *Krisenplanung und Krisenmanagement in den USA,* Bern 1992.

Ernest R. May, seit 1981 Charles Warren Professor of History, Harvard University. Publikationen u. a. *The World War and American Isolation 1914–1917,* Cambridge, Mass. 1959; *Imperial Democracy: The Emergence of America as a Great Power,* 2. Auflage, Chicago 1991; *American Imperialism: A Speculative Essay,* New York 1968; *„Lessons" of the Past: The Use and Misuse of History in American Foreign Policy,* New York 1973; *The Making of the Monroe Doctrine,* Cambridge, Mass. 1975; (Hg.) *Knowing One's Enemies: Intelligence Assessment Before the Two World Wars,* Princeton 1985; (Hg. mit Richard E. Neustadt) *Thinking in Time: The Uses of History for Decision-Makers,* New York 1986; *American Cold War Strategy: Interpreting NSC 68,* Boston 1993.

Gottfried Niedhart, Professor für Neuere Geschichte, Universität Mannheim. Publikationen u. a. *Großbritannien und die Sowjetunion 1934–1939*, München 1972; *Handel und Krieg in der britischen Weltpolitik 1738–1763*, München 1979; *Geschichte Englands im 19. und 20. Jahrhundert*, München 1987 (2. Aufl. 1996); *Internationale Beziehungen 1917–1947*, Paderborn 1989; *Deutsche Geschichte 1918–1933. Politik in der Weimarer Republik und der Sieg der Rechten*, Stuttgart 1994 (2. Aufl. 1996).

Michael W. Richter, Member of St. Catherine's College, Oxford University. Tätigkeit an mehreren Instituten der Max-Planck-Gesellschaft und der Universität Mannheim. Publikationen zur Perzeptionsproblematik im Bereich der internationalen Beziehungen, u. a. *The Perception Method for Analysing Political Conflicts*. In: Klaus Gottstein (Hg.), *Tomorrow's Europe*, Frankfurt/New York 1995.

Adam Daniel Rotfeld, seit 1991 Direktor des Stockholm International Peace Research Institute (SIPRI). Zahlreiche Veröffentlichungen, u. a. (Hg. mit Walther Stützle), *Germany and Europe in Transition*, Oxford 1991; (Hg. mit Armand Clesse), *Sources and Areas of Future Possible Crises in Europe*, Luxemburg 1995.

Stephanie Salzmann, Studium u. a. der Geschichte in Mainz, Bonn und Cambridge. 1994 Promotion: *British Realpolitik and the Myth of Rapallo Friendship, 1922–1934* (im Druck).

Axel Sauder, seit 1994 wissenschaftlicher Mitarbeiter der Arbeitsstelle Frankreich am Forschungsinstitut der Deutschen Gesellschaft für Auswärtige Politik, Bonn. Veröffentlichungen zur deutschen und französischen Europapolitik sowie zu den deutsch-französischen Beziehungen, u. a. *Souveränität und Integration. Französische und deutsche Konzeptionen europäischer Sicherheit nach dem Ende des Kalten Krieges*, Baden-Baden 1994.

Ralph Schattkowsky, Privatdozent für Neueste und Osteuropäische Geschichte, Universität Rostock. Veröffentlichungen u. a. *Deutschland und Polen 1918/19 bis 1925. Studien zu den deutsch-polnischen Beziehungen zwischen Versailles und Locarno*, Frankfurt 1994; (Hg.) *Locarno und Osteuropa*, Marburg 1994.

Eberhard Schulz, Honorarprofessor an der Universität Bonn. 1966–91 Stellv. Direktor des Forschungsinstituts der Deutschen Gesellschaft für Auswärtige Politik, Bonn. Publikationen u. a. *An Ulbricht führt kein Weg mehr vorbei*, Hamburg 1967; *Moskau und die europäische Integration*, München 1975; *Die deutsche Nation in Europa*, Bonn 1982; (Hg.) *Drei Jahrzehnte Außenpolitik der DDR*, München 1979; (Hg.) *Entspannung am Ende?*, München 1980.

Georges-Henri Soutou, Professor für Zeitgeschichte an der Universität Paris IV Sorbonne. Veröffentlichungen u. a. *L'Or et le Sang. Les buts de guerre économiques de la première guerre mondiale*, Paris 1989; (Hg.) *Raymond Aron, Les articles de politique internationale dans Le Figaro de 1947 à 1977*, 3 Bde., Paris 1990–97.

Heinrich Vogel, seit 1976 Direktor des Bundesinstituts für ostwissenschaftliche und internationale Studien, Köln; 1990 Ernennung zum Professor durch den Bundesminister des Innern. Publikationen u. a. (Hg. mit G. K. Bertsch und J. Zielonka), *After the Revolutions: East-West Trade and Technology Transfer*, Boulder/Col. 1991; (Hg. mit Oleg Bogomolow), *Rußland und Deutschland – Nachbarn in Europa*, Baden-Baden 1992.

Friso Wielenga, Lehrtätigkeit an der Abteilung für Politische Geschichte der Universität Utrecht; außerordentlicher Professor für Deutschlandstudien an der Universität Groningen. Veröffentlichungen zur neuesten deutschen Geschichte und zu den deutsch-niederländischen Beziehungen. Auf deutsch erschienen u. a. *Schatten deutscher Geschichte. Der Umgang mit dem Nationalsozialismus und der DDR-Vergangenheit in der Bundesrepublik*, Köln 1995; (Hg. mit Bernd Müller), *Kannitverstan? Deutschlandbilder aus den Niederlanden*, Münster 1995.

Clemens Wurm, Professor für Westeuropäische Geschichte an der Humboldt-Universität zu Berlin. Veröffentlichungen u. a. *Die französische Sicherheitspolitik in der Phase der Umorientierung 1924–1926*, Frankfurt am Main 1979; *Industrielle Interessenpolitik und Staat. Internationale Kartelle in der britischen Außen- und Wirtschaftspolitik während der Zwischenkriegszeit*, Berlin/New York 1988 (englisch 1993); (Hg.) *Wege nach Europa. Wirtschaft und Außenpolitik Großbritanniens im 20. Jahrhundert*, Bochum 1992; (Hg.) *Western Europe and Germany. The Beginnings of European Integration 1945–1960,* Oxford 1995.

Philip Zelikow, Associate Professor of Public Policy, Harvard University. Tätigkeit im Mitarbeiterstab des National Security Council 1989–91. Publikationen u. a. (zusammen mit C. Rice), *Germany Unified and Europe Transformed: A Study in Statecraft*, Cambridge, Mass., 1995.

Personenregister

Acheson, Dean   277, 278, 294
Achromejew, Sergej   311
Adam, Rudolf   40
Adenauer, Konrad   8–11, 16, 22, 24, 99, 177, 248, 277, 278, 305, 379, 384, 385
Adomeit, Hannes   43
Alexander III.   143
Andreotti, Giulio   314
Andropow, Juri   333, 344, 347
Ash, Timothy Garton   270, 375

Bahr, Egon   14, 174, 178, 281
Baker, James   297, 301, 305, 312, 316
Baldwin, Stanley   237, 245
Balladur, Edouard   53, 198, 214, 218, 230
Baring, Arnulf   26
Barthou, Louis   130, 152
Barzel, Rainer   172, 174, 175, 178
Bator, Francis   274, 275
Berthelot, Philippe   153, 155, 163, 164, 167
Berija, Laurentij   338–340
Beus, J. G. de   100
Bevin, Ernest   289, 291, 292, 295
Beyen, Jan Willem   99
Bismarck, Otto Fürst von   5, 75, 136, 137, 234, 238, 392
Blackwill, Robert   308, 312
Bloch, Marc   380
Blokland, F. Beelaerts van   96
Blum, Léon   154
Bohlen, Charles   286, 290, 291, 293, 297
Booy, J. M. de   99
Bowler, Chester   276
Brandt, Willy   8–11, 13–16, 22, 23, 101, 102, 115, 171–179, 272, 279–281, 323, 369, 386
Breschnew, Leonid   172, 175, 176, 271, 334, 341, 343–345, 347
Briand, Aristide   124, 150–161, 163, 164, 166, 169, 233, 236–245, 261
Brockdorff-Rantzau, Ulrich Graf von   122
Broek, Hans van den   106, 107, 113

Brzezinski, Zbigniew   145, 273, 274, 275
Bülow, Bernhard von   392
Bush, George   297, 299–303, 305–316, 369
Byrnes, James F.   289

Calleo, David   378
Carter, Jimmy   183, 273
Castlereagh, Viscount   392
Cavour, Camillo Graf Benso di   392
Cedilina, Elena   362, 363, 365, 366
Červjakov, Vladimir   363
Chamberlain, Austen   119, 123, 127, 157, 233–245, 391
Chamberlain, Joseph   392
Charette, Hervé de   194
Cheney, Richard   312
Chevènement, Jean-Pierre   382
Chirac, Jacques   190, 194, 195, 197, 212, 218, 231
Chmielowski, Benedykt   143
Chruschtschow, Nikita   334, 339
Churchill, Winston   134, 157, 246, 248
Clay, Lucius D.   286, 287, 289–291, 293, 294, 296, 297
Clinton, Bill   141, 200
Cohen, Benjamin   290, 293, 294, 296, 297
Coolidge, Calvin   261
Crewe, Marquess of   238
Crowe, Eyre   234
Cuno, Wilhelm   261

D'Abernon, Lord   123, 234, 235, 239, 242
Dahrendorf, Ralf   9
Dehaene, Jean-Luc   183
Delors, Jacques   182
Diem, Ngo Dinh   284
Dirksen, Herbert von   244
Dobrynin, Anatolij   280
Dulles, John Foster   286, 290, 291, 293, 296, 297
Dumas, Roland   223

Eisenhower, Dwight D. 273, 276
Elbe, Frank 315
Erhard, Ludwig 22, 271–273, 276, 278
Evans, Rowland 278

Falin, Valentin 281, 327
Fedorov, Boris 363
Fleuriau, Aimé J. de 242
Frank, Robert 158, 167
Frankel, Joseph 380
Frenkin, Anatolij 360, 361
Fukuyama, Francis 301, 312

Gaulle, Charles de 172, 174, 177, 195, 199, 204, 206, 216, 218, 248, 323
Genscher, Hans-Dietrich 22, 24, 34, 46, 50, 301, 302, 306, 314, 315
George, Alexander 182, 187
Girault, René 167
Giscard d'Estaing, Valéry 184
Goethe, Johann Wolfgang von 349, 357
Gonzalez, Felipe 54
Gorbatschow, Michail 22, 215, 253, 254, 298, 299, 301–312, 314–316, 324, 327, 333, 343–350

Haldeman, H. R. 280, 281
Healey, Denis 251
Hegel, Georg Wilhelm Friedrich 357
Heimpel, Hermann 392
Herriot, Edouard 124, 126, 152, 154, 169
Hersh, Seymour 278, 279
Herzog, Roman 27, 29, 36, 131, 190
Hildebrand, Klaus 376
Hitler, Adolf 21, 96, 129, 133, 265, 269, 355, 357
Hoffmann, Stanley 69, 169
Honecker, Erich 341, 344–348
Houghton, Alanson 259, 263, 265
Hurd, Douglas 26

Ischinger, Wolfgang 40

Jaruzelski, Wojciech 343
Jelzin, Boris 131, 140–142, 333, 351, 353
Jobert, Michel 177, 178
Johnson, Lyndon B. 271, 273, 274, 276–278, 280, 282
Juppé, Alain 190, 197, 198

Kant, Immanuel 357
Katharina II. 317
Kaysen, Carl 277, 278
Kellogg, Frank B. 260, 262, 263
Kennan, George 287
Kennedy, John F. 14, 250, 273, 276, 277, 332
Keohane, Robert 69, 93, 182, 187
Keynes, John Maynard 161
Kiesinger, Kurt Georg 10, 12, 15, 22, 272, 274, 276, 278, 280
Kindleberger, Charles 287, 293, 294
Kinkel, Klaus 61, 70, 117, 193, 198
Kissinger, Henry 51, 175, 239, 268, 272, 277–282, 312, 393
Klaus, Vaclav 132
Kohl, Helmut 22, 24, 105, 108, 178, 183, 186, 188, 199, 299–315, 343, 350, 353
Kohler, Foy 277
Kokeev, Aleksandr 363
Kolboom, Ingo 199
Kosyrew, Andrej 140, 141, 351
Krenz, Egon 346, 348
Kristol, Irving 267, 268
Krolikowski, Werner 344

Lafontaine, Oskar 304
Lamassoure, Alain 199
Lamentowicz, Wojtek 192
Laqueur, Walter 326
Léger, Alexis 164
Le Gloannec, Anne-Marie 54
Leicht, Robert 68
Lincoln, Abraham 297
Link, Werner 266
Litwinow, Maxim 320
Loucheur, Louis 160
Lubbers, Ruud 106
Luns, Joseph 101
Luther, Hans 122, 240, 241

Macmillan, Harold 250
Major, John 255
Malenkow, Georgi 339
Mann, Thomas 34
Marshall, George C. 285–297, 316
Marx, Karl 334, 357
Mason, Edward 290, 291, 295
Matthews, H. Freeman 286, 287
Mauriac, François 99
Mayrisch, Emile 159
McNamara, Robert 251

Mearsheimer, John 70, 181
Metternich, Klemens Wenzel Fürst von 392
Millerand, Alexandre 151
Mitchell, John 281
Mitterrand, François 183, 184, 188, 190, 199, 215, 218, 220, 221, 227, 301, 303, 304, 306, 311, 314, 369
Modrow, Hans 300, 301, 304
Molotow, Wjatscheslaw M. 134, 291, 292, 295, 339, 340
Monnet, Jean 206
Morrow, Dwight 259
Mozer, Alfred 99
Mulroney, Brian 307, 310
Murphy, Robert 285

Naročnickaja, Natal'ja 362
Naumann, Klaus 363
Nikolaus I. 138
Nikolaus II. 143
Nixon, Richard M. 271, 278, 280–282
Novak, Robert 278
Nye, Joseph 93

Oliphant, Lancelot 234
Oppenheimer, Robert J. 277
Osgood, Robert E. 181, 182

Peter I., der Große 317
Pilsudski, Józef 126, 128, 129, 166
Pogue, Forrest 297
Poincaré, Raymond 7, 151, 155–157, 164, 165, 169
Pompidou, Georges 171–179
Portillo, Michael 256

Raimond, Jean-Bernard 173, 176
Rauscher, Ulrich 122, 128
Razmerov, Vladimir 360, 366
Reagan, Ronald 183, 185, 253, 343, 347, 369
Reiter, Janusz 378
Rice, Condoleezza 307, 308
Richter, Michael W. 192
Rogers, William 271, 278, 280, 281
Ross, Dennis 301, 308, 312
Rostow, Walt 274
Rühe, Volker 62, 195, 199, 209, 328, 329
Rumbold, Sir Horace 233
Rush, Kenneth 281
Rusk, Dean 274, 280
Russell, Lord John 393

Salewski, Michael 266
Salisbury, Marquess of 392
Sandys, Duncan 249
Sawenjagin, A. P. 340, 341
Scheel, Walter 8, 9, 177
Schewardnadse, Eduard 299, 307, 324
Schirinowski, Wladimir 142
Schmidt, Helmut 11, 14, 15, 22, 23, 26, 31, 53, 102, 103, 183, 343, 369, 384, 385
Schubert, Carl von 242
Schumacher, Kurt 99, 337
Schurman, Jacob Gould 259, 266
Schwarz, Hans-Peter 26, 48
Scowcroft, Brent 299, 303, 307, 312
Seeckt, Hans von 321
Semjonow, Wladimir 324
Seydoux, Jacques 162–166
Sinowjew, Grigorij 320
Skrzynski, Aleksander 123, 124, 126, 127
Smith, Walter Bedell 286, 293, 294
Smyser, William R. 54
Sokolowski, Wassilij 290
Sonderman, Fred A. 181
Spaak, Paul-Henri 206
Spanger, Hans-Joachim 363
Stadler, Peter 393
Stalin, Josef W. 119, 133, 134, 138, 143, 206, 287, 295, 334, 335, 338, 341, 343, 357, 358
Stamfordham, Lord 237
Stauffenberg, Claus Schenk Graf von 21
Stresemann, Gustav 4–8, 16, 17, 21, 95, 98, 119, 122, 123, 125–127, 133, 150–152, 155–157, 159, 161, 163, 165, 169, 233, 234, 236, 238–245, 261, 262, 264, 265, 320–322, 377, 383, 386
Strežneva, M. 362, 367

Talleyrand, Charles Maurice de 24
Tardieu, André 164
Teltschik, Horst 299, 304, 305, 314
Thatcher, Margaret 41, 53, 68, 253, 254, 301–303, 306, 314, 316, 382
Thukydides 393
Treitschke, Heinrich von 234
Truman, Harry S. 282, 285, 287, 288, 291, 294
Tschernjajew, Anatoly 311
Tschernenko, Konstantin 333, 344, 345, 347
Tulpanow, Sergej J. 336, 337
Tyrrell, Sir William 234, 240, 244

Vandenberg, Arthur   290
Vansittart, Robert   234, 391
Vernet, Daniel   68
Vorrink, Koos   99

Wallace, Henry   296
Wallace, William   192, 385
Walters, Vernon   307
Wehner, Herbert   14
Weygand, Maxime   167
Weizsäcker, Richard von   348

Wielenga, Friso   112
Wilhelm II.   234
Wilson, Harold   250
Wojciechowski, Stanislaw   121
Wolfers, Arnold   184
Wyatt, Woodrow   68

Zacharov, Jurij   364, 365
Zelikow, Philip   308, 312
Ziborova, M.   363
Zoellick, Robert   305, 308, 312, 315